Die gesetzliche Regelung des Seefrachtvertrags im deutschen Recht

Rechtshistorische Reihe

Band 456

Zur Qualitätssicherung und Peer Review der vorliegenden Publikation

Die Qualität der in dieser Reihe erscheinenden Arbeiten wird vor der Publikation durch den einen Herausgeber der Reihe geprüft.

Notes on the quality assurance and peer review of this publication

Prior to publication, the quality of the work published in this series is reviewed by one of the editors of the series.

Christian Vahl

Die gesetzliche Regelung des Seefrachtvertrags im deutschen Recht

Eine rechtshistorische Betrachtung unter besonderer Berücksichtigung der Beratungen des Seerechtsausschusses der Akademie für Deutsches Recht (1934-1942)

PL ACADEMIC RESEARCH

Bibliografische Information der Deutschen Nationalbibliothek
Die Deutsche Nationalbibliothek verzeichnet diese Publikation in der Deutschen Nationalbibliografie; detaillierte bibliografische Daten sind im Internet über http://dnb.d-nb.de abrufbar.

Zugl.: Kiel, Univ., Diss., 2015

Die vorliegende Arbeit wurde von
Prof. Dr. Werner Schubert
zur Aufnahme in die Reihe empfohlen.

Umschlagabbildung:
Justitia. Allegorie der Gerechtigkeit.
Druck aus dem 17. Jahrhundert.

D 8
ISSN 0344-290X
ISBN 978-3-631-66329-5 (Print)
E-ISBN 978-3-653-05643-3 (E-Book)
DOI 10.3726/978-3-653-05643-3

PL Academic Research ist ein Imprint der Peter Lang GmbH.

Peter Lang – Frankfurt am Main · Bern · Bruxelles · New York · Oxford · Warszawa · Wien

Diese Publikation wurde begutachtet.

www.peterlang.com

Meinen Eltern

Vorwort

Diese Arbeit hat im Wintersemester 2014/2015 der Rechtswissenschaftlichen Fakultät der Christian-Albrechts-Universität zu Kiel als Dissertation vorgelegen. Sie wurde im November 2014 abgeschlossen. Bis zu diesem Zeitpunkt konnte die veröffentlichte Literatur berücksichtigt werden.

Mein besonderer Dank gilt meinem Doktorvater Prof. Dr. Werner Schubert für die Anregung zu dieser Arbeit und die stete Betreuung. Prof. Dr. Frank Schäfer danke ich für die Erstellung des Zweitgutachtens.

Darüber hinaus danke ich der Firma Hapag-Lloyd AG, Hamburg für die Erlaubnis, Einsicht in Bestände ihres Firmenarchivs im Staatsarchiv Hamburg nehmen zu dürfen. Zugleich danke ich den Mitarbeiterinnen und Mitarbeitern des Staatsarchivs Hamburg und des Bundesarchivs am Standort Berlin-Lichterfelde für die freundliche Unterstützung bei den Recherchen zu dieser Arbeit.

Weiterhin bin ich Dr. Wendy Vanselow, Dr. Christian Hoffmann, Jan Dreier und Dr. Stefan Wolf für ihre Korrekturarbeit zu großem Dank verpflichtet. Ebenso danke ich meinen Kolleginnen und Kollegen der Kanzlei Dres. Ruge Purrucker Makowski RPM, Kiel für die Unterstützung während der Anfertigung dieser Arbeit.

Schließlich gilt mein Dank meiner Familie und insbesondere meinen Eltern, denen diese Arbeit zugleich gewidmet ist. Ohne ihre fortwährende Unterstützung und Ermutigung wäre diese Arbeit nicht möglich gewesen.

Kiel, im März 2015 *Christian Vahl*

Inhaltsverzeichnis

A. Einleitung

Das Seehandelsrecht der Bundesrepublik Deutschland wurde durch Gesetz vom 20. April 2013[1] umfassend reformiert. Hierbei erfolgte im Zuge der Anpassung des veralteten Gesetzestextes an die veränderten Anforderungen und Gegebenheiten des seeseitigen Handels- und Transportverkehrs insbesondere auch eine systematische Neuordnung des Fünften Buches des Handelsgesetzbuches. Ziel der Modernisierung war ausweislich der Gesetzesbegründung, ein *„zeitgerechtes, den heutigen wirtschaftlichen Bedingungen entsprechendes Recht"*[2] zu schaffen.

Die Begründung des Gesetzesentwurfes zur Seerechtsnovelle beginnt mit der einleitenden Feststellung, dass *„das geltende, im Fünften Buch des Handelsgesetzbuchs (HGB) kodifizierte Seehandelsrecht [...] zu einem großen Teil aus dem Allgemeinen Deutschen Handelsgesetzbuch (ADHGB) von 1861 [stamme], also aus einer Zeit, in der die Seeschifffahrt noch mit Segelschiffen betrieben wurde"*[3]. Ein mit dem Seefrachtrecht nicht befasster Leser mag sich insofern fragen, wie es sein kann, dass ausgerechnet das Seehandelsrecht der „Exportnation" Deutschland über 150 Jahre weitgehend unverändert blieb. Gab es nicht auch zuvor bereits Versuche einer systematischen Neufassung des Gesetzes?

Grundsätzlich hätte selbstverständlich die Möglichkeit bestanden, dass das Seehandelsrecht des ADHGB vor rund 150 Jahren bereits derart systematisch und abstrakt gefasst wurde, dass dieses sich den jeweiligen Veränderungen des Seehandels – man vergegenwärtige sich nur einmal die im Gesetzesentwurf benannte Segelschifffahrt und heutige Bilder des Containerumschlages etwa im Hamburger Hafen – jeweils angepasst hätte. Altes Recht stellt nicht zwingend zugleich veraltetes Recht dar. Hierbei handelt es sich jedoch tatsächlich nur um eine theoretische Möglichkeit, so es doch bereits zum Abschluss des ersten Absatzes der Gesetzesbegründung heißt: *„Deshalb wurde das deutsche Seehandelsrecht bereits bei Inkrafttreten des Handelsgesetzbuches vom 10. Mai 1897 als überaltert kritisiert."*[4] Dieses hatte beispielhaft *Pappenheim* in seiner Rede beim Antritt des Rektorats der Königlichen Christian-Albrechts-Universität zu Kiel

1 Gesetz zur Reform des Seehandelsrechts (BGBl. 2013 I S. 831-867; im Folgenden: Seerechtsnovelle).

2 Begründung des Gesetzesentwurfs der Bundesregierung eines Gesetzes zur Reform des Seehandelsrechts (im Folgenden: Begr. RegE), BT-Drs. 17/10309, S. 1.

3 Begr. RegE, BT-Drs. 17/10309, S. 40.

4 Begr. RegE, BT-Drs. 17/10309, S. 40; vgl. aus aktueller Zeit auch *Hartenstein/Reuschle*, Transport- und Speditionsrecht, S. 182.

mit dem Thema „Die Revisionsbedürftigkeit des deutschen Seehandelsrechts“[5] am 5. März 1901 festgestellt.

Wenn dieser Zustand mithin unbestreitbar sämtlichen beteiligten Kreisen bereits seit Beginn des 20. Jahrhunderts bekannt war, stellt sich die Frage, aus welchem Grund nicht schon zuvor eine Revision des Seehandelsrechts in Angriff genommen wurde. Die Gesetzesbegründung zur Seerechtsnovelle 2013 erläutert insoweit lediglich in kurzen Worten, dass bei Einführung des HGB vom 10. Mai 1897 die Zeit für eine Reform des Seehandelsrechts nicht ausreichend erschienen habe und daher die Regelungen des ADHGB[6] nahezu unverändert übernommen worden seien[7]. Weiterhin werden zwar mehrfache Gesetzesänderungen angeführt, die jedoch jeweils nur der Umsetzung einzelner internationaler seerechtlicher Übereinkommen gedient hätten. Eine grundlegende Reform sei unterblieben. Sodann findet sich der Hinweis, dass es sehr wohl bereits Änderungsvorschläge zur Neuordnung des Seehandelsrechts gegeben habe, *„etwa“* ausgearbeitet vom Deutschen Verein für Internationales Seerecht auf Anregung des Bundesjustizministeriums aus den Jahren 1978 bis 1984; diese seien jedoch in der Gesetzgebung unberücksichtigt geblieben[8].

Keine ausdrückliche Erwähnung in der Gesetzesbegründung haben hingegen die Beratungen des Seerechtsausschusses der Akademie für Deutsches Recht (im Folgenden: Seerechtsausschuss) gefunden. Dieses Expertengremium war in der Zeit von 1933 bis 1942 damit befasst, das (damalige) Seehandelsrecht zu verjüngen und zu überarbeiten, letztlich mithin ein ganz ähnlicher Arbeitsauftrag, wie er im Jahr 2004 der Sachverständigengruppe zur Vorbereitung der Seerechtsnovelle 2013 erteilt wurde. Der Seerechtsausschuss beriet in zwei Vollversammlungen und insgesamt 49 Arbeitssitzungen das Seehandelsrecht, überprüfte dieses auf seine Aktualität hin und hielt entsprechende Änderungsvorschläge gerichtet an das Reichsjustizministerium in Form von Leitsätzen fest.

Berichte über die Tätigkeit des Seerechtsausschusses der Akademie für Deutsches Recht wurden während der Beratungsphase von den jeweiligen Vorsitzenden veröffentlicht, welche einen Überblick über die Beratungsprozesse und -ergebnisse liefern. Es handelt sich hierbei um die Berichte von *Wüstendörfer*[9] und

---

5 Vgl. *Pappenheim*, Revisionsbedürftigkeit des deutschen Seehandelsrechts, S. 1 – 18.

6 Allgemeines Deutsches Handelsgesetzbuch vom 31. Mai 1861 (im Folgenden: ADHGB).

7 Vgl. Begr. RegE, BT-Drs. 17/10309, S. 40.

8 In der Gesetzesbegründung zum Zweiten Seerechtsänderungsgesetz aus dem Jahr 1986 (BT-Drs. 10/3852) finden sich dementsprechend die Beratungen des Deutschen Vereins für Internationales Seerecht nicht wieder.

9 *Wüstendörfer*, Zeitschrift der Akademie für Deutsches Recht 1934, S. 220 - 225; 1935, S. 265 - 272 und 940 - 950.

Lindenmaier[10], insbesondere dessen umfassende Zusammenfassung aus dem Jahr 1940. Darüber hinaus sind auch die Beratungsprotokolle des Seerechtsausschusses selbst sämtlich erhalten geblieben[11]. Es handelte sich bei den Beratungen des Seerechtsausschusses um den erstmaligen Versuch einer umfassenden Erneuerung des seinerzeit bereits rund 70 Jahre alten Seehandelsrechts des HGB, nachdem eine Revision bei Einführung des HGB – wie gesehen – zunächst noch zurückgestellt wurde. Die Beratungen des Seerechtsausschuss wurden dabei von staatlicher Seite, insbesondere durch steten Austausch mit dem Reichsjustizministerium, begleitet.

Ob das Wort „etwa" in der Gesetzesbegründung als Indiz dafür gewertet werden kann, dass die Beratungen des Seerechtsausschusses dem Bundesjustizministerium bei der aktuellen Novelle bekannt waren und lediglich die zuletzt erfolgten Beratungen zur Überarbeitung des Seehandelsrechts Erwähnung finden sollten, vermag nicht mit letzter Verlässlichkeit gesagt zu werden. Festzustellen ist jedoch, dass die Beratungen des Seerechtsausschusses an keiner Stelle des Gesetzgebungsverfahrens – auch nicht in dem vorangegangenen Abschlussbericht der Sachverständigengruppe zur Reform des Seehandelsrechts vom 27. August 2009[12] – Erwähnung fanden. Dieses entspricht weitestgehend dem Bild der seerechtlichen Literatur seit dem Jahr 1945, in der die Beratungen des Seerechtsausschusses ganz überwiegend unbekannt beziehungsweise jedenfalls unerwähnt geblieben sind[13].

---

10 *Lindenmaier*, Deutsche Richterzeitung 1934, S. 229 - 231 sowie Jahrbuch der Akademie für Deutsches Recht 1939/40, S. 105 – 138.

11 Sie befinden sich im Bundesarchiv, Standort Berlin-Lichterfelde R 61/497 - 503: Protokoll der 2. Vollversammlung und der 1. - 47. und 49. Arbeitssitzung sowie des Referats zur 48. Arbeitssitzung sowie im Staatsarchiv Hamburg Bestand 621 - 1/2372 - 2375 (Hapag-Lloyd-Bestand): insbesondere 48. Arbeitssitzung in Bestand Nr. 2375. Die Protokolle wurden jüngst von *Schubert* neu herausgegeben: Akademie für Deutsches Recht 1933-1945, Protokolle der Ausschüsse, Bd. XX – Ausschuss für Seerecht (1933-1942). Vgl. ergänzend zur 1. Vollversammlung vom 6.1.1934 auch den Bericht in: Hansa 1934, S. 111-112.

Um die Lesbarkeit der vorliegenden Untersuchung zu erleichtern, werden die Beratungsprotolle nach der Neuedition von *Schubert* und einzig die dort nicht vollständig abgedruckten Referate anhand der Originaldokumente zitiert werden.

12 Abschlussbericht der Sachverständigengruppe zur Reform des Seehandelsrechts, abrufbar im Internet: <http://www.bmj.de/SharedDocs/Downloads/DE/pdfs/Abschlussbericht_der_Sachverstaendigengruppe_zur_Reform_des_Seehandelsrechts.pdf?__blob=publicationFile> (Stand: 04.11.2014).

13 Die folgende Aufzählung erhebt keinen Anspruch auf Vollständigkeit: Die Beratungen des Seerechtsausschusses werden erwähnt bei *Wüstendörfer*, Neuzeitliches

Rechtshistorische Betrachtungen sind dem Seehandelsrecht indes keineswegs fremd. Nicht zuletzt aufgrund des dargestellten Alters der seerechtlichen Vorschriften des HGB beinhaltete bis zur Gesetzesnovelle nahezu jede Auseinandersetzung mit einer Frage des Seehandelsrechts zumindest eine historische Bestandsaufnahme.

Die erste umfassende Auseinandersetzung mit dem Seerecht des (AD)HGB hat 70 Jahre nach dem Inkrafttreten im Seerechtsausschuss stattgefunden. Dies bedeutete die detaillierte Aufarbeitung der Entwicklung des Seehandelsrechts und dessen Praxis bis in die 30er Jahre des 20. Jahrhunderts. Mit der vorliegenden Untersuchung soll diese Aufarbeitung aus rechtshistorischer Sicht dargestellt und in einem Schlussteil mit der Seerechtsnovelle von 2013 in Bezug gesetzt werden.

Wüstendörfer bezeichnete die Protokolle des Seerechtsausschusses der Akademie für Deutsches Recht als *„aufschlussreiche Niederschriften"* für die Auslegung der seerechtlichen Vorschriften des HGB[14]. Die Protokolle geben aufgrund der umfangreichen Beratungen des Seerechtsausschusses ein überaus getreues Abbild der Verhältnisse des Seehandels beziehungsweise des Seehandelsrechts während der 1930er Jahre. Diese Dokumente sollen die wesentliche Grundlage der vorliegenden Arbeit bilden. Nicht zuletzt wegen des Umfanges des Beratungsmaterials des Seerechtsausschusses musste eine inhaltliche Eingrenzung

---

Seehandelsrecht, 2. Aufl. 1950, der wiederholt die vom Seerechtsausschuss beschlossenen Leitsätze im Wesentlichen unter Zitierung des Berichts Lindenmaiers von 1940 in Bezug nimmt, vgl. etwa S. 25, 32, 36, 118, 132, 235 f., 247, 249 f., 255, 347, 350, 353, 357, 361 (Die verwendete Abkürzung SRA bedeutet jeweils Deutscher Seerechtsausschuss); bei *Schlegelberger/Liesecke,* Seehandelsrecht, Einf. § 556 Rdnr. 3 mit dem Hinweis auf die „Reformarbeiten des Seerechtsausschusses" und den Bericht Lindenmaiers von 1940; bei *Schaps/Abraham,* Das Seerecht, 4. Aufl., AllgEinl. S. 55 mit dem Hinweis: *„Die Niederschriften des Seerechtsausschusses der Akademie für Deutsches Recht sind bisher nicht veröffentlicht."*, was wohl eine Wiedergabe des korrespondierenden Hinweises bei Wüstendörfer, a.a.O. S. 36 darstellen dürfte; bei *Stödter,* Geschichte der Konnossementsklauseln, 64 - 70: 1. - 4. und 6. Arbeitssitzung; bei *Bote/Weipert* in: Gummert/Weipert (Hrsg.), Münchener Handbuch des Gesellschaftsrechts Bd. 1, 3. Aufl., § 87 Rdnr. 31, § 88 Rdnr. 6, § 89 Rdnr. 6 – jeweils unter Bezugnahme auf den Bericht Lindenmaiers von 1940 bezüglich der Partenreederei (bereits seit der 1. Aufl. 1995); bei *Schubert,* ZRG 1992, S. 209 - 245 sowie im Urteil des Bundesgerichtshofes vom 20.05.1952, I ZR 140/51 – NJW 1952, 1134, dort II.3 mit Hinweis auf die 39. Arbeitssitzung vom 04. November 1938 – das Urteil dürfte unter Vorsitz von Lindenmaier gesprochen worden sein.

14 *Wüstendörfer,* Neuzeitliches Seehandelsrecht, S. 36.

des Themas erfolgen. Die Betrachtung soll auf diejenigen Beratungssitzungen beschränkt werden, die sich mit dem Seefrachtvertrag sowie dem hiermit engverknüpften Thema des Konnossementsrechts, mithin der Übernahme der Haager Regeln in das deutsche Recht, auseinandersetzten. Es handelt sich um die Arbeitssitzungen Nr. 3, 4, 6 sowie 38 – 49. Ergänzend werden zudem die Beratungen des Seerechtsausschusses über die Zeitcharter in der 36. und 37. Arbeitssitzung aufgegriffen, da dieser Vertragstypus, von dem manche behaupten, es handele sich bei diesem ebenfalls um einen Seefrachtvertrag, jedenfalls in engem Zusammenhang zum Seefrachtvertrag steht und der Zeitcharter zudem – unstreitig – eine große wirtschaftliche Bedeutung zukommt.

Der Seefrachtvertrag steht im Zentrum des Seehandelsrechts und stellt dessen wichtigstes Schuldverhältnis dar. So belief sich im Jahr 2012 der weltweite Seehandel nach Angaben des Verbands Deutscher Reeder[15] auf insgesamt 9.499 Millionen Tonnen. Mit dem Seefrachtvertrag thematisch eng verknüpft sind die Regelungen über das Konnossement, welches über lange Jahre das Haupttransportdokument des Seehandels darstellte (zu neueren Entwicklungen vgl. Teil D der Arbeit zur Seerechtsnovelle). Eine der wesentlichen Diskussionen des Seehandelsrechts in den ersten drei Jahrzehnten des vergangenen Jahrhunderts – nämlich betreffend der von den Reedern bzw. Verfrachtern verwendeten Freizeichnungsklauseln – brachte letztlich das Internationale Übereinkommen zur Vereinheitlichung gewisser Regeln über Konnossemente (die sog. Haager Regeln) hervor[16]. Die Haager Regeln wurden durch das Gesetz zur Änderung von Vorschriften über das Seefrachtrecht vom 10. August 1937 (RGBl. I S. 891), in Kraft getreten am 1. Januar 1940, in das deutsche Recht übernommen. Die Frage der Übernahme der Haager Regeln ins deutsche Recht wurde vom Seerechtsausschuss bereits Anfang 1934 vorbereitend zum Seerechtsänderungsgesetz von 1937 beraten.

Im Folgenden soll zunächst die geschichtliche Entwicklung des Seefrachtrechts bzw. des Seefrachtvertrages in Deutschland bis zum Beginn der Beratungen des Seerechtsausschusses dargestellt werden (Teil B). Eine solche Einbettung erscheint erforderlich, da zur Zeit der Beratungen des Seerechtsausschusses zum Teil noch andere dogmatische Vorstellungen vorherrschten, was gleichzeitig

15 *Verband deutscher Reeder*: Daten der deutschen Seeschifffahrt, Ausgabe 2013, abrufbar im Internet: <http://www.reederverband.de/fileadmin/vdr/pdf/daten/VDR-Daten_Fakten_2013.pdf> (Stand: 04.11.2014), S. 18.

16 Abgedruckt in verbindlicher französischer sowie ins Deutsche übersetzter Fassung in RGBl. 1939 II, S. 1049.

eine thematische Abgrenzung der Arbeit erforderlich macht. Zugleich soll der Seerechtsausschuss der Akademie für Deutsches Recht vorgestellt werden.

Im Hauptteil der Arbeit (Teil C) werden die Beratungen des Seerechtsausschusses der Akademie für Deutsches Recht einer Untersuchung unterzogen, wobei thematisch die vom Ausschuss gewählte Aufteilung übernommen werden soll. Ziel ist es, die zu den einzelnen Beratungsgegenständen vertretenen Ansichten der aus unterschiedlichen Interessengemeinschaften stammenden Ausschussmitglieder darzustellen. Es wird zu untersuchen sein, welche Änderungsvorschläge der Seerechtsausschuss letztlich entwickelt und gefasst hat.

Der Hauptteil wird entsprechend des Beratungsablaufes und des zeitlichen Auseinanderfallens der beiden Themenbereiche unterteilt in die Unterabschnitte „Haager Regeln“ und „Seefrachtvertrag“. Die Beratungen über die Regelungen des Seefrachtvertrages erfolgten in der Zeit vom 23. Juni 1938 bis zum 8. Januar 1942. Dem Seerechtsausschuss lag hierbei bereits das Seerechtsänderungsgesetz von 1937 betreffend der Übernahme der Haager Regeln vor, wenn dieses zunächst auch noch nicht in Kraft getreten war. In der gebotenen Kürze sollen an dieser Stelle zugleich die Beratungen des Seerechtsausschuss über die Zeitcharter dargestellt werden.

Abschließend soll die Entwicklung des Seefrachtrechts nach dem Zweiten Weltkrieg nachverfolgt und auf den gegenwärtigen Stand des Seefrachtrechts bzw. Seefrachtvertrages unter Geltung der Seerechtsnovelle von 2013 eingegangen werden (Teil D). Da bisher Beratungsprotokolle der Sachverständigengruppe zur Reform des Seehandelsrechts nicht veröffentlicht sind, kann ein Ausblick nur anhand des Abschlussberichts und der Gesetzgebungsmaterialien erfolgen.

Es ist an dieser Stelle darauf hinzuweisen, dass sich bereits eine Vielzahl von Autoren mit dem Thema der Einführung der Haager Regeln beschäftigt hat. Neben diversen Darstellungen aus den 1920ern und 1930ern in unmittelbarem zeitlichem Zusammenhang zur Entstehung der Haager Regeln haben insbesondere *Eilenberger-Czwalinna*[17], jedoch mit Schwerpunkt auf dem Zweiten Seefrachtänderungsgesetz[18] und der Übernahme des sog. Visby-Protokolls ins deutsche Recht (vgl. hierzu Abschnitt D. I. 3.) sowie *Webersberger*[19] die Entstehung der Haager Regeln rechtshistorisch beleuchtet. *Webersberger* machte jüngst die in Konnossementen von 1861 bis 1937 verwendeten Freizeichnungsklauseln zum

---

17 *Eilenberger-Czwalinna,* Haftung des Verfrachters nach dem zweiten Seerechtsänderungsgesetz, Hamburg 1998.

18 Gesetz zur Änderung des Handelsgesetzbuches und anderer Gesetze (Zweites Seerechtsänderungsgesetz) BGBl. 1996 I, 1120.

19 *Webersberger,* Freizeichnungsklauseln im 19. und 20. Jh., Hamburg 2014.

Gegenstand seiner Untersuchung; auf die nationalen Maßnahmen des deutschen Gesetzgebers und die Arbeiten des Seerechtsausschusses ging er indes nicht ein. Ferner hat *Stödter* in seinem Werk „*Geschichte der Konnossementsklauseln*“[20] die insoweit einschlägigen Beratungsprotokolle des Seerechtsausschusses (3., 4. und 6. Arbeitssitzung) aufgegriffen und die Verhandlungsabläufe überblicksartig dargestellt. Die entsprechende Darstellung soll an einigen Stellen vertieft erfolgen; zugleich soll jedoch insbesondere anhand ergänzender Dokumente – etwa parallel zu den Ausschussberatungen geführten Schriftverkehrs – eine teilweise abweichende Akzentuierung vorgenommen werden. Zudem ist der Frage nachzugehen, inwiefern die Beratungen des Seerechtsausschusses zu den Haager Regeln tatsächlich Einfluss auf das Gesetz zur Änderung von Vorschriften über das Seefrachtrecht vom 10. August 1937 nahmen. Entsprechende Dokumente des Reichsjustizministeriums aus den 30er-Jahren sind – soweit ersichtlich – bisher noch nicht Gegenstand einer wissenschaftlichen Untersuchung gewesen.

20 *Stödter*, Geschichte der Konnossementsklauseln, S. 64 - 70.

B. Der Seefrachtvertrag: Geschichte – Definition – Abgrenzung

Das Seehandelsrecht ist das *„älteste, fortlaufend überkommene Sonderrecht eines Verkehrsmittels“*[21], dessen Wurzeln bis zurück in das griechische und römische Recht reichen. Das Seehandelsrecht und infolgedessen auch die Vertragsverhältnisse des seeseitigen Transports haben sich daher stets den Entwicklungen und Veränderungen des Schifffahrtsbetriebes – sei es wirtschaftlicher, technischer oder sozialer Natur – anpassen müssen und angepasst.

Die Seehandelsrechtsnovelle hat eine systematische Neuordnung des Rechts des Seefrachtvertrages mit sich gebracht. Die aktuelle Gesetzeslage des Handelsgesetzbuches eignet sich daher nur bedingt als Ausgangspunkt einer historischen Betrachtung der Entwicklung des Seefrachtvertrages. Die eingetretenen Neuerungen der Systematik und Regelung des Seefrachtvertrages sollen dementsprechend erst im Schlussteil dieser Arbeit (Teil D) dargestellt werden.

An dieser Stelle soll zunächst in der gebotenen Kürze ein Überblick über die historische Entwicklung des Seehandelsrechts und der sich verändernden Betriebsverhältnisse bis zu dem Beginn der Beratungen des Seerechtsausschusses gegeben werden (I.). Aus der historischen Entwicklung des Seefrachtvertrages ergeben sich die unterschiedlichen in der Seehandelspraxis vorkommenden Vertragsverhältnisse, soweit sie den Warentransport betreffen (II.). Hier soll insbesondere der Seefrachtvertrag einer Untersuchung unterzogen werden und insofern auch eine thematische Abgrenzung im Hinblick auf die Zeitcharter erfolgen. Im Anschluss wird der Seerechtsausschuss der Akademie für Deutsches Recht vorgestellt (III.).

I. Überblick: Historische Entwicklung des Seehandelsrechts[22]

Ein einleitender Überblick über die historische Entwicklung des Seehandels und des Seehandelsrechts ist geboten, um Rückschlüsse aus den jeweiligen Einflüssen

21 *Schaps/Abraham*, Das Seerecht, 4. Aufl., AllgEinl, Rdnr. 8; so auch *Herber*, Seehandelsrecht, S. 10.

22 Umfangreiche Darstellungen der Geschichte des Seehandels und des Seehandelsrechts finden sich vermehrt in der seerechtlichen Literatur des 19. und der zu Beginn des 20. Jahrhunderts: vgl. *Kaltenborn*, Grundsätze des praktischen Europäischen Seerechts, S. 13 – 70, unter umfangreicher Aufführung der einzelnen mittelalterlichen Partikularrechte; *Wagner*, Seerecht, S. 5 – 99; *Pappenheim*, Die geschichtliche

der veränderten Bedingungen und Betriebsformen des Seehandels auf die Vertragsverhältnisse der Güterbeförderung ziehen zu können. Bereits einleitend sei darauf hingewiesen, dass die nachfolgend vorgenommenen Epocheneinteilungen jeweils nur als ungefähre Anhaltspunkte verstanden werden können, da die Veränderungen des Seehandels regelmäßig keinesfalls die bestehenden, bewährten Verhältnisse ohne weiteres ersetzten, sodass etwa *Wüstendörfer* einleitend seiner Studien zur modernen Entwicklung des Seefrachtvertrages im Hinblick auf den Seehandel im 19. Jahrhunderts zutreffend von „*morphologischen Veränderungen des überseeischen Warenumsatzes*“ spricht. Eben solche, keinesfalls allerorts gleichförmigen Entwicklungen sind allgemein prägend für das Seehandelsrecht.

1. Antike

Die Wurzeln des Seehandelsrechts der Bundesrepublik Deutschland liegen in der Antike, namentlich dem griechischen und – aus diesem im Wesentlichen übernommen – dem römischen Recht, wobei jedoch in seehandelsrechtlichen Darstellungen regelmäßig nur einige wenige Rechtsinstitute bzw. Rechtssätze angeführt werden, deren Rechtsgedanken bis in die Moderne des Seehandels überdauert haben[23]. Zu nennen ist insofern etwa die *lex Rhodia de iactu* (Dig. 14, 2), deren aus dem rhodischen Recht stammender Grundgedanke einer gemeinschaftlichen Haftung aller Beteiligten bei Schäden infolge der Errettung von Schiff und Ladung aus einer gemeinsamen Gefahr im Rechtsinstitut der Großen Haverie fortbesteht. Gleichfalls fand sich in Art. 607 ADHGB bis zur Einführung des HGB eine Zufallshaftung des Schiffers für Verlust und Beschädigung der übernommenen Ladung, einzig mit der Möglichkeit des Entlastungsnachweises höherer Gewalt (das *receptum nauturum* des römischen Rechts). Weiterhin ist das *foenus nauticum* anzuführen, eine besondere Form des Darlehens, bei der die Seegefahr vom Geldgeber getragen wurde, welches in Form der Bodmerei in Deutschland bis zum Seerechtsänderungsgesetz von 1972 (zu diesem später)

Entwicklung des Seehandels und seines Rechts, S. 129 – 145; *Wüstendörfer*, Studien, S. 9 – 89, mit Schwerpunkt auf der Entwicklung in der zweiten Hälfte des 19. Jahrhunderts; *Wüstendörfer*, Das Schiffahrtsrecht, S. 5 – 63; aus neuerer Zeit sind zu nennen: *Landwehr*, Seerecht (Seehandelsrecht), Sp. 1596 – 1614, ausführlich jedoch lediglich bis zur Einführung des ADHGB; einen Überblick bieten darüber hinaus etwa: *Herber*, Seehandelsrecht, S. 10 – 24; *Rabe*, Seehandelsrecht, Einl. Rdnr. 19 – 40 sowie vor § 556 Rdnr. 1 – 8 und *Hartenstein/Reuschle*, Transport- und Speditionsrecht, S. 173 – 182.

23 Vgl. *Wüstendörfer*, Neuzeitliches Seehandelsrecht, S. 20 f.; *Herber*, Seehandelsrecht, S. 11, *Rabe*, Seehandelsrecht, Einl. Rdnr. 20 – 24.

fortlebte. Wenn dem römischen Recht neben diesen Rechtsinstituten auch bereits die funktionale Trennung von Reeder und Ladungsinteressent und die mit dieser einhergehende Transportrechtsbeziehung – hier jedoch noch als Ausnahmefall – bekannt waren[24], so beginnen indes historische Betrachtungen des Seehandelsrechts und infolgedessen auch der Entwicklung des Seefrachtvertrages zeitlich regelmäßig erst mit dem frühen Mittelalter. *Wagner*[25] erläutert insoweit, dass *„die Rechtsentwicklung der antiken Welt dahin gegangen war, das Seerecht als sachliches Specialrecht verschwinden und in dem allgemeinen Verkehrsrecht aufgehen zu lassen"*.

Es bleibt mithin festzuhalten, dass die weitreichenden Seehandelsformen und die hierfür entwickelten Regeln im Großteil mit dem Untergang des römischen Reiches verloren gegangen sind und abgesehen von einzelnen Rechtsinstituten keine fortlaufende Entwicklung des Seerechts seit der Antike festzustellen ist. Eine weitergehende Vertiefung erscheint an dieser Stelle daher nicht geboten.

2. Die Segelschifffahrtszeit (vom Frühmittelalter bis Mitte des 19. Jahrhunderts)

Mit *Wüstendörfer*[26] lässt sich die frühe Entwicklung des Seehandelsrechts, während der dieser nahezu ausschließlich mit Segelschiffen betrieben wurde, in drei Perioden einteilen:

a) Die ersten beiden Perioden

Die erste Periode erstreckt sich hierbei vom frühen Mittelalter bis zum 15. Jahrhundert und ist geprägt durch zunächst im Mittelmeerraum und sodann auch in West- und Nordeuropa sich herausbildende vielzähliger Partikularrechte, welche insbesondere durch Gewohnheitsrecht und alte Seegebräuche geprägt wurden. *Wagner*[27] charakterisierte diese Phase des Seehandelsrechts demzufolge als *„Rechtsfindung auf Grund unmittelbarer Anschauung"*.

---

24 *Herber*, Seehandelsrecht, S. 10; *Landwehr*, Seerecht (Seehandelsrecht), Sp. 1597.

25 *Wagner*, Seerecht, S. 34.

26 Vgl. *Wüstendörfer*, Das Schiffahrtsrecht, S. 11 – 17; so im Wesentlichen auch *Wagner*, Seerecht, S. 34, wobei jedoch die dritte Epoche erst ab dem Jahr 1800 begonnen haben soll, da Wagner das Auftreten der Dampfschifffahrt als maßgebliches Kriterium dieser Epoche erkennt (S. 33). Nach *Wüstendörfer* handelt es sich hierbei indes um die „vierte Periode der Entwicklung" (dort S. 17 – 24).

27 *Wagner*, Seerecht, S. 34.

Die zweite Periode datiert *Wüstendörfer* bis ins späte 17. Jahrhundert. Während dieser Periode gewannen einzelne dieser Partikularrechte aufgrund *„ihrer inneren Werte oder durch die Gunst äußerer Umstände als rezipierte Rechtsquellen eine weite Verbreitung und ein nahezu gemeinrechtliches Ansehen*"[28]. Als herausragende Beispiele sind hier etwa zu nennen das *„Consolat del mar"*, welches sich bereits etwa im 13. Jahrhundert in Barcelona entwickelte, die aus etwa der gleichen Zeit stammenden *„Rolles des Jugements d'Oléron"*, eine Spruchsammlung des Seegerichtshofes auf gleichnamiger Insel, sowie das auf letzteren aufbauende sog. *„Wisbysche Seerecht"*, welches im Bereich der Hanse[29] anerkannt war.

Im Seeschifffahrtsbetrieb traten während dieser Zeit ebenfalls maßgebliche Veränderungen ein. Wurde dieser zunächst geprägt vom genossenschaftlichen Kleinbetrieb, bei dem Reeder, Ladungsinteressent und Besatzung gemeinsam Waren über See transportierten und sich hierbei Risiken und Erträge – wenn auch nach unterschiedlichen Regelungen – teilten, so erfolgte insbesondere mit dem Aufkommen der Seeversicherung bzw. allgemein dem Versicherungsgeschäft sodann erneut die Aufteilung der Funktionen von Reeder und Ladungsinteressent, wie sie bereits in der Antike dem Grunde nach bekannt war[30]. Wie bereits einleitend ausgeführt, hatte dieses jedoch keineswegs zur Folge gehabt, dass hierdurch die zuvor betriebene Kauffahrt gänzlich in den Hintergrund getreten wäre. *Pappenheim* beschrieb diese frühe Entwicklung des Seefrachtvertrages in der zu Beginn des 20. Jahrhunderts in juristischer Literatur vermehrt vorzufindenden, wortreichen Sprache wie folgt[31]:

> „Ursprünglich dient die Schiffahrt nur dazu, dem Seefahrer selbst den Aufenthalt auf dem Meere oder die Erreichung fremden Landes zu ermöglichen. Des eigenen Schiffes bedienen sich der Wiking und der Händler, der Flüchtling und der Fischer. Die auf Heerfahrt und Handel Ausziehenden sind auch Eigentümer und Besatzung des Schiffes. Noch lange, nachdem die tatsächliche Trennung der Funktionen erfolgt ist, hat sich die wirtschaftliche Gemeinschaft des Unternehmens behauptet. Der Kaufmann reist nun mit seinem Gute auf fremdem Schiffe, und dessen Eigentümer bedient sich bereits einer in seinem Dienste stehenden Schiffsmannschaft. Aber Schiff und Ladung sind zur Gütergemeinschaft zusammengelegt, und an dem Ertrage des Unternehmens, wie an dessen Leitung hat auch die Schiffsbesatzung ihren Anteil. Allmählich tritt besonders infolge der fortschreitenden Arbeitsteilung bei Zunahme regelmäßigen Betriebes der Schiffahrt hierin eine Änderung ein. Der Eigentümer des Schiffes verwendet es nicht

28 *Wüstendörfer,* Das Schiffahrtsrecht, S. 12.

29 Vgl. hierzu auch *Landwehr,* Seerecht der Hanse.

30 So *Wagner,* Seerecht, S. 23 – 26; *Herber,* Seehandelsrecht, S. 10.

31 *Pappenheim,* Die geschichtliche Entwicklung des Seehandels und seines Rechts, S. 137.

mehr nur oder überhaupt nicht mehr, um selbst – wenn auch in Gemeinschaft mit den etwa von ihm verschiedenen Ladungseigentümern – zu reisen, sondern um sie und ihre Güter zu befördern. An die Stelle einer gemeinsamen Unternehmung, für die der eine das Schiff, der andere die Ladung stellt, treten zwei verschiedene, obwohl miteinander wirtschaftlich noch verbundene Unternehmungen: Das Transportgeschäft tritt neben die Kauffahrt als eigenes Erwerbsgeschäft, Reeder und Kaufmann, wenngleich aufeinander angewiesen, suchen auf verschiedene Art Lebensunterhalt und Gewinn."

Zeitlich lässt sich dieser Wandel mit *Wagner*[32] etwa auf den Beginn des 15. Jahrhunderts datieren. Hierbei darf jedoch nicht verkannt werden, dass der seinerzeitige Seehandel nach heutigem Verständnis noch keine erheblichen Ausmaße annahm. So leitet auch *Rabe*[33] seine Darstellung der Geschichte des Frachtgeschäfts mit der nüchternen Feststellung ein, dass während der Segelschiffzeit generell *„dem Seefrachtgeschäft keine große Bedeutung"* zukam und vielmehr Außenhandelskaufleute bis in die erste Hälfte des 19. Jahrhunderts regelmäßig auf eigenen Schiffen ihre Ware beförderten.

b) Die dritte Periode

Mit dem wirtschaftlichen Wandel und der Verdrängung der mittelalterlichen Stadtwirtschaft erkennt *Wüstendörfer* das Einsetzen einer neuen Periode der Entwicklung des Seehandelsrechts, die sich durch umfassende Landesgesetzgebunden kennzeichne[34]. Eingeleitet wird diese Epoche durch die *„Ordennance de la Marine"* aus dem Jahr 1681, welche in Frankreich als einheitliches

---

32 *Wagner,* Seerecht, S. 24; abweichend hiervon erkennt *Pappenheim,* Zeitschrift der Savigny-Stiftung für Rechtsgeschichte/ Germ. Abt. 1931, S. 175 – 203 bereits in den früheren Stadtrechten, etwa den Venezianer Statuten des 13. Jahrhunderts, Frachtvertragsverhältnisse; der Seefrachtvertrag habe sich zudem nicht aus der Schiffsmiete sondern aus dem Reisevertrag, bei dem der Kaufmann seine Ware auf dem Schiff begleitete, entwickelt. *Puttfarken,* Seehandelsrecht, S. 3 – 6, unterteilt seinerseits die Entwicklung mit jeweils anschaulichen Beispielen in die vier aufeinanderfolgenden Stufen (1) Seereise als Handelsgesellschaft, (2) Handel durch Faktoreien, (3) Beförderung und Kauf sowie (4) Überseekauf auf offene Rechnung, wobei in heutiger Zeit noch die Stufen 2 – 4 im Seehandel vorzufinden seien.

33 *Rabe,* Seehandelsrecht, vor § 556, Rdnr. 1 und 72; so auch: *Stödter,* Geschichte der Konnossementsklauseln, S. 2; *Basedow,* Der Transportvertrag, S. 87.

34 Vgl. *Wüstendörfer,* Das Schiffahrtsrecht, S. 13 ff.; auch *Wagner,* Seerecht, S. 34 erkennt in dem Auftreten partikularer Landesgesetze ein Wesensmerkmal der dritten Periode, datiert diese – wie gesehen – indes auf das Jahr 1800, weshalb *Wüstendörfer* bemängelte, *Wagner* habe die *Ordennance de la Marine* übersehen (*Wüstendörfer,* Das Schiffahrtsrecht, S. 11 Fn. 2).

Gesetzeswerk eingeführt wurde. In Preußen entstand im Jahr 1727 das *„Königlich-Preussische See-Recht“* mit insgesamt 361 Artikeln, wobei sowohl im 5. („der Frachtvertrag“) als auch im 3. Kapitel („Schiffer“) Bestimmungen über den Seefrachtvertrag enthalten waren; das preußische Seerecht kannte insbesondere die Unterscheidung zwischen der Befrachtung eines ganzen Schiffes und der Stückgüterbefrachtung[35]. Verdrängt wurde dieses sodann durch die Einführung des inhaltlich auf ihm aufbauenden Preußischen Allgemeinen Landrechts (ALR) von 1794 mit seinen umfangreichen seerechtlichen Vorschriften (II 8: §§ 1389-1933, 2359-2451)[36]. Auch wenn letzteres die bestehenden seerechtlichen Landesgesetze nicht ausdrücklich aufhob, wurde dieses aufgrund seiner umfassenden Regelungen jedoch nahezu ausschließlich angewandt.

Bereits im Mittelalter hatte sich im Zuge des Urkundenwesens im Seehandelsrecht die Übung entwickelt, zu Beweiszwecken den Abschluss eines Frachtvertrages schriftlich zu fixieren[37]. In der weiteren Entwicklung der Trennung der unterschiedlichen Funktionen des Seehandelsbetriebs – Reeder, Kapitän, Besatzung, Ladungsinteressenten (Befrachter und Empfänger der Ladung) – erhielt zudem neben dem eigentlichen Frachtvertrag das Konnossement eine wachsende eigenständige Bedeutung. Zunächst diente das Konnossement lediglich zum Nachweis der Abladung der zu verladenden Güter am Schiff, wobei der Kapitän, der in der Regel zugleich Reeder des Schiffes war, persönlich aus diesem in Anspruch genommen werden konnte; war der Kapitän lediglich angestellt, so haftete neben ihm auch der Reeder aus dem Konnossement[38].

Im Laufe der Zeit erhielt das Konnossement jedoch weitere Funktionen: Waren Ablader und Empfänger im überseeischen Handel nicht mehr personenidentisch, benötigte der Empfänger einen Anspruch auf Herausgabe der am Bestimmungshafen angelangten Waren. Das Konnossement entwickelte sich in diesem Zuge zum Wertpapier, in welchem der Auslieferungsanspruch – im Falle der Ausstellung des Konnossements „an Order“ auch indossabel – verbrieft war. Aufgrund der langen Dauer der Segelschiffsreisen ergab sich ferner das Bedürfnis in der Handelspraxis, noch während des Transports über die sich auf

35 *Landwehr,* ZNR 1986, S. 113 (117 u. 122).

36 Vgl. *Kaltenborn,* Grundsätze des praktischen Europäischen Seerechts, S. 31; *Landwehr,* ZNR 1986, S. 113 113 (117).

37 Vgl. zu der im Folgenden dargestellten Entwicklung des Konnossements: *Pappenheim,* Die geschichtliche Entwicklung des Seehandels und seines Rechts, S. 140 – 143; *Pappenheim,* Seerecht Band III, S. 209 - 221; *Wüstendörfer,* Das Schiffahrtsrecht, S. 7 f.; *Lewis,* Das Transportgeschäft, S. 164 – 171.

38 *Rabe,* Seehandelsrecht, vor § 642 Rn. 1.

dem Schiff befindlichen Güter verfügen zu können. Das Konnossement erhielt aufgrund der ihm beigemessenen strengen Skripturhaftung und der damit verbundenen Sicherheit hinsichtlich des Auslieferungsanspruches zunächst in der kaufmännischen Übung die Bedeutung des Besitznachweises über die auf See befindlichen Güter. Diese Traditionswirkung, welche in der zweiten Hälfte des 18. Jahrhunderts Anerkennung in der Rechtswissenschaft erhielt, wurde erstmals im ALR von 1794 (II 20: § 367) gesetzlich geregelt[39].

c) *Allgemeines Deutsches Handelsgesetzbuch von 1861*

Als „*Schlussstein*"[40] der dritten Periode und der Segelschifffahrtszeit allgemein kann das Seehandelsrecht im Fünften Buch des ADHGB von 1861 bezeichnet werden. Bereits einleitend war darauf hingewiesen worden, dass die seehandelsrechtlichen Bestimmungen des ADHGB für die gesetzliche Regelung des Seehandelsrecht Deutschlands über rund 150 Jahre prägend waren. Das ADHGB gab dabei ein getreues Abbild des Seehandels wieder, wie er zur Mitte des 19. Jahrhunderts betrieben wurde. Der Seehandelsbetrieb war geprägt von meist verhältnismäßig kleinen Schiffen, die im Wesentlichen zur freien Frachtfahrt eingesetzt wurden und regelmäßig von einem oder lediglich wenigen Kaufleuten vollständig befrachtet wurden. Vor dem Hintergrund der heutigen Containerschifffahrt[41] lässt sich diese Form des Seehandels mit verhältnismäßig gemächlichen Lade- und Löschzeiten nur schwerlich vorstellen. Durchaus prägnant

---

39 *Landwehr*, ZNR 1986, S. 113 (123).

40 So *Wüstendörfer*, Das Schiffahrtsrecht, S. 15 u. *Wüstendörfer*, Neuzeitliches Seehandelsrecht, S. 22.

41 Vgl. *Frankfurter Allgemeine Zeitung*: „Maersk Mc-Kinney Møller": Größtes Containerschiff der Welt hat in Bremerhaven festgemacht, abrufbar im Internet: <http://www.faz.net/aktuell/wirtschaft/unternehmen/maersk-mc-kinney-m-ller-groesstes-containerschiff-der-welt-hat-in-bremerhaven-festgemacht-12536931.html> (Stand: 04.11.2014) Schiffe der sog. Tripple-E-Klasse haben ein Fassungsvermögen von rund 18.000 Standardcontainern. Ein Standardcontainer (TEU = Twenty-foot Equivalent Unit) weist dabei die Maße von ca. 6 x 2,5 x 2,5 m auf. Segelfrachtfahrt wird im transatlantischen Schiffsverkehr aktuell – soweit ersichtlich – nur noch von einem Segelschiff mit einer Kapazität von 34 Tonnen betrieben (vgl. *Leurs*: Segelschiff als Frachter: Zurück in die Zukunft, abrufbar im Internet: <http://www.spiegel.de/panorama/gesellschaft/tres-hombres-einziger-frachtsegler-auf-dem-atlantik-a-942679.html> (Stand: 04.11.2014): nach Angaben des Reeders vor allem aus politische Gründen als ökologische Alternative). Ebenso verkehrt in der deutschen Küstenschifffahrt (sog. Kabotage) derzeit ein Segelfrachter zwischen Hamburg und der Insel Sylt (vgl. *Stock*: Segelfrachtschiff „Undine": Kaminholz auf hoher See, abrufbar im Internet: <http://

formuliert *Drews* in seinem an Praktiker gerichteten Kurzlehrbuch aus heutiger Sicht die Verhältnisse der Segelschifffahrtszeit wie folgt[42]:

> „Die besondere Situation des Seetransportes dieser Zeit [gemeint: Segelschifffahrtszeit des 19. Jahrhunderts, Anm. d. Verf.] liegt auf der Hand: Kleine Schiffe ohne Maschine, also reine Segler, die den Gefahren der See sehr viel schutzloser ausgeliefert waren, als dies die heutigen Containerriesen sind. Es gab – mit den entsprechenden Konsequenzen für die Navigation – weder den Panama- noch den Suezkanal. Es gab keinen Wetterbericht, keinen Funkverkehr, kein Telefon oder Fax, kein Radar und keine E-Mails. Genaue Seekarten existierten nur für wenige Gebiete oder gar nicht, Navigation per GPS war undenkbar. Schiffe waren monate- und jahrelang unterwegs, ohne direkten Kontakt zum Heimathafen, zum Reeder oder Auftraggeber zu haben."

Diese Auflistung ließe sich beliebig fortführen. Vor dem Hintergrund dieser Betriebswirklichkeit entstand im Fünften Buch des ADHGB die erste einheitliche Kodifikation seehandelsrechtlicher Vorschriften im deutschen Rechtsraum, wobei dem Seefrachtvertrag der Fünfte Titel *„Von dem Frachtgeschäft zur Beförderung von Gütern"* (Art. 557 - 664) gewidmet war[43]. Den Beratungen des ADHGB war der preußische Entwurf eines Handelsgesetzbuches zugrunde gelegt worden, der insgesamt 1063 Artikel verteilt auf sechs Bücher beinhaltete[44]. Das Seehandelsrecht war hierbei zunächst im vierten Buch geregelt, welches jedoch durch Überarbeitungen der ersten drei Bücher des Entwurfs schließlich zum fünften Buch wurde. Die von der Bundesversammlung eingesetzte Kommission, die mit dem Entwurf eines allgemeinen Handelsgesetzbuches für die deutschen Staaten betraut war, verlegte zur Beratung des Seehandelsrechts in der Zeit vom 26. April 1858 bis zum 22. August 1860 ihren Sitz von Nürnberg nach Hamburg, um eine größere Nähe zu den am Seehandel beteiligten Kreisen herzustellen[45]. Die Erörterung fand dabei in lediglich zwei Lesungen statt. Der von der Kommission vorgelegte Entwurf des Allgemeinen Deutschen Handelsgesetzbuches wurde von der Bundesversammlung am 8.

---

www.zeit.de/2013/21/segelfrachtschiff-undine-sylt-hamburg> (Stand: 04.11.2014): Ladekapazität: 70 Tonnen).

42 *Drews,* Seehandelsrecht, S. 12; vgl. auch die früheren Darstellungen etwa von *Wüstendörfer,* Studien, S. 9 – 89; *Pappenheim,* Revisionsbedürftigkeit des deutschen Seehandelsrechts, S. 6 – 9.

43 Vgl. vertiefend *Schulz,* Entstehung des Seerechts des ADHGB.

44 Vgl. auch *Nissen,* Die Beratungen des Seeversicherungsausschusses, S. 44; *Gierke,* Handelsrecht und Schiffahrtsrecht, 8. Aufl., S. 14 f.

45 *Schulz,* Entstehung des Seerechts des ADHGB, S. 38 ff.; *Nissen,* Die Beratungen des Seeversicherungsausschusses, S. 45, *Wüstendörfer,* Neuzeitliches Seehandelsrecht, S. 22.

Mai 1861 sämtlichen Mitgliedstaaten zur Einführung empfohlen, die dieser Empfehlung in der Mehrzahl sukzessive – wenn auch teilweise mit leichten Abweichungen – folgten, bis das ADHGB zunächst 1869 Bundesgesetz und schließlich durch die Verfassung des Deutschen Reichs vom 16. April 1871 Reichsgesetz wurde[46].

Wenn das ADHGB auch keine ausdrückliche weitergehende Unterteilung des Fünften Titels der seehandelsrechtlichen Vorschriften vorsah, so ließen sich diese nach *Schulz*[47] jedoch systematisch wie folgt einteilen: Allgemeine Bestimmungen (Art. 557 – 560), Beladung, Überliegegeld und Fautfracht (Art. 561 – 592), Löschung und Überliegegeld (Art. 593 – 606), Haftung des Verfrachters für die Güter (Art. 607 – 614), Frachtbezahlung (Art. 615 – 629), Aufhebung des Frachtvertrages durch höhere Gewalt (Art. 630 – 643), das Konnossement (Art. 644 – 663) und die Haftung des Reeders beim Unterfrachtvertrag (Art. 664).

Der Seefrachtvertrag hatte keine ausdrückliche gesetzliche Definition gefunden. In Art. 557 ADHGB waren die Seefrachtverträge lediglich wie folgt unterschieden worden:

„Der Frachtvertrag zur Beförderung von Gütern bezieht sich entweder

1. auf das Schiff im ganzen oder einen verhältnismäßigen Theil oder einen bestimmt bezeichneten Raum des Schiffs oder
2. auf einzelne Güter (Stückgüter)."

Gesetzliche Regelung hatten mithin der Raumfrachtvertrag (Ziffer 1) gefunden, wobei sich dieser sowohl auf ein Schiff im Ganzen (Ganz-/Vollcharter), einen verhältnismäßigen Teil oder einen bestimmten Raum eines Schiffes (Teilcharter) beziehen konnte, sowie der Stückgütervertrag (Ziffer 2).

Weiterhin wurde mit dem ADHGB durch die Art. 644, 653 Abs. 1, die später in das HGB übernommen wurden, das Reederkonnossement eingeführt, da nunmehr gemäß gesetzlicher Regel der Kapitän in Vertretung für den Reeder das Konnossement zeichnete[48]. Sämtliche seehandelsrechtlichen Bestimmungen des ADHGB waren zudem disponibel ausgestaltet, sodass die Vertragsparteien innerhalb der allgemeinen Grenzen frei über die gesetzlichen Regelungen verfügen konnten.

---

46 *Rabe,* Seehandelsrecht, Einl. Rdnr. 35; vgl auch *Schubert,* Protokolle des Seerechtsausschuss, S. XII f.

47 *Schulz,* Entstehung des Seerechts des ADHGB, S. 51.

48 *Rabe,* Seehandelsrecht, Vor § 642 Rdnr. 2.

3. Umbruch des Seehandels in der zweiten Hälfte des 19. Jahrhunderts

Die gesetzliche Fixierung des Seehandelsrechts im ADHGB erfolgte nahezu gleichzeitig mit dem Einsetzen grundlegender Veränderungen im Seehandel und insbesondere im Seeverkehr.

a) Die Veränderungen im Betrieb des Seehandels

Die „*morphologischen Veränderungen*" der Schifffahrtstechnik, der Reedereiverfassung sowie im überseeischen Warenverkehr sind zu Beginn des 20. Jahrhunderts von mehreren Autoren angeführt und die Überalterung der gesetzlichen Bestimmungen kritisiert worden, wobei insbesondere *Wüstendörfers*[49] ausführliche Erörterungen in seinen Studien zur modernen Entwicklung des Seefrachtvertrages hervorzuheben sind. Die Veränderungen sollen an dieser Stelle nur kurz in ihren wesentlichen Grundrissen nachgezogen werden.

Die maßgeblichen Neuerungen standen vor allem im Zusammenhang mit dem Aufkommen der Dampfschifffahrt in der zweiten Hälfte des 19. Jahrhunderts, welche eine größere Unabhängigkeit der Seeschiffe von äußeren Einflüssen und verbindlichere Reisezeiten ermöglichte, sowie den durch die Stahlbauweise rapide ansteigenden Schiffsmaßen und somit auch Ladekapazitäten. Zudem wurde die zu Segelschifffahrtszeiten noch vorherrschende Trampschifffahrt durch die Einrichtung fester Liniendienste der Reedereien verdrängt; eine Entwicklung die nicht zuletzt auch durch die zunehmende Stückgüterbeförderung von Industrieprodukten befördert wurde. Durch den wachsenden Kapitalbedarf der Reedereien suchten sich diese neue Organisationsformen, insbesondere die der Aktiengesellschaft. Neue Erfindungen in der Nachrichtenübermittlung, wie die Telegrafie sowie nachfolgend der drahtlose Funkdienst, verminderten die zuvor für viele seehandelsrechtliche Normen maßgeblich prägende Isolierung des Schiffes, seines Kapitäns und der Ladung während der Reise, welche den Reedereien bzw. Verfrachtern verstärkte Einflussmöglichkeiten brachte. Zugleich verbesserten und intensivierten sich die Kontrollmöglichkeiten bei Seeunfällen[50].

---

49 *Wüstendörfer,* Studien, S. 9 – 89; vgl. zum Folgenden auch *Wüstendörfer,* Das Schiffahrtsrecht, S. 17 ff. m.w.N; *Rabe,* Seehandelsrecht, Einl. Rndr. 36; *Pappenheim,* Revisionsbedürftigkeit des deutschen Seehandelsrechts, S. 5 – 9.

50 Vgl. *Wüstendörfer,* The Hague Rules, S. 3: „*Eine verschärfte Kontrolle der Seeunfälle durch das seeamtliche Verfahren förderte jetzt nicht selten als Schadensursache nachträglich ein angebliches nautischen Verschulden der Schiffsbesatzung zutage, am grünen Tische konstruiert, da wo früher, in patriarchalischen Verhältnissen, der Unfall als nichtvertretbarar Zufall, als höhere Gewalt gegolten haben mochte.*"

Die Auswirkungen der Intensivierung des Großbetriebes etwa auf das Laden und Löschen der Schiffe beschrieb *Wüstendörfer* anschaulich wie folgt[51]:

> „Die wachsende Betriebshast vollends, das Arbeiten mit Dampfwinden bei Tag und bei Nacht, die dadurch bewirkte Abkürzung der Lade- und Löschzeiten auf ein Minimum trotz der steigenden Mengen von Massengut und Stückgut die ein moderner Dampfer auf solche Weise binnen kürzester Frist in seinem Riesenleib verschlingt, alles dies machte, wenngleich an sich dem Ablader erwünscht, doch das Vorkommen von Güterbeschädigungen unausbleiblich, die bei sorgsamster Behandlung vermieden worden wären. Die Arbeit des Ladens, Verstauens, Entlöschens, die früher ausschließlich der relativ kleinen, dem Kapitän bekannten, von einem Punkt aus leicht übersehbaren Mannschaft zugefallen war, sie beschäftigte nunmehr eine erhebliche Zahl fremder Arbeiter, die der Kapitän ohne persönliche Auswahl annehmen mußte. Die Kontrollmöglichkeit für den Reeder schien also vermindert."

Im Bereich des Rechts des Seefrachtvertrages brachte diese Entwicklung beispielsweise quasi eine Umkehr der im ADHGB vorgesehenen Verhältnisse mit sich. Fanden sich dort fast ausschließlich Regelungen zugeschnitten auf die Ganz- bzw. Teilbefrachtung, erlangten in der Seehandelswirklichkeit vielmehr der Stückgüterfrachtvertrag und in dessen Abwicklung geschlossene Konnossemente überragende Bedeutung.

b) Fehlende Anpassung des HGB

Eine Anpassung der seehandelsrechtlichen Vorschriften an diese tiefgreifenden Veränderungen erfolgte – wie bereits einleitend der Gesetzesbegründung der jüngsten Seerechtsnovelle entnommen – indes nicht. Als Gelegenheit hätte sich hier selbstverständlich die Einführung des HGB[52] geboten, jedoch kritisierte bereits *Pappenheim*[53] den am 22. Januar 1897 dem Reichstag vorgelegten Entwurf eines Handelsgesetzbuches und die darin vorgeschlagenen wenigen Änderungen seehandelsrechtlicher Vorschriften als *„zwar ohne Zweifel unbedenklich, aber auch unerheblich"*.

Zur Begründung der nicht erfolgten grundlegenden Überarbeitung des Seehandelsrechts heißt es in der Denkschrift zum Entwurf des Handelsgesetzbuches schlicht[54]:

---

51 *Wüstendörfer*, Studien, S. 370 f.

52 RGBl. 1897, S. 219.

53 *Pappenheim*, ZHR 46 a. f./1897, S. 255 (268).

54 Abgedruckt bei *Schubert*, Quellen zum HGB von 1897, Bd. 2, S. 949 ff.

„Dabei behält übrigens das letzte, das Seehandelsrecht enthaltene Buch im Wesentlichen seine jetzige Gestalt; die Revision kann sich hier auf diejenigen Aenderungen beschränken, welche durch den neuen Inhalt der übrigen Bücher sowie durch einzelne Vorschriften des B.G.B. oder sonstiger Reichsgesetze geboten sind. Insofern darüber hinaus ein Bedürfnis für Aenderungen des Seerechts bestehen, muß die Befriedigung desselben zunächst noch verschoben werden, um die Fülle der Aufgaben, welche die Gesetzgebung auf dem Gebiete des Privatrechts ohnehin zu bewältigen hat, nicht über Gebühr zu vermehren. Bei der Natur des Seerechts, das ein in sich geschlossenes Ganzes bildet und nur zu einem geringen Theile in einem engeren Zusammenhange mit dem sonstigen Inhalte des H.G.B. und dem bürgerlichen Rechts steht, unterliegt ein solches Verfahren auch keinem Bedenken."

Die fehlenden Kapazitäten der Gesetzgebungsorgane vor dem Hintergrund der Überarbeitung der übrigen Vorschriften des HGB sowie der Schaffung des Bürgerlichen Gesetzbuches führten mithin letztlich dazu, dass die seehandelsrechtlichen Vorschriften des ADHGB nur geringfügige inhaltliche Änderungen erfuhren.

Hervorzuheben aus den wenigen Anpassungen ist an dieser Stelle die bereits zuvor erwähnte Abkehr von der strengen Zufallshaftung des Verfrachters nach Verlust und Beschädigung der Frachtgüter des Art. 607 ADHGB, die ohnehin mangels zwingender gesetzlicher Ausgestaltung in der Praxis regelmäßig abbedungen worden war[55]. An ihre Stelle trat die Regelung des § 606 HGB (1897), welche für den Verfrachter eine Verschuldenshaftung jedoch mit Entlastungsmöglichkeit für den Fall vorsah, dass *„der Verlust oder die Beschädigung auf Umständen beruht, die durch die Sorgfalt eines ordentlichen Verfrachters nicht abgewendet werden konnten"*. Dieser Haftungsmaßstab wurde auch in § 559 HGB (1897) im Rahmen der Haftung des Verfrachters für die See- und Ladungstüchtigkeit des Schiffes übernommen. Hiermit sollte insbesondere eine Anpassung an die Haftung des Frachtführers des allgemeinen Frachtrechts herbeigeführt werden[56]. Die Haftung des Verfrachters gegenüber dem Empfänger aus dem Konnossement (Skripturhaftung) blieb hingegen erhalten, zuvor Art. 653 Abs. 1 ADHGB, sodann § 651 Abs. 1 HGB (1897).

---

55 *Rabe*, Das Seefrachtgesetz vom 10. August 1937 - ein radikaler Vorläufer von § 11 Nr. 7 AGB-Gesetz, S. 397; vgl. zu den weiteren Änderungen des Seehandelsrechts *Pappenheim*, ZHR 46 a. f./1897, S. 255 (267 – 280) sowie die Denkschrift zum Entwurf eines Handelsgesetzbuchs bei *Schubert*, Quellen zum HGB von 1897, Bd. 2, S. 1178 – 1184.

56 Denkschrift zum Entwurf eines Handelsgesetzbuchs: *Schubert*, Quellen zum HGB von 1897, Bd. 2, S. 1182.

4. Das „Seehandelsrecht neben dem Gesetz"

Anders als es möglicherweise die Denkschrift zum HGB erwarten ließ, sollte auch in den nachfolgenden Jahren eine umfassende Revision des Seehandelsrechts nicht erfolgen. Es wurden lediglich einige Änderungsgesetze[57] verabschiedet, die jedoch sämtlich nicht unmittelbar die Bestimmungen über den Seefrachtvertrag betrafen. Der seehandelsrechtliche Gesetzestext blieb mithin bis zum Beginn der Beratungen des Seerechtsausschusses der Akademie für deutsches Recht weitestgehend unverändert.

a) Reaktion der Seehandelspraxis

Wie gesehen entfernten sich bereits seit Mitte des 19. Jahrhunderts die Wirklichkeit der Seehandelspraxis und das im ADHGB und sodann im HGB kodifizierte Seehandelsrecht immer stärker voneinander. Die am Seehandel beteiligten Kreise entledigten sich in der Folge mehr und mehr des für sie unpassenden Gesetzesrechts, was wegen der im Zuge der Vertragsfreiheit fehlenden Verbindlichkeit der seehandelsrechtlichen Vorschriften möglich war. Sie schufen auf diese Weise ein quasi eigenes, vertragliches Seehandelsrecht, wobei die Verfrachtungsbedingungen des Stückgüterfrachtvertrages von den Linienreedereien vorgegeben und die Charterverträge von großen Schifffahrtsorganisationen entworfen wurden[58]. Auf diesem Wege entstanden – aufgrund des starken Einflusses der britischen Seeschifffahrt meist nach englischem Vorbild[59] – umfangreiche

57 Es handelte sich um das Gesetz, betreffend Abänderungen seerechtlicher Vorschriften des HGB vom 2. Juni 1902 (RGBl. 1902, S. 218 ff.) sowie das Gesetz, betreffend der Seemannsordnung und des Handelsgesetzbuches vom 12. Mai 1904 (RGBl. 1908, S. 167 ff.), welche gewisse Bestimmungen über die Schiffsmannschaft änderten, sowie das Gesetz, betreffend die Änderung der Vorschriften des HGB über die Seeversicherung vom 30. Mai 1908 (RGBl. 1908, S. 307 ff.) und das Gesetz über den Zusammenstoß von Schiffen sowie über die Bergung und Hilfsleistung in Seenot vom 7. Januar 1913 (RGBl. 1913, S. 90 ff.), mit welchem zwei internationale Abkommen zu den jeweiligen Regelungsbereichen in das deutsche Recht übernommen wurden.

58 Vgl. *Wüstendörfer,* Neuzeitliches Seehandelsrecht, S. 23, der diese Entwicklung *„lebendes Seerecht"* nannte; *Herber,* Seehandelsrecht, S. 252, zur Charterpraxis; vgl. auch *Webersberger,* Freizeichnungsklauseln im 19. und 20. Jh., S. 47 – 124, der die Entwicklung der in der Seehandelspraxis verwandten Freizeichnungsklauseln und die Reaktion insbesondere der Rechtsprechung hierauf untersucht.

59 *Rabe,* Seehandelsrecht, Einl. Rdnr. 37.

Vertragsformulare in denen nahezu sämtliche Regelungen in kasuistischen Klauseln getroffen wurden.

Wenn die Nachgiebigkeit des Gesetzes für die Praxis mithin einerseits durchaus Segen war und es ihr ermöglichte, die Vertragsverhältnisse den neuen Entwicklungen anzupassen, so führte eben dieser Umstand letztlich als Kehrseite in den Bereichen zu ungerechten Ergebnissen, in denen sich die Vertragsparteien nicht ebenbürtig gegenüberstanden; namentlich im Bereich der Konnossementsklauseln der Stückgüterverfrachtung wegen der monopolartigen Stellung der wenigen Linienreedereien gegenüber der Vielzahl von Ladungsinteressenten[60]. Die Reeder neigten gerade in diesem Bereich auch aufgrund der steigenden Ladungswerte dazu, durch weitreichende Freizeichnungsklauseln ihr Haftungsrisiko derart weit auf die Befrachter abzuwälzen, dass – wie *Pappenheim*[61] berichtete – ein englischer Jurist zu der leicht polemischen, wohl jedoch durchaus zutreffenden Feststellung gelangte, die Verfrachter würden die ihnen gesetzlich obliegenden Verpflichtungen aus dem Frachtvertrage derart weitgehend aufheben, dass sie letztlich nur noch dazu verpflichtet seien, die Zahlung der Fracht entgegenzunehmen.

b) Gegenreaktionen zur Freizeichnungspraxis der Reeder

Die Rechtsprechung – und hier insbesondere das Hanseatische Oberlandesgericht, welches für alle Berufungen der Hansestädte Hamburg, Lübeck und Bremen zuständig war – vermochte durch einen lebensnahen Umgang mit dem veralteten und rückständigen Gesetzestext zwar an vielen Stellen die ausbleibende Tätigkeit des Gesetzgebers aufzufangen, gerade im Bereich der Freizeichnungsklauseln gelang dieses jedoch aufgrund der der richterlichen Rechtsfortbildung gesetzten Grenzen nicht in einem hinreichendem Maße, sodass Forderungen nach einer Beschränkung der Vertragsfreiheit laut wurden[62]. Im nationalen Recht erfolgten Einschränkungen der Vertragsfreiheit zu Beginn des 20. Jahrhunderts jedoch zunächst lediglich in den Bereichen des Auswanderungswesens und der seemännischen Arbeitsverhältnisse.

---

60 *Herber,* Seehandelsrecht, S. 13; *Rabe,* Das Seefrachtgesetz vom 10. August 1937 - ein radikaler Vorläufer von § 11 Nr. 7 AGB-Gesetz, S. 402 f.; *Wüstendörfer,* Neuzeitliches Seehandelsrecht, S. 280 ff.

61 *Pappenheim,* Revisionsbedürftigkeit des deutschen Seehandelsrechts, S. 15.

62 Vgl. allg. *Domine,* Grenzen der Freizeichnung im Seerecht, S. 3 - 10; *Herber,* Seehandelsrecht, S. 13; *Rabe,* Seehandelsrecht, Einl. Rdnr. 39.

Parallel entwickelten sich bereits seit dem späten 19. Jahrhundert internationale Bestrebungen der Rechtsvereinheitlichung und dieses insbesondere im Hinblick auf eine Einschränkung der Freizeichnungspraxis. Maßgebliche Bedeutung erlangten hierbei die 1873 gegründete International Law Association (im Folgenden: ILA), auf deren Bestrebungen die York-Antwerp-Rules von 1890 zur Regelung wichtiger Fragen der Großen Haverei zurückzuführen sind, sowie insbesondere des Comité Maritime International (im Folgenden: CMI), welche 1897 in Antwerpen gegründet wurde[63]. Im Bereich der Freizeichnungsklauseln gelang beiden Organisationen jedoch ebenfalls zunächst kein Durchbruch. Die ILA hatte bereits in den Jahren 1882 und 1885 Versuche unternommen, mittels Veröffentlichung von Normalkonnossementen eine gerechtere Verteilung der Haftungsrisiken zwischen den Parteien des Seefrachtvertrages zu erreichen[64]. Beide Konnossemente mit jeweils unterschiedlicher Verteilung der Haftungsrisiken zwischen Reeder und Ladungsinteressent konnten sich jedoch nicht durchsetzen.

Nachdem noch im Jahr 1884 der 17. Deutsche Juristentag zur Lösung der Problematik der Freizeichnungsklauseln den weitreichenden Vorschlag fasste, die Haftung des Reeders für jede Form des Verschuldens während der Zeit von der Übernahme bis zur Auslieferung der Güter zwingend auszugestalten, war den 1886 entworfenen sog. Hamburg-Bremer Konnossementsbedingungen, die jedenfalls in gewissen Bereichen vergleichbar den später darzustellenden Haager Regeln eine verbindliche Haftung der Reeder vorsahen, jedenfalls vorübergehend eine größere Akzeptanz der am Seehandel Beteiligten beschieden[65]. Aufgrund fehlender Verbindlichkeit dieser Konnossementsbedingungen war deren Übernahme jedoch ebenfalls von der Bereitschaft der Reeder abhängig.

Da sich der vorangegangene Beschluss nicht durchzusetzen vermochte, wurde auf dem 18. Deutschen Juristentag 1906 in Kiel erneut die Thematik der Freizeichnungsklauseln beraten. Zwischenzeitlich war 1893 in den USA der *Harter Act* in Kraft getreten, der ähnlich wie die Hamburg-Bremer Konnossementsbedingungen jedenfalls teilweise eine zwingende Haftung des

63 Zu den internationalen Vereinheitlichungsbestrebungen im Bereich der Freizeichnungsklauseln: *Domine,* Grenzen der Freizeichnung im Seerecht, S. 6 – 10; *Sieveking,* HRZ 1921, Sp. 946 - 952; *Wüstendörfer,* Neuzeitliches Seehandelsrecht, S. 29 - 34; *Pappenheim,* Weltw. Archiv 1913 Bd. 2, S. 69 (80 ff.); vgl. auch die weiteren Ausführungen unten B. III. 2.

64 *Domine,* Grenzen der Freizeichnung im Seerecht, S. 7.

65 *Rabe,* Das Seefrachtgesetz vom 10. August 1937 - ein radikaler Vorläufer von § 11 Nr. 7 AGB-Gesetz, S. 403 ff.; *Domine,* Grenzen der Freizeichnung im Seerecht, S. 7.

Seetransportunternehmers vorsah. Der Deutsche Juristentag empfahl nach ausführlicher Diskussion schließlich auf Antrag *Boyens* und *Mittelsteins*, die teilzwingende Haftung des Harter Act ins deutsche Recht zu übernehmen; die Regelung sollte jedoch wegen des Konkurrenzdrucks der deutschen Reeder auf Grundlage einer internationalen Verständigung erfolgen[66].

Im Zuge der Diskussion über die Haftungsregelung des Harter Act wurde im Bereich des Deutschen Reichs 1912 – maßgeblich von einer Kommission des Vereins Hamburger Reeder – das sog. Einheitskonnossement entworfen. Diese von nahezu sämtlichen deutschen Linienreedereien übernommen Regelungen veränderten jedoch insbesondere aufgrund der in ihnen vorgesehenen Beweislastverteilung zu Ungunsten der Ladungsbeteiligten im Ergebnis wenig an den für ungerecht erachteten Verhältnissen des Seehandels[67]. Wohl auch aus diesem Grund fand das Einheitskonnossement 1912 großen Anklang auf Seiten der Reeder.

Der Weg der internationalen Verständigung wurde sowohl von der ILA als auch das CMI begleitet, wobei insbesondere letzteres durch seine Arbeiten regelmäßig internationale Übereinkommen vorbereitete[68]. Beschäftigte sich das CMI zunächst nur mit Einzelfragen des Seehandelsrechts, so setzte dieses bereits 1909 auf seiner 7. Konferenz in Bremen eine Kommission ein, die damit betraut wurde, einen Entwurf für das gesamte Seefrachtrecht auszuarbeiten[69]. Der im Jahr 1914 vorgelegte sog. Londoner Entwurf wurde jedoch aufgrund des einsetzenden Ersten Weltkrieges zunächst nicht weiter verfolgt; nach dem Ende des Krieges besann sich das CMI zunächst wiederum darauf, besonders regelungsbedürftig erscheinende Einzelfragen zu behandeln[70]. Hieraus resultierten die drei 1924 abgeschlossenen Brüsseler Übereinkommen, nämlich die bereits

---

66 *Schriftführer-Amt der ständigen Deputation*, Verhandlungen des Achtundzwanzigsten Deutschen Juristentages Kiel 1906, S. 163 – 201; zu den gefassten Beschlüssen insbesondere S. 200 f.

67 *Lebuhn*, Neuzeitliche Konnossementsfragen, S. 9 f.

68 *Wüstendörfer*, Neuzeitliches Seehandelsrecht, S. 30, *Berlingieri*, The Role of the CMI for the International Unification of Maritime Law, S. 167 ff.

69 *Schaps*, DJZ 1909, Sp. 1253 (1253); *Sieveking*, HRZ 1921, Sp. 946 (949 f.).

70 *Gütschow*, HRZ 1925, Sp. 547 (547); *Pappenheim*, Konnossementsrecht, S. 3 f.; *Wüstendörfer*, Neuzeitliches Seehandelsrecht, S. 31 f. sowie *Wüstendörfer*, The Hague Rules, S. 2: *„Vor dem Weltkriege schien es zwar, als ob es dem Comité Maritime International gelingen sollte, den Entwurf eines einheitlichen ‚Code international d'affrètment' in die Tat umzusetzen. Aber diese Hoffnungen sind zur Zeit begraben. In der vergifteten Atmosphäre des Völkerhasses und der vulkanischen Entladungen nach dem Kriege hat man sich verständlicherweise zunächst ein weniger entferntes Ziel gesteckt."*

einleitend erwähnten Haager Regeln sowie das Brüsseler Übereinkommen vom 25.08.1924 über die Beschränkung der Haftung der Eigentümer von Seeschiffen sowie das Übereinkommen über Schiffsgläubigerrechte und Schiffshypotheken. Auf die Diskussion der Übernahme dieser Übereinkommen in das deutsche Recht, insbesondere der Haager Regeln, wird – wie angekündigt – in Teil C. I. der Arbeit zurückzukommen sein.

5. Historische Ausgangssituation der Beratungen des Seerechtsausschusses

Aus dem Vorstehenden erschließt sich die Ausgangslage des Seehandelsrechts, wie es den Beratungen des Seerechtsausschusses zugrunde lag[71]. Im deutschen Rechtsraum fand sich ein ca. 70 Jahre altes Gesetzesrecht, dem die Wirklichkeit der Handelspraxis und des Seehandelsbetriebes entrückt war und welches aus diesem Grund nur eine weit untergeordnete Rolle spielte. Die im Seehandelsrecht vorherrschende Vertragsfreiheit führte vor allem im Bereich der Linienreedereien wegen der ungleichen Machtverhältnisse der Beteiligten zu starken Verwerfungen der Haftungsregelungen. Soweit sich auch die deutschen Rechtswissenschaftler zu Beginn des 20. Jahrhunderts weitestgehend darüber einig waren, dass es einer Reform der seehandelsrechtlichen Vorschriften dringend bedürfte, so entstand über die inhaltliche Ausgestaltung der erforderlichen Anpassungen jedoch ein starker Diskurs. Verwiesen sei beispielhaft nur auf den in diesem Zusammenhang hervorzuhebenden *Wüstendörfer*, der in seinen Studien zur modernen Entwicklung des Seefrachtvertrages eine Umgestaltung des Seehandelsrechts unter den Gesichtspunkten der Internationalisierung, der Sozialisierung und der Modernisierung vertrat und hiermit der Seehandelsrechtswissenschaft neue Impulse verlieh[72].

---

71 Einen umfassenden Überblick über die Fortentwicklung und den Zustand des Seehandelsrechts zum Zeitpunkt der Beratungen des Seerechtsausschusses vermittelt *Schwärzler*, Die Fortbildung des Rechts der Seeschiffahrt unter dem Einfluß technischer, wirtschaftlicher und sozialer Neuerungen (Diss. Kiel), Coburg, 1938.

72 *Wüstendörfer*, Studien zur modernen Entwicklung des Seefrachtvertrags, 1905-1909, zusammengefasst im Vortrag: *Wüstendörfer*, HGZ Beilage 1908, S. 1 – 12; Wüstendörfer wurde für seine Auffassung in ausführlichen Besprechungen kritisiert, etwa von *Brodmann*, KritV 1909, S. 76 – 95: *„Vielen – und zu ihnen gehört der Verf. (gemeint Wüstendörfer, Anm. d. Verf.) ist das Handelsgesetzbuch schon zu alt. Sie dünken sich „modern" und es zuckt ihnen in den Fingern, eine Hand anzulegen an die, wie sie meinen, erforderliche Revision."* (S. 93) und *Boyens*, ZHR 1913, S. 517 – 532: *„Im ganzen genommen ist dem Verfasser das Zeugnis zu geben, dass er mit großem Eifer wichtige*

Zugleich zeichnete sich das Seehandelsrecht als erstes Rechtsgebiet durch internationale Vereinheitlichungsbestrebungen aus, die jedenfalls bezüglich diverser Einzelfragen zu internationalen Übereinkommen führten. Ein erster Versuch, internationale Regeln über den Seefrachtvertrag zu erschaffen, war hingegen gescheitert.

II. Vertragsverhältnisse des Seetransports, insbesondere der Seefrachtvertrag in seiner gesetzlichen Fassung seit dem ADHGB bis zu den Beratungen des Seerechtsausschusses

Die Nutzung von Seeschiffen für den Transport von Gütern betrifft verschiedene Vertragsverhältnisse, wobei an dieser Stelle nur diejenigen Vertragsarten interessieren sollen, die in einer enger Beziehung zum Transport der Güter selbst stehen; Heuerverträge der Schiffsmannschaft bzw. des Kapitäns oder etwa die für den Seehandel ebenfalls bedeutsamen Seeversicherungsverträge sollen mithin nicht zum Gegenstand der nachfolgenden Betrachtung gemacht werden. Eine Einteilung dieser Vertragsverhältnisse des Seetransports fällt insoweit durchaus nicht leicht, da die rechtswissenschaftliche Dogmatik keinesfalls stets mit dem allgemeinen und insbesondere mit dem Sprachgebrauch der Seehandelspraxis übereinstimmen und zugleich verschiedene Begrifflichkeiten vor allem aus dem englischen Recht in den deutschen Rechtsraum hereingetragen wurden[73]. Verstärkt wurde dieser Umstand zudem maßgeblich durch die verschiedenartigen, individuellen Vertragsgestaltungen der Seehandelspraxis, die die Rechtswissenschaft regelmäßig vor die Aufgabe stellten und stellen, erforderlichenfalls die Rechtsnatur der sich verändernden Vertragsabsprachen neu zu bestimmen. Aus diesem Grunde ist zunächst eine Klärung der Begrifflichkeiten und Vertragsverhältnisse notwendig, um eine Eingrenzung des Seefrachtvertrages vornehmen zu können.

1. Aufteilung nach dem Regelungsgegenstand

Die Seehandelspraxis fasst – grob gesagt – sämtliche Verträge über die Nutzung eines Seeschiffes für den Gütertransport pauschal unter dem Oberbegriff der

Interessen unseres Seerechts neuer und interessanter kritischer Erörterung unterzogen hat. Er wird künftig noch mehr leisten, wenn er die unleugbar hervortretende einseitige Tendenz seines Denkens mehr zurückdrängt, allmählich einen weiteren Überblick und eine größere Objektivität gewinnt.“ (S. 532).

73 Vgl. etwa auch die Warnung von *Puttfarken*, Seehandelsrecht, S. 7.

„Charterparty" zusammen. *Drews* beschreibt aus Sicht des Praktikers die unterschiedlichen Vertragsverhältnisse des Seehandels heutiger Zeit wie folgt[74]:

> „Hauptgegenstand einer C/P (gemeint Charterparty, Anm. d. Verf.) ist in erster Linie das Schiff, sprich: dessen Überlassung zum Gebrauch. Je weiter man in einer Kette von C/P vordringt, desto stärker tritt dieser Gedanke zurück und es tritt der Aspekt der Beförderung von Gütern in den Vordergrund. [...] Die C/P mutiert von der Bareboat-Charter, einem Vertrag über die Nutzung eines Schiffes bzw. dessen Überlassung zum wirtschaftlichen Gebrauch generell – man könnte fast eine Art Pachtvertrag vermuten – bis zu einem Frachtvertrag im klassischen Sinne."

Er unterscheidet innerhalb dieser Kette als markante Vertragsverhältnisse:

- die *Bareboat-Charter* – Überlassung eines Schiffs ohne Kapitän und Besatzung,
- die *Timecharter (Zeitcharter)* – Überlassung eines Schiffs für eine bestimmte Zeit mit Kapitän und Besatzung,
- die *Voyagecharter (Reisecharter)* – Überlassung eines Schiffs für die Dauer einer oder mehreren konkreten Reisen mit einer konkreten Fracht sowie,
- die *Stückgut"charter" (Frachtvertrag)* – den klassischen Transportvertrag bezogen auf bestimmte Güter.

Mehrere dieser Charterparties können sich mithin auf ein und dasselbe Schiff beziehen und hintereinander gestaffelt auftreten. Dieses sei in heutiger Zeit nach *Drews* regelmäßig der Fall[75]. Eben diese Aufteilung hat – so viel sei an dieser Stelle bereits erwähnt – nunmehr auch die Seerechtsnovelle 2013 übernommen[76].

2. Die gesetzliche Aufteilung des ADHGB/HGB a. F.

Die Vorschriften des HGB entsprachen vor der Seerechtsnovelle 2013 – wie aufgezeigt – den Zuständen der auslaufenden Segelschifffahrtszeit. Diese spiegelte sich auch in den geregelten Transportverträgen wider.

---

74 *Drews,* Seehandelsrecht, S. 21 f.; *Puttfarken,* Seehandelsrecht, S. 7 f. sowie 132 f. nimmt für seine Darstellung ebenfalls die Sichtweise der Praxis in Anspruch und unterscheidet neben dem See-Güterbeförderungsvertrag die drei Grundformen des Chartervertrages, nämlich Reise-, Zeit- und Bareboat-Charter.

75 *Drews,* Seehandelsrecht, S. 15: *„Nicht selten sind so vier bis fünf C/P hintereinander geschaltet."*.

76 Vgl. unten Abschnitt D. II. 1.

a) *Keine Regelung der Bareboat-Charter/Schiffsmiete*

Der Vertragstypus der Schiffsüberlassung ohne Mannschaft war bereits zur Zeit der Einführung des ADHGB durchaus bekannt[77]. Die Bareboat-Charter fand jedoch innerhalb der seehandelsrechtlichen Vorschriften keine explizite Regelung, da diese seit jeher ausschließlich nach mietrechtlichen Vorschriften behandelt wird und demzufolge als reiner Mietvertrag anzusehen ist[78]. Der Charterer einer solchen Schiffsmiete ist regelmäßig zugleich Ausrüster des Schiffes und wird im Verhältnis zu Dritten als Reeder angesehen (§ 477 HGB, § 510 HGB (1897), Art. 477 ADHGB). Die reine Schiffsmiete stellt mithin unstreitig keinen Seefrachtvertrag dar und wurde demzufolge in seehandelsrechtlichen Abhandlungen regelmäßig in Bezug auf die Person des Ausrüsters behandelt[79].

Eine gesonderte Beratung dieses Vertragstyps erfolgte durch den Seerechtsausschuss nicht. Im Referat von *Baur* zur nachfolgend noch darzustellenden Zeitcharter heißt es insoweit lediglich[80]:

> „Es gibt aber noch eine andere Form der Verwendung von Schiffen zur Beförderung von Gütern und Reisenden, die wirtschaftlich eine erhebliche Rolle spielt, nämlich, wie man gewöhnlich sagt, durch Vermietung, eine Form, die das HGB, abgesehen von § 510, überhaupt nicht berührt."

Eine gesetzliche Regelung, so *Baur* weiter, erscheine jedoch auch nicht notwendig, da die Häufigkeit dieses Vertragstyps begrenzt sei, zudem regelmäßig an die besondere Lage des Einzelfalls angepasste Vereinbarungen getroffen würden und im Übrigen die Regelungen des Bürgerlichen Gesetzbuches (im Folgenden: BGB) zur Anwendung hinreichend geeignet seien.

b) *Art. 557 ADHGB/§ 556 HGB a. F.*

Unter Seefrachtvertrag verstand das deutsche Seehandelsrecht vielmehr, wie bereits gezeigt, über rund 150 Jahre lediglich zwei Vertragstypen, nämlich den Raumfrachtvertrag sowie den Stückgutfrachtvertrag (Art. 557 ADHGB/§556

---

77 Vgl. *Kaltenborn*, Grundsätze des praktischen Europäischen Seerechts, S. 241.

78 *Herber*, Seehandelsrecht, S. 347 sowie *Herber*, Seefrachtvertrag und Multimodalvertrag, S. 14; *Döhren*, Der Seefrachtvertrag, S. 2; *Gierke*, Handelsrecht und Schiffahrtsrecht, 8. Aufl., S. 608; *Argyriadis*, MDR 1958, S. 728 (729); *Spiliopoulos*, ZHG 1933, S. 98 (99 – 102); a. A. *Lorenz-Meyer*, Reeder und Charterer, S. 70.

79 Vgl. *Wüstendörfer*, Studien, S. 105 ff.; *Rabe*, Seehandelsrecht, § 510 Rdnr. 13 – 15; *Schaps/Abraham*, Das Seerecht, 4. Aufl., Rdnr. 2; bereits zur Seerechtsnovelle: *Paschke* in: Oetker (Hrsg.), HGB, 3. Aufl., § 553 Rdnr. 1 – 3.

80 *Baur*, Referat: Zeitfrachtvertrag und Schiffsmiete (Zeitcharter), S. 2.

HGB (1897)). Gemäß § 557 HGB (1897) konnte jede Vertragspartei beim Raumfrachtvertrag die Errichtung einer schriftlichen Urkunde verlangen. Dieses Dokument bezeichnete das Gesetz als „Charterpartie“[81]. In der seerechtlichen Literatur hat sich gleichwohl quasi als Oberbegriff für die Transportverträge jenseits des Stückgütervertrages die Bezeichnung „Charterverträge“ bzw. gemäß der englischen Diktion schlicht „Charter“ durchgesetzt.

Daneben kannte das Gesetz einst auch ausdrücklich die zuvor beschriebene Aneinanderreihung von verschiedenen Transportvertragsverhältnissen in der Form des Unterfrachtvertrags im Sinne des Art. 664 ADHGB bzw. § 662 HGB (1897). Der Unterfrachtvertrag, der jedoch keinen eigenständigen Vertragstypus darstellte, betraf die Fälle, in denen ein Befrachter, regelmäßig ein spekulierender Schiffsmakler, sein Recht zur Verladung von Gütern dadurch nutzte, dass dieser wiederum Seefrachtverträge mit dritten Ladungsinteressenten abschloss[82]. Die hierbei vorgesehene weitgehende Haftungsverlagerung auf den Reeder gemäß § 662 HGB (1897) führte jedoch bei der verstärkt aufkommenden Erscheinung der Einstellung fremder Schiffe in die Liniendienste der Reedereien zu unbilligen Ergebnissen; insbesondere bestand für Anspruchsinhaber eine erhebliche Rechtsunsicherheit hinsichtlich der Passivlegitimation[83]. Die Vorschrift wurde daher durch das Gesetz zur Änderung von Vorschriften über das Seefrachtrecht vom 10. August 1937 ersatzlos aufgehoben. Der Unterverfrachter wird nunmehr als Erfüllungsgehilfe des ausführenden Verfrachters im Sinne des § 278 BGB mit der korrespondierenden Haftungszurechnung angesehen[84].

3. Das Unterscheidungsmerkmal „Zeit“

Die gesetzliche Regelung des Art. 557 ADHGB bzw. § 556 HGB (1897) stellte zur Unterscheidung der Charterverträge auf das Merkmal des überlassenen Schiffsraums ab und definierte ausgehend hiervon die Ganz- bzw. Teilcharter entsprechend den überkommenen Verhältnissen im Seehandel. Die Charter erfolgte regelmäßig für eine Schiffsreise. Ebenfalls bekannt waren neben der Bemessung der vereinbarten Fracht nach Zeitabschnitten (vgl. Art. 623 ADHGB bzw. § 622

81 Diese Begriffsdefinition ist durch die Seerechtsnovelle entfallen, vgl. § 527 Abs. 1 Satz 2 HGB.

82 Vgl. *Wüstendörfer*, Neuzeitliches Seehandelsrecht, S. 118 u. 227; *Pappenheim*, Seerecht Band III, S. 59 – 72; *Lewis*, Das Transportgeschäft, S. 127 f.

83 *Wüstendörfer*, Neuzeitliches Seehandelsrecht, S. 118 f.

84 *Herber*, Seehandelsrecht, S. 244 f.; so auch bereits *Wüstendörfer*, Neuzeitliches Seehandelsrecht, S. 224 f.

HGB (1897), von *Wüstendörfer* als „uneigentliche Zeitcharter“ bezeichnet[85]) jedoch auch bereits Vertragsverhältnisse, bei denen ein Schiff für eine bestimmte Zeit durch den Befrachter für mehrere zu Vertragsbeginn meist noch nicht bezeichnete Reisen gechartert wurde[86]. Solange eine solche Charter zur Beförderung eigener Güter des Charterers erfolgte, konnte die Vertragsleistung schlicht als *„Summe einer Reihe einzelner Schiffahrten“* angesehen werden[87]. Auf diese Weise ließen sich solche Verträge mit den bekannten Kategorien behandeln.

Neben diesen Vertragsformen entwickelten sich ab der zweiten Hälfte des 19. Jahrhunderts jedoch neue Vertragskonstruktionen, bei denen ebenfalls ein Schiff für eine bestimmte Zeit gechartert wurde, deren Vertragsabsprachen sich jedoch letztlich zwischen dem Chartervertrag und der reinen Schiffsmiete bewegten. Es handelte sich vor allem um den zuvor bereits angesprochenen Fall, dass Reedereien fremde Schiffe zur Bedienung ihres Liniendienstes charterten und als Charterer eines solchen Schiffs weitere Seefrachtverträge abschlossen[88]. Für diese Vertragskonstellationen setzte sich der Begriff der „Zeitcharter“ (engl. time-charter) durch. Um die Bestimmung der Rechtsnatur dieser Form der Zeitcharter bzw. die Frage, ob es sich hierbei noch um einen Seefrachtvertrag handelt, entwickelte sich seit dem frühen 20. Jahrhundert eine ausgiebige Diskussion in der Seerechtswissenschaft. Bevor auf diesen Streit und die Behandlung dieser Streitfrage durch den Seerechtsausschuss eingegangen werden soll, ist jedoch eine nähere Bestimmung des Seefrachtvertrages erforderlich.

4. Der Seefrachtvertrag

a) Definition

Die Definition des Seefrachtvertrages ist im Wesentlichen seit langem unverändert. So formulierte bereits *von Kaltenborn* in seinen Grundsätzen des praktischen europäischen Seerechts im Jahre 1851[89]:

> „Das Wesen des Befrachtungsverhältnisses besteht darin, dass der eine Theil (der Rheder oder sein Bevollmächtigter) das Schiff zur Fahrt hergibt, um für den anderen

---

85 *Wüstendörfer,* Neuzeitliches Seehandelsrecht, S. 228 f.

86 *Wüstendörfer,* Studien, S. 97 f. und 136; nach *Wüstendörfer* die sog. „eigentliche Zeitcharter“; vgl. auch *Kaltenborn,* Grundsätze des praktischen Europäischen Seerechts, S. 248: *„Befrachtung […] für eine bestimmte Zeit“.*

87 *Wüstendörfer,* Studien, S. 97; *Rabe,* Seehandelsrecht, § 556 Rdnr. 9.*Boyens,* ZHR 1913, S. 517

88 Vgl. *Wüstendörfer,* Studien, S. 164 ff.

89 *Kaltenborn,* Grundsätze des praktischen Europäischen Seerechts 1. Bd., S. 243.

bewegliche Sachen (Waren oder andere Güter) von einem Orte zum anderen zu schaffen, und dass der letztere dafür eine Bezahlung leistet."

Wüstendörfer beschrieb den Seefrachtvertrag in seinem „Neuzeitlichen Seehandelsrecht" 1950 ähnlich unter Ergänzung der Beförderungsstrecke[90]:

> „Durch den Seefrachtvertrag (contratto di noleggio bzw. di trasporto di cose determinate; contrat d'affrètement bzw. de transport de marchandise par mer; maritime contract of affreightment) übernimmt es der „Verfrachter", Güter gegen Zahlung einer Vergütung nach einem Orte über See zu befördern."

Weitere 50 Jahre später formulierte *Herber* in seinem Lehrbuch zum Seehandelsrecht[91]:

> „Durch den Seefrachtvertrag verpflichtet sich der Verfrachter, die Güter über See zum Bestimmungsort zu befördern und dort an den Empfänger abzuliefern. Der Befrachter ist dagegen zur Zahlung des vereinbarten Beförderungsentgelts (der Fracht) verpflichtet."

Die Definitionen weisen nur marginale Abweichungen voneinander auf. *Von Kaltenborn* befasste sich ausschließlich mit der Frachtfahrt des Seerechts, sodass er die Transportstrecke durch die Wendung „das Schiff zur Fahrt" zu beschreiben vermochte. Später setzte sich hierfür der Ausdruck „über See" durch.

Herber ergänzt die Definition um die Person des Empfängers der zu transportierenden Güter und die Ablieferungspflicht des Verfrachters. Bei *von Kaltenborn* findet der Empfänger in der Beschreibung keine Erwähnung. Gleichwohl behandelt auch er die Pflicht des Schiffers als Repräsentant des Verfrachters, die Waren nach vollendeter Reise an den richtigen Empfänger abzuliefern[92]. Ein Wesensmerkmal erkannte *von Kaltenborn* in der Ablieferungspflicht hingegen offensichtlich nicht. Dies mag letztlich auch damit zusammenhängen, dass *von Kaltenborns* Ausführungen insgesamt eher den alten Verhältnissen des Seehandels anhafteten, was auch der Verweis auf die Abhandlungen Pöhls aus den Jahren 1830 bzw. 1831 zeigt[93]. Wie gesehen, waren zu Beginn des 19. Jahrhunderts regelmäßig noch der Befrachter selbst oder jedenfalls sein Vertreter „Empfänger" der Waren.

Wüstendörfer hatte rund 100 Jahre später das Vorhandensein eines Ladungsempfängers für den Seefrachtvertrag ausdrücklich nicht für wesentlich

90 *Wüstendörfer*, Neuzeitliches Seehandelsrecht, S. 224.

91 *Herber*, Seehandelsrecht, S. 235 f.

92 *Kaltenborn*, Grundsätze des praktischen Europäischen Seerechts, S. 337 f.

93 *Kaltenborn*, Grundsätze des praktischen Europäischen Seerechts, S. 243.

erachtet, da ein Frachtvertrag auch lediglich das Hinausbefördern etwa einer Sprengstoffladung auf offene See zum Inhalt haben könne, um diese dort zu versenken[94]. Zugleich räumte er jedoch ein, dass es sich hierbei um seltene Fälle handele und *„fast stets"* im Seefrachtvertrag ein Sollempfänger benannt werden würde.

Im Ergebnis ist jedoch auch *Herbers* Ausführungen nicht zu entnehmen, inwiefern es sich bei der Ablieferungspflicht beim Empfänger um ein Wesensmerkmal des Seefrachtvertrages handeln soll. Als entscheidende Abgrenzungskriterien des Seefrachtvertrages gegenüber ähnlichen Vertragsarten nennt er einzig den geschuldeten Transporterfolg sowie die Inobhutnahme der Güter während des Transports durch den Verfrachter, wobei die Beförderung über See zu erfolgen habe[95]. Festzuhalten bleibt jedoch, dass nunmehr die Seerechtsnovelle die Ablieferungspflicht des Verfrachters ausdrücklich in die gesetzlichen Regelungen der Seefrachtverträge aufgenommen hat. Sowohl in § 481 Abs. 1 HGB beim Stückgutfrachtvertrag als auch in § 527 Abs. 1 Satz 1 HGB beim Reisevertrag heißt es jeweils *„[...] zu befördern und dort dem Empfänger abzuliefern"*. Den Gesetzgebungsmaterialien ist hingegen nicht zu entnehmen, dass insoweit eine inhaltliche Änderung beabsichtigt war. Laut der Gesetzesbegründung erfolgte die gesetzliche Umschreibung der Vertragstypen vielmehr in enger Anlehnung an den Frachtvertrag gemäß § 407 HGB[96]. Auch beim Frachtvertrag des allgemeinen Frachtrechts soll es sich jedoch lediglich „regelmäßig" um einen Vertrag zugunsten Dritter handeln[97].

Unverändert dürfte daher für den Seefrachtvertrag allgemein gelten, dass dieser als zweiseitiger Vertrag definiert wird, durch den sich die eine Vertragspartei, der Verfrachter, der anderen Vertragspartei gegenüber, dem Befrachter, zur Beförderung von Gütern nach einem Ort über See gegen Zahlung einer Vergütung

---

94 Vgl. *Wüstendörfer*, Neuzeitliches Seehandelsrecht, S. 226; so auch *Rabe*, Seehandelsrecht, vor § 556 Rdnr. 49: *„Der Seefrachtvertrag ist jedoch nicht begriffsnotwendig ein Vertrag zugunsten eines Dritten."* sowie *Schaps/Abraham*, Das Seerecht, 4. Aufl., vor § 556 Rdnr. 14.

95 *Herber*, Seehandelsrecht, S. 236.

96 Begr. RegE, BT-Drs. 17/10309, S. 66 und 100; § 407 Abs. 1 HGB lautet: *„Durch den Frachtvertrag wird der Frachtführer verpflichtet, das Gut zum Bestimmungsort zu befördern und dort an den Empfänger abzuliefern."*

97 *Paschke* in: Oetker (Hrsg.), HGB, 3. Aufl., § 407 Rdnr. 17; vgl. auch *Basedow*, Der Transportvertrag, S. 34 ff.

verpflichtet[98]. In aller Regel wird zudem ein Sollempfänger zwischen den Parteien vereinbart, an den die zum Transport bestimmten Güter abzuliefern sind[99].

b) Rechtsnatur des Seefrachtvertrages

Die Rechtsnatur des solchermaßen definierten Seefrachtvertrages steht in heutiger Zeit nicht mehr in Zweifel. Es handelt sich um einen Sonderfall des Werkvertrages, wobei geschuldeter Erfolg die Verbringung der Güter zum Bestimmungsort/-hafen ist[100]. Ausgangspunkt für die vorherrschende Einmütigkeit in dieser Frage war letztlich die Formulierung des Art. 557 ADHGB. Durch die Beschreibung des Seefrachtvertrages als „Frachtvertrag zur Beförderung von Gütern" wurden sowohl der Chartervertrag als auch der Stückgutfrachtvertrag jeweils dem Grunde nach als Werkverträge gekennzeichnet. Bezüglich des Stückgutfrachtvertrages stand dieses letztlich zu keinem Zeitpunkt im Zweifel[101].

---

98 So auch: *Schaps/Abraham,* Das Seerecht, 4. Aufl., Vor § 556, Rdnr. 2; *Rabe,* Seehandelsrecht, vor § 556, Rdnr. 48; *Müller-Erzbach,* Handelsrecht, S. 868 (erwähnt ebenfalls den Empfänger); *Döhren,* Der Seefrachtvertrag, S. 1; *Gierke,* Handelsrecht und Schiffahrtsrecht, 8. Aufl., S. 607; *Pappenheim,* Seerecht Band III, S. 8 f.; *Pöhls,* Seerecht, 2. Teil, S. 395; *Cosack,* Handelsrecht, 12. Aufl., S. 502; *Brandis,* Seerecht Bd. 2, S. 1, wobei jedoch die Entgeltlichkeit nicht Begriffsmerkmal des Seefrachtvertrages sein soll.

99 Darüber hinaus kennt das deutsche Recht als weiteren Beteiligten des Seefrachtvertrages den *Ablader.* Hierbei handelt es sich um denjenigen, der die Güter aufgrund des Seefrachtvertrages tatsächlich an den Verfrachter zur Beförderung übergibt (*Wüstendörfer,* Neuzeitliches Seehandelsrecht, S. 225; *Rabe,* Seehandelsrecht, Vor § 556, Rdnr. 12; vgl. näher zum Ablader: *Ernst,* Der Ablader im deutschen Seerecht, Diss. Hamburg 1971.). Ablader und Befrachter können dieselbe Person sein, dieses muss indes – wie häufig der Fall – nicht so sein. Dieses besondere Rechtsinstitut des deutschen Seehandelsrechts dient dem Zweck, gewisse Rechte und Pflichten unmittelbar derjenigen Person zuzuweisen, die tatsächlich die Abladung der Güter vornimmt (vgl. *Herber,* Seehandelsrecht S. 247 – so ist z. B. der Ablader berechtigt, vom Verfrachter je nach vertraglicher Abrede die Ausstellung eines Konnossements oder eine schriftliche Empfangsbestätigung zu verlangen, § 486 Abs. 1 Satz 2 HGB.).

100 *Schaps/Abraham,* Das Seerecht, 4. Aufl., vor § 556, Rdnr. 16; *Rabe,* Seehandelsrecht, vor § 556 Rdnr. 48, der keine abweichenden Auffassungen mehr aufführt; *Herber,* Seehandelsrecht S. 235 f.; *Wüstendörfer,* Neuzeitliches Seehandelsrecht, S. 230; so auch bereits *Lewis,* Das Deutsche Seerecht Bd. 1, S. 239 und *Döhren,* Der Seefrachtvertrag, S. 3.

101 So bereits *Ullrich,* Ueber die Frage: Ob wegen durch casuelle Hindernisse herbeigeführte Verzögerung der Beladung oder Löschung eines Schiffs Entschädigung gegeben werden müsse?, S. 322: *„Der rechtliche Charakter einer operis locatio conductio*

Gegenstand dieser – mit *Pappenheim*[102] – jüngeren Form des Seefrachtvertrages ist – wie gesehen – jeweils nur die Beförderung einzelner Güter, sodass hier ausschließlich die Beförderung im Vordergrund steht.

aa) Der Streit über die Rechtsnatur des Chartervertrages

Hinsichtlich der Rechtsnatur des Chartervertrages wurden indes noch in der ersten Hälfte des 19. Jahrhunderts unterschiedliche Auffassungen vertreten. So war die Frage letztlich streitig, ob es sich der Rechtsnatur nach um einen Mietvertrag (locatio conductio rei), teilweise auch in Verbindung mit einer Dienstmiete (locatio conductio operarum) angesehen, oder um einen Werkvertrag (locatio conductio operis) handelt:

Insbesondere *Cropp*[103] vertrat die Auffassung, es müsse danach unterschieden werden, ob dem Befrachter das Schiff oder gewisse Schiffsräume zur Benutzung überlassen würden, dann handele es sich um eine Miete des Schiffes, oder ob nach dem Vertrag dem Schiffer lediglich Waren übergeben würden, damit er sie zum Bestimmungsort verbringt. Im letzteren Falle handele es sich um *„ein Verbrinden der Waare zum Transporte“*, mithin um einen Werkvertrag. Eine Überlassung des Schiffs oder einzelner Räume desselben zur Benutzung sollte nach *Cropp* jedoch nicht nur dann vorliegen, wenn der Befrachter in den seltenen Fällen das Schiff zur eigenen Fahrt mit eigener Bemannung nutzte, sondern auch dann, wenn der Schiffer und seine Mannschaft die Führung des Schiffes behielten[104]. *Cropp* stellte zwar die Regel auf, dass der Frachtvertrag im Zweifel stets ein *„Innominat-Contract“*, also ein Vertrag sui generis, darstelle, der nach den Grundsätzen der locatio conductio operis zu behandeln sei. Den Chartervertrag über das Schiff im Ganzen oder einen verhältnismäßigen Teil desselben qualifizierte er jedoch als Mietvertrag.

---

tritt namentlich bei der Stückgüterfracht klar entgegen, und wird auch kaum für diese Art des Frachtcontracts von irgend einer Seite bezweifelt werden.“ sowie *Cropp,* Ueber die unterlassene oder verzögerte Erfüllung eines Frachtcontractes, S. 636; vgl. auch *Wüstendörfer,* Studien, S. 98.

102 *Pappenheim,* Die geschichtliche Entwicklung des Seehandels und seines Rechts, S. 138.

103 Vgl. *Cropp,* Ueber die unterlassene oder verzögerte Erfüllung eines Frachtcontractes, S. 630 – 638.

104 *Cropp,* Ueber die unterlassene oder verzögerte Erfüllung eines Frachtcontractes, S. 635 f.

Auch *Voigt*[105], der sich ausschließlich auf den Chartervertrag über ein ganzes Schiff bezog, sah diesen als Mietvertrag an, wobei er diese Auffassung zugleich als *„fast allgemein und gewiß mit Grund angenommen"* bezeichnete. Zwar räumte *Voigt* zugleich ein, dass *„auch manche Gesetzesstelle die Uebernahme der Verbindlichkeit, eine bestimmte Ware oder einen sonstigen Gegenstand nach einem gewissen Orte zu schaffen, als locatio conductio operis"* bezeichnete. Von diesen sollten nach Auffassung *Voigts* indes nur solche Fälle gemeint sein, *„wo dem Transport-Uebernehmer in Betreff der Ausführung seiner Leistung freie Hand gelassen, und nicht, wie es bei der Charterpartie immer geschieht, das Transportmittel – das Schiff – individuell bestimmt und als wesentlicher Gegenstand des Contracts behandelt"* werde. Beim Chartervertrag stehe mithin vielmehr die Vereinbarung eines bestimmten Transportmittels zur Ausführung der Dienste im Vordergrund; die *„Bemühung"* des Schiffers – also die Transportleistung – werde lediglich als *„Accessorium"* behandelt.

Pöhls[106] erklärte ebenfalls: *„Die Art nun, wie ein Schiff einem dritten zur Benutzung überlassen wird, ist, soweit sie juristisch und kaufmännisch in Betracht kommt, in der Regel die einer Vermiethung."* Hierzu zählte er ausdrücklich auch die Überlassung zum Transport von Gütern. Es handele sich um einen gemischten Vertrag bestehend zum Teil bestehend aus einem *„locatio rei (Vermiethung einer Sache)"* sowie einem Teil *„locatio operarum (Vermiethung von Diensten)"*, wobei *„am einfachsten eine locatio operis (Vermiethung eines zu vollbringenden Werkes)"* angenommen werden könne[107]. So klar Pöhls Einordnung des Seefrachtvertrages als Mietvertrag auch wirkte, so erkannte er zugleich bereits auch die werkvertraglichen Gesichtspunkte insbesondere in der Anwendbarkeit der Grundsätze des *receptums* durchaus an.

Von Kaltenborn[108] erkannte ebenfalls, dass auf den Seefrachtvertrag, wenn auch *„wesentlich Mietcontract"*, jedoch auch die Grundsätze des *receptums* Anwendung fänden. Hiervon ausgehend vertrat er die Auffassung, eine Entscheidung über die Frage der Rechtsnatur des Chartervertrages sei unnötig, da der Seefrachtvertrag *„zu einem ganz eigenthühmlichen modernen Institut erhoben [werde], welches, wenn man will, gemischter Natur ist oder vielmehr ein neues, auf Grundlage jener (nicht bloß Römischen) Rechtsinstitute sich auferbauendes Rechtsverhältnis ist."* Von einem ähnlichen Ausgangspunkt wie *Pöhls* kam von *Kaltenborn* mithin zu dem Schluss, dass es sich beim Seefrachtvertrag um ein gemischtes Vertragsverhältnis

105 Vgl. *Voigt,* Zur Lehre von den Ueberliegegeldern, S. 225.

106 *Pöhls,* Seerecht, 2. Teil, S. 394.

107 Vgl. *Pöhls,* Seerecht, 2. Teil, S. 399.

108 Vgl. *Kaltenborn,* Grundsätze des praktischen Europäischen Seerechts, S. 246.

handele, auf welches die Satzungen der locatio in ihrem Ganzen Umfange wenigstens analog angewendet werden sollten, soweit dies vor dem Hintergrund des konkreten Geschäftsverhältnisses im Einzelnen zulässig sei.

Fast zusammentreffend mit der Verabschiedung des ADHGB setzte sich sodann auch *Ullrich*[109] mit dem Streit sowie den Auffassungen der vorbenannten Autoren auseinander. *Ullrich* kam unter Heranziehung eines Vergleichs mit dem französischen und englischen Recht sowie insbesondere einer abweichenden Bewertung der für die Auffassung eines Mietvertragscharakters herangezogenen Quellen des römischen Rechts zu dem Ergebnis, es handele sich beim Chartervertrag ebenfalls – wie beim Stückgüterfrachtvertrag – dem Wesen nach um ein Rechtsgeschäft der *locatio operis*, mithin einen Werkvertrag.

bb) Die Regelung in Art. 557 ADHGB

Durch die Einführung des ADHGB wurde die Diskussion über die Rechtsnatur des Seefrachtvertrages in Form des Chartervertrages letztlich beendet. Wie bereits aufgezeigt, umschrieb Art. 557 ADHGB den Raumfrachtvertrag als „Frachtvertrag zur Beförderung von Gütern" und rückte auf diese Weise die Beförderungsleistung als werkvertragliches Moment in den Mittelpunkt.

Noch deutlicher wird die gesetzgeberische Entscheidung unter Bezugnahme der zuvor vorgeschlagenen Fassungen der gesetzlichen Regelung des Seefrachtvertrages in den Beratungen eines Allgemeinen Deutschen Handelsgesetzbuches[110]. Die Fassung des Art. 466 des preußischen Entwurfs zum Deutschen Handelsgesetzbuch – *„Die Befrachtung geschieht: 1. Für ein ganzes Schiff oder einen verhältnismäßigen oder einen räumlich bestimmten Theil desselben; 2. Für den Transport von einzelnen Gütern."* – war in den Beratungen der Hamburger Konferenz verworfen worden und stattdessen vorgeschlagen worden, den Seefrachtvertrag wie folgt zu regeln:

> „Der Frachtvertrag hat zum Gegenstande
> 1. entweder das Schiff im Ganzen oder zu einem verhältnismäßigen Theile oder einen bestimmt bezeichneten Raum des Schiffs;
> 2. oder den Transport von einzelnen Gütern (Stückgüter)."

Jedoch wurde von der Mehrheit der Hamburger Konferenz auch diese Formulierung letztlich abgelehnt, da die Gefahr bestünde, der Chartervertrag könne

---

109 Vgl. *Ullrich,* Ueber die Frage: Ob wegen durch casuelle Hindernisse herbeigeführte Verzögerung der Beladung oder Löschung eines Schiffs Entschädigung gegeben werden müsse?, S. 322 – 339.

110 Nach *Lewis,* Das Transportgeschäft, S. 124 Fn. 7.

durch diese Formulierung gerade als Mietvertrag aufgefasst werden (Prot. V, S. 2466). Sodann wurde die bereits wiedergegebene Fassung des Art. 557 ADHGB gewählt.

Lewis[111] formulierte dieses vom Gesetzgeber gefundene Ergebnis wie folgt: *„Auch bei diesem [gemeint: Chartervertrag] ist Gegenstand des Vertrages nicht der Gebrauch einer Sache, auch nicht zu leistende Dienste, sondern ein durch Dienste und Sachen zu erzielendes Resultat."*

Abweichende Auffassungen zur Rechtsnatur des gesetzlich geregelten Falls des Chartervertrages wurden seither nicht erkennbar vertreten.

5. Die Zeitcharter, ein Seefrachtvertrag?

Es ist bereits angedeutet worden, dass sich zwischen den beiden seit über 150 Jahren von Ihrer Rechtsnatur her letztlich unstreitigen Vertragsformen der Schiffsmiete und des Raumfrachtvertrages insbesondere im Zusammenhang mit dem sich ausweitenden Liniendienst der Reedereien ein neuerlicher Chartertypus entwickelte, die Zeitcharter. Ohne empirische Nachforschungen anstellen zu wollen, dürfte es sich bei der Frage der rechtlichen Einordnung der Zeitcharter, häufig im Zusammenhang mit dem Ausrüsterbegriff des § 510 HGB a. F. erörtert, um einen der meistbehandelten Diskussionsstände des Seehandelsrechts handeln[112]. *Wüstendörfer* bezeichnete diese Frage im Jahr 1925 als *„eines der schwierigsten Probleme des heutigen Seerechts"*[113], wodurch sich möglicherweise die Langlebigkeit der Diskussion erklären lässt. Wenn diese auch bereits

111 *Lewis,* Das Transportgeschäft, S. 124; ganz ähnlich fasst *Spiliopoulos,* ZHG 1933, S. 98 (110 f.) mit weiteren Nachweisen zusammen: *„Dieses Resultat aber muss als die oberste Stufe einer langjährigen Entwicklungsskala betrachtet werden, die von der Miete ausgehend, über eine Miete in Verbindung mit Dienstvertrag, und über einen Verwahrungsvertrag zu der heute herrschenden Konstruktion gelangt ist, die in dem Frachtvertrag eine locatio operis erblickt."*.

112 Eine einfache Recherche bringt bereits diverse Arbeiten, sämtlich mit dem Titel „Die Rechtsnatur der Zeitcharter" hervor: vgl. *Zschoche,* VersR 1994, S. 389 - 394 „Die Rechtsnatur der Zeitcharter"; *Breitzke,* Die Rechtsnatur der Zeitcharter, Hamburg 2005; *Frommelt,* Die Rechtsnatur der Zeitcharter, Frankfurt 1979; *Ramming,* Die Rechtsnatur der Zeitcharter; bzw. ganz ähnlich: *Riensberg,* Hansa 1956, S. 2294 - 2300 „Die rechtliche Natur der Zeitcharter"; *Lorenz-Meyer,* Reeder und Charterer – Rechtsnatur der Zeitcharter und Haftung des Zeitcharterers gegenüber Dritten (Die Auswahl der Abhandlungen erfolgte einzig anhand des von den Verfassern gewählten Titels und steht nicht unmittelbar in Zusammenhang mit der Bedeutsamkeit der jeweiligen Beiträge).

113 *Wüstendörfer,* JW 1925, S. 1250 (1250).

mehrfach für beendet erklärt wurde[114], so bestand augenscheinlich noch im Jahr 2005 für *Breitzke* Anlass, seine Dissertation zum Thema „Die Rechtsnatur der Zeitcharter" zu veröffentlichen.

Vereinzelt wurde vertreten, dass die Diskussion wegen der in der Praxis verwendeten umfangreichen Vertragsformulare *„praktisch ohne große Bedeutung"*[115] sei, zugleich wurde jedoch stets auf die überragende Bedeutung der Zeitcharter für den Seehandelsverkehr hingewiesen[116]. Kürzlich hat der deutsche Gesetzgeber im Rahmen der Seerechtsnovelle einen Versuch unternommen, die Diskussion zu beenden. Hierauf wird in Teil D der Arbeit noch einzugehen sein.

a) Wesensmerkmal der Zeitcharter

Nachdem insbesondere in der frühen Phase der Diskussion oftmals versucht wurde, verschiedene Unterkategorien der Zeitcharter aus den unterschiedlichen Vertragsformularen des Seehandels herauszuarbeiten, so wurde die Zeitcharter bzw. der Zeitchartervertrag jedoch regelmäßig wie folgt umschrieben: Gegenstand eines solchen Vertrages ist die Überlassung eines Seeschiffes durch den Eigentümer – im Gegensatz zur Bareboat-Charter – mitsamt der Besatzung für einen bestimmten Zeitraum zur wirtschaftlichen Verwendung durch den Charterer[117]. Um das Seeschiff tatsächlich wirtschaftlich im eigenen Sinne nutzen zu können, erhält der Charterer mittels einer sog. Employment-Klausel das Bestimmungsrecht über den wirtschaftlichen Einsatz des Schiffes; der Kapitän

---

114 So im Jahr 1935: *Bacmeister,* Probleme der Zeitcharter, S. 16: *„Seit etwa 10 Jahren sind auch keine überzeugenden neuen Vorschläge mehr gemacht worden. Es hat den Anschein, als seien die theoretischen Möglichkeiten erschöpft."* oder etwa im Jahr 1994: *Zschoche,* VersR 1994, S. 389 (389): *„Zum einen war nach der ausgiebigen wissenschaftlichen Diskussion in den 50er und 60er Jahren nichts wesentlich Neues zu sagen. Das gilt bis heute, […]. Zum anderen hatte jene lebhafte Auseinandersetzung zu einem bemerkenswerten Konsens der Auffassungen geführt."*.

115 So etwa *Rabe,* Seehandelsrecht, § 556 Rdnr. 8; vgl. auch *Herber,* Seehandelsrecht, S. 240; a. A. für viele *Breitzke,* Die Rechtsnatur der Zeitcharter, S. 5 ff., nach dem der Frage nach der Rechtsnatur der Zeitcharter eine *„große Bedeutung"* zukommt sowie *Lorenz-Meyer,* Reeder und Charterer, S. 94 f.

116 Vgl. nur *Rabe,* TranspR 2010, S. 1 (2): *„[…] dass die Schifffahrtspraxis weitgehend von Zeitcharterverträgen beherrscht wird […]"*; *Argyriadis,* MDR 1958, S. 728 (728): *„Das Problem ist besonders akut im Seerecht, wo sog. Zeitcharterverträge sehr oft abgeschlossen werden und von großer wirtschaftlicher Bedeutung sind."*.

117 Vgl. *Herber,* Seehandelsrecht, S. 239; *Schlegelberger/Liesecke,* Seehandelsrecht, § 556 Rdnr. 4 f.; *Janssen,* Die Zeitcharter, S. 4; *Wüstendörfer,* Neuzeitliches Seehandelsrecht, S. 229; *Frommelt,* Die Rechtsnatur der Zeitcharter, S. 10.

und die Besatzung bleibt gleichwohl angestellt vom Reeder[118]. Die Bestimmung der genauen Seereisen und der zu transportierenden Güter obliegt mithin dem Zeitcharterer, der – wie gesehen – regelmäßig selbst weitere Charter- oder Stückgutfrachtverträge abschließt und insbesondere bei letzteren auch eigene Konnossemente ausstellen lässt.

Zeitcharterverträge werden nahezu ausschließlich auf Grundlage international gebräuchlicher Vertragsformulare abgeschlossen, die eine Vielzahl von einzelnen, kasuistischen Klauseln – meist nach englischem Vorbild – enthalten, um die in der Praxis üblicherweise auftretenden Streitpunkte zu regeln[119]. Besonders bei der Zeitcharter haben mithin die Seehandelspartner von der gesetzlichen Vertragsfreiheit Gebrauch gemacht, wobei die gebräuchlichsten Vertragsformulare regelmäßig einer inhaltlichen Überprüfung und erforderlichenfalls Überarbeitung unterzogen werden. Die älteren Fassungen bleiben gleichwohl durchaus verwendbar.

Weitgehende Einigkeit besteht letztlich insoweit, dass solchermaßen gehaltene Zeitcharterverträge unterschiedliche Facetten aufweisen, nämlich sowohl werk-, dienst- als auch mietvertragliche. Im Streit ist jedoch, ob eine und wenn ja, welche dieser Facetten das Wesen des Vertrages bestimmt.

b) Der Streit um die Rechtsnatur der Zeitcharter

Es ist aufgezeigt worden, dass diese Streitfrage bereits zum Gegenstand umfangreicher Diskussionsbeiträge sowie zusammenfassender Übersichten gemacht wurde. Der Streit soll an dieser Stelle daher nur in seinen Grundzügen dargestellt werden.

Breitzke[120] unterteilt in einer der jüngsten Abhandlungen zu diesem Thema im Rahmen eines historischen Überblicks über den Meinungsstand vier

---

118 Ein anschauliches Beispiel hierfür aus den 1930er Jahren beschreibt *Bacmeister,* Probleme der Zeitcharter, S. 17 ff., wonach die Woermann-Linie zum Ersatz eines reparaturbedürftigen eigenen Schiffes für eine Zeit von zwei Jahren ein Schiff einer griechischen Reederei charterte; Beispiel einer Employment-Klausel: „*Although appointed by the Owners the Captain hall be under the orders and direction of the Charterers as regards employment, agency, or other arrangsments*“, Klausel 9 Satz 2 Baltime-Charter 1912, abgedruckt als Anlage bei *Janssen,* Die Zeitcharter.

119 *Willner,* Die Zeitcharter, S. 27; *Frommelt,* Die Rechtsnatur der Zeitcharter, S. 10 f.; klassische Zeitcharterformulare sind etwa die seit 1909 von der Baltic and International Maritime Conference (BIMCO) herausgegebene Baltime-Charter, die diese ins Deutsche übersetzende Deuzeit-Charter sowie die New York Produce Exchange Time Charter (NYPE), herausgegeben seit 1913.

120 *Breitzke,* Die Rechtsnatur der Zeitcharter, S. 13 – 50, vgl. dort auch die weiteren Nachweise. Als Beispiel für die Schwierigkeit der Zuordnung der einzelnen Autoren

verschiedene Rechtsauffassungen zur Rechtsnatur der Zeitcharter, wobei er jedoch zugleich einleitend zu bedenken gibt, dass nicht jeder Autor sich derart eindeutig zugunsten einer Auffassung entschieden habe, als dass eine letztverbindliche Einordnung möglich wäre. Gleichwohl unterscheidet er sodann folgende Einstufungen der Zeitcharter:

1. Schiffsmiete in Verbindung mit Dienstverschaffungsvertrag, zu deren Vertreter er *Wüstendörfer*, *Janssen*, *Dusendschön*, *Isernhagen*, *Spiliopoulos*, *Ried* sowie *Abraham* zählt,
2. Reiner Raumfrachtvertrag, vertreten von *Lewis/Boyens*, *Riensberg*, *Würdinger*, *Necker*, *Argyriadis*, *Liesecke*, *Trappe*, *Frommelt* sowie *Zschoche*,
3. Gemischter Vertrag bestehend aus Miet-, Fracht- (=Werkvertrag) und Dienstverschaffungsvertragselementen, als Auffassung *Willners*,
4. Gemischter Vertrag bestehend aus Miet- und Werk- bzw. Frachtvertragselementen (ohne eigenständige Bedeutung der Dienstverschaffungspflicht), als Auffassung von *Lorenz-Meyer*, *Herber* sowie *Rabe*.

Nach weitergehender Darstellung der zur Streitfrage ergangenen Rechtsprechung und sich daran anschließender Analyse anhand der Klauseln der ebenfalls von der BIMCO herausgegebenen Boxtime-Charter gelangt *Breitzke* schließlich zu dem Ergebnis, dass es sich bei aufgrund dieses Formulars abgeschlossener Zeitcharterverträge um gemischte Verträge handele, die *„gleichberechtigt nebeneinander sowohl frachtrechtliche als auch mietrechtliche Elemente“*[121] enthielten.

Geeigneter für die vorliegende Arbeit erscheint jedoch mit *Frommelt*[122] sowie *Zschoche*[123] eine historische Darstellung der Entwicklung und des Fortgangs des Streitstandes, da hierbei durchaus signifikante Schwankungen zwischen den im Wesentlichen zwei verschiedenen Ansätzen (Zeitcharter als Sonderform eines Frachtvertrages oder als Mietvertrag, verbunden mit einer Dienstverschaffungsabrede)

---

sei die Monographie von *Lorenz-Meyer*, Reeder und Charterer, Hamburg 1961 angeführt. *Breitzke* ordnet *Lorenz-Meyer* der Auffassung „Gemischter Vertrag bestehend aus Miet- und Werk- bzw. Frachtvertragselementen“ zu. Nach *Zschoche*, VersR 1994, S. 389 (399) vertritt *Lorenz-Meyer* jedoch die Auffassung, *„dass der Zeitfrachtvertrag analog dem Raumfrachtvertrag zu behandeln sei“*.

121 *Breitzke*, Die Rechtsnatur der Zeitcharter, S. 193 ff.; kritisiert wurde *Breitzke* jedoch von *Rabe*, TranspR 2010, S. 1 (2 f.), da dieser die Begriffe „let“, „hire“ sowie „use“ in den Klauseln des Charterformulars falsch übersetzt und insbesondere die vom normalen Sprachgebrauch abweichende Bedeutung der Begriffe im englischen Rechtsverständnis nicht beachtet habe.

122 *Frommelt*, Die Rechtsnatur der Zeitcharter, S. 12 – 39.

123 *Zschoche*, VersR 1994, S. 389 (389 – 391).

erkennbar werden. Nachfolgend wird zunächst die Entwicklung des Streitstandes bis zu den Beratungen des Seerechtsausschusses dargestellt. Um den chronologischen Aufbau der Arbeit beizubehalten, wird der weitere Fortgang dieses Streitstandes nach 1945 nachfolgend in Abschnitt D. I. 4. dargestellt.

aa) Ausgangslage

Nachdem sich – wie oben gesehen – die Auffassung durchgesetzt hatte, dass es sich beim Raumfrachtvertrag der Rechtsnatur nach um einen Werkvertrag handelt, wurde diese Erkenntnis auf sämtliche Charterverträge angewandt, sodass *Boyens*[124] im Jahr 1901 die Anwendung mietvertraglicher Vorschriften des BGB auf die Zeitcharter kategorisch ausschloss.

Die Rechtsprechung hingegen, insbesondere des Reichsgerichts, war zu dieser Frage anfangs- wie von *Frommelt*[125] herausgearbeitet – keinesfalls derart eindeutig; so maß das Reichsgericht etwa im Urteil vom 27. März 1901 – RGZ 48, 89 ff. – dem der Entscheidung zugrundeliegenden Chartervertrag die Wesenszüge einer Sachmiete bei.

bb) Locatio navis et operarum magistri

Durch das verstärkte Aufkommen von Zeitcharterverträgen in der Linienfrachtfahrt ergaben sich jedoch Spannungen im Verhältnis zum bestehenden Gesetzesrecht. Das Seehandelsrecht des HGB kannte gemäß seinem Ursprung ausschließlich den Reederverfrachter. Auf diesen waren sämtliche Regelungen ausgerichtet. Durch die Vorschriften des § 510 HGB a. F. betreffend den Ausrüster sowie des § 662 HGB a. F. über die Unterverfrachtung konnten die gebräuchlichen Vertragsgestaltungen des Seehandels zur Segelschifffahrtszeit abgedeckt werden.

Erstmals beschrieb *Wüstendörfer*[126] in seinen Studien zur modernen Entwicklung des Seefrachtvertrages die Problematik, dass der Zeitcharterer sich in die bisherigen Kategorien Ausrüster und Unterverfrachter nicht zutreffend einordnen ließ. *Pappenheim* formulierte diese Erkenntnis wie folgt[127]:

> „Sie (gemeint: die Vertragsparteien, Anm. d. Verf.) modifizieren dieses im Falle der neuerdings zu großer Bedeutung gelangten Zeitverfrachtung (time-charter) in solchem Maße, daß Zweifel darüber entstehen können, ob überhaupt noch die Grenzen des

124 *Boyens,* Das deutsche Seerecht, § 662 Ziffer 1.
125 *Frommelt,* Die Rechtsnatur der Zeitcharter, S. 23 – 38.
126 Vgl. *Wüstendörfer,* Studien, S. 99 – 176.
127 *Pappenheim,* Weltw. Archiv 1913 Bd. 2, S. 69 (79 f.).

Frachtvertrages eingehalten sind oder an seine Stelle ein von ihm verschiedenes, rechtliches Gebilde getreten ist."

Die unbefriedigende Situation bestand letztlich darin, dass die charternden Linienreedereien, ohne das Zeitcharterverhältnis aufzudecken, eigenständig Seefrachtverträge abschlossen und den Kapitän ihre Konnossemente ausstellen ließen[128]. Diese vom Gesetz nicht gekannte Gestaltung ließ die Einstandspflicht des Reeders bzw. generell die Passivlegitimation bei Haftungsansprüchen sowie die Schiffsgläubigerrechte der Ladungsinteressenten in Zweifel stehen. Nach *Wüstendörfer* seien Zeitcharterverträge sowohl als Frachtvertrag sowie als Mietvertrag, sodann mit zusätzlicher Dienstverschaffungsabrede, möglich, wobei er die Zeitcharter in der Form eines Frachtvertrages später als *„sehr seltenen Fall"* bezeichnete[129]. Entscheidend für die Abgrenzung sei die Frage, für wen der Kapitän das Schiff besitze, wer mithin letztlich die Befehlsgewalt über ihn ausübe, und wer tatsächlich als Frachtfahrunternehmer anzusehen sei. Jedenfalls im Hinblick auf die standardmäßig verwendeten Zeitcharterformulare kam *Wüstendörfer* zu dem Schluss[130]:

> „Wenn eine Reederei zu vorübergehender Erweiterung ihres Schiffsparkes fremde Schiffe in eigentliche Zeitcharter nimmt und sich dabei der Standard-Charter oder eines im wesentlichen inhaltsgleichen Formulars bedient, so kommt ihr im Zweifel nicht die Rechtsstellung eines Raumbefrachters, sondern diejenige eines Schiffsmieters zu."

Es handele sich insoweit um eine Schiffsmiete in Verbindung mit einem Dienstverschaffungsvertrag (locatio navis et operarum magistri), wobei *„die gebotene Lösung"* nur sein könne, den Zeitcharterer analog § 510 HGB a. F. zu behandeln[131].

Der Auffassung, dass es sich bei der Zeitcharter um eine Schiffsmiete mit Dienstverschaffungsvertrag handele, schlossen sich in der Folgezeit mehrere Autoren an, sodass diese jedenfalls in den 1930er Jahren als herrschende Lehre

---

128 Vgl. so auch *Ramming*, Die Rechtsnatur der Zeitcharter, S. 70.

129 *Wüstendörfer*, Neuzeitliches Seehandelsrecht, S. 229; vgl. auch *Wüstendörfer*, Das Schiffahrtsrecht, S. 300 ff.

130 *Wüstendörfer*, Studien, S. 155.

131 Vgl. *Wüstendörfer*, Neuzeitliches Seehandelsrecht, S. 116 – 119; so auch bereits *Wüstendörfer*, Studien, S. 172 f., wo er diesen Weg noch *de lege ferenda* vorschlug; a.A. *Brodmann*, KritV 1909, S. 76 (87) kritisierte Wüstendörfer, da der Begriff der locatio navis et operarum magistri *„nur beschreibt, nichts erklärt"*. Nach *Brodmann* sei der Kapitän im Zweifel den Anweisungen seines Dienstherrn unterworfen, sodass weiterhin der Reeder bzw. Zeitvercharterer den Transport bewirke, ebd. (90 ff.); *Bacmeister*, Probleme der Zeitcharter, S. 31, bezeichnete gar die analoge Anwendung des § 510 HGB (1897) auf den Fall der Zeitcharter als herrschende Lehre.

bezeichnet werden kann; ebenso setzte sich diese Auffassung auch vermehrt in der Rechtsprechung durch[132].

6. Durchfrachtvertrag – Multimodalvertrag

Eine besondere Form des Transportvertrages stellt der Durchfrachtvertrag dar, heute vor allem bekannt als Multimodalvertrag jedoch mit eingeschränkter Definition. Anders als beim sogenannten gebrochenen Transport, bei welchem Güter auf unterschiedlichen Teilstrecken aufgrund eigenständiger – bei Seestrecken – Seefrachtverträge befördert werden, erfolgt beim Durchfrachtvertrag eine Gesamtbeförderung unter Einschluss gegebenenfalls mehrerer Transportunternehmer und verschiedenartiger Transportmittel[133]. Besonderes Wesensmerkmal des Multimodalvertrages ist der Gesamttransport mit unterschiedlichen Transportmitteln, für die zudem unterschiedliche Rechtsregeln gelten[134].

Dieser Vertragstyp, der insbesondere im Zuge der Containerisierung des Transportverkehrs an Bedeutung gewonnen hat, jedoch auch bereits lange zuvor bekannt war[135], erfordert eine ergänzende Regelung insbesondere in solchen Haftungssituationen, in denen der Schadensort nicht hinreichend geklärt werden kann. Ebenso stellt sich die Frage, wie über die Gesamtbeförderung ausgestellte Durchkonnossemente zu behandeln sind.

Der Seerechtsausschuss hat sich mit der bereits seinerzeit bekannten Gestaltung des Durchfrachtvertrages bzw. dem Durchfrachtkonnossement nicht gesondert auseinandergesetzt. Dies dürfte wohl darin begründet sein, dass der Aufgabenbereich des Seerechtsausschusses ausschließlich auf den Bereich des

---

132 *Müller-Erzbach,* Handelsrecht, S. 869; *Möbusz,* Charterpartie des deutschen Seerechts, S. 9: *„Heute sind die Streitigkeiten über die Rechtsnatur der time-charter nahezu eingestellt. Gegen die Annahme eines Mietedienstvertrages erhebt sich ernstlich keine Stimme mehr.“*; vgl. auch *Würdinger,* MDR 1957, S. 257 (257): *„Die Zeitcharter mit Employment-Klausel […] wird heute in Schrifttum und Rechtssprechung überwiegend als Schiffsmiete in Verbindung mit einem Dienstverschaffungsvertrag aufgefasst.“*; *Willner,* Die Zeitcharter, S. 41 f., will in der Rechtsprechung eine Tendenz dahingehend erkannt haben, dass diese den Zeitcharterer als Ausrüster behandele.

133 *Herber,* Seefrachtvertrag und Multimodalvertrag, S. 155; *Rabe,* Seehandelsrecht, Anh § 656 Rdnr. 1 f.; vgl. auch *Wüstendörfer,* Neuzeitliches Seehandelsrecht, S. 331 f.

134 So *Herber,* Seefrachtvertrag und Multimodalvertrag, S. 155.

135 Zum Zusammenhang mit der Containerisierung: *Rabe,* Seehandelsrecht, Anh § 656 Rdnr. 14 ff.; vgl. auch aus dem Jahr 1930: *Weibgen,* Das Durchkonnossement und seine besonderen Klauseln, Leipzig 1930; nach *Wüstendörfer,* Studien, S. 82, sind Durchkonnossemente bereits in den 1860er Jahren aufgetreten.

Seehandelsrechts beschränkt war und der Multimodalvertrag – wenn auch unter Einschluss einer Seestrecke – letztlich ein allgemein transportrechtliches Phänomen darstellt. Das Durchkonnossement war zudem von den Haager Regeln nicht geregelt worden[136].

7. Der Schleppvertrag

Auch ein Schleppvertrag kann einen Seefrachtvertrag darstellen, wobei jedoch *Rabe* darauf hinweist, dass es letztlich keinen einheitlichen Schleppvertrag gäbe, vielmehr jeweils ein eigenständiger Vertrag über die zu erbringende Schleppleistung vereinbart werde[137]. Seefrachtvertrag ist eine solche Vereinbarung, *„wenn das geschleppte Schiff in den Gewahrsam (Obhut) des Schleppschifffahrtsunternehmens oder des Führers des Schleppers, der dann sein Besitzdiener ist, gelangt"* und die Schleppfahrt über offene See erfolgt[138]. Eine gesetzliche Regelung hatte der Schleppvertrag im ADHGB nicht gefunden. Erwähnung fand dieser einzig in dem mit Gesetz vom 7.1.1913 eingeführten § 742 Abs. 3 HGB a.F.[139], welcher hinsichtlich des Bergelohnanspruches regelte, dass der Schlepper für die Bergung oder Rettung des von ihm geschleppten Schiffes oder dessen Ladung Berge- oder Hilfslohn nur beanspruchen kann, wenn er außergewöhnliche Dienste geleistet hat, die nicht als zur Erfüllung des Schleppvertrags gehörig angesehen werden konnten.

Aufgrund der Manigfaltigkeit der Erscheinungsformen des Schleppvertrages wurde dieser vom Seerechtsausschuss thematisch nicht im Rahmen des Seefrachtvertrages erörtert[140].

III. Der Seerechtsausschuss der Akademie für Deutsches Recht

Auf Grundlage der dargestellten historischen Ausgangssituation erfolgten in den Jahren 1934 bis 1942 die Beratungen des Seerechtsausschusses der Akademie

---

136 *Eilenberger-Czwalinna*, Haftung des Verfrachters nach dem zweiten Seerechtsänderungsgesetz, S. 41.

137 *Rabe*, Seehandelsrecht, Anh. § 556 Rdnr. 1.

138 *Rabe*, Seehandelsrecht, Anh. § 556 Rdnr. 3; so auch bereits *Wüstendörfer*, Neuzeitliches Seehandelsrecht, S. 225; vgl. zum Schleppvertrag auch *Puttfarken*, Seehandelsrecht, S. 188 – 197.

139 Die Regelung ging – jedoch ohne ausdrückliche Nennung des Schleppvertrages – durch das Dritte Seerechtsänderungsgesetz v. 7.5.2001 in § 745 Abs. 1 HGB a. F. auf; durch die Seerechtsnovelle 2013 wurde diese Vorschrift inhaltsgleich in § 579 HGB übernommen.

140 Vgl. zur Beratung des Schleppvertrages im Seerechtsausschuss den Exkurs unter C. II.

für Deutsches Recht unter anderem betreffend der gesetzlichen Regelungen des Seefrachtvertrages. Sowohl die Akademie für Deutsches Recht als auch der Seerechtsausschuss sollen im Folgenden näher vorgestellt werden.

1. Die Akademie für Deutsches Recht

Die Akademie für Deutsches Recht wurde von *Hans Frank*, bayrischer Justizminister und Reichskommissar für die Gleichschaltung der Justiz in den Ländern und für die Erneuerung der Rechtsordnung, am 26. Juni 1933 in München gegründet[141]. Am 2. Oktober des gleichen Jahres erfolgte die feierliche Proklamation der Akademie im Rahmen des Deutschen Juristentages in Leipzig[142]. *Kisch* referierte über das Wesen und die hohen Ziele der Akademie mit folgenden Worten[143]:

> „Es geht um kein Geringeres als um den großen Gedanken, eine wissenschaftliche Zentralstelle zu schaffen für die Mitarbeit an der Umgestaltung und Fortbildung des deutschen Rechtes im Sinne der Weltanschauung des neuen Reichs." [...]
>
> [Eine der wichtigsten Aufgaben der Akademie sei] „die Schaffung eines Rechtes, welches sich besinnt auf die Urkräfte der deutschen Volksseele und welches keine anderen Gegenstand und keinen anderen Zielpunkt kennt, als das Wohl und die Größe des deutschen Volkes."

Frank[144] hatte seinen Entschluss zur Schaffung der Akademie damit begründet, dass *„ein dringendes staatspolitisches Bedürfnis für eine Organisation [bestünde], welche die Erneuerung des Deutschen Rechts im Sinne der nationalsozialistischen Weltanschauung nach den Grundsätzen strenger wissenschaftlicher Methode vorzubereiten berufen sei"*. Tatsächlich spielten jedoch wohl auch persönliche Gründe *Franks* eine nicht unwesentliche Rolle[145].

a) Institution und Organisation

Der Akademie für Deutsches Recht war mit Gesetz der bayrischen Staatsregierung vom 22. September 1933 der Status einer Körperschaft des öffentlichen

---

141 Zur Gründung: JbADR 1933/34, S. 7 – 9; zur Akademie für Deutsches Recht: *Pichinot*, Akademie für Deutsches Recht; *Hattenhauer*, JuS 1986, S. 680 S. 680 – 684; *Schubert*, Protokolle des Ausschuss für Aktienrecht, S. VIII – XIX.

142 *Danckelmann*, DJZ 1933, Sp. 1313 (1319); JbADR 1933/34, S. 12 – 32.

143 JbADR 1933/34, S. 12 (12); *Kisch* war später in der Sitzung der Ausschussvorsitzenden vom 6. Dezember 1933 von *Frank* zu dessen Vertreter bestimmt worden, JbADR 1933/34, S. 65 (65).

144 JbADR 1933/34, S. 7 (7).

145 Vgl. *Hattenhauer*, JuS 1986, S. 680 (680).

Rechts verliehen worden[146]. Durch Reichsgesetz vom 11. Juli 1934[147] erfolgte eine Umwandlung der Akademie zu einer öffentlichen Körperschaft des Reiches mit Sitz in München.

Präsident der Akademie für Deutsches Recht war in der Zeit vom 9. August 1934 bis zum 20. August 1942 der Gründer der Akademie *Frank*, der in der frühen Phase der Akademie 1933/34 auch deren Führer war. Nach dessen Entlassung wurde der Reichsjustizminister *Otto Thierack* zum Präsidenten berufen[148].

Die Akademie war gemäß § 3 des Gesetzes vom 11. Juli 1934 der Aufsicht des Reichsjustiz- und Reichsinnenministers unterstellt. Zudem enthielt die mit dem Gesetz vom 11. Juli 1934 erneuerte Satzung der Akademie weitere Einschränkungen ihrer Unabhängigkeit, durch die sich die Reichsführung einen gewissen Einfluss auf das Wirken der Akademie sicherte[149].

Bereits im Rahmen der Gründung hatte *Frank*[150] in organisatorischer Hinsicht zwei maßgebende Vorgaben gemacht: zum einen sollte das Führerprinzip gelten, hier indes noch einzig bezogen auf sich selbst als Führer der Akademie, zum anderen seien *„für die wichtigsten Zweige des Rechts und der Wirtschaft besondere Ausschüsse zu bilden"*, deren *„Vorsitzende in voller Selbstständigkeit, dafür aber auch mit voller persönlicher Verantwortung die Arbeiten des Ausschusses zu leiten"* haben würden. Im Nachhinein wurde das Führerprinzip auch innerhalb der Ausschüsse für maßgebend erklärt[151].

Unter dem 16. November 1933 wurden von der Akademie insgesamt 24 Ausschüsse eingesetzt und die jeweiligen Vorsitzenden bekannt gegeben; unter ihnen befand sich auch der Seerechtsausschuss mit dessen Vorsitzenden *Wüstendörfer*[152]. Fünf weitere Ausschüsse waren bereits vorgesehen, deren Vorsitzende standen zu diesem Zeitpunkt indes noch nicht fest. In der Sitzung der Ausschussvorsitzenden vom 6. Dezember 1933 wurde weitergehend bekannt gegeben,

---

146 BayGVBl. 1933/34, S. 277 f.; abgedruckt in JbdAk 1933/34, S. 249 - 251.

147 RGBl. 1934 I, S. 605 ff.

148 Vgl. zu den Hintergründen der Ernennung und Entlassung *Franks*: *Pichinot,* Akademie für Deutsches Recht, S. 41 f. sowie 133 - 137; *Hattenhauer,* JuS 1986, S. 680 (982 und 684).

149 Vgl. *Pichinot,* Akademie für Deutsches Recht, S. 39.

150 JbADR 1933/34, S. 7 (8 f.).

151 *Kisch* in: JbADR 1933/34, S. 33 (50), erläuterte die Vorgabe *Franks*, dass in den Ausschüssen *„förmliche Abstimmungen nach der Methode der parlamentarischen Ausschüsse nicht stattfinden"* sollten, *„die Meinungsäußerungen der Mitglieder lediglich beratende Bedeutung"* hätten und *„die Entscheidung letztlich in der Hand des Vorsitzenden liegen"* sollte.

152 *Meyer,* DJZ 1933, Sp. 1528 (1533).

dass die Ausschüsse in fünf Gruppen zusammengefasst würden, nämlich in die Abteilungen für Bürgerliches Recht, für Strafrecht, für das gesamte öffentliche Recht, für das gesamte Wirtschaftsrecht sowie in die Abteilung für Fragen der Ausbildungs- und Studienreform[153]. Ihnen stand jeweils ein Abteilungsleiter vor.

Die Organisationsstruktur der fünf Abteilungen wurde durch die Verwaltungsordnung vom 1. April 1937 abgeschafft[154]. An ihre Stelle traten die Abteilung für Rechtsforschung und die Abteilung für Rechtsgestaltung; letzterer wurden insbesondere sämtliche Arbeitsausschüsse zugewiesen. Förmlich wurden die Aufgaben der Ausschussvorsitzenden in § 7 der Verwaltungsordnung wie folgt gefasst[155]:

> „1. Den Ausschuß-Vorsitzenden obliegt es, die ihren Ausschüssen übertragenen Aufgaben auf dem Gebiete der Rechtsgestaltung zu betreuen.
> 2. Sie haben für die Besetzung der Ausschüsse Vorschläge zu machen.
> 3. Sie können im Bedarfsfalle Arbeitsgemeinschaften im Rahmen ihrer Ausschüsse zur Bearbeitung von Teilproblemen einsetzen und für deren Vorsitz und Besetzung Vorschläge unterbreiten.
> 4. Zur gemeinschaftlichen Behandlung von Teilgebieten oder Einzelfragen, die das Arbeitsgebiet mehrerer Ausschüsse berühren, können die Vorsitzenden derselben in gegenseitigem Einverständnis besondere Arbeitsgemeinschaften einsetzen.
> 5. Jeder Ausschuß-Vorsitzende hat für sachgemäße Zusammenarbeit seines Ausschusses mit der Abteilung für Rechtsordnung Sorge zu tragen."

Eine weitergehende Strukturreform erfuhr die Akademie für Deutsches Recht insbesondere 1942/43 mit dem Wechsel des Präsidenten, wobei sie in diesem Zusammenhang auch eine neue Satzung sowie veränderte Verwaltungsordnung erhielt[156]. Da die Arbeiten des Seerechtsausschusses zu diesem Zeitpunkt bereits abgeschlossen waren, soll auf die erfolgten Änderungen nicht näher eingegangen werden.

Waren die Arbeiten der Akademie bereits durch den Zweiten Weltkrieg sowohl organisatorisch als auch inhaltlich stark beeinflusst worden, so wurde im August 1944 die Akademiearbeit durch ihren Präsidenten schließlich „vorläufig"

153 JbADR 1933/34, S. 65 (65); Gliederung der Akademie für Deutsches Recht in DR 1933, S. 205 f.

154 Vgl. *Schubert,* Protokolle des Ausschuss für Aktienrecht, S. XIII; *Hattenhauer,* JuS 1986, S. 680 (683).

155 Abgedruckt in Zeitschrift der Akademie für Deutsches Recht 1937, S. 405 – 407.

156 Vgl. insoweit *Pichinot,* Akademie für Deutsches Recht, S. 142 f.

eingestellt[157]. Zu der von *Thierack* seinerzeit angedachten Fortsetzung der Arbeiten, *„sobald die Verhältnisse es gestatten“*[158], sollte es nicht kommen.

b) Aufgaben der Akademie für Deutsches Recht

Die Maßgebliche Aufgabe der Akademie für Deutsches Recht fasste *Frank* im Rahmen seiner Ansprache zur Gründung der Akademie wie folgt zusammen[159]:

> „In erster Linie wird die Akademie für Deutsches Recht dazu berufen sein, ohne Eingriffe in die gesetzgeberischen Zuständigkeiten der Reichs- und Landesministerien Anregungen zu Gesetzesänderungen, Begutachtungen von Gesetzesentwürfen sowie kritische Stellungsnahmen zu wichtigen öffentlichen Maßnahmen vorzubereiten, welche das Leben des Rechts und der Wirtschaft berühren.“

In § 2 der ursprünglichen Satzung der Akademie wurde dieser Gedanke dahingehend formuliert, dass es Aufgabe der Akademie für Deutsches Recht sei, die Neugestaltung des deutschen Rechtslebens zu fördern und in enger dauernder Verbindung mit den für die Gesetzgebung zuständigen Stellen das nationalsozialistische Programm auf dem gesamten Gebiete des Rechts und der Wirtschaft zu verwirklichen. Neben dem von Frank hervorgehobenen gesetzesvorbereitenden und -beratenden Zweck der Akademie waren in Abs. 3 dieser Regelung noch fünf weitere Wirkungskreise aufgeführt, in denen die Akademie *„in Anwendung bewährter wissenschaftlicher Methoden“* tätig werden sollte.

Kisch führte bei der Proklamation der Akademie aus[160]:

> „Der Anteil der Akademie an dem Erneuerungswerke aber soll der sein, daß hier die grundlegenden Probleme des Rechtslebens, der Gesetzgebung, der Verwaltung und Rechtspflege von der höheren Warte allgemeiner Betrachtung und wissenschaftlicher Methode aus in Angriff genommen werden. Hier sollen Männer der Rechtswissenschaft prüfen, was aus dem Schatz alten deutschen Rechtsgutes wert ist, der Gegenwart erhalten oder wiedergegeben zu werden, was an wesensfremden Elementen aus unserem Rechte auszuschalten ist, aber auch, was aus den Erfahrungen anderer Völker für unser eigenes verwendbar erscheint.“

Hierfür sei es – so *Kisch* weiter – jedoch erforderlich, dass neben theoretischen Betrachtungen auch hervorragende Männer der juristischen Praxis sowie

---

157 *Pichinot,* Akademie für Deutsches Recht, S. 148 f.; zum Zeitpunkt der Übernahme der Präsidentschaft durch *Thierack* gab es in der Akademie 76 Ausschüsse mit 11 Unterausschüssen, ebd., S. 143.

158 Nach *Pichinot,* Akademie für Deutsches Recht, S. 149.

159 JbADR 1933/34, S. 7 (7).

160 JbADR 1933/34, S. 12 (13).

Vertreter der Wirtschaftszweige an den Arbeiten der Akademie beteiligt würden. Dieser Ansatz wurde sodann auch in § 2 Abs. 2 der mit Reichsgesetz vom 11. Juli 1934 veröffentlichten Satzung der Akademie ausdrücklich übernommen.

c) Vorgaben für die Ausschussarbeit

Wenn auch stets die Unabhängigkeit und Eigenverantwortung der Ausschussvorsitzenden hervorgehoben wurde und *Kisch*[161] zudem ausdrücklich betonte, dass *„allgemeine Richtlinien für die Arbeiten der Ausschüsse"* nicht aufgestellt werden sollten, so sah sich die Führung der Akademie doch veranlasst, eingangs jedenfalls gewisse Gesichtspunkte hervorzuheben, die es für die Ausschüsse zu beachten gelte. Die *„schwungvolle Energie"*, welche die Gründung der Akademie allgemein verbreitet hatte, sollte *„nicht so sehr auf die Zahl und rasche Folge der Sitzungen"* Einfluss nehmen; es komme vielmehr auf *„ihre gründliche Vorbereitung und ihre intensive Ausnutzung"* an, so *Kisch* bei der Arbeitstagung der 1. Vollsitzung weiter. Bei der Zusammensetzung der Ausschüsse sei darauf zu achten, dass diese *„auf der einen Seite nicht so groß werden, dass dadurch die Klarheit und Übersichtlichkeit der Verhandlungen"* leide, auf der anderen Seite müssten diese jedoch *„groß genug werden, um eine Berücksichtigung der wichtigsten am Gegenstand interessierten Kreise der Wirtschaft und des Rechts zu ermöglichen"*. Es käme insbesondere auf die richtige Mischung der Ausschussmitglieder an, wobei es unumgänglich sei, auch Sachverständige in Einzelfragen heranzuziehen.

Auf einer Sitzung der Ausschussvorsitzenden am 6. Dezember 1933 ergänzte *Frank* persönlich[162]:

> „Was die Organisation der Ausschüsse anbetrifft, so herrscht hier striktes Führerprinzip. Der Vorsitzende hat den Ausschuß so zusammenzustellen, daß er arbeiten kann. Er ist nicht nur der primus inter pares, sondern soll der Führer des Reformwerkes auf seinem Teilgebiet sein […]"

Zudem sprach Frank die dringende Empfehlung aus, *„von der Möglichkeit Gebrauch zu machen, in den Ausschußsitzungen die Referenten des Reichsjustizministers zu hören"*. Weiterhin wollte *Frank* stets über die Programme der Ausschüsse unterrichtet bleiben.

Diese Vorgaben mündeten letztlich in dem bereits dargestellten § 7 der später veröffentlichen Verwaltungsordnung der Akademie für Deutsches Recht.

161 JbADR 1933/34, S. 33 (51).
162 JbADR 1933/34, S. 65 (66).

2. Der Seerechtsausschuss

Wie gesehen, handelte es sich beim Seerechtsausschuss unter der Leitung von *Wüstendörfer* um einen der ersten 24 eingesetzten Sachverständigenausschüsse. Tatsächlich nahm der Seerechtsausschuss seine Arbeiten von allen Ausschüssen als erstes auf[163]; eine Tatsache, die vor allem auf den Arbeitseinsatz *Wüstendörfers* zurückzuführen sein dürfte, der bereits im Rahmen der ersten Arbeitstagung der Akademie vom 5. November 1933 einen Vortrag zum Thema „Leitgedanken für die Erneuerung des deutschen Seerechts“ hielt, in welchem er drei große Zielsetzungen hervorhob[164]. Genau diese Stichworte, nämlich „Internationalisierung, Sozialisierung und Modernisierung“, hatte *Wüstendörfer* bereits im Jahr 1908 herausgearbeitet[165]. Darüber hinaus hatte *Wüstendörfer* im Jahr 1928 in seinem Vortrag „Die kommende Reform des deutschen Seerechts“[166], insbesondere zum Thema der internationalen Vereinheitlichung, seine Vorstellungen der erforderlichen Gesetzesanpassungen konkretisiert.

Die erste Vollversammlung sowie Arbeitssitzung des Seerechtsausschusses fanden am 6. Januar 1934 statt. Seinen Sitz fand der Seerechtsausschuss in den Räumlichkeiten des Hanseatischen Oberlandesgerichts in Hamburg, wo nahezu sämtliche Sitzungen abgehalten wurden[167]. Im weiteren Verlauf des Jahres 1934 hielt der Seerechtsausschuss eine zweite Vollversammlung sowie 13 weitere der insgesamt 49 Arbeitssitzungen ab. Auch hierdurch wird der Einsatz *Wüstendörfers* belegt, mit welchem er die Arbeiten des Seerechtsausschusses vorantrieb[168]. Dem Vorsitzenden oblag die Terminierung der Sitzungen.

---

163 So *Kisch* auf der 3. Vollsitzung, JbADR 1933/34, S. 136 (169).

164 JbADR 1933/34, S. 65 (56 – 63).

165 *Wüstendörfer*, HGZ Beilage 1908, S. 1 – 12, vgl. oben B. I. 5.

166 *Wüstendörfer*, Veröffentlichungen der Vereinigung der Handelsrechtslehrer Deutscher Hochschulen 1928, S. 18 – 40.

167 Die 33. Arbeitssitzung hielt der Seerechtsausschuss in Bremen ab, vgl. *Schubert*, Protokolle des Seerechtsausschuss, S. 477, wo *Lindenmaier* mit den Worten wiedergegeben wird: „*Bei der Eröffnung der Sitzung brachte der Vorsitzende seine Genugtuung darüber zum Ausdruck, dass der Seerechtsausschuss zum ersten Male eine Sitzung in Bremen abhalte. Er bitte die Bremer Mitglieder des Seerechtsausschusses, hierin den Versuch zu erblicken, zu einem kleinen Teil jene Dankesschuld abzutragen, welche den Seerechtsausschuss gegenüber seinen Bremer Mitgliedern für ihr vorbildliches regelmäßiges Erscheinen zu den Hamburger Sitzungen belaste.*“

168 *Wüstendörfer*, ZADR 1934, S. 220 (220), berichtete im ersten Arbeitsbericht des Seerechtsausschusses selbst, dass dieser „*in zahlreichen, durchschnittlich alle zwei Wochen stattfindenden Arbeitssitzungen wichtige Teilgebiete des deutschen Seerechts inzwischen einer Erneuerung entgegengeführt*“ hätten.

Dieses Tempo konnte der Seerechtsausschuss über die Jahre jedoch nicht beibehalten. Die Anzahl der Arbeitssitzungen sank in den Folgejahren von 1935: zehn Sitzungen, 1936: fünf Sitzungen, 1937: fünf Sitzungen, 1938: sechs Sitzungen, 1939: fünf Sitzungen, 1940: keine Sitzung, 1941: vier Sitzungen auf letztlich 1942: eine Sitzung. Aus dieser Aufstellung sollte jedoch nicht zwingend der Schluss gezogen werden, dass die rückläufige Häufigkeit der Sitzungen in einem unmittelbaren Zusammenhang mit dem Wechsel des Ausschussvorsitzes in der 27. Arbeitssitzung im Jahr 1936 von *Wüstendörfer* auf *Lindenmaier* steht. Die quantitative Verteilung der Sitzungen war vielmehr auch durch den von *Wüstendörfer* aufgestellten Arbeitsplan des Seerechtsausschusses beeinflusst, nach welchem zunächst diejenigen Teilgebiete des Seerechts vorweggenommen wurden, welche *„formungsreif und überfällig"* waren[169]. Hier erkannte *Wüstendörfer* einerseits eine besondere Dringlichkeit des Tätigwerdens, andererseits jedoch auch die Möglichkeit, am schnellsten Teilergebnisse zu erzielen und diese der europäischen Öffentlichkeit zu präsentieren.

In den späteren Jahren nahm selbstverständlich auch der Zweite Weltkrieg Einfluss auf die Ausschussarbeit. So beschrieb *Lindenmaier* in seinem Bericht über die Ergebnisse der ersten 44 Arbeitssitzungen des Seerechtsausschusses[170]:

> „Der Krieg hat die Arbeit des Ausschusses nur insofern unterbrochen, als infolge von Einberufungen und größeren Einzelbelastung von Mitgliedern, insbesondere auch derjenigen aus dem Reichsjustizministerium, Erschwerungen für die Beratungssitzungen entstanden. Die Vorbereitung dieser durch Ausarbeitung von Berichten ist dagegen auch in der Kriegszeit nach Möglichkeit gefördert worden."

Festzustellen ist jedoch, dass nach Kriegsausbruch das Interesse des Reichsjustizministeriums an den Arbeiten des Seerechtsausschusses nachließ. So konnte im Bundesarchiv Berlin Schriftverkehr zwischen Ministerialrat *Krieger* und *Lindenmaier* aus den Jahren 1939 und 1940 aufgefunden werden, wonach *Krieger* um Aufhebung des auf den 8. Dezember 1939 angesetzten Sitzungstermins betreffend dem Thema „Sicherung des Verfrachters" bat. Zu diesem Datum ist – offensichtlich dieser Bitte nachkommend – auch keine Arbeitssitzung bekannt. Im gleichen Schreiben vom 4. Dezember 1939 regte *Krieger*[171] zudem an zu erwägen, *„ob die Beratungen des Seerechtsausschusses unter den derzeitigen Verhältnissen überhaupt fortgesetzt werden sollen"*. Nachdem *Lindenmaier* im Laufe des Jahres 1940 noch einmal die Fortsetzung der Arbeiten des Seerechtsausschusses

169 Vgl. *Wüstendörfer*, ZADR 1934, S. 220 (220 f.).
170 *Lindenmaier*, JbADR 1939/40, S. 105 (105).
171 Bundesarchiv Berlin, Bestand R3001/23115, Bl. 151.

angefragt hatte, antwortete *Krieger*[172] mit Schreiben vom 7. Oktober 1940 unter Hinweis auf die Außenwirtschaftsverhältnisse: „*Die Erörterung des Seefrachtrechts erscheint mir nicht zweckmäßig.*"

Tatsächlich fand im Jahr 1940 – wie gesehen – überhaupt keine Arbeitssitzung des Seerechtsausschusses statt. Dieser nahm gleichwohl im Februar 1941 mit der 45. Sitzung seine Arbeiten wieder auf. In der 46., 47. und 49. Arbeitssitzung war auch *Krieger* wieder anwesend.

Lindenmaier[173] bewertete die Ausschussarbeit während der Kriegszeit letztlich auch anders als *Krieger*. Diese habe „*auch in den [...] Kriegszeiten ihren wohlbegründeten Sinn*". „*Es liege auf der Hand*", so *Lindenmaier* in der 48. Arbeitssitzung weiter, „*dass nach glücklicher Beendigung des Krieges die Frage eines einheitlichen europäischen Seerechts in den Vordergrund rücken*" würde. „*Für die Schaffung eines solchen sei Deutschland nur gerüstet, wenn es bereits vor Einsetzen der darauf abzielenden Bestrebungen sich Klarheit verschafft habe darüber, welcher Änderungen des deutsche Seerecht noch bedürfe, um die Eigenschaft einer den heutigen Ansprüchen des Seeverkehrs voll genügende Rechtsgestaltung in Anspruch nehmen zu können*".

a) Die Vorsitzenden

Vorsitzender des Seerechtsausschusses war von der 1. bis zur 26. Arbeitssitzung vom 5. März 1936, *Hans Wüstendörfer*. Sein Nachfolger wurde ab der 27. Arbeitssitzung *Fritz Lindenmaier*, der bereits seit der 19. Arbeitssitzung vom 9. Mai 1935 als Nachfolger *Engels* stellvertretender Vorsitzender war und ab der 22. Arbeitssitzung vom 24. Oktober 1935 die Sitzungsleitung übernommen hatte, da Wüstendörfer zu dem in der 22. bis 26. Arbeitssitzung beratenden Thema „Reeder, Zeitcharterer und Ausrüster" selbst das Hauptreferat übernommen hatte[174]. *Wüstendörfer* wurde nach seinem Rücktritt vom Amt des Vorsitzenden von *Frank* zum Ehrenmitglied des Seerechtsausschuss ernannt, in welcher Position *Wüstendörfer* auch noch an zahlreichen Sitzungen teilnahm[175].

Über die Hintergründe des Rücktritts *Wüstendörfers* finden sich unterschiedliche Angaben. *Lindenmaier* erläutere den Mitgliedern des Seerechtsausschusses, Wüstendörfer habe aus „*Gesundheitsgründen und mit Rücksicht auf*

---

172 Bundesarchiv Berlin, Bestand R3001/23115, Bl. 156.

173 Vgl. *Schubert,* Protokolle des Seerechtsausschuss, S. 646.

174 Vgl. *Schubert,* Protokolle des Seerechtsausschuss, S. 251, 293 und 354.

175 *Wüstendörfer* beteiligte sich als Ehrenmitglied an der 34., 37., 38., 39. - 41., 45. sowie 49. Arbeitssitzung.

seine Lehrtätigkeit" sein Amt niedergelegt[176]. In Lindenmaiers Bericht über die Arbeiten des Seerechtsausschusses heißt es, die Arbeitsbelastung habe es Wüstendörfer unmöglich gemacht, „*der doppelten Aufgabe seines Forschungs- und Lehramtes und der Ausschussleitung zusammen weiter zu walten*"[177]. Tatsächlich ist *Wüstendörfer* jedoch mit seiner Art der Leitung der Arbeitssitzungen des Öfteren auch bei den weiteren Ausschussmitgliedern durchaus auf Kritik gestoßen. Wie noch zu sehen sein wird, beendete Wüstendörfer etwa die hoch umstrittene Frage der Einführung der Haager Regeln nach „*lebhafter Diskussion*"[178] im Wege des Führerprinzips. *Riensberg* sah einen Zusammenhang zwischen dem Rücktritt *Wüstendörfers* und der mehrfach, insbesondere von ihm persönlich, scharf geäußerten Kritik an dessen Verhandlungsführung[179]. Ebenso beklagte *Schütte*[180] nach der vierten Arbeitssitzung: „*Herr Professor Wüstendörfer, der von vornherein unter Vorlage eines Entwurfes, den er angefertigt hatte, für die Annahme der Haager Regeln eintrat, zeigte sich nicht in der Lage, die für einen Vorsitzenden notwendige Unparteilichkeit während der Debatten zu wahren.*"

Letztlich dürfte wohl eine Gemengelage der aufzufindenden Gründe Anlass für *Wüstendörfers* Rücktritt gewesen sein. Hierbei darf insbesondere nicht übersehen werden, dass *Wüstendörfer* erst nach der 26. Arbeitssitzung, mithin lange nach der kontroversen Beratung der Haager Regeln, zurücktrat und zudem zum Zeitpunkt des Rücktritts jedenfalls die wesentlichen von *Wüstendörfer* seit seinen Studien zur modernen Entwicklung des Seefrachtvertrages verfolgten Rechtsfragen – so vor allem die rechtliche Einordnung des Zeitcharterers (22. – 26. Arbeitssitzung) sowie die Haager Regeln (3. + 4. Arbeitssitzung) – bereits vom Seerechtsausschuss behandelt worden waren. Auch dieser Umstand dürfte *Wüstendörfer* letztlich die Entscheidung durchaus leichter gemacht haben.

aa) Hans Wüstendörfer

Der bereits vielfach angeführte *Hans Wüstendörfer* war einer der bedeutendsten, – mit *Schubert*[181] darf davon ausgegangen werden – wohl der bedeutendste Seerechtswissenschaftler der ersten Hälfte des 20. Jahrhunderts. Vor diesem

---

176 *Schubert,* Protokolle des Seerechtsausschuss, S. 354.

177 *Lindenmaier,* JbADR 1939/40, S. 105 (105).

178 So *Stödter,* Geschichte der Konnossementsklauseln, S. 68.

179 Nach *Schubert,* Protokolle des Seerechtsausschuss, S. XVI Fn. 24; vgl. zur Kritik *Riensbergs* unten C. I. 3. a).

180 *Schütte,* Bericht nach der 4. Arbeitssitzung, Staatsarchiv Hamburg, Bestand (Hapag-Lloyd) 621-1/2371.

181 *Schubert,* Protokolle des Seerechtsausschuss, S. XIV.

Hintergrund verwundert es nicht, dass ihm bei der Einsetzung des Seerechtsausschusses der Vorsitz anvertraut wurde.

Wüstendörfer[182] war am 27.11.1875 in Wandsbek als Sohn eines Tabakkaufmanns geboren (gest. am 11.06.1951). Nach seinem Studium der Rechtswissenschaften 1893-97 in Berlin, Genf und München promovierte er 1897 in Straßburg zum Thema „§ 278 BGB im Lichte des römischen Rechts". 1905/06 habilitiert *Wüstendörfer* sich für Völkerrecht an der Handelshochschule in Köln mit den ersten beiden 1905 erschienenen Teilen seiner Studien zur modernen Entwicklung des Seefrachtvertrages. Weitere zwei Teile wurden 1909 veröffentlicht. Ein zweiter geplanter Band über den Durchfrachtverkehr, die Mitwirkung der Banken beim Konnossementsumlauf und die Tätigkeit des Schiffsmaklers wurde nicht mehr umgesetzt.

1910 habilitierte *Wüstendörfer* sich für Handelsrecht und deutsches Recht an der Universität Würzburg um, nahm seine Lehrtätigkeit jedoch erst 1911 als ordentlicher Professor der Universität Rostock auf. In 1919 bis 1942 lehre er schließlich als ordentlicher Professor für Handels- und Schifffahrtsrecht, Bürgerliches Recht und das Privatrecht. Von 1920 bis 1927 war er Mitglied der DVP.

Neben seinen Studien sind als herausragende Werke im Bereich des Seerechts das „Schiffahrtsrecht" in Ehrenbergs Handbuch des gesamten Handelsrechts (Bd. 7, Abt. 2, Buch 2), „The Hague Rules 1922" sowie sein „Neuzeitliches Seehandelsrecht" von 1947 (2. Aufl. 1950) zu nennen. Darüber hinaus war Wüstendörfer ab 1923 Mitherausgeber der Schriftenreihe „Überseestudien zum Handels-, Schifffahrts- und Versicherungsrecht" (bis Heft 20).

Wüstendörfer war Verfechter der von ihm entwickelten soziologischen Rechtsfindungslehre, die stärker auf den sozialen als auf den historischen Normzweck abstellte und mit welcher er sich vom liberalen Zivilrecht der Kaiserzeit zu distanzieren suchte[183]. Hierzu bekannte er im Vorwort seiner Studien:

---

182 Die nachfolgenden biographischen Daten sind entnommen: *Schubert,* Protokolle des Seerechtsausschuss, S. XXXI, mit weiteren Nachweisen; *Landwehr,* JuS 1987, S. 344 (345 – 347); *Degener,* Wer ist's?, S. 1767; *Vierrhaus,* DBE Bd. 10 Thies - Zymalkowski, S. 595.

183 *Schubert,* Protokolle des Seerechtsausschuss, S. XIV; vgl. hierzu vertiefend *Wüstendörfer,* Zur Methode soziologischer Rechtsfindung. Zwei systematische Abhandlungen, herausgegeben von *Rehbinder,* 1971 (Schriftenreihe zur Rechtssoziologie und Rechtstatsachenforschung). In einer seiner letzten Veröffentlichungen erklärte *Wüstendörfer,* MDR 1949, S. 450 (516): *„Wie stehen wir zu Gesetzeszwang und Richterfreiheit in ihrer Einwirkung auf die Kunst der Gesetzesauslegung? Es wäre ebenso unzeitgemäß wie praktisch undurchführbar, den heutigen Richter eines demokratischen Gemeinwesens, wie in Zeiten des Absolutismus, herabwürdigend zu einem bloßen Subsumtionsautomaten, ihn knechtisch festbinden zu wollen an dem manchmal ungeschickten, fast immer mehrdeutigen Wortlaut des Gesetzes. Strenger als das Wort*

„Was mich von meinen Gegnern trennt, das ist nicht diese oder jene Einzelfrage, sondern es ist die grundsätzliche Auffassung von der methodischen Stellung des Richters zum Gesetz. Ich bekenne mich zur Schule derer, die da meinen, der Richter habe das vorhandene Recht nicht nur anzuwenden, sondern weiter zu bilden, und zwar weiter zu bilden nicht nur in rein logischer Konstruktion, sondern in bewußter teleologischer Erwägung."

Nach *Landwehr*[184] war *Wüstendörfer* kein Anhänger des Nationalsozialismus. Hierfür lassen sich in seiner Biographie letztlich auch keine näheren Anhaltspunkte finden. *Schubert*[185] weißt darauf hin, dass *Wüstendörfer* in von dieser Arbeit nicht behandelten Arbeitssitzungen des Seerechtsausschusses von ihm vertretene Abweichungen vom allgemeinen Zivilrecht mit dem *„nationalsozialistischen Denken"* rechtfertigte sowie abweichende Auffassungen in Einzelfällen als mit der *„nationalsozialistischen Gesetzgebung"* unvereinbar ablehnte. Diese Argumentationen habe *Wüstendörfer* jedoch lediglich benutzt, um die Durchsetzung seiner Änderungsvorschläge zu erleichtern. Hierfür spricht tatsächlich die bereits aufgezeigte Konsistenz, mit der er sich bereits seit seiner Studien mit den Problemen des Seerechts insbesondere auch in rechtspolitischer Sicht beschäftigte. Schließlich äußerte *Wüstendörfer* im Jahr 1938 zur nationalsozialistischen Zeit[186]:

„Seit der grossen nationalen Staatsumwälzung von 1933 bricht sich in Deutschland eine Umgestaltung und Erneuerung des deutschen Rechtsdenkens Bahn. Ziele und Methoden der Rechtsordnung haben sich geändert: Statt eines individualistischen Interessenschutzes steht jetzt beherrschend im Vordergrund der Dienst am Gemeinwohl, statt weitgespannter subjektiver Rechte die Sicherung sozialer Pflichterfüllung, statt gegenseitiger Bekämpfung selbstüchtiger Bevölkerungsklassen das Ideal wahrer Volksgemeinschaft, statt internationalisierender Angleichungsbestrebungen die Entfaltung arteigenen Gedankenguts, dem Heimatboden entsprossen und mit ihm unlösbar verbunden. Auch das deutsche Seerecht wurde in den Schmelztiegel dieser neuen Weltanschauung geworfen, um dort geläutert zu werden."

---

bindet ihn der Zweck des Gesetzes, geklärt durch entstehungsgeschichtliche Ermittlung, soziologische Tatsachenforschung und verantwortungsbewußte Interessenabwägung. Rechtsfindung ist Rechtspolitik. Die ist und wird immerdar bleiben eine elastische ars aequi ac boni.".

184 *Landwehr,* JuS 1987, S. 344 (347).

185 *Schubert,* Protokolle des Ausschuss für das Recht des Handelsstandes u.a., S. XXXIV; die jeweiligen Nachweise in der neuherausgegebenen Form der Protokolle finden sich bei *Schubert,* Protokolle des Seerechtsausschuss, S. XIV Fn. 17.

186 *Wüstendörfer,* Annuario di diritto comparato e di studi legislativi 1938, S. 107 (109).

bb) Fritz Lindenmaier

Nachfolger *Wüstendörfers* war ab der 27. Arbeitssitzung *Fritz Lindenmaier*, welcher von seinem Vorgänger wegern seiner *„Sachkunde, Energie und Einsatzbereitschaft“* gelobt worden war[187].

> *Fritz Heinrich Karl Paul Lindenmaier*[188] war am 2.10.1881 in Hamburg geboren(gest. am 7.10.1960) und studierte Rechtswissenschaften in Tübingen, Berlin und Kiel. 1903 folgte seine Promotion in Rostock. *Lindenmaier* wurde 1924 Direktor des Landgerichts Hamburg, 1926 Reichsgerichtsrat und ab 1937 Präsident des I. Zivilsenats. Zur gleichen Zeit (1937/38) trat er in die NSDAP ein.
>
> 1944/45 wurde *Lindenmaier* zum Honorarprofessor der Universität Leipzig, ab 1949 der Universität Hamburg berufen. Dort wurde er zunächst Oberlandesgerichtsrat und schließlich von 1950 bis zum 31.12.1953 Richter des I. Zivilsenats des Bundesgerichtshofes, dessen Sitzungen er zudem regelmäßig vorsaß. Daneben erhielt *Lindenmaier* eine Honorarprofessur der Universität Heidelberg und war Lehrbeauftragter an der Technischen Hochschule Karlsruhe.
>
> Neben dem See- und Versicherungsrecht waren sowohl das Patent- als auch Urheberrecht *Lindenmaiers* Spezialgebiete.

Lindenmaier war im Rahmen der Ausschussarbeiten der Akademie für Deutsches Recht ein gern gesehenes Mitglied bzw. fleißiger Mitarbeiter. Neben dem Seerechtsausschuss gehörte er ab 1938 dem Ausschuss für Patent- und Gebrauchsmusterrecht, dem Ausschuss für das Recht des geistigen Eigentums sowie dem Ausschuss für Verfahrensfragen im gewerblichen Rechtsschutz an[189].

Anders als bei *Wüstendörfer* ist *Lindenmaiers* Haltung zum Nationalsozialismus differenzierter zu betrachten. So schrieb er 1938 in einem Aufsatz zum Patentrecht[190]:

> „Die einleitenden Worte der veröffentlichten Gesetzesbegründung (PMZBl 1936, S. 103) lassen jedoch ersehen, auf welchen Gedanken das Gesetz aufbaut [...]. Es sind Gedanken des Führers selbst, in denen dieser die Grundlagen für die Ausrichtung und ethische Haltung eines nationalsozialistischen Patentrechts gegeben hat. Man muss voll Bewunderung sein, mit welcher Klarheit der Führer auf diesem ihm doch

187 So *Wüstendörfer* in der 19. Arbeitssitzung: *Schubert,* Protokolle des Seerechtsausschuss, S. 355.

188 Die nachfolgenden biographischen Daten sind entnommen: *Schubert,* Protokolle des Seerechtsausschuss, S. XIV f. sowie XXVII, mit weiteren Nachweisen; *Möhring,* NJW 1960, S. 1991; *Wikipedia*: Fritz Lindenmaier, abrufbar im Internet: <http://de.wikipedia.org/wiki/Fritz_Lindenmaier> (Stand: 04.11.2014).

189 *Schubert,* Protokolle des Seerechtsausschuss, S. XV.

190 *Lindenmaier,* GRUR 1938, S. 213 (214).

fernliegenden Gebiet mit intuitivem Scharfblick die Leitgedanken herausgearbeitet und zum klaren Ausdruck gebracht hat."

Ebenso leitete *Lindenmaier* bereits einen 1935 veröffentlichten Beitrag zu „Möglichkeiten und Grenzen einer zwischenstaatlichen Angleichung des Seerechts"[191] mit der Feststellung ein, dass die Zeitenwende in Deutschland die „*Besinnung auf die Werte nationaler Bluts- und Bodenverbundenheit*" mit sich gebracht habe, weshalb die internationalen Regeln, deren Übernahme ins deutsche Recht in Frage stehe, einer strengen Prüfung zu unterziehen seien. Es dürfe hierbei „*nie aus dem Auge verloren werden, dass nur volks- und rassenmäßiges Rechtsgut dem Rechtsbewusstsein des Volkes gerecht wird*". Eine Rechtsangleichung sei nur in dem Maße empfehlenswert, „*soweit die neue Rechtsordnung sich zu nationalem Rechtsempfinden nicht in Widerspruch setzt und wertvolles nationales Rechtsgut dabei nicht vertan wird*". Es müsse „*das am nationalsozialistischen Gedankengut geschärfte Gewissen*" die richtige Lösung zu finden versuchen.

Inwieweit nationalsozialistisches Rechtsdenken Einfluss auf die Beratungen des Seerechtsausschuss genommen hat, soll unten (C. V.) analysiert werden.

b) Weitere Mitglieder

Die Umsetzung der Vorgaben der Akademieführung zur Größe und Zusammensetzung der Ausschüsse führten beim Seerechtsausschuss zu einer Anzahl von durchschnittlich 15 – 23 Teilnehmern je Sitzung inklusive der Protokollkräfte. Erst zum Ende hin nahm die Teilnehmerzahl merklich ab. So nahmen an der 47. Sitzung vom 7. Mai 1941 nur sieben, an der 49. und letzten Sitzung vom 7./8. Januar 1942 nur neun Mitglieder teil. Darüber hinaus ist vorab festzuhalten, dass an den Beratungen des Seerechtsausschusses eine große Anzahl von Seerechtspraktikern, sowohl Reeder, Anwälte als auch Kapitäne, beteiligt war.

Die den jeweiligen Sitzungsprotokollen vorangestellten Anwesenheitslisten weisen stets den Vorsitzenden sowie den stellvertretenden Vorsitzen gesondert aus und unterteilen im Übrigen die Anwesenden in „ständige Mitglieder", Mitarbeiter der Reichsministerien, „Gäste", „Sachverständige" sowie die Protokoll- und Schreibkräfte. Aus den Anwesenheitslisten können jedoch nur bedingt Rückschlüsse auf die tatsächliche Mitgliedschaft bzw. Beteiligungsrolle der einzelnen Personen gezogen werden, da die Listen durchaus Unregelmäßigkeiten aufweisen[192]. Letztlich spielte die Beteiligungsform der einzelnen Sitzungsteilnehmer

---

191 *Lindenmaier*, JbADR 1935, S. 159 – 166; Zitate, ebd., (159 f.).

192 So wird *Schrader* etwa in den Protokollen der 38. und 39. Sitzung als Gast, im Protokoll der 41. Sitzung als ständiges Mitglied und im Protokoll der 43. Sitzung wieder

indes nur eine untergeordnete Rolle. Den Protokollen ist, da förmliche Abstimmungen ohnehin nicht vorgesehen waren, nicht zu entnehmen, dass die Beiträge der einzelnen Sitzungsteilnehmer – mit Ausnahme der jeweiligen Vorsitzenden – einzig aufgrund ihrer Stellung etwa als ständiges Mitglied unterschiedlich bewertet wurden. Vielmehr wurden die zu den einzelnen Themengebieten jeweils geladenen Gäste und Sachverständige wiederholt zu Wort gebeten, um so die ohnehin vom Seerechtsausschuss verfolgte Praxisnähe der Beratungen zu verstärken.

Ebenso ist festzustellen, dass über die Jahre ein nicht unerheblicher Wechsel der Mitglieder des Seerechtsausschusses stattgefunden hat. *Schubert*[193] weist in seiner Edition der Sitzungsprotokolle des Seerechtsausschusses insgesamt 74 Redner und Referenten auf, wobei an dieser Stelle nicht abschließend untersucht werden soll, inwieweit darüber hinaus Teilnehmer ohne Redebeitrag geblieben sind. Beispielhaft sei hier auf das Protokoll der 27. Arbeitssitzung vom 10. September 1937 verwiesen[194]. In dieser teilte *Lindenmaier* mit, dass *Engel* in Folge der Versetzung in den Ruhestand als Mitglied ausgeschieden, *Nolte* wegen eines Auslandaufenthaltes beurlaubt und *Kirchauff* aus beruflichen Gründen ebenfalls ausgeschieden sei. *Schüler* habe wegen der Arbeitsbelastung gebeten, ihn als ständiges Mitglied zu streichen und nur als gelegentlichen Mitarbeiter zu verwenden; *Wiedenfeld* wollte nur noch in spezifisch wirtschaftsrechtlichen Fragen hinzugezogen werden. Daraufhin bat *Lindenmaier* die Akademie, neue Mitglieder aufnehmen zu dürfen. Zustimmung sei für die neuen ständigen Mitglieder *Baur*, *Bollmann*, *Klemp* sowie *Kuhl* und für den gelegentlichen Mitarbeiter *Gieser* erteilt worden. Weiter seien als ständige Mitglieder *Hillemann* und *Segelken* in Aussicht genommen worden. Diese wurden sodann in der 28. Arbeitssitzung vom 5. November 1937 neben *Baur* und *Klemp* als neue ständige Mitglieder sowie *Maschke* als Sachverständiger bekannt gegeben. Eine Aufstellung sämtlicher

---

als Gast angegeben; vgl. *Schubert,* Protokolle des Seerechtsausschuss, S. 567, 585, 598 und 616. Im Übrigen geben die Anwesendheitslisten der Sitzungsprotokolle jedoch nicht durchgängig eine verlässliche Auskunft. So wird etwa *Bollmann* in der Liste der 45. Arbeitssitzung vom 6.2.1941 nicht geführt; er wird gleichwohl mit einem Redebeitrag wiedergegeben, vgl. *Schubert,* Protokolle des Seerechtsausschuss, S. 627, 631.

193 *Schubert,* Protokolle des Seerechtsausschuss, S. 699 – 703; lediglich beispielhaft soll an dieser Stelle darauf hingewiesen, dass als praktisches Mitglieder *Burchard-Motz* der dritten Arbeitssitzung und *Justus* der vierten Arbeitssitzung beiwohnten, jedoch ohne protokollierten Redebeitrag blieben und mithin nicht in der Aufstellung auftauchen, vgl. ebd., S. 13 und 46.

194 *Schubert,* Protokolle des Seerechtsausschuss, S. 354 – 363, insb. 355.

politischer, wissenschaftlicher sowie praktischer Mitglieder des Seerechtsausschusses zur Zeit der Zusammensetzung Anfang 1934 findet sich im Bericht über die erste Vollversammlung vom 6. Januar 1934 in der Zeitschrift „Hansa"[195].

Neben den beiden Vorsitzenden, die sich stets intensiv an den Beratungen beteiligten, sind an dieser Stelle die jeweiligen Berichterstatter hervorzuheben, die die jeweiligen Themengebiete für die Ausschussberatungen aufbereiteten. Die Haager Regeln wurden von Ministerialrat *Koffka* sowie *Wüstendörfer* als Mitberichterstatter vorgestellt. *Bollmann* fertigte das umfangreiche Referat zum Thema „Frachtgeschäft zur Beförderung von Gütern" (129 Seiten), das korrespondierende Korreferat erstellte *Offen*. *Segelken* erarbeitete die Referate zu den Themen „Der Empfänger im Seerecht", „Die Zahlung der Fracht" sowie „Die Sicherung des Verfrachters". Das abschließende Referat „Die Auflösung des Seefrachtvertrages" hielt *Capelle*.

Im Übrigen beteiligten sich vor allem auch *Baur*, *Brandt*, *Klemp*, *Krieger*, *Schütte*, *Schultze-Smidt sen.*, *Sturm* sowie *Techen* intensiv an den Beratungen des Seefrachtrechts[196]. Lediglich *Lindenmaier* und *Brandt* waren bei sämtlichen von dieser Arbeit behandelten Arbeitssitzungen anwesend, *Schulze-Smidt* immerhin an zwölf der 14 Sitzungen[197].

c) Arbeitsplan

Wüstendörfer hatte bereits früh klare Vorstellungen über die Arbeit des Seerechtsausschusses entwickelt, maßgeblich beeinflusst durch seine Forschungen im Bereich des Seerechts, welche er in seinen umfangreichen Veröffentlichungen niederlegte[198]. Als die drei großen Zielsetzungen der Arbeiten des Seerechtsausschusses proklamierte er in seinem Vortrag über die Leitgedanken für die Erneuerung des deutschen Seerechts[199]:

1. Hinsichtlich des *Problems der internationalen Vereinheitlichung* habe der Seerechtsausschuss zu prüfen, ob eine Übernahme der drei Brüsseler Entwürfe

---

195 Hansa 1934, S. 111 (112).

196 Kurzbiographien der an den von dieser Arbeit untersuchten Arbeitssitzungen beteiligten Ausschussmitglieder sowie sonstiger Anwesender sind in Anhang B aufgeführt. Dort findet sich auch eine tabellarische Aufstellung der an den von dieser Arbeit behandelten Arbeitssitzungen beteiligten Mitglieder.

197 Vgl. tabellarische Übersicht in Anhang B dieser Arbeit.

198 Vgl. zu *Wüstendörfers „wissenschaftlichem Erbe im Seehandelsrecht"*: *Landwehr*, JuS 1987, S. 344 (349 f.).

199 Vgl. *Wüstendörfer*, JbADR 1933/34, S. 56 (57 – 61).

internationaler Übereinkommen aus den Jahren 1924 und 1926 in das deutsche Recht zu empfehlen sei. Hierbei stelle sich insbesondere die Frage, ob die Vorzüge einer internationalen Vereinheitlichung die den Entwürfen unleugbar anhaftenden Mängel derart überwiegen, dass die Mängel in Kauf zu nehmen seien.

2. Weiterhin stelle sich dem Seerechtsausschuss die Aufgabe einer *technisch-wirtschaftlichen Modernisierung der Seerechtsordnung*. Den tatsächlichen Gegebenheiten folgend werde in den Mittelpunkt der Seerechtsordnung nicht mehr der Reeder, sondern der Seefahrtsunternehmer zu stellen sein. Die Vollmacht des Kapitäns sei einzuengen, das Recht des Stückgutvertrags der Linienreedereien zeitgemäß auszubauen. Hinsichtlich der Fragen der Skripturhaftung aus dem Konnossement und der Freizeichnungsklauseln sei eine sorgfältige Abwägung der Reederinteressen gegen die Belange der Verlader, der Versicherer, der Reisenden und aller anderen beteiligten Kreisen erforderlich, in jedem Fall seien aber die Freizeichnungsklauseln in gewissem Maße zu beschränken. Ebenso seien neuzeitliche Verkehrserscheinungen, wie Durchfrachtkonnossemente oder Konnossementsteilscheine, einer gesetzlichen Form zuzuführen. Die Bodmerei sei als veraltetes Institut „über Bord" zu werfen, die große Haverei sei den internationalen Bestrebungen anzupassen.
3. Als dritte Aufgabe erkannte *Wüstendörfer* schließlich die *„Durchdringung unserer Seerechtsordnung mit dem Geiste einer neuen Weltanschauung"*. Die Frage, ob das Seerecht national genug sei, werde bezüglich des Flaggenrechts und bei dem Problem der zwischenstaatlichen Gesetzeskollision zu beantworten sein. Zugleich dürfe das soziale Moment jedoch nicht vergessen werden, wobei insbesondere das Führerprinzip in der Seemannsordnung einzuführen sei.

Die Mitglieder des Seerechtsauschusses – so *Wüstendörfer*[200] weiter – müssten sich bewusst werden, Diener des Gemeinwohls und nicht Vertreter von Sonderinteressen zu sein, und den festen Willen besitzen, *„zunächst die Methode unserer Rechtsfindung daraufhin durchzuprüfen […], ob sie etwa Fehler aufweist, die der Abstellung bedürfen"*. Ziel müsste eine schlichtere, einfachere Normsetzung mit *„weitgespannten, elastischen Abstraktionen"* sein, die *„dem Richter genügen Spielraum lassen für die Anpassung seiner Entscheidung an die Besonderheiten des konkreten Falles"*[201]. Dieses Ziel war offensichtlich Ausfluss *Wüstendörfers* soziologischer Rechtsfindungslehre.

---

200 *Wüstendörfer*, JbADR 1933/34, S. 56 (61).
201 *Wüstendörfer*, JbADR 1933/34, S. 56 (62).

Für die Umsetzung der solchermaßen abgesteckten Beratungsmaterie sollten nach *Wüstendörfers* Angaben mindestens 200 Arbeitssitzungen erforderlich sein[202]. Entsprechend der Anregung des Reichsjustizministers setzte *Wüstendörfer* in der 1. Arbeitssitzung[203] solche Materien auf dem Arbeitsplan ganz nach oben, die *„überfällig und formungsreif"* seien. Hierzu zählte er insbesondere die „drei Brüsseler Abkommen", welche bereits auf die Tagesordnung der 2. Arbeitssitzung gesetzt wurden. Nachfolgend sollte das Seeunfalluntersuchungsgesetz beraten werden, jedoch *„frühestens in der dritten Sitzung"*, wobei diesbezüglich die Einsetzung eines Unterausschusses befürwortet wurde. Anschließend sollte der Seerechtsausschuss sich der Seemannsordnung annehmen.

Im Übrigen, so erklärte *Wüstendörfer*, sollte der Seerechtsausschuss sich bei seinen Beratungen nicht an der Paragraphenfolge des Gesetzes orientieren, sondern vielmehr Themenbereiche in ihrem sachlichen Zusammenhang erörtern. Als eine unverbindliche Beratungsfolge nannte *Wüstendörfer*:

- Sachliches Anwendungsgebiet (Nichterwerbsschiffe)
- Räumliches Anwendungsgebiet (Binnenschifffahrt)
- Flaggenrecht und Schiffsregister
- Eigentum und Pfandrecht an Seeschiffen
- Reeder und Seeschifffahrtsunternehmer
- Reederhaftung und Schiffsgläubigerrechte
- Partenreederei
- Schiffsbesatzung
- Kapitän (Seeunfallgesetz, Vertretungsmacht, Heuervertrag, Lotse)
- Heuervertrag des Schiffsmanns (Seemannsordnung)
- Chartervertrag, Stückgutvertrag der Linienfahrt
- Schiffsmakler
- Konnossement und Haager Regeln
- Reisevertrag und Auswandererschutz, Schleppvertrag
- Notfälle der Reise: Schiffszusammenstoß, Große Haverei, Bergung und Hilfeleistung
- Internationales Seerecht

Dieser Arbeitsplan wurde vom Seerechtsausschuss weitgehend eingehalten, mit der Einschränkung der von *Wüstendörfer* vorgezogenen Themengebiete. Zudem

---

202 *Schubert*, Protokolle des Seerechtsausschuss, S. 9.

203 Vgl. Protokoll der 1. Arbeitssitzung v. 6.1.1934: *Schubert*, Protokolle des Seerechtsausschuss, S. 8 – 12.

wurde der Seefrachtvertrag erst zum Ende hin beraten. Das Themengebiet „Schiffsmakler" hat der Seerechtsausschuss nicht mehr erörtert.

Kein Gegenstand der Beratungen des Seerechtsausschusses war das Seeversicherungsrecht. Dieses wurde von einem Sonderausschuss behandelt, welcher zunächst als Unterausschuss des Ausschusses für Versicherungsrecht organisiert und später als selbstständiger Ausschuss behandelt wurde[204]. Diverse Mitglieder und Teilnehmer der Arbeitssitzungen des Seerechtsausschusses beteiligten sich auch an den Arbeiten des Seeversicherungsausschusses, der insgesamt 29 Sitzungen abhielt[205].

Ebenso sollten nach *Wüstendörfer*[206] verwaltungstechnische Angelegenheiten des öffentlichen Seerechts, z. B. die Tiefladelinie, die Prüfungsvorschriften für Kapitäne, Steuerleute und Maschinisten, die Einrichtung von Logis-, Wasch- und Baderäumen und ähnliches nicht zum Arbeitsgebiet des Seerechtsausschusses gehören. Es handele sich hierbei dem Wesen nach weniger um „Recht", für das der Seerechtsausschuss im Übrigen nur teilweise zuständig sei, sondern vielmehr um reine Zweckmäßigkeitsfragen.

Im Laufe der Beratungen hielt der Seerechtsausschuss zudem wiederholt Rücksprache mit dem Reichsjustizministerium, inwiefern von dort etwaig eine abweichende Reihenfolge der zu beratenden Themengebiete gewünscht würde. So berichtete *Lindenmaier* zu Beginn der 37. Arbeitssitzung vom 12. Mai 1938 von einer Unterredung mit Ministerialrat *Krieger* und Staatssekretär *Schlegelberger*. Das Reichsjustizministerium hatte demnach zum Ausdruck gebracht, dass drei Fragengruppen vordringlich zu beraten seien[207]:

> „Die erste Gruppe umfasse das Seefrachtrecht im weiteren Sinne, insbesondere die Fragen der Güter- und Fahrgastbeförderung, der Haftung des Reeders (Brüsseler Konvention), des Reederbegriffs (Ausrüsterproblem), des Besatzungsbegriffs (Haftung für den Stauer) und des sachlichen Geltungsbereichs des Seerechts. Die letzte Frage, insbesondere das Problem der Nichterwerbsschiffe sei bisher im Flaggengesetz behandelt, es empfehle sich, es im Zusammenhang mit dem Seefrachtrecht zu regeln.
>
> Die zweite Gruppe könne man als prozessuale Gruppe bezeichnen. Hierher gehörten besonders die Verklarung, das Verfahren in Schifffahrtssachen und das Problem der Einsetzung besonderer Schifffahrtsgerichte.

---

204 Vgl. hierzu vertiefend *Nissen,* Die Beratungen des Seeversicherungsausschusses der Akademie für Deutsches Recht zu einem neuen Seeversicherungsgesetz (1934-1939), Diss., Frankfurt am Main, 1991; zur Zuordnung innerhalb der Akademie für Deutsches Recht, ebd., S. 112 f.

205 *Schubert,* Protokolle des Seerechtsausschuss, S. XIX f.

206 *Schubert,* Protokolle des Seerechtsausschuss, S. 12.

207 *Schubert,* Protokolle des Seerechtsausschuss, S. 554.

Die dritte Gruppe betreffe den Schiffskredit und die damit zusammenhängenden Fragen, also vor allem das Brüsseler Hypothekenabkommen."

Zu diesem Zeitpunkt waren die Beratungen des Seerechtsausschusses bereits weit vorangeschritten. Die von *Lindenmaier* angeführte Unterredung mit den beiden Ministerialbeamten zeigt jedoch die bewusst eng angestrebte Zusammenarbeit des Seerechtsausschusses mit dem Reichsjustizministerium[208].

d) Arbeitsweise

Die Mitglieder des Seerechtsausschusses entwickelten über die Jahre ein sich als *„zweckmäßig"*[209] herausgestelltes Vorgehen bei der Erarbeitung und Erörterung der einzelnen Beratungsgegenstände. Insbesondere betrachtete der Seerechtsausschuss es nicht als seine Aufgabe, *„[Gesetzes-]Entwürfe zu schaffen, die bereits in die Sprache des fertigen Gesetzes gegossen sind"*. Ziel sei es vielmehr, diejenigen Beratungsergebnisse in möglichst präzisen Leitsätzen zu fassen, welche als maßgebend *„für die Neuordnung des bearbeiteten Gesamt- oder Einzelgebietes sowohl dessen Grundhaltung nach als auch für wichtige Einzelpunkte"* erachtet wurden.

Im Vorfelde der Beratung eines Themenkomplexes erstellte zumeist ein Ausschussmitglied einen ausführlichen Bericht über die zu behandelnde Materie, welcher in den meisten Fällen von einem Gegenbericht überprüft wurde[210]. Erst

208 *Wüstendörfer* hatte bereits in der 1. Arbeitssitzung vom 6. Januar 1934 eine *„harmonische"* Zusammenarbeit mit dem Reichsjustizministerium angestrebt, vgl. *Schubert*, Protokolle des Seerechtsausschuss, S. 10; *Lindenmaier* hatte bereits im Rahmen der 36. Arbeitssitzung betont: *„Der Ausschuss müsse sich bei seiner künftigen Arbeit an die vom Reichsjustizministerium in Aussicht genommene Marschroute halte; nur dann bestehe Gewähr dafür, dass die von ihm geleistete Arbeit in absehbarer Zeit praktischen Erfolgt bringe."*, ebd., S. 545.

209 Vgl. zum Folgenden: *Lindenmaier*, JbADR 1939/40, S. 105 (106 f.); vgl. auch *Wüstendörfers* Ausführungen zum Ende der ersten Arbeitssitzung vom 6.1.1934, *Schubert*, Protokolle des Seerechtsausschuss, S. 12: *„Im Allgemeinen müsse man im Hauptausschuss davon absehen, formulierte Gesetzesvorschläge zu machen, es sei vielmehr Aufgabe dieses Ausschusses, vornehmlich die Richtlinien und Grundgedanken des neuen deutschen Seerechts zu besprechen, und die dem betreffenden Unterausschuss als bindende Anweisung mitzugeben. Dieser müsse dann für die Formulierung im Einzelnen sorgen. Es käme auch in Frage, die Richtlinien als Empfehlung dem Reichsjustizministerium zu unterbreiten, mit der Bitte, daraufhin formulierte Gesetzesvorschläge auszuarbeiten."*.

210 Zu den Referaten der Themengebiete ab der 44. Arbeitssitzung wurden keine Korreferate mehr erstellt.

im Anschluss trat der Ausschuss in die mündliche Erörterung ein. *Lindenmaier*[211] teilte den Ausschussmitgliedern eingangs der 27. Arbeitssitzung mit, dass die Referate und Koreferate den Mitgliedern „in Zukunft" bereits im Voraus zugeleitet werden sollten. Dieses war offensichtlich bis dahin nicht der Fall gewesen.

Den Berichterstattern wurde im Rahmen der Ausschusssitzungen zur Darlegung der von ihnen erarbeiteten Leitsätze jeweils zunächst das Wort erteilt, woran sich sodann die allgemeine Diskussion anschloss. Der Vorsitzende stellte abschließend fest, ob und gegebenenfalls in welcher abgewandelten Form der Leitsatz festzuhalten war.

Keinesfalls einheitlich wendeten die Vorsitzenden hierbei das Führerprinzip an. Es wurde angeführt, dass *Wüstendörfer*[212] bei der Beratung der Haager Regeln ausdrücklich darauf hinwies, dass *„nach der Geschäftsordnung im Falle der Meinungsverschiedenheit die Stimme des Vorsitzenden den Ausschlag gebe"*, woraufhin er letztlich das von ihm vorgeschlagene Arbeitsergebnis festhielt. *Lindenmaier*[213] hingegen sah im Rahmen der Erörterung der Frage einer Erweiterung des Reederbegriffs in der 26. Arbeitssitzung davon ab, nach dem Führerprinzip zu entscheiden, da die Meinungsverschiedenheiten seiner Auffassung nach derart unüberwindbar waren, dass eine weitere Debatte zwecklos erschien. Eine endgültige Stellungnahme des Ausschusses wurde zurückgestellt.

e) Dokumentation der Beratungen

Die Abläufe der Beratungen des Seerechtsausschusses wurden in den Protokollen der Arbeitssitzungen in indirekter Rede zusammengefasst und festgehalten[214]. Die Protokolle wurden sowohl der Führung der Akademie für Deutsches Recht als auch dem Reichsjustizministerium zugeleitet. Darüber hinaus wurden

---

211 *Schubert,* Protokolle des Seerechtsausschuss, S. 355.

212 *Schubert,* Protokolle des Seerechtsausschuss, S. 60 f.

213 *Schubert,* Protokolle des Seerechtsausschuss, S. 352.

214 In der 3. Arbeitssitzung war noch diskutiert worden, ob in den Protokollen die Namen der Redner wiedergegeben werden sollten oder ob es nicht ausschließlich darauf ankäme, *„wie der Gang der Aussprache und ihr Ergebnis gewesen ist"*. Letztlich einigten sich die Mitglieder des Seerechtsausschusses dahingehend, die Berichterstatter und Redner, welche ausführliche Beiträge zur Sache erbrachten, namentlich aufzuführen und im Übrigen nur den Gang der Beratungen zu kennzeichnen. Der Vorschlag, die Redebeiträge jeweils einer bestimmten Interessengruppe zuzuordnen, konnte sich nicht durchsetzen, da dieser mit dem Grundverständnis des Seerechtsausschusses gemeinnütziger Interessenvertretung nicht zu vereinbaren sei, vgl. *Schubert,* Protokolle des Seerechtsausschuss, S. 28.

die Beratungsergebnisse, welche in Leitsätzen gefasst wurden, in den bereits angeführten Berichten der jeweiligen Vorsitzenden veröffentlicht[215].

Auch wenn der Seerechtsausschuss im Wesentlichen nicht selbst Gesetzesentwürfe ausarbeitete, nahmen die Beratungsergebnisse Einfluss auf diverse Gesetzesvorhaben; so das bereits genannte Gesetz zur Änderung von Vorschriften des Handelsgesetzbuches über das Seefrachtrecht vom 10. August 1937 (RGBl. I, S. 871) im Zusammenhang mit der Übernahme der Haager Regeln, der Entwurf zur Neufassung der Seemannsordnung (nicht umgesetzt), das Gesetz zur Untersuchung von Seeunfällen vom 28. September 1935 (RGBl. I, S. 1183), das Reichsflaggengesetz vom 15. September 1935 (RGBl. I, S. 15) sowie das Gesetz über Rechte an eingetragenen Schiffen und Schiffsbauwerken vom 15. November 1940 (RGBl. I, 1499) und die Schiffsregisterordnung vom 19. Dezember 1940 (RGBl. I, S. 1591)[216].

Eine weitergehende Verarbeitung der Beratungsergebnisse ist nach dem Zweiten Weltkrieg – wie noch nachfolgend zu sehen sein wird (D. I.) – nicht erfolgt. Lediglich vereinzelt wurden die Beratungsergebnisse in der juristischen Literatur aufgegriffen[217].

---

215 Vgl. zu den von dieser Arbeit nicht behandelten Themengebiete die Zusammenfassung der Arbeitsergebnisse von *Lindenmaier*, JbADR 1939/40, S. 105 – 138, abgedruckt auch bei *Schubert*, Protokolle des Seerechtsausschuss, S. 669 – 698.

216 Vgl. *Schubert*, Protokolle des Ausschuss für das Recht des Handelsstandes u.a., S. XXXII f.; vgl. zur Reform des Schiffssachenrechts auch *Schubert*, ZRG 1992, S. 209 – 245.

217 Vgl. Fn. 13.

C. Die Beratungen des Seerechtsausschusses

Nachfolgend sollen nunmehr die Beratungen des Seerechtsausschusses betreffend den beiden Themenbereichen Haager Regeln sowie Seefrachtvertrag untersucht werden. Auch wenn diese – jedenfalls im Fall des Stückgutfrachtvertrags – eng miteinander verknüpft sind, wurden sie aus den dargestellten organisatorischen Gründen vom Seerechtsausschuss zeitlich nahezu maximal auseinandergezogen erörtert. Die Haager Regeln haben den Seerechtsausschuss maßgeblich ganz zu Beginn seiner Arbeit in der dritten und vierten Arbeitssitzung im Februar 1934 beschäftigt. Dem Seefrachtvertrag waren die 38. Arbeitssitzung vom 23. Juni 1938 bis 49. und letzte Arbeitssitzung vom 7./8. Januar 1942 gewidmet. Diese geteilte Behandlung wird nachfolgend beibehalten. Dieses Vorgehen ist schon deshalb geboten, da zum Zeitpunkt der Beratung des Seefrachtvertrages bereits das Gesetz zur Änderung von Vorschriften über das Seefrachtrecht vom 10. August 1937, mit welchem die Haager Regeln in die Bestimmungen des HGB eingearbeitet wurden, verabschiedet und veröffentlicht – wenn auch noch nicht in Kraft gesetzt worden – war. Die Beratungen bauten mithin auf dem Inhalt des Gesetzes bereits teilweise auf, nahmen diesen jedenfalls mehrfach in Bezug.

Bis zu den Beratungen des Seerechtsausschusses über die Haager Regeln hatten – für Deutschland bedeutsam – insbesondere bereits Großbritannien mit dem „Carriage of Goods by Sea Act“, in Kraft getreten am 1. Januar 1925, die Niederlande mit Gesetzen vom 22. Dezember 1924 und 10. Juni 1926 sowie Belgien mit Gesetz vom 22. Januar 1929 neuerliche Seehandelsgesetze erlassen[218]. Zudem war ebenfalls in den skandinavischen Ländern sowie in Italien eine Überarbeitung der nationalen Seehandelsgesetze eingeleitet worden[219]. Diese neuerlichen Kodifikationen wurden vom Seerechtsausschuss wiederholt in seinen Beratungen teils als Vorbild, teils zur Abgrenzung herangezogen.

---

218 *Eilenberger-Czwalinna,* Haftung des Verfrachters nach dem zweiten Seerechtsänderungsgesetz, S. 17; zu den Ratifikationen der Haager Regeln; vgl. zum niederländischen Seehandelsrecht die Übersetzung von *Schadee,* Niederländisches Seerecht, Haag, 1929.

219 Nach *Wüstendörfer,* JbADR 1933/34, S. 56 (56).

I. Die Beratung der Haager Regeln (3. und 4. Arbeitssitzung)

Die Haager Regeln waren eines der drei Brüsseler Seerechtsübereinkommen von 1924/1926 (Reederhaftung, Schiffsgläubiger sowie Haager Regeln), die – wie gezeigt – auf Initiative *Wüstendörfers* ganz an den Anfang der zu beratenden Sachmaterien des Seerechtsausschusses gestellt wurden. Wohl aus dem Eifer der Aufbruchsstimmung hatte *Wüstendörfer*[220] die Beratung der drei Brüsseler Übereinkommen unmittelbar auf die Tagesordnung der zweiten Arbeitssitzung vom 16. Januar 1934 gesetzt, wobei offensichtlich davon ausgegangen wurde, die Beratungen in dieser Sitzung auch abschließen zu können. Die erste Arbeitssitzung war vor allem administrativen Fragen gewidmet. Für die dritte Arbeitssitzung war als Beratungsgegenstand bereits das Seeunfallgesetz in Aussicht genommen worden.

Letztlich konnte dieser ehrgeizige Plan indes nicht eingehalten werden. In der zweiten Arbeitssitzung waren lediglich die beiden Übereinkommen über die Reederhaftung sowie Schiffsgläubigerrechte abschließend erörtert worden[221]. Den Haager Regeln konnte sich der Seerechtsausschuss erst ab der dritten Arbeitssitzung zuwenden.

1. Die Haager Regeln

Bevor jedoch auf die Beratungen des Seerechtsausschusses selbst eingegangen werden soll, sind zum besseren Verständnis der einzelnen Diskussionsstandpunkte zunächst noch einmal vertiefend die Haager Regeln und insbesondere deren Herkunft und Entstehung darzustellen.

---

220 Vgl. *Schubert,* Protokolle des Seerechtsausschuss, S. 10 f.

221 Obwohl der Seerechtsausschuss im Ergebnis – wenn auch im Hinblick auf das Übereinkommen zur Reederhaftung mit erheblichen Vorbehalten – die Übernahme der beiden Übereinkommen in das deutsche Recht empfahl, erfolgte keine gesetzlich Umsetzung durch das Reichsjustizministerium, vgl. Protokoll der zweiten Arbeitssitzung, *Schubert,* Protokolle des Seerechtsausschuss, S. 12 – 19 sowie die Berichte von *Wüstendörfer,* ZADR 1934, S. 220 (221 f.) und *Lindenmaier,* JbADR 1939/40, S. 105 (107 ff.). Die Reederhaftung wurde erst durch das Seefrachtänderungsgesetz vom 21.07.1974 (vgl. unten D. I. 3. a) auf Grundlage des überarbeiteten Brüsseler Übereinkommens zur Reederhaftung von 1972 reformiert. Mit gleichem Gesetz wurde der Abschnitt des HGB bezüglich der Schiffsgläubigerrechte an das letztlich nie in Kraft getretene Übereinkommen zur Rechtsvereinheitlichung der Regeln über Schifffahrtsgläubigerrechte und Schiffshypotheken vom 27.05.1967 angepasst (vgl. *Rabe,* Seehandelsrecht, vor § 754 Rdnr. 18 ff.).

a) *Herkunft und Entstehung*[222]

Die Haager Regeln waren – wie bereits in Grundzügen oben[223] gezeigt – das Resultat einer ca. 50 Jahre andauernden Diskussion um die Freizeichnungspraxis der Reedereien. *Wüstendörfer* fasste das entwickelte System der Freizeichnungsklauseln nach einer umfassenden Analyse der Konnossementsentwicklung in seinen Studien wie folgt zusammen[224]:

> „So war der Aufriß für ein imposantes Klauselgebäude fertig. Zu unterst in breiter Basis die Schaffung einer Haftungs- und Beweislage nach dem Vorbild des § 657, sei es für Kollisionen und andere Schiffahrtsunfälle, sei es für Ereignisse des Maschinenbetriebs oder für spezielle Ladungsschäden. Darauf aufgesetzt dann die positive Abwehr der Verschuldenshaftung, zunächst hinsichtlich nautisch-technischer Vorkommnisse, später aber, kühner hinaufstrebend, auch hinsichtlich der eigentlichen Ladungsbehandlung; zum mindesten bei fortbestehender Haftung die Festsetzung von Höchstbeträgen der Ersatzleistung. Weiter dann die Verallgemeinerung der Skripturklauseln und die Gewährung eines gewissen Spielraums für die Art der Transportausführung."

Einen teilweise kolportierten Stempeldruck auf Konnossementen *„not responsible for anything"* soll es jedoch wohl letztlich nicht tatsächlich gegeben haben[225].

Auch wenn es auf Seiten der Linienreedereien beziehungsweise Linienkonferenzen aufgrund von sogenannten Outsider-Linien, welche die Frachttarife unterboten, sowie der weiterhin vorkommenden Trampschifffahrt wohl zu keinem Zeitpunkt zu einem vollständigen Monopol gekommen war, so hatten sich jedoch in der zweiten Hälfte des 19. Jahrhunderts unbestreitbar die Machtverhältnisse des Seehandels sehr stark zu ihren Gunsten verschoben[226]. Trotz weitgehend fehlender gemeinsamer Organisation und Interessenvertretung unternahmen die Ladungsinteressenten – nach *Stödter*[227] auf Druck der Versicherer –

222 Vgl. hierzu insb. *Stödter,* Geschichte der Konnossementsklauseln, S. 1 – 61 und die ausführliche Darstellung von *Webersberger,* Freizeichnungsklauseln im 19. und 20. Jh., S. 125 – 160.

223 Siehe B. I. 4. b).

224 *Wüstendörfer,* Studien, S. 373.

225 *Wüstendörfer,* Studien, S. 378.

226 *Stödter,* Geschichte der Konnossementsklauseln, S. 39 f.; so auch *Domine,* Grenzen der Freizeichnung im Seerecht, S. 5.

227 Vgl. *Stödter,* Geschichte der Konnossementsklauseln, S. 20, wonach die Ladungsinteressenten zwar regelmäßig in der Lage waren, das Schadensrisiko entsprechend zu versichern, die Freizeichnungsklauseln waren gleichwohl ein anzeigepflichtiger Umstand für die Ladungsinteressenten gegenüber den Versicherern. Später – wobei *Stödter* keine genauen Zeitangaben nennt – hätte es sich bei der Freizeichnung gar

wiederholt Versuche, die von den Reedern vorgegebenen Freizeichnungsklauseln auf eine gerechtere Haftungsgrundlage zurückzuführen. Jedoch vermochten diese Versuche jedenfalls im deutschen Rechtsraum – wie gesehen – nicht zu einer Anpassung der Konnossementsklauseln zu führen.

Soweit ersichtlich, wurde erstmals im Jahr 1871 in einem Normalkonnossement der später das weltweite Seehandelsrecht bestimmende Kompromiss der Haftung des Verfrachters jedenfalls in Grundzügen gefasst[228]. Es handelte sich um das *Eastern Trade Bill of Lading*, welches in England für die Ostasienschifffahrt entwickelt wurde. Hierin wurde der Reeder von einer Haftung für das nautische Verschulden („*in the navigation or management of the ship*") des Kapitäns und der Schiffsbesatzung befreit; für Schäden aufgrund fehlerhafter Stauung oder Ladungsbehandlung hatte dieser jedoch verbindlich einzustehen[229]. In Deutschland fand dieser Kompromissgedanke der Haftung – wie bereits gezeigt – Eingang in die sog. Hamburg-Bremer Konnossementsbedingungen. Typischerweise waren die Ladungsbeteiligten jedoch jeweils auf das Entgegenkommen der Reeder angewiesen.

Gesetzesrang erhielt die vorbeschriebene Haftungsregelung erstmals in solchen Ländern, die über keine eigene starke Handelsflotte verfügten, in denen vielmehr die Exportwirtschaft von größerer Bedeutung war[230]. So führten die USA im Jahr 1893 eben diesen Haftungsgedanken im sog. Harter Act ein, welcher den gesamten ausgehenden Schiffsverkehr erfasste. Dieses Gesetz sollte letztlich Vorbild für die Seehandelsgesetze Neuseelands (1903), Australiens (1904) sowie Kanadas (1910) werden. Bemerkenswert ist hieran, dass es sich bei den letztgenannten Ländern jeweils um britische Dominions handelte. Diese übten wiederum Druck auf Großbritannien, eine der größten und bedeutendsten Seehandelsnationen, selbst aus, wobei zu beachten ist, dass die im Seehandel

---

um eine den Versicherungsfall ausschließende Gefahrerhöhung gehandelt, da der Ladungsinteressent nicht mehr zu einer ersatzweisen Abtretung von Ansprüchen gegenüber dem Reeder an den Versicherer in der Lage war; bereits *Pappenheim*, Seerecht Band III, S. 489 f., hatte die Vermutung aufgestellt, dass es zu der Freizeichnungspraxis in dem erlangten Ausmaß wohl nicht gekommen wäre, wenn die Ladungsinteressenten nicht lange Zeit dazu in der Lage gewesen wären, ihr Schadensrisiko mittels entsprechender Versicherungen abzudecken.

228 Vgl. *Stödter*, Geschichte der Konnossementsklauseln, S. 21; *Wüstendörfer*, Studien, S. 379; *Domine*, Grenzen der Freizeichnung im Seerecht, S. 6.

229 *Stödter*, Geschichte der Konnossementsklauseln, S. 21.

230 Vgl. *Eilenberger-Czwalinna*, Haftung des Verfrachters nach dem zweiten Seerechtsänderungsgesetz, S. 8; *Domine*, Grenzen der Freizeichnung im Seerecht, S. 8.

verwendeten Vertragsformulare weitgehend von der britischen Seehandelspraxis beeinflusst worden war. Nach eingehender Prüfung der Freizeichnungsproblematik verpflichtete sich die englische Regierung schließlich 1921 gegenüber ihren Dominions zur Einführung eines übereinstimmenden Seehandelsrechts im britischen Imperium auf Grundlage des kanadischen Water Carriage of Goods Act[231].

Parallel zu dieser Entwicklung in Großbritannien wurden nach dem Ende des Ersten Weltkrieges auch die internationalen Bemühungen um eine Vereinheitlichung seehandelsrechtlicher Regelungen wieder vorangetrieben[232]. Maßgeblich nahm auch hier die englische Regierung Einfluss und veranlasste die ILA, sich der Thematik anzunehmen. Auf deren Konferenz im Jahr 1921 im Haag wurden daraufhin die sog. Haager Regeln zusammengestellt, welche zunächst keineswegs als internationales Übereinkommen konzipiert waren, sondern vielmehr als einfache Konnossementsklauseln, deren separate Aufnahme in den Dokumentenverkehr des Seehandels empfohlen wurde. Es handelt sich bei diesem Regelungswerk um die ursprünglichen Haager Regeln[233]. Zunächst schien den Haager Regeln ein ähnliches Schicksal zu drohen, wie den bereits zuvor veröffentlichten allgemeinen Konnossementsbedingungen. Zwar hatten nach *Domine*[234] einige große englische sowie auch deutsche und holländische Linienreedereien die Haager Regeln mittels der sog. „Paramount-Klausel" in ihre Konnossementsformulare übernommen, ein allgemeiner Durchbruch gelang

231 Vgl. *Domine,* Grenzen der Freizeichnung im Seerecht, S. 13; *Stödter,* Geschichte der Konnossementsklauseln, S. 46 ff., *Stödter* bezeichnete den Bericht des Imperial Shipping Committee vom 25.2.1921 über das Ergebnis der britischen Untersuchung als *„das [eigentlich] bedeutsamste […] [Dokument] in der gesamten Geschichte der Konnossementsklauseln"*, da es sämtliche wesentlichen Gesichtspunkte, welche während des fünf Jahrzehnte lang andauernden Streits um die Freizeichnungsklauseln hervorgebracht wurden, zusammenfasse, vgl. hierzu: *Imperial Shipping Committee,* Report of the Imperial Shipping Committee Cmd. 1205.

232 *Domine,* Grenzen der Freizeichnung im Seerecht, S. 13; *Stödter,* Geschichte der Konnossementsklauseln, S. 54 – 61; *Sieveking,* HRZ 1921, Sp. 946 (951 f.); *Wüstendörfer,* The Hague Rules, S. 4 f.

233 Vgl. etwa *Markianos,* Übernahme der Haager Regeln, S. 17, der zwischen den Haager Regeln (HR) sowie dem Internationalen Abkommen zur Vereinheitlichung von bestimmten Regeln in Bezug auf Konnossemente (IAK) unterscheidet. In der vorliegenden Arbeit wird der Begriff „Haager Regeln" indes gemäß der in der seehandelsrechtlichen Literatur überwiegend vorzufindenden Diktion ebenfalls für das spätere Übereinkommen verwendet.

234 *Domine,* Grenzen der Freizeichnung im Seerecht, S. 13.

den Haager Regeln in dieser Form jedoch noch nicht. *Stödter*[235] berichtet über die Haltung in Deutschland von einer Ende 1921 von der Regierung veranlassten Beratung, in welcher *„unter Hinzuziehung der beteiligten Wirtschaftskreise und berufener Sachkenner der Materie"* befunden worden sei, *„dass für Deutschland kein Anlass zur Einführung der Haager Regeln"* bestünde, sondern vielmehr die weitere Entwicklung einer etwaigen freiwilligen Übernahme in der Seehandelspraxis beobachtet werden sollte.

Wenn sich die Machtverhältnisse im deutschen Seehandel vor allem nach dem Ersten Weltkrieg auch wieder ein wenig zu Ungunsten der Reeder verschoben[236], bedurfte es doch noch eines weitergehenden Drucks zur Durchsetzung des in den Haager Regeln enthaltenen Haftungskompromissgedankens. Für diesen hatte insbesondere die englische Regierung wohl vor allem aufgrund ihrer inneren Bindung gegenüber den Dominions verstärkt Werbung gemacht[237]. Anstelle der International Law Association (ILA) übernahm im Jahr 1922 das Comité Maritime International (CMI) die Umarbeitung der ursprünglichen Haager Regeln in ein internationales Übereinkommen[238]. Der vom CMI ausgearbeitete Entwurf, wurde schließlich auf zwei internationalen Konferenzen in Brüssel 1923 und 1924 beraten und letztlich am 25. August 1924 in der endgültigen Fassung der Haager Regeln als internationales Übereinkommen[239] zur Zeichnung aufgelegt.

Binnen der vorgesehenen primären Zeichnungsfrist von einem Jahr wurde es von Belgien, Deutschland, Estland, Frankreich, Großbritannien, Italien, Japan, Jugoslawien, Polen und Danzig, Rumänien, Spanien, Ungarn und den Vereinigten Staaten von Amerika gezeichnet[240]. In Kraft getreten sind die Haager Regeln gemäß Art. 14 Satz 1 am 2. Juni 1931[241].

---

235 *Stödter*, Geschichte der Konnossementsklauseln, S. 62.

236 Vgl. *Stödter*, Geschichte der Konnossementsklauseln, S. 37 ff.

237 *Stödter*, Geschichte der Konnossementsklauseln, S. 55 f.: *„Selten ist für internationale Vereinbarungen eine so lebhafte und eindringliche Propaganda wie für die Haager Regeln entfaltet worden."*

238 Vgl. zu den Verhandlungen insbesondere *Pappenheim*, Konnossementsrecht, S. 7 – 24, nach diesem stimmte der Brüsseler Entwurf des späteren Übereinkommens mit den ursprünglichen Haager Regeln *„inhaltlich [...] im wesentlichen"* überein, ebd. S. 10.

239 Die Haager Regeln sind in verbindlicher französischer sowie ins Deutsche übersetzter Fassung abgedruckt in RGBl. 1939 II, S. 1049.

240 Vgl. Denkschrift zu den Haager Regeln, Bundesarchiv Berlin, Bestand R3001/23261, Bl. 51 ff.

241 RGBl. 1939 II, S. 1049.

b) *Wesentlicher Inhalt der Haager Regeln*

Die Haager Regeln umfassen insgesamt 16 Artikel, wobei diese Anzahl die Komplexität der enthaltenen Einzelregelungen nicht adäquat widerspiegelt. So betreffen die Art. 11 bis 16 – durchaus typisch für internationale Übereinkommen – zwar maßgeblich administrative Angelegenheiten, jedoch weisen insbesondere die Art. 2 und 3 der Haager Regeln eine Vielzahl von Unterabsätzen und Einzelfallregelungen auf.

Bemerkenswert ist zunächst, dass der Anwendungsbereich der Haager Regeln in mehrfacher Hinsicht beschränkt ist. So bestimmt bereits Art. 1 lit. b) der Haager Regeln, dass unter „Frachtverträgen" nur solche Verträge verstanden werden, über die ein Konnossement oder ein gleichartiger Titel ausgestellt wurde; im Falle des Raumfrachtvertrages sollte dies zudem erst dann der Fall sein, wenn dieses an einen Dritten begeben wurde. Weiterhin ausgenommen waren gemäß Art. I lit. c) der Haager Regeln der Transport lebender Tiere sowie von nach Frachtvertrag erlaubter Decksladung. Zusätzlich sahen die Haager Regeln auch in zeitlicher Hinsicht eine Beschränkung vor; nach Art. I lit. e) umfasst die Bezeichnung „Beförderung von Gütern" in den Haager Regeln lediglich den Zeitraum vom Beginn des Einladens der Güter bis zu deren Ausladung.

Für diesen abgegrenzten Anwendungsbereich übernahmen die Haager Regeln den Haftungskompromiss des amerikanischen Harter Act. Dieser ist jedoch, anders als es möglicherweise erwartet werden könnte, nicht in einem Artikel zusammengefasst worden. Vielmehr sieht Art. 3 § 2 der Haager Regeln vor, dass der Verfrachter verpflichtet ist, die zu befördernden Güter sachgemäß und sorgfältig einzuladen, zu behandeln, zu stauen, zu befördern, zu verwahren, zu betreuen, und aufzuladen (sog. kommerzielles Verschulden); wobei gemäß Art. 3 § 8 bei verschuldeten Schäden diese Haftung nicht ausgeschlossen werden durfte. Hingegen regelte Art. 4 § 2 lit. a), dass der Verfrachter nicht für Verlust oder Schäden haften sollte, die aus Handlungen, Nachlässigkeiten oder Unterlassungen des Kapitäns oder der Schiffsmannschaft bei der Führung oder dem Betrieb des Schiffs (sog. nautisch-technisches Verschulden) entstehen. Zusammenfassend gesagt enthielt Art. 3 der Haager Regeln die zwingenden Haftungstatbestände des Verfrachters – u.a. auch für die Seetüchtigkeit des Schiffes bei Reiseantritt –, wohingegen Art. 4 die Einzelfälle aufführte, in denen die Haftung kraft Gesetzes ausgeschlossen werden sollte[242]. Der Haftungsmaßstab wurde gemäß Art. 4 § 1 auf die „gehörige Sorgfalt" des Verfrachters festgelegt, wobei diesen insoweit jedoch die Beweislast treffen sollte.

242 Vgl. *Kuhl,* HRZ 1926, Sp. 571 (571).

Für das deutsche, maßgeblich auf den Reeder abstellende Seehandelsrecht war zudem bedeutsam, dass die Haager Regeln unter dem Begriff „Unternehmer“ sowohl den Reeder als auch den Charterer eines Schiffes zusammenfassten, Art. I lit. a)[243]. Weiterhin enthielten die Haager Regeln Regelungen über den Inhalt der Konnossemente und Vorgaben, inwieweit sich hieraus Haftungstatbestände ergeben sollten; insbesondere sah Art. 3 § 4 der Haager Regeln vor, dass ein Konnossement als Beweis dafür genügen solle, dass der Verfrachter die Güter in dem im Konnossement festgehaltenen Zustand erhalten hat. Zugleich sah jedoch Art. 4 § 2 nach englischem Vorbild eine Reihe von enumerativen Haftungsausschlüssen vor. Zugleich wurde die Haftung des Verfrachters summenmäßig nach Art. 4 § 5 der Haager Regeln beschränkt, wobei die Grenze auf 100 Pfund Sterling je Stück oder Einheit bestimmt war; dem Verfrachter blieb jedoch die Möglichkeit, den Gegenbeweis anzutreten.

Die Haager Regeln sind maßgeblich in Inhalt und Form vom Common Law geprägt, wozu selbstverständlich auch die ursprüngliche Fassung der Haager Regeln als Konnossementsklauseln beigetragen hat. Um letztlich den Widerstand der kontinentaleuropäischen Länder zu brechen beziehungsweise auf deren Initiative hin, wurde kurz vor Abschluss des Übereinkommens ein sogenanntes „Zeichnungsprotokoll“ den Haager Regeln beigefügt, welches deren Rezeption erleichtern sollte[244]. Dieses räumte den Mitgliedstaaten die Möglichkeit ein, die Haager Regeln auch dadurch in Kraft zu setzen, dass die Regelungen lediglich inhaltlich in das jeweilige nationale Recht übernommen würden[245]. Auf diese Weise mussten den Haager Regeln nicht unmittelbar Gesetzeskraft beigemessen werden.

c) Kritik an den Haager Regeln

Die Haager Regeln sahen sich in Deutschland nicht unerheblicher Kritik ausgesetzt, wobei sich diese regelmäßig zunächst insbesondere gegen die Form der Haager Regeln wendete. So bezeichnete *Wüstendörfer*[246] den nachfolgend nur

243 In der amtlichen Begründung zum Seerechtsänderungsgesetz von 1937 wurde unter Bezugnahme auf die Unterkommission der Seerechtskonferenz 1922 analysiert, dass die Haager Regeln keineswegs *„zur Einführung des Verfrachterkonnossements nötigen“* würden, vgl. Deutscher Reichsanzeiger und Preußischer Staatsanzeiger Nr. 186/1937, S. 2 Sp. 1.

244 *Eilenberger-Czwalinna,* Haftung des Verfrachters nach dem zweiten Seerechtsänderungsgesetz, S. 16.

245 Vgl. RGBl. 1939 II, S. 1049 (1065).

246 *Wüstendörfer,* The Hague Rules, S. 7.

bedingt noch angepassten Entwurf der Haager Regeln als *„nach Form und Inhalt fremdartiges Erzeugnis anglo-kolonialer Jurisprudenz"*, *„schwerfällig in seiner Gesetzestechnik, kasuistisch in seinem Norminhalt, ganz und gar anglo-amerikanisch in seiner Ausdrucksweise, die schwer übersetzbare Kunstausdrücke der dortigen Rechtssprache aufweist"*. *Gütschow*[247] bewertete die Fassung der Haager Regeln mit ihrem englischen Ursprung gar als *„für eine internationale Gesetzgebung [...] geradezu unerträglich"*.

Auch fand der zum Abschluss des internationalen Übereinkommens gefundene Kompromiss der Haager Regeln keineswegs einheitlichen Beifall. Insbesondere war es wiederum *Wüstendörfer*[248], der bereits den Entwurf des internationalen Abkommens einer umfassenden kritischen Betrachtung unterzog. Schwierigkeiten wurden insbesondere bei der Abgrenzung der in den Haager Regeln vorgesehenen Haftungsunterscheidung zwischen „kommerziellem" und „nautischem" Verschulden gesehen[249]. Aufgrund der kritisierten Formulierungen und teilweisen Widersprüchlichkeit einzelner Vorschriften der Haager Regeln ergaben sich ferner Auslegungsschwierigkeiten, etwa hinsichtlich der Frage, wie die Beweislast bei der Geltendmachung von Schäden durch einen Ladungsinteressenten verteilt sein soll[250]; wegen des starken Einflusses des englischen Rechts bei der Entstehung der Haager Regeln wurde insbesondere dieses und die englische Rechtsprechung bei Auslegungsfragen herangezogen[251].

Unterschiedlich wurden letztlich die Folgen der Haager Regeln für die Reeder beurteilt. Ausgehend vom Gesetzesrecht wurde die teilweise Einschränkung der Vertragsfreiheit durch die Haager Regeln als für die Reeder durchaus vertretbar angesehen, jedoch nahmen die Reeder selbstverständlich vielmehr eine Bewertung der Haager Regeln vor dem Hintergrund der aufgrund ihrer Konnossementsklauseln geschaffenen Rechtslage vor. So kam *Wüstendörfer*[252] in einem

---

247 *Gütschow*, HRZ 1924, Sp. 887 (890).

248 *Wüstendörfer*, The Hague Rules 1922, Mannheim, u.a., 1923; kritisch betrachtet von *Mittelstein*, HRZ 1923, Sp. 757 – 766. Beide sprechen sich jedoch grundsätzlich für die Annahme der Haager Regeln aus.

249 Vgl. etwa *Kuhl*, Hansa 1926, S. 631 – 635 und 668 – 674.

250 *Kuhl*, HRZ 1926, Sp. 571 (576 ff.).

251 Vgl. etwa *Sieveking*, HRZ 1923, Sp. 315 – 320.

252 *Wüstendörfer*, Hansa 1928, S. 893 – 896, 929 – 931, 1046; *„Verglichen mit dieser gesetzlichen Haftung, würden die H.R. dem Reeder vor allem den Gewinn bringen, daß er für nautisches Verschulden der Schiffsbesatzung den Konnossementsinhabern nicht zu haften hat. Anders aber gestaltet sich das Bild, wenn man es unter dem Gesichtswinkel der bisherigen Rechtswirklichkeit betrachtet, d.h. der bisherigen Gestaltung der Rechtslage, wie sie sich tatsächlich ergibt auf Grund der üblichen Klauseln."*

offensichtlich aus Reederkreisen beauftragten „Gutachten über die Verschlechterung der Rechtslage der Reeder durch die Haager Regeln" im Jahr 1928 zu dem Schluss, dass *„die Haager Regeln [...] vom Reederstandpunkt aus kein Kompromiß [bedeuteten], das beiden Teilen Vorteile gewährt[en], sie leg[t]en vielmehr den Reedern einseitig und weitgehend Opfer auf"*[253], wobei diese Opfer wegen der Vieldeutigkeit der Haager Regeln nicht einmal alle internationalen Reeder durch ein einheitliches Weltrecht in gleichem Maße treffen würde.

Eilenberger-Czwalinna[254] kommt in ihrer Bewertung der Haager Regeln zu dem Schluss, dass jedenfalls eines der ausdrücklich von den Urhebern der Haager Regeln verfolgten Ziele erreicht wurde, nämlich die *„Verbesserung der Umlauffähigkeit von Konnossementen"*. Hinsichtlich der Erschaffung eines gerechten Haftungskompromisses zwischen den am Seehandel beteiligten Personen fiel ihre Bewertung auch 70 Jahre nach den Haager Regeln hingegen ambivalent aus, wobei wirtschaftlich betrachtet letztlich ohnehin der Ladungsinteressent etwaige Mehrkosten zu tragen hätte, entweder durch höhere Frachtraten oder durch eine zu finanzierende Transportversicherung; ein Argument, das auch – wie nachfolgend zu sehen sein wird – im Seerechtsausschuss bereits vorgebracht worden war.

Unabhängig von der Frage, inwiefern die Rezeption der Haager Regeln in den verschiedenen Ländern erfolgt ist und ob diese geeignet waren, ein internationales Einheitsrecht zu erschaffen[255], muss festgehalten werden, dass diese und das in ihnen vorgesehen Haftungssystem den Seehandel des 20. Jahrhunderts entscheidend geprägt und sich letztlich weitestgehend durchgesetzt haben. Nach *Basedow*[256] etwa fuhr Mitte der 1970er Jahre ca. 80% der Weltschifffahrt unter den – wenn auch mittlerweile überarbeiteten – Haager Regeln.

---

253 *Wüstendörfer*, Hansa 1928, S. 929 (930).

254 Vgl. *Eilenberger-Czwalinna*, Haftung des Verfrachters nach dem zweiten Seerechtsänderungsgesetz, S. 15 f.

255 Vgl. hierzu die Arbeit von *Markianos*, Übernahme der Haager Regeln in die nationalen Gesetze über die Verfrachterhaftung, Hamburg, 1960. Teilweise wurden den Haager Regeln unmittelbar Gesetzesrang zuerkannt; teilweise erfolgte die Umsetzung gemäß der Vereinbarung im Zeichnungsprotokoll durch Einarbeitung der Haager Regeln in das nationale Recht; wiederum andere Ländern übernahmen zwar die Haager Regeln, traten dem internationalen Abkommen indes völkerrechtlich nicht bei.

256 *Basedow*, ZEuP 1993, S. 100 (103).

2. Die Beratungen des Seerechtsausschusses (3. und 4. Arbeitssitzung)

a) Aussprache über den Umfang der Beratungen

Bereits in der ersten Arbeitssitzung war darüber diskutiert worden, in welcher Form der Seerechtsausschuss die Haager Regeln beraten sollte beziehungsweise sich überhaupt mit diesen auseinandersetzen konnte. *Wüstendörfer*[257] hatte eingangs hinsichtlich der drei Brüsseler Übereinkommen vorgegeben, dass deren Übernahme *„in Bausch und Bogen"* kaum in Frage komme. Der Seerechtsausschuss hätte jedoch die den Übereinkommen innewohnenden Grundgedanken darauf hin zu überprüfen, ob diese ohne Gefährdung nationaler Belange in das deutsche Recht integriert werden könnten.

Der Vertreter des Reichsjustizministeriums *Koffka*[258] hatte hingegen generell in Frage gestellt, inwiefern die Haager Regeln sich als Beratungsgegenstand für den Seerechtsausschuss eigneten. Dessen Aufgabe sei schließlich die Formung des Rechts; die Haager Regeln seien jedoch bereits geformtes Recht, mit deren Ratifikation ohnehin *„bald"* zu rechnen sei. Das Reichsjustizministerium – so offenbarte *Koffka* – hätte vielmehr Interesse daran, seitens des Seerechtsausschusses Unterstützung beim Entwurf eines Gesetzes zu erhalten, mit welchem die Haager Regeln etwaig in das deutsche Recht übernommen werden könnten[259].

Wüstendörfer zeigte sich mit einer solchen Rolle des Seerechtsausschusses nicht einverstanden. Er betonte zwar, dass dem Ausschuss an einer harmonischen Zusammenarbeit mit dem Reichsjustizministerium gelegen sei und *„keineswegs in das Arbeitsgebiet des Reichsjustizministeriums"* eingegriffen werden solle, die Haager Regeln gehörten gleichwohl *„unzweifelhaft"* zu den Aufgabengebieten des Seerechtsausschuss[260]. Unterstützung erhielt *Wüstendörfer* von *Sturm* und

257 Vgl. *Schubert,* Protokolle des Seerechtsausschuss, S. 9.

258 Vgl. *Schubert,* Protokolle des Seerechtsausschuss, S. 9 f.

259 Aus nicht mehr aufklärbaren Gründen griff das Reichsjustizministerium offensichtlich nicht auf einen bereits im Jahr 1925 erstellten Gesetzesentwurf zur Einführung der Haager Regeln zurück. Auch *Wüstendörfer,* dem dieser Gesetzentwurf von 1925 bekannt war, legte diesen den Beratungen nicht zugrunde. Auf den Gesetzesentwurf 1925 soll, da er im Rahmen der Beratungen des Seerechtsausschusses keine Rolle spielte, lediglich im Rahmen eines Exkurses unten unter C. I. 7. näher eingegangen werden. Vieles spricht jedoch dafür, wie unten noch aufzuzeigen sein wird, dass der Gesetzentwurf 1925 im Reichsjustizministerium durchaus noch bekannt gewesen war.

260 *Schubert,* Protokolle des Seerechtsausschuss, S. 10; diese von den Vorstellungen des Reichsjustizministeriums abweichende Auffassung *Wüstendörfers* sollte ihm einige Jahre später wieder vorgehalten werden, vgl. unten 5. c) bb).

Droege, wobei letzterer hervorhob, dass die Bereitschaft der Reeder für die Annahme der Haager Regeln in den letzten zehn Jahren wieder zurückgegangen sei, weshalb *„diese Frage […] noch einmal gründlich besprochen werden"*[261] müsse.

Schließlich bestand Einigkeit darüber, dass die Haager Regeln zumindest dahingehend zu beraten seien, ob diese von Deutschland angenommen oder abgelehnt werden sollten, wobei sich im ersten Fall ergänzend die Frage stellte, ob das Abkommen wörtlich oder nur seinen gedanklichen Inhalt nach übernommen werden sollte[262]. In diesem Umfang – mithin ohne die Erörterung von Einzelfragen – wurden die Haager Regeln sodann von *Wüstendörfer* auf die Tagesordnung der nächsten Arbeitssitzung gesetzt, wobei seitens des Reichsjustizministeriums zugesichert wurde, vor der abschließenden Beratung des Seerechtsausschusses zu dieser Frage keinerlei Veranlassungen bezüglich einer Ratifikation der Haager Regeln zu unternehmen.

b) Administrative Entscheidungen für die Beratungen

Zu Beginn der Beratung der Haager Regeln übertrug *Wüstendörfer* wegen seiner Stellung als Mitberichterstatter jedenfalls formal die Sitzungsleitung auf den stellvertretenden Vorsitzenden *Engel*. Maßgeblichen Einfluss auf den Ablauf der Beratungen nahm dieser ausweislich der Sitzungsprotokolle gleichwohl nicht[263]. Vielmehr ist diesen zu entnehmen, dass *Wüstendörfer* neben seinen umfangreichen Wortbeiträgen zur Sache wiederholt auch den Ablauf der Beratung in seiner Position des Ausschussvorsitzenden beeinflusste und vorgab. So wies er etwa bereits nach der ersten Wortmeldung der Aussprache erneut darauf hin, dass es die Debatte vereinfachen würde, *„wenn auf Einzelheiten der Haager Regeln nicht eingegangen würde, ausgenommen solche Einzelheiten, bei denen entweder der Wortlaut der Haager Regeln mehrere Auslegungsmöglichkeiten zulassen oder das Zusatzprotokoll mehrere Möglichkeiten zur Wahl stelle"*[264]. Einen nahezu wortgleichen Hinweis gab *Wüstendörfer* noch einmal in der vierten Arbeitssitzung;

---

261 *Schubert*, Protokolle des Seerechtsausschuss, S. 10.

262 *Schubert*, Protokolle des Seerechtsausschuss, S. 10.

263 *Engel* wird in den Protokollen der dritten und vierten Arbeitssitzung lediglich an zwei Stellen namentlich erwähnt. Nach den einleitenden Berichten *Koffkas* und *Wüstendörfers* heißt es: *„Der stellvertretende Vorsitzende eröffnete nunmehr die Aussprache über die Haager Regeln."* Außerdem ist eine Wortmeldung *Engels* aus der vierten Arbeitssitzung protokolliert, vgl. *Schubert*, Protokolle des Seerechtsausschuss, S. 35 und 52.

264 *Schubert*, Protokolle des Seerechtsausschuss, S. 36.

„der Ausschuss [könne] sich grundsätzlich nur für die Annahme der Haager Regeln oder ihre Ablehnung aussprechen“[265].

Ebenso beschränkte *Wüstendörfer* nach den weitestgehend durchaus langen Wortbeiträgen der Ausschussmitglieder etwa zur Hälfte der vierten Arbeitssitzung die Länge der Redezeit für jeden Redner auf zehn Minuten; er hatte den Eindruck gehabt, *„die Probleme [seien] jetzt genügend durchgesprochen“*[266]. Bereits hieraus wird ersichtlich, dass *Wüstendörfer* zwar formal den Eindruck einer Verquickung der Sitzungsleitung und seiner Haltung gegenüber den Haager Regeln offensichtlich vermeiden wollte, letztlich jedoch erheblichen Einfluss auf die Aussprache nahm. Dieser Gesichtspunkt soll nachfolgend im Rahmen des später gefassten Beratungsergebnisses noch einmal aufgegriffen werden.

Auf Vorschlag *Schulze-Smidts* wurden als Sachverständige für die Beratungen der Haager Regeln *Burchard-Motz, Brandt, Behm* sowie *Eßberger* eingeladen. *Burchard-Motz* erschien jedoch ausschließlich in der zweiten Arbeitssitzung, in welcher – wie gezeigt – lediglich die weiteren beiden Brüsseler Übereinkommen beraten werden konnten. Als weitere praktische Mitglieder zur Beratung der Haager Regeln nahmen an der dritten Arbeitssitzung *Michelau* sowie an der vierten Arbeitssitzung *Schultze* als Vertreter *Eßbergers* und zudem *Justus* teil[267], wobei *Behm, Eßberger, Michelau* sowie *Schultze* sämtlich dem Interessenkreis der Reeder zuzurechnen waren.

c) Die eigentliche Behandlung der Haager Regeln im Seerechtsausschuss

Schütte[268] zeigte sich bereits nach dem Ende der ersten Arbeitssitzung bezüglich der anstehenden Beratung der Haager Regeln im Seerechtsausschuss überaus ernüchtert. So schrieb er unter dem 9. Januar 1934 in einer persönlichen Nachricht an *Michelau*, dass *Wüstendörfer* bereits angedeutet hätte, für die Einführung der Haager Regeln zu sein. Vor dem Hintergrund des im Ausschuss vorherrschenden Führerprinzips kam *Schütte* zu dem Schluss: *„Die Sache ist eigentlich erledigt.“*

Ganz so geschlagen, wie das Schreiben *Schüttes* es vermuten ließe, gaben sich die Vertreter der Reedereien in den Ausschussberatungen sodann jedoch

---

265 *Schubert,* Protokolle des Seerechtsausschuss, S. 49.

266 *Schubert,* Protokolle des Seerechtsausschuss, S. 54.

267 Vgl. die Anwesenheitslisten der Protokolle der dritten und vierten Arbeitssitzung, *Schubert,* Protokolle des Seerechtsausschuss, S. 12 f., 27 und 46 f.

268 *Schütte,* Schreiben an Michelau v. 9.1.1934, Staatsarchiv Hamburg, Bestand (Hapag-Lloyd) 621-1/2371.

keineswegs. Die Beratung der Haager Regeln erfolgte durchaus kontrovers[269] und war auch außerhalb der Arbeitssitzungen von Aktivitäten insbesondere der Reedereivertreter geprägt. Die Beratungen sollen im Nachfolgenden – anders als bei *Stödter*[270] – chronologisch behandelt werden, da insbesondere die Reeder die zweiwöchige Pause zwischen den beiden den Haager Regeln gewidmeten Arbeitssitzungen für ihre Interessenvertretung und eine interne Abstimmung des weiteren Vorgehens nutzten. Diese Darstellungsweise des Beratungsverlaufs verdeutlicht noch stärker den Widerstand der Reeder gegen die Einführung der Haager Regeln.

aa) Prélude

Ein Kuriosum der Beratungen der Haager Regeln im Seerechtsausschuss ereignete sich bereits vor deren eigentlichem Beginn. Hierbei werden die tatsächlichen Hintergründe wohl letztlich nicht mehr vollständig aufzuklären sein. Bereits vor der zweiten Arbeitssitzung war den Ausschussmitgliedern zur Vorbereitung der Beratungen neben dem Wortlaut der Haager Regeln auch ein von *Wüstendörfer* 1928 erstelltes *„Gutachten über die Verschlechterung der Rechtslage der Reeder durch die Haager Regeln“*[271] zugesandt worden. Auch wenn in keinerlei Hinsicht Anhaltspunkte dafür zu erkennen sind, dass auf diese Weise *Wüstendörfers* durchaus positive Haltung gegenüber dem Grundgedanken der Haager Regeln untergraben werden sollte, sah sich dieser jedoch zum Ende der zweiten Arbeitssitzung zu einer Erklärung im Seerechtsausschuss veranlasst, mit welcher er offensichtlich das Ergebnis seiner damaligen gutachterlichen Stellungnahme zu relativieren versuchte. *Wüstendörfer*[272] führte dort zunächst aus, dass die

---

269 *Lindenmaier*, JbADR 1939/40, S. 105 (108), spricht von einem *„lebhafte[n] Meinungskampf“*.

270 *Stödter*, Geschichte der Konnossementsklauseln, S. 64 – 70.

271 *Wüstendörfer*, Hansa 1928, S. 893 – 896, 929 – 931.

272 Vgl. *Schubert*, Protokolle des Seerechtsausschuss, S. 19; eine ganz ähnliche Erklärung hatte *Wüstendörfer*, Hansa 1928, S. 1046 (1046), bereits unmittelbar bezüglich seines seinerzeitigen Gutachtens abgegeben. Dort heißt es: *„Infolge eines Mißverständnisess ist in Nr. 22 und 23 dieser Zeitschrift ein von mir verfaßtes privates „Gutachten […]“ abgedruckt, ohne daß dabei der besondere und begrenzte Zweck dieses Gutachtens angegeben worden ist. Infolgedessen ist sein Inhalt Mißdeutungen ausgesetzt gewesen. Ich lege daher Wert auf die Feststellung, daß jenes Gutachten sich auftragsgemäß lediglich zum Ziel setzte, folgende drei Fragen zu beantworten: 1. Welche positive Verschlechterung der Rechtslage der Reeder, verglichen mit der heutigen Rechtslage in Deutschland und Skandinavien, werden die Haager Regeln, v o m R e e d e r s t a n d p u n k t a u s b e t r a c h t e t, bringen? 2. Welche Anzeichen sind schon jetzt*

Beigabe seines Gutachtens *„ohne sein Einverständnis"* erfolgt sei. Er habe sich zwar seinerzeit – *„entsprechend seinem damaligen Auftrage vom Reederstandpunkt ausgehend"* – *„gegen die freiwillige wörtliche Übernahme der Haager Regeln in ihrer monströsen englischen Fassung als lex contractus der Konnossemente ausgesprochen"*, im Seerechtsausschuss sei die Frage der Einführung der Haager Regeln jedoch umfassender – vor allem auch unter Beachtung der Verladerinteressen – zu behandeln, insbesondere auch *„die Frage einer gesetzlichen Einarbeitung nur des gedanklichen Inhalts der Haager Regeln in das deutsche Seerecht"*.

Weiter entkräftete *Wüstendörfer*[273] gar Teile seiner damaligen Argumentation indem er ausführte, dass *„ein damaliges Hauptbedenken, die englische Rechtsprechung zur Abgrenzung von nautischem und kommerziellem Verschulden"* inzwischen durch eine Entscheidung des House of Lords in der Sache Gosse-Millard erledigt sei. Ergänzend wies er auf die zwischenzeitlichen Übernahmen der Haager Regeln in Belgien und den Niederlanden hin, und stellte – vielsagend – die Frage, *„ob jetzt nicht schon aus Wettbewerbsgründen die Annahme auch für die Reeder empfehlenswert sei."* *Wüstendörfer* schloss seine Erklärung mit der Feststellung:

> „Aus allen diesen Gründen sei seine damalige Äußerung eine unvollständige Grundlage für die heutige Erörterung des Problems."

Eine ganz ähnliche Einlassung *Wüstendörfers* ist sodann noch einmal dem Protokoll der vierten Arbeitssitzung zu entnehmen, nachdem sich die Reeder auf das Gutachten berufen hatten[274].

Eine größere Verschwörung dürfte hinter dem Versand des Gutachtens im Ergebnis wohl nicht zu sehen sein. Zu beachten ist in diesem Zusammenhang, dass entgegen der späteren Handhabung des Seerechtsausschusses die Beratung der drei Brüsseler Übereinkommen nicht durch ausformulierte Referate einzelner Ausschussmitglieder vorbereitet worden war. Berichterstatter bezüglich der drei Übereinkommen war jeweils der Vertreter des Reichsjustizministeriums *Koffka*, während *Wüstendörfer* persönlich die Position des Mitberichterstatters

---

dafür vorhanden, daß auch die Haager Regeln ein wirkliches internationales Einheitsrecht nicht bringen werden? 3. Empfiehlt es sich daher für die Reeder, daß sie freiwillig die Haager Regeln annehmen?

Dagegen hat es durchaus außerhalb des Rahmens jenes Gutachtens gelegen, ein allseitiges Werturteil über die Haager Regeln abzugeben, wozu selbstverständlich eine gebührende Berücksichtigung auch der V e r l a d e r i n t e r e s s e n gehört haben würde."

273 *Schubert,* Protokolle des Seerechtsausschuss, S. 19.

274 *Schubert,* Protokolle des Seerechtsausschuss, S. 50.

übernahm. Insofern mag es durchaus ein bloßes Versehen der Verwaltung der Akademie für Deutsches Recht letztlich ja ganz zu Beginn der Ausschussarbeit gewesen sein, dass dort irrtümlich davon ausgegangen wurde, es handele sich um eine für den Seerechtsausschuss vorgesehene gutachterliche Stellungnahme *Wüstendörfers*. Abweichende Anhaltspunkte, insbesondere bezüglich eines stärkeren Einflusses der Reedereivertreter auf die Akademie für Deutsches Recht, bestehen jedenfalls nicht.

bb) Dritte Arbeitssitzung vom 1. Februar 1934

Wüstendörfers Vorschlag, die Haager Regeln zumindest grundsätzlich im Hinblick auf deren Annahme oder Ablehnung im Seerechtsausschuss zu beraten, dürfte durchaus das Kalkül zugrunde gelegen haben, auf diese Weise doch zu einer Erörterung jedenfalls gewisser Einzelfragen der Haager Regeln zu gelangen. Dementsprechend wurden die Beratungen auch durch die umfangreichen Berichte *Koffkas* sowie *Wüstendörfers* eröffnet, die sich umfassend mit dem Regelungsgehalt der Haager Regeln auseinandersetzten, um eine Entscheidungsgrundlage zugunsten oder gegen die Annahme der Haager Regeln durch Deutschland zu schaffen.

(1) Der Bericht Koffkas

Einleitend referierte der Berichterstatter *Koffka*[275] umfangreich über den Inhalt der Haager Regeln, bezüglich derer *„ein gewisser Widerstand"* bestünde, und die mit ihnen im Falle der Ratifizierung einhergehenden Änderungen für das deutsche Seehandelsrecht. Vergleichsmaßstab könnte insoweit jedoch einzig die auf Grundlage der von den Reedern verwendeten Klauseln entstandene Rechtslage sein, da durch diese das weitestgehend nachgiebige deutsche Gesetzesrecht verdrängt worden sei[276]. Der protokollierte Wortbeitrag *Koffkas*, der im Übrigen ebenfalls die Form der Haager Regeln *„mit ihren vielen Wiederholungen und*

---

275 *Schubert*, Protokolle des Seerechtsausschuss, S. 28 – 32; *Koffka* war offensichtlich ein insbesondere auch von Seiten der Reeder hoch angesehener Kenner der Sachmaterie. So hatte *Schütte* in dem bereits in Bezug genommenen Schreiben vom 7.1.1934 an *Michelau* noch seine Enttäuschung darüber zum Ausdruck gebracht, dass *Koffka* dem Seerechtsausschuss nicht angehören sollte, vgl. *Schütte*, Schreiben an Michelau v. 9.1.1934, Staatsarchiv Hamburg, Bestand (Hapag-Lloyd) 621-1/2371. Tatsächlich übernahm Koffka jedoch – wie gesehen – sogar die Position des Berichterstatters für die Haager Regeln und war zumindest als „politisches Mitglied" des Seerechtsausschusses auch offiziell bekannt gegeben worden, vgl. Hansa 1934, S. 111 (112).

276 *Schubert*, Protokolle des Seerechtsausschuss, S. 28.

überflüssigen Bestimmungen“ kritisierte, gibt einen hervorragenden Überblick über den materiell-rechtlichen Inhalt der Haager Regeln. Als „*erhebliche*“ beziehungsweise „*wichtige*“ Abweichungen im Verhältnis zum deutschen Recht hob er insbesondere folgende Gesichtspunkte hervor:

Abweichend vom deutschen Recht der Skripturhaftung sähen die Haager Regeln lediglich eine widerlegliche Vermutung für den Empfang der im Konnossement aufgenommenen Güter vor, wobei jedoch die Beweiskraft des Konnossements aktuell regelmäßig durch sog. „Unbekannt-Klauseln“ seitens der Reeder umgangen werden würde[277]. Nach den Haager Regeln hätten insbesondere die Reeder den Entlastungsbeweis zu führen. „Unbekannt-Klauseln“ seien jedoch, wie *Wüstendörfer*[278] bereits 1923 betont habe, auch nach den Haager Regeln jedenfalls in gewissen Fällen noch zulässig. Umstritten sei zudem die Frage, ob die Skripturhaftung als über den Haftungsmaßstab der Haager Regeln hinausgehendes Institut beibehalten werden könne.

Die wichtigste Abweichung sei in dem Umfang der Haftung, insbesondere der unabdingbaren Haftung für das kommerzielle Verschulden der Besatzung, zu sehen[279]. Die Haftung gelte auch für Fälle des Ladungsdiebstahls, wobei auch hier der Reeder den Gegenbeweis erbringen müsse.

Differenziert seien die Haftungsausnahmen des Art. IV § 2 der Haager Regeln zu bewerten[280]. Zwar sei in dem Zeichnungsprotokoll zu den Haager Regeln klargestellt worden, dass in den Fällen lit c) bis lit p) dieser Vorschrift, wie bereits in lit b) ausdrücklich vorgesehen, der Inhaber des Konnossements gleichwohl ein Verschulden des Reeders oder seiner Leute geltend machen könne, anders sei dies jedoch bei der Ausnahme nach lit. q), wonach den Unternehmer bei nicht von ihm oder seinen Leuten verursachten Schadensursachen nicht haften solle. Hier treffe den Unternehmer, mithin den Reeder, die Beweislast, soweit sich dieser auf diese Ausnahme berufe.

Eine weitere „*nicht unwesentliche Abweichung*“[281] betreffe die Regelung über Ort und Zeit der Geltendmachung von Ersatzansprüchen. Das deutsche Recht sehe hier eine Ausschlussfrist von zwei Tagen ab Übernahme der Güter vor, falls der Empfänger binnen dieser Frist nicht eine amtliche Besichtigung veranlasse; ausgenommen seien nur Schäden aus Vorsatz und grober Fahrlässigkeit. Diese „*für den Empfänger sehr ungünstige Regelung*“ werde durch die Haager Regeln

277 Vgl. *Schubert,* Protokolle des Seerechtsausschuss, S. 29.
278 *Wüstendörfer,* The Hague Rules, S. 25.
279 Vgl. *Schubert,* Protokolle des Seerechtsausschuss, S. 32.
280 *Schubert,* Protokolle des Seerechtsausschuss, S. 30.
281 Vgl. *Schubert,* Protokolle des Seerechtsausschuss, S. 30 f.

verbessert, da diese eine Frist zur Schadensanzeige bei nicht erkennbaren Schäden von drei Tagen vorsähen. Hierbei handele es sich jedoch nicht um eine echte Ausschlussfrist, diese betrage vielmehr ein Jahr. Nach Ablauf der Dreitagesfrist treffe lediglich den Empfänger die Beweislast für den Schadenseintritt an Bord. Im Übrigen – so *Koffka* – müsse nach allgemeinen Grundsätzen hieraufhin wieder der Reeder den Exkulpationsbeweis führen. Diesbezüglich sei jedoch auch eine abweichende Auffassung vertretbar.

Zum Schluss warf *Koffka* eine Reihe von rhetorischen Fragen auf, die eine den Haager Regeln gegenüber positive Einstellung offenbarten. Zwar gestand *Koffka*[282] zu, dass die Regelung der Haftung „für den Reeder ungünstig" sei, diese entspreche jedoch der Billigkeit. *„Er (gemeint: der Konnossementsinhaber, Anm. d. Verf.) stehe [dem Verschuldensnachweis] doch viel ferner als der Reeder. Sei es da nicht doch richtig, dass demjenigen, der die tatsächliche Macht über das Gut habe, der die Leute, die es zu betreuen hatte, anstelle und die Aufsicht über sie habe, diese Beweislast zufalle und dass ein „non liquet" zu seinen Lasten gehe?"*

(2) Der Mitbericht Wüstendörfers

Wüstendörfer[283] ging zunächst noch einmal auf die Entstehungsgeschichte der Haager Regeln ein, woraus deren mangelhafte Fassung erklärlich sei. Zugleich betonte er jedoch die im Zeichnungsprotokoll vorgesehene Möglichkeit der Übernahme nur des gedanklichen Inhalts in das nationale Recht, womit *„bereits ein wesentlicher Teil der Bedenken gegen die Regeln"* entfiele.

Sodann offenbarte *Wüstendörfer* seine bereits in der ersten Arbeitssitzung anklingende Sympathie gegenüber den Haager Regeln, deren Grundgedanke er als einen *„gesunden und glücklichen Kompromiss"* bezeichnete[284]. Die Abgrenzungsschwierigkeiten zwischen nautischem und technischen Verschulden verringerten sich fortschreitend durch die englische Rechtsprechung zum Carriage of Goods by Sea Act. Im Übrigen entspreche es schlicht von einem „Standpunkt objektiver Billigkeit", dass der Reeder für die sorgfältige Ladungsbehandlung, mithin das kommerzielle Verschulden, einzustehen habe. Dieser Gesichtspunkt sei auch im Einheitskonnossement 1912 aufgrund abweichender Beweislastregeln zu Lasten der Ladungsbeteiligten nicht hinreichend umgesetzt.

Abweichend von *Koffka* bewertete *Wüstendörfer* den Katalog der Haftungsausnahmen des Art. IV § 2 lit. a – q der Haager Regeln[285]. Auch in den dort

282 *Schubert,* Protokolle des Seerechtsausschuss, S. 32.
283 Vgl. *Schubert,* Protokolle des Seerechtsausschuss, S. 32 – 35.
284 *Schubert,* Protokolle des Seerechtsausschuss, S. 33.
285 *Schubert,* Protokolle des Seerechtsausschuss, S. 34.

genannten Fällen bestünde nach seiner Lesart eine Haftung des Reeders, es sei einzig die Verteilung der Beweislast fraglich. Diesbezüglich schlug Wüstendörfer eine Regelung präsumtiver Nichthaftung entsprechend dem deutschen Eisenbahnfracht- sowie Binnenschifffahrtsrecht vor, wonach *„dort, wo den Umständen nach angenommen werden könne, dass der Schaden auf eine der haftfrei machenden Umstände [...] zurückzuführen sei, vermutet werde, dass der Schaden durch eine dieser haftfrei machenden Ursachen wirklich entstanden sei"*, außer es werde der Gegenbeweis erbracht. Bei einer solchen Umsetzung handele es sich um eine zulässige Auslegung der Haager Regeln, die insbesondere auch im skandinavischen Frachtgesetzentwurf von 1930 bereits vorgesehen sei.

Als zweite maßgebliche Schwierigkeit benannte *Wüstendörfer* das Schweigen der Haager Regeln zu den Folgen einer Versäumung der Frist zur Anzeige von Ladungsschäden[286]. Es sei fraglich, ob der Ladungsinteressent in diesem Fall neben dem Schadenseintritt an Bord zusätzlich auch ein schadensursächliches Verschulden des Reeders oder seiner Leute nachweisen müsse. Hierfür sprach sich *Wüstendörfer* indes aus, da die andernfalls eintretende Exkulpationspflicht der Reeder gemäß Art. III § 6 der Haager Regeln über ein Jahr fortbestünde, was eine zu starke Belastung für diese sei. Nur die von ihm befürwortete Lösung sei *„gerecht"* und *„vernünftig"*.

Abschließend sah sich *Wüstendörfer* zu einem allgemeinen Appell an die Reeder veranlasst und forderte sie auf, ebenfalls *„kleine Opfer"* zu erbringen; *„der Gemeinnutzen der Schifffahrt gehe den Interessen der Einzelgruppen vor"*[287]. Die Haftung der Reeder für kommerzielles Verschulden ihrer Leute entspreche einem allgemeinen Rechtsgedanken, wie er auch in § 278 BGB zum Ausdruck komme. Zur Kompensation könnten die Reeder Haftpflichtversicherungen abschließen, wobei Wüstendörfer davon ausging, dass solche bei Einführung der Haager Regeln auch von deutschen Versicherern angeboten würden. Weiterhin handele es sich bei den Haager Regeln bereits um ein *„Weltrecht"*, dass insbesondere bereits in England, dessen Dominions, den Niederlanden sowie Belgien gelte; auch deutsche Reeder hätten die Regeln teils aus Konkurrenzdruck, teils aufgrund von Vorgaben internationaler Schifffahrtskonferenzen bereits übernommen. *Wüstendörfer* beendete seinen Appell mit der Hoffnung[288]:

---

286 *Schubert,* Protokolle des Seerechtsausschuss, S. 34 f.

287 Vgl. *Schubert,* Protokolle des Seerechtsausschuss, S. 35.

288 *Schubert,* Protokolle des Seerechtsausschuss, S. 35.

„Es würde die Reeder ehren, wenn sie einem langjährigen Kampfe um die Freizeichnungsklauseln ein Ende machen würden durch einen gerechten Friedensschluss, einen Friedensschluss, der weder Sieger noch Besiegte kenne."

(3) Die Aussprache

Hieraufhin eröffnete *Engel* die Aussprache über die Haager Regeln. *Wüstendörfers* Wunsch beziehungsweise Aufforderung an die Reeder sollte sich – wie bereits angedeutet – letztlich nicht verwirklichen.

Nachdem sich letztlich beide Berichterstatter im Ergebnis für die Annahme der Haager Regeln ausgesprochen hatten, fühlte sich *Behm*[289] verpflichtet, die *„katastrophalen Folgen"* der Haager Regeln aus Sicht der Reeder zu schildern, wobei zunächst richtig zu stellen wäre, dass lediglich ein kleiner Teil der deutschen Reeder die Haager Regeln zudem keineswegs freiwillig übernommen hätte. Insbesondere die Nord- und Ostseelinienfahrt hätte die Haager Regeln überwiegend noch nicht eingeführt. Wesentlicher Kritikpunkt der Reeder sei die Umkehr der Beweislastverteilung zu ihren Ungunsten. Ihnen sei es zumeist schlicht nicht möglich, den Entlastungsbeweis zu führen, insbesondere in dem Fall, *„dass der Empfänger noch Monate nach der Abladung einen Schaden geltend mache"*. *Behm* gestand zwar ein, dass der Ladungsinteressent den Beweis *„auch kaum führen könne"*, für diesen bestünde jedoch die Möglichkeit einer Ladungsversicherung; eine Versicherungsmöglichkeit der Reeder sei hingegen *„zweifelhaft"*. Diesem Argument widersprach im Verlauf der Diskussion später der Vertreter der Seeversicherer *Brandt*[290]. Nach ihm bestünde ein solcher Versicherungszweig in Deutschland nur noch nicht, *„weil bisher kein Bedürfnis dafür vorgelegen habe"*. Hieraufhin gestand *Eßberger*[291] auf Seiten der Reeder ein, dass es wohl eine Versicherungsmöglichkeit für die Reeder gäbe, zugleich machte er jedoch hierdurch entstehende hohe Kosten geltend; die Mehrzahl der Versicherungen würden zudem in englischen Versicherungsclubs genommen, sodass eine solche bei deutschen Versicherungen *„nicht von erheblicher volkswirtschaftlicher Bedeutung"* sei. *Wüstendörfer*[292] sah das Versicherungsargument der Reeder gleichwohl als widerlegt an, wobei er nicht einmal den Einwand *Kirchhauffs*[293], der Ladungsinteressent müsse im Ergebnis etwaige

289 Vgl. *Schubert,* Protokolle des Seerechtsausschuss, S. 35 f.

290 *Schubert,* Protokolle des Seerechtsausschuss, S. 37.

291 *Schubert,* Protokolle des Seerechtsausschuss, S. 37 u. 38.

292 *Schubert,* Protokolle des Seerechtsausschuss, S. 38.

293 *Schubert,* Protokolle des Seerechtsausschuss, S. 38, nach *Krichhauff* ginge es schlicht darum, das *„Verhältnis zwischen Fracht und Versicherungssumme neu auszubalancieren"*.

Versicherungsprämien der Reeder ohnehin über erhöhte Frachtraten ohnehin tragen, in allen Fällen als zwingend gelten ließ. *Sturm*[294], der nicht Vertreter einer Reederei war, trat jedoch weiterhin dafür ein, die Streitfrage nicht über die Versicherungsmöglichkeit zu lösen; *„Versicherung solle doch nur eine Nothilfe sein"*. Die Diskussion bezüglich dieses Gesichtspunktes sollte sich noch in der vierte Ausschusssitzung fortsetzen.

Behm[295] führte als weitere Kritikpunkte der Reeder an, dass die Beweislastregel der Haager Regeln den Reedern zudem quasi das gesamte Diebstahlrisiko aufbürde, wobei Diebstähle durch die Besatzung selbst bei deutschen Reedereien eher selten vorkämen. Weiterhin gäbe es keine klare Abgrenzung zwischen nautischem und kommerziellem Verschulden. Das von ihm angebrachte Beispiel der Stauung, welches beiden Kategorien unterfallen sollte, ließ *Wüstendörfer*[296] gleichwohl nicht gelten; *„dies sei unmittelbare Ladungsbehandlung"*; zudem sei eine endgültige Klarheit im Rechtsleben nur selten erreichbar.

Zusammenfassend unternahm *Behm*[297] den Versuch, die deutschen Reeder insgesamt in ein besseres Licht zu rücken. Auch sie *„verurteilten"* die *„Unsitte der Freizeichnungsklauseln in Millimeterdruck auf der Rückseite der Konnossemente"*, die Haager Regeln benachteiligten die deutschen Reeder jedoch im Vergleich zu den überwiegend ausländischen Ladungsinteressenten, wobei aufgrund der Mehrdeutigkeit einer Passagen der Haager Regeln nicht einmal mit der Schaffung eines Weltrechts zurechnen sei. Einen gerechteren und richtigen Kompromiss der wiederstreitenden Interessen stelle vielmehr das Einheitskonnossement 1912 dar. *Dettmers*[298] bezeichnete dieses jedoch als ein *„selten gebrauchtes Schmuckstück der Reeder"*, welches die tatsächliche Rechtslage nicht zutreffend widerspiegele.

Behms Ausführungen riefen den Widerspruch auch weiterer Ausschussmitglieder hervor. So befürwortete *Brandt*[299] ebenfalls die Übernahme der Haager Regeln, um den aktuellen unerträglichen Zustand der Konnossementspraxis zu beenden. *Wüstendörfers* Auslegung über die Beweislastverteilung bei der Versäumung der Schadensanzeigeobliegenheit pflichtete *Brandt* ausdrücklich

294 *Schubert,* Protokolle des Seerechtsausschuss, S. 40.
295 Vgl. *Schubert,* Protokolle des Seerechtsausschuss, S. 36.
296 *Schubert,* Protokolle des Seerechtsausschuss, S. 38.
297 *Schubert,* Protokolle des Seerechtsausschuss, S. 36.
298 *Schubert,* Protokolle des Seerechtsausschuss, S. 39.
299 Vgl. *Schubert,* Protokolle des Seerechtsausschuss, S. 37.

bei[300]. Zugleich wusste er zu berichten, dass englische Reeder zwischenzeitlich seit zehn Jahre unter den neuen Regeln lebten und ihre Stellung gleichwohl verteidigt hätten. Die englische Erfahrung gehe dahin, dass sich das Haftungssystem durch die Haager Regeln ausgewogen verändert habe. Die Anzahl der Schadensfälle hätte abgenommen, zugleich sei jedoch die Schadenshöhe im Einzelfall angestiegen[301]. *„Ein Reeder, der sein Schiff in Ordnung halte, brauche die Haager Regeln nicht zu fürchten"*, so sein Resümee[302].

Auch *Roselius*[303], als Kaufmann dem Kreis der Ladungsinteressenten zuzuordnen, sprach sich für eine *„grundsätzliche Einschränkung der Vertragsfreiheit auf dem Gebiete des Seefrachtvertrages"* aus. Der Grundsatz der Exkulpationspflicht der Reeder müsse mit nur beschränkten Ausnahmefällen im Gesetz verankert werden, wobei zugleich die unbillige Beschränkung der Haftung auf den gemeinen Handelswert der Güter abgeschafft werden müsse.

Die Reeder sahen sich hiernach offensichtlich argumentativ in Bedrängnis, sodass nunmehr *Riensberg*[304] die Haager Regeln als *„unnormales Gesetz"* brandmarkte und diesem die Praxisnähe absprach; dieses sei durch Schifffahrtsinteressen nicht geboten. Wie gesehen nicht ganz zu unrecht, hob *Riensberg* sodann die Rolle Englands bei der Entstehung und Verbreitung der Haager Regeln hervor[305]. Entgegen *Roselius* sprach sich *Riensberg* ausdrücklich gegen die Schaffung von zwingendem Recht aus. Das Seerecht müsse *„elastisch"* behandelt und der *„freien Vereinbarung"* freien Raum gelassen werden.

Sowohl *Brandt* als auch *Dettmers* analysierten, dass sich offensichtlich lediglich die Ostsee- sowie Tramp-Reedereien insbesondere wegen der skandinavischen Konkurrenz gegen die Annahme der Haager Regeln stemmten[306]. Beide waren sich jedoch im Ergebnis nicht einig, ob diese Problematik dadurch in

---

300 Anders *Dettmers*, der die Auslegung als nicht mit dem englischen Wortlaut vereinbar bewertete, sowie *Sturm*, der die *„kühne Auslegung"* für *„bedenklich"* hielt, *Schubert*, Protokolle des Seerechtsausschuss, S. 40.

301 *Schubert*, Protokolle des Seerechtsausschuss, S. 39.

302 *Schubert*, Protokolle des Seerechtsausschuss, S. 37.

303 *Schubert*, Protokolle des Seerechtsausschuss, S. 37 f.

304 Vgl. *Schubert*, Protokolle des Seerechtsausschuss, S. 38 f.

305 *Schubert*, Protokolle des Seerechtsausschuss, S. 38: *„Wenn die Haager Regeln jetzt ein Weltgesetz zu werden drohen, so läge das sicher nicht daran, dass alle Beteiligten davon überzeugt seien, dass die dort getroffene Regelung wirklich billig sei, sondern daran, dass England sehr geschickt darin sei, für dieses Gesetz, dass die Stellung seiner Reeder im Vergleich zu anderen ausländischen noch nicht unter den Haager Regeln lebenden Reedern verschlechtere, Propaganda im Auslande zu machen."*

306 Vgl. die jeweiligen Redebeiträge, *Schubert*, Protokolle des Seerechtsausschuss, S. 39.

den Griff zu bekommen sei, dass sowohl ausgehender, wie auch eingehender Schiffsverkehr den Haager Regeln zu unterwerfen sei – so *Brandt* – oder nur der ausgehende Verkehr von den Haager Regeln zu erfassen sei, wie es auch ausdrücklich im Abkommen vorgesehen sei – so *Dettmers*.

Ganz ersichtlich standen sich mithin im Seerechtsausschuss zwei Lager gegenüber, die im Wesentlichen gegenseitige Argumentationslinien austauschten, die bereits den langjährigen Kampf gegen die Freizeichnungsklauseln prägten[307]. Sämtlichen von den Reedern vorgebrachten Argumenten gegen die Haager Regeln konnte ein korrespondierendes Gegenargument entgegengebracht werden. In dieser Situation hoben die Reedereivertreter durch *Sturm*[308] noch einmal die gemeinsame Auffassung sämtlicher Ausschussmitglieder hervor, dass eine wörtliche Übernahme der Haager Regeln nicht in Betracht komme, zugleich versuchte er jedoch die zur Sprache gekommenen „materiell-rechtlichen Bedenken" hervorzuheben, weshalb eine Festlegung des Ausschusses auf die Haager Regeln dessen Aufgabe zur Schaffung eines einheitlichen, klaren Seerechts gefährdete. Er sprach sich demgemäß dafür aus, festzustellen, *„dass die Haager Regeln zwar richtige Rechtsgedanken enthielten, aber auch bedenkliche Bestimmungen, die materiell nicht abänderbar seien"*, weshalb eine *„spätere Prüfung"* vorbehalten werden müsse; es sollten zunächst lediglich die positiven Ansätze der Haager Regeln ins Gesetz übernommen werden und im Anschluss eine Entscheidung gefällt werden, ob die Haager Regeln ratifiziert werden sollten. Eben diesen Ansatz hatte *Wüstendörfer* durch seine Sitzungsleitung mehrfach zu verhindern gesucht, indem er – wie gesehen – mehrfach darauf hinwies, dass die Haager

307 So auch *Stödter*, Geschichte der Konnossementsklauseln, S. 64; vgl. etwa auch die Diskussion bezüglich dem nautischem und kommerziellem Verschulden auf dem 28. Juristentag 1906, *Schriftführer-Amt der ständigen Deputation*, Verhandlungen des Achtundzwanzigsten Deutschen Juristentages Kiel 1906, S. 164 ff., an der u.a. auch *Wüstendörfer* bereits beteiligt war. In dieser hatte sich seinerzeit bereits *Pappenheim* gegen die Argumentation mit Versicherungen verwehrt: *„Da begegnet und denn aber ein Argument, das eine große Rolle spielt, der Befrachter oder Reisende könne sich ja versichern. Für einen Juristen ist diese Argumentation unzulässig. Wenn wir der Ansicht sind, daß der Rheder die Haftung tragen muß, dann dürfen wir nicht ihrer Abwälzung auf den Vertragsgegner im Hinblick auf die Möglichkeit der Versicherungsnahme gleichgültig zusehen." (Hervorhebung durch den Verfasser)*. In der vierten Arbeitssitzung nahm *Wüstendörfer* offensichtlich Bezug auf genau diese Diskussion: *„Schon vor 30 Jahren habe man diese Einwendungen (gemeint: gegen die Reederhaftpflichtversicherung, Anm. d. Verf.) gehört"*, *Schubert*, Protokolle des Seerechtsausschuss, S. 50.

308 Vgl. *Schubert*, Protokolle des Seerechtsausschuss, S. 40.

Regeln lediglich als Ganzes zur Diskussion ständen und nur diejenigen Einzelfragen einen Beratung bedürften, bei denen die Haager Regeln unterschiedliche Auslegungsmöglichkeiten offenließen.

Einen Abschluss fand die Beratung der Haager Regeln trotz des intensiven Austausches in der dritten Arbeitssitzung letztlich jedoch noch nicht. Insbesondere im Anschluss an die Ausführung *Sturms* beschlossen die Ausschussmitglieder, die Aussprache auf die nächste Sitzung zu vertagen[309]. Gleichwohl stellte *Wüstendörfer* bereits zum Abschluss den Entwurf eines Beratungsergebnisses vor, welcher vollständig der von ihm vorgeschlagenen Auslegung der Haager Regeln entsprach.

cc) Zwischenakt

Die Reeder waren von *Wüstendörfer* am Ende der dritten Arbeitssitzung aufgefordert worden, bis zur nachfolgenden Sitzung eine Stellungnahme zu fertigen, ob sie mit der *„abgeschwächten Reederhaftung"* gemäß seinem Vorschlag einverstanden seien und ob sie der Übernahme der Haager Regeln zustimmen würden, falls die deutsche Regierung die skandinavischen Staaten ebenfalls zu diesem Schritt zu bewegen versuchen würde.

Die Reeder nutzten die zweiwöchige Pause vor der zweiten mit den Haager Regeln befassten Arbeitssitzung jedoch, um neuerliche Argumente gegen das von *Wüstendörfer* in Aussicht gestellte Beratungsergebnis zu sammeln. Hierbei sollte insbesondere die durch die Einführung der Haager Regeln von den Reedern befürchtete Erhöhung der von ihnen zu leistenden Schadensersatzansprüche (Ladungs-Claims) durch entsprechende Nachweise untermauert werden. Hierfür erbat *Schütte*[310] seitens seiner Reederkollegen um Aufstellung und Übersendung entsprechender Übersichten über die Entwicklung der Ladungs-Claims insbesondere unter der Geltung der Haager Regeln.

Hieraufhin erhielt *Schütte* unter anderem von *Michelau* eine Aufstellung der Ladungs-Claims des Norddeutschen Lloyds (Bremen). In einer tabellarischen Übersicht waren in dieser getrennt nach den unterschiedlichen weltweiten Destinationen die Ladungs-Claims der Jahre 1931, 1932 sowie der ersten elf Monate 1933 zusammengefasst. Die Werte waren jeweils prozentual zur Nettofracht angegeben. So konnte *Michelau* erhöhte Ladungs-Claims auf den Linien nach Nord-, Süd- und Mittelamerika berichten. Die Werte für Australien lauteten

309 *Schubert*, Protokolle des Seerechtsausschuss, S. 40.

310 Der nachfolgend dargestellte Schriftwechsel findet sich in dem unsortierten und nicht paginierten Archivbestand des Staatsarchivs Hamburg Bestand (Hapag-Lloyd) 621-1/2371.

indes: 1931: 0,11 %, 1932: 0,24 %, 1933: 0,05 %. Hierzu bemerkte *Michelau*: *„Die Zahlen für Australien, die ungefähr die niedrigsten Claims aufweisen, müssten wir wohl besser für uns behalten, da dies ja gerade eine von den Fahrten ist, in der die Haager Regeln seit einigen Jahren in Geltung sind.“*

Inwiefern diese Anregung *Michelaus* von *Schütte* umgesetzt wurde, lässt sich den vorgefundenen Unterlagen nicht mehr nachvollziehen. Jedenfalls verwendete Schütte im Rahmen der Beratungen des Seerechtsausschusses später nicht die ihm im Einzelnen mitgeteilten Ladungs-Claims. In dem Protokoll der vierten Arbeitssitzung wird *Schütte* vielmehr wie folgt wiedergegeben[311]:

> „In den Fahrtgebieten, für welche die Haager Regeln oder die Harter Act bereits Geltung hätten, betrügen die Zahlungen der Reederei für Ladungsreklamationen schon heute das Dreifache gegenüber den Fahrtgebieten, in denen die Haager Regeln oder die Harter Act keine Anwendung fänden.“

Ob *Schütte* bei der Ermittlung des von ihm angegebenen Steigerungswertes auch die Werte etwa der aus Sicht der Reeder ungünstigen Australienlinie berücksichtigte, konnte rechnerisch nicht nachträglich ermittelt werden. Aufzeichnungen sind hierüber offenbar nicht mehr vorhanden. Jedoch erläuterte *Schütte* im Seerechtsausschuss, die Berechnungen erstreckten sich *„über alle von der deutschen Flagge bedienten überseeischen Fahrten“*, was dafür spricht, dass tatsächlich sämtliche Werte in die Berechnung eingestellte wurden. Gleichwohl waren die Reeder offensichtlich ganz bewusst und gezielt darum bemüht, die tatsächlichen Werte im Seerechtsausschuss nicht zu offenbaren, um den Befürwortern der Haager Regeln keine zusätzlichen Argumente beziehungsweise Angriffspunkte zu liefern. So berichtete *Schütte* nach der vierten Arbeitssitzung gegenüber seinen Reedereikollegen[312]:

> „Durch unabhängig voneinander aufgestellte Berechnungen für die Jahre 1930 bis 1933, die sowohl beim Lloyd als auch hier wie bei der D.L.L. gemacht sind, hat sich ergeben, dass der Durchschnitt der auf die Frachteinnahmen gezahlten Ladungsschäden prozentual für HAL bei 0,21 % in 1930, 0,18 % in 1931 und 0,17 % in 1932 liegt, während zum Beispiel im New-Yorker Dienst, wo die den Haager Regeln ähnlichen Harter Act gilt, der Durchschnitt der Ladungsschäden im Verhältnis zu den Frachten stets über 0,5 % liegt, während er in anderen Diensten bis auf 0,02 % (Mexico) im Jahre 1932 zurückgeht. Diese Ergebnisse haben wir ohne Nennung unserer Frachten und der Prozentsätze insofern verwertet als wir gesagt haben, dass die Ladungsschäden nach den Relationen,

---

311 *Schubert*, Protokolle des Seerechtsausschuss, S. 48.

312 *Schütte*, Bericht nach der 4. Arbeitssitzung, Staatsarchiv Hamburg, Bestand (Hapag-Lloyd) 621-1/2371.

> nach denen die Haager Regeln bzw. die Harter Act eingeführt seien, das Dreifache dessen betrügen, was wir nach anderen Relationen zu zahlen hätten."

Diese Angabe von pauschalen Steigerungswerten vermochte – so viel darf an dieser Stelle bereits ausgeführt werden – weder den Seerechtsausschuss noch später das Reichsjustizministerium zu überzeugen. So ist etwa *Brandts*[313] vielsagende Wortmeldung aus der vierten Arbeitssitzung protokolliert: *„Im Übrigen sei es ja eine bekannte Tatsache, dass man mit Statistiken alles beweisen könne."* Das Reichsjustizministerium vermerkte – wie nachfolgend noch näher ausgeführt wird (unter 4. d)) – später diesbezüglich[314]: *„Es handelt sich um völlig unsubstantiierte Angaben, die zum Teil von den Versicherern wiederlegt werden konnten."*

dd) Vierte Arbeitssitzung vom 15. Februar 1934

(1) Die weitere Aussprache

Zu Beginn der vierten Arbeitssitzung zeigten sich die Vertreter der Reederinteressen wieder gesammelt. Unmittelbar zu diesem Kreis gehörten von den 21 anwesenden Sitzungsteilnehmern *Behm, Droege, Justus, Michelau, Riensberg, Schultze, sowie Schütte,* mithin genau ein Drittel der Anwesenden. Zu Beginn der erneuten Aussprache meldeten sich gleich drei von ihnen nacheinander zu Wort, nämlich wiederum *Behm, Michelau* sowie *Schütte.*

Auffällig an den Diskussionsbeiträgen der vierten Arbeitssitzung ist zunächst, dass eine Vielzahl der bereits in der vorangegangenen Sitzung vorgetragenen Argumente noch einmal wiederholt wurde, häufig nur noch einmal zur Bestärkung. *Behm*[315] wies zunächst noch einmal auf die *„sehr ernsthaften Folgen für die Reeder"* im Falle der Einführung der Haager Regeln hin und sprach die Warnung aus: *„Jede Veränderung des status quo zu Ungunsten der Reeder gefährde deren Lage ernstlich"*, da diese sich in einer *„Notlage"* befänden; *„die Haager Regeln gingen zu weit"*. Wiederum wurde geltend gemacht, dass in Deutschland mangels hinreichender Ladungstonnage eine Versicherung auf Gegenseitigkeit auf

---

313 *Schubert,* Protokolle des Seerechtsausschuss, S. 53; dem pflichtete im Anschluss auch *Schüler* bei: *„Er müsse Brandts Ausführungen über die Wertlosigkeit der von Reederseite angestellten Berechnungen bestätigen."*, ebd., S. 54; Schütte sah sich daraufhin zu folgendem Angebot veranlasst: *„Es handele sich nicht um Erfahrungen einer Übergangszeit, sondern die Erfahrungen seien auf Berechnungen begründet, die sich auf eine längere Reihe von Jahren erstreckten und ganz gleichförmige Resultate zeigten. Die Zahlen ständen jederzeit zur Nachprüfung."*, ebd. S. 57.

314 *Reichsjustizministerium,* Aktenvermerk RJM 1934/35 Haager Regeln.

315 Vgl. *Schubert,* Protokolle des Seerechtsausschuss, S. 47.

Schwierigkeiten stieße. Die Reederhaftpflichtversicherung könne nicht ohne weiteres der Ladungsversicherung als Alternative gegenübergestellt werden.

Offensichtliches Ziel der Reeder war es, eine verbindliche Stellungnahme des Seerechtsausschusses noch in dieser Sitzung zu vermeiden und – entsprechend *Sturms* Vorschlag aus der dritten Arbeitssitzung – eine weitere Lesung der Haager Regeln im Seerechtsausschuss, sodann insbesondere auch in deren Einzelfragen, zu erreichen. So machte *Behm*[316] geltend, *„dass es für die Reeder unmöglich sei, sofort alle Einzelheiten gegen die Haager Regeln vorzubringen“*, wobei es sich jedoch wohl lediglich um ein vorgeschobenes Argument gehandelt haben dürfte, welches letztlich auch bei *Wüstendörfer* keinen Eindruck hinterließ. *Droege*[317] sprach sich für eine spätere zweite Lesung der Haager Regeln vorgeblich *„im Interesse der weiteren Arbeiten des Seerechtsausschusses“* aus, da andernfalls – wie *Sturm*[318] ergänzte – *„mit der Annahme der Haager Regeln ein großer Teil des neu zu schaffenden Gesetzbuches vorweggenommen“* werde. Gegen eine solche zweite Lesung sprachen sich im Verlauf der Sitzung jedoch ausdrücklich *Wüstendörfer*, *Lindenmaier*, *Schulze-Smidt*, *Schüler* sowie *Wiese* aus.

Im Anschluss an *Behm* stellte *Schütte*[319] die von den Reedern in der Zwischenzeit gesammelten Daten zu den unter den Haager Regeln vorgeblich angestiegenen Ladungs-Claims vor und bezeichnete diese als *„zur Überraschung der Reeder selbst sehr unangenehme wirtschaftliche Folgen“*. Die von ihm angegebene Steigerung um das Dreifache wurde – wie bereits gezeigt – im Seerechtsausschuss indes wenig ernst genommen, insbesondere *Brandt*[320] bemängelte die von den Reedern herangezogenen Vergleichswerte als *„nicht geeignet“*. *Droege*[321] gestand zwar ein, dass die Berechnung „vielleicht nicht auf der richtigen Vergleichsbasis beruhten“, die tatsächlichen Verhältnisse seien gleichwohl noch weitaus schlimmer, da die zugrunde gelegten Jahren solche der abfallenden Konjunktur gewesen seien, in denen die Reeder sich aus Kulanz seltener auf die Konnossementsklauseln berufen würden.

---

316 *Schubert,* Protokolle des Seerechtsausschuss, S. 47; *Wüstendörfer* lehnte eine zweite Lesung der Haager Regeln strikt ab, *„da [die Haager Regeln] seit Jahren Gegenstand der Rechtsprechung und Literatur wären, seien Überraschungen nicht mehr zu befürchten.“*, ebd., S. 50.

317 *Schubert,* Protokolle des Seerechtsausschuss, S. 55.

318 *Schubert,* Protokolle des Seerechtsausschuss, S. 56.

319 *Schubert,* Protokolle des Seerechtsausschuss, S. 47 f.

320 *Schubert,* Protokolle des Seerechtsausschuss, S. 53.

321 *Schubert,* Protokolle des Seerechtsausschuss, S. 55.

Schütte[322] gab weiter an, dass von den Reedern zur Deckung der deutschen Tonnage insgesamt ein Betrag in Höhe von 6.000.000 RM an Versicherungsprämie aufgebracht werden müsste, wobei es *„Utopie [sei] zu erwarten, dass die Reeder in der Lage seien, die von ihnen zu übernehmenden Mehrprämien durch Erhöhung der Frachten auszugleichen."* Auch Schütte berief sich zudem ebenfalls auf die wirtschaftlich schlechte Lage der Reeder: *„Heute seien die Reedereien in allen Ländern notleidend [...]"*; die Machtverhältnisse hätten sich anders als wiederholt dargestellt dergestalt verändern, dass die Macht jetzt auf der anderen Seite – der Seite der Ladungsinteressenten – sei. Eben dieses Bild versuchte auch *Schultze*[323] zu vermitteln, nachdem *„der Reeder [...] immer der Ladung ‚nachlaufen' [haben] müsse, der Ablader sei immer der Herr gewesen, der seine Wünsche diktiert habe."*

Stärker inhaltlich versuchte *Michelau*[324] die Ablehnung der Haager Regeln zu begründen. Da bereits in verschiedenen Staaten unterschiedliche Umsetzungsgesetze zu den Haager Regeln angenommen worden seien, sei *„das Hauptziel der Haager Regeln, die internationale Vereinheitlichung der Rechtsordnung nicht mehr zu erreichen [...]"*. *Wüstendörfer*[325] ließ jedoch auch dieses Argument im Ergebnis nicht gelten; es müsse *„zunächst genügen, dass man wenigstens in den Hauptfragen zur Einheit gelange"*. Nach seiner Ansicht *„seien die Haager Regeln jetzt spruchreif"*[326]; zugleich sah er *„fast sämtliche Beweisgründe der Reeder [als] wiederlegt"*[327] an. Er – *Wüstendörfer* – sei *„mit einem wahren Heißhunger in die Sitzung gekommen, wirklich triftige Argumente der Reeder gegen die Haager Regeln zu hören"(Hervorhebung d. d. Verf.)*, von den vorgetragenen Gründen zeigte er sich jedoch *„sehr enttäuscht"*. Auch *Engel*[328] erklärte sich von den Argumenten der Reeder letztlich *„enttäuscht"*.

Schultze[329] erkannte hierin eine *„‚Voreingenommenheit' gegen die Reeder"*, da er *„zu seiner großen Bestürzung"* habe feststellen müssen, *„dass alles, was die Reeder gegen die Übernahme der Haager Regeln vorbrächten, als unbeachtlich, zum Teil sogar als eigennützig erklärt werde"*. Fast schon ein wenig verzweifelt klang seine anschließende Feststellung: *„Es gehe den Reeder wirklich sehr schlecht."*

322 *Schubert,* Protokolle des Seerechtsausschuss, S. 48.
323 *Schubert,* Protokolle des Seerechtsausschuss, S. 55.
324 *Schubert,* Protokolle des Seerechtsausschuss, S. 49.
325 *Schubert,* Protokolle des Seerechtsausschuss, S. 49.
326 *Schubert,* Protokolle des Seerechtsausschuss, S. 50.
327 Vgl. *Schubert,* Protokolle des Seerechtsausschuss, S. 56.
328 *Schubert,* Protokolle des Seerechtsausschuss, S. 58.
329 *Schubert,* Protokolle des Seerechtsausschuss, S. 55.

Wiederholt unternahmen die Reedereivertreter den Versuch, die drohende Feststellung des Beratungsergebnisses entsprechend *Wüstendörfers* Entwurf noch abzuwenden. Da eine zweite Lesung der Haager Regeln offensichtlich nicht zu erreichen gewesen war, unterbreitete *Droege*[330] eine *„dritte Möglichkeit der Lösung“*, wonach der Seerechtsausschuss die Haager Regeln bei der Beratung des Seefrachtrechts die Haager Regeln lediglich als Marschroute nehmen solle, jedoch *„mit dem Vorbehalt, in Einzelbestimmungen gegebenenfalls abzuweichen“*. Auch diesen Weg hielt *Wüstendörfer* jedoch nicht für gangbar, allenfalls wurde angedacht, die Ratifikation der Haager Regeln *„von einer Annahme seitens der skandinavischen Staaten abhängig [zu] machen“*[331]. *Wüstendörfer* machte zu Gunsten seiner Auslegung der Haager Regeln letztlich auch die nationalsozialistische Idee geltend: *„Heute gälte es, im nationalsozialistischen Sinne eine neues deutsches Konnossementsrecht zu schaffen, ausgehend von dem Grundsatz: Gemeinnutz gehe vor Eigennutz“*[332]. Diese Argumentation nutzte er jedoch weniger, da es sich bei den Haager Regeln tatsächlich um ein nationalsozialistisch geprägtes Regelwerk handelte, als vielmehr, um seiner Position noch stärkeres Gewicht zu geben.

Gleichfalls wies *Wüstendörfer*[333] von Seiten der Reeder vorgeschlagene Änderungen an dem von ihm entworfenen Beratungsergebnis zurück, insbesondere solche, die das Reichsjustizministerium auffordern sollten, einen etwaigen Entwurf eines Umsetzungsgesetzes zu den Haager Regeln *„auf jeden Fall dem Ausschuss vor der Ratifikation vorzulegen“*. *Wüstendörfer* äußerte zwar ebenfalls die Hoffnung, dass ein solcher Gesetzesentwurf dem Seerechtsausschuss vorgelegt werden würde, *„auf das Reichsjustizministerium dürfe [indes] kein Druck ausgeübt werden“*.

---

330 *Schubert,* Protokolle des Seerechtsausschuss, S. 49.

331 *Schubert,* Protokolle des Seerechtsausschuss, S. 52; dieser Gedanke sollte sich jedoch später nicht im Beratungsergebnis wiederfinden.

332 *Schubert,* Protokolle des Seerechtsausschuss, S. 51; dieser Ansatz fand allseits großen Anklang. So betonte auch *Wiedenfeld,* dass eine *„billige Lösung“* *„ohne Rücksicht auf die Machtverhältnisse“* gefunden werden müsse, ebd., S. 49. Auch *Riensberg* begrüßte diese Worte, jedoch in der Hoffnung, dass vom Ausschuss nicht einfach englisch-amerikanische Gesetze ungeprüft übernommen werden würden, ebd., S. 53.

333 Vgl. *Schubert,* Protokolle des Seerechtsausschuss, S. 56; zu den Beratungen des Gesetzesentwurfs im Jahre 1937, vgl. unten C. I. 5. b).

(2) Der Gegenentwurf zu „Wüstendörfers Beratungsergebnis"

Riensberg[334] versuchte in dieser Situation – bereits sieben Ausschussmitglieder hatten sich ausdrücklich für die Annahme der Haager Regeln im Sinne *Wüstendörfers* Auslegung ausgesprochen – einen vermittelnden Vorschlag zu unterbreiten. Er sei zwar mit *Droege* und *Sturm* der Ansicht, *„dass wesentliche Teile des Gedankenguts der Haager Regeln in das neue Seerecht eingearbeitet werden sollten"*, zugleich protestierte er jedoch gegen *Wüstendörfers* Feststellung, sämtliche Argumente der Reeder seien widerlegt. Nachdem *Riensberg* noch einmal eine Reihe der bereits zuvor diskutierten Argumente aufzählte, verlas er schließlich einen von Seiten der Reeder vorbereiteten Gegenentwurf des Beratungsergebnisses zu *Wüstendörfers* Fassung, mit welchem das Ruder zu Gunsten der Reeder noch einmal herumgerissen werden sollte. Der Entwurf enthielt folgenden Wortlaut[335]:

> „Der Ausschuss spricht sich gegen die Übernahme der Haager Regeln aus, da die englische Wortfassung gesetzestechnisch höchst mangelhaft ist und einige Bestimmungen für die deutschen Reeder wirtschaftlich schwer tragbar sind.
>
> Dagegen billigt der Ausschuss die Einarbeitung eines erheblichen Teiles des Gedankeninhalts der Haager Regeln in das deutsche Seerecht, insbesondere die Grundgedanken, dass die Reeder für das sog. kommerzielle Verschulden und für verschuldete Seeuntüchtigkeit, jedoch nicht für nautisches Verschulden haften, wobei eine auf gewisse Materien beschränkte Haftung vorbehalten bleibt.
>
> Als unangemessene Belastung der Reeder sieht der Ausschuss die Regelung der Beweislast an, die bei Innehaltung kurzer Schadensanzeigefristen durch den Konnossementinhaber in vollem Umfange dem Reeder obliegt und für die die Haager Regeln eine Milderungsmöglichkeit nur hinsichtlich der im Art. IV § 2 aufgeführten Fälle zulassen. Nach Ablauf der kurzen Schadensanzeigefristen, die mit einer Besichtigung zu verbinden wären, sollte nach Auffassung des Ausschusses eine Inanspruchnahme der Reeder ausgeschlossen sein.
>
> Der Ausschuss bittet das Reichsjustizministerium, den Gedankengehalt der Haager Regeln in obiger Beschränkung zum Gegenstand eines Gesetzesentwurfs über das deutsche Konnossementsrecht zu machen, sobald die Arbeiten des Ausschusses auf den verwandten Gebieten des privaten Seerechts so weit vorgeschritten sind, dass der gesamte Fragenkomplex überschaut werden kann."

Auffällig ist zunächst, dass der von *Riensberg* vorgestellte Gegenentwurf in seinem Aufbau durchaus Ähnlichkeiten zu *Wüstendörfers* Fassung aufweist.

---

334 Vgl. *Schubert*, Protokolle des Seerechtsausschuss, S. 58 f.; im Anschluss an *Riensbergs* Ausführungen sprach sich schließlich auch *Dettmers* noch für die Annahme der Haager Regeln aus, vgl. ebd., S. 60.

335 *Schubert*, Protokolle des Seerechtsausschuss, S. 59 f.

Jeweils werden zunächst die Haager Regeln für ihre unzureichende Form und Wortfassung kritisiert. Hieran fügt sich die Billigung des aus Sicht der Reeder akzeptierbaren Teils des Übereinkommens an. Schließlich wird das Reichsjustizministerium um Ausarbeitung eines den Vorgaben entsprechenden Gesetzesentwurfes gebeten. Inhaltlich war das solchermaßen entworfene Beratungsergebnis freilich weitaus enger gefasst und sollte weitergehende Freiheiten belassen, um auch inhaltlich von den Haager Regeln in Einzelheiten zugunsten der Reeder abweichen zu können.

Hinter dem Gegenentwurf der Reeder dürfte letztlich wohl ein nicht unerhebliches Kalkül gestanden haben, den sich zu ihren Ungunsten abzeichnenden Abschluss der Beratungen der Haager Regeln für sich jedenfalls noch möglichst günstig auszugestalten. Hierfür erklärten sie sich durch ihren Gegenentwurf jedenfalls mit dem Kompromissgedanken der Haftungsregelung nach den Haager Regeln grundsätzlich einverstanden. *Schütte*[336] erläuterte insofern – wie sich aus seinem Bericht an seine Reederkollegen nach der vierten Arbeitssitzung ergibt –, dass die vorgesehenen Abweichungsmöglichkeiten letztlich dazu führen würden, dass eine sofortige Ratifikation der Haager Regeln jedenfalls in der bestehenden Fassung verhindert würde. Aufgrund der *„schwachen Situation"*, in welcher sich *Schütte* sowie die weiteren Reedereivertreter im Seerechtsausschuss sahen, habe es ihnen nach der internationalen sowie nationalen Sachlage *„gezwungenermaßen notwendig"* erschienen, gar *„geboten"* den im Gegenentwurf enthaltenen Standpunkt einzunehmen, das Gedankengut der Haager Regeln zu billigen, zugleich jedoch die dem Reeder unmögliche Beweisführungen und Fristen aufbürdende Bestimmungen auszumerzen. *„Wir werden in Zukunft nicht umhin können"*, so *Schütte* weiter, *„die volle Vertragsfreiheit, die bisher nur durch das Einheitskonnossement in Deutschland gesetzlich eingeführt war, aus dem HGB zu entfernen und eine dem Einheitskonnossement bzw. den Haager Regeln ähnliche Regelung, die durch Vereinbarung nicht abdingbar sein wird, einzuführen. Soweit müssen die Reeder gehen, und soweit können die Reeder, jedenfalls alle anständigen Reeder, gehen."*

Zusammenfassend kann der Gegenentwurf mithin als Mischung aus einer gewissen Resignation, jedoch zugleich fortgesetzter Interessenvertretung im bestmöglichen Maße bezeichnet werden. Durchaus resignierend mussten die Reeder eingestehen, dass sich der langjährige Kampf gegen die Haager Regeln und der noch viel länger andauernde Kampf gegen den Grundgedanken der

---

336 Vgl. *Schütte,* Bericht nach der 4. Arbeitssitzung, Staatsarchiv Hamburg, Bestand (Hapag-Lloyd) 621/2371.

Haager Regeln zu ihren Ungunsten einem Ende zuneigt hatten; ihre Argumente fanden im Seerechtsausschuss verhältnismäßig wenig Gehör. Zugleich versuchten die Reeder jedoch, die zu erwartende Veränderung für sie noch möglichst günstig zu gestalten, wobei ihnen die allgemeine Auffassung, dass die „Haager Regeln pur" für Deutschland nicht annehmbar seien, durchaus entgegenkam und die deutschen Reeder bereits mit den Regelungen des Einheitskonnossementes 1912 weitgehend gute Erfahrungen gemacht hatten. Letztlich handelte es sich mithin um eine realistische Einschätzung, da ein aus Sicht der Reeder noch günstigeres Ergebnis wohl kaum zu erwarten gewesen wäre.

(3) Das abschließende Beratungsergebnis

Nachdem *Wüstendörfer* schließlich die Beratungen über die Haager Regeln für beendet und abgeschlossen erklärt hatte, standen sich die beiden formulierten Entwürfe des Beratungsergebnisses der jeweiligen Interessengruppen gegenüber. *Wüstendörfer*[337] wies in diesem Zusammenhang darauf hin, dass förmliche Abstimmungen in der Ausschussarbeit *„unzulässig"* seien und bei einer Meinungsverschiedenheit der Ausschussmitglieder gemäß dem Führerprinzip die Stimme des Vorsitzenden ausschlaggebend sei. *Wüstendörfer* sah sich jedoch gleichwohl zu einer Abstimmung über die von ihm vorentworfene Formulierung des Beratungsergebnisses veranlasst, da es als Vorsitzender sein Recht und wegen der großen Bedeutung gerade dieser Frage auch seine Pflicht sei, *„die Ansicht aller Anwesenden"* kennenzulernen[338]. Im Protokoll der 4. Arbeitssitzung wurde das Ergebnis dieser unverbindlichen Meinungserhebung der 21 anwesenden Sitzungsteilnehmer wie folgt festgehalten:

Für die Annahme der Haager Regeln entsprechend dem Formulierungsentwurf *Wüstendörfers* hätten sich acht Mitglieder inklusive *Wüstendörfer* ausgesprochen, wobei auch die beiden Vertreter des Reichsjustizministeriums *Koffka* und *Riese* dem solchermaßen gefassten Beratungsergebnis *„zugestimmt"* hätten. Nach *Wüstendörfers* Erklärung im Protokoll der sechsten Arbeitssitzung vom 22. März 1934 handelte es sich bei den sieben weiteren Befürwortern um *Lindenmaier, Schulze-Smidt, Brandt, Schüler, Kirchhauff, Engel* und *Dettmers*[339]. Zehn andere Mitglieder hätten den Entwurf *Wüstendörfers* nicht getragen, sondern

---

337 Vgl. *Schubert,* Protokolle des Seerechtsausschuss, S. 60.

338 Nach *Schütte,* Bericht nach der 4. Arbeitssitzung, handelte es sich um eine *„sogenannte Probeabstimmung"*, zu der sich Wüstendörfer *„in völliger Verkennung der Sachlage und seines Auftrages"* veranlasst gesehen habe.

339 *Schubert,* Protokolle des Seerechtsausschuss, S. 69.

vielmehr lediglich die Übernahme des Gedankenguts der Haager Regeln befürwortet, wobei jedoch im Einzelnen auch von diesen abgewichen können werden sollte. Ausweislich *Schüttes*[340] Bericht nach der 4. Arbeitssitzung enthielt sich *Justus* der Stimme, da er erstmals an einer Sitzung des Seerechtsausschusses teilgenommen habe. Gegen *Wüstendörfers* Entwurf sprachen sich mithin die – laut Anwesenheitsliste – „wissenschaftlichen Mitglieder" *Bramslöw, Droege, Reinbeck, Riensberg, Schütte, Sturm* und *Wiedenfeld* sowie die „praktischen Mitglieder" *Behm, Schultze* und *Michelau* aus.

Wüstendörfer hielt das im Vergleich zu seinem Entwurf aus der vorangegangenen Arbeitssitzung lediglich mit zwei zur Klarstellung vorgenommenen redaktionellen Ergänzungen versehenes Beratungsergebnis des Seerechtsausschusses zu den Haager Regeln schließlich wie folgt fest[341]:

> „Der Ausschuss spricht sich gegen die Übernahme der Haager Regeln in wörtlicher Übersetzung aus dem Englischen aus, da die englische Wortfassung gesetzestechnisch höchst mangelhaft ist und infolge ihrer Mehrdeutigkeit Auslegungsmöglichkeiten Raum lässt, die für die deutschen Reeder wirtschaftlich schwer tragbar sind.
>
> Dagegen billigt der Ausschuss die Einarbeitung des gedanklichen Inhalts der HR in das deutsche Seefrachtrecht, sofern dabei zum Schutz der Reeder gegen übermäßige Belastung so verfahren wird, dass
>
> – gemäß dem Vorbehalt im Zusatzprotokoll, Abs. 2 Ziffer 1 – zu Art. IV 2 c-p der Grundsatz präsumtiver Nichthaftung des Reeders analog HGB 459 Abs. 2, BSchG § 59 Abs. 2, skandinavischer Frachtgesetzentwurf § 28 Abs. 2 aufgestellt wird, also der Beweis haftbarmachenden ursächlichen Verschuldens der Leute des Reeders in diesen Fällen von geschädigten Ladungsbeteiligten zu erbringen ist.
>
> Ferner gibt der Ausschuss dem Wunsche Ausdruck, dass in Auslegung des Artikels III 6 als Rechtsfolge der Versäumung der sofortigen schriftlichen Schadensanzeige bzw. der dreitägigen Schadensanzeigefrist festgestellt wird, dass alsdann der Ladungsempfänger erstens die Entstehung des Schadens an Bord des Schiffs und außerdem zweitens die Verursachung des Schadens durch Verschulden der Leute des Reeders zu beweisen hat.
>
> Der Ausschuss bittet das Reichsjustizministerium, einen Gesetzesentwurf über die Einarbeitung der HR in das deutsche Konnossementsrecht auf der Grundlage dieser Gesichtspunkte auszuarbeiten."

---

340 So *Schütte*, Bericht nach der 4. Arbeitssitzung, Staatsarchiv Hamburg, Bestand (Hapag-Lloyd) 621/2371.

341 *Schubert*, Protokolle des Seerechtsausschuss, S. 60 f.; eingefügt wurden die Worte *„gemäß dem Vorbehalt im Zusatzprotokoll, Abs. 2 Ziffer 1"* sowie *„der sofortigen schriftlichen Schadensanzeige bzw."*.

Es hatte sich mithin *Schüttes* dargestellte Befürchtung nach der ersten Arbeitssitzung im Ergebnis bestätigt. *Wüstendörfer* bezeichnete diesen Vorschlag des Seerechtsausschusses später als Versuch, die englischen Haager Regeln *„zu veredeln“*[342] und bekannte[343]:

> „Es (gemeint das Seerechtsänderungsgesetz von 1937, Anm. d. Verf.) übernimmt die Haager Regeln, und zwar mit der Abschwächung der Beweislast des Reeders in den oben erörterten <zwei> Fällen der <Immunities> und der Versäumung rechtzeitiger Schadensanzeige, *wie ich es im Seerechtsausschuss vorgeschlagen hatte.*“ (Hervorhebung durch den Verfasser)

In dieser Form wurde das Beratungsergebnis dem Reichsjustizministerium offiziell zugeleitet, wobei dort jedoch – nicht zuletzt aufgrund der beiden von dort entsandten Sitzungsteilnehmer – auch Kenntnis von dem Gesamtablauf der Beratungen im Seerechtsausschuss bestand. Zu der Art und Weise, in welcher das Reichsjustizministerium das maßgeblich von *Wüstendörfer* herbeigeführte Beratungsergebnis behandelt hat, soll nachfolgend unter Ziffer 4. Stellung genommen werden.

3. Der „Kampf um die Deutungshoheit“ über das Beratungsergebnis

Genauso wie sich die gegenseitigen Auffassungen während der Beratungen des Seerechtsausschusses – letztlich unversöhnlich – gegenüberstanden, wurde auch im Nachhinein über das Beratungsergebnis gestritten.

a) Das Abstimmungsergebnis

In den Berichten *Wüstendörfers* und *Lindenmaiers* über die Ausschussarbeiten aus dem Jahr 1934 wird jeweils darauf hingewiesen, dass sich der Annahme der Haager Regeln *„erhebliche Bedenken“* stellten[344], beziehungsweise der Ausschuss bei der Verständigung über die Haager Regeln auf *„größere Schwierigkeiten“* gestoßen sei[345], in beiden Berichten heißt es sodann jedoch, dass die *Mehrheit des Ausschusses* sich für die Annahme der Haager Regeln im Sinne des von *Wüstendörfer* gefassten Beratungsergebnisses ausgesprochen hätte. Diese Feststellung geht offensichtlich auf eine Erklärung *Wüstendörfers*[346] zurück, zu der er sich

342 *Wüstendörfer*, HRGZ 1943, Sp. 49 (50).

343 *Wüstendörfer*, Annuario di diritto comparato e di studi legislativi 1938, S. 107 (113 Fn. 2).

344 *Lindenmaier*, DRiZ 1934, S. 229 (230).

345 *Wüstendörfer*, ZADR 1934, S. 220 (222).

346 Vgl. *Schubert*, Protokolle des Seerechtsausschuss, S. 68 f.

zu Beginn der sechsten Arbeitssitzung vom 22. März 1934 veranlasst sah. Dort führte er außerhalb der Tagesordnung aus, dass er gehört habe, *„im Kreise des Ausschusses [sei] die Meinung geäußert worden, die Haager Regeln wären in der vierten Arbeitssitzung ‚niedergestimmt' worden"*, womit er offensichtlich die Reedereivertreter meinte. *Wüstendörfer* wies noch einmal auf die Unzulässigkeit von Abstimmungen im Seerechtsausschuss und das dort vorherrschende Führerprinzip hin. Darüber hinaus hätten sich für die Annahme der Haager Regeln mit den beiden Vorbehalten neben ihm sieben weitere Ausschussmitglieder sowie die beiden Vertreter des Reichsjustizministeriums ausgesprochen. Daneben hätte sich jedoch auch *Roselius*, der an der vierten Arbeitssitzung nicht teilnehmen konnte, bereits in der dritten Arbeitssitzung im Sinne seines Vorschlages geäußert, woraufhin *Wüstendörfer* ein entsprechendes Schreiben *Roselius'* verlas, wonach dieser um nachträgliche Aufnahme seiner zustimmenden Stellungnahme als Anhang zum Protokoll der vierten Arbeitssitzung bat. *Wüstendörfer* sah sich aus formalen Gründen letztlich nicht dazu in der Lage, diesem Wunsch nachzukommen, schloss seine Erklärung jedoch mit den im Protokoll wiedergegebenen Worten[347]:

> „Wolle man hiernach das Gesamtergebnis zahlenmäßig festlegen, so hätten sich 2 + 8 + 1 = elf Mitglieder für und zehn Mitglieder gegen seinen Vorschlag ausgesprochen."

Wüstendörfers Erklärung war offensichtlich Folge der von *Riensberg* ihm gegenüber geäußerten Kritik. Dieser hatte nach der vierten Arbeitssitzung ein Schreiben mit der Überschrift *„Kurze Wiedergabe meiner Ausführungen in der Sitzung vom 15. Februar 1934 nach meiner 2. Wortmeldung"* verfasst. In diesem heißt es auf Seite 5, unten sowie Seite 6, oben[348]:

> „Aus den mehrfachen Bemerkungen von Herrn Prof. Wüstendörfer glaube ich leider schließen zu müssen, dass er als Ergebnis der Beratungen dem Reichsjustizministerium in seiner Eigenschaft als Vorsitzender des Ausschusses die Erklärung abzugeben beabsichtigt, die er in der vorigen Sitzung als seinen Entwurf verlesen hat. Sollte dieser Fall eintreten, so erkläre ich bereits jetzt im Namen sämtlicher Reeder sowie des Verbands Deutscher Reeder, dass die Reeder die von Herrn Prof. Wüstendörfer für richtig gehaltene Stellungnahme für im höchsten Grade unbillig halten und aufs schärfste Widerspruch dagegen erheben müssen, dass die Stellungnahme von Herrn Prof. Wüstendörfer das richtige Ergebnis der Beratung darstelle."

Insbesondere gegen die letzte Feststellung wendete sich *Wüstendörfer* in einem Schreiben vom 15. März 1934 an *Riensberg* und bat in doch bestimmten Ton um

347 *Schubert*, Protokolle des Seerechtsausschuss, S. 69.
348 Das Schreiben findet sich in dem nicht paginierten Archivbestand des Staatsarchivs Hamburg Bestand (Hapag-Lloyd) 621-1/2371.

Erläuterung, ob er das Schreiben *Riensbergs* als Vorwurf zu verstehen habe, er (*Wüstendörfer*) beabsichtige, dem Reichsjustizministerium – also einer ihm vorgesetzten Dienstbehörde – eine wissentlich oder mindestens fahrlässig unrichtige Darstellung von dem Ergebnis der Beratung der Haager Regeln zu geben[349]. *Riensberg* erklärte in einem Antwortschreiben vom 16. März 1934[350] beschwichtigend, dass er keineswegs persönliche Vorwürfe erheben wollte und er selbstverständlich das Führerprinzip anerkenne. Er habe lediglich klarstellen wollen, dass die Reeder sich vorbehalten wollten, ihrerseits Schritte zu unternehmen, um – soweit möglich – ihrer Überzeugung Geltung zu verschaffen.

Dieser Schriftwechsel dokumentiert anschaulich, mit welcher Intensität die Diskussion um die Haager Regeln auch nach Abschluss der förmlichen Beratung im Seerechtsausschuss weitergeführt wurde. Ebenso verdeutlicht dieser die Unzufriedenheit der Reeder mit der Art und Weise, in der *Wüstendörfer* die Beratung der Haager Regeln im Seerechtsausschuss leitete und letztlich zu dem von ihm gewünschten Ergebnis geführt hatte. So berichtete auch *Schütte*[351] in dem bereits erwähnte Bericht für seine Reederkollegen über den Verlauf der vierten Arbeitssitzung: *„Die Besprechungen über die Haager Regeln haben, namentlich in der letzten Sitzung, infolge des nicht nur von Reeder- sondern auch von unparteiischer Seite beanstandete Verhaltens des Vorsitzenden, Herrn Professor Wüstendörfer, eine unnötige Schärfe gehabt.“* Das *„mehr als ungeschickte Verhalten“* *Wüstendörfers* sei für die Reeder letztlich insofern jedoch durchaus günstig gewesen, *„als sich im Laufe der Debatte der wohlmeinende sachliche und wirtschaftlich nicht interessierte Teil des Hohen Ausschusses mehr und mehr der Stellung der Reeder zuneigte“.*

Schütte stellte auf Seiten der Reeder demgemäß auch eine andere Rechnung hinsichtlich des Abstimmungsergebnisses als *Wüstendörfer* auf. *Schütte* berichtete seinen Reederkollegen[352]:

> „Zum Schluss glaubte Herr Professor Wüstendörfer in völliger Verkennung der Sachlage und seines Auftrages eine sogenannte Probeabstimmung vornehmen zu müssen,

---

349 Schreiben *Wüstendörfer* an *Riensberg* vom 15.3.1934, Staatsarchiv Hamburg, Bestand (Hapag-Lloyd) 621-1/2371.

350 Antwortschreiben *Riensbergs* an *Wüstendörfer* vom 16.3.1934, Staatsarchiv Hamburg, Bestand (Hapag-Lloyd) 621/2371.

351 Vgl. *Schütte,* Bericht nach der 4. Arbeitssitzung; *Schmidt,* Seerechtswissenschaft - Seerechtspraxis - Seerechtspolitik, S. 11, beschrieb *Wüstendörfer* 1985 als *„unbequem“*, wobei dies jedoch – anders als offensichtlich *Schütte* –in einer durchaus anerkennenden Form gemeint war.

352 *Schütte,* Bericht nach der 4. Arbeitssitzung.

um sich ein Bild über die Meinung des Ausschusses zu bilden. Diese Abstimmung verlief für den Vorsitzenden des Ausschusses ungünstig, indem nur 8 Stimmen für ihn waren, während 10 oder 11 Stimmen sich gegen ihn wandten bei mehreren Stimmenthaltungen. Die Stimmenthaltungen wurden, wenn ich mich recht erinnere, von den Herren des Ministeriums, die sich neutral verhalten müssen, und u.a. von Herrn Justus [...] ausgeübt. [...]"

Selbstverständlich darf bei der Würdigung von *Schüttes* Informationsschreiben nicht verkannt werden, dass diesem durchaus an einer gewissen Rechtfertigung gegenüber seinen Reederkollegen gelegen gewesen sein dürfte; nämlich dafür, dass die Reedereivertreter im Seerechtsausschuss letztlich das von *Wüstendörfer* durchgesetzte Beratungsergebnis nicht zu verhindern vermochten. Dennoch sind *Schüttes* Ausführungen zum Verhalten der Ministerialvertreter durchaus zutreffend gewesen. So heißt es auch in einem undatierten Aktenvermerk des Reichsjustizministeriums mutmaßlich von Ende 1934/Anfang 1935, in welchem die Frage der Ratifikation der Haager Regeln zusammenfassend bewertet wurde[353]:

„Der Seerechtsausschuss der Akademie für deutsches Recht hat das Abkommen eingehend beraten. Nach Abschluss der Beratung haben sich für die Annahme acht Mitglieder, darunter der Vorsitzende, ausgesprochen, während zehn andere Mitglieder, darunter sämtliche Reedereivertreter, sich nur für die Annahme des Gedankenguts der Haager Regeln mit dem Vorbehalt ausgesprochen haben, dass bei der späteren Beratung in Einzelheiten abgewichen werden kann. *Die Vertreter des Reichsjustizministeriums haben sich bei dieser Abstimmung der Stimme enthalten.*"
(Hervorhebung durch den Verf.)

Auch das Reichsjustizministerium wertete mithin die beiden von *Wüstendörfer* für seinen Vorschlag beanspruchten Stimmen von *Koffka* und *Riese* letztlich als neutral, erkannte jedoch zugleich die besondere Stellung des Ausschussvorsitzenden an. Zusammenfassend heißt es schließlich unverbindlich, jedoch entgegen des im Seerechtsausschuss vorherrschenden Führerprinzips, dass dessen Stellungnahme *„keine einheitliche war"*[354].

Augenfällig ist, dass das Abstimmungsergebnis der Ausschussmitglieder letztlich ohnehin nicht repräsentativ sein konnte, da zwar durchaus die verschiedenen Interessengruppen des Seehandels im Seerechtsausschuss vertreten waren, indes nicht zwingend auf eine paritätische Besetzung geachtet wurde. Wie gesehen, waren die Reeder in der entscheidenden vierten Arbeitssitzung durch

353 *Reichsjustizministerium,* Aktenvermerk RJM 1934/35 Haager Regeln, Bl. 22 (22).
354 *Reichsjustizministerium,* Aktenvermerk RJM 1934/35 Haager Regeln, Bl. 22 (23).

Behm, Justus, Michelau, Riensberg, Schulze und *Schütte*[355] sowie durch den ihnen offensichtlich nahestehenden *Droege* - dieser hatte sich als vormalig langjährigen Geschäftsführer des Vereins Hamburger Reeder vorgestellt – vertreten. Nur *Droege, Riensberg* und *Schütte* waren feste Mitglieder des Seerechtsausschusses. *Brandt* war dem Interessenkreis der Seeversicherer zuzurechnen. Eine ordentliche Vertretung der Ladungsinteressenten bestand indes – anders als etwa im Fall der Reedereien durch den Verband Deutscher Reeder – nicht, was bereits zuvor in der langjährigen Diskussion um die Freizeichnungsklauseln wiederholt als maßgeblicher Nachteil bemängelt wurde. Zu diesen dürften einzig aufgrund ihrer bekannten Lebensdaten *Roselius*, als Vertreter eines Kaffeegroßhändlers, sowie *Nolte*, Vertreter eines Import/Export-Unternehmens, zu zählen gewesen sein. Beide fehlten indes entschuldigt in der vierten Arbeitssitzung. Die von *Wüstendörfer* – wie aufgezeigt – wiederholt berufene Unparteilichkeit der Ausschussmitglieder, die nach seiner Auffassung Diener des Gemeinwohls sein sollten, konnte sich jedenfalls im Fall der hoch umstrittenen Haager Regeln letztlich nicht durchsetzen.

Ohne Berücksichtigung der offensichtlichen Vertreter der Interessen der Reeder sowie *Brandt*s als Vertreter der Versicherer ließe sich das Abstimmungsergebnis der zumindest vordergründig unbefangenen beziehungsweise neutralen Ausschussmitglieder wie folgt darstellen[356]: Für das Beratungsergebnis *Wüstendörfers* hätten sich sodann sieben Mitglieder einschließlich *Wüstendörfer* ausgesprochen, hingegen verblieben lediglich vier Gegenstimmen, nämlich die von *Bramslöw, Reinbeck, Sturm* und *Wiedenfeld.* Unter den neutralen Mitgliedern gab es mithin eine deutlichere Zustimmung zu den Haager Regeln.

Es kann in jedem Fall festgehalten werden, dass die Reeder aufgrund der beigeladenen und insbesondere auch erschienenen praktischen Mitglieder und nicht zuletzt – durchaus nachvollziehbar – aufgrund ihrer guten Organisation in der vierten Arbeitssitzung und mithin auch bei der von *Wüstendörfer* initiierten Probeabstimmung überproportional vertreten waren. Soweit ersichtlich, ist dieser Gesichtspunkt nachfolgend in der Diskussion über die Bewertung des Beratungsergebnisses jedoch zu keinem Zeitpunkt aufgegriffen worden.

---

355 Vgl. *Schütte,* Bericht nach der 4. Arbeitssitzung.

356 Ohne die sieben Interessenvertreter der Reeder, die beiden Vertreter des Reichsjustizministeriums sowie Brandts verbleiben elf Sitzungsteilnehmer der vierten Arbeitssitzung.

Wüstendörfer[357] hielt gleichwohl auch in späteren Jahren an seiner Darstellung des Abstimmungsergebnisses fest. *Lindenmaier*[358] hingegen formulierte in seinem umfassenden Bericht über die Beratungsergebnisse des Seerechtsausschusses 1939/40 weitaus allgemeiner: *„Im Endergebnis fiel die Entscheidung dafür, die Haager Regeln nicht in wörtlicher Fassung, wohl aber in ihrem Gedankengut zu übernehmen."*

b) Interessenvertretung der Reeder gegenüber dem Reichsjustizministerium

Unmittelbar im Anschluss an den Abschluss der Beratung der Haager Regeln im Seerechtsausschuss machten sich die Reedereivertreter daran, *Riensbergs* Ankündigung, das von *Wüstendörfer* verkündete Ergebnis auf das Schärfste zu bekämpfen, in die Tat umzusetzen. Im Zentrum dieser Interessenvertretung gegenüber den Reichsministerien stand selbstverständlich der Verband Deutscher Reeder (VDR). Eine rechtliche Bindung der Reeder an das Beratungsergebnis des Seerechtsausschusses bestand nicht, da es sich bei den Reedereivertretern weder um mandatierte Vertreter sämtlicher Reeder handelte, noch der Seerechtsausschuss eine tatsächliche Entscheidungsbefugnis über die Neuformung des Seehandelsrechts innehatte. Es handelte sich mithin trotz der Führerstruktur ausschließlich um ein beratendes Gremium, in dem gleichwohl – wie gesehen – ein hohes Maß an Expertise versammelt war. Einer Interessenvertretung der Reeder gegenüber dem Reichsjustizministerium auch nach Abschluss der Beratungen stand jedoch jedenfalls rechtlich nichts im Wege.

Ausweislich eines von *Schütte* angefertigten Vermerks vom 19. März 1934[359] war beispielsweise der damalige Vorsitzende des VDR *Eßberger* vom Reichsjustizkommissar *Frank* um eine Unterredung bezüglich der Haager Regeln gebeten worden. *Schütte* vermerkte daraufhin, dass *Eßberger* eingehend *„instruiert"* werden solle und zudem dafür gesorgt werden müsse, dass auch das

357 Vgl. *Wüstendörfer*, Annuario di diritto comparato e di studi legislativi 1938, S. 107 (112): *„So hat denn die Mehrheit des Ausschusses sich für die Haager Regeln ausgesprochen."* (Hervorhebung durch den Verfasser); sowie *Wüstendörfer*, HRGZ 1943, Sp. 49 (49): *„Ebenso sprach sich der Seerechtsausschuss der Akademie für Deutsches Recht (SRA.) gegen die gesetzliche Uebernahme der HR. in wörtlicher Uebersetzung aus. Dagegen empfahl er die Einarbeitung ihres Gedankengutes in das deutsche Seerecht unter Anbringung gewisser Verbesserungen nach Form und Inhalt."*

358 *Lindenmaier*, JbADR 1939/40, S. 105 (109).

359 Der Vermerk *Schüttes* findet sich im nicht paginierten Archivbestand des Staatsarchivs Hamburg Bestand (Hapag-Lloyd) 621-1/2371.

Reichsverkehrsministerium zusätzlich unterrichtet werde. Über die Unterredung *Franks* und *Eßbergers* sind indes keine Aufzeichnungen bekannt.

Zugleich unterhielten die Reeder und unter ihnen insbesondere auch *Schütte* einen regen Informationsaustausch auch mit ausländischen Reedereiverbänden. Insbesondere schrieb der VDR im Frühjahr 1934 die Reedereiverbände der skandinavischen Länder an, in denen seinerzeit ebenfalls über die Einführung der Haager Regeln diskutiert wurde, und unternahm den Versuch, eine geschlossene Front zur Verhinderung der Haager Regeln zu schließen[360]. Der VDR gab jeweils vor, dass die deutschen Reeder geschlossen gegen die Einführung der Haager Regeln seien und zudem aus Belgien Meldungen über erhöhte Reklamationen nach Einführung der Haager Regeln eingegangen wären, wobei dies Fälle betroffen haben soll, in denen bisher nicht gehaftet worden war. Die Reaktionen der nordischen Konkurrenten lagen jedoch keinesfalls auf der vom VDR erhofften Linie. So äußerte die Dansk Dampskibsreederi forening in ihrem Antwortschreiben vom 16. März 1934[361] die Sorge, im Falle der Nichteinführung der Haager Regeln von Amerika abgekoppelt zu werden. Und weiter:

> „Although we are not enthusiastic for the Hague Rules we have, however, thought it advisable of two evils to choose the less, and we take the liberty to submit to your consideration, whether you on the basis of our reason mentioned herein do not deem it adequate for you to go in for the adaption of the Hague Rules in Germany."

Schütte[362] bewertete diese Stellungnahme des dänischen Reedereiverbandes in seinem bereits angeführten Vermerk vom 19. März 1934 als Reaktion auf Beeinflussungen aus den Vereinigten Staaten von Amerika, wonach dort mit der Einführung noch schärferer Gesetze als der Harter Act gedroht worden sein soll. *Schütte* sah jedoch letztlich keine Möglichkeit durch die Einführung der Haager Regeln in europäischen Ländern, die Gesetzgebung der Vereinigten Staaten von Amerika weder in die eine noch die andere Richtung zu beeinflussen. Hierauf könne mithin nicht Rücksicht genommen werden.

Letztlich entwarf wohl *Schütte* für den VDR eine Stellungnahme zu den Haager Regeln aus Reedersicht, welcher sodann unter dem 25. April 1934 dem

---

360 Die Schreiben des schwedischen, finnischen, norwegischen sowie dänischen Reederverbandes sämtlich von Mitte März 1934 finden sich im nicht paginierten Archivbestand des Staatsarchivs Hamburg Bestand (Hapag-Lloyd) 621-1/2371.

361 Wie vor.

362 Vermerk *Schütte* vom 19.3.1934, StA Hamburg, Bestand (Hapag-Lloyd) 621-1/2371.

Reichsjustizministerium zugeleitet wurde[363]. Zusammengefasst erklärten sich die Reeder erneut mit der grundsätzlichen Unterscheidung zwischen nautischem und kommerziellen Verschulden durchaus einverstanden. Ebenfalls annehmbar sei für sie zudem die Einführung der Haftungshöchstsumme, wobei jedoch eine Einschränkung im Hinblick auf die Unbeständigkeit der englischen Währung gemacht wurde. Ihr fehlendes Einverständnis unterstrichen die Reeder jedoch noch einmal hinsichtlich der in den Haager Regeln vorgesehenen Unabdingbarkeit der Haftung sowie der Regelungen betreffend der Beweislastverteilung und der Fristlänge zur Geltendmachung von Schadensersatzansprüchen.

Argumentativ beriefen sich der VDR insbesondere nochmals auf folgende Gesichtspunkte[364]:

(1) Die fehlende Möglichkeit, die auf die Reeder zukommenden erhöhten Haftungsrisiken hinreichend durch bezahlbare Versicherungen abzudecken. Die jährliche Prämie würde mehr als 6.000.000 Reichsmark betragen[365], welche aufgrund der einzig in England bestehenden Versicherungen ins Ausland flössen.

(2) Der Wegfall der Freizeichnungsmöglichkeit führe zu einer Beweislastverteilung, welche den Reedern insbesondere beim kombinierten Transport, welcher zwischenzeitlich die Regel darstellte, bei Diebstählen – etwa durch Angestellte des Stauers, auf deren Auswahl der Reeder keinen Einfluss habe – oder bei der Ablieferung von Waren auf dem Zollamt vor der Aushändigung an den Empfänger unzuträgliche Nachteile brächten, da eine Kontrolle hinsichtlich des Entstehungszeitpunktes eines etwaigen Schadens von den Reedern nicht ausgeübt werden könne. Dadurch drohte den Reedern auch eine Haftung für Beschädigungen vor der Übernahme oder nach dem Entlöschen des Guts.

(3) Ebenso wurde die Frist zur Geltendmachung von Schadensersatzansprüchen als zu lang kritisiert, die zudem zu einem Missbrauch dergestalt führen würde, dass

363 Der Entwurf findet sich im nicht paginierten Archivbestand des Staatsarchivs Hamburg: Bestand (Hapag-Lloyd) 621-1/2371; der Inhalt der endgültigen Stellungnahme ist wiedergegeben in: *Reichsjustizministerium*, Aktenvermerk RJM 1934/35 Haager Regeln.

364 Vgl. auch die Zusammenfassung in *Reichsjustizministerium*, Aktenvermerk RJM 1934/35 Haager Regeln, Bl. 25 ff.

365 Die Angabe der 6.000.000 RM geht auf eine Berechnung von *Schütte*, Bericht nach der 4. Arbeitssitzung, zurück, wo es heißt: „*Eine einzelne deutsche Reederei, die auf diese Deckung, die noch andere Risiken umfasst, angewiesen ist, und die eine Tonnage von 6000 Br.Reg.T hat, zahlt wegen ihres Fahrtgebietes nach glaubwürdiger Angabe 6.000 £ Prämie an einen englischen Protecting Club. Eine solche Versicherung würde für die ganze deutsche Reederei eine Prämienausgabe von rund RM 6.000.000 bedeuten, die zum Teil auf das Konto der Einführung der Haager Regeln zu schreiben wäre […]*“.

die Ladungsinteressenten zu formularmäßigen Schadensanmeldungen führten, um die günstigere Beweislastregel zu ihren Gunsten zu sichern.

(4) Eine einheitliche Haftung nach den Haager Regeln sei nach der Aufgabe des Goldpfundes ohnehin nicht mehr zu erreichen.

(5) Die Haager Regeln würden darüber hinaus auch wegen der unterschiedlichen Auslegungsmöglichkeiten kein Weltrecht bringen. Andere Länder seien in ihrer Gesetzgebung bereits von den Haager Regeln abgewichen.

(6) Der VDR wiederholte abschließend noch einmal die im Seerechtsausschuss bereits geltend gemachte Erhöhung der Schadensersatzansprüche unter der Geltung der Haager Regeln auf das zweieinhalb- bis dreifache.

4. Das Verhalten des Reichsjustizministeriums 1934/35

Dem Reichsjustizministerium lagen 1934 mithin letztlich zwei unterschiedliche Stellungnahmen zur Frage der Haager Regeln vor. Zum einen das maßgeblich auf *Wüstendörfer* zurückzuführende Beratungsergebnis des Seerechtsausschusses sowie eine vom Verband Deutscher Reeder eingereichte Stellungnahme, die – obwohl dem Reichsjustizministerium auch die Beratungsprotokolle des Seerechtsausschusses selbst bekannt waren – noch einmal den die Haager Regeln weitgehend ablehnenden Standpunkt der Reeder zusammenfasste.

a) Zunächst: zurückhaltendes Abwarten

Anders als von *Wüstendörfer* erhofft und letztlich auch abweichend von *Koffkas* Erklärung in der ersten Ausschusssitzung, die Haager Regeln würden bald ratifiziert, sah sich das Reichsjustizministerium nicht zu einem übereilten gesetzgeberischen Vorgehen veranlasst. Es darf durchaus vermutet werden, dass dieser durch eine gewisse Zurückhaltung hinsichtlich einer Ratifikation des Übereinkommens geprägte Umstand jedenfalls auch auf die Art und Weise sowie den Verlauf der Beratung der Haager Regeln im Seerechtsausschuss zurückzuführen war. Jedenfalls sind den diesbezüglich vorzufindenden Akten des Ministeriums[366] keine in unmittelbarem Zusammenhang mit der Eingabe des Beratungsergebnisses des Seerechtsausschuss stehenden Aktenvermerke oder anderweitige Tätigkeiten zu entnehmen. Staatssekretär *Schlegelberger*[367] bekannte später in einem persönlichen Schreiben an *Wüstendörfer*: *„Das zum Schluss der Beratung festgestellte Ergebnis [...] war zur Begründung des Gesetzesentwurfs nicht gut heranzuziehen.“*

---

366 Bundesarchiv Berlin, Bestand R3001/23259 u. 23260.

367 Bundesarchiv Berlin, Bestand R3001/23261, Bl. 18 ff.

Jedenfalls gegenüber dem Ausland war das Reichsjustizministerium jedoch zumindest zunächst darum bemüht, eine den Haager Regeln gegenüber positive Einstellung zu vermitteln. So erklärte der Vorsitzende des Deutschen Vereins für Internationales Seerecht *Burchardt-Motz* auf der Osloer Tagung des CMI im August 1934 – ausweislich eines Aktenvermerks[368] – im Einverständnis mit dem Reichsjustizministerium, dass Deutschland grundsätzlich bereit sei, das Konnossementsabkommen zu ratifizieren. Im gleichen Vermerk wurde insbesondere auch eine *„moralische Verpflichtung zur Ratifizierung"* der Haager Regeln hervorgehoben, da Deutschland das Abkommen bereits gezeichnet hatte[369].

Tatsächlich erreichten das Reichsjustizministerium regelmäßig Anfragen von der belgischen Regierung, wann seitens Deutschlands mit einer Ratifizierung der Haager Regeln zu rechnen sei. Die belgische Regierung hatte gemäß Artikel 11 der Haager Regeln wegen des Abschlusses des Übereinkommens in Brüssel die Aufgabe der Ratifikationsstelle übernommen und verfolgte daher das Verhalten insbesondere derjenigen Staaten, welche die Haager Regeln bereits gezeichnet, indes noch nicht ratifiziert hatten, sehr genau. Zum anderen übte offenbar auch die Regierung Großbritanniens Druck auf Deutschland zur Ratifikation der Haager Regeln aus[370].

---

368 *Reichsjustizministerium,* Aktenvermerk RJM 1934/35 Haager Regeln, Bl. 22; *Stödter,* Geschichte der Konnossementsklauseln, S. 64, gibt die Worte des deutschen Vertreters auf der Tagung wie folgt wieder: *„'Deutschland hat sich seit vielen Jahren für eine Beschränkung zu weitgehender Möglichkeiten der Freizeichnung eingesetzt und ist der Ansicht, daß die in dem Abkommen getroffene Regelung eine gerechte Verteilung der Risiken zwischen den Reedern und den übrigen Beteiligten gewährleiste' Die Vorarbeiten für die Ratifizierung seien abgeschlossen."*

369 *Reichsjustizministerium,* Aktenvermerk RJM 1934/35 Haager Regeln, Bl. 29.

370 So *Richter* in der nachfolgend behandelten Besprechung im Reichsjustizministerium, *Reichsjustizministerium,* Gesprächsvermerk Abstimmung der Ministerien zu HR: *„Der Vorsitzende wies hinsichtlich des auf uns vom Ausland ausgeübten Drucks noch darauf hin, dass die von England vertretene Darstellung, nach der wir die Engländer zur Annahme des Konnossementsabkommens veranlasst und sie dann im Stich gelassen hätten, völlig falsch sei, zumal England die Haager Regeln bereits gesetzlich eingeführt habe, bevor das internationale Übereinkommen darüber überhaupt abgeschlossen war."* sowie *Reichsjustizministerium,* Aktenvermerk RJM 1934/35 Haager Regeln, Bl. 22: *„Die Regierung Belgiens, Englands und anderer Länder ersuchen bereits seit längerer Zeit Deutschland zur Ratifikation zu bestimmen."*

b) *Abstimmung mit weiteren Ministerialressorts*

Offensichtlich wandte sich das Reichsministerium jedoch erst im November 1934 erneut dem Thema der Haager Regeln zu und suchte zunächst die Abstimmung mit den weiteren von der Sachmaterie betroffenen Ministerien. Zu diesem Zwecke erfolgte am 6. November 1934 eine Besprechung im Reichsjustizministerium unter dem Vorsitz des Ministerialdirektors *Richter*, an welcher vom Reichsverkehrsministerium Ministerialrat *Fessler* und Gerichtsassessor *Brandt*, vom Reichswirtschaftsministerium Gerichtsassessor *Rust* und für das Reichsjustizministerium Ministerialrat *Koffka* teilnahmen[371]. Unmittelbar im Anschluss erfolgte zudem eine Abstimmung mit dem Vertreter des Auswärtigen Amtes Legationsrat *Albrecht*.

Fessler erklärte ausweislich des über diese Besprechung angefertigten Vermerks für das Reichsverkehrsministerium eine ablehnende Haltung gegenüber der Einführung der Haager Regeln und nahm hierfür die Betrachtung der Frage aus einer wirtschaftlichen Sichtweise für sich in Anspruch. Die Lage der deutschen Reeder sei derzeit *„unzweifelhaft sehr ungünstig"*, sodass sie keinerlei Mehrbelastungen, welche die Haager Regeln ebenso unzweifelhaft mit sich brächten, vertrügen. Dies treffe zwar nicht auf die Großreedereien zu – diesen könne aufgrund der ihnen zum Großteil vom Reich gewährten enormen Kredite alles zugemutet werden –, anders sei dies jedoch bei den kleinen und mittleren Reedereien, welche vom Standpunkt der Gesamtwirtschaft aus viel wichtiger seien. *Fessler* erkannte zwar an, dass die Ausnutzung der Freizeichnungsmöglichkeit seitens der Reeder zu erheblichen Missständen geführt hätte und eine gesetzliche Verteilung der Beweislast entsprechend der Haager Regeln wünschenswert sei, eine stärkere Belastung für die Reeder verböte sich jedoch zum aktuellen Zeitpunkt.

Zur Rechtfertigung seiner ablehnenden Haltung berief sich *Fessler* wiederum auf das Versicherungsargument. Die Frage der Beweislast sei, so *Fessler* weiter, wirtschaftlich betrachtet nicht von zu großer Bedeutung, da die Befrachter letzten Endes ihre Sendung versicherten und es für den, der seine Ware absendet oder empfängt unerheblich sei, wo das Risiko dann lagere. Die Belastung für die Reeder sei im Falle einer von ihnen zu nehmenden Versicherung sehr viel fühlbarer, da er eine Erhöhung der Frachtraten nicht durchsetzbar sei. *Fessler* erkannte zudem auch keine größeren Nachteile für die Reeder aus der Nichteinführung die Haager Regeln in Deutschland, da sich diese auch bisher unter dem seinerzeitigen Zustand im internationalen Verkehr haben halten können. Ohnehin würden weltweit die

---

371 Vgl. zum Nachfolgenden: *Reichsjustizministerium*, Gesprächsvermerk Abstimmung der Ministerien zu HR, Bundesarchiv Berlin, Bestand R3001/23259, Bl. 3-6.

Reeder unter der schlechten Wirtschaftslage leiden; alle seien gleichsam davon betroffen. Zudem sei die tatsächliche Lage unter den Freizeichnungsklauseln weniger dramatisch, als es scheine. Die Reeder würden zwar *„die rigorosen Bedingungen, die jede Haftung tatsächlich ausschließen“*[372] vorgeben; dieses jedoch mit der Intention, bei der Sache nach berechtigter Ansprüche insbesondere im internationalen Geschäftsverkehr ihre Haftung letztlich doch anzuerkennen und sich nur in Zweifelsfällen auf den Schutz der Konnossementsklauseln zu berufen.

Inwieweit *Fesslers* Ausführungen letztlich auf die von *Schütte* angeregten Informationsmaßnahmen der Reeder zurückzuführen war, ist nicht bekannt. Hinweise hierauf konnten jedenfalls nicht aufgefunden werden. Festzustellen ist gleichwohl, dass das Reichsverkehrsministerium dem Standpunkt der Reeder stark zugeneigt war und – sogar noch weitergehend als diese im Seerechtsausschuss – die vorläufige Beibehaltung des gegenwärtigen Rechtszustandes befürwortete.

Seitens des Reichswirtschaftsministeriums war noch keine abschließende Stellungnahme zur Frage der Ratifikation der Haager Regeln verfasst worden. *Rust* wies jedoch darauf hin, dass es den notleidenden deutschen Export mit allen Mitteln zu fördern gelte. Aber auch er bezweifelte, ob den Reedern aktuell größere Belastungen zugemutet werden könnten. Darüber hinaus seien dem Reichswirtschaftsministerium keine aktuellen Klagen der Ladungsinteressenten am gegenwärtigen Zustand bekannt.

Fessler bot abschließend an, in Zusammenarbeit mit dem Reichsjustizministerium der Billigkeit entsprechende Konnossementsbedingungen auszuarbeiten, um jede übertriebene Freizeichnung auszuschließen, welche jedoch die Reeder nicht zu stark belasten sollten. Er erklärte, das Reichsverkehrsministerium verfüge über so starken Einflusses auf die Reeder, dass ihnen *„ohne weiteres die Annahme vernünftiger Konnossementsbedingungen“* vorgeschrieben werden könne *„unter der Drohung, andernfalls die Haager Regeln einzuführen“*.

Albrecht erklärte für das Auswärtige Amt, dass dort keine besonderen Wünsche nach einer zeitnahen Ratifizierung der Haager Regeln bestünden. Insoweit wollte er auch nicht der Bewertung des Reichswirtschaftsministeriums entgegenwirken. Aus außenpolitischer Sicht bestanden nach *Albrechts* Auffassung ebenfalls keine Bedenken gegen ein solches Zuwarten. Der seinerzeitige Tiefstand der internationalen Wirtschaft sei letztlich kein geeigneter Zeitpunkt zur Einführung eines solchen Abkommens, was auch gegenüber der belgischen Regierung

372 *Reichsjustizministerium*, Gesprächsvermerk Abstimmung der Ministerien zu HR, Bundesarchiv Berlin, Bestand R3001/23259, Bl. 4.

zu vermitteln sei. Hierbei sollte Deutschland sich vor allem auf die Wirtschaftslage, die Valutaschwierigkeiten sowie die Pfundentwertung berufen[373].

c) *Wüstendörfers Versuch der Einflussnahme*

Offensichtlich mangels positiver Impulse aus dieser Besprechung wurde von Seiten des Reichsjustizministeriums weiterhin eine Ratifikation der Haager Regeln nicht vorangetrieben. *Wüstendörfer* zeigte sich von diesem zögerlichen Vorgehen des Reichsjustizministeriums wenig begeistert. Auch er versuchte – im Rahmen seiner im Vergleich zu den Reedern bescheideneren Möglichkeiten – Einfluss zu nehmen. So formulierte *Wüstendörfer* in seinem ersten Arbeitsbericht im Hinblick auf die Haager Regeln[374]:

> „Es ist zu hoffen, daß die drei großen Brüsseler Entwürfe unter Beachtung dieser Vorschläge (gemeint: des Seerechtsausschusses, Anm. d. Verf.) bald Bestandteil der deutschen Seerechtsordnung werden. Möchte es vor allem gelingen, das Problem der Haager Regeln auch für Deutschland einer Lösung entgegenzuführen, die, getreu dem Satze „Gemeinnutz geht vor Eigennutz", jeden Versuch einer Rechtspolitik des sacro egoismo zurückweist. Es ist die Aufgabe nationalsozialistischer Rechtsschöpfung, die sich widerstreitenden Interessen der an der Schiffahrt beteiligten Volkskreise zu einem gerechten Ausgleich zu bringen. Die Haager Regeln entsprechend in ihrem Grundgedanken diesem Ausgleich; die Beweislastklauseln bisher üblicher Art tun es nicht."

Eben diesen Arbeitsbericht übersandte *Wüstendörfer* mit Schreiben vom 21. Dezember 1934[375] an Ministerialrat *Koffka* und wies explizit auf den vorzitierten Abschnitt hin, *„gerichtet an die Adresse derer, die es angeht"*. *Koffka* antwortete unter dem 3. Januar 1935[376] respektvoll jedoch zugleich unverbindlich: *„Ich brauche Ihnen nicht zu versichern, dass ich den Aufsatz und insbesondere ihre Bemerkung auf Seite 3 am Ende mit großem Interesse und großer Freude gelesen habe. Möge das Jahr 1935 endlich den bisherigen Leidensweg der Haager Regeln zu einem guten Ende bringen."*, wobei selbstverständlich zu beachten ist, dass *Koffka* sich nicht in entscheidungserheblicher Stellung befand. Letztlich dürfte es sich um eine persönliche Äußerung *Koffkas* handeln, wobei dieser – wenn

---

373 Eine entsprechende Nachricht wurde der belgischen Regierung nachfolgend von der deutschen Gesandtschaft in Brüssel tatsächlich zugeleitet, vgl. *Reichsjustizministerium*, Aktenvermerk RJM 1934/35 Haager Regeln.

374 *Wüstendörfer*, ZADR 1934, S. 220 (223).

375 Bundesarchiv Berlin, Bestand R3001/23259, Bl. 8.

376 Bundesarchiv Berlin, Bestand R3001/23259, Bl. 12.

auch außerhalb der Probeabstimmung – die Haager Regeln im Seerechtsausschuss durchaus befürwortet hatte[377].

d) *Vorläufig abschließende Bewertung: Zurückstellung der Ratifikation*

Von wesentlich höherem Einfluss auf das Verhalten des Reichsjustizministeriums dürfte letztlich eine weitere Mitteilung aus dem Reichswirtschaftsministeriums gewesen sein. Das Ministerium übermittelte einen Bericht des Deutschen Industrie- und Handelstages vom 21. Dezember 1934[378]. Dort wurde festgestellt, dass *„die überwiegende Auffassung der beteiligten Wirtschaftskreise [...] dahin [gehe], dass die Ratifizierung der Haager Regeln gegenwärtig mit Rücksicht auf die Mehrbelastung der Reeder, die die Ratifizierung im Gefolge haben würde, nicht tragbar sei"*.

Im Reichsjustizministerium wurden die vorstehend aufgeführten Eingaben zum Ende des Jahres 1934 einer umfassenden Gesamtabwägung unterzogen[379]. Die von den Reedern in ihrer Stellungnahme sorgsam noch einmal zusammengefassten Bedenken gegen die Einführung der Haager Regeln wurden vom Reichsjustizministerium im Ergebnis überwiegend durchaus kurzbündig zurückgewiesen. Hierzu heißt es in einem Aktenvermerk von Ende 1934/Anfang 1935 in Bezug auf die Eingabe der Reeder: *„Diese Bedenken erscheinen kaum stichhaltig."*

Im Einzelnen wurden die von den Reedern vorgebrachten Argumente vom Reichsjustizministerium wie folgt kommentiert und letztlich zurückgewiesen[380]:

Argument der Reeder	Stellungnahme des RJM
1. Keine Möglichkeit das erhöhte Haftungsrisiko durch (bezahlbare) Versicherungen abzudecken	„Zu 1.: wird widerlegt durch die Ausführungen der Versicherer, die erklären, dass Versicherungsmöglichkeiten sofort entstehen würden, sobald das Bedürfnis dazu vorliege. Außerdem werde bereits ernsthaft erwogen, die Versicherungssätze für Schiffe, die nicht mit den Haager Regeln fahren, gegenüber Schiffen, die die Haager Regeln benutzen, zu erhöhen."

377 Vgl. *Schubert,* Protokolle des Seerechtsausschuss, S. 60.

378 Bundesarchiv Berlin, Bestand R3001/23259, Bl. 14 – 18.

379 Vgl. *Reichsjustizministerium,* Aktenvermerk RJM 1934/35 Haager Regeln.

380 In der nachfolgenden tabellarischen Gegenüberstellung sind die von den Reedern mit ihrer an das Reichsjustizministerium gerichteten Eingabe vorgebrachten Argumente in verkürzter Form in der linken Spalte, in der rechten Spalte die korrespondierende Bewertung aus dem zitierten Aktenvermerk von 1934/35 wiedergegeben.

Argument der Reeder	Stellungnahme des RJM
2. Beweislastverteilung bürdet den Reedern insbesondere im Multimodalverkehr die Haftung auch vor Übernahme und nach Entlöschen der Güter auf	„Zu 2.: Eine Partei muss beweisen. Der Reeder ist näher zum Beweise als der Ladungsinteressent, für den die Verhältnisse noch wesentlich ungünstiger liegen. Die Beweislast des Reeders entspricht allgemeinen Rechtsgrundsätzen."
3. Die Frist zur Schadensgeltendmachung sei zu lang und verleite zu pauschalen Schadensmeldungen	„Zu 3.: Ist allerdings *bedenklich*, aber praktisch kaum sehr bedeutungsvoll."
4. Nach Aufgabe des Goldfundes werde ohnehin keine international einheitliche Haftung nach den Haager Regeln zu erreichen sein.	„Zu 4.: Würde alle Beteiligten gleicher Weise treffen."
5. Haager Regeln bringen kein Weltrecht, da diese große Interpretationsspielräume ließen.	„Zu 5.: Gilt für jede internationale Vereinbarung"
6. Die Höhe der Schadensersatzansprüche wird sich unter Geltung der Haager Regeln um das zweieinhalb- bis dreifache erhöhen.	„Zu 6.: Es handelt sich um völlig unsubstantiierte Angaben, die zum Teil von den Versicherern wiederlegt werden konnten."

Dennoch wurde abschließend resümiert, dass sich sowohl die Reeder als auch letztlich sämtliche beteiligten Ressorts gegen eine zeitnahe Ratifikation der Haager Regeln ausgesprochen hätten und auch die Stellungnahme des Seerechtsausschusses keine einheitliche war. Zugleich offenbarte sich wiederum das wohl seinerzeit größte Problem der Ladungsinteressenten, nämlich dass diese über keine gemeinsame Interessenvertretung verfügten. Deren Standpunkt wurde in dem Aktenvermerk des Reichsjustizministeriums mit der Feststellung erfasst, dass die *„anderen Beteiligten […] mit besonderen Klagen über den gegenwärtigen Zustand weder an das Reichsjustizministerium noch an das Wirtschafs- oder Verkehrsministerium herangetreten"* wären. Da insbesondere auch das Auswärtige Amt der belgischen Regierung bereits eine ablehnende Haltung Deutschlands gegenüber der Ratifikation der Haager Regeln signalisiert hätte, ließe sich eine solche zum gegenwärtigen Zeitpunkt nicht befürworten. *„Die Frage [müsse] vielmehr nach einigen Monaten erneut geprüft werden."*

Entsprechend dieser vom Reichsjustizministerium mithin in erster Linie vor dem Hintergrund der schlechten Weltwirtschaftslage, in welcher den Reedereien nach damaliger Bewertung keine stärkeren Belastungen zugemutet werden konnten, getroffenen Bewertung, wurde eine Ratifikation der Haager Regeln und deren Einführung in Deutschland nicht vorangetrieben. Das

Reichsjustizministerium beobachtete in den Jahren 1935 und 1936 vielmehr lediglich die Entwicklung in anderen Ländern, insbesondere den Vereinigten Staaten von Amerika, Frankreich, Italien und im Hinblick auf die für Deutschland überaus bedeutsame Ostseeschifffahrt Skandinavien.

5. Das Gesetz zur Änderung von Vorschriften des Handelsgesetzbuches über das Seefrachtrecht vom 10. August 1937 (Einarbeitung der Haager Regeln)

Die Beobachtung der Entwicklung der Haager Regeln im Ausland führte erst im Jahr 1937 dazu, dass auch Deutschland konkrete Gesetzgebungsmaßnahmen zu deren Umsetzung in das deutsche Recht einleitete. In der später veröffentlichten Gesetzesbegründung des Seerechtsänderungsgesetzes von 1937 wurde die zunächst zurückhaltende Behandlung der Haager Regeln nochmals wie folgt erklärt[381]:

> „Hierfür war neben der Sorge vor einer Verschlechterung der Rechtsstellung des Reeders *in erster Linie* die Erwägung maßgebend, dass Deutschland mit *Rücksicht auf seine bedeutende Ostseeschiffahrt* nur *gemeinsam mit den skandinavischen Staaten* das Übereinkommen einführen könne."
> (Hervorhebung durch den Verfasser)

Die Haager Regeln waren zwischenzeitlich von den für die internationale Schifffahrt bedeutenden Ländern Belgien, England, den Niederlanden sowie den Vereinigten Staaten von Amerika eingeführt worden[382]. In Frankreich sollte zum 4. Juli 1937 ein entsprechendes Gesetz in Kraft treten, während zudem in den skandinavischen Ländern ebenfalls gesetzesvorbereitende Maßnahmen registriert worden waren. Hieraufhin sah sich mithin auch das Reichsjustizministerium veranlasset, die Einführung der Haager Regeln in Deutschland vorzubereiten[383]. Auch hieraus wird noch einmal sehr deutlich ersichtlich, dass letzten Endes einziges Kriterium für die Einführung der Haager Regeln in Deutschland das Verhalten insbesondere der skandinavischen Staaten war.

---

381 Deutscher Reichsanzeiger und Preußischer Staatsanzeiger Nr. 186/1937, S. 1 Sp. 2.

382 Vgl. die Angaben *Gramms* zu Beginn der Beratung des Gesetzesentwurfs, *Schubert*, Protokolle des Seerechtsausschuss, S. 431.

383 Vgl. auch: Deutscher Reichsanzeiger und Preußischer Staatsanzeiger Nr. 186/1937, S. 1 Sp. 2: *„Nachdem nunmehr Schweden ein Gesetz zur Ratifizierung des Übereinkommens verabschiedet hat und auch die übrigen nordischen Staaten Entwürfe für Gesetze über die Angleichung ihres Seefrachtrechts an die Haager Regeln fertiggestellt haben, erscheint es geboten, dass auch Deutschland die nötigen Vorbereitungen zur Ratifizierung des Übereinkommens trifft."*

a) Der Gesetzesentwurf

Das Reichsjustizministerium ließ daraufhin zu Beginn des Jahres 1937 einen Gesetzentwurf anfertigen[384], der mutmaßlich auf den Richter *Hans Gramm*, seit 1935 persönlicher Referent des Staatssekretärs *Schlegelberger*, zurückzuführen ist[385]. Für die jedenfalls Miturheberschaft *Gramms* an dem Gesetzentwurf von 1937 spricht zunächst das von ihm noch 1937 verfasste Werk „Das neue deutsche Seefrachtrecht nach den Haager Regeln"[386], in welchem nach wörtlicher Wiedergabe des allgemeinen Teils der amtlichen Gesetzesbegründung eine umfassende Kommentierung der Gesetzesänderungen erfolgte. Eine vergleichbare Kommentierung existiert aus dieser Zeit zwar ebenfalls von *Krieger*[387], Ministerialrat im Reichsjustizministerium, zu beachten ist jedoch, dass *Gramm* sowohl in den nachfolgend dargestellten Beratungen des Gesetzesentwurfs im Rahmen eines Sachverständigengremiums[388], als auch in der Besprechung vom 11. Juni 1937 mit Vertretern der weiteren sachlich beteiligten Ministerien[389] jeweils maßgeblich den Gesetzentwurf präsentierte und die vorgesehenen Änderungen erläuterte. Die vertiefte Sachkenntnis *Gramms* bezüglich des Gesetzentwurfs lässt mithin den Schluss zu, dass dieser maßgeblich von ihm formuliert wurde[390].

---

384 Der Gesetzentwurf in seiner ursprünglichen Fassung ist abgedruckt bei: *Schubert,* Protokolle des Seerechtsausschuss, S. 453 – 460.

385 So auch *Schubert,* Protokolle des Seerechtsausschuss, S. XV, Fn. 22, der *Gramm* als *„Mitautor des Gesetzes"* bezeichnet, sowie *Rabe,* Das Seefrachtgesetz vom 10. August 1937 - ein radikaler Vorläufer von § 11 Nr. 7 AGB-Gesetz, S. 406 Fn. 38: *„Hans Gramm, [...] hatte das Gesetz im Reichsjustizministerium verfaßt[...]"*.

386 *Gramm,* Das neue Deutsche Seefrachtrecht nach den Haager Regeln, Berlin, 1938.

387 *Krieger,* Gesetz zur Änderung von Vorschriften des Handelsgesetzbuches über das Seefrachtrecht in: Pfundtner/Neubert (Hrsg.), Das neue deutsche Reichsrecht II b, Nr. 55, Berlin 1933-42.

388 Vgl. Protokolle dieser Erörterung bei: *Schubert,* Protokolle des Seerechtsausschuss, S. 431: *„Richter Gramm gibt einen Überblick über den Stand der Angelegenheit und die Grüne die zu der jetzigen Ratifizierung führen."*

389 *Reichsjustizministerium,* Niederschrift Sitzung vom 11.06.1937, Bundesarchiv Berlin Bestand R3001/23260, Bl. 341 ff.

390 Es muss jedoch angemerkt werden, dass *Gramm* in den Beratungen des Gesetzentwurfs mehrfach einzelne Regelungen von sich aus kritisierte und etwa zu § 607 Abs. 2 sowie § 612 Abs. 1 bemerkte, dass diese anders gefasst werden müssten, vgl. *Schubert,* Protokolle des Seerechtsausschuss, S. 437 u. 439. Insoweit kann nicht ausgeschlossen werden, dass jedenfalls der ursprüngliche Gesetzentwurf aus anderer Feder stammt; jedenfalls auf den weiteren Formulierungsprozess nahm *Gramm* jedoch maßgeblichen Einfluss.

Jedenfalls als Orientierungshilfe stand *Gramm* bei der Anfertigung des Gesetzentwurfs offensichtlich ein bereits aus dem Jahr 1925 stammender mit vergleichbarer Zielrichtung gefasster Gesetzentwurf des Reichsjustizministeriums zur Verfügung. Der Gesetzentwurf von 1937 weist indes – wie nachfolgend (unter I. 7. d)) noch zu zeigen sein wird – durchaus erhebliche Abweichungen sowohl in der systematischen Einarbeitung der Haager Regeln in das seinerzeit bestehende Seehandelsrecht des HGB, als auch in den Einzelformulierungen der Gesetzesänderungen auf, sodass nicht davon ausgegangen werden kann, *Gramm* hätte den Gesetzentwurf von 1925 lediglich übernommen. Insbesondere enthielt der Gesetzentwurf von 1925 noch keine Festlegung hinsichtlich der Frage der Einführung des Verfrachterkonnossements. Da der Gesetzentwurf von 1925 zudem weder unmittelbar in den Unterlagen des Reichsjustizministeriums aus dem Jahr 1937 noch bei den nachfolgend dargestellten Beratungen des Gesetzentwurfs von 1937 in Bezug genommen wurde, soll auf diesen erst zum Abschluss dieses Teils im Rahmen eines Exkurses[391] eingegangen werden.

b) Die Erörterung des Gesetzentwurfs 1937

Der Gesetzentwurf von 1937 wurde vom Reichsjustizministerium im Kreise eines hierfür zusammenberufenen Sachverständigengremiums in vier Sitzungen vom 26. - 29. April 1937 erörtert.

aa) Das Sachverständigengremium

Offensichtlich hatte sich das Reichsjustizministerium ganz bewusst dazu entschlossen, den dort angefertigten Gesetzentwurf im Jahr 1937 nicht erneut dem Seerechtsausschuss als offiziellen Beratungsgegenstand zuzuleiten. Dieses hätte zwar dem ausdrücklich erklärten Wunsch des Seerechtsausschusses entsprochen – ein entsprechender Passus war sowohl in dem von *Wüstendörfer* formulierten Beratungsergebnis, als auch dem Gegenentwurf der Reeder enthalten gewesen – jedoch heißt es in der Gesetzesbegründung zu dem später beschlossenen Seerechtsänderungsgesetz 1937 deutlich[392]:

> „Der Entwurf ist im April 1937 in Hamburg *mit rechtskundigen Vertretern* aus den Kreisen der Reeder und der Seeversicherer, auf dem in Frage stehenden Rechtsgebiet besonders erfahrenen Rechtsanwälten und *dem Vorsitzenden des zuständigen Senats des Reichsgerichts, der zugleich der Vorsitzende des Seerechtsausschusses der Akademie für Deutsches Recht ist*, beraten worden.“ (Hervorhebung durch den Verfasser)

---

391 Vgl. unten C. I. 7.

392 Deutscher Reichsanzeiger und Preußischer Staatsanzeiger Nr. 186/1937, S. 1 Sp. 3.

Der Seerechtsausschuss wurde mithin lediglich in einem Nebensatz erwähnt. Dem Sachverständigengremium gehörten gleichwohl auf Einladung des Reichsjustizministeriums nahezu ausschließlich Mitglieder des Seerechtsausschusses an. Geleitet wurden die Erörterungen des Gesetzentwurfs von Ministerialdirigent *Quassowski*[393]; weiterhin nahmen an den drei Sitzungen neben den beiden Ministerialvertretern *Krieger* und *Gramm* die Mitglieder des Seerechtsausschusses *Lindenmaier, Baur, Bollmann, Brandt, Dettmers, Schütte* sowie *Schulze-Smidt* und *Dücker* teil, der zwar nicht ständiges Mitglied des Seerechtsausschusses war, jedoch auch dort als Sachverständiger wiederholt auftrat[394]. Gerichtsassessor *Krohn* war mit der Sitzungsniederschrift betraut.

Diese Überschneidung der personellen Zusammensetzung sowohl des Seerechtsausschusses als auch des Sachverständigengremiums zur Beratung des Gesetzentwurfs 1937 muss jedoch nicht verwundern, war es doch Anspruch des durchaus elitären Seerechtsausschusses, die besten Sachkenner zur Beratung des Seehandelsrechts in sich zu vereinigen. Einen vergleichbaren Anspruch dürfte sicherlich auch das Reichsjustizministerium verfolgt haben.

Bei diesen Sitzungen im April 1937 handelte es sich mithin nicht um offizielle Sitzungen des Seerechtsausschusses. Sie wurden weder in die offizielle Zählung der Arbeitssitzungen aufgenommen, noch wurden sie – wie gezeigt – vom seinerzeitigen Vorsitzenden des Seerechtsausschuss *Lindenmaier* geleitet. Die Beratungen des Gesetzentwurfs fanden vielmehr zeitlich unmittelbar vor der 32. Arbeitssitzung vom 29. April 1937 statt; die vierte Beratungssitzung endete an diesem Tag um 13:30 Uhr, während die Arbeitssitzung des Seerechtsausschusses um 16 Uhr begann[395]. In deren Protokoll findet sich interessanterweise ebenfalls kein Hinweis auf die an den drei Tagen zuvor stattgefundenen Erörterungen eines auch nach Bewertung des Seerechtsausschuss grundsätzlich sehr bedeutsamen Gesetzesvorhabens. Erst in der 33. Arbeitssitzung vom 1. November 1937 – mithin bereits nach Verabschiedung und Veröffentlichung des Seerechtsänderungsgesetzes 1937 – wurde folgende Erklärung *Lindenmaiers* protokolliert[396]:

> „Wie schon angedeutet, habe Deutschland durch das Gesetz zur Änderung von Vorschriften des Handelsgesetzbuches über das Seefrachtrecht vom 10. August 1937 (RGBl. I. S. 891 ff.) die Haager Regeln übernommen. Es sei damit zu rechnen, dass das

393 Vgl. die Anwesenheitsliste des Protokolls der Sitzung vom 26.04.1937, *Schubert,* Protokolle des Seerechtsausschuss, S. 431.

394 Vgl. etwa Protokoll der 38. Arbeitssitzung, *Schubert,* Protokolle des Seerechtsausschuss, S. 567.

395 Vgl. die Zeitangaben bei *Schubert,* Protokolle des Seerechtsausschuss, S. 448 u. 461.

396 *Schubert,* Protokolle des Seerechtsausschuss, S. 477.

Gesetz bald in Kraft trete. Im April 1937 habe *eine vom Reichsjustizministerium einberufene Sitzung* stattgefunden, in der der Entwurf des Gesetzes *von Sachverständigen geprüft* sei. Der *Seerechtsausschuss sei in dieser Sitzung durch ihn, den Vorsitzenden vertreten gewesen*, wie auch in der amtlichen Gesetzesbegründung hervorgehoben worden sei." (Hervorhebung durch den Verfasser)

Auch *Lindenmaiers* Erklärung kann mithin nicht anders gedeutet werden, als dass es sich gerade nicht um offizielle Sitzungen des Seerechtsausschusses, beziehungsweise eines etwa von ihm gebildeten Unterausschusses, handelte[397].

Kein Mitglied des Sachverständigengremiums – und das offenbar ebenfalls ganz bewusst – war *Wüstendörfer*. Zwar muss hierbei beachtet werden, dass die Sitzungen zur Beratung des Gesetzentwurfs exakt in dem Zeitraum stattfanden, in welchem Wüstendörfer nicht an den Arbeitssitzungen des Seerechtsausschusses teilnahm (27. - 33. Arbeitssitzung), wobei über die tatsächlichen Gründe für diese Abwesenheit – wie gezeigt – trotz der offiziellen Verlautbarungen letztlich keine Klarheit besteht. Somit könnte Hintergrund der Nichtberücksichtigung *Wüstendörfers* seitens des Reichsjustizministeriums durchaus auch dessen vorgebliche Arbeitsbe-, beziehungsweise -überlastung gewesen sein. Jedoch darf nicht übersehen werden, dass *Wüstendörfers* Beratungsergebnis vom Reichsjustizministerium 1934 keinesfalls im Sinne des Führerprinzips übernommen worden war. Es ist bereits aufgezeigt worden, dass auch *Wüstendörfers* Berechnung des Abstimmungsergebnisses im Seerechtsausschuss vom Reichsjustizministerium nicht geteilt wurde.

Weitere Unterlagen des Reichsjustizministerium lassen letztlich sogar den Schluss zu, dass *Wüstendörfers* offensichtlich forsche Art der Führung des Seerechtsausschusses und Verteidigung seiner Rechtsauffassungen auch gegenüber dem Reichsjustizministerium zu einem stark abgekühlten Verhältnis zwischen den Beteiligten geführt hatte. Dieses belegt etwa ein Schriftwechsel *Lindenmeiers* mit Ministerialrat *Krieger* von März 1937. *Lindenmaier* wandte sich mit Schreiben vom 7. März 1937 an *Krieger* und wies darauf hin, dass *Wüstendörfer* die Veröffentlichung eines Artikels in einer italienischen Zeitschrift beabsichtige. Es handelte sich um den später tatsächlich veröffentlichten Aufsatz „Tatsachen und Gedanken zum künftigen deutschen Seerecht"[398]. *Lindenmaier* schrieb hierzu[399]:

397 Insofern ist die Überschrift der bei *Schubert*, Protokolle des Seerechtsausschuss, S. 431 – 460, abgedruckten Protokolle der Sitzungen „Sitzungen des Seerechtsausschusses vom 26. – 29.4.1937" irreführend. Zutreffend ist gleichwohl, dass dem Gremium – wie gesehen – ausschließlich Sachverständige angehörten, die auch Mitglieder des Seerechtsausschusses waren, beziehungsweise sich auch an den Arbeitssitzungen des Seerechtsausschusses beteiligten.

398 *Wüstendörfer*, Annuario di diritto comparato e di studi legislativi 1938, S. 107 – 123.

399 Bundesarchiv Berlin, Bestand R 3001/23260, S. 63 (239).

„Jetzt möchte aber Herr Prof. Wüstendörfer in einer italienischen Zeitschrift nicht nur über sein Lieblingsproblem „Reeder und Seefahrtunternehmer" berichten, was ich trotz Wüstendörfers entschiedener Stellungnahme, die ich nicht in solchem Umfang teilen kann, für relativ unschädlich halte, sondern auch über die Brüsseler Entwürfe, also einschließlich der Haager Regeln. Das könnte bei Wüstendörfers *temparamentvoller Schreibweise* vielleicht zu unrichtigen Eindrücken im Ausland führen."
(Hervorhebung durch den Verfasser)

Kriegers Antwortschreiben vom 10. März 1937 soll an dieser Stelle zum besseren Verständnis (ohne die damals üblichen Schlussworte) in vollständiger Länge wiedergegeben werden. Dieses lautete[400]:

„Sehr verehrter Herr Präsident!

Die Absicht des Herrn Professor Dr. Wüstendörfer in einer italienischen Zeitschrift einen Aufsatz über das Thema „Reeder und Seefahrtunternehmer" zu veröffentlichen und dabei auch über die Brüsseler Abkommen zu berichten, habe ich Ihrem Wunsch entsprechend hier im Hause zur Sprache gebracht. Wir sind der Meinung, dass man Herrn Professor Dr. Wüstendörfer hierin wohl nicht wird entgegentreten oder auch nur ihm abraten können. *Allerdings wäre uns natürlich wenig damit gedient, wenn durch eine schriftstellerische Behandlung der vor allem mit den Haager Regeln zusammenhängenden Fragen die ohnehin nicht ganz einfache Lage noch weiter verwirrt werden könnte.* Wir werden das aber nicht verhindern können. Immerhin wäre es vielleicht möglich, dass Sie als Vorsitzender des Seerechtsausschusses Herrn Professor Dr. Wüstendörfer nahelegten, seine Ausführungen über die Brüsseler Abkommen, insbesondere über die Haager Regeln erkennbar *als seine persönliche Auffassung* zum Ausdruck zu bringen und die doch *bekanntlich keineswegs eindeutige Stellungnahme des Seerechtsausschusses* nicht weiter zu erwähnen, als die bereits durch bisherige Veröffentlichungen bekannt geworden ist."
(Hervorhebung durch den Verfasser)

Diese Worte offenbaren eine durchaus angespannte Haltung des Reichsjustizministeriums gegenüber *Wüstendörfers* Rechtsauffassungen, jedenfalls seiner Vorgehensweise, insbesondere die Einführung der Haager Regeln zu betreiben. Es konnte nicht herausgefunden werden, in welcher Form *Lindenmaier* sich wiederum an *Wüstendörfer* wandte. In dem betreffenden Aufsatz findet sich jedoch hinsichtlich der Beratungen der Haager Regeln im Seerechtsausschusses lediglich folgende Feststellung[401]: *„So hat denn die Mehrheit des Ausschusses sich für die Haager Regeln ausgesprochen."* Dieses entspricht der aufgezeigten Wortwahl *Wüstendörfers* und *Lindenmaiers* in ihren Arbeitsberichten von 1934. Es kann mithin davon ausgegangen werden, dass *Lindenmaier* dem Vorschlag des Reichsjustizministeriums nachgekommen ist und *Wüstendörfer* seinerseits der Bitte *Lindenmaiers* entsprach.

---

400 Bundesarchiv Berlin, Bestand R 3001/23260, S. 65 (241).

401 *Wüstendörfer*, Annuario di diritto comparato e di studi legislativi 1938, S. 107 (112).

Wüstendörfer[402] zeigte sich später über die fehlende Berücksichtigung seiner Person bei den Beratungen des Gesetzentwurfs überaus verstimmt. So kritisierte er das Seerechtsänderungsgesetz in einem 1943 veröffentlichten Aufsatz wie folgt: „*Doch ist freilich festzustellen, daß die Stoffgruppierung unnötig ungeschickt und die Wortfassung manchmal etwas schief ausgefallen ist, ohne daß dies zurückgeführt werden könnte auf die Mitwirkung des SRA*" (Hervorhebung durch den Verfasser). In einer Fußnote hierzu beklagte *Wüstendörfer* zudem:

> „Weder der SRA. noch der Verfasser, unter dessen Vorsitz und Mitberichterstattung die HR. im SRA. 1934 durchberaten worden waren, sind zu einer späteren Beratung des fertigen Gesetzentwurfes in Hamburg hinzugezogen worden. Anwesend war nur Senatspräsident Dr. Lindenmaier."

Wie gesehen, traf insbesondere die letzte Feststellung *Wüstendörfers*, nur *Lindenmaier* sei beteiligt worden, nicht zu. *Wüstendörfer* hatte demnach offensichtlich auch 1943 keine Kenntnis von der tatsächlichen Zusammenstellung des Sachverständigengremiums. Dieses spricht wiederum dafür, dass die Beratungen 1937 bewusst ohne *Wüstendörfers* Beteiligung stattfinden sollten.

Wüstendörfer war bereits vor der 27. Arbeitssitzung Ehrenmitglied des Seerechtsausschusses ernannt worden. Als solcher hätte er zu einer Beratung des Ausschusses über einen diesem zugeleiteten Gesetzesentwurf des Reichsjustizministeriums eingeladen werden müssen. Es steht mithin zu vermuten, dass letztlich auch aus diesem Grund nicht erneut der Seerechtsausschuss förmlich einberufen wurde, sondern ein verkleinertes Gremium gleichwohl der im Wesentlichen gleichen Sachverständigen über den Gesetzentwurf beriet. Auf diese Weise musste *Wüstendörfer* über die Beratung des Gesetzentwurfs nicht vorab informiert werden.

Schlegelberger rechtfertigte sich später ausdrücklich gegenüber *Wüstendörfer*[403]:

> „Bei den Beratungen in Hamburg im April 1937 handelte es sich für mich im Wesentlichen darum, den im RJM auf Grund der langjährigen Vorarbeiten und unter Verwertung des Schrifttums aufgestellten Entwurf noch einmal mit Vertretern der Schifffahrtspraxis durchsprechen zu lassen. *Ich habe geglaubt, Sie hierbei nicht bemühen zu sollen, da bei*

402 *Wüstendörfer*, HRGZ 1943, Sp. 49 (51); eine ganz ähnliche Beschwerde findet sich bei *Möller*, HRGZ 1937, Sp. 405 (408 Fn. 18): „*Erwähnt wird in der Begründung S. 1 nur eine Beratung von Sachkennern, die im April 1937 in Hamburg stattgefunden hat, zu der aber die Mitglieder des Seerechtsausschusses als solche und insbesondere der Leiter der dort gepflogenen Beratungen über die Haager Regeln nicht geladen waren.*".

403 Schreiben *Schlegelbergers* v. 3.10.1937, Bundesarchiv Berlin, Bestand R3001/23261, Bl. 19.

der Aufstellung des Entwurfs Ihre kritische Stellungnahme zu den Haager Regeln beachtet und Ihre Verbesserungsvorschläge weitgehend berücksichtigt worden waren.“ (Hervorhebung durch den Verfasser)

Hierbei dürfte es sich letztlich jedoch wohl lediglich um eine Schutzbehauptung gegenüber *Wüstendörfers* bereits 1937 offen erklärter Enttäuschung über die Nichtberücksichtigung seiner Person gehandelt haben.

bb) Die Beratungen vom 26. - 29. April 1937

Ausweislich der in den erhaltenen Sitzungsprotokollen vorzufindenden Zeitangaben fanden die Beratungen am 26. April 1937 von 16 bis 17 Uhr, am 27. und 28. April jeweils von 10 bis 14:30 Uhr sowie am 29. April von 10 bis 13:30 Uhr statt[404]. Abweichend von den Protokollen der Arbeitssitzungen des Seerechtsausschusses geben die Sitzungsprotokolle dieser Beratungen weniger weitgreifende Redebeiträge der einzelnen Sitzungsteilnehmer, sondern lediglich einzelne Anregungen beziehungsweise offensichtlich stark verkürzte Wortmeldungen zudem regelmäßig in direkter Rede wieder. Andere Feststellungen sind nicht eindeutig einem bestimmten Redner zugeordnet, sodass davon auszugehen ist, dass es sich um Konsensauffassungen handelte. Die Lektüre der Sitzungsprotokolle ist aus sich heraus durch die stark verkürzte Wiedergabe teilweise nur äußerst schwer verständlich. Bereits vorab soll daher darauf hingewiesen werden, dass ausweislich der amtlichen Begründung des Seerechtsänderungsgesetzes 1937 die in diesen Beratungen *„gegebenen Anregungen weitestgehende Berücksichtigung“* und mithin auch die jeweiligen Änderungen Einzug in die Gesetzesbegründung gefunden haben[405]. Zugleich ist festzustellen, dass das Seerechtsänderungsgesetz von 1937 im Vergleich zum Gesetzentwurf Änderungen oder Ergänzungen enthält, die nicht unmittelbar auf eine der nachfolgend dargestellten Erörterungen zurückgeführt werden können[406].

Während der vier Beratungssitzungen wurde der vom Reichsjustizministerium gefertigte Gesetzentwurf zur Übernahme der Haager Regeln in das deutsche Recht Paragraph für Paragraph erörtert. Um die Übersichtlichkeit der Darstellung zu gewährleisten, sollen die Erörterungen der einzelnen Regelungen nachfolgend – vergleichbar dem Vorgehen in der späteren Gesetzesbegründung des Seerechtänderungsgesetzes von 1937 – in sachlichen Zusammenhängen erfolgen, soweit dies möglich ist.

---

404 Die Protokolle der vier Beratungssitzungen vom 26. - 29.4.1937 sind abgedruckt bei *Schubert*, Protokolle des Seerechtsausschuss, S. 431 – 460.

405 Deutscher Reichsanzeiger und Preußischer Staatsanzeiger Nr. 186/1937, S. 1 Sp. 2.

406 Vgl. etwa den im Gesetzentwurf noch nicht vorgesehenen § 563 Abs. 2 des Seerechtsänderungsgesetzes 1937.

(1) Die erste Sitzung vom 26. April 1937

Zu Beginn der ersten Sitzung gab *Quassowski*[407] das Thema der Sitzungen vor, nämlich die „Anpassung des deutschen Seerechts an die Haager Regeln". *Gramm* gab sodann eine grobe Einführung in die Thematik und erläuterte, dass der Gesetzentwurf nicht die Übernahme der Haager Regeln „en bloc" sondern vielmehr deren Angleichung an das deutsche Recht vorsehe. Hinausgehend über den Anwendungsbereich der Haager Regeln sehe der Entwurf zudem auch Regelungen für Deckladung sowie die Verladung von Tieren und weiterhin auch für die Zeitabschnitte vor der Einladung und nach der Ausladung der Güter vor. Die *„Hauptänderungen des Entwurfs"*, so *Gramm*[408] weiter, *„seien 1. Haftung des Verfrachters aus dem Frachtvertrag, 2. Abschaffung der Skripturhaftung, 3. Ersetzung des Reederkonnossements durch das Verfrachterkonnossement."*

Zunächst wandten sich die Sitzungsteilnehmer jedoch der *Haftung des Reeders* und dem vorgesehenen neuen § 485 Satz 2 zu[409], mit welchem ein Gleichlauf der Haftung des Reeders mit der des Verfrachters (vgl. § 607 des Entwurfs) erreicht werden sollte. Einigkeit bestand darüber, dass der Reeder nur in den Fällen haften sollte, in denen auch der Verfrachter haftete; zugleich sollte der Umfang der Haftung gleichlaufend sein. *Gramm* stellte diesbezüglich ergänzend klar, dass sich die Höchsthaftung auch für den Reeder aus dem Gesetz ergäbe und etwaige haftungserweiternde Absprachen des Verfrachters für den Reeder nicht gelten würden. Trotz des insoweit eindeutigen Wortlauts der Regelung wurde eine entsprechende Klarstellung in der Gesetzesbegründung befürwortet. Der zunächst vorgesehene Zusatz „Verschulden seiner Leute" wurde von *Dettmers* und *Baur* für überflüssig befunden und daraufhin aus dem den Beratungen zugrundeliegenden Gesetzentwurf gestrichen. Die von *Brandt* aufgeworfene Frage, ob der Konnossementsinhaber auch den Reeder in Anspruch nehmen könne, verwarf *Gramm* unter Hinweis auf die Missverständlichkeit der Haager Regeln zu diesem Punkt, da keine Veranlassung für eine persönliche Verpflichtung des Reeders bestünde. Es sollte mithin bei der Haftung des Reeders mit Schiff und Fracht verbleiben.

Der neu einzuführende § 541 Abs. 2 hatte nach *Gramm*[410] *„mit den Haager Regeln nichts zu tun"*, die Bestimmung bringe inhaltlich nichts Neues. Es handelte sich um die Regelung des § 612 HGB (1897).

---

407 Vgl. *Schubert,* Protokolle des Seerechtsausschuss, S. 431.

408 *Schubert,* Protokolle des Seerechtsausschuss, S. 431.

409 Vgl. *Schubert,* Protokolle des Seerechtsausschuss, S. 431 f.

410 *Schubert,* Protokolle des Seerechtsausschuss, S. 432.

Der § 559 des Entwurfs[411] enthielt die in den Haager Regeln vorgesehene *Haftung für die See- und Ladungstüchtigkeit des Schiffes. Brandt* warf diesbezüglich die Frage auf, wie der Fall zu bewerten sei, wenn zwar der Verfrachter die erforderliche Sorgfalt, nicht aber der Reeder diese walten lässt. Nach Feststellung, dass die Haager Regeln hierzu nichts besagten, einigten sich die Teilnehmer auf die Auslegung, dass es nach § 513 HGB (1897) die Pflicht des Kapitäns (Schiffers) sei, sich um die Seetüchtigkeit des Schiffes zu kümmern. Der Reeder hafte, genauso wie der Verfrachter für dessen Verschulden im Rahme des vorgesehenen § 607 HGB. Die Regelung sollte sich zudem auf alle Seefrachtverträge beziehen; über die Frage, ob bei fehlender Konnossementsausstellung die Regelung abdingbar sein sollte, wurde erst im Rahmen der §§ 662, 663 des Entwurfs diskutiert. Hinsichtlich der Beweislastverteilung gab *Gramm* vor, dass der Empfänger lediglich die Seeuntüchtigkeit überhaupt beweisen müsse, dann hätte sich der Verfrachter hinsichtlich der Anfänglichkeit zu exkulpieren.

Uneinheitlich wurde die Frage bewertet, ob sich die Reisetüchtigkeit des § 559 des Entwurfs auf die Schiffsreise oder aber die konkrete Ladungsreise beziehe. *Richter*, der seinerzeitige deutsche Vertreter auf der Brüsseler Konferenz, hätte Schiffsreise notiert gehabt. Nach dem in der Sitzung vom 26. April keine Einigkeit gefunden werden konnte, *Schütte* vielmehr konstatierte, dass die Frage nie ganz zu klären sein würde, führte *Brandt*[412] in der nachfolgenden Sitzung vom 27. April aus, dass nach englischem Recht die Ladungsreise gemeint sei. *Krieger* sprach sich der „inneren Gerechtigkeit“ entsprechend für diese Auslegung aus, wohingegen *Dücker* Kontrollmöglichkeiten ausschließlich bei Antritt der Reise erkannt. *Quassowski* erklärte mehrfach, dass die Frage noch eingehend zu prüfen sei, während *Lindenmaier* davon ausging, dass die Rechtsprechung die alte Auffassung beibehalten würde[413].

Weiter wurden in der ersten Sitzung die §§ 563 – 564 b des Gesetzentwurfs betreffend der *Rechtsfolgen unrichtiger Konnossementsangaben sowie der Verladung verheimlichter oder gefährlicher Güter* untersucht[414]. *Krieger* erläuterte zunächst, dass nach den Haager Regeln nur die Regelung bezüglich Menge und Merkzeichen (§ 563) zwingend sei; § 564 bezüglich Art und Beschaffenheit der Güter sei

411 Vgl. zu dessen Erörterung, *Schubert,* Protokolle des Seerechtsausschuss, S. 432 f.

412 Vgl. *Schubert,* Protokolle des Seerechtsausschuss, S. 435 f.

413 In der Gesetzesbegründung zum Seerechtsänderungsgesetz hieß es schließlich, dass „bei Antritt der Reise“ die „*Frachtreise und nicht etwa die Reise des Schiffes*“ meine, vgl. Deutscher Reichsanzeiger und Preußischer Staatsanzeiger Nr. 186/1937, S. 2 Sp. 2.

414 Vgl. *Schubert,* Protokolle des Seerechtsausschuss, S. 433 – 435.

grundsätzlich abdingbar. § 563 wurde um eine Regelung bezüglich der Haftung gegenüber anderen Ladungsinteressenten zur Angleichung an § 564 ergänzt (vgl. § 563 Abs. 1 Satz 3 HGB (1897)). Darüber hinaus sollte auf *Brandts* Anregung hin der vorgesehene Begriff „Menge" durch „Maß, Zahl oder Gewicht" ersetzt werden. Die §§ 564, 564 a des Entwurfs entsprachen den vormaligen §§ 563, 564 HGB (1897); es wurden nur vereinzelt redaktionelle Änderungen vorgeschlagen. Bei der Erörterung des § 564 b des Vermerks merkte *Brandt* an, dass die Haager Regeln neben der Kenntnis des Schiffers auch die des Agenten ausdrücklich nennen würden. Hieraufhin wurde eine entsprechende Anpassung des Wortlauts beschlossen und zwar in Form des neu eingefügten § 564 c HGB (1937), da dieser Gesichtspunkt auch die Regelungen der §§ 564 und 564 a betraf.

(2) Die zweite Sitzung vom 27. April 1937

In der Sitzung vom 27. April wandte das Sachverständigengremium sich insbesondere der Regelung der *vertraglichen Haftung des Verfrachters* zu (§§ 606 – 609 des Entwurfs). § 606 sah die Verpflichtung des Verfrachters vor, beim Einladen, Stauen, Befördern und Ausladen der Güter mit der Sorgfalt eines ordentlichen Verfrachters vorzugehen. *Gramm* wies auf die Vorgabe der Haager Regeln hin, deren Wortlaut keine Verpflichtung des Verfrachters zur Einladung oder Stauung der Güter hergäbe. *Quassowski* meinte indes, dass eine entsprechende Erläuterung in der Gesetzesbegründung erforderlich sei. Zudem gingen die Sitzungsteilnehmer davon aus, dass der Begriff „Befördern" auch die Ladungsbehandlung unterwegs erfasse[415].

Die in § 607 Abs. 2 des Entwurfs vorgesehene Formulierung der *Abgrenzung des sog. nautischen Verschuldens der Schiffsmannschaft* wurde allseits kritisiert[416]. Zugleich kamen bei der Aussprache wiederum die bekannten Abgrenzungsschwierigkeiten der unterschiedlichen Haftungstatbestände auf. *Quassowski* meinte, der Begriff „Betrieb" sei *„missdeutig"*, an dessen Stelle aus dem Plenum *„Handhabung"* sowie *„Bedienung"* vorgeschlagen wurden. *Lindenmaier* schlug die Formulierung *„Nachlässigkeit in der Fürsorge für das Schiff"* vor, wies jedoch zugleich darauf hin, dass es bei mehrdeutigen Handlungen entscheidend auf das *„vorwiegend"* ankäme. *Schulze-Smidt* sprach sich für die einfache Formulierung *„Betrieb des Schiffes als solcher"* aus, die keines weiteren Zusatzes bedürfte. Eine

415 Dieses Votum wurde in der nachfolgenden Beratung vom 11.6.1937 überstimmt und der Begriff „Behandeln" eingefügt, vgl. unten C. I. 5. b) cc).

416 Vgl. *Schubert,* Protokolle des Seerechtsausschuss, S. 437 f.

endgültige Formulierung wurde gleichwohl nicht beschlossen, vielmehr erklärte auch diesbezüglich *Quassowski*, dass die Vorschläge geprüft werden würden[417].

§ 608 des Entwurfs übernahm, nach *Gramm*[418], die Bestimmung der *Haftungsausnahmen* unverändert aus den Haager Regeln (Art. 4 § 2), wobei die Absätze 2 und 3 die Beweislastverteilung entsprechend dem offiziellen Beratungsergebnis des Seerechtsausschusses konzipierten. *Schütte* bekräftigte erneut für die Reeder, dass sie gegen die Beweislastverteilung – auch in dieser Form – seien. Eine Abänderung wurde jedoch insbesondere von *Gramm* und *Krieger* abgelehnt. Im Übrigen wurden im Einzelnen Möglichkeiten eruiert, den Katalog der Ausnahmen, etwa durch die Ersetzung der Ziffern 1 und 2 durch den Begriff *„Höhere Gewalt"*, zu abstrahieren. Dieser Vorschlag wurde indes nicht umgesetzt. Tatsächlich ist die Aufzählung der Ausnahmetatbestände im Vergleich zu den Haager Regeln stark verkürzt; auch auf die Übernahme der Generalklausel wurde verzichtet[419].

Die §§ 610 – 612 des Entwurfs[420] betreffend der Frage in welcher *Form und Frist Ladungsschäden vom Empfänger geltend zu machen* sind, wurden in der Sache ebenfalls entsprechend dem Vorschlag des Seerechtsausschusses geregelt. Das Gesetz sollte beide von den Haager Regeln vorgesehenen Verfahren, amtliche Besichtigung sowie form- und fristgerechte Schadensanzeige übernehmen. Die systematische Anordnung der Regelungen wurde seitens des Sachverständigengremiums jedoch umgestellt und letztlich auf insgesamt fünf Paragraphen verteilt. Ausgiebiger wurde die Frage diskutiert, auf welchen Moment der Fristbeginn zu legen sei. *Krieger* wies auf die schwedische Regelung hin, in der „Übernahme" durch „Entlöschung" oder „unter die Obhut bringen" ersetzt worden sei. *Lindenmaier* ergänzte, dass die Haager Regeln auf *„den mittelbaren oder unmittelbaren Besitz"* abstellten. Einigkeit bestand schließlich, dass auf die Obhut des Empfängers abgestellt werden sollte, die auch bereits durch die Ablieferung an

---

417 Im Seerechtsänderungsgesetz 1937 wurde schließlich die Formulierung *„durch ein Verhalten bei der Führung oder der sonstigen Bedienung des Schiffes"* gewählt. Gemäß *Lindenmaiers* Einwand erfolgte die Ergänzung in § 607 Abs. 2 Satz 2: *„Zur Bedienung des Schiffes gehören nicht solche Maßnahmen, die überwiegend im Interesse der Ladung getroffen werden."* (Hervorhebung d. d. Verf.).

418 Vgl. zur Aussprache *Schubert*, Protokolle des Seerechtsausschuss, S. 438.

419 In der Gesetzesbegründung wird darauf hingewiesen, dass die in den Haager Regeln genannten Naturereignisse bereits nach allgemeinen Rechtsgrundsätzen keine Haftung begründeten, Deutscher Reichsanzeiger und Preußischer Staatsanzeiger Nr. 186/1937, S. 2 Sp. 3.

420 Vgl. zur Aussprache *Schubert*, Protokolle des Seerechtsausschuss, S. 439 f.

den Zoll, soweit vertraglich zulässig, begründet werden könnte. Zudem sollte die Regelung bezüglich der Schadensermittlung in den unabdingbaren Teil des neuen Seefrachtrechts mit aufgenommen werden.

§ 636 a des Entwurfs enthielt die von den Haager Regeln vorgesehene zulässige *Deviation*, mithin Abweichung von der vorgesehenen Strecke, wobei Einigkeit bestand, dass insoweit eine letztverbindliche Abgrenzung durch das Gesetz nicht geschaffen werden könnte; *Brandt* berichtete, dass auch in England wegen des Begriffs „reasonable" Streit bestünde; *„auch dort tappt man völlig im Dunkeln"*[421].

Der Gesetzentwurf sah die Einführung des *Verfrachterkonnossements* vor. Im Zusammenhang mit den diesbezüglichen Regelungen der §§ 642 – 644 diskutierten die Sachverständigen insbesondere das von § 642 grundsätzlich vorgesehene Abladekonnossement; nach *Krieger* gingen die Haager Regeln hingegen grundsätzlich vom Übernahmekonnossement aus[422]. *Schütte* wies auf die Begrifflichkeiten der Schifffahrt hin, nämlich „shipped" sowie „received (for shipping)". Diesbezüglich wurden als weitere Begrifflichkeiten „Annahme-Konnossement", von *Brandt*, „Einlade-Konnossement", von *Quassowski*, und „Bordkonnossement", von *Lindenmaier* vorgeschlagen. *Bollmann* warnte jedoch davor, *„neue Begriffe zu prägen, die sich in der Praxis nicht durchgesetzt"* hätten. Darüber hinaus forderte *Lindenmaier*, dass die Regelung des § 643 bezüglich des Konnossementsinhalts keine zwingende Vorschrift werden dürfte, Einzelfragen vielmehr der Rechtsprechung überlassen werden sollten.

(3) Die dritte Sitzung vom 28. April 1937

Zu Beginn der Sitzung vom 28. April wurde offensichtlich von *Gramm* eine überarbeitete Fassung der Regelung der *Schadensanzeige* vergleichbar der endgültigen Fassung des § 612 HGB (1937) vorgestellt[423]. Jedenfalls wurde zunächst thematisiert, an wen die Schadensanzeige bei versteckten Mängeln zu erfolgen habe und wer die Gefahr der Nachrichtenübersendung tragen solle. *Gramm*, *Quassowski*, *Krieger* und *Bollmann* sprachen sich für eine Gefahrtragung seitens des Verfrachters aus, *Schütte* und *Brandt* äußerten hingegen Bedenken und *Bollmann* sprach sich dafür aus, die Frage der Rechtsprechung zu überlassen. Einigkeit bestand hingegen darin, dass ein Telegramm grundsätzlich dem Formerfordernis der Schriftlichkeit genügen sollte; im Übrigen wurde die Thematik

421 *Schubert*, Protokolle des Seerechtsausschuss, S. 440.
422 *Schubert*, Protokolle des Seerechtsausschuss, S. 440 f.
423 Vgl. zur Aussprache, *Schubert*, Protokolle des Seerechtsausschuss, S. 441 ff.

jedoch zurückgestellt. Wiederum wurde nunmehr von *Dettmers* infrage gestellt, inwiefern die vorgesehene Beweislastverteilung mit den Haager Regeln vereinbar sei. Auch *Brandt* erachtete den Wechsel der Beweislast nach Fristversäumung als *„unzulässig"*. *Gramm* und *Lindenmaier* verteidigten die Regelung jedoch als *„billig"* und *„bei weiter Auslegung aus dem französischen Text"* zulässig; *Bollmann* hob abschließend noch einmal *Wüstendörfers* Auslegung der Regelung im Seerechtsausschuss hervor.

Sodann wandten sich die Sitzungsteilnehmer den weiteren dem Konnossement gewidmeten Vorschriften zu. Bezüglich des § 645 war vom Gesetzentwurf eine zwingende *Regelung vorgesehen, dass Menge und Merkzeichen der Güter ins Konnossement entsprechend der Angaben des Abladers* aufzunehmen seien[424]. Dieses wurde von *Brandt* als nicht den Haager Regeln entsprechend kritisiert. Schließlich einigten sich die Mitglieder nach Aussprache auf die Änderungen „Maß, Zahl, Gewicht" statt „Menge", Einfügung der Worte „nur auf Verlangen" sowie der Ergänzung der bisher nicht vorgesehenen Regelung des Art. 3 § 3 c der Haager Regeln (Angabe der äußerlich erkennbaren Verfassung sowie Beschaffenheit). Eine ergänzende Ausnahme für Bulkladungen als Ziffer 3 des Absatzes 2 wurde im Ergebnis abgelehnt.

§ 646 des Gesetzentwurfs sah die *beschränkte Zulässigkeit der sog. „Unbekannt-Klausel"* (Menge und Merkzeichen unbekannt) vor. *Gramm* und *Baur*[425] bemängelten jeweils, dass eine formularmäßige Verwendung der Klausel zu verhindern sei; *Brandt* verwehrte sich gegen die Klausel generell. Auf *Kriegers* Vorschlag hin, wurde die Regelung neu formuliert und wie folgt gefasst: *„Im Fall des § 645 Abs. 2 kann das Konnossement die Angaben des Verladers wiedergeben und mit einem entsprechenden Zusatz versehen werden."*

§ 648 des Entwurfs sollte laut *Krieger* lediglich *Vorgaben für den Schiffer enthalten, wie dieser sich im Löschungshafen zu verhalten habe*; die Reihenfolge der Absätze wurde auf Anregung *Dettmers* ausgetauscht[426]. Sodann stellte *Brandt* indes die Einführung des Verfrachterkonnossements generell in Frage und bezeichnete dieses als *„Kuckucksei im Nest der Haager Regeln"*. Dieses würde insbesondere von den Banken nicht anerkannt werden, da insbesondere mangels persönlicher Haftung des Reeders keine hinreichende Absicherung bestünde. *Gramm* und *Krieger* erläuterten noch einmal das neue Haftungssystem und insbesondere die gemäß § 754 Ziffer 7 auch beim Verfrachterkonnossement

424 Vgl. *Schubert*, Protokolle des Seerechtsausschuss, S. 443.

425 Vgl. *Schubert*, Protokolle des Seerechtsausschuss, S. 444.

426 Vgl. *Schubert*, Protokolle des Seerechtsausschuss, S. 444 – 446.

vorgesehenen Schiffsgläubigerrechte. Die Neuregelung sei zwar *„ungewohnt, aber keine wirtschaftliche Schädigung des Reeders“*, so Krieger. Auch *Bollmann* ging davon aus, dass die Praxis *„sich an die Neuerung bald anpassen“* würde. *Brandt* sah das Verfrachterkonnossement aus Sicht der Versicherer wirtschaftlich ebenfalls kritisch. *Krieger* erklärte jedoch, dass auch international die Entwicklung zum Verfrachterkonnossement gehe. Dieses wurde schließlich beibehalten.

Die weiteren §§ 649 – 655 (*Mehrere Konnossementsinhaber; Traditionswirkung des Konnossements; Ausnahme von der Traditionswirkung bei mehreren Konnossementsausfertigungen; Rangordnung mehrerer Konnossementsinhaber; Konnossement als Quittung; Güter nur gegen Konnossementsausfertigung, auch bei Auflösung des Frachtvertrages*) sowie 657 – 659 des Entwurfs (*Konnossementsangaben über die Menge; Ersatz des gemeinen Werts bei Verlust; Schadensberechnung bei Beschädigung der Güter*) enthielten altes Recht, welches teilweise wörtlich übernommen und lediglich neu gruppiert wurde. Zu diesen Regelungen wurden lediglich vereinzelte Anmerkungen gemacht.

Lindenmaiers[427] Vorschlag in § 656 eine ausdrückliche Regelung aufzunehmen: *„Sofern die Bestimmungen des Frachtvertrages und des Konnossements einander widersprechen, gehen die Bestimmungen des Konnossements denen des Frachtvertrages vor, soweit Verfrachter und Empfänger personengleich sind.“* wurde zunächst zurückgestellt und ins Gesetz schließlich auch nicht aufgenommen. Intensiver wurde hingegen § 660 des Entwurfs diskutiert, der die Beschränkung der Haftung bis zu einem Höchstbetrag von 1250 Reichsmark je Packung oder Einheit vorsah. Die Auslegung des Begriffs „Einheit“ sollte nach *Krieger* der Rechtsprechung überlassen bleiben. Zudem erklärte er, dass der Wert von 1250 Reichsmark dem augenblicklichen Stand des englischen Pfundes entspräche, wie es in den Haager Regeln vorgesehen sei. *Schütte* berichtete, dass andere Länder von der Wertgrenze bereits abgewichen seien und die Differenz von 800 bis 2000 Reichsmark schwanke, woraufhin *Gramm* auf die nach Art. 6 vorgesehene Ermächtigung des Reichsjustizministers hinwies, eine entsprechen Anpassung nachträglich vornehmen zu können.

(4) Die vierte Sitzung vom 29. April 1937

In der letzten Sitzung am Vormittag des 29. April wurden die übrigen Regelungen des Gesetzentwurfs in Betracht genommen. Der Entwurf sah als § 661 eine *ausdrückliche Erweiterung der Haftungsbeschränkung auch für Schäden aus verspäteter Ablieferung* vor. Mit allgemeiner Zustimmung wurde dessen

427 *Schubert*, Protokolle des Seerechtsausschuss, S. 446.

Streichung jedoch beschlossen, da dieses bereits aus § 660 des Entwurfs hinreichend hervorginge[428].

Die §§ 662, 663 des Gesetzentwurfs enthielten die maßgebliche Regelung, welche Neuregelungen der Vertragsfreiheit entzogen werden sollten (*Beschränkung der Vetragsfreiheit*). Die Textfassung wurde, wenn auch den Haager Regeln entsprechend, von Ministerialrat *Krieger* kritisiert[429]. Auf eine allgemein Zuspruch findende Formulierung konnte man sich jedoch nicht einigen; diese blieb mithin offensichtlich dem Reichsjustizministerium überlassen, welches im Seerechtsänderungsgesetz letztlich eine abweichende Fassung fand. *Baurs* Anregung auch § 563 a des Entwurfs über die zulässige Deviation mit in den Katalog der zwingenden Vorschriften aufzunehmen, wurde abgelehnt. Die Ausnahmen von der zwingenden Wirkung des § 662 sah § 663 vor. Hier entfaltete sich zunächst eine Diskussion darüber, ob die Bestimmung sowohl das Rekta- als auch das Orderkonnossement meine. *Quassowski* stellte insofern klar, dass es entscheidend auf die Frage ankomme, ob dem Papier eine Traditionswirkung zukomme. Der weitere Katalog der im Gesetzentwurf vorgesehenen Ausnahmen wurde zudem gestrafft. Die in Ziffer 5 vorgesehene Küstenschifffahrt wurde auf Vorschlag *Gramms* mit Unterstützung *Dettmers* und *Lindenmaiers* gestrichen. Ebenso wurde Ziffer 4, wonach die Unabdingbarkeit des § 662 nicht gelten sollte, wenn kein Konnossement ausgestellt worden sei, entfernt. Letztlich erkannten die Sitzungsteilnehmer jedoch, dass an irgendeiner Stelle des Gesetzes zum Ausdruck kommen müsse, *„dass die Bestimmungen keine Anwendung finden, wenn ein Konnossement nicht ausgestellt ist“*, so *Baur*[430]. Auf *Lindenmaiers* Vorschlag hin, wurde diese Einschränkung sodann unmittelbar an den Beginn des § 662 gestellt.

Im ursprünglichen Gesetzentwurf offensichtlich noch nicht vorgesehen, stellte *Gramm* im Anschluss den neu einzufügenden § 754 Ziffer 7 vor, der im Zuge der Einführung des Verfrachterkonnossements den Ladungsbeteiligten auch in diesem Fall für Ersatzansprüche bei Verlust oder Beschädigung der Güter ein *Schiffsgläubigerrecht* gewährte[431]. Insbesondere *Brandt* drängte erneut auch eine für die Praxis verständliche und handhabbare Regelung, woraufhin *Gramm* eine weitergehende Erörterung mit *„interessierten Kreisen, wie Handelskammer, Bank usw.“* vorschlug. Aufzeichnungen hierüber sind jedoch nicht bekannt.

Die vorgesehen *Verjährungsfrist* für Forderungen wegen verspäteter Ablieferung und Beiträge zur großen Haverei des Gesetzentwurfs (§ 903 Nr. 2) zum

428 *Schubert,* Protokolle des Seerechtsausschuss, S. 448.
429 Vgl. zur Aussprache hierzu *Schubert,* Protokolle des Seerechtsausschuss, S. 448 ff.
430 Vgl. *Schubert,* Protokolle des Seerechtsausschuss, S. 451.
431 *Schubert,* Protokolle des Seerechtsausschuss, S. 451 f.

Ablauf des Jahres der Ablieferung wurde allgemein als unzureichend kritisiert[432], insbesondere *Baur* hielt die Frist für *„zu gering"*. *Baur* und *Dettmers* bewerteten die aktuelle Gesetzeslage der Verjährung insgesamt für *„völlig unbrauchbar"*. Es bestand zwar Einigkeit, dass eine Frist von drei Jahren angemessen wäre, *Gramm* erklärte jedoch, dass die Änderung zunächst noch zurückgestellt werden sollte.

Abschließend wurde der im Gesetzentwurf vorgesehene Artikel 2 besprochen, der den *sachlichen Geltungsbereich* der neuen Regelungen auf solche Konnossemente beschränken sollte, die in Deutschland oder einem anderen Vertragsstaat ausgestellt wurden[433]. Die Regelung wurde insbesondere mit dem belgischen, englischen und amerikanischen Recht verglichen. *Brandt* sprach sich für die Anwendung auf den ein- sowie ausgehenden Schiffsverkehr aus; *Schütte* plädierte hingegen für eine Beschränkung auf den ausgehenden Verkehr. Eine abschließende Beschlussfassung erfolgte zu diesem Gesichtspunkt jedoch nicht. Im Seerechtsänderungsgesetz 1937 wurde diese Regelung vollständig ausgelassen. In die Durchführungsverordnung zur Inkraftsetzung des Seerechtsänderungsgesetzes von 1937 aus dem Jahr 1939 war eine inhaltlich vergleichbare Einschränkung des Anwendungsbereichs jedoch wieder vorgesehen.

cc) Weitere interne Beratung des Reichsjustizministeriums

Nachdem die Beratungen des Sachverständigengremiums abgeschlossen waren, erfolgte unter dem 11. Juni 1937 noch eine weitere offensichtlich letzte Abstimmung des Gesetzentwurfs mit Vertretern der weiteren von dem Gesetz betroffenen Ministerien[434]. Die Sitzung wurde wiederum von *Quassowski* geleitet. Weitere Teilnehmer waren für das Reichsjustizministerium *Krieger* und *Gramm*, für das Reichsverkehrsministerium *Fessler*, für das Auswärtige Amt *von Haeften* sowie *Rust* für das Reichswirtschaftsministerium, wobei wiederum *Gramm* im Wesentlichen die Vorstellung der noch zu klärenden Einzelfragen übernahm.

Im Hinblick auf die in Art. 4 vorgesehene Ermächtigung des Reichsjustizministers zur Anpassungen des auf 1250 Reichsmark festgesetzten Haftungshöchstbetrages, bat insbesondere *Fessler* um Beteiligung des Reichsverkehrsministeriums, welche daraufhin von *Quassowski* zusätzlich auch dem Reichswirtschaftsministerium zugesagt wurde. Da die Haager Regeln keine Regelung enthielten, welche Umrechnungssätze für die Leistungen des Schuldners maßgebend sein

432 *Schubert,* Protokolle des Seerechtsausschuss, S. 452.

433 Vgl. *Schubert,* Protokolle des Seerechtsausschuss, S. 453.

434 Vgl. zur nachstehend dargestellten Beratung der Ministerialvertreter die Niederschrift über die Sitzung vom 11.6.1937, befindlich im Bundesarchiv Berlin, Bestand R3001/23260, Bl. 341 - 345.

sollten, wurde *Gramms* Vorschlag zugstimmt, als Ergänzung einen § 660a in das HGB aufzunehmen, wonach § 244 BGB Anwendung finden solle, jedoch mit der Maßgabe, dass die Umrechnung nach dem Kurswert erfolge, der zur Zeit der Ankunft des Schiffes am Bestimmungsort gelte. Die Regelung wurde im Seerechtsänderungsgesetz von 1937 schließlich als § 661 HGB aufgenommen.

Weiter ging *Gramm* auf den gemäß Zeichnungsprotokoll möglichen Vorbehalt hinsichtlich der nationalen Küstenschifffahrt ein. Gegen den im ursprünglichen Gesetzentwurf vorgesehenen Vorbehalt hatte sich bereits das Sachverständigengremium ausgesprochen. *Gramm* gab zu bedenken, dass es diesbezüglich zu Unzuträglichkeiten bei gemischten Fahrten von See- und Küstentransport kommen könne. Seine Empfehlung, den entsprechenden Vorbehalt zu streichen, stimmte *Fessler* vorbehaltlich einer weiteren Abstimmung mit den Reedern vorläufig zu. Jedoch wies *Gramm* auch darauf hin, dass ein entsprechender Vorbehalt erforderlichenfalls jederzeit mittels Durchführungsverordnung nach Art. 6 wirksam eingeführt werden könnte[435].

Hinsichtlich der Fassung des § 607 Abs. 2 des Entwurfs sollte auf Anregung des Reichsverkehrsministeriums der Eindruck vermieden werden, der Verfrachter könne auch für vorsätzliches Verhalten des Schiffers in Bezug auf ein nautisches Verschulden haftbar gemacht werden. Daraufhin fand der Vorschlag allgemeine Zustimmung, die Eingangsworte dieser Regelung wie folgt zu fassen: *„Ist der Schaden durch ein Verhalten bei der Führung [...]“*.

Von Haeften bat sodann um Prüfung, ob § 559 des Entwurfs eine Klarstellung dahingehend bedürfe, dass sich sämtliche Räume des Schiffes in einem ladungstüchtigen Zustand befinden müssten. Insoweit herrschte jedoch Einigkeit, dass ein entsprechender Hinweis in der Gesetzesbegründung genügen würde[436].

Weiter bemängelte *von Haeften*, dass der Gesetzentwurf den Begriff „Betreuung der Güter“ aus Art. III § 2 der Haager Regeln nicht berücksichtigen würde,

435 Mit der späteren Inkraftsetzung des Seerechtsänderungsgesetzes 1937 wurde ein entsprechender Vorbehalt für die Küstenschifffahrt gemäß Art. 2 der Verordnung zur Durchführung des Gesetzes zur Änderung von Vorschriften des Handelsgesetzbuchs über das Seefrachtrecht vom 5.12.1939 (RGBl. I, S. 2501) letztlich doch eingeführt.

436 Der entsprechende Hinweis lautete: *„Unter den Laderäumen des Schiffes, für deren Geeignetheit der Verfrachter zu sorgen hat, sind alle tatsächlichen für die Aufnahme von Gütern benutzten und nicht nur die dafür bestimmten Teile des Schiffes zu verstehen.“*, vgl. Deutscher Reichsanzeiger und Preußischer Staatsanzeiger Nr. 186/1937, S. 2 Sp. 2.

woraufhin beschlossen wurde, in § 606 des Gesetzentwurfs hinter dem Begriff „Befördern" zusätzlich das Wort „Behandeln" aufzunehmen.

Gegen die weiter erörterten §§ 608, 609, 611 sowie 612 sowie gegen den übrigen Gesetzentwurf wurden keine weiteren Einwände erhoben. Vielmehr wandten die Sitzungsteilnehmer abschließend noch der Frage zu, in welcher Form die Ratifizierung der Haager Regeln erfolgen solle. Einverständnis bestand darüber, *„dass Deutschland nur zusammen mit den skandinavischen Staaten die Ratifizierung vornehmen können"*, so ausdrücklich der Sitzungsvermerk[437]. Es wurde sodann abgestimmt, dass mit der Publizierung des Gesetzes inoffiziell mit den skandinavischen Staaten sowie Italien Kontakt aufgenommen werden solle. Im Hinblick auf die Ende Juni 1937 in Berlin stattfindende Sitzung der internationalen Handelskammer, schlug *Fessler* als von den deutschen Vertretern zu vertretenen Standpunkt vor, diese sollten erklären, *„dass Deutschland einen Gesetzentwurf nach Beratungen mit den beteiligten Kreisen fertiggestellt habe und dass ein Widerspruch nicht zu erwarten sei"*. *Von Haeften* schlug vor, zu ergänzen, dass *„Deutschland erst ratifizieren könne, wenn auch die skandinavischen Staaten das Übereinkommen ratifizieren würden"*. Nachdem dieser Vorschlag allseitige Zustimmung fand, wurde die Sitzung geschlossen und das Entwurfsverfahren des Seerechtsänderungsgesetzes 1937 abgeschlossen.

c) Verabschiedung des Seerechtsänderungsgesetzes 1937

Unter dem 10. August 1937 wurde schließlich das „Gesetz zur Änderung von Vorschriften des Handelsgesetzbuches über das Seefrachtrecht beschlossen und im Reichsgesetzblatt (RGBl. 1937, S. 891) verkündet. Gemäß Artikel 5 des Gesetzes wurde der Reichsminister der Justiz ermächtigt, den Zeitpunkt, mit dem das Gesetz in Kraft treten sollte, zu bestimmen. Auf diese Weise sollte – wie gesehen – zum einen insbesondere den skandinavischen Ländern Deutschlands Bereitschaft zur Einführung der Haager Regeln signalisiert, zum anderen jedoch gleichzeitig sichergestellt werden, dass dieses nicht vor einem entsprechenden Tätigwerden der skandinavischen Länder geschah. Die Ratifizierung der Haager Regeln erfolgte durch dieses Gesetz mithin noch nicht.

aa) Wesentlicher Inhalt des Gesetzes

Das Seerechtsänderungsgesetz 1937 wurde insbesondere in unmittelbarem, zeitlichem Zusammenhang mit seiner Veröffentlichung mehrfach und eingehend

437 *Reichsjustizministerium,* Niederschrift Sitzung vom 11.06.1937, Bundesarchiv Berlin, Bestand R3001/23260, Bl. 341 – 345.

besprochen[438]. An dieser Stelle kann die Darstellung des Gesetzesinhalts daher in verkürzter Form erfolgen:

Wie bereits die amtliche Begründung des Seerechtsänderungsgesetzes von 1937 ausführt, erfolgten durch dieses im Wesentlichen drei Änderungen des deutschen Seehandelsrechts[439]. Diese waren:

1. Die Haftung aus dem Seefrachtvertrag wurde entsprechend dem Haftungskompromiss der Haager Regeln angepasst. Gemäß § 559 HGB (1937) haftete der Verfrachter nunmehr zwingend für die See- und Ladungstüchtigkeit, es sei denn der Mangel war bei Anwendung der Sorgfalt eines ordentlichen Verfrachters bis zum Antritt der Reise nicht zu entdecken. Nach §§ 607, 608 HGB (1937) haftete der Verfrachter für sein und das Verschulden der Schiffsbesatzung und seiner Leute zwingend, es sei denn es handelte sich um ein sog. nautisches Verschulden seiner Leute bzw. der Schiffsbesatzung. Zwar wurde diese Haftungsregelung grundsätzlich auf den gesamten Zeitraum zwischen Abladung und Ablieferung der Güter ausgedehnt, entsprechend dem Geltungsbereich der Haager Regeln konnte die Haftung jedoch für Verpflichtungen vor der Ein- und nach der Ausladung wiederum abbedungen werden, § 663 Abs. 2 Ziffer 2 (1937). Gleiches galt gemäß der weiteren von § 663 HGB (1937) vorgesehenen weiteren Tatbestände, wie etwa Decksladung oder die Verschiffung lebender Tiere. § 608 HGB (1937) übernahm die sog. *exceptions* der Haager Regeln, wobei dem Verfrachter das Vorliegen eines der dort aufgeführten Tatbestände jedenfalls mittels eines *prima-facie*-Beweises auferlegt wurde. Die Haftung wurde zudem summenmäßig nach § 660 HGB (1937) auf 1250 Reichsmark je Packung oder Einheit beschränkt, soweit im Konnossement keine abweichenden Angaben enthalten waren. Zur Geltendmachung des Anspruchs wurden sowohl die Möglichkeit einer Schadensanzeige im Löschhafen sowie die amtliche Feststellung des Güterzustandes vorgesehen, § 611 HGB (1937). Soweit die Frist zur Schadensanzeige – sofort bei erkennbaren, drei Tage bei nicht erkennbaren Schäden – ungenutzt verstrich, war nunmehr gemäß dem Beratungsergebnis des Seerechtsausschusses der Ladungsinteressent

438 Vgl. *Gramm,* Das neue Deutsche Seefrachtrecht; *Lindenmaier,* ZADR 1937, S. 530 – 532; *Stödter,* Hansa 1940, S. 164 – 168 sowie 188 – 191; *Ehlers,* Hansa 1937, S. 1588 – 1589; *Kuhl,* Hansa 1937, S. 1860 – 1863; *Möller,* HRGZ 1937, Sp. 405 – 414, siehe dort insbesondere die Gegenüberstellung der neugefassten Paragraphen des HGB mit den Haager Regeln; sowie *Ahrens,* Beiträge zum Seefrachtrecht unter Berücksichtigung der Konnossementspraxis und der Novelle vom 10. August 1937 (RGBl. I S. 891), Kiel 1939.

439 Vgl. Deutscher Reichsanzeiger und Preußischer Staatsanzeiger Nr. 186/1937, S. 1 (2).

beweispflichtig für den Schadenseintritt und die Haftung des Verfrachters. Im Übrigen war in § 612 HGB (1937) eine Ausschlussfrist von einem Jahr zur gerichtlichen Geltendmachung des Anspruchs vorgesehen.

2. Auch wenn die Haager Regeln keine verbindliche Vorgabe enthielten, wurde durch das Seerechtsänderungsgesetz das im deutschen Recht vorgesehene Reederkonnossement durch die Einführung des Verfrachterkonnossements abgelöst. Gemäß §§ 642, 644 HGB (1937) wurden die Verpflichtungen aus dem Konnossement dem Verfrachter auferlegt; nur falls im Konnossement der Verfrachter entgegen § 643 Ziffer 1 HGB (1937) nicht angegeben wurde, galt der Reeder als Verfrachter. Der Ladungsinteressent wurde zudem bei Falschangaben der Person des Verfrachters im Konnossement durch einen Haftungsanspruch gegenüber dem Reeder abgesichert. Zudem blieben den Ladungsinteressenten die Schiffsgläubigerrechte und somit der Zugriff aus das Schiffsvermögen erhalten, um eine Schlechterstellung durch die Einführung des Verfrachterkonnossements zu verhindern.
3. Weiterhin wurde die im deutschen Seehandelsrecht enthaltene Skripturhaftung beseitigt, wenn auch zweifelhaft war, ob dies durch die Haager Regeln gefordert war. Dem Konnossement wurde gemäß §§ 656, 662 HGB (1937) vielmehr nur noch eine einfache, wenn gleichwohl auch zwingende Beweisvermutung beigemessen, dass der Verfrachter die im Konnossement angegebenen Güter tatsächlich übernommen hat. Für das Verhältnis Verfrachter/Befrachter blieb jedoch nach § 656 Abs. 4 HGB (1937) der Inhalt des Frachtvertrages maßgebend.

Wüstendörfer kritisierte später das Gesetz – wie bereits gezeigt – als in der *„Stoffgruppierung unnötig ungeschickt“* und in der *„Wortfassung manchmal etwas schief“*. Ganz ähnlich vermisste auch *Capelle*[440] *„hier und dort zum Teil die klare und überzeugende Linienführung, die das Zeichen ausgereifter und wohlgeratener Rechtsschöpfung“* sei, was jedoch im Wesentlichen am Ursprung der Vorschriften gelegen habe. Das Gesetz halte sich zwar – so *Capelle* weiter – *„zu eng an die Haager Regeln“*, gleichwohl stelle es jedoch ein *„gerechtes und lebensnahes Werk“* dar.

Ahrens bescheinigte dem Seerechtsänderungsgesetz 1937 die Beendigung des seit Jahrzehnten bestandenen Streits um die Freizeichnungsklauseln in Deutschland, bemängelte jedoch zugleich[441]:

---

440 *Capelle*, HRGZ 1943, Sp. 25 (39 f.).

441 *Ahrens*, Beiträge zum Seefrachtrecht, S. 122.

„Die Novelle hat durch die Verwirklichung der Haager Regeln einen Entwicklungsabschnitt mit einer Regelung abgeschlossen, die in dieser Epoche als Ausgleich hätte dienen können. Eine in die Zukunft weisende Gestaltung der Seerechts hat sie nicht mit sich gebracht.“

bb) Der Streit um die Würdigung der Arbeiten des Seerechtsausschusses

Um die parallel veröffentlichte amtliche Begründung des Seerechtsänderungsgesetzes von 1937[442], genauer um die zuvor bereits zitierte Passage hinsichtlich der Beratung des Gesetzentwurfs, entbrannte wiederum eine Kontroverse unter der Beteiligung *Wüstendörfers*. Dieses ist wiederum als Nachweis für das zerrüttete Verhältnis gegenüber dem Reichsjustizministerium zu werten. *Wüstendörfer* sah den Seerechtsausschuss und seinen persönlichen Beitrag hinsichtlich der Einführung der Haager Regeln in der Gesetzesbegründung nicht hinreichend gewürdigt. Demgemäß beschwerte sich *Wüstendörfer* in einem Schreiben wohl von September 1937 bei *Schlegelberger* persönlich in einem angesichts der Position *Schlegelbergers* bedacht höflichen, jedoch zugleich durchaus bestimmten Ton[443]:

„[...]welchen Anteil an *besonderem Gedankengut* der deutschen Haager Regeln *der Seerechtsausschuss* der Akademie für Deutsches Recht und *dessen damaliger Leiter für sich in Anspruch nehmen können*. Wenn es auch gewiss nicht gebräuchlich ist, in amtlichen Begründungen Personennamen mit Bezug auf die gedankliche Urheberschaft eines Gesetzes zu nennen, so werden Sie es doch verstehen, *wie schmerzlich es die Beteiligten berühren muss, die in diesem Fall besonders starke und erfolgreiche Mitarbeit eines Akademieausschusses unerwähnt zu sehen* und feststellen zu müssen, dass über die Entstehungsgeschichte des Gesetzes Angaben gemacht sind, die bei unkundigen Lesern leicht

---

442 Deutscher Reichsanzeiger und Preußischer Staatsanzeiger Nr. 186/1937, S. 1 – 3.

443 Bundesarchiv Berlin, Bestand R3001/23261, Bl. 15 ff., das Schreiben ist nicht datiert; *Wüstendörfer* wies insbesondere auf den Aufsatz *Möllers* „Umbruch im Seefrachtrecht“ (*Möller*, HRGZ 1937, Sp. 405 – 414) hin, in welchem dieser ausführte, ebd. (407 f.): *„Bei der Auffindung dieser Lösung hat der Reichsregierung der Seerechtsausschuss der Akademie für Deutsches Recht, der sich mit den Haager Regeln unter dem Vorsitz von Prof. Dr. H. Wüstendörfer befaßt hat, wertvolle Hilfe geleistet. [...] Den Vorschlägen des Seerechtsausschusses, dessen Vorsitzender schon einst als junger Gelehrter mit Energie seine in dem neuen Seefrachtrecht verwirklichten Gedanken verfochten hatte, ist das Gesetz in fast allen Punkten gefolgt. Wenn auch der Mitwirkung des Seerechtsausschusses in der amtlichen Begründung des Gesetzes keine Erwähnung getan wird, so ist doch sein Name und der seines damaligen Vorsitzenden für jeden Sachkenner immer mit der Geschichte des erneuerten deutschen Seefrachtrechtes verknüpft.“* Zu diesen Ausführungen muss erwähnt werden, dass *Möller* seinem Doktorvater *Wüstendörfer* wissenschaftlich wohl durchaus nahe stand.

Irrtümer erwecken können. *Ich darf sagen, dass ich im Seerechtsausschuss gerade für die Einführung der Haager Regeln, ihre inhaltliche Klärung und Verbesserung leidenschaftlich habe Kämpfen müssen* gegen die Selbstsucht einer Interessengruppe, deren Mitglieder zum Teil auch vor unfairen Mitteln nicht zurückscheuten, um die Einführung der Haager Regeln zu hintertrieben [...]"
(Hervorhebung durch den Verfasser)

Zugleich zeigte er sich erneut enttäuscht, dass er bei den Beratungen des Gesetzesentwurfs nicht berücksichtigt worden war, insbesondere da diese in *Wüstendörfers* Heimatstadt Hamburg stattfanden. Im Zusammenhang einer inhaltlichen Kritik an einer Vorschrift des neuen Gesetzes heißt es[444]:

„Wäre ich hinzugezogen worden zu der in der ‚Amtlichen Begründung' erwähnten Beratung von Sachverständigen in Hamburg im April 1937, so hätte ich auf das Verfehlte dieser neuen Vorschrift hingewiesen."

Schlegelberger antwortete hierauf mit Schreiben vom 3. Oktober 1937, wobei in dem Bestand des Bundesarchivs Berlin auch der Entwurf des Schreibens erhalten ist, in welchem noch zunächst vorgesehene Textpassagen enthalten sind, welche später offensichtlich gestrichen wurden. Diese sind nachfolgend zur Kenntlichmachung in Klammern gesetzt[445]:

„Dass in der amtlichen Begründung zum Gesetz vom 10. August 1937 der Arbeiten des Seerechtsausschusses nicht gedacht worden ist, beruht auf *wohlerwogenen Gründen*. Der Seerechtsausschuss hat sich in der Frage der Haager Regeln(, wie ich lebhaft bedauere,) weniger damit beschäftigt, in welcher Form die Grundsätze der Haager Regeln in das deutsche Recht übernommen werden könnten, welche Grundprobleme dabei zu berücksichtigen und wie sie zu lösen sein würden, als vielmehr mit der nicht so sehr juristischen als politischen Frage, ob das Abkommen der Haager Regeln von Deutschland ratifiziert werden solle. *(Die Beratungen des Seerechtsausschusses haben demzufolge zwar einen äußerst lebhaften Verlauf genommen, für den Gesetzesentwurf aber nur wenig verwertbare Ergebnisse gezeigt.)* Das zum Schluss der Beratung *festgestellte Ergebnis [...] war zur Begründung des Gesetzesentwurfs nicht gut heranzuziehen.* Dass in den Beratungen des Ausschusses eine Reihe fruchtbarer Gedanken zum Ausdruck gekommen ist, dass namentlich auch Sie, sehr geehrter Herr Professor, durch Ihre wissenschaftliche Arbeiten zur Vorbereitung des Gesetzesentwurfs wesentlich beigetragen haben, wird dankbar anerkannt. Es ist jedoch nicht üblich, in einer amtlichen Begründung zu einem Gesetzesentwurf hierüber etwas zu sagen." (Hervorhebung durch den Verfasser)

Wüstendörfer[446] verwies in einem weiteren Schreiben vom 11. Dezember 1937 zwar noch einmal auf seine Bewertung der informellen Abstimmung über die

---

444 Bundesarchiv Berlin, Bestand R3001/23261, Bl. 16.
445 Bundesarchiv Berlin, Bestand R3001/23261, Bl. 18 ff.
446 Bundesarchiv Berlin, Bestand R3001/23261, Bl. 23 f.

Formulierung des Beratungsergebnisses im Seerechtsausschuss sowie die von diesem durchaus auch angesprochenen Einzelfragen der Haager Regeln, weshalb er die vom Reichsjustizministerium *„‚wohlersonnenen Gründe' für die Nichterwähnung der Arbeiten des Ausschusses in der amtlichen Begründung von teilweise irrtümlichen Tatbestandsvoraussetzungen ausgehend"* bezeichnete. Die Reaktion *Schlegelbergers* zeigt jedoch, dass das Reichsjustizministerium sowohl *Wüstendörfer*, als auch den Beratungen des Seerechtsausschusses zu den Haager Regeln reserviert gegenüber stand. Wenn auch die schärfsten Formulierungen letztlich noch aus dem Schreiben *Schlegelbergers* herausgenommen wurden, dürfen sie gleichwohl als Anhaltspunkt der tatsächlichen Haltung des Reichsjustizministeriums angesehen werden. Die Streichung der Passagen erfolgte mutmaßlich in erster Linie, um jedenfalls eine gewisse Höflichkeitsform des Schreibens, immerhin an den vormaligen Vorsitzenden und im Anschluss Ehrenvorsitzenden des Seerechtsausschusses, einzuhalten und möglicherweise auch, um eine noch weitergehende Eskalation der Frage zu vermeiden. Es steht jedoch zu vermuten, dass *Schlegelberger* als zuständiger Staatssekretär auf *Wüstendörfers* wiederholtes Vorbringen äußerst gereizt reagierte. Zugleich wird jedoch auch eine gewisse Enttäuschung erkennbar, dass der Seerechtsausschuss seine Beratung der Haager Regeln – anders als von *Koffka* in der ersten Arbeitssitzung angeregt – nur auf die Grundsatzfrage deren Annahme oder Ablehnung beschränkt hatte.

Wüstendörfer durchaus wohlgesonnener erscheint *Gramm* gewesen zu sein. Im Vorwort zu seiner Kommentierung des Seerechtsänderungsgesetzes von 1937 erteilte er *Wüstendörfer* die von diesem offensichtlich ersehnte Anerkennung mit folgenden Worten[447]:

> „Mit besonderem Dank ist auch der eingehenden wissenschaftlichen Vorarbeiten des Professors an der Hansischen Universität Dr. Hans Wüstendörfer zu gedenken, dessen jahrzehntelange Bemühungen um die Neuordnung unseres Seefrachtrechts die gesetzliche Neuregelung in entscheidender Weise beeinflußt und damit die verdiente Anerkennung gefunden haben."

Mangels gegenteiliger Anhaltspunkte muss davon ausgegangen werden, dass es sich hierbei um eine persönliche Erklärung *Gramms* handelte, die nicht von Seiten des Reichsjustizministeriums etwaig als Kompensation veranlasst worden war.

d) Ratifizierung der Haager Regeln durch Deutschland

Kurz nach Verabschiedung des Seerechtsänderungsgesetzes von 1937 nahm das Auswärtige Amt auf Bitten des Reichsjustizministeriums wiederum verstärkt

447 *Gramm*, Das neue Deutsche Seefrachtrecht, Vorwort.

Kontakt zu den skandinavischen Staaten sowie auch Italien auf, welches die Haager Regeln ebenfalls noch nicht ratifiziert hatte, um die Frage der Ratifikation zu klären[448]. Dänemark hatte zwar ebenfalls im Jahr 1937 bereits alle notwendigen Vorbereitungen zur Ratifizierung der Haager Regeln getroffen, wollte seinerseits jedoch auf die übrigen skandinavischen Staaten warten. Die gemeinsame Ratifizierung der Haager Regeln durch Dänemark, Norwegen und Schweden[449] erfolgte sodann am 1. Juli 1938. Lediglich in Finnland verzögerte sich dieser Schritt nochmals[450], sodass die Ratifikation erst im September 1939 erfolgen konnte. Zugleich hatte im Laufe des Jahres 1938 auch die italienische Regierung mitgeteilt, dass die Ratifizierung beschlossen worden sei, sodass Reichsjustizminister *Gürtner* unter dem 31. August 1938 gegenüber dem Auswärtige Amt erklärte: „*halte auch ich es für geboten, daß das Abkommen durch das Deutsche Reich ratifiziert wird*“[451].

Wie bereits gesehen, machte Deutschland von der im Zeichnungsprotokoll zu den Haager Regeln vorgesehenen Möglichkeit Gebrauch, das Übereinkommen gemäß Artikel 14 Abs. 2 der Haager Regeln mit Ablauf einer Frist von sechs Monaten dadurch in Kraft zu setzen, dass das deutsche Seehandelsrecht an den Inhalt der Haager Regeln angepasst wurde, mithin letztlich durch Inkraftsetzung des Seerechtsänderungsgesetzes von 1937 gemäß Artikel 5 dieses Gesetzes durch den Reichsjustizminister. Mit der Ratifikationsurkunde[452], welche am 1. Juli 1939 bei der belgischen Regierung eingereicht wurde, machte Deutschland zudem auf Wunsch des Verbands Deutscher Reeder von dem weiteren Vorbehalt des Zusatzprotokolls Gebrauch, die Haager Regeln nicht auf die deutsche Küstenschifffahrt auszuweiten.

---

448 Vgl. zur Entwicklung bis zur Ratifikation der Haager Regeln durch Deutschland die Unterlagen des Reichsjustizministeriums, Bundesarchiv Berlin, Bestand R3001/23261, Bl. 1 ff.

449 Die Haager Regeln wurden von Dänemark mit Gesetz Nr. 150 v. 7.5.1937: Love og Anordninger 1937 A, S. 568 ff., in Kraft getreten am 1.1.1939, in Norwegen mit Gesetz v. 4.2.1937: Norsk Lovtidende 1938 I S. 149 ff., in Kraft getreten am 1.1.1939 und in Schweden mit Gesetz Nr. 277 v. 5.6.1936: Svensk Författningssamling 1936 S. 445 ff., ebenfalls in Kraft getreten zum 1.1.1939 umgesetzt. Die Ratifikationsurkunden der drei Länder wurden jeweils am 1.7.1938 hinterlegt (Angaben nach *Markianos,* Übernahme der Haager Regeln, S. 36 – 41 und 281 ff.).

450 Finnland verabschiedete das Konnossementslagen am 9.6.1939 (abgedruckt im Anhang bei *Beckman*, Finlands Sjörätt, Föreläsningar, Åbo 1940). Dieses trat wie das deutsche Seerechtsänderungsgesetz 1937 am 1.1.1940 in Kraft, vgl. *Markianos,* Übernahme der Haager Regeln, S. 37.

451 Bundesarchiv Berlin, Bestand R3001/23261, Bl. 49.

452 Vgl. Bekanntmachung über das Internationale Übereinkommen zur Vereinheitlichung von Regeln über Konnossemente vom 22. Dezember 1939, RGBl. II, S. 1049.

Die Inkraftsetzung des Seerechtsänderungsgesetzes erfolgte schließlich mit Durchführungsverordnung des Reichsjustizministers vom 5. Dezember 1939 (RGBl. 1939 I, S. 2501 f.). Gemäß Artikel 1 der Durchführungsverordnung trat das Gesetz am 1. Januar 1940 in Kraft. Artikel 2 der Durchführungsverordnung schränkte den zwingenden Charakter des Seerechtsänderungsgesetzes von 1937 zudem noch wie folgt ein:

> „§ 662 des Handelsgesetzbuches gilt nicht
> 1. für Konnossemente, die nicht Verschiffungen nach einem Hafen des Deutschen Reichs betreffen und die weder innerhalb des Deutschen Reichs noch innerhalb des Gebiets eines Staates ausgestellt wind, der dem am 25. August 1924 in Brüssel unterzeichneten Internationalen Abkommen zur Vereinheitlichung von Regeln über Konnossemente (Reichsgesetzbl. 1939 II S. 1049) beigetreten ist;
> 2. für Konnossemente über Verschiffungen durch deutsche Schiffe zwischen deutschen Häfen."

Festzuhalten bleibt, dass die Haager Regeln seit dem 1. Januar 1940 völkerrechtlich verbindlich für Deutschland gelten und durch das Seerechtsänderungsgesetz in das deutsche Seehandelsrecht übernommen wurden. Die völkerrechtliche Bindung an die Haager Regeln besteht bis heute fort[453].

Kurz nach Inkrafttreten des Seerechtsänderungsgesetzes erfolgte zudem eine Anpassung der Konnossementsformulare an die neue Rechtslage durch das Einheitskonnossement 1940[454]. Dieses war von der Fachgruppe Reeder erstellt worden und rief sogleich wieder unter anderem *Wüstendörfers*[455] Kritik hervor. Dieser bewertete Einzelregelungen des Einheitskonnossements, insbesondere im Zusammenhang mit der Beweislastverteilung, als zu weitreichend und letztlich ungültig[456]:

> „Die beiden Klauseln (gemeint waren Regel IX 1a und II 2, Anm. d. Verf.) gehen damit weit hinaus über das nach Wortlaut, Sinn und Zweck der HR. und des Gesetzes von 1937 zulässige Maß von Entlastung des Reeders, sie verwandeln den Schutzzweck

---

453 Vgl. zu Überlegungen der Kündigung der Haager Regeln im Gesetzgebungsverfahren der Seerechtsnovelle 2013 unten, D. II. 2. a).

454 Vgl. hierzu insbesondere *Stödter*, Geschichte der Konnossementsklauseln, S. 72 ff.; *Stödter*, Hansa 1940, S. 1020 – 1025; *Capelle*, HRGZ 1943, Sp. 25; der Text des Deutschen Einheitskonnossements 1940 ist abgedruckt bei *Schaps/Abraham*, Das Seerecht, 4. Aufl., § 643 Rdnr. 23.

455 Vgl. *Wüstendörfer*, HRGZ 1943, Sp. 49 – 64 und die umfassende Untersuchung von *Lebuhn*, Neuzeitliche Konnossementsfragen, erörtert an Hand einer Überprüfung des Deutschen Einheitskonnossements 1940 auf dessen Übereinstimmung mit dem Gesetz, Hamburg 1949.

456 *Wüstendörfer*, HRGZ 1943, Sp. 49 (63).

und den wohlausgewogenen Interessenausgleich eines zwingenden Gesetzes geradezu in sein Gegenteil und setzen die alte, nur allzu bekannte Freizeichnungspolitik vergangener Zeiten beharrlich fort."

Wüstendörfer setzte seinen Kampf für das Beratungsergebnis des Seerechtsausschusses mithin auch nach Erlass des Seerechtsänderungsgesetzes und ohne die unmittelbare Anerkennung dessen Arbeiten durch das Reichsjustizministerium auch nach der Umsetzung der Haager Regeln durch das Seerechtsänderungsgesetz unverändert fort.

6. Zwischenergebnis

Das Gesetz zur Änderung von Vorschriften des Handelsgesetzbuches über das Seefrachtrecht vom 10. August 1937 kann zu Recht als „Meilenstein" der Geschichte des Seefrachtrechts bezeichnet werden. Durch dieses erfolgte erstmals eine umfassendere Anpassung der stark veralteten seehandelsrechtlichen Regelungen des HGB, wenn der Regelungsgegenstand des Gesetzes entsprechend der umzusetzenden Vorgaben der Haager Regeln gleichwohl auch beschränkt war. Zudem beschränkte sich das Seerechtsänderungsgesetz 1937 nicht auf die schlichte Umsetzung der Haager Regeln, weitete deren Anwendungsbereich – wie gezeigt – vielmehr grundsätzlich aus.

Der Einfluss des Seerechtsausschusses auf die Entstehung des Gesetzes ist nicht leicht zu bewerten. Wie gesehen, sprach sich dieser zwar – entsprechend *Wüstendörfers* Auslegungsweise – für die Annahme der Haager Regeln aus, jedoch war bereits dieses Beratungsergebnis unmittelbar nach Abschluss der Beratungen des Seerechtsausschusses Gegenstand neuerlicher Diskussionen. Während der durchaus kontroversen Aussprache im Seerechtsausschuss konnten die Reeder ihre Argumente inhaltlicher Natur nur in begrenztem Umfang erfolgreich vorbringen; im Wesentlichen scheiterten sie jedoch letztlich an der Person *Wüstendörfers*, dem jedoch ein nicht unerheblicher Teil des Ausschusses zustimmte. Gleichwohl ist zu konstatieren, dass die Reeder gegenüber dem Reichsjustizministerium jedenfalls im Rahmen der seinerzeitigen Stimmungslagen durchaus erfolgreich ihre Interessen vertreten haben. War im Seerechtsausschuss verschiedentlich noch zu hören, dass es durchaus allen Wirtschaftsbeteiligten derzeit schlecht ginge und dieses kein exklusives Problem der Reeder darstellte[457],

457 Vgl. etwa die Wortmeldung *Schülers*, wonach *„heute leider jeder Stand in Deutschland schwer zu kämpfen habe"*, *Schubert*, Protokolle des Seerechtsausschuss, S. 54, oder *Brandts*, der betonte, dass *„die wirtschaftliche Lage für die Versicherer […] nicht so gut [sei], wie im Ausschuss immer behauptet werde"*, vgl. ebd., S. 54; *Engel* vertrat

vermochte das Beratungsergebnis des Seerechtsausschusses letztlich die Bedenken im Reichsjustizministerium hinsichtlich der wirtschaftlichen Folgen für die Reeder im Falle einer Einführung der Haager Regeln während der international schlechten Wirtschaftslage im Jahr 1934 nicht auszuräumen. Insbesondere im Hinblick auf die als besonders wichtig bewertete Ostseeschifffahrt wurde die Einführung der Haager Regeln vielmehr vor allem von dem Vorgehen der skandinavischen Staaten abhängig gemacht. Die Reeder konnten mithin jedenfalls noch einen gewissen Fristaufschub erreichen.

Der dargestellte Streit um die Gesetzesbegründung des Seerechtsänderungsgesetzes von 1937, in welcher die Beratungen des Seerechtsausschusses nicht ausdrücklich erwähnt wurden, zeigt diese durchaus ambivalente Bewertung der Ausschussberatungen bereits zur damaligen Zeit. Dieses hängt selbstverständlich nicht zuletzt auch mit der beschränkten Art und Weise zusammen, mit welcher die Haager Regeln im Seerechtsausschuss ausschließlich beraten wurden. Dieser arbeitete – anders als vom Reichsjustizministerium erhofft – keinen Gesetzesentwurf zur Übernahme der Haager Regeln in das deutsche Recht aus. Diese Aufgabe blieb mithin dem Ministerium überlassen.

Die Hintergründe, warum das Reichsjustizministerium den von ihm ausgearbeiteten Entwurf schließlich im Jahr 1937 nicht zum offiziellen Beratungsgegenstand des Seerechtsausschusses gemacht hat, sind nicht bekannt. Es steht jedoch zu vermuten, dass im Reichsjustizministerium jedenfalls gewisse Vorbehalte gegenüber dem im Seerechtsausschuss – aufgrund seiner Expertise im Seehandelsrecht durchaus zu Recht – omnipräsenten *Wüstendörfer* bestanden. Dieser war zu den Beratungen des Gesetzesentwurfes von 1937 – wie es scheint – bewusst nicht eingeladen worden zu sein.

Die Beratungen des Gesetzentwurfs im April 1937 befassten sich im Gegensatz zum Seerechtsausschuss weitaus konkreter mit der Frage, auf welche Weise eine Inkorporierung der Haager Regeln in das deutsche Seehandelsrecht erfolgen sollte. Die Anregungen des Seerechtsausschusses waren in dem Gesetzentwurf berücksichtigt worden. Wiederum waren seitens der Vertreter der Reeder einzelne Versuche unternommen worden, die Haager Regeln zu ihren Gunsten aufzuweichen. Im Wesentlichen zeichnete sich jedoch ein ähnliches Bild wie im Seerechtsausschuss ab: Die Reeder vermochten sich nicht mehr durchzusetzen.

Wüstendörfer[458] machte auch später geltend, das Seerechtsänderungsgesetz 1937 sei Ausfluss und Verdienst der Beratungen des Seerechtsausschusses und

insbesondere die Auffassung, dass die *„wirtschaftlichen Schwierigkeiten der Reeder […] nur vorübergehender Natur"* seien, ebd., S. 58.

458 Vgl. etwa *Wüstendörfer*, HRGZ 1943, Sp. 49 (50).

mithin nicht zuletzt seiner Leseweise der Haager Regeln gewesen. Insbesondere letzterem dürfte durchaus zuzustimmen sein, hatte *Wüstendörfer*, dessen Stimme seinerzeit *„in seerechtlichen Fragen anerkannte Autorität"*[459] besaß, doch bereits in den Jahren zuvor das von ihm letztlich festgehaltene Beratungsergebnis in mehreren Abhandlungen zum Thema entwickelt. Ganz ähnlich wie *Schuberts*[460] Bewertung der Beratungen des Seerechtsausschusses zum Schiffssachenrecht, lässt sich auch bei dem Themenkomplex der Haager Regeln die Vermutung aufstellen, dass *Wüstendörfer* die Beratungen des Seerechtsausschusses und insbesondere auch das ihm als Vorsitzendem zugutekommende Führerprinzip zu nutzen wusste, um seine Rechtsauffassungen *de lege ferenda* durchzusetzen.

Die Bedeutung der Beratung der Haager Regeln im Seerechtsausschuss darf im Ergebnis jedoch auch nicht unterschätzt werden. Wie gesehen hielten sich die Ausschussmitglieder und auch *Wüstendörfer* selbst nur bedingt an dessen Vorgabe, die Haager Regeln nur generell hinsichtlich der Frage einer Einführung „pro" oder „contra" und nicht in ihren Einzelheiten zu diskutieren. Dadurch geben die Beratungen des Seerechtsausschusses einen überaus guten Überblick über die bereits seit vielen Jahren zuvor geführte Auseinandersetzung der widerstreitenden Interessengruppen hinsichtlich des in den Haager Regeln enthaltenen Haftungskompromissgedankens wieder[461] und stellen zugleich gewissermaßen einen Endpunkt dieser Entwicklungslinie dar. Die wesentlichen Argumente der Reeder gegen die Einführung der Haager Regeln in Deutschland waren zum Zeitpunkt der Beratungen des Seerechtsausschusses weitestgehend widerlegt, jedenfalls vermochten die Reeder ihre Argumente nicht mehr mit hinreichender Macht ihrer Marktstellung zu untermauern. Einzig die schlechte Wirtschaftslage gewährte ihnen letztlich noch einen Aufschub bis in das Jahr 1940, in dem das Seerechtsänderungsgesetz schließlich in Kraft gesetzt wurde.

Einflüsse nationalsozialistischen Rechtsdenkens können im Seerechtsänderungsgesetz von 1937 und auch in den ihm vorangegangenen Beratungen sowohl des Seerechtsausschusses selbst als auch den Beratungen des Gesetzesentwurfs mit diversen Mitgliedern des Seerechtsausschusses 1937 nicht in erheblichem

459 *Stödter,* Hansa 1943, S. 447 (447).

460 *Schubert,* ZRG 1992, S. 209 (244).

461 So auch *Stödter,* Geschichte der Konnossementsklauseln, S. 64, hinsichtlich der Erörterung der Haager Regeln im Seerechtsausschuss: *„Die meisten der Gesichtspunkte, Gedankengänge und Ansichten, die im Verlauf des jahrzehntelangen Kampfes um die Grundprinzipien der neuen Regelung zu Tage getreten waren, erschienen noch einmal."*

Maße festgestellt werden. Wenn auch *Wüstendörfer*[462] die Umsetzung der Änderungen des Seerechtsänderungsgesetzes von 1937 durch das Einheitskonnossement 1940 als zu weitgehend kritisierte, wodurch die von ihm angegriffenen Klauseln *„zugleich die Grundlagen alles nationalsozialistischen Rechtsdenkens"* verletzten, dürfte es sich hierbei – wie auch andernorts während der Beratungen des Seerechtsausschusses[463] – lediglich um einen Versuch *Wüstendörfers* gehandelt haben, seinen Standpunkt zur formalen Unterstützung als mit dem Gedanken des Nationalsozialismus übereinstimmend darzustellen. Demgemäß kam *Stödter* nach einer Analyse der Herkunft der in den Haager Regeln festgehaltenen Gedanken im Wesentlichen aus dem anglo-amerikanischen Recht zu der Feststellung[464]:

> „*Die Haager Regeln haben mit nationalsozialistischem Rechtsdenken*, sie haben mit dem deutschen Rechtsdenken *nichts zu tun*. [...] Sind aber die Haager Regeln in dieser Weise ein Erzeugnis anglo-amerikanischen Rechtsdenkens, so scheint es schwerlich angängig, seine Bestimmungen (gemeint sind die Haager Regeln, Anm. d. Verf.) als Endergebnis national-sozialistischen Rechtsdenkens zu werten. [...] Ziel der Haager Regeln und Zweck ihres Einbaus in das deutsche Seerechtssystem ist nach der amtlichen Begründung des Gesetzes von 1937 die Vereinheitlichung des Weltseerechts gewesen. *Kosmopolitische, nicht spezifisch nationalsozialistische Ziele werden mit diesem Gesetz verfolgt.*" (Hervorhebung durch den Verfasser)

Beachtlich an dieser Bewertung *Stödters*, welche eine unmittelbare Reaktion auf *Wüstendörfers* vorbenannten Vorhalt war, ist, dass diese bereits aus dem Jahr 1943 stammt. Wenn *Stödter* selbstverständlich seinerzeit auch aus Sicht der Reeder argumentierte, dürfen seine Ausführungen insbesondere vor dem Hintergrund des noch vorherrschenden Nationalsozialismus für sich in Anspruch nehmen, durchaus zutreffend gewesen zu sein. Diesen Eindruck vermitteln jedenfalls auch die aufgezeigten Vorgänge der Entstehung des Seerechtsänderungsgesetzes von 1937 im Reichsjustizministerium. Auch dort wurde das Gesetz offensichtlich nicht als Werk maßgeblich nationalsozialistischer Ideen gewertet und behandelt.

7. Exkurs: Entwurf eines Seerechtsänderungsgesetzes von 1925

In die seehandelsrechtliche Literatur weitestgehend unbekannt geblieben ist ein Gesetzesentwurf des Reichsjustizministeriums bereits aus dem 1925, mit

---

462 *Wüstendörfer*, HRGZ 1943, Sp. 49 (63); vgl. auch *Wüstendörfers* Appell während der vierten Arbeitssitzung: *„Heute gälte es, im nationalsozialistischen Sinne ein neues deutsches Konnossementsrecht zu schaffen, ausgehend von dem Grundsatz: Gemeinnutz gehe vor Eigennutz."*, *Schubert*, Protokolle des Seerechtsausschuss, S. 51.

463 Vgl. *Schubert*, Protokolle des Seerechtsausschuss, S. XIV.

464 *Stödter*, Hansa 1943, S. 479 (482 f.).

welchem seinerzeit ein erster Versuch unternommen werden sollte, die Haager Regeln in das Recht des HGB zu integrieren[465]. Die Haager Regeln waren am 25. August 1924 von der belgischen Regierung zur Zeichnung aufgelegt worden. Deutschland zeichnete das Übereinkommen am letzten Tag der einjährigen Zeichnungsfrist, nämlich am 25. August 1925[466].

a) Einberufung einer Expertenkommission

Schon Anfang April 1925 setze der damalige Reichsjustizminister *Josef Frenken* eine Kommission ein, um vor der Entscheidung über die Zeichnung der drei Brüsseler Seerechtsübereinkommen den Rat erfahrener Seerechtsexperten einzuholen[467]. Die Kommission sollte sich aus Richtern, Rechtslehrern und juristischen Vertretern der Groß- und Kleinreedereien des Handels-, Versicherungs- und Bankgewerbes zusammensetzen und – ganz wie später der Seerechtsausschuss – in Hamburg zusammentreten. Die Kommission sollte um Bewertung der folgenden Fragen ersucht werden:

1. Soll Deutschland das Übereinkommen über Schiffsgläubigerrechte zeichnen, obwohl vernommen wurde, dass die britische Regierung dieses seinerzeit noch nicht gezeichnet hatte und offensichtlich Änderungen des Entwurfs herbeizuführen suchte[468]?

---

465 Es finden sich einzig bei *Stödter*, Geschichte der Konnossementsklauseln, S. 70 – dort indes lediglich in Bezug auf die Frage, inwieweit bei einer nicht wörtlichen Übernahme der Haager Regeln mit einer Rechtszersplitterung zu rechnen sei – sowie bei *Wüstendörfer*, Veröffentlichungen der Vereinigung der Handelsrechtslehrer Deutscher Hochschulen 1928, S. 18 (21): „*In Berlin soll demnächst ein Ausschuß von Sachverständigen zusammentreten, um einen vom Reichsjustizministerium ausgearbeiteten Entwurf zur Änderung von Buch IV des HGB. zu beraten.*“, Hinweise auf den Gesetzesentwurf von 1925. Der Gesetzesentwurf zum Aktenzeichen Nr. III b 525 R konnte im Bundesarchiv Berlin ausfindig gemacht werden: *Reichsjustizministerium,* Entwurf Seerechtsänderungsgesetz 1925, Bundesarchiv Berlin, Bestand R3001/3205, Bl 133 a – d (Parallelfundstelle: Mikrofilm Nr. 20854 zum Bestand R 3011). Der Gesetzentwurf 1925 ist dieser Arbeit als Anlage C angefügt.

466 Vgl. Amtliche Begründung des Gesetzes zur Änderung von Vorschriften des Handelsgesetzbuches über das Seefrachtrecht vom 10. August 1937, Deutscher Reichsanzeiger und Preußischer Staatsanzeiger Nr. 186/1937, S. 1, Sp. 2.

467 Vgl. *Reichsjustizministerium,* Entwurf Seerechtsänderungsgesetz 1925.

468 Dieses Übereinkommen wurde 1926 letztlich tatsächlich noch einmal abgeändert, vgl. *Wüstendörfer,* Neuzeitliches Seehandelsrecht, S. 32.

2. Besteht zwischen diesem Übereinkommen und dem über die Reederhaftung ein derart enger Zusammenhang, dass beide nur gemeinsam gezeichnet werden konnten?
3. Können bei Annahme der Haager Regeln die deutschen Grundsätze über die Skripturhaftung beibehalten werden?
4. Soll das Verfrachterkonnossement eingeführt werden?

Zudem sollte die Kommission über die zur Inkraftsetzung der Übereinkommen erforderlichen, gesetzlichen Maßnahmen beraten.

Mit Verfügung vom 4. April 1925 wurden insgesamt neun Seerechtsexperten sowohl die endgültigen Fassungen der drei Brüsseler Abkommen sowie zudem *„zur vertraulichen Kenntnisnahme“* ein vorläufiger, kommentierter Gesetzentwurf zugeleitet, welcher ausdrücklich zunächst nur als Verhandlungsgrundlage dienen sollte. Der Entwurf bezog sich ausschließlich auf die Haager Regeln, da hinsichtlich der weiteren beiden Abkommen seinerzeit noch eine größere Ungewissheit bestand und diese noch nicht innerhalb der primären Zeichnungsfrist von Deutschland gezeichnet worden waren[469]. In dieser Form wurde der Gesetzesentwurf an *Mittelstein*, *Alfred Sieveking*, *Wüstendörfer*, *Hopf* (Chef der Hapag), *Sturm*, *Dücker* (Handelskammer Hamburg), *Brandt* (Direktor der Norddeutschen Versicherungsgesellschaft), *Spiegelberg* (Fa. M.S. Warburg AG) sowie *Schulze-Smidt* versandt.

Auffällig ist hierbei, dass sich unter den seinerzeit berufenen Experten eine Reihe von späteren Mitgliedern des Seerechtsausschusses wiederfindet. Neben *Wüstendörfer* waren dies *Brandt*, *Dücker*, *Schulze-Smidt* sowie *Sturm*. *Brandt*, *Dücker* und *Schulze-Smidt* waren zudem auch 1937 vom Reichjustizministerium zur Beratung des neuerlichen Gesetzentwurfs hinzugezogen worden[470]. Vor diesem Hintergrund ist es umso erstaunlicher, dass der Gesetzesentwurf 1925 – zu den Gründen dessen Zurückstellung sogleich – im Rahmen der späteren Beratungen im Seerechtsausschuss an keiner Stelle Erwähnung fand. Auch von Seiten des Reichsjustizministeriums wurde dieser Entwurf offensichtlich nicht erneut vorgelegt. *Koffka* hatte – wie gesehen – in der ersten Arbeitssitzung vielmehr den Wunsch des Reichsjustizministeriums geäußert, vom Seerechtsausschuss Hilfe hinsichtlich der Form der Umsetzung der Haager Regeln zu erhalten.

---

469 Vgl. *Wüstendörfer*, Veröffentlichungen der Vereinigung der Handelsrechtslehrer Deutscher Hochschulen 1928, S. 18 (20). Ausweislich der Erläuterung des Gesetzentwurfs 1925 ging das Reichsjustizministerium zudem davon aus, dass die Übereinkommen über die Reederhaftung sowie Schiffsgläubigerrechte unmittelbar in Kraft gesetzt werden könnten, vgl. *Reichsjustizministerium*, Entwurf Seerechtsänderungsgesetz 1925, Bundesarchivs Berlin R3001/3205, Bl. 133 d.

470 Vgl. *Schubert*, Protokolle des Seerechtsausschuss, S. 431.

Es wird sich wohl letztlich nicht mehr aufklären lassen, warum insbesondere *Wüstendörfer* den ihm seinerzeit zugeleiteten Gesetzesentwurf 1925 den Beratungen des Seerechtsausschusses nicht zugrunde legte. Dieses hätte ihm als Ausschussvorsitzendem durchaus freigestanden. Zur Art und Weise, in welcher eine Rechtsmaterie in den Ausschüssen der Akademie für Deutsches Recht beraten wird, hatte *Kisch* in der Arbeitstagung vom 5. November 1933 ausgeführt[471]:

> „Seine Sache [gemeint: des Vorsitzenden, Anm. d. Verf.] ferner, Zahl und Tagesordnung der Sitzungen zu bestimmen. Er hat darüber zu entscheiden, ob er den Verhandlungen seines Ausschusses einen bestimmten Gesetzentwurf zugrunde legen will oder nicht."

Wenn auch *Wüstendörfer* den Gesetzesentwurf noch 1927 in einem Vortrag erwähnte und der Entwurf – wie gesehen – auch späteren Mitgliedern des Seerechtsausschusses der Gesetzesentwurf 1925 zugeleitet worden war, fand dieser in den Beratungen des Seerechtsausschusses an keiner Stelle Erwähnung. Insoweit lässt sich nur vermuten, dass *Wüstendörfer* den Gesetzesentwurf als nicht mit seinen Vorstellungen übereinstimmend bewertete oder möglicherweise das Reichsjustizministerium den Gesetzesentwurf nicht mehr als taugliche Umsetzung der Haager Regeln ansah. *Wüstendörfer*, der letztlich zur Durchsetzung der Beratungsergebnisse des Seerechtsausschusses jedenfalls anfangs um ein gutes Verhältnis zum Reichsjustizministerium bemüht war, dürfte sich im Falle einer solchen Bewertung nicht entgegengestellt haben.

b) Der wesentliche Regelungsinhalt des Gesetzesentwurfs 1925

Die Urheberschaft des Gesetzentwurfs 1925 innerhalb des Reichsjustizministeriums war nicht zu ermitteln. Im Nachfolgenden soll der wesentliche Regelungsinhalt des Gesetzesentwurfs in der gebotenen Kürze dargestellt werden.

aa) Die Grundkonzeption

Der Gesetzesentwurf von 1925[472] weist durchaus erkennbare Ähnlichkeiten zu dem späteren Seerechtsänderungsgesetz von 1937 auf. So sah bereits der Gesetzesentwurf 1925 nicht die wörtliche Einführung der Haager Regeln vor. Vielmehr sollte auch seinerzeit von dem im Zusatzartikel zugelassenen Verfahren einer sinngemäßen Eingliederung der Bestimmungen der Haager Regeln in das nationale Recht Gebrauch gemacht werden. Zwar war ebenfalls die

---

471 *Kisch* in: JbADR 1933/34, S. 33 (50).

472 Vgl. zur folgenden Darstellung: *Reichsjustizministerium,* Entwurf Seerechtsänderungsgesetz 1925 sowie dessen Kommentierung, ebenfalls zu finden im Bestand des Bundesarchivs Berlin R3001/3205, Bl. 133 a - d.

Gefahr erkannt worden, dass auf diese Weise Unstimmigkeiten zwischen dem novellierten HGB und den Haager Regeln kaum zu vermeiden seien. Diese Bedenken wurden jedoch nicht für durchgreifend erachtet, da mit einer international einheitlichen Auslegung wegen der *„Unklarheit und des schwer verständlichen Systems“* der Haager Regeln auch bei unmittelbarer Inkraftsetzung dieser nicht zu rechnen sei. Vielmehr würden bei diesem Verfahren aufgrund des beschränkten Geltungsraumes der Haager Regeln – ausdrücklich, wie gesehen, nur für die Zeit zwischen Ein- und Ausladen der Güter – in der Praxis erhebliche Schwierigkeiten entstehen, da für die Haftung des Verfrachters *„bald die Konvention, bald das HGB“* maßgebend sein würde. Ganz wie später durch *Wüstendörfer* im Rahmen der Beratungen des Seerechtsausschusses, war eine unmittelbare Inkraftsetzung der Haager Regeln mithin von vornherein ausgeschlossen worden.

Um die vorbeschriebene Gefahr unterschiedlicher Haftungsregelungen zu umgehen, die selbstverständlich auch dann gedroht hätte, wenn die Haager Regeln lediglich in ihrem eigentlichen Geltungsbereich in das HGB eingearbeitet worden wären, sah auch der Gesetzesentwurf 1925 eine Ausweitung des Anwendungsbereichs der Bestimmungen der Haager Regeln vor. Die Haftung wurde einheitlich auf alle Fälle des Frachtvertrages und die gesamte Zeit zwischen Annahme und Ablieferung der Güter ausgeweitet, wobei die von den Haager Regeln nicht betroffenen Regelungsbereiche jedoch als nachgiebiges Recht ausgestaltet werden sollten.

Noch keine Vorentscheidung hatte der Gesetzentwurf 1925 hinsichtlich der Frage einer etwaigen Einführung des Verfrachterkonnossements getroffen. Dieser sah vielmehr Gestaltungsvorschläge für beide Situationen vor; die Frage sollte von dem Sachverständigengremium erörtert werden. Ausdrücklich heißt es als Lesehinweis zum Gesetzentwurf[473]:

> „Die eckig eingeklammerten Worte gelten und die unterstrichenen Worte fallen fort, wenn es beim Reederkonnossement verbleibt. Die eckig eingeklammerten Worte sind zu streichen und die unterstrichenen einzuschalten, wenn das Verfrachterkonnossement eingeführt werden soll.“

bb) Die wesentlichen Regelungen[474]

Ganz ähnlich wie später das Seerechtsänderungsgesetz 1937 sah bereits der Gesetzentwurf 1925 eine Ergänzung des § 485 HGB (1897) vor, um die Haftung des Reeders an die neueinzuführende Haftung des Verfrachters anzupassen.

---

473 *Reichsjustizministerium,* Entwurf Seerechtsänderungsgesetz 1925.

474 Vgl. *Reichsjustizministerium,* Entwurf Seerechtsänderungsgesetz 1925, Bundesarchivs Berlin R3001/20854 (Mikrofilm) sowie dessen Kommentierung, ebd.

Die Frage der Absicherung der Ladungsbeteiligten im Hinblick auf die Haftung des Schiffsvermögens sollte jedoch der Anpassung des § 754 Ziffer 7 u. 9 HGB (1897) im Rahmen der des Übereinkommens über Schiffsgläubigerrechte vorbehalten bleiben.

Ebenfalls war in § 559 die Haftung des Verfrachters für die Reise- und Ladungstüchtigkeit des Schiffes vorgesehen. Anders als der Wortlaut es vermuten lässt, war von diesem – insbesondere dem Wort „eingerichtet" – nach Auffassung des Reichsjustizministeriums auch die Ladungstüchtigkeit umfasst, die im Seerechtsänderungsgesetz von 1937 jedoch eine separate Legaldefinition erhielt. Unter „Reise" sollte insbesondere im Zusammenhang mit der Schadensersatzhaftung des Verfrachters lediglich die Schiffsreise zu verstehen sein. Hieran schloss sich im Gesetzentwurf von 1925 unmittelbar die vorgesehene Regelung des § 559 a an, welche die Haftung des Verfrachters für kommerzielles Verschulden enthielt. Die Regelung zur Haftung des Verfrachters für fremdes Verschulden fand sich in § 613 c.

Der Gesetzentwurf von 1925 sah die Beibehaltung von §§ 563, 564 HGB (1897) vor, diese sollten lediglich um den § 564 a ergänzt werden, der im Wesentlichen den gleichen Inhalt wie der § 564 b des Seerechtsänderungsgesetzes von 1937 besaß (Haftung des Befrachters oder Abladers bei gefährlicher Ladung). Die Haftungshöchstgrenze war in dem neu einzuführenden § 613 a vorgesehen, wobei diese mit einem Betrag von 2000 Goldmark je Packung oder Einheit vorgesehen war. § 613 b enthielt hingegen die Haftung für Verspätung. Die §§ 613 d und e setzten den teilzwingenden Charakter der Haager Regeln um.

Die Regelungen zur Schadensanzeige sollten durch Neuformulierungen der § 608 Abs. 2 und 609 in das HGB eingearbeitet werden. Vorgesehen war, dass bei nicht rechtzeitiger Schadensanzeige die Vermutung galt, dass die zur Beförderung übernommenen Güter in vertragsmäßiger Menge und Beschaffenheit abgeliefert worden waren. Die von *Wüstendörfer* konzipierte weitergehende Regelung der Beweislastverteilung, wie sie letztlich in § 611 Abs. 3 des Seerechtsänderungsgesetzes vorgesehen wurde, fehlte indes selbstverständlich noch.

Die Vorgaben der Haager Regeln hinsichtlich des Inhalts des Konnossements sollten durch geringfügige Anpassungen der §§ 642, 643 HGB (1897) sowie die Ergänzung durch die §§ 643 a – c erfolgen. Eine wesentliche Abweichung zum späteren Seerechtsänderungsgesetz sah der Gesetzentwurf 1925 hinsichtlich der Skripturhaftung vor. Diese sollte beibehalten werden, weshalb insbesondere § 652 HGB (1897) aufrechterhalten werden sollte. Daneben wurden die Grundsätze des prima-facie-Beweises des Konnossements, wie er in den Haager Regeln vorgesehen war, sowie den zulässigen Ausnahmen hiervon in § 655a – c des

Gesetzentwurfs geregelt, insbesondere sah § 658 a Abs. 3 des Entwurfs die eingeschränkte Zulässigkeit der „Unbekannt-Klausel“ vor.

Je nach Entscheidung im Gesetzgebungsverfahren über die Einführung des Verfrachterkonnossements sollte die Regelung des § 662 HGB (1897) über die Unterverfrachtung wegfallen oder aufrechterhalten bleiben.

Ähnlich wie der im Gesetzentwurf von 1937 enthaltene Artikel 2 sollte § 663 a des Gesetzentwurfs 1925 die Anwendbarkeit der aus den Haager Regeln übernommenen Regeln auf solche Konnossemente beschränken, die entweder in Deutschland, einem weiteren Vertragsstaat der Haager Regeln oder in einem Staat, der sein Seehandelsrecht an die Haager Regeln angepasst hat, ausgestellt wurde.

Zusammenfassend fallen durchaus erkennbare Parallelen des Gesetzentwurfs 1925 und des im Jahr 1937 beratenden Gesetzentwurfs sowie sogar des letztlich in Kraft getretenen Seerechtsänderungsgesetz von 1937 auf. Es war jedoch in weiten Teilen eine weniger in das HGB von 1897 eingreifende Einarbeitung der Haager Regeln vorgesehen, was letztlich jedoch auch damit zusammenhing, dass etwa an der Skripturhaftung festgehalten werden sollte. Das Seerechtsänderungsgesetz hat insoweit eine vollständige Neufassung der entsprechenden Regelungen mit sich gebracht. Durch die weitergehende Überarbeitung des Seehandelsrechts im Rahmen des Seerechtsänderungsgesetzes von 1937 konnte der Gesetzgeber offensichtlich auf die vom Gesetzentwurf 1925 noch vorgesehene Ergänzung und Zwischenreihung neuer Paragraphen (vgl. etwa §§ 613 a – f oder §§ 658 a – c des Entwurfs 1925) in größerem Maße verzichten; jedoch finden sich auch in diesem beispielhaft die Regelungen der §§ 564 a – c sowie §§ 663 a und b.

Aufgrund der gleichen Zielrichtung – Einarbeitung der Haager Regeln – sind inhaltlich selbstverständlich starke Überschneidungen mit dem späteren Seerechtsänderungsgesetz von 1937 zu erkennen; in weiten Teilen war vom Gesetzentwurf 1925 jedoch eine abweichende systematische Anordnung der Neuregelungen vorgesehen.

c) Die Behandlung des Gesetzesentwurfs 1925

Über das Schicksal des Gesetzesentwurfs von 1925 ist aus der seehandelsrechtlichen Literatur wenig bekannt. *Wüstendörfer*[475], dem der Entwurf wie gesehen unter anderem zugeleitet worden war, berichtete noch im März 1927 in einem Vortrag auf der ersten Tagung der Vereinigung der Handelsrechtslehrer Deutscher Hochschulen, dass *„demnächst“* in Berlin ein Sachverständigenausschuss

475 *Wüstendörfer,* Veröffentlichungen der Vereinigung der Handelsrechtslehrer Deutscher Hochschulen 1928, S. 18 (21).

zur Beratung eines Gesetzesentwurfs – gemeint war offensichtlich der Gesetzesentwurf von 1925 – zusammentreten solle. Korrespondierende Belege des Reichsjustizministeriums aus dieser Zeit konnten in den Beständen des Bundesarchivs jedoch nicht aufgefunden werden. Zu einer Erörterung des Gesetzentwurfs 1925 im Rahmen einer Sachverständigenkommission ist es jedoch offenbar nie gekommen. Da bereits der Gesetzesentwurf in den Beratungen des Seerechtsausschusses keine Erwähnung gefunden hat, kann nicht davon ausgegangen werden, dass zuvor gar Beratungen desselben – insbesondere unter Beteiligung einiger späterer Mitglieder des Seerechtsausschusses – erfolgten. Solche hätten wohl in jedem Fall zumindest an der einen oder anderen Stelle Eingang in die Erörterungen des Seerechtsausschusses gefunden.

Den im Bundesarchiv aufzufindenden Dokumenten im unmittelbaren Zusammenhang mit dem Gesetzesentwurf von 1925[476] ist zu entnehmen, dass unter dem 13. Juli 1925 die vom Reichsjustizministerium anberaumte Sitzung entsprechend dem oben wiedergegebenen Vermerk mit Vertretern der übrigen Ministerialressorts sowie mit Vertretern der verschiedenen Interessengruppen und Sachverständigen erfolgte. Eine Beratung des Gesetzentwurfs 1925 erfolgte hierbei jedoch nicht. Vorrangig wurde vielmehr die Frage erörtert, ob Deutschland die drei Brüsseler Seerechtsübereinkommen zeichnen solle. In einem Aktenvermerk des Reichsjustizministeriums vom 15. Juli 1925 ist das Ergebnis der Beratung wie folgt zusammengefasst[477]:

> „Die erschienenen Interessentenvertreter und Sachverständigen waren einmütig der Ansicht,
>
> 1. dass die Entwurfe internationaler Abkommen über die beschränkte Haftung des Reeders und über Schiffshypotheken und Privilegien einstweilen nicht gezeichnet werden sollen, und zwar der Schiffshypothekenentwurf wegen der von englischer Seite zu erwartenden Abänderungsvorschläge, der Haftungsentwurf wegen seines engen Zusammengans mit dem Hypothekenentwurf;
> 2. dass der Entwurf über Konnossemente jetzt gezeichnet werden kann, wenn sichergestellt ist, dass Deutschland völlig freie Hand hat, nicht zu ratifizieren, wenn sich herausstellen sollte, dass gewisse Staaten, insbesondere die skandinavischen Länder, den Entwurf nicht annehmen.“

Insbesondere die Ministerialvertreter waren der Auffassung, dass Deutschland *„bei der Zeichnung des Konnossementsabkommens vorangehen und nicht die Stellungnahme Skandinaviens und Hollands abwarten sollte“*[478]. Da jedoch zugleich

476 Vgl. den Bestand Bundesarchiv Berlin R3001/29854 (Mikrofilm).

477 Bundesarchiv Berlin R 3001/3205, Bl. 185.

478 Bundesarchiv Berlin R 3001/3205, Bl. 185.

ein abgestimmtes Vorgehen mit den skandinavischen Ländern und Holland als „erwünscht“ angesehen wurde, sollte mit den jeweiligen Deligierten auf der anstehenden Seerechtkonferenz inoffiziell Kontakt aufgenommen werden.

Der Anlass dafür, dass der Gesetzentwurf 1925 vom Reichsjustizministerium trotz Zeichnung der Haager Regeln im Jahr 1923 nicht weiterverfolgt wurde, dürfte letztlich in der – aus Sicht des Reichsjustizministeriums – plötzlichen Änderung der Stellungnahme der Reeder im Hinblick auf die Haager Regeln im August 1925 gewesen sein. In der vorbeschriebenen Sitzung vom 15. Juli 1925 waren von Seiten des Verbands Deutscher Reeder e. V. ausweislich der Teilnehmerliste der Geschäftsführer *Dr. Rehmke, Krenzlin* sowie *Dr. Droege* anwesend. Auf die in dieser Sitzung *einmütig* gefassten Ansichten ist bereits hingewiesen worden. Gleichwohl änderte der Verband Deutscher Reeder e. V. mit Schreiben vom 4. August 1925 gerichtet an das Reichsjustizministerium seine Haltung gegenüber den Haager Regeln und erhob *„schärfsten Widerspruch“* gegen die Zeichnung der Haager Regeln[479], wobei die Zeichnungsfrist – wie gesehen – nur noch bis zum 25. August 1925 lief. In einer hierauf kurzfristig anberaumten Anhörung am 11. August 1925[480] wiesen die Reedereivertreter nunmehr auf die wesentlichen Verschlechterungen der Rechtslage und die Verschärfung der Haftung für die Reeder hin, welche für diese insbesondere bei einer nationalen Einführung der Haager Regeln im Vergleich zur ausländischen Konkurrenz nachteilig seien, da vor allem in den skandinavischen Ländern eine gewisse Zurückhaltung gegenüber den Haager Regeln herrschte.

Die Vertreter der beteiligten Ministerialressorts vermochten der Anhörung der Reeder jedoch „keine stichhaltigen Gründe“ zu entnehmen, welche die neuerliche Haltung der Reeder gegenüber den Haager Regeln rechtfertigen würden[481]. Vielmehr wurde darauf hingewiesen, dass *„die Reeder ebenso wie die anderen beteiligten Wirtschaftskreise seit Jahren auf dem Laufenden waren“* und diese bisher *„niemals Bedenken der heute vorgebrachten Art geäußert und noch in der letzten Sitzung sich mit der Zeichnung des Abkommens im Wesentlichen einverstanden erklärt“* hätten. Vor diesem Hintergrund wurde sodann entschieden, die Zeichnung der Haager Regeln vorzubereiten. Diese wurde sodann – wie gesehen – am 25. August 1925 auch vorgenommen. Der erhobene Widerspruch der Reeder führte in der Folgezeit jedoch dazu, dass das Reichsjustizministerium eine weitergehende Beratung und Überarbeitung des

479 Bundesarchiv Berlin R 3001/3206, Bl. 3, 3 R.

480 Bundesarchiv Berlin R 3001/3206, Bl. 10 a.

481 Vgl. Sitzungsvermerk vom 11.08.1925, Bundesarchiv Berlin R 3001/3206, Bl. 11, 11 R.

Gesetzentwurfs 1925 zurückstellte. Nachweislich lag dem Reichsjustizministerium dieser Gesetzentwurf jedoch sogar noch im Jahr 1933 vor[482]. Zeitlich nachfolgend konnten hingegen keine weiteren Bezüge auf den Gesetzentwurf 1925 gefunden werden.

Die sich im August 1925 gegenüber dem Reichsjustizministerium geänderte Stellungnahme der Reedereivertreter hatte sich intern bereits zuvor abgezeichnet. So erklärte etwa der „Verein Hamburger Rheder" im Jahresbericht 1924/25 die Ablehnung gegenüber einer Einschränkung der Vertragsfreiheit durch die gesetzliche Einführung der Haager Regeln wie folgt[483]:

> „Die Konnossementsklauseln sind der natürlich Ausgleich der Interessen des Reeders und der Verladungsinteressenten auf dem Boden der Vertragsfreiheit im freien Spiel der Kräfte. Es ist weder notwendig noch berechtigt, hier gesetzlichen Zwang eingreifen zu lassen, zumal alle übrigen Gewerbezweige so wenig draran denken, sich derartigen Eingriffen in die Vertragsfreiheit zu unterwerfen, daß keiner überhaupt auf den Gedanken kommt, sie ihnen zuzumuten."

Im Anschluss an die Abänderung der Haltung gegenüber den Haager Regeln funktionierte offensichtlich auch seinerzeit bereits die konzentrierte Interessenvertretung der Reeder überaus gut. So wurde auch das bereits angeführte Gutachten *Wüstendörfers* „über die Verschlechterung der Rechtslage der Reeder durch die Haager Regeln"[484] von Seiten der Reeder für ihre Interessenvertretung genutzt und im Jahr 1927 dem Reichsjustizministerium vorgelegt[485]. Wohl auch aus diesem Grund sah sich *Wüstendörfer*[486] – wie gezeigt – bereits im Jahr 1928 in der das Gutachten veröffentlichenden Zeitschrift Hansa zu einer Erklärung veranlasst, dass es sich um ein *„privates Gutachten"* handele, welchem zudem keinesfalls der Auftrag einer umfassenden Interessenbewertung hinsichtlich einer Einführung der Haager Regeln in Deutschland zugrunde gelegen habe.

Es kann mithin festgehalten werden, dass bereits im Jahr 1925 und nachfolgend die Einführung der Haager seitens des Reichsjustizministeriums – wie sodann auch 1934 – vor allem wegen der befürchteten negativen wirtschaftlichen Auswirkungen für die deutschen Reeder insbesondere bei einem nicht einheitlichem Vorgehen mit den weiteren Ostseeanrainerstaaten, vor allem den

---

482 Eine Abschrift des Gesetzentwurfs 1925 findet sich in den Aktenbeständen des Reichsjustizministeriums aus dem Jahr 1933, vgl. Bundesarchiv Berlin R 3001/3209.

483 Nach *Stödter*, Geschichte der Konnossementsklauseln, S. 63.

484 *Wüstendörfer*, Hansa 1928, S. 893.

485 Bundesarchiv Berlin, R 3001/3208.

486 *Wüstendörfer*, Hansa 1928, S. 1046 (1046).

skandinavischen Ländern, zunächst zurückgestellt wurde[487]. Die Bedeutung gerade dieses Gesichtspunktes war auch auf der Osloer Tagung des CMI 1933 vom deutschen Vertreter noch einmal zur Begründung der deutschen Zurückhaltung hervorgehoben worden. Nach *Stödter*[488] erklärte dieser, dass mit der Einführung der Haager Regeln in Deutschland nur einzig deshalb abgewartet werde, um die Sicherheit zu haben, *„dass auch die übrigen mit Deutschland konkurrierenden Schifffahrtsnationen das Konnossementsabkommen annähmen"*. Einzig aufgrund des energischen Widerspruchs der Reeder wurde der Gesetzesentwurf 1925 zunächst zurückgestellt.

d) Der Gesetzesentwurf 1925 als Vorlage des Seerechtsänderungsgesetzes 1937?

Abschließend stellt sich an dieser Stelle die Frage, ob der Gesetzentwurf 1925 jedenfalls als Vorlage für das Gesetzgebungsverfahren 1937 verwendet wurde. Wie bereits erwähnt, entsprach jedenfalls der 1937 dem Sachverständigengremium vom Reichsjustizministerium vorgelegte Gesetzentwurf nicht wortgleich der Fassung von 1925.

Der Gesetzentwurf 1925 weist jedoch – wie gesehen – im inhaltlichen Grundkonzept durchaus Ähnlichkeiten mit dem Seerechtsänderungsgesetz von 1937 auf. Wenn in diesem später auch eine abweichende Anordnung der Neuregelungen in der Gesetzessystematik gefunden wurde, so sind doch auch bei den Einzelregelungen teilweise erhebliche Parallelen erkennbar.

Zur Veranschaulichung sollen beispielhaft die beiden Vorschriften des § 613 e des Gesetzesentwurfs 1925 sowie des § 663 HGB in der Fassung des

---

487 So auch die Begründung des Seerechtsänderungsgesetzes 1937 in: Deutscher Reichsanzeiger und Preußischer Staatsanzeiger Nr. 186/1937, S. 1 Sp. 2; vgl. auch *Eilenberger-Czwalinna*, Haftung des Verfrachters nach dem zweiten Seerechtsänderungsgesetz, S. 17, wobei dort und den dort angegebenen Quellen (*Wüstendörfer*, Neuzeitliches Seehandelsrecht, S. 32 sowie *Möller*, HRGZ 1937, Sp. 405 (407)) nicht klar zu entnehmen ist, inwieweit sich diese Bewertungen auch auf den Zeitraum 1925 bis 1937 beziehen oder lediglich die veröffentlichte Entscheidung des Reichsjustizministeriums von 1937 in Bezug nehmen. Der Gesetzesentwurf von 1925 wird dort zumindest an keiner Stelle erwähnt. Jedenfalls die angeführte Formulierung der ebenfalls von *Eilenberger-Czwalinna* angeführten Passage der Gesetzesbegründung darf jedoch als Indiz gewertet werden, dass die Erwägung hinsichtlich der Ostseeschifffahrt auch 1925 ausschlaggebend für die Zurückhaltung der Reichsregierung gegenüber den Haager Regeln gewesen war.

488 *Stödter*, Geschichte der Konnossementsklauseln, S. 64.

Seerechtsänderungsgesetzes von 1937 gegenübergestellt werden. Beide Vorschriften betreffen die Ausnahmen von der grundsätzlich vorgesehenen zwingenden Haftung des neuen Haftungsregimes:

§ 613 e Gesetzentwurf 1925	**§ 663 HGB (1897)**
(1) Die Vorschrift des § 613 d steht einer für den Fall der großen Haverei getroffenen Vereinbarung nicht entgegen.	§ 662 steht einer für den Fall der großen Haverei getroffenen Vereinbarung nicht entgegen.
(2) Sie finden keine Anwendung:	Er findet ferner keine Anwendung:
1. wenn sich der Vertrag auf lebende Tiere oder auf solche Güter bezieht, die auf Grund des Frachtvertrages auf Deck befördert werden;	1. wenn sich der Vertrag auf lebende Tiere oder eine Ladung bezieht, die im Konnossement als Deckladung bezeichnet und tatsächlich so befördert wird;
2. hinsichtlich der Verantwortlichkeit des Verfrachters [und des Reeders] für den Schaden, der in der Zeit vor dem Beginn des Einladens und nach der Beendigung des Ausladens verursacht oder eingetreten ist, und hinsichtlich des Pfandrechts für die Forderung auf den Ersatz eines solchen Schadens.	2. auf die Verpflichtungen, die dem Verfrachter hinsichtlich der Güter in der Zeit vor ihrer Einladung und nach ihrer Ausladung obliegen;
3. sofern das Konnossement auf den Namen des Empfängers lautet, mit dem Vermerk, „nicht an Order" versehen ist und den Inhalt der Vereinbarung widergibt, insbesondere Vereinbarungen über eine nicht handelsübliche, im regelmäßigen Handelsbetriebe zu besorgende Verschiffung, bei der die Art oder Beschaffenheit der Güter oder die Umstände oder Bedingungen, zu denen sie zu befördern sind, eine besondere Vereinbarung rechtfertigen;	3. auf solche Vereinbarungen, die über eine nicht handelsübliche im regelmäßigen Handelsverkehr zu bewirkende Verschiffung getroffen werden und durch die Eigenart oder Beschaffenheit der Güter oder durch die besonderen Umstände der Verschiffung gerechtfertigt sind, wenn das Konnossement diese Vereinbarungen enthält und mit dem Vermerk „nicht an Order" versehen ist;
4. wenn die Reise zur See nur durch deutsche Küstengewässer führt;	4. auf Chartepartien (§ 557).
5. wenn ein Konnossement nicht erteilt ist,	
6. bei einer Raumverfrachtung (§ 556 Ziffer 1), wenn das Konnossement nicht an einen Dritten begeben wird und im Verhältnis zwischen dem Verfrachter und dem Befrachter an die Stelle des Chartervertrages getreten ist.	

Die Regelung des § 613 e Abs. 2 Ziffer 5 Gesetzentwurf 1925 war im Seerechtsänderungsgesetz 1937 in § 662 HGB integriert worden, der die Abbedingung gewisser Vorschriften nur für den Fall ausschloss, dass ein Konnossement ausgestellt ist. Der noch in § 613 e Abs. 2 Ziffer 4 des Gesetzentwurfs 1925 vorgesehene Vorbehalt hinsichtlich der innerdeutschen Küstenschifffahrt, welcher gemäß Nr. 2 des Zeichnungsprotokolls der Haager Regeln zugelassen war, wurde– wie gezeigt – in den Beratungen des Reichsjustizministeriums 1937 aus dem Gesetz gestrichen[489]. Ein Vergleich mit dem 1937 dem Sachverständigengremium vorgelegten Gesetzentwurf[490] zeigt, dass – wenn auch in umgekehrter Reihenfolge – die Ziffern 4 und 5 des § 613 e Gesetzentwurf 1925 ursprünglich auch in § 663 des Gesetzesentwurfs 1937 vorgesehen waren.

Ebenso groß sind die Überschneidungen zwischen § 613 d Abs. 1 und 3 sowie § 613 f des Gesetzentwurfs 1925 mit § 662 Abs. 1 – 3 des dem Sachverständigengremium 1937 vorgelegten Gesetzentwurfs. Die synoptische Gegenüberstellung offenbart:

Gesetzentwurf 1925	§ 662 Abs. 1 - 3 Entwurf 1937
§ 613 d Abs. 1 und 3	
(1) Die nach den Vorschriften der §§ 559, 559 a, 613, 613 b, 613 c begründeten Verpflichtungen des Verfrachters *und das nach den Vorschriften des § 754 Ziffer 7, 9 begründete Pfandrecht des Befrachters und des Empfängers* können im Voraus nicht beschränkt werden. […]	(1) Die nach den Vorschriften der §§ 559, 606, 607, 608, 656, 660 und 661 begründeten Verpflichtungen des Verfrachters und die sich aus diesen Verpflichtungen ergebenden Schiffsgläubigerrechte (§ 754 Nr. 7, 9) können im Voraus nicht ausgeschlossen oder beschränkt werden. (HR III.8)

489 Der Vorbehalt wurde 1939 auf Wunsch des Verbands Deutscher Reeder wieder aufgenommen, weshalb Deutschland die Haager Regeln schließlich am 1.7.1939 mit dem Vorbehalt hinsichtlich der Küstenschifffahrt ratifizierte, vgl. Artikel 2 der Durchführungsverordnung zum Seerechtsänderungsgesetz 1937 (RGBl. 1939 I, S. 2501) sowie Unterlagen des Reichsjustizministeriums aus dem Jahr 1937, Bundesarchiv Berlin, Bestand R3001/23261.

490 Vgl. *Schubert*, Protokolle des Seerechtsausschuss, S. 453 – 460, dort S. 459.

(2) Dem Ausschluss der Haftung steht die Vereinbarung, dass der Verfrachter aus der Versicherung der Güter eintreten soll, die Vereinbarung, dass er einen ihm auf Grund des § 643 b zustehenden Ersatzanspruch dem Empfänger gegenüber geltend machen kann, sowie jede ähnliche Vereinbarung gleich. […] **§ 613 f** Vereinbarungen über die Erweiterung der im § 613 d bezeichneten Verpflichtungen des [Schiffers, Reeders und] Verfrachters bedürfen, wenn eine Charterpartie errichtet oder ein Konnossement ausgestellt ist, der Aufnahme in diese Urkunde.	(2) Dem Ausschluss der Haftung steht die Vereinbarung, dass der Verfrachter nach Vergütung des Schadens in die Rechte des Versicherten aus der Versicherung eintreten soll, und die Vereinbarung, dass er einen ihm nach § 563 zustehenden Ersatzanspruch gegen den Empfänger geltend machen kann, sowie jede ähnliche Vereinbarung gleich (HR III. 8, V Satz 3) (3) Vereinbarungen über die Erweiterung der Haftung des Verfrachters bedürfen der Aufnahme in das Konnossement (HR IV. 5 Abs. 3 u. V)

Wenn mithin 1937 offensichtlich auch eine systematische Neuordnung der umzusetzenden Vorschriften der Haager Regeln erfolgte, so findet sich abschnittsweise ein teils übereinstimmender Wortlaut, jedenfalls gleiche sprachliche Wendungen.

Zu beachten ist selbstverständlich, dass es Ziel sowohl des Gesetzesentwurfes von 1925, als auch des Seerechtsänderungsgesetzes von 1937 gewesen ist, die Haager Regeln in das deutsche Recht umzusetzen. Deren Formulierungen gaben mithin jedenfalls eine gewisse Richtlinie für die jeweiligen Gesetzesregeln vor. Aus einer ähnlichen Sprachwahl der jeweiligen Gesetzesentwürfe muss mithin noch nicht zwingend auf eine unmittelbare Verwandtschaft geschlossen werden.

Indes weisen neben den gesetzlichen Regelungen auch die Gesetzesbegründung von 1937 sowie die Erläuterung des Gesetzentwurfs 1925 durchaus erkennbare Übereinstimmungen auf, sodass davon ausgegangen werden muss, dass, wenn nicht gar der Gesetzesentwurf selbst, so jedoch wenigstens die diesen vorbereitenden Unterlagen auch 1937 im Reichsjustizministerium zur Ausarbeitung des Seerechtsänderungsgesetzes herangezogen wurden. Nahezu wortgleich finden sich dort beispielhaft folgende Absätze:

Erläuterung des Entwurfs 1925[491]	**Gesetzesbegründung 1937**[492]
Der Entwurf beschränkt sich nicht auf die Eingliederung der HR in das HGB, dehnt vielmehr das Anwendungsgebiet der Regeln aus gewisse Tatbestände aus, für die das Übereinkommen keine Geltung beansprucht. Anderenfalls würde z.B. der Verfrachter dem Charterer und dem Befrachter von Tieren oder Deckladung für Seeuntüchtigkeit nach altem Recht und für nautisches und kommerzielles Verschulden seiner Leute mit Freizeichnungsrecht, anderen Befrachtern für Seetüchtigkeit nach neuem Recht und nur für kommerzielles Verschulden seiner Leute ohne Freizeichnungsrecht haften, und für den Inhalt des Konnossements würden bei der Beförderung von Tieren und Deckladung andere Vorschriften gelten als bei der Beförderung anderer Güter. Das wäre sachlich nicht zu rechtfertigen. Welche Tatbestände im Einzelnen den HR unterworfen werden sollen, wird eingehender Prüfung bedürfen. Der Entwurf hat als einfachste Lösung die HR als nachgiebiges Recht auf alle Fälle des Frachtvertrages und auf die ganze Zeit zwischen Annahme und Ablieferung der Güter ausgedehnt.	Der Entwurf beschränkt sich nicht auf die Eingliederung der Haager Regeln in das Handelsgesetzbuch, dehnt vielmehr das Anwendungsgebiet der Regeln auf gewisse Tatbestände aus, für die das Übereinkommen keine Geltung beansprucht. Andernfalls würde z.B. der Verfrachter bei der Beförderung von Tieren oder Deckladung (Art. I c HR) nach altem Recht, insbesondere also mit Freizeichnungsrecht für nautisches und kommerzielles Verschulden seiner Leute, in anderen Fällen aber nach neuem Recht und nur für kommerzielles Verschulden seiner Leute ohne Freizeichnungsrecht (Art. IV 2 a und q und Art. III 8) haften. Für den Inhalt des Konnossements würden bei der Beförderung von Tieren und Deckladung andere Vorschriften gelten als bei der Beförderung anderer Güter. Das wäre sachlich nicht zu rechtfertigen. Der Entwurf hat als einfachste Lösung die Haager Regeln auf alle Fälle des Frachtvertrages und auf die ganze Zeit zwischen Annahme und Ablieferung der Güter ausgedehnt; er enthält jedoch insoweit n a c h g i e b i g e s Recht, als die Haager Regeln nicht gelten, § 663.

Diese Gleichförmigkeit in einem nicht durch die Formulierungen der Haager Regeln vorgegebenen Abschnitt der Gesetzgebungsmaterialien lässt keinen anderen Schluss zu, als dass der Gesetzentwurf von 1925 jedenfalls als Vorlage für den Gesetzentwurf von 1937 diente. An anderen Stellen finden sich hingegen derart erhebliche Abweichungen der beiden Regelungswerke, dass letztlich davon ausgegangen werden muss, dass 1937 – wenn auch unter Heranziehung des Gesetzesentwurfs 1925 – ein neuer Gesetzentwurf angefertigt wurde, welcher sodann dem Sachverständigengremium zur Beratung vorgelegt wurde.

491 *Reichsjustizministerium*, Entwurf Seerechtsänderungsgesetz 1925.

492 Deutscher Reichsanzeiger und Preußischer Staatsanzeiger Nr. 186/1937, S. 1 Sp. 3.

II. Exkurs: Die Beratungen über den Schleppvertrag

Der Seerechtsausschuss setzte sich mit der Thematik des Schleppvertrages in seiner 32. Arbeitssitzung vom 29. April 1937 als zweitem Tagesordnungspunkt auseinander; die Erörterung betraf jedoch zusammenfassend sowohl Schleppverträge des Seerechts als auch des Binnenschifffahrtsrechts.

Schulze-Smidt[493] wies in seinem die Beratungen vorbereitenden Referat darauf hin, dass der Schleppvertrag sowohl Werkvertrag (Verbringen des zu schleppenden Schiffes von einem Ort an einen anderen gegen Entlohnung) oder Dienstvertrag (entgeltliche Inanspruchnahme der Dienste des Schleppers und seiner Besatzung zu einem bestimmen Zweck) als auch Frachtvertrag (z.B. entgeltliche Beförderung eines unbemannten Fahrzeuges) oder Mietvertrag (z.B. bei monatsweiser Annahme eines Schleppers mit Besatzung für einen feststehenden Satz) sein könne, meist jedoch ein Werk- oder Dienstvertrag vorliege. Die jeweilige Zuordnung eines Schleppvertrages unter diese Kategorien hänge maßgeblich von den tatsächlichen Verhältnissen des Falles ab. Maßgeblich aufgrund dieser Mannigfaltigkeit der vorkommenden tatsächlichen Verhältnisse lehnte *Schulze-Smidt* letztlich ein gesetzliches Regelungsbedürfnis für den Schleppvertrag ab[494]. Darüber hinaus seien die wesentlichen Haftungsfragen, insbesondere die Fremdhaftungsfrage in den unterschiedlichen Konstellationen sowie die Anwendung des § 742 Abs. 3 HGB (1897) durch höchst-, jedenfalls obergerichtliche Rechtsprechung hinreichend geklärt, sodass er den Leitsatz vorschlug: *„Für den Schleppvertrag sind Vorschläge insbesondere hinsichtlich gesetzlicher Maßnahmen nicht zu machen."*

Heynen[495] stimmte in seinem Korreferat, in welchem er sich maßgeblich mit dem Binnenschifffahrtsrecht auseinandersetzte, weitestgehend diesem Ergebnis zu, sah indes durchaus eine Regelungsbedürftigkeit hinsichtlich der in den von Schleppunternehmen gestellten Schleppbedingungen durchaus vorzufindenden Freizeichnungsklauseln.

Die Beratungen des Seerechtsausschusses fielen nach Vortrag der vorbereitenden Referate überaus kurz aus. Der Vorsitzende *Lindenmaier*[496] hielt einzig den Gesichtspunkt der Freizeichnungsklauseln für problematisch, dieser könnte jedoch erst im Zusammenhang mit dem Frachtvertrag erörtert werden. Im

493 *Schulze-Smidt,* Referat: Der Schleppvertrag, in: *Schubert,* Protokolle des Seerechtsausschuss, S. 467 ff. (468).

494 Vgl. *Schubert,* Protokolle des Seerechtsausschuss, S. 473 f.

495 *Schubert,* Protokolle des Seerechtsausschuss, S. 474 f.

496 *Schubert,* Protokolle des Seerechtsausschuss, S. 465.

Übrigen wies er darauf hin, dass die Rechtsprechung mit Hilfe der Arglisteinrede sowie der Anwendung von § 242 BGB unbillige Ergebnisse im Zusammenhang mit Schleppverträgen verhindere. Sogar der von ihm vorgeschlagene Leitsatz: „Den Schleppvertrag seinem Begriff und Inhalt nach gesetzlich zu bestimmen, erscheint zur Zeit nicht geboten. – Der weitere Ausbau der Rechtsgestaltung ist insoweit der Rechtsprechung zu überlassen.“ wurde letztlich nicht mehr für erforderlich erachtet.

In *Lindenmaiers* Bericht der Ausschussarbeiten heißt es demgemäß lediglich, dass eine Lösung derjenigen Einzelfragen der Schleppverträge, welche Anlass zu Bedenken böten, der Rechtsprechung überlassen werden sollte[497].

III. Die Behandlung der Zeitcharter im Seerechtsausschuss

Der Seerechtsausschuss befasste sich mit dem Thema der Zeitcharter in der 36. Arbeitssitzung vom 20. April 1938[498] sowie der 37. Arbeitssitzung vom 12. Mai 1938[499], jeweils unter dem Vorsitz von *Lindenmaier*. Darüber hinaus hatte der Seerechtsausschuss bereits in der 22. – 26. Arbeitssitzung[500] den Themenkomplex „Reeder, Zeitcharterer und Ausrüster“ und die insbesondere von *Wüstendörfer* aufgeworfene Frage, ob der Zeitcharterer analog § 510 HGB als Ausrüster anzusehen sei, beraten. Die ausführlichen Erörterungen dieser Frage – nach *Lindenmaier*[501] eines der schwierigsten Probleme des Seerechts – führten jedoch nicht zu einer geschlossenen oder überwiegenden Auffassung der

497 *Lindenmaier*, JbADR 1939/40, S. 105 (127).

498 An der 36. Arbeitssitzung nahmen teil: *Lindenmaier* (Vorsitz), *Bramslöw*, *Baur*, *Bollmann*, *Brandt*, *Dettmers*, *Kleemann*, *Reinbeck*, *Riensberg*, *Schütte*, *Schulze-Smidt*, als Ministerialvertreter *Krieger*, *Gramm* (jeweils RJM) und *Fessler* (RVM), *Schrader*, die Sachverständigen *Dücker*, *Edye* und *Offen* sowie *Möller* als Protokollführer teil; vgl. *Schubert*, Protokolle des Seerechtsausschuss, S. 542.

499 Zusätzlich zur vorangegangenen Sitzung nahmen an der 37. Arbeitssitzung *Wüstendörfer*, *Kuhl*, *Sturm* und *Basedow* teil. Es fehlten aus der vorangegangenen Sitzung: *Bramslöw*, *Dettmers*, *Kleemann*, *Edye* und *Offen*; vgl. *Schubert*, Protokolle des Seerechtsausschuss, S. 553.

500 *Schubert*, Protokolle des Seerechtsausschuss, S. 292 – 354; vgl. zu diesem Thema auch die in unmittelbarem zeitlichem Zusammenhang mit den Beratungen des Seerechtsausschuss veröffentlichte Arbeit *Isernhagen*, Der Ausrüster im deutschen und ausländischen Rechte, Göttingen 1931, der sich im Rahmen einer Gesetzesreform des Seehandelsrechts nach dem Vorbild des niederländischen Rechts für eine zusammenfassende Regelung des Reeders, Ausrüsters und des Zeitcharterers aussprach, ebd., S. 102.

501 *Lindenmaier*, JbADR 1939/40, S. 105 (119).

Ausschussmitglieder. *Lindenmaier* verzichtete – wie oben bereits gezeigt – an dieser Stelle darauf, vom Führerprinzip Gebrauch zu machen. Vielmehr sollten beide im Ausschuss vertretenen Vorschläge dem Reichsjustizministerium unterbreitet werden[502].

Wie bereits gesehen, lässt sich sagen, dass zur Zeit der Beratung der Zeitcharter die im Wesentlichen von *Wüstendörfer* geprägte Auffassung über deren Rechtsnatur vorherrschte. Dieses spiegelte sich auch in den Beratungen des Seerechtsausschusses wider, die durch ein Referat von *Baur* nebst Skizze eines Gesetzentwurfs sowie einem Korreferat von *Riensberg* vorbereitet worden waren.

Zum besseren Verständnis der Beratungsprotokolle sei darauf hingewiesen, dass die Ausschussmitglieder eingangs regelmäßig den Zeitchartervertrag als „Schiffsmiete mit Dienstverschaffung" bezeichneten und daneben die Regelungsbedürftigkeit des „Zeitfrachtvertrages" diskutierten[503]. Als Beispiel für letzteren Vertragstyp wurde der Siemens-Konzern angeführt, der einen Dampfer gechartert hätte, um während einer gewissen Zeitdauer für die Erbauung eines Werks in Irland Materialien dorthin zu befördern.

Bereits aus der Bezeichnung „Schiffsmiete mit Dienstverschaffung" wird ersichtlich, dass der Seerechtsausschuss die Zeitcharter ohne größere Diskussion über die Rechtsnatur als Mietvertrag ansah. Zwar bemerkte *Baur* in der 36. Arbeitssitzung, dass, wenn das Reichsgericht auch bei Zeitcharterverträgen

502 *Schubert,* Protokolle des Seerechtsausschuss, S. 352; es standen sich folgende Auffassungen gegenüber: eine Gruppe der Ausschussmitglieder sprach sich für eine Haftungsregelung entsprechend dem Landfracht- und Flugrecht aus, wonach die Haftung dem Unternehmer des Schifffahrtsbetriebes generell aufzubürden sei, was auch insbesondere den Zeitcharterer erfassen sollte. Daneben habe der Vercharterer für vertragliche Ansprüche Dritter, die auf rechtsgeschäftlichem Handeln des Kapitäns oder einer Reedereiagentur beruhten, sowie Ansprüche aus unerlaubter Handlung der Schiffsbesatzung als Gesamtschuldner zu haften. Insbesondere der letzte Gesichtspunkt einer auch außervertraglichen Haftung des Schiffseigentümers wurde von den Reedervertretern energisch zurückgewiesen, vgl. hierzu auch *Lindenmaier,* JbADR 1939/40, S. 105 (119 f.).

503 *Riensberg* vertrat die Auffassung, dass zwischen den beiden Vertragstypen kein Unterschied bestehe und nur die Zeitcharter existiere. Ebenso erschloss sich insbesondere den beteiligten Sachverständigen die Unterscheidung nicht unmittelbar, sodass *Offen* darauf hinwies, dass für die Praxis kein nennenswerter Unterschied zwischen Zeit- und Reisecharter bestehe. Unterschiede seien lediglich in der Bemessung des Entgeltes zu sehen, vgl. *Schubert,* Protokolle des Seerechtsausschuss, S. 544 sowie 546. Diese Auffassung erschien *Riensberg* hingegen wiederum „*unangängig*", ebd., S. 547.

nahezu immer eine Miete mit Dienstverschaffung angenommen habe, doch *„der Grundsatz aufgestellt sei, es handle sich beim Chartervertrag im Zweifelsfall um einen Frachtvertrag“*[504]. Ein ausführlicher Diskurs über die Frage der Rechtsnatur der Zeitcharter ist den Protokollen hingegen nicht zu entnehmen. Vielmehr hatte *Lindenmaier* bereits zuvor darauf hingewiesen, dass die Rechtsprechung seit der Verwendung von Standardformularen wie der Deuzeit- oder Baltime-charter *„fast einhellig“* eine Schiffsmiete mit Dienstverschaffung angenommen habe[505]. Zum Abschluss der 36. Arbeitssitzung sprachen sich insbesondere auch der Vertreter des Reichsjustizministeriums *Krieger* und *Riensberg* dafür aus, die Zeitcharter bzw. die Schiffsmiete mit Dienstverschaffung dem Raumfrachtvertrag gegenüberzustellen[506].

Entsprechend diesem im Seerechtsausschuss vorherrschenden Verständnis wurde der Zeitchartervertrag auch noch vor dem Beratungsgegenstand des Seefrachtvertrags – wie einleitend aufgezeigt erfolgte dessen Beratung erst ab der 38. Arbeitssitzung vom 23. Juni 1938 – beraten. Es bleibt mithin festzuhalten, dass der Seerechtsausschuss die Zeitcharter nicht als Seefrachtvertrag behandelte[507]. Da Thema der vorliegenden Arbeit ausschließlich die Beratungen des Seerechtsausschusses über den Seefrachtvertrag sowie die Haager Regeln sind, werden die Beratungen der Zeitfrachtverträge nachfolgend nur in ihren Grundzügen dargestellt.

1. Das vorbereitende Referat Baurs

Gemäß der Arbeitsweise des Seerechtsausschusses trug *Baur* zu Beginn der 36. Arbeitssitzung zunächst das von ihm ausgearbeitete Referat „Zeitfrachtvertrag und Schiffsmiete (Zeitcharter)“[508] vor. Das Hauptaugenmerk des Referats

---

504 *Schubert,* Protokolle des Seerechtsausschuss, S. 546.

505 Vgl. *Schubert,* Protokolle des Seerechtsausschuss, S. 544 f.

506 *Schubert,* Protokolle des Seerechtsausschuss, S. 548; *Riensberg,* Hansa 1956, S. 2294 (2294 – 2300), revidierte – wie gesehen – später seine Auffassung und erklärte: *„Zu dem Ergebnis dieser Untersuchungen möchte ich schließlich noch sagen, dass ich zwar stets die Meinung vertreten habe, daß es völlig abwegig ist, gleiche Zeitchartertexte nach irgendwelchen Geschäftsabsichten verschiedenartig zu werten, daß ich jedoch vor dem Kriege mich mit der herrschenden Meinung in dem Sinne geäußert habe, daß die Zeitcharter Miete mit Dienstverschaffung sei.“*, ebd., (2300).

507 Vgl. auch *Lindenmaier,* JbADR 1939/40, S. 105 (128), wonach sich die §§ 556 – 605 HGB im Gegensatz zur Mietcharter auf den Fall eines *„echten Seefrachtvertrages“* bezögen.

508 *Baur,* Referat: Zeitfrachtvertrag und Schiffsmiete (Zeitcharter), Anlage 1 zum Protokoll der 36. Arbeitssitzung vom 20. April 1937.

lag auf der Zeitcharter, die *Baur* durchgängig, wie auch bereits in der Überschrift, als „Schiffsmiete" bezeichnete und hiermit ausdrücklich nicht eine Bareboat-Charter meinte[509]. Es handelte sich schlicht um eine Verkürzung der Bezeichnung „Schiffsmiete mit Dienstverschaffung".

Als wesentlichen Anwendungsfall dieses Vertragstyps erkannte *Baur* unter anderem unter Bezugnahme auf *Wüstendörfer* die Situation, dass eine Linienreederei ihren Schiffspark durch Jahreszeit oder Konjunktur bedingt oder infolge besonderer Umstände wie Krieg durch Charterung fremder Schiffe erweitere, wobei diese Schiffe regelmäßig unter eigener Flagge und Schornsteinmarke der Linienreedereien eingesetzt würden[510]. Für eben diesen Vertragstyp bestand nach *Baur* ein gesetzliches Regelungsbedürfnis letztlich aus drei Gründen[511]:

- zum einen aufgrund der erheblichen wirtschaftlichen Rolle, die dem Rechtsgebilde zukam;
- weiter hätten es weder Rechtsprechung noch das juristische Schrifttum vermocht, die gesetzliche Lücke, in der sich die Zeitcharter befinde, einheitlich, geschweige denn vollständig zu schließen;
- drittens seien die von der Praxis verwendeten Vertragsformulare in vielerlei Hinsicht unzulänglich, da sie vor allem nicht klar genug zu erkennen gäben, welche Rechtsnatur der Vertrag haben solle.

Man müsse sich – so *Baur* weiter – endlich *„vor Augen halten, dass das Rechtsgebilde der Schiffsmiete mit Dienstverschaffung ja nun einmal tatsächlich besteht, dass Rechtsprechung, Schrifttum und wohl auch die Wirtschaft es anerkennen und deshalb der Einwand nicht durchlägt, die Bestimmungen des HGB über Frachtgeschäfte oder die Klauseln der Charterformulare, die zum großen Teil nicht für ein Mietegeschäft passen, reichten zur Erledigung aller Streitfragen aus"*[512].

Eine Analyse ausländischer Seerechtsordnungen, vor allem Englands, der Niederlande, Russlands sowie der skandinavischen Staaten, bestärkte *Baur* in seiner Forderung nach einer gesetzlichen Regelung noch[513]:

509 *Baur,* Referat: Zeitfrachtvertrag und Schiffsmiete (Zeitcharter), S. 5.

510 *Baur,* Referat: Zeitfrachtvertrag und Schiffsmiete (Zeitcharter), S. 4.

511 *Baur,* Referat: Zeitfrachtvertrag und Schiffsmiete (Zeitcharter), S. 5 ff.

512 *Baur,* Referat: Zeitfrachtvertrag und Schiffsmiete (Zeitcharter), S. 8.

513 *Baur,* Referat: Zeitfrachtvertrag und Schiffsmiete (Zeitcharter), S. 17; *Baur* ergänzte in der 36. Arbeitssitzung: *„Der Gedanke der Schiffsmiete müsse endlich einmal im Gesetz einen Niederschlag finden, dann werde er marschieren. Besonders könne das Gesetz die Rechtsprechung auf den richtigen Weg hinlenken."*, vgl. *Schubert,* Protokolle des Seerechtsausschuss, S. 543.

„Diese kurze Übersicht über das ausländische Seerecht zeigt, dass die Zeitcharter als „Schiffsmiete“ in keinem einzigen Lande der Welt, und als „Frachtvertrag“ nur in Holland und Schweden, sowie völlig unzureichend in Russland durch Gesetz geregelt ist, was aber wohl nicht auf mangelndem Bedürfnis, sondern auf mangelndem Erkennen des zwiespältigen Wesens der Zeitcharter in juristischer und wirtschaftlicher Beziehung beruht. Wenn sich Deutschland daher entschlösse, die bestehenden Lücken zu füllen, so würde es den anderen Völkern auf gesetzgeberischem Gebiet vorausgehen [...].“

Der von *Baur* verfolgte Ansatz bezüglich der Zeitcharter sollte sich – wie gezeigt – jedoch auch in Deutschland letztlich nicht durchsetzen. Der als Sachverständiger geladene Hamburger Reeder *Offen* relativierte später *Baurs* durchaus überhebliche Haltung gegenüber den ausländischen Seerechtsordnungen aus Sicht des Seehandelspraktikers, was zugleich als Verteidigung der im Seehandelsrecht vorherrschenden weitgehenden Vertragsfreiheit zu verstehen gewesen sein dürfte[514]:

„Wenn im Ausland häufig eine gesetzliche Behandlung des Chartervertrages unterlassen sei, so beruhe das sicherlich nicht auf einem Übersehen der praktisch so bedeutsamen Charterverträge, sondern von der gesetzlichen Erfassung sei wahrscheinlich mit Absicht deshalb Abstand genommen, weil die Verkehrsauffassung dauernd im Fluss sei. Eine gesetzliche Normierung könne nur hemmend auf die Weiterentwicklung der Praxis wirken.“

Zum Abschluss seines Referats entwarf *Baur* einen Gesetzesvorschlag zur Regelung der Zeitcharter, welcher, um den *„wirtschaftlichen Bedürfnissen“* gerecht zu werden, auf den von der Schifffahrtspraxis am häufigsten verwendeten Formularen der Baltime-, beziehungsweise der diese ins deutsche übersetzenden Deuzeit-Charter basierte und zudem insgesamt dispositives Recht enthalten sollte[515].

Der Seerechtsausschuss verstand sich zwar im Allgemeinen nicht als Gesetzesschreiber des Reichsjustizministeriums[516], gleichwohl hatte *Baur* seinem Referat eine kommentierte Skizze eines Gesetzesentwurfs beigefügt. Dieser waren sämtliche Regelungen des Deuzeitformulars zugrunde gelegt worden, wobei *Baur* selbst erklärte, zunächst auch solche Bestimmungen mit aufgenommen zu haben, die letztlich überflüssig wären[517]. Es sei jedoch leichter, solche Regelungen im Nachhinein zu streichen. Die Gesetzesskizze umfasste insgesamt 15

514 *Schubert,* Protokolle des Seerechtsausschuss, S. 546.

515 *Baur,* Referat: Zeitfrachtvertrag und Schiffsmiete (Zeitcharter), S. 8 und 17 f.

516 Vgl. etwa die unten dargestellte Behandlung der Haager Regeln im Seerechtsausschuss, C. I. 2.

517 Vgl. *Schubert,* Protokolle des Seerechtsausschuss, S. 544. Die Skizze ist dem Protokoll der 36. Arbeitssitzung neben *Baurs* Referat als Anlage 1 beigefügt worden,

Paragraphen zu den Regelungsgegenständen Begriffsbestimmung und Urkunde, Zustand des Schiffes, Überlassung und Rückgabe des Schiffes, Verwendung des Schiffes, verbotene Verwendung, Ladung, Besatzung, Leistungen des Mieters, Haftung, Miete, Wegfall der Miete, Berge- und Hilfslöhne, Rücktritt, Überlassung des Schiffes sowie Veräußerung des Schiffes. Ferner griff *Baur* in weiteren Bemerkungen noch zusätzliche Klauseln aus den Charterformularen auf. Die Übernahme dieser Klauseln in eine gesetzliche Regelung der Zeitcharter hielt *Baur* jedoch im Ergebnis jeweils nicht für erforderlich: Klauseln, die ein Pfandrecht für den Vercharterer an den Gütern vorsahen, seien unwirksam und nicht sachgemäß; Klauseln, die den Zeitcharterer zur Führung eines Tagebuchs verpflichteten oder die Frage der Versicherung betrafen, seien überflüssig, da anderweitige gesetzliche Regelungen diese Fragen bereits regelten; Regelungen zur Beschränkung des Schadensersatzes sowie betreffend den Rücktritt bei verspäteter Übergabe des Schiffes, wie sie ebenfalls in Zeitcharterterformularen vorkämen, seien besser durch Individualvereinbarungen zu treffen; zuletzt sei die Charterklausel, die eine Haftung des Mieters für von ihm nicht verursachte Schäden am Schiff begründete, zu weitgehend und deshalb nicht ins Gesetz zu übernehmen.

Riensberg erstattete zu *Baurs* Ausführungen ein Korreferat, welches insbesondere eine Reihe von Änderungsvorschlägen zu *Baurs* Gesetzesskizze enthielt[518].

2. Die Beratung über die Bezeichnung des Vertragstypus

Nachdem zunächst *Lindenmaier* die Beratungen des Seerechtsausschusses auf das Innenverhältnis zwischen Vercharterer und Charterer begrenzte, stellte er im Anschluss ohne größere Erörterung fest, dass die *„rein praktische Frage"*, ob es zweckmäßig sei, *„jenes Rechtsverhältnis gesetzlich zu regeln, das in der Deuzeit- und Baltimecharter seine formularrechtliche Normierung gefunden habe"*, zu bejahen sei[519]. Auf die soeben gezeigte durchaus kritische Sicht *Offens* ging *Lindenmaier* entkräftend mit dem Hinweis ein, dass keinesfalls eine zwingende Regelung beabsichtigt werde.

Hieraufhin lenkte *Lindenmaier* die Diskussion zur Namensfrage des Vertragstyps. Bei dieser bestand im Vergleich zur Frage der Rechtsnatur weniger

---

Baur, Gesetzesskizze Zeitcharter; eine unkommentierte Fassung des Gesetzentwurfs ist abgedruckt bei *Schubert,* Protokolle des Seerechtsausschuss, S. 549 – 551.

518 Die Änderungsvorschläge sind abgedruckt bei *Schubert,* Protokolle des Seerechtsausschuss, S. 552 f.

519 *Schubert,* Protokolle des Seerechtsausschuss, S. 544.

Einigkeit im Seerechtsausschuss. Auf der Tagesordnung wurde die Beratung des „Zeitchartervertrages" aufgeführt. Hierunter wurden jedoch die „Schiffsmiete mit Dienstverschaffung" und der „Zeitfrachtvertrag" gefasst.

Sowohl *Baur* als auch *Lindenmaier* wandten sich gegen den Begriff „Schiffsmiete mit Dienstverschaffung", da dieser nicht der Terminologie des Seerechts entnommen worden und für die Praxis zu kompliziert sei[520]. *Lindenmaier* sprach sich zunächst für den Ausdruck „Zeitcharter" aus. *Baur* hielt diesen jedoch für doppeldeutig und befürwortete abweichend von seiner Skizze eines Gesetzesentwurfs das Wort „Schiffspacht". *Riensberg*[521] wandte sich gegen diesen Vorschlag und verteidigte den von ihm in seinem Koreferat bereits verwendeten Begriff der „Zeitcharter". *Lindenmaier* unternahm daraufhin den Versuch, die unterschiedlichen Meinungen unter dem Begriff der „Schiffscharter" zusammenzufassen, wurde jedoch insbesondere von *Eyde* darauf hingewiesen, dass in der Praxis nur Zeitmietverträge vorkämen und daher ohne weiteres von einer „Zeitcharter" gesprochen werden könne.

Letztlich vermochte sich jedoch dieser Begriff nicht durchzusetzen. Vielmehr schlug *Wüstendörfer*[522] in der darauffolgenden Sitzung den Begriff „Mietcharter" vor, um diesen der „Frachtcharter" gegenüberzustellen. Durch diese Begrifflichkeiten, so *Wüstendörfer*, ließen sich *„das Bedürfnis nach juristischer Genauigkeit und nach Lebensnähe der Rechtsordnung"* am besten befriedigen. Dieser Vorschlag fand großen Anklang im Seerechtsausschuss, sodass schließlich Einigkeit darüber herrschte, den Vertrag „Mietcharter" zu nennen. Zugleich einigten sich die Mitglieder des Seerechtsausschusses darüber, die Parteien dieses Vertrages als „Mieter" und „Vermieter" zu bezeichnen[523].

---

520 *Schubert,* Protokolle des Seerechtsausschuss, S. 545 f.

521 *Schubert,* Protokolle des Seerechtsausschuss, S. 547.

522 Vgl. *Schubert,* Protokolle des Seerechtsausschuss, S. 554; dieses Beispiel vermittelt anschaulich das Gewicht, welches *Wüstendörfers* Redebeiträge und Auffassungen im Seerechtsausschuss beigemessen wurde.

523 *Schubert,* Protokolle des Seerechtsausschuss, S. 555; bereits der Unterausschuss betreffend „Zeitcharter" hatte sich entgegen der kaufmännischen Übung für diese Bezeichnungen ausgesprochen, da es sich um *„deutsche Worte"* handele und *„das Rechtsverhältnis in seinem Wesen klagestellt"* werde, ebd., S. 559. Im Rahmen der Beratungen des Seefrachtvertrages in der 38. Arbeitssitzung sollte die Frage der Bezeichnung der Vertragsverhältnisse noch einmal vom dortigen Korreferenten *Offen* aufgeworfen werden, vgl. hierzu unten C. IV. 1. a).

3. Die Beratung des Gesetzesentwurfs

Nachdem zum Abschluss der 36. Arbeitssitzung weitestgehend Einigkeit im Seerechtsausschuss bestand, dass die Zeitcharter neben dem Raumfrachtvertrag beziehungsweise der Reisecharter als zweiter Vertragstyp gesetzlich geregelt werden sollte, setzte *Lindenmaier* zur Beratung der Einzelfragen einen Unterausschuss ein, dem neben den beiden Referenten *Bauer* und *Riensberg* die beiden Praktiker *Offen* und *Lösch* angehörten. Ergänzend stand *Brandt* für versicherungsrechtliche Nachfragen unterstützend zur Verfügung.

Der Unterausschuss prüfte in der Zeit bis zur nächsten Arbeitssitzung des Seerechtsausschusses die ursprüngliche Gesetzesskizze *Baurs* und legte hierüber einen umfangreichen Bericht sowie einen überarbeiteten Gesetzentwurf vor[524]. Dieser umfasste im Vergleich zur Gesetzesskizze *Baurs* nur noch 13 Paragraphen, welche im Plenum des Seerechtsausschusses einzeln durchberaten wurden. Insbesondere *Wüstendörfer* beteiligte sich hierbei mit umfangreichen Redebeiträgen.

Bemerkenswert ist zunächst, dass nahezu sämtliche Änderungsvorschläge des Korreferenten *Riensberg* vom Unterausschuss übernommen und sodann auch vom Seerechtsausschuss gebilligt wurden. Weiterhin proklamierte *Lindenmaier* mehrfach, der Gesetzesentwurf dürfe nicht zu detailreich und kasuistisch werden; „*jede Kasuistik und Komplizierung [müsse] vermieden werden*“[525] lautete die Vorgabe. Zudem ist insgesamt festzustellen, dass es bei der Aussprache im Seerechtsausschuss letztlich nur in wenigen Einzelgesichtspunkten des Gesetzesentwurfs umfangreichere Diskussionen gab. Dieses dürfte in erster Linie an der vorbereitenden Arbeit des Unterausschusses gelegen haben, der im Anschluss an den ersten zu diesem Thema abgehaltenen Sitzungstag bereits ein gewisses Gespür für die generelle Haltung der Ausschussmitglieder zu den Einzelfragen der Zeitcharter entwickeln konnte und in dem im Übrigen bereits Vertreter der unterschiedlichen Interessengruppen vertreten waren. Somit waren mehrheitsfähige Ergebnisse häufig bereits im Unterausschuss gefunden worden. Darüber hinaus hatte *Baur* seine Gesetzesskizze überaus nah an dem Formular der Deuzeit-Charter formuliert. Hierbei handelte es sich um ein von der Praxis entwickeltes und daher auch akzeptiertes Regelungswerk, welches im Übrigen

524 Der Bericht des Unterausschusses und die neuerliche Skizze eines Gesetzesentwurfs sind als Anlagen zur 37. Arbeitssitzung abgedruckt bei *Schubert,* Protokolle des Seerechtsausschuss, S. 559 – 567.

525 *Schubert,* Protokolle des Seerechtsausschuss, S. 556.

nach Vorstellung des Seerechtsausschusses gerade als Vertragstyp normiert werden sollte.

Der vom Seerechtsausschuss als „Mietcharter" bezeichnete Vertrag wurde gemäß § 1 des Gesetzesentwurfs wie folgt gefasst[526]:

> „Wird ein Schiff mit der Bestimmung vermietet, dass der Mieter es zur Beförderung von Gütern oder Reisenden verwendet, dass aber der Vermieter den Kapitän und die übrige Besatzung anstellt, so kann jeder Teil die Errichtung einer schriftlichen Urkunde über den Vertrag verlangen."

Die im Vergleich zur Gesetzesskizze eingefügte Ergänzung *„und die übrige Besatzung"* sollte, wenn auch bei nahezu jeder Zeitcharter zugleich auch die Besatzung vom Reeder angestellt werden würde, nicht begriffsnotwendig sein, da rechtliche Bedeutung nur der Anstellung des Kapitäns zukommen könne, worauf bereits *Baur*[527] in seinem Referat hingewiesen hatte. Die Einfügung einer gesetzlichen Definition durch einen Klammerzusatz „Zeitcharter" am Ende des ersten Halbsatzes wurde vom Unterausschuss nicht für notwendig erachtet[528] und auch vom Seerechtsausschuss nicht aufgegriffen.

§ 2 des Gesetzesentwurfs unterstrich noch einmal den mietvertraglichen Charakter der Zeitcharter, indem dieser bezüglich des Zustandes des Schiffes vorsah, dass das Schiff in einem see- und ladungstüchtigen sowie zu dem vertragsgemäßen Gebrauch zu überlassen und in diesem Zustand vom Vermieter während der Mietzeit zu erhalten sei. Der dritte Absatz wurde gemäß dem Vorschlag von *Riensberg* dahingehend gefasst, dass *„das Schiff bei Überlassung im ladefertigen Zustand"* sein müsse. Durch diese Formulierung sollte der Eindruck vermieden werden, dass Schiff müsse schon unmittelbar konkret auf die Einladung von Gütern vorbereitet sein[529].

Eine Regelung hinsichtlich der Rechtsstellung des Kapitäns als Besitzdiener einer der beiden oder beider Parteien einer Zeitcharter wurde bewusst nicht in den Gesetzesentwurf aufgenommen. *Lindenmaier*[530] wies in der Plenumsdiskussion zwar zunächst noch darauf hin, dass diese Frage durchaus für die Bestimmung der Rechtsnatur des Vertrages bedeutsam sei, nach dem Vorhalt *Wüstendörfers,*

---

526 Vgl. zu den nachfolgenden Erläuterungen den Bericht des Unterausschusses, *Schubert,* Protokolle des Seerechtsausschuss, S. 559 – 564.

527 *Baur,* Gesetzesskizze Zeitcharter, S. 3.

528 *Schubert,* Protokolle des Seerechtsausschuss, S. 559.

529 Vgl. *Schubert,* Protokolle des Seerechtsausschuss, S. 552; *Baur* hatte noch die Formulierung *„zur Einnahme der Ladung"* vorgeschlagen.

530 Vgl. *Schubert,* Protokolle des Seerechtsausschuss, S. 555.

dass hierfür in erster Linie jedoch die wirtschaftliche Zweckvorstellung der Parteien entscheidend sei und die Besitzdienerschaft nur nachrangig interessiere, stimmte auch *Lindenmaier* diesem Vorgehen zu.

Im Übrigen gingen die Mitglieder des Unterausschusses aufgrund der seinerzeit vorherrschenden Auffassung davon aus, dass die Gerichte die mietrechtlichen Regelungen des BGB auch ohne einen expliziten gesetzlichen Verweis anwenden würden[531]. Der Seerechtsausschuss griff diesen Gedanken nachfolgend gar nicht erst noch einmal auf. Gleiches gilt für die im Unterausschuss aufgekommene Idee, entsprechend dem niederländischen Recht eine Regelung einzufügen, die eine verringerte Miete bei Nichterfüllung zugesicherter Eigenschaften des Schiffes beinhalten sollte. Hier ging jedoch bereits der Unterausschuss im Ergebnis davon aus, dass die Gerichte auch ohne explizite Regelung über die allgemeinen gesetzlichen Bestimmungen ein gerechtes Ergebnis herbeiführen könnten[532].

Hinsichtlich der ausführlichen Regelung zur Überlassung und Rückgabe des Schiffes in § 3 hatte bereits der Unterausschuss die inhaltlichen und sprachlichen Ergänzung *Riensbergs* zum Liegeplatz *„sofort erreichbar und frei"* sowie die Konkretisierung zur Rückgaberegelung des Absatzes 3 *„bei Ablauf der vorgesehenen Charterzeit"* übernommen. *Kuhl*[533] regte in der Plenumsdiskussion an, zusätzlich ein *„Sicherheitsventil"* in Anlehnung an den Gedanken der Zeilen 76 ff. der Deuzeit-Charter (Rückgabe des Schiffs in gleich gutem Zustand, wobei gewöhnlicher Gebrauch und Abnutzung ausgenommen sein sollte) aufzunehmen. Andernfalls bestünde zulasten des Reeders die Gefahr, dass der Charterer das Schiff *„hetze"*. *Lindenmaier* hielt diese Befürchtung jedoch bereits über die Bestimmungen des BGB für lösbar; *Riensberg* wies ergänzend darauf hin, dass der Charterer sich bei von Kapitän und Ingenieur übereinstimmend für erforderlich erachteten Wartungsarbeiten diesen beugen müsste, weshalb die praktischen Schwierigkeiten letztlich gering seien. Schließlich stimmte auch *Kuhl* zu, dass es einer entsprechenden Regelung nicht bedürfe.

Ebenso für nicht erforderlich wurden vom Seerechtsausschuss die von *Baur* vorgeschlagenen Regelungen betreffend der Verwendung des Schiffs (§ 4 der Gesetzesskizze) sowie einer verbotenen Verwendung (§ 5 der Gesetzesskizze)

---

531 *Schubert,* Protokolle des Seerechtsausschuss, S. 559; so auch ausdrücklich bezüglich der Bestimmung des § 548 BGB a. F., ebd., S. 560.

532 *Schubert,* Protokolle des Seerechtsausschuss, S. 560.

533 Vgl. zur Diskussion *Schubert,* Protokolle des Seerechtsausschuss, S. 555; *Baur* hatte diese Klausel der Deuzeit-Charter in seinem Referat bereits als zu weitgehend kritisiert, *Baur,* Gesetzesskizze Zeitcharter, S. 21.

gehalten und demensprechend – gemäß dem Vorschlag des Unterausschusses – ersatzlos gestrichen[534]. Keinesfalls einheitlich sei nach dem Bericht des Unterausschusses die Handhabung von Schornsteinmarken sowie der Flaggensetzung; im Übrigen enthielten die Vorschläge Selbstverständlichkeiten. Eine Regelung, welche Verwendungen des Schiffes untersagt seien, sollte besser der Individualvereinbarung der Vertragsparteien überlassen werden. *Wüstendörfer*[535] hielt eine solche Regelung ebenfalls für entbehrlich, da bei Rückgabe eines beschädigten Schiffs ohnehin den Charterer eine Exkulpationspflicht treffe.

Durch die Streichung dieser beiden von *Baur* vorgeschlagenen Paragraphen rückten die nachfolgenden Regelungen der Gesetzesskizze im Entwurf des Unterausschusses selbstverständlich entsprechend auf.

Der neue § 4, der eine Regelung hinsichtlich nicht zulässiger Ladung enthielt, führte im Seerechtsausschuss lediglich zu einer Diskussion über die Begriffe der „Kriegskonterbande" sowie „Bannware"[536]. Um hier eine Verwechslung mit dem auch steuer- sowie zollrechtlich verwendeten Begriff der Bannware zu vermeiden, einigte der Ausschuss sich schließlich vorläufig auf *Wüstendörfers* Neuschöpfung „Kriegsbannware" als *terminus technicus* und hielt im Übrigen eine einheitliche Begrifflichkeit mit dem zukünftigen Prisenrechts für erstrebenswert.

Die Regelung über die Besatzung (§ 5 des Gesetzesentwurfs) war bereits vom Unterausschuss im Sinne *Riensbergs* Änderungsvorschlägen angepasst worden[537]. Überstunden des grundsätzlich vom Vercharterer angestellten Kapitäns sowie der Mannschaft sollten vom Charterer nur zu vergüten sein, falls hierfür eine gesonderte Verpflichtung vereinbart sei; lediglich für Schiffsoffiziere sah die Tarifordnung für die Deutsche Seeschifffahrt eine pauschale Abgeltung für Überarbeit vor. Die Pflichten des Charterers zum Laden und Löschen des Schiffes wurden insgesamt allgemeiner gefasst. Absatz 3 dieser Vorschrift enthielt die für die Zeitcharter typische Employment-Klausel. Diese lautete:

> „Der Kapitän hat die Anweisungen des Mieters insoweit zu befolgen, als sie sich auf die Verwendung des Schiffes, insbesondere die Bestimmung der Reisen und die Beförderung und Behandlung der Güter (§606) im Rahmen des Mietvertrages beziehen."

Die weitergehende Frage, inwiefern der Kapitän zur rechtsgeschäftlichen Vertretung des Charterers (etwa beim Kauf von Bunkerkohlen) berechtigt sein sollte,

---

534 Vgl. *Schubert,* Protokolle des Seerechtsausschuss, S. 560.

535 *Schubert,* Protokolle des Seerechtsausschuss, S. 556.

536 *Schubert,* Protokolle des Seerechtsausschuss, S. 556.

537 *Schubert,* Protokolle des Seerechtsausschuss, S. 561; zur Beratung im Seerechtsausschuss vgl. ebd., S. 556.

wurde maßgeblich von den die Beratungsfelder vorbereitenden Referaten übernommen. Diesen kam bei den Beratungen aufgrund des vom Seerechtsausschuss gewählten Vorgehens eine besondere Bedeutung zu.

Die Beratungen des Rechts des Seefrachtvertrages erfolgten in der 38. Arbeitssitzung vom 23. Juni 1938 bis zur 49. Arbeitssitzung vom 7./8. Januar 1942 jeweils unter dem Vorsitz von *Lindenmaier*. Daneben nahm auch *Wüstendörfer* an einem Großteil der Sitzungen als Ehrenmitglied teil. Brandt nahm als Einziger genau wie Lindenmaier an sämtlichen Sitzungen betreffend den Seefrachtvertrag teil. Weitere regelmäßige Sitzungsteilnehmer waren vor allem die Rechtsanwälte *Baur*, *Bollmann*, *Kleemann* und *Arthur Schulze-Smidt*, der Vertreter des Reichsjustizministeriums *Krieger*, die Reedereivertreter *Offen* und *Schütte* sowie Richter *Reinbeck*[554].

Der Seerechtsausschuss hatte im Laufe der vorangegangenen Sitzungen eine ausgereifte Arbeitsweise entwickelt, die darauf abzielte, *„in Gestalt von – möglichst präzise gefassten – Leitsätzen diejenigen Richtlinien und Gedankengänge herauszustellen, die [...] maßgebend für die Neuformung des bearbeiteten Gesamt- oder Einzelgebietes sowohl dessen Grundhaltung nach als auch für wichtige Einzelpunkte“* erschienen[555]. Hierauf waren auch die vorbereitenden Referate jeweils ausgerichtet worden.

---

aufgefunden werden; vgl. zum schwedischen Seerechtsgesetz vom 5.6.1936 (svensk författningssamling Nr. 1936:276) *Pappenheim*, RabelsZ 1936, S. 931 – 938. Eine deutsche Übersetzung des in weiten Teilen mit dem schwedischen übereinstimmenden norwegischen Seefahrtsgesetzes vom 20.7.1893 in der Fassung des Änderungsgesetzes vom 3.12.1948 findet sich als Anhang III bei *Losch*, Die Erneuerung des skandinavischen Seehandelsrechts (dargestellt an der Seerechtsgesetzgebung Norwegens), Diss. iur. Hamburg 1954; das Änderungsgesetz vom 3.12.1948 (Norsk Lovtidend 1948 I, S. 1041) brachte keine maßgeblichen Änderungen des norwegischen *Lov om sjøfarten*, *sodass* die Übersetzung von *Losch* weitestgehend dem norwegischen Seerecht in der Fassung des Änderungsgesetzes vom 31.12.1938 (Norsk Lovtidend 1938 I, S. 1593 ff.) entsprechen dürfte) sowie der italienische Entwurf eines Seerechtsgesetzes von 1931 (vgl. zu diesem die rechtsvergleichende Untersuchung von *Wüstendörfer*, RabelsZ 1933, S. 1 – 35).

554 Vgl. die Übersicht der Sitzungsteilnehmer in Anhang B dieser Arbeit.

555 *Lindenmaier*, JbADR 1939/40, S. 105 (106); vgl. zu den vom Seerechtsausschuss in der 38. bis 44. Arbeitssitzung gefassten Leitsätzen auch die Zusammenfassung von Lindenmaier, ebd. (128 – 138).

1. Thema: Das Frachtgeschäft zur Beförderung von Gütern nach den §§ 556 – 605 HGB (Referat Bollmann/Korreferat Offen) – 38. bis 43. Arbeitssitzung (23.06.1938 – 05.06.1939)

Ab der 38. Arbeitssitzung vom 23. Juni 1938 wandte sich der Seerechtsausschuss dem – nach *Lindenmaier*[556] in Abgrenzung zur Zeitcharter – *„echten Seefrachtvertrag"* zu. Rechtsanwalt *Bollmann* hatte über die §§ 556 – 605 HGB (1897[557]) ein umfangreiches Referat mit dem Titel „Das Frachtgeschäft zur Beförderung von Gütern" ausgearbeitet, welches insgesamt 28 Leitsätze umfasste, wobei *Bollmann* die Leitsätze 22 – 24 für die Beratung der §§ 578 – 587 HGB im Laufe der Beratungen noch einmal neu fasste[558]. Der Beratungsablauf orientierte sich weitestgehend an der Reihenfolge des Referats; lediglich vereinzelt wurde diese aus thematischen Gründen verlassen. Zum letzten Mal wurde zu einem Themenkomplex ergänzend ein Korreferat erstellt. Dieses hatte der Reeder *Offen* angefertigt. Dieses beschränkte sich jedoch lediglich auf einige Bemerkungen zu Einzelgesichtspunkten, da, so *Offen*[559] einleitend seiner Ausführungen, er den *„umfangreichen Schriftsatz über die Neufassung des HGB betreffend das Frachtgeschäft zur Beförderung von Gütern [...] sowohl in Aufbau als Inhalt vorzüglich"* fand und daher ein längeres Korreferat nicht für erforderlich hielt[560].

---

556 *Lindenmaier*, JbADR 1939/40, S. 105 (128).

557 Die Bezeichnung HGB (1897) bezieht sich auf das HGB in der ursprünglichen Fassung, wie es unter dem 10. Mai 1897 im Reichsgesetzblatt veröffentlicht wurde. Eine Ablichtung des 5. Buchs, 4. Abschnitt (§§ 556 – 663) betreffend das „Frachtgeschäft zur Beförderung von Gütern" ist dieser Arbeit als Anhang A beigefügt. Soweit einzelne Regelungen in der nachfolgend durch das Seerechtsänderungsgesetz von 1937 geränderten Fassung erneut beratend vom Seerechtsausschuss herangezogen wurden, sind diese als HGB (1937) gekennzeichnet.

558 *Bollmann*, Referat: Frachtgeschäft zur Beförderung von Gütern, erhalten im Bundesarchiv Berlin, Bestand R 61/502; bei *Schubert*, Protokolle des Seerechtsausschuss, S. 578 – 583, sind aus Platzgründen lediglich die Leitsätze wiedergegeben.

559 Bei *Schubert*, Protokolle des Seerechtsausschuss, S. 583 f., nicht abgedruckte Einleitung des in Form eines Schreibens an *Bollmann* gefassten Korreferats vom 25.4.1938; vgl. Bundesarchiv Berlin, Bestand R61/502.

560 Ähnlich positive Kritik erhielt *Bollmanns* Referat von *Wüstendörfer*, der dieses *„mit großer Freude gelesen und durchdacht habe"*, und von *Lindenmaier*, der einleitend der 38. Arbeitssitzung *Bollmanns „große Verdienste um die Arbeit des Ausschusses"* würdigte, vgl. *Schubert*, Protokolle des Seerechtsausschuss, S. 568. Zum Abschluss der 43. Arbeitssitzung sprach *Lindenmaier Bollmann* für dessen *„ausgezeichnetes Referat"* und die mit diesem verbundene Arbeitserleichterung nochmals den Dank des Seerechtsausschusses, ebd., S. 622.

Bollmann selbst erklärte zu Beginn seines Referats nach Darstellung und Abgrenzung der von ihm bearbeiteten Gesetzesmaterie, dass sich die Bearbeitung *„auf die Hervorhebung der wichtigsten Gesichtspunkte beschränken"* müsse; gleichwohl weist das Referat einen Umfang von 129 maschinenschriftlichen Seiten auf. Da sich die Beratungen des Referats über insgesamt sechs Arbeitssitzungen verteilten, sollen diese nachfolgend zur Wahrung der Übersichtlichkeit nicht chronologisch, sondern nach Themengebieten zusammengefasst dargestellt werden.

a) Aufbau und Terminologie des Gesetzes

Zu Beginn der 38. Arbeitssitzung vom 23. Juni 1938 wandte sich der Seerechtsausschuss entsprechend dem Aufbau des Referats von *Bollmann* zunächst der allgemeinen Frage des systematischen Aufbaus des neuzuformenden Rechts des Seefrachtvertrages zu. *Bollmann* baute in seinem Referat unmittelbar auf den Beratungen der 36. und 37. Arbeitssitzung über die Zeitcharter auf. Dort hatte – wie gesehen – *Wüstendörfer* zur klaren Abgrenzung der Zeitcharter vom Seefrachtvertrag in Form des Raumfrachtvertrages i.S.v. § 556 Ziffer 1 HGB (1897) die Begrifflichkeiten „Mietcharter" sowie „Frachtcharter" vorgeschlagen; auf diese hatte sich nachfolgend der Ausschuss geeinigt. Auch *Bollmann* übernahm die Bezeichnung der „Frachtcharter", da durch diese, anders als bei den sonst in Betracht kommenden Begriffen „Reisefrachtvertrag", „Reisecharter", „Raumfrachtvertrag" und „Raumcharter", auch äußerlich die rechtliche Unterscheidung zur „Mietcharter" klar zu erkennen sei[561].

Der Mitberichterstatter *Offen*[562], der in der 37. Arbeitssitzung, in welcher die Namensfrage der Zeitcharter abschließend erörtert wurde, nicht anwesend war, hatte in einer der wenigen Bemerkungen seines Korreferats hingegen das Begriffspaar „Mietcharter" – „Frachtcharter" kritisiert, da in der Praxis die *„alteingeführten und überall verstandene[n]"* Wörter „Zeitfracht" und „Reise-Charter" verwendet würden. Durch diese käme maßgeblich zum Ausdruck, in welcher Form das Entgelt der Charter zu zahlen sei; die juristische Wertung der Rechtsnatur der Verträge könne durch Klammerzusätze klargestellt werden. In der Aussprache des Ausschusses über die Frage der Vertragsbezeichnungen verteidigten insbesondere *Lindenmaier* und *Wüstendörfer* die in der 37. Arbeitssitzung befürworteten Begrifflichkeiten[563]. *Lindenmaier* kritisierte den Begriff „Zeitcharter" als *„ungenau und schillernd"*, während der Begriff „Mietcharter"

561 *Bollmann*, Referat: Frachtgeschäft zur Beförderung von Gütern, S. 4.

562 Vgl. *Schubert*, Protokolle des Seerechtsausschuss, S. 583 f.

563 Vgl. zur Aussprache *Schubert*, Protokolle des Seerechtsausschuss, S. 570 f.

„dogmatische Klarheit" schaffe. Mit eben diesem Argument verteidigte auch *Wüstendörfer* seine Vorschläge; *Offens* Korreferat stelle einzig auf den weniger erheblichen *„technischen Gesichtspunkt"* der Frachtberechnung ab. Rechtsanwalt *Dettmers* lobte *Wüstendörfers* Begriffsschöpfung der „Mietcharter" zwar als *„besonders glücklich"*, da in der Praxis unter „Charterfracht" jedoch generell das im Rahmen jeder Charter zu zahlende Entgelt verstanden würde, befürworte er anstelle „Frachtcharter" die Bezeichnung „Raumcharter". *Wüstendörfer* gestand ein, dass dieser Begriff grundsätzlich *„brauchbar"* und *„prägnanter als der Ausdruck Frachtcharter"* sei, sprach sich jedoch wegen der klareren Gegenüberstellung der Vertragstypen beim Begriffspaar „Mietcharter" – „Frachtcharter" nochmals für diese aus. Nachdem auch *Bollmann* und *Baur* sich hierfür einsetzten, stellte *Lindenmaier* die Annahme dieser Bezeichnung für den Seefrachtvertrag im Sinne des § 556 Ziffer 1 HGB (1897) fest.

Bollmann hatte vorgeschlagen, den 4. Abschnitt des 4. Buches des HGB in einen „allgemeinen Teil", in welchem die Bestimmungen aufzunehmen seien, die auf jede Form des Seefrachtvertrages anwendbar seien, und in einen „besonderen Teil" aufzuteilen, der wiederum in die Abschnitte „Frachtcharter" und „Stückgut und feste Linien" zu untergliedern sei (*Leitsatz 1*)[564]. Eine vergleichbare Aufteilung und insbesondere eine eigenständige Regelung des Frachtvertrages auf festen Linien sähen auch das holländische sowie das italienische Seerechtsgesetz vor; wohingegen im Entwurf eines Seerechtsgesetzes für die skandinavischen Staaten aus dem Jahr 1924 ein solcher Abschnitt nicht vorgesehen sei[565]. *Wüstendörfer* begrüßte in der Aussprache des Seerechtsausschusses die vorgeschlagene Einteilung des Gesetzes und erläuterte, dass die Abweichung der skandinavischen Rechtsordnung auf die dort vorherrschende Trampschifffahrt zurückzuführen sei[566]. In Deutschland stehe jedoch wie in den Niederlanden die Linienfahrt im Vordergrund. *Krieger* schlug aufgrund der *„größeren Lebensbedeutung des Stückgutvertrages"* eine umgekehrte Reihenfolge der beiden Abschnitte des besonderen Teils vor, wobei *Lindenmaier* die Frage der Reihenfolge jedoch *„nicht von grundlegender Bedeutung"* hielt. *Wüstendörfer* sprach sich entsprechend dem *„geschichtlichen Entwicklungsgang"* des Seefrachtvertrages

564 Vgl. *Schubert,* Protokolle des Seerechtsausschuss, S. 578; in den allgemeinen Teil seien die Vorschriften der §§ 556, 559 – 566 und 591 – 593 HGB (1897) zu übernehmen, wobei die §§ 559, 563 und 564 HGB bereits durch das Seerechtsänderungsgesetz von 1937 neu gefasst worden seien und *„daher aus der Erörterung ausscheiden"*, vgl. *Bollmann,* Referat: Frachtgeschäft zur Beförderung von Gütern, S. 12.

565 *Bollmann,* Referat: Frachtgeschäft zur Beförderung von Gütern, S. 9.

566 *Schubert,* Protokolle des Seerechtsausschuss, S. 568 f.

ebenfalls für den von *Bollmann* vorgesehen Aufbau des Gesetzes aus[567]. Der Ausschuss folgte letztlich *Wüstendörfer.*

Offen[568] hatte in seinem Korreferat darüber hinaus angeregt, gesondert den Vertragstyp *„über die Beförderung bestimmter Mengen von Ladung nach Gattung"* zu normieren, der in der Praxis einige besondere Schwierigkeiten mit sich brächte; eine gesetzliche Klärung dieser Probleme hielt er jedoch nicht für möglich. *Bollmann* hatte den Vertragstyp des Mengenvertrages in seinem Referat nicht berücksichtigt, hielt eine gesetzliche Regelung jedoch durchaus für erwägenswert[569]. *Lindenmaier* sprach sich gleichwohl gegen eine Normierung des Mengenvertrags aus, da diese entweder eine Frachtcharter oder einen Stückgutvertrag darstellten; ebenso erkannte auch Rechtsanwalt *Dettmers* keine Regelungsbedürftigkeit. *Wüstendörfer* meinte, *Offen* habe bei seinen Ausführungen eigentlich *„Dauerfrachtverträge"* gemeint, die mit Sukzessivlieferungsverträgen vergleichbar seien. Diese wiesen tatsächlich eine Reihe von rechtlichen Problemen auf, eine gesetzliche Regelung könne jedoch *„vermieden werden, falls die Praxis gute Formularverträge ausgebildet habe und ergänzungsweise das Bürgerliche Gesetzbuch zur Erzielung billiger Ergebnisse führe"*. *Wüstendörfer* übernahm schließlich die Aufgabe, für den Ausschuss zu überprüfen, ob die Vertragsformulare diesen Anforderungen genügten, wobei erforderlichenfalls auf diesen Vertragstyp zurückgekommen werden sollte. Dies geschah nachfolgend indes nicht.

Weiter wandte sich der Ausschuss dem *„Begriffe und Wesen des Frachtchartervertrages"* zu. Ministerialrat *Krieger* sprach sich entschieden für eine Beibehaltung der Regelung des § 556 HGB (1897) in der seinerzeit geltenden Fassung aus; aufgrund der Schwierigkeiten bei der Abgrenzung zwischen Teilcharter- und Stückgutverträgen müsse das Gesetz hier jedoch für Klarheit sorgen[570]. Zuvor hatten insbesondere *Wüstendörfer* und Kapitän *Klemp* berichtet, dass in der Praxis tatsächlich noch Teilcharterverträge vorkämen, so etwa im Falle einer Hamburger Reederei, die bei einer norwegischen Linienreederei nach dem ersten Weltkrieg jeweils ein Drittel des Laderaums der Frachter gechartert und dieses auf Stückgüter angelegt habe, oder im heimkehrenden Liniendienst der Südamerikafahrt[571]. *Lindenmaier* hatte befürwortet, die von *Baur* aufgeworfene Abgrenzungsfrage von Teilcharter- und Stückgutvertrag erst dann zu klären,

567 *Schubert,* Protokolle des Seerechtsausschuss, S. 569 f.
568 *Schubert,* Protokolle des Seerechtsausschuss, S. 583.
569 Vgl. zur Aussprache *Schubert,* Protokolle des Seerechtsausschuss, S. 571.
570 *Schubert,* Protokolle des Seerechtsausschuss, S. 572 u. 574.
571 *Schubert,* Protokolle des Seerechtsausschuss, S. 572.

nachdem die rechtliche Behandlung der jeweiligen Verträge geklärt sei, andernfalls handele es sich *„um rein theoretisch-dogmatische Untersuchungen […], die methodisch bedenklich seien“*[572]. *Bollmann* erläuterte unter Bezugnahme auf sein Referat (dort. S. 14), *„dass sich der Frachtvertrag [nach Pappenheim, Anm. d. Verf.] bei der Frachtcharter auf das Schiff als das Mittel, beim Stückgutvertrag dagegen auf das Gut als Gegenstand der Beförderung beziehe“; Schulze-Smidt* wie darauf hin, dass *„auf die Art der ausgestellten Urkunden“* hingegen nicht abgestellt werden könnte[573]. *Brandt* und *Schulze-Smidt* wandten sich generell gegen eine gesetzliche Regelung der Teilcharter; *„das Gesetz könne nicht alle Einzelfragen behandeln“*, so *Brandt*[574].

Wüstendörfer[575] sprach sich gegen den *„bedenklich[en]“* Versuch aus, *„die vielfältigen Erscheinungen des Lebens in Begriffsschachteln zu pressen“*, da durchaus auch fließende Übergänge zwischen Teilcharter- und Stückgutverträgen denkbar seien. Schließlich stimmte auch *Lindenmaier*[576] mit ihm überein, dass gesetzlich *„keine überspitzten Unterscheidungen“* vorgesehen werden dürften; *„letzten Endes müsse […] entscheidend sein, ob es sich nach dem Willen der Parteien um einen Individual- oder um einen Massenvertrag handele“* (Hervorhebung durch den Verfasser). Im Ergebnis sprach sich der Ausschuss für eine Beibehaltung der Teilcharter aus, wobei eine gesetzliche Abgrenzung zum Stückgutvertrag indes nicht für erforderlich gehalten wurde (*Leitsatz 2*).

Die Regelung des § 605 HGB (1897) über Unterfrachtverträge sollte nach *Bollmanns*[577] Vorschlag (*Leitsatz 25*) ersatzlos gestrichen werden, da in Folge des Seerechtsänderungsgesetzes von 1937 auch die Regelung des § 662 HGB (1897) gestrichen worden war und klar gestellt wurde, *„dass stets der Verfrachter Träger der Verpflichtungen aus dem von ihm abgeschlossenen Frachtvertrag und dem Konnossement ist“*. Der Seerechtsausschuss sprach sich in seiner 43 Arbeitssitzung vom 5. Juni 1939 ohne größere Diskussion für die Streichung dieser Vorschrift aus.

---

572 *Schubert,* Protokolle des Seerechtsausschuss, S. 573.

573 Vgl. *Schubert,* Protokolle des Seerechtsausschuss, S. 573; nach *Baur* sollte die Tatsache der Ausstellung einer Charterpartie jedoch zumindest als Indiz für das Vorliegen einer Frachtcharter gewertet werden, ebd., S. 574.

574 Vgl. *Schubert,* Protokolle des Seerechtsausschuss, S. 573, wobei *Brandt* sich auch gegen die Bezeichnung *„Stückgutvertrag“* aussprach, welcher sich unzweifelhaft auch auf Schüttgut beziehen könne.

575 *Schubert,* Protokolle des Seerechtsausschuss, S. 573.

576 *Schubert,* Protokolle des Seerechtsausschuss, S. 574.

577 *Bollmann,* Referat: Frachtgeschäft zur Beförderung von Gütern, S. 114.

b) Laden und Löschen der Güter

In *Leitsatz 3* sah *Bollmann* eine neue Regelung für den Fall vor, dass das Schiff den vereinbarten Lade- oder Löschhafen aus Gründen der örtlichen Beschaffenheit nicht oder jedenfalls nicht sicher erreichen könne[578]. Das Gesetz regelte lediglich ein Rücktrittsrecht für Fälle der Verhinderung des Schiffes durch höhere Gewalt oder der Aufbringung von Schiff oder Ladung durch Krieg. Hingegen habe sich für Fälle anderweitiger Behinderung in der Praxis die Klausel *„at the port of X or so near unto as she sefely may get always afloat"* oder ähnliche Formulierungen entwickelt. Solche Klauseln würden in der Rechtsprechung jedoch unterschiedlich ausgelegt werden, weshalb eine gesetzliche Regelung erforderlich sei, wie sie auch schon in Holland (Art. 480 holl. HGB) und in Italien (Art. 255 Codice Marittimo) vorgesehen sei. *Bollmann* schlug vor, für diese Konstellation dem Verfrachter das Recht einzuräumen, den *„nächst erreichbaren geeigneten Hafen aufzusuchen"*, soweit es sich nicht nur um eine vorübergehende Verhinderung handelt oder der Befrachter sich nicht zur Kostentragung einer möglichen Leichterung bereit erklärt.

Insbesondere gegen diese Einschränkung wandte sich in der Plenumsdiskussion zunächst *Lindenmaier*[579]. Durch die Nennung der Beispiele würde der Regelung ein zu enger Sinn gegeben; die Ausnahmen beruhten letztlich doch auf dem Gedanken des § 242 BGB. Auch *Wüstendörfer* befürwortete eine allgemeinere Formulierung und gab zugleich zu bedenken, ob das Gesetz nicht auch positiv eine Pflicht des Verfrachters aussprechen solle, *„für die Interessen des Schiffes und der Ladung in bestmöglicher Weise Sorge zu tragen"*. Weiterhin müsse die Kostenfrage geregelt werden; die Regelung sollte – so *Wüstendörfer*[580] weiter – zudem in den besonderen Teil der Frachtcharter eingeführt werden, da sie den Stückgutvertrag nicht betreffe. Er schlug schließlich als Formulierung vor: *„Der Verfrachter könne den nächsterreichbaren geeigneten Hafen anlaufen und dort auf Kosten des Befrachters löschen oder er könne in anderer Weise für das Beste von Schiff und Ladung sorgen."* *Krieger* und *Bramslöw* sprachen sich für eine Regelung entsprechend Art. 255 des italienischen Gesetzes aus, welcher eine Pflicht des Kapitäns vorsah; die Mehrheit des Ausschusses verblieb jedoch bei der von *Bollmann* vorgeschlagenen Formulierung, die lediglich ein Recht des Kapitäns begründete. Im Übrigen hielt *Lindenmaier* fest, dass sich der Ausschuss

---

578 Vgl. *Bollmann,* Referat: Frachtgeschäft zur Beförderung von Gütern, S. 23 – 31.

579 Vgl. zur Aussprache *Schubert,* Protokolle des Seerechtsausschuss, S. 574 f. und *Lindenmaier,* JbADR 1939/40, S. 105 (129).

580 *Schubert,* Protokolle des Seerechtsausschuss, S. 574.

über den *„gedanklichen Inhalt der vorgesehenen Bestimmung"* einig sei, nämlich *„Recht des Kapitäns, anderen Hafen anzulaufen; Berücksichtigung der Verladerinteressen; Tragung der Leichterkosten seitens des Befrachters"*; es sei hingegen nicht Aufgabe des Seerechtsausschusses, diesen *„Rechtsgedanken gut zu formulieren"*.

Zum Abschluss der 38. Arbeitssitzung wurde noch *Leitsatz 4* aus *Bollmanns* Gutachten betreffend der §§ 560, 592 HGB (1897) über den *Lade- und Löschplatz* erörtert. Diese Vorschriften sollten, da nur bei Frachtchartern einschlägig, in den diesen Vertragstypus regelnden Abschnitt verschoben werden. Zugleich schlug *Bollmann* folgende zusammenfassende, vereinfachte Fassung der Regeln vor:

> „Ist das Schiff im Ganzen verfrachtet, so hat der Verfrachter das Schiff zur Einnahme der Ladung an den ihm vom Befrachter angewiesenen Ladeplatz und zur Löschung der Ladung an den ihm von dem Empfänger angewiesenen Löschplatz hinzulegen.
>
> Lade- und Löschplatz müssen für das Schiff in jeder Beziehung geeignet, sofort erreichbar und frei sein. Ist dies nicht der Fall, oder erfolgt die Anweisung nicht rechtzeitig, so hat der Verfrachter, wenn auf seine Aufforderung nicht unverzüglich ein geeigneter Lade- oder Löschplatz bezeichnet wird, an dem ortsüblichen Lade- oder Löschplatz anzulegen.
>
> Ist das Schiff an mehrere Verfrachter oder die Ladung an mehrere Empfänger auszuliefern, so hat der Verfrachter das Schiff im Lade- oder Löschhafen an den ortsüblichen Lade- oder Löschplatz zu legen."

Der Ausschuss erklärte sich mit dieser Neuformulierung – nach *Lindenmaiers* Feststellung – *„überwiegend"* einverstanden[581], lediglich Einzelgesichtspunkte wurden hierzu angesprochen. Ministerialrat *Krieger*[582] schlug vor, den dritten Absatz der vorgeschlagenen Neufassung zu streichen; *Bollmann* verteidigte diesen jedoch, da nur feste Linien auch bestimmte Lade- und Löschplätze hätten, für Transporte mit Außenseitern bedürfe es jedoch der vorgeschlagenen Sonderbestimmung. § 560 HGB (1897) sehe im Übrigen lediglich ein *„Anweisungsrecht sämtlicher Befrachter"* vor; eine Einigung zwischen diesen komme in der Praxis jedoch nur selten vor. *Lindenmaier* wies zudem *Kriegers* Einwand zurück, die Regelung ließe sich im Ergebnis aus § 242 BGB herleiten; *„die Anwendung des § 242 BGB [könne] zu Zweifelsfragen führen"*. Einigkeit bestand zudem entsprechend *Dettmers* und *Dückers* Ausführungen, dass beim Transport verschiedener Güter, etwa Öl und Erz, der Verfrachter *„das Schiff vom Erzladeplatz zumÖlladeplatz auf seine Kosten fahren lassen müsse"*.

---

581 *Schubert*, Protokolle des Seerechtsausschuss, S. 576.

582 Vgl. *Schubert*, Protokolle des Seerechtsausschuss, S. 575 f.

Zu Beginn der 39. Arbeitssitzung[583] erörterte der Seerechtsausschuss den Themenkomplex des Laden und Löschens abschließend noch die Frage der *Kostentragunng*, §§ 561, 593 HGB (1897) - *Leitsatz 5*. Einigkeit bestand im Ausschuss ohne jede Aussprache, dass diese Regelungen entsprechend *Bollmanns* Vorschlag in den besonderen Teil der Frachtcharter übernommen werden sollten[584]. *Lindenmaier*[585] stellte im Übrigen klar, dass *„der Sache nach [...] das bisherige Recht unverändert bleiben [solle]"*, jedoch sollte anders als bisher nicht die Kostenverteilung im Vordergrund stehen, sondern nur geregelt werden, *„welche Einzelverpflichtungen des Be- und Verfrachters in Frage kämen"*. *Koffka* zweifelte an, ob entsprechend *Bollmanns* Vorschlag eine gemeinsame Regelung für das Laden und Löschen zu empfehlen sei, woraufhin im Ergebnis beschlossen wurde, im Leitsatz 5 die gemeinsame Regelung nur *„nach Möglichkeit"* zu empfehlen.

c) Substitutionsrecht des Be- und Verfrachters

Hinsichtlich der Regelung des § 562 HGB (1897), welcher ein Substituierungsrecht für den Befrachter bei nur der Art oder Gattung nach bestimmter Güter vorsah, schlug *Bollmann*[586] die ersatzlose Streichung vor (*Leitsatz 6*), wobei er sich insbesondere auch auf die vom Deutschen Verein für Deutsches Seerecht im Jahr 1913 vertretene Auffassung berief. Dieser hatte bei den Beratungen des Comité Maritime International über einen internationalen Frachtrechtsentwurf gegen eine vergleichbare Regelung votiert. *Lindenmaier*[587] wies darauf hin, dass es sich bei dieser Regelung um eine *„Durchbrechung eines allgemeinen Prinzips handle, die sich nur dann rechtfertigen lasse, wenn die Praxis sie dringend erheische"*. Dieses sei jedoch offenbar nicht der Fall, wie auch der Korreferent *Offen* bestätigte. *Krieger* fragte, ob nicht jedenfalls beim Stückgutvertrag eine entsprechende Regelung vorzusehen sei, wurde jedoch von *Bollmann* darauf hingewiesen, dass *„nach anerkannter Meinung des Schrifttums und der Rechtsprechung"* die Regelung auf den Stückgutvertrag nicht anwendbar sei. *Lindenmaier* wies

583 Einleitend der 39. Arbeitssitzung vom 4.11.1938 gab *Lindenmaier* zunächst bekannt, dass die Akademie für Deutsches Recht einen neuen Ausschuss für Kommissions-, Speditions-, Lager- und Landfrachtrecht unter dem Vorsitz *Professor Dr. Lehmanns* gegründet habe. Über einen inhaltlichen Austausch der Ausschüsse ist jedoch nichts bekannt.

584 *Schubert,* Protokolle des Seerechtsausschuss, S. 586.

585 Vgl. *Schubert,* Protokolle des Seerechtsausschuss, S. 586.

586 *Schubert,* Protokolle des Seerechtsausschuss, S. 587; vgl. auch *Bollmann,* Referat: Frachtgeschäft zur Beförderung von Gütern, S. 44 – 49.

587 Vgl. *Schubert,* Protokolle des Seerechtsausschuss, S. 587 f.

ergänzend darauf hin, dass im Wege der vertraglichen Vereinbarung eine Substitution der Güter selbstverständlich jederzeit möglich sei. Hieraufhin sprach sich der Ausschuss für die Streichung von § 562 HGB (1897) aus.

Leitsatz 7 des Referats von *Bollmann* betraf die Vorschrift des § 565 HGB (1897), welcher dem Verfrachter grundsätzlich die Verladung der Güter in ein anderes Schiff untersagte. Als Vertreter der Versicherungswirtschaft wies *Brandt*[588] auf die erhebliche Gefahr eines großen Schadens für den Befrachter hin, falls dem Verfrachter eine Substitution erlaubt würde; insbesondere Kriegsversicherungen würden auf ein ganz bestimmtes Schiff abgeschlossen und wären andernfalls hinfällig. Nachdem Kapitän *Klemp* ergänzte, dass auch die Hamburger Freihafen-Lagerhaus-Gesellschaft und das Devisenrecht auf die Verfrachtung mit einem bestimmten Schiff abstellten, bestand im Seerechtsausschuss Einigkeit, dass die Regelung grundsätzlich aufrechtzuerhalten und in den allgemeinen Teil des neuen Seerechts aufzunehmen sei, da sie auch für den Stückgutvertrag von Bedeutung sei[589].

Gleichfalls sollte die bereits von § 565 HGB (1897) vorgesehene Beweislastverteilung beibehalten werden, *Bollmann* hatte jedoch anstelle der bisherigen Wendung „es sei denn" eine eindeutigere Formulierung gewählt, wonach der Verfrachter bei unerlaubter Umladung des Guts *„für jeden Schaden [hafte], in Ansehung dessen er nicht beweist"*, dass er auch in dem vertraglich bestimmten Schiff entstanden wäre. *Krieger*[590] stellte infrage, ob es einer solchen Regelung überhaupt bedürfe und sich das gleiche Ergebnis nicht bereits nach allgemeinen Rechtssätzen ergäbe. *Lindenmaier* stimmte *Bollmanns* Einwurf zwar zu, dass nach allgemeinen Grundsätzen wohl den Befrachter die Beweislast treffe, jedoch dürften nach seiner Auffassung regelmäßig die Grundsätze des Anscheinsbeweises einschlägig sein. *„Aus praktischen Gründen"* sprach sich *Lindenmaier*, selbst Richter, jedoch dafür aus, *„die angemessene Regelung der Beweislastfrage nicht der Rechtsprechung"* zu überlassen.

Darüber hinaus berücksichtigte *Bollmanns* Vorschlag für die Neufassung des § 565 HGB (1897) neue Erscheinungen des Seehandelsverkehrs und regelte detaillierter die Frage, wer zur Zustimmung einer Umladung der Güter berechtigt sein soll; im Fall der Ausstellung eines Orderkonnossements sollte dies der legitimierte Inhaber sämtlicher Konnossementsexemplare, bei einem

---

588 Zur Aussprache über Leitsatz 7, *Schubert,* Protokolle des Seerechtsausschuss, S. 588 ff.

589 Vgl. *Bollmann,* Referat: Frachtgeschäft zur Beförderung von Gütern, S. 50, der jedoch zugestand, *dass „das Hauptanwendungsgebiet des § 565 HGB. sich [...] auf die Frachtcharter beschränkt"*.

590 Vgl. *Schubert,* Protokolle des Seerechtsausschuss, S. 588.

Namenskonnossement der in diesem bezeichnete Empfänger sowie der Ablader sein[591]. Eine nähere Erörterung erfolgte im Ausschuss diesbezüglich indes nicht. Kapitän *Kuhl* warf vielmehr die Frage auf, ob die auch in § 565 Abs. 2 HGB (1897) bereits vorgesehene Ausnahmeregelung vom Verbot des Schiffswechsels in Fällen der Not über die von *Bollmann* vorgeschlagene Erweiterung der *„üblichen Umladung in Leichter in Häfen"* auch auf gewisse *„geschäftliche Gründe"* auszuweiten sei. *Segelken* wusste zu berichten, dass solche Umladungen *„sehr häufig"* vorkämen, falls bei mehreren Reisezielen für einen einzelnen Hafen nicht ausreichend Ladungsgut vorhaben sei. *Bollmann* verwies jedoch darauf, dass der Verfrachter sich eine solche Umladung im Konnossement vorbehalten könnte. Nachdem abschließend *Offens* Anregung, anstelle des Begriffs *„Abladung"* das Wort *„Verladung"* zu verwenden, auf die spätere Erörterung eventuell in das Gesetz aufzunehmender Definitionen zurückgestellt wurde, stimmte der Ausschuss dem *Leitsatz 7* zu.

d) Güterverladung auf Deck

Bezüglich des § 566 HGB (1897), der im Wesentlichen die Verladung von Gut auf Deck untersagte, waren sich die Mitglieder des Seerechtsausschusses gemäß *Leitsatz 8 Bollmanns* Referat einig, dass diese Regelung in den allgemeinen Teil übernommen gehört[592]. Ausgiebiger erfolgte die Erörterung der Frage, in welcher Form eine Zustimmung zur Deckverladung seitens des Abladers zu erteilen sei. *Bollmann* hatte eine *„ausdrückliche Zustimmung"* vorgeschlagen, die jedoch auch mündlich erteilt werden könne. Der Reedereivertreter *Schütte* hielt eine Konnossement mit einer entsprechenden Klausel für ausreichend. Dieses wurde jedoch von den anderen Mitgliedern zurückgewiesen, auch ein von *Schütte* daraufhin angeregter *„hand- oder maschinengeschriebener Zusatz"* auf dem Konnossement könnte nach *Offen* nicht genügen, da eine Zustimmung zu diesem Zeitpunkt zu spät sei; der Ablader müsse noch die Möglichkeit haben, die Deckladung zu versichern. *Segelken* legte besonderen Wert darauf, dass eine formularmäßige Zustimmung nicht genügen könne; *Krieger* und Rechtsanwalt *Schulze-Smidt* betonten hingegen die Rechtzeitigkeit der Zustimmung, die *„eine wirkliche Einwilligung"* *„vor der Abladung"* sein müsse. Entsprechend dieser Vorgaben wurde die erste Hälfte des Leitsatzes von *Lindenmaier* umformuliert und als angenommen festgestellt.

---

591 *Bollmann,* Referat: Frachtgeschäft zur Beförderung von Gütern, S. 53 f.

592 Vgl. zur Aussprache über Leitsatz 8, *Schubert,* Protokolle des Seerechtsausschuss, S. 589 f.

Darüber hinaus hatte *Bollmann* den Austausch der Wörter *„auf das Verdeck"* durch *„auf das ungeschützte Deck"* vorgeschlagen[593]. *Lindenmaier* hielt diese Bezeichnung jedoch nicht für deutlich genug. *Brandt* setzte sich für eine allgemeinere Fassung, nämlich *„auf Deck"* ein, die auch dem Seeversicherungsrecht bekannt sei. Hierfür sprach sich anschließend auch *Lindenmaier* aus, wobei *„die nähere Bestimmung des Ausdrucks der Rechtsprechung überlassen [werden] könne"*. Im Übrigen wurde *Bollmanns* Vorschlag, die im bisherigen Recht vorgesehene Untersagung der Verladung an der Seite des Schiffes hängend sowie der landesrechtliche Ausnahmevorbehalt für die Küstenschifffahrt mangels praktischer Erheblichkeit zu streichen, vom Seerechtsausschuss gefolgt.

e) Begleitpapiere

Abschließend der allgemeinen Regelungen sollte nach *Bollmanns* Referat § 591 HGB (1897) dahingehend erweitert werden, dass der Befrachter nicht nur – wie bisher – binnen der Lieferfrist alle zur Verschiffung der Güter erforderlichen Papiere zuzustellen sondern der Befrachter zudem für *„Mängel, die Unzulänglichkeit oder Unrichtigkeit der Begleitpapiere"* entsprechend der gemäß der Haager Regeln angepassten Regelung des § 563 HGB (1937) hafte (*Leitsatz 9*)[594]. *Reinbeck* wies darauf hin, dass dieses eine Garantiehaftung des Befrachters begründe, was wiederum *Krieger* als bedenkliche Abweichung vom Verschuldensprinzip ansah[595]. *Bollmann* erläuterte, wie bereits in seinem Referat[596], dass im Eisenbahnfrachtrecht jedoch ebenfalls eine vergleichbar strenge Haftung vorgesehen sei, woraufhin *Lindenmaier* meinte, dass die *„vorgeschlagene Regelung […] auch für das Seerecht tragbar sein müsse"*.

f) Vertragsurkunde der Frachtcharter

Anschließend erörterte der Seerechtsausschuss die besonderen Regelungen des Frachtchartervertrages und wandte sich hier zunächst der Vertragsurkunde der

593 Vgl. *Schubert*, Protokolle des Seerechtsausschuss, S. 590; bereits in seinem Korreferat hatte *Offen* sich gegen *Bollmanns* Erweiterung des Ausdrucks ausgesprochen, ebd., S. 583.

594 *Bollmann*, Referat: Frachtgeschäft zur Beförderung von Gütern, S. 63 ff.

595 *Schubert*, Protokolle des Seerechtsausschuss, S. 591.

596 *Bollmann*, Referat: Frachtgeschäft zur Beförderung von Gütern, S. 63 f., wies neben § 65 der Eisenbahn-Verkehrsordnung auch auf die Regelung des Landfrachtrechts in § 427 HGB hin.

Frachtcharter zu[597]. *Bollmann*[598] hatte hinsichtlich der Vorschrift des § 557 HGB (1897) über die Chartepartie empfohlen (*Leitsatz 11*), diese unverändert in das neue Recht zu übernehmen, da *„keine Veranlassung bestehe, an der bewährten Regelung [...] etwas zu ändern, noch [...] ein Verkehrsbedürfnis in der Richtung [bestehe], die Charterpartie zu einem handelsrechtlichen Orderpapier im Sinne der §§ 363 ff. HGB umzugestalten"*. Letzteres war insbesondere in Art. 457 des modernen niederländischen Seerechts vorgesehen worden; *Offen* sprach sich jedoch entschieden gegen eine solche Regelung aus, *„da der Verfrachter sich den einzelnen Frachtcharter[er] sorgfältig ansehe"*.

Anders als hinsichtlich § 557 HGB (1897) hatte sich *Bollmann* für die ersatzlose Streichung der Vorschrift des § 558 HGB (1897) ausgesprochen (*Leitsatz 12*)[599]. Der historische Hintergrund des *Verbots der Verladung von Gütern in der Kajüte* bei einer Vollcharter habe darin bestanden, dass der Kapitän in früher Zeit dem Befrachter keine Konkurrenz machen sollte. Die Regelung sei nicht mehr zeitgemäß und daher zu streichen. In der Plenumsdiskussion stellte *Bollmann* nochmals klar, dass auch bei einer Streichung der Vorschrift im Rahmen einer Vollcharter es nicht erlaubt sei, dass *„Einzelgüter in Kapitänsverwahrung mitbefördert würden"*, dieses ergäbe sich bereits aus dem Charakter der Vollcharter[600]. *Brandts* Frage, ob nicht jedenfalls etwa Diamanten in Kapitänsverwahrung neben einer Vollcharter befördert werden könnten, wurde allseits verneint. *Segelken* wies auf eine mögliche Beeinflussung des Kapitäns bei Notmaßnahmen und Auswirkungen aus das Haverei Grosse Recht hin; *Reinbeck* betonte die erhöhte Beschlagnahmegefahr; *Lindenmaier* gab ergänzend zu bedenken, dass solche Einzelgüter, etwa bei terminbefristeter Goldbarrenladung, durchaus Einfluss auf die Risikobereitschaft des Kapitäns zulasten der Güter des Vollcharterers haben könnten. Der Ausschuss sprach sich daher im Ergebnis einstimmig für *Leitsatz 12* aus.

g) Begriffsvereinheitlichung und Straffung der gesetzlichen Regelungen

Dem zunächst zurückgestellten *Leitsatz 10* aus *Bollmanns* Referat wandte sich der Seerechtsausschuss in seiner 40. Arbeitssitzung vom 13. Januar 1939 zu.

---

597 *Lindenmaier* gab abweichend von *Bollmanns* Referat vor, dass der Leitsatz 10 gemeinsam mit den Leitsätzen 13 und 16 erörtert werden sollte, weshalb zunächst die Leitsätze 11 und 12 vorgezogen wurden, *Schubert,* Protokolle des Seerechtsausschuss, S. 591.

598 *Bollmann,* Referat: Frachtgeschäft zur Beförderung von Gütern, S. 69 ff.

599 *Bollmann,* Referat: Frachtgeschäft zur Beförderung von Gütern, S. 71 ff.

600 *Schubert,* Protokolle des Seerechtsausschuss, S. 591.

Dieser betraf Grundsatzentscheidungen für den neu zu formenden Abschnitt der „Frachtcharter"[601]. So sollten die Vorschriften dahingehend überarbeitet werden, dass einheitliche Begrifflichkeiten verwendet und die teils nahezu wörtlich gleichlautenden Regelungen für das Laden und Löschen des Guts zusammengefasst geregelt werden sollten. Zudem schlug *Bollmann* – angelehnt an Art. 4 des nordischen Seerechtsentwurfs – eine vorangestellte Definition der Begriffe „Ladezeit", „Überliegezeit", „Wartezeit" und „Liegegeld" vor[602].

Lindenmaier bezeichnete *Bollmanns* Vorschläge als *„praktisch und fruchtbar"* und stellte die Annahme des Leitsatzes fest; einzig der letzte Absatz wurde vorerst zurückgestellt. Dieser befasste sich mit den §§ 622, 637 und 638 HGB (1897) soweit diese den vom Seerechtsausschuss als „Zeitfrachtvertrag" bezeichneten Vertragstyp betrafen. Wie bereits oben bei der Darstellung der Zeitcharter gesehen[603], war im Seerechtsausschuss diskutiert worden, ob es Reisefrachtverträge, bei denen die Fracht nach Zeitabschnitten bezahlt werde, ohne dass dadurch der Rechtscharakter des Vertrages als Seefrachtvertrag verändert würde, überhaupt in der Praxis gäbe. *Bollmann*[604] hatte sich in seinem Referat der Auffassung angeschlossen, dass dieses nicht der Fall sei, und demzufolge die Streichung der wenigen im Gesetz zu findenden Regelungen bezüglich einer Frachtzahlung nach Zeitabschnitten empfohlen.

Mit *Leitsatz 13* hatte *Bollmann* weiter vorgeschlagen, *„die vom Handelsgesetzbuch hinsichtlich der „Wartezeit", der „Lade- und Überliegezeit" sowie des „Liegegeldes" getroffene grundsätzliche Regelung [in den §§ 567 – 579 und 585 HGB (1897).] unverändert ins neue Recht zu übernehmen"*, da diese *„altbewährt"* seien und auch ausländische Seerechtsordnungen regelmäßig vergleichbare Regelungen enthielten[605]. Ergänzend setzte sich *Wüstendörfer*[606] dafür ein, dass in das

---

601 Vgl. *Bollmann*, Referat: Frachtgeschäft zur Beförderung von Gütern, S. 66 – 69.

602 Im Plenum des Seerechtsausschusses wies *Bollmann* ergänzend auf den Wortlaut des § 80 des schwedischen Seerechtsentwurfs hin. Dieser lautete: *„Der Verfrachter ist verpflichtet, das Fahrzeug zwecks Einladung eine gewisse Ladezeit liegen zu lassen, diese umfasst Liegezeit und Überliegezeit. Für die Überliegezeit erhält der Verfrachter eine besondere Vergütung."*, vgl. *Schubert*, Protokolle des Seerechtsausschuss, S. 592 f.

603 Vgl. oben B. III. 5. c) cc).

604 *Bollmann*, Referat: Frachtgeschäft zur Beförderung von Gütern, S. 66 f.; allenfalls sollte für den Zeitfrachtvertrag in einer Vorschrift geregelt werden, welche Regelungen über die Mietcharter auf diesen Vertragstyp entsprechende Anwendung finden sollten.

605 *Bollmann*, Referat: Frachtgeschäft zur Beförderung von Gütern, S. 74 f.

606 Vgl. *Schubert*, Protokolle des Seerechtsausschuss, S. 593.

neue Recht unmittelbar eine Regelung zur Überliegezeit aufgenommen werden sollte. § 568 Abs. 2 HGB (1897) regelte lediglich in bestimmten Fällen die Länge der Überliegezeit, soweit eine solche jedoch grundsätzlich im Vertrag vereinbart wurde. Im Großverkehr, so *Wüstendörfers* Argument, würde eine Überliegezeit ohnehin stets vereinbart werden; anders sei dies aber im Küstenverkehr, *„der regelmäßig keine ausführlichen Charterpartien hätte"*. Nachdem *Amsick* diese *„lebensnahen"* Ausführungen bestätigte, erklärte auch *Lindenmaier* sich mit einer gesetzlichen Regelung der Überliegezeit grundsätzlich einverstanden, da *„diejenigen Personen, die keinen ausführlichen Vertrag abgeschlossen hätten, geschützt"* würden. Die Feststellung des Leitsatzes stellte *Lindenmaier* gleichwohl vorerst zurück, da mehrheitlich bemängelt wurde, dass Vertreter der Praxis fehlten, die ihre Erfahrungen berichten könnten. Aus diesem Grund wurde die weitere Diskussion auf den Beginn der 41. Arbeitssitzung verschoben.

Bereits in der 40. Arbeitssitzung bestand jedoch Einigekeit darüber, dass eine gesetzliche Regelung des in der Praxis *„eine nicht unerhebliche Rolle"* spielenden *Eilgeldes*, welches der Verfrachter dem Befrachter für den Fall nicht vollständig ausgenutzter Ladezeit verspreche, nicht erforderlich sei[607]. Dieser Gesichtspunkt war außerhalb des Referats von *Wüstendörfer* angesprochen worden, der sich jedoch gleichfalls gegen eine gesetzliche Regelung aussprach, da sich im *„deutschen Verkehr erhebliche Mißbräuche nicht herausgestellt hätten"*.

In der 41. Arbeitssitzung vom 27. Februar 1939 waren sodann tatsächlich wiederum mehrere Vertreter der Seehandelspraxis anwesend[608]. Im Hinblick auf den Leitsatz 13 überreichte Rechtsanwalt *Kleemann* dem Vorsitzenden *Lindenmaier* das Exemplar eines Küstenschifffahrtsvertrages, welches nach *Techens* Ausführungen in nahezu sämtlichen Transporten verwendet werden würde, *„es vollzöge sich eigentlich nie ein Transport ohne dieses Vertragsformular und ein entsprechendes Konnossement"*[609]. § 7 dieses Vertragsformulars sah – wie *Bollmann* hervorhob – die Regelung vor, dass *„das Laden innerhalb eines bestimmten Zeitraums zu geschehen habe"*. Kapitän *Klemp* berichtete jedoch von einem praktischen Fall, in welchem die Überliegezeit – durch Verweis auf die ortsübliche Zeit – und das Liegegeld um ganze acht Tage auseinander gefallen seien, sodass

607 *Schubert*, Protokolle des Seerechtsausschuss, S. 593.

608 Neben den beiden neuen praktischen Mitgliedern des Seerechtsausschusses Kapitän *Homberg* (anders als in der Anwesenheitsliste im Protokoll selbst: *Homburg*) und Kapitän *von Staden* waren als Sachverständige auch *Offen*, der Reeder *Edye*, Schiffsausrüster *Techen* und *Leonhardt* anwesend.

609 Vgl. zur Aussprache im Ausschuss *Schubert*, Protokolle des Seerechtsausschuss, S. 599.

das Frachtgeschäft im Ergebnis *„für den Verfrachter ein Verlustgeschäft"* gewesen sei. Nachdem auch *Techen* solche Situationen bestätigte, stellte *Lindenmaier* schließlich den *Leitsatz 13* mit der Ergänzung, dass eine gesetzliche Regelung der Überliegezeit vorzunehmen sei, fest.

Noch in der 40. Arbeitssitzung wurde *Leitsatz 16* aus *Bollmanns* Referat erörtertet, welcher vorsah, die Regelung des § 569 HGB (1897) teilweise zu streichen (Abs. 1) und den Absatz 2 sinngemäß in das neue Recht zu übernehmen[610]. Bereits mit Leitsatz 10 hatte sich der Seerechtsausschuss für eine einleitende Regelung ausgesprochen, in welcher zugleich zu regeln sei, dass die Überliegezeit sich unmittelbar an die Ladezeit anschließt. *Wüstendörfer* wies diesbezüglich darauf hin, dass die vorgeschlagene Regelung bereits im Jahr 1911 vom Deutschen Verein für Internationales Seerecht befürwortet worden sei[611]. Der historische Hintergrund dieser Regelung – wie *Bollmann*[612] in seinem Referat mit Bezug auf *Boyens* erläuterte – sei gewesen, dass nach früheren Entwürfen zum HGB *„die Erhebung eines Protestes die Voraussetzung für den Beginn der Überliegezeit"* sein sollte. Ein solcher Protest sei bereits seinerzeit *„für entbehrlich erachtet worden"* und die Regelung des § 569 Abs. 1 HGB (1897) nur klarstellungshalber aufgenommen worden. Der Leitsatz wurde daraufhin vom Ausschuss angenommen.

h) Hinterlegungsrecht des Schiffers

Da in unmittelbarem Zusammenhang mit Leitsatz 10 stehend zog *Lindenmaier* anschließend die Beratung des *Leitsatz 23 a, Abs. 2 und 3* aus *Bollmanns* Referat vor. Dieser betraf die Vorschrift des § 601 HGB (1897), welcher ein Hinterlegungsrecht in bestimmten Fällen für den Schiffer vorsah. *Bollmann*[613] legte dar, dass auf Grundlage des geltenden Rechts Unsicherheiten bestünden, in welchem Zeitpunkt die Haftung des Verfrachters, auf den die Vorschrift nunmehr auszulegen sei, ende. Er schlug die Einführung der auch in der Praxis gebräuchlichen Klausel vor, nach der *„auf Kosten und Gefahr des Empfängers"* die Güter in Leichter gelöscht, gelandet oder in ein Lager geliefert werden könnten. Zudem sollte das Wort „Schiffer" in den §§ 601, 602 HGB (1897) durch das Wort „Verfrachter" ersetzt werden. *Wüstendörfer*[614] begrüßte diese insbesondere für den Klein- und Trampverkehr bedeutsame Regelung, befürwortete jedoch eine noch

---

610 *Bollmann,* Referat: Frachtgeschäft zur Beförderung von Gütern, S. 83 f.

611 *Schubert,* Protokolle des Seerechtsausschuss, S. 594.

612 *Bollmann,* Referat: Frachtgeschäft zur Beförderung von Gütern, S. 83.

613 *Bollmann,* Referat: Frachtgeschäft zur Beförderung von Gütern, S. 109 ff.

614 *Schubert,* Protokolle des Seerechtsausschuss, S. 594.

klarere Gesetzesfassung, die ausdrücklich heißen solle: *„Damit endet die Haftung des Schiffes."* *Lindenmaier* stellte die Annahme von Leitsatz 23 a Abs. 2 und 3 mit dieser Ergänzung anschließend ohne weitergehende Aussprache fest. Eine nähere Behandlung von Leitsatz 23 a Abs. 1 erfolgte auch nachfolgend nicht mehr. Dieser verwies jedoch einzig hinsichtlich der gemeinsamen Kodifizierung der Regelungen über das Laden und Löschen auf den bereits beratenen Leitsatz 10.

i) Lade- und Überliegezeit, Liegegeld

Sodann kehrte der Ausschuss wieder zu der von *Bollmann* in seinem Referat vorgesehenen Reihenfolge und insofern auf *Leitsatz 14* zurück, welcher § 567 HGB (1897) über die *Ladezeit* betraf. *Bollmann*[615] hatte vorgeschlagen, die Regelung dahingehend zu verdeutlichen, *„dass die Anzeige der Ladebereitschaft an einem Werktage zu den üblichen Geschäftsstunden zu erstatten [sei] und die Ladezeit mit dem auf die Anzeige folgenden Werktage"* beginne. Ausführlichere Diskussion rief die Frage hervor, ob eine vorzeitige Anzeige der Ladebereitschaft gesetzlich erlaubt werden sollte[616]. *Brandt* sprach sich für diese Begünstigung des Verfrachters aus, da andernfalls *„sicher häufig ein voller Tag verloren"* ginge; ebenso befürwortete *Wüstendörfer* diese Erleichterung der Abladung, da die Beweislast hinsichtlich der Ladebereitschaft weiterhin beim Schiff verbleibe. Erst nachdem Kapitän *Kuhl* auf die Unsicherheit für den Ablader bei einer vorzeitigen Anzeige und die drohenden Kosten hinwies, revidierte *Wüstendörfer* seine Ansicht und hielt eine gesetzliche Regelung nicht für unnötig, *„es genügt u.U., wenn sie vertraglich vereinbart werde"*. Letztlich sprachen sich auch *Bollmann* und *Lindenmaier* für eine gesetzliche Regelung aus; *Krieger* hielt hingegen *„die nordische Regelung"*, die eine Anzeige der Ladebereitschaft erst nach Anlegen des Schiffes zuließ, für richtig. Eine Festlegung des Ausschusses erfolgte bezüglich dieser Frage letztendlich nicht.

§ 568 Abs. 1 HGB (1897) sah vor, dass bei *fehlender Vereinbarung über die Dauer der Ladezeit* örtliche Verordnungen oder der Ortsgebrauch entscheidend seien sollten. *Bollmann* hatte insoweit die Übernahme der Regelung ins neue Recht empfohlen (*Leitsatz 15*)[617]. In der Aussprache im Plenum stellte er ergänzend §§ 81 und 85 Abs. 1 des schwedischen Seerechts vor, welche für

615 *Bollmann,* Referat: Frachtgeschäft zur Beförderung von Gütern, S. 75 – 82; ähnliche Regelungen waren auch in Art. 6 des von *Bollmann* herangezogenen nordischen Entwurfs und in Art. 518 q des niederländischen Seerechts vorgesehen gewesen.

616 Vgl. *Schubert,* Protokolle des Seerechtsausschuss, S. 594 f.

617 *Bollmann,* Referat: Frachtgeschäft zur Beförderung von Gütern, S. 80 – 83.

unterschiedliche Schiffsgrößen feste Liegezeiten vorsahen und bestimmten, dass die Überliegezeit die Hälfte der Liegezeit betrage, jedenfalls jedoch drei Tage. Während *Wüstendörfer* die Regelung für durchaus brauchbar ansah, sprach sich Verwaltugnsdirektor *Sturm* gegen eine solche als zu weitgehend aus. *Bollmann* ergänzte seinen Leitsatz daraufhin dahingehend, dass die Liegezeit für die unterschiedlichen Schiffsmaße einheitlich in einer Reichsverordnung festgestellt werden sollten. Dieser Vorschlag wurde mangels Widerspruch angenommen.

Weitergehend hatte *Bollmann* vorgesehen, die Regelung des § 568 Abs. 2 HGB (1897) zu streichen; soweit die *Länge der Überliegezeit* nicht vereinbart werde, sollte diese die Hälfte der Liegezeit betragen. Wiederum war es *Wüstendörfer*[618], der zunächst in der Aussprache das Wort ergriff. Er wies darauf hin, dass die gesetzliche Regelung des HGB, welche bei fehlender Vereinbarung über die Länge der Überliegezeit eine Frist von vierzehn Tagen vorsah, noch aus das Preußische Allgemeine Landrecht von 1794 zurückginge. Er sprach sich für den an das nordische Recht angelehnten Leitsatz *Bollmanns* aus. In der sich anschließend entspannenden Diskussion, wie „halbe Tage" bei der Berechnung der Überliegezeit zu behandeln seien, sprach sich *Lindenmaier* für die *„vormittägliche Arbeitszeit"* aus, *Sturm* und *Brandt* befürworteten hingegen, die Klärung dieser Frage der Praxis zu überlassen.

Eine abschließende Erörterung des *Leitsatzes 15* erfolgte letztlich erst in der nachfolgenden 41. Arbeitssitzung. Auch dort fand der Vorschlag einer Festlegung der Länge der Liege- und Überliegezeit in einer Reichsverordnung bei den anwesenden Seehandelspraktikern grundsätzliche Zustimmung[619]. *Techen* bezeichnete eine Verkürzung der im Gesetz vorgesehenen Fristen für *„wünschenswert"*, diese seien *„immer sehr reichlich bemessen"*; die Überliegezeit sollte *„höchstens die Hälfte der Ladezeit"* betragen. Eine von *Krieger* vorgeschlagene Differenzierung der Fristen nach verschiedenen Güterarten hielt Kapitän *Klemp* nicht für erforderlich, da solche Besonderheiten bereits bei der Vereinbarung der Ladezeit berücksichtigt würden. *Wüstendörfer* befürwortete erneut eine Regelung entsprechend § 81 des skandinavischen Gesetzes, welches eine abgestufte Bemessung der Ladezeit nach unterschiedlichen Schiffsmaßen und technischer Ausrüstung vorsah, was *Bollmann* grundsätzlich unterstützte. Die von *Segelken* vorgeschlagene Regelung der §§ 518 r, 518 v des holländischen Seerechts, welche eine Überliegezeit von allgemein 8 Tagen vorsahen, verwarf *Lindenmaier* als *„zu weich und dehnbar"*. Er hielt daraufhin als Ergebnis fest, dass sich der

618 Vgl. *Schubert*, Protokolle des Seerechtsausschuss, S. 597.
619 Vgl. *Schubert*, Protokolle des Seerechtsausschuss, S. 599 f.

Ausschuss für eine Festlegung der „Liegezeit für bestimmte Verhältnisse durch Verordnung" aussprach und die Überliegezeit generell bestimmt werden solle.

Mit seinem *Leitsatz 20* hatte *Bollmann* hinsichtlich der Regelung des § 573 HGB (1897) über die *Berechnung der Liege- und Überliegezeit* vorgeschlagen, im neuen Recht *„nur Werktage"* in Ansatz zu bringen, da in den von der Praxis verwendeten Charterpartien bezüglich der Liegezeit regelmäßig eine vergleichbare Regelung enthalten wäre und auch die ausländischen Rechte weitgehend nur auf Werktage abstellten[620]. *Offen* modifizierte den Leitsatz hingegen dahingehend, dass es jedenfalls hinsichtlich des Überliegegeldes (Demurrage) bei einer Berechnung nach fortlaufenden Tagen bleiben sollte. Er begründete dies damit, dass die Mehrzahl der Charterpartien hier bezüglich des Überliegegeldes differenziere und der Befrachter in dieser Zeit auch den Zufall zu vertreten habe[621].

In der Aussprache im Plenum des Seerechtsausschusses ergänzte *Bollmann* sein Referat um die korrespondiere Vorschrift des § 81 des schwedischen Seerechts und wies darauf hin, dass bereits im Jahr 1913 im Rahmen der Beratungen eines internationalen Seefrachtrechts durch das CMI eine Regelung vergleichbar *Offens* Vorschlag diskutiert wurden[622]. Rechtsanwalt *Kleemann* wies – wie bereits auch *Bollmann* in seinem Referat – auf die Regelung des Binnenschifffahrtsrechts hin, welche ebenfalls Sonn- und allgemeine Feiertage nicht berücksichtige. Nachdem *Wüstendörfer* wiederum den historischen Ursprung der bisherigen Regelung darlegte, dass nämlich in den 1850er Jahren es noch keine Sonntagsruhe für Hafenbetriebe gegeben habe, stellte *Lindenmaier* schließlich den ersten Absatz des Leitsatz 20 in der von *Offen* abgeänderten Fassung als angenommen fest.

Im Verlaufe der Sitzung kam *Techen*[623] noch einmal auf diese Regelung des neuen Rechts zurück und vertrat den Standpunkt, welchen er letztlich jedoch nicht als Vorschlag einer Änderung des Leitsatzes verstanden wissen wollte, dass Sonntage dann doch bei der Ladezeit Berücksichtigung finden sollten, wenn diese fürs Laden tatsächlich genutzt würden; entsprechende Regelungen seinen in Charterpartien enthalten. *Edye* unterstützte diesen Gedanken und wies auf die außerordentlich hohen Kosten für den Reeder hin, wenn *„das Schiff am Sonn- oder Feiertag arbeiten müsse"*. Hingegen erklärte *Krieger* eine solche Regelung

620 *Bollmann,* Referat: Frachtgeschäft zur Beförderung von Gütern, S. 90 u. 95.

621 *Schubert,* Protokolle des Seerechtsausschuss, S. 584.

622 Vgl. zur Aussprache im Ausschuss: *Schubert,* Protokolle des Seerechtsausschuss, S. 602.

623 *Schubert,* Protokolle des Seerechtsausschuss, S. 604 f.

für *„unbillig"* und regte an, dass diese Frage der Auslegung in der Praxis überlassen werden sollte. Dieser Vorschlag fand schließlich auch *Techens* Zustimmung.

Eine umfassende Neuregelung hatte *Bollmann* in *Leitsatzes 20 Absatz 2* hinsichtlich der §§ 573 Abs. 2 und 574 – 576 HGB (1897) vorgesehen, welche er als *„eine recht verwickelte, fast künstlich zu nennende Regelung"* bezeichnete, *„die sich nur dadurch erklären dürfte, dass man auf diesem Wege einen lebhaften Meinungsstreit innerhalb der beratenden Kommission beilegte"*[624]. Seinen Vorschlag zur Neuregelung fasste er in der Arbeitssitzung noch einmal wie folgt prägnant zusammen[625]:

> „Wenn über die Dauer der Ladezeit nichts vereinbart sei, so käme es lediglich auf die Angemessenheit an, d.h., die im Einzelfall vorliegenden Umstände würden bei Festsetzung der angemessenen Frist mit berücksichtigt. Sei aber eine bestimmte Dauer festgelegt, so trüge jeder Vertragsteil die Gefahr für die von ihm zu vertretenden Umstände, und zwar sowohl für verschuldete als auch für zufällige."

Lindenmaier sprach sich insbesondere gegen die von *Bollmann* vorgeschlagene Verwendung des Begriffs „angemessene Frist", welche *Lindenmaier* offensichtlich insgesamt bei der Neufassung des Seefrachtrechts nicht berücksichtigt sehen wollte[626]. Auch *Wüstendörfer*[627] äußerte *„leise Bedenken"* gegen *Bollmanns* Leitsatz. Dieser führe in bestimmten Fällen zu unbilligen Ergebnissen und erinnere ihn an die Regelung eines Fixgeschäfts, als welches der Frachtvertrag nur selten zu fassen ist. *Wüstendörfer* befürwortete demgemäß vielmehr eine Differenzierung bei der *Berechnung der Ladefrist* zwischen Risiken, welche der Übernahme oder der Lieferung der Güter zuzurechnen sein. Diese von ihm als *„Sphärentheorie"* bezeichnete Aufteilung bedeute, dass *„alles was zur Übernahme gehöre, hänge mit der Lebenssphäre des Verfrachters zusammen, alles was zur Lieferung gehöre, mit der Lebenssphäre des Befrachters"*. Soweit ein Risiko beiden Sphären entspringe beziehungsweise diese zugleich betreffe, hätten beide Seiten den Zufall zu tragen, *„d.h., dass sich einerseits die Wartezeit verlängere, andererseits aber die Liegegeldverpflichtung schon einträte"*. Auf diese Weise ließe sich *„die bisherige undurchsichtige gesetzliche Regelung klarer"* gestalten. In dieser Folge

---

624 Vgl. *Bollmann*, Referat: Frachtgeschäft zur Beförderung von Gütern, S. 90 ff.

625 *Schubert*, Protokolle des Seerechtsausschuss, S. 602.

626 Vgl. *Schubert*, Protokolle des Seerechtsausschuss, S. 603; Lindenmaier hatte sich – wie gesehen – bereits zuvor gegen die Wendung „angemessene Frist" ausgesprochen, vgl. oben zu Leitsatz 17.

627 Vgl. *Schubert*, Protokolle des Seerechtsausschuss, S. 603 f.

müssten §§ 573 und 574 HGB (1897) neu gefasst werden, §§ 575 und 576 HGB (1897) fielen fort.

Dieser Vorschlag *Wüstendörfers* fand großen Anklang unter den weiteren Mitgliedern des Seerechtsausschusses[628]. *Lindenmaier* bezeichnete diesen als *„sehr glücklich“*; auch *Bollmann* erklärte sich mit diesem einverstanden; Landgerichtsrat *Keith* nannte ihn *„sehr logisch“*. Zugleich gab *Keith* jedoch zu bedenken, dass gewisse Zufälle, die *„so groß und ungeheuerlich“* seien, dass sie die Lieferung generell ausschlössen, von *Wüstendörfers* Vorschlag einzig dem Befrachter angelastet würden. Dies betreffe etwa einen Eisenbahngeneralstreik; solche Risiken müssten beiden Risikosphären zugerechnet werden. *Wüstendörfer* und *Lindenmaier* erklärten hierzu, dass dieses bereits durch die vorgeschlagene Regelung sichergestellt sei, da in solchen Fällen regelmäßig sowohl Lieferung als auch Übernahme unmöglich seien und somit der dritte Fall *Wüstendörfers* Vorschlag eingreife. *Offens* Frage, wie die Vereinbarung einer FOB-Lieferung (free on board, Anmerkung des Verfassers) behandelt würde, beantwortete *Wüstendörfer* dahingehend, dass durch diese Regelung einzig der Begriff „Übernahme“ enger vereinbart werde, im Übrigen ändere sich jedoch nichts. *Lindenmaier* stellte abschließend fest, dass Zufälle, die den Kran beträfen, zu Lasten des Befrachters in diesem Fall gingen; Zufälle, die die Garnierung beträfen, gingen zu Lasten des Schiffes. Nach diesen Erläuterungen wurde *Wüstendörfers* Vorschlag als Absatz 2 des Leitsatzes 20 angenommen.

Auf eine abschließende Stellungnahme zu *Leitsätzen 17* über die *Folgen des Ablaufs der Lade- oder der vereinbarten Überliegezeit* konnte sich der Seerechtsausschuss in der 40. Arbeitssitzung ohne die Anhörung der Experten aus der Praxis nicht festlegen. *Bollmann* hatte hinsichtlich § 570 HGB (1897) vorgeschlagen, dass eine *fest vereinbarte Wartezeit* des Schiffs ohne weitergehende Erklärung des Verfrachters enden und die vorgesehene dreitägige Erklärungsfrist in ein fristloses Kündigungsrecht umgewandelt werden solle[629]. *Segelken*[630] befürchtete vermehrte Rechtsunsicherheit, falls in den Häfen nicht einheitliche Liegezeiten gelten würden und sprach sich vor diesem Hintergrund für eine Beibehaltung der Anzeige aus. *Lindenmaier* und *Krieger* stellten jedoch klar, dass die vorgesehene Verordnung über die Länge der Liegezeiten wohl nur zwischen großen und kleinen Häfen unterscheiden sollte. *Wüstendörfer* sprach sich unter Zustimmung *Lindenmaiers* und *Bollmanns* für eine Streichung des Anzeigeerfordernisses

628 Vgl. *Schubert,* Protokolle des Seerechtsausschuss, S. 603 ff.

629 *Bollmann,* Referat: Frachtgeschäft zur Beförderung von Gütern, S. 84 – 87.

630 *Schubert,* Protokolle des Seerechtsausschuss, S. 597.

aus, soweit nicht lediglich eine *„angemessene Frist"* vertraglich vereinbart worden sei[631].

In der nachfolgenden 41. Arbeitssitzung stellte sodann Ministerialraat *Krieger* den anwesenden Seehandelspraktikern die Frage, ob es einer Erklärung des Kapitäns gemäß § 570 HGB (1897) drei Tage vor Ablauf der Überliegefrist bedürfe, wenn im Falle fehlender Vereinbarung bereits eine vergleichbare Erklärung zur Beendigung der Liegezeit vom Gesetz vorgesehen werde; in der zweiten Erklärung sei die erste letztlich doch bereits enthalten. Auch *Wüstendörfer* sprach sich gegen *„übertriebene[n] Bürokratismus"* aus. Die Praktiker *Offen* und *Techen* hatten sich grundsätzlich für eine Streichung der dreitägigen Frist des § 570 HGB (1897) ausgesprochen, da diese *„entbehrlich"* sei. *Leonhardt* befürwortete hingegen die Beibehaltung der Fristenregelung, da diese insbesondere dem Befrachter die Ladung des Schiffes ermöglichen solle. Genau so wie *Edye*, der sich ebenfalls zugunsten der Befrachter für eine Beibehaltung der Regelung aussprach, hielt dieser im Gegenzug jedoch eine Verkürzung der Frist für denkbar. Während sich *Baur* für die Beibehaltung der geltenden Frist aussprach, hielt *Techen* den Befrachter als *„Vollkaufmann"* für weniger schutzwürdig, insbesondere in der Kleinschifffahrt. *Bollmanns* Vorschlag, schlicht von einer *„angemessenen Frist"* zu sprechen, fand vor allem bei *Lindenmaier* wenig Gegenliebe. Nachdem *Schulze-Smidt* noch einmal seine Bedenken gegen eine Änderung der geltenden Regelungen vorbrachte, die eine Erklärung betreffe schließlich die Frage der Bezahlung, die andere betreffe die Abfahrt, hielt *Lindenmaier*[632] schließlich fest, dass es grundsätzlich bei beiden Fristen verbleiben solle, die zweite Frist jedoch *„in geeigneten Fällen"* erheblich abgekürzt werden solle.

Auch *Leitsatz 19* wurde zwar bereits in der 40. Arbeitssitzung anberaten, sodann jedoch zur Anhörung der Seehandelspraktiker auf die nachfolgende Sitzung zurückgestellt. Mit diesem Leitsatz hatte *Bollmann* die Beibehaltung der Regelung des § 572 HGB (1897) bezüglich der *Höhe des Liegegeldes* befürwortet. Er ergänzte seine Ausführungen in der Diskussion um die Darstellung des § 86 des schwedischen Seerechts, welcher neben den bereits in § 572 Abs. 2 HGB (1897) vorgesehenen Umständen auch auf die Schiffsmaße abstellen würde[633]. Eine solche Ergänzung des deutschen Rechts hielt *Bollmann* indes nicht für geboten. *Lindenmaier* stimmte ihm insgesamt zu, *„äußerte jedoch die Befürchtung, dass auch hierzu erst die Herren der Praxis gehört werden müssten"*[634]. Im

631 *Schubert,* Protokolle des Seerechtsausschuss, S. 597.
632 *Schubert,* Protokolle des Seerechtsausschuss, S. 602.
633 Vgl. *Schubert,* Protokolle des Seerechtsausschuss, S. 597.
634 *Schubert,* Protokolle des Seerechtsausschuss, S. 597.

Protokoll der 41. Arbeitssitzung vom 27. Februar 1939 findet sich diesbezüglich jedoch einzig der Hinweis, dass Bollmann erneut sein Referat vorstellte und anschließend von Lindenmaier die einstimmige Annahme des Leitsatzes festgestellt wurde[635]. Eine nähere Erörterung erfolgte offensichtlich nicht.

Zum Abschluss der 41. Arbeitssitzung wandte sich der Seerechtsausschuss noch *Leitsatz 21* zu, welcher hinsichtlich der Regelung des § 577 HGB (1897) über *ein Lieferversäumnis eines Dritten* eine Ergänzung dahingehend vorgesehen hatte, *„dass der Verfrachter die Anzeige der Ladebereitschaft dem Drittablader zu erstatten“* habe und zugleich das Anweisungsrecht eines „Bevollmächtigten des Befrachters“ zu einem weiteren Warten zu streichen sei[636]. *Wüstendörfer*[637] bemerkte hierzu eine Entscheidung des Hanseatischen Oberlandesgerichts (HansRGZ 1929, 195), wonach in dem der Entscheidung zugrundeliegenden Sachverhalt das Schiff, welches vor *„unwirtlicher Küste Afrikas zur Einnahme der Ladung“* gelegen habe, nicht zur Anzeige der Ladebereitschaft gegenüber dem in Hamburg befindlichen Befrachter in der Lage gewesen war. *Lindenmaier* stellte daraufhin den Leitsatz mit der von *Wüstendörfer* vorgeschlagenen Ergänzung – *„Die Benachrichtigung des Befrachters kann unterbleiben, wenn sie untunlich erscheint“* – fest.

j) Leer- und Fautfracht

Beratungsgegenstand der 42. Arbeitssitzung vom 15. März 1939 waren die von *Bollmann* erarbeiteten *Leitsätze 22, 23 und 24*, welche *Lindenmaier* zur gemeinsamen Behandlung zusammenfasste; den Leitsatz 23 a hatte der Ausschuss bereits – wie gezeigt – in der 40. Arbeitssitzung behandelt. *Bollmann* hatte diese Leitsätze seines Referats, welches vor der 38. Arbeitssitzung vom 23. Juni 1938 fertiggestellt worden war, aus nicht bekannten Gründen offensichtlich im Laufe der Beratungen bis zur 42. Arbeitssitzung in insgesamt fünf neugefasste Änderungsvorschlägen für das Recht der Leer- und Fautfracht formuliert. In den Beratungen des Ausschusses wurde einzig auf diese neuformulierten Leitsätze 1 bis 5 Bezug genommen[638].

---

635 *Schubert,* Protokolle des Seerechtsausschuss, S. 602.

636 *Bollmann,* Referat: Frachtgeschäft zur Beförderung von Gütern, S. 95 ff.

637 Vgl. *Schubert,* Protokolle des Seerechtsausschuss, S. 605.

638 Vgl. die alte und neue Fassung der Leitsätze 22 – 24 bei *Schubert,* Protokolle des Seerechtsausschuss, S. 580 – 582; im Bericht über die Ausschussarbeit von *Lindenmaier,* JbADR 1939/40, S. 105 (133 f.) ordnete dieser die fünf neuformulierten Leitsätze in die Zählweise des Referats ein: die neu gefassten Leitsätze 1 – 3 bezeichnete

Bollmann[639] berichtete zunächst zur *„Hauptfrage"* dieser Leitsätze, nämlich *„ob im künftigen deutschen Recht das Rechtsinstitut der Leer- und Fautfracht beibehalten werden soll, oder ob sich Deutschland dem System des englischen Rechts, das an die Nichterfüllung des Vertrages volle Schadensersatzpflicht knüpfe, anschliessen werde"*. Hierbei stellte er zunächst eingehend die Regelungen der §§ 518 x, 518 z und 519 des holländischen sowie §§ 131 – 134 des skandinavischen Seerechtsentwurfs dar, welche jeweils dem anglo-amerikanischen Recht nachfolgend eine Schadensersatzpflicht des Befrachters vorsähen; die §§ 272, 259 und 267 des italienischen Seerechts enthielten nach *Bollmanns* Auffassung hingegen *„keine besondere Anregung für das künftige deutsche Recht"*.

Weiterhin nahm *Bollmann* insbesondere auch Bezug auf die Verhandlungen des Comité Maritime International aus dem Jahr 1913 über ein einheitliches internationales Seefrachtrecht. In Artikel 8 sei seinerzeit eine mit dem deutschen Recht vergleichbare Regelung beschlossen worden, die insbesondere vom belgischen Vertreter als „praktisch" bezeichnet worden war. Im Rahmen dieser Verhandlungen habe der englische Vertreter *Battens* schließlich auch erklärt, *„dass sich die Meinung der englischen Delegierten zugunsten des kontinentalen Systems im Interesse der Vereinheitlichung des Seerecht und angesichts des Umstandes, dass das kontinentale Recht bisher zu Missständen nicht geführt habe, ausgesprochen habe"*[640]. Ebenfalls für eine Beibehaltung des Fautfrachtsystems hätten sich zudem *Uhle* (HansRGZ A 1938, 327 ff.) sowie von *Bollmann* angesprochene Reeder geäußert. *Ehlers* (Hansa 1938, 2302) hätte die Anpassung des skandinavischen Seerechts an das anglo-amerikanische System des Schadensersatzrechts für *„sehr begrüßenswert"* bezeichnet. *Bollmann* schloss seine Ausführungen mit der Bewertung, dass das deutsche Institut der Fautfracht *„nur als segensreich bezeichnet werden"* könne[641]; bei einem Übergang zum reinen Schadensersatz stünden hingegen eine Vielzahl von Rechtsstreiten zu befürchten.

Lindenmaier[642] erklärte hingegen vor dem Hintergrund, dass insbesondere England seine Ankündigung, zum Fautfrachtsystem wechseln zu wollen, nicht umgesetzte habe und die bisherige Regelung *„übertrieben kasuistisch"* sei, seine Sympathien hinsichtlich eines Rechtswechsels zum System des Schadensersatzes.

---

er dort als Leitsatz 22 Ziffer 1 – 3; der neue Leitsatz 4 wurde zu Leitsatz 23; Leitsatz 24 entsprach dem geänderten Leitsatz 5.

639 *Schubert,* Protokolle des Seerechtsausschuss, S. 607; vgl. zu Bollmanns Einleitung in die Problematik insgesamt, ebd., S. 606 – 609.

640 *Schubert,* Protokolle des Seerechtsausschuss, S. 608.

641 *Schubert,* Protokolle des Seerechtsausschuss, S. 609.

642 *Schubert,* Protokolle des Seerechtsausschuss, S. 609 f.

Der befürchteten Anzahl von Rechtsstreiten sollte jedoch durch Rechtsvermutungen entgegnet werden, etwa dass *„der Schadens des Verfrachters im Zweifel dem Betrag der entgangenen Fracht gleichkomme oder bei Vorliegen der Voraussetzungen des § 275 BGB [...] dem Befrachter ein schadensersatzfreies Rücktrittsrecht zustehen“* müsste. Seinen Vorschlag bezeichnete *Lindenmaier* ausdrücklich als *„reederfreundlich“*.

Schulze-Smidt begrüßte hingegen – wie *Bollmann* – grundsätzlich die Beibehaltung des bisherigen Systems, wobei er die Befürchtung äußerte, dass durch *Lindenmaiers* Vorschlag letztlich über den Umweg der Rechtsvermutungen ebenfalls wieder der bereits geltende Rechtszustand hergestellt würde. Diese Kritik teilte auch *Wüstendörfer*, der sich ausdrücklich zugunsten des Systems der Fautfracht aussprach[643]. Aus seiner Sicht sprächen vor allem drei Argumente zugunsten des Fautfrachtsystems: zum einen soll der Befrachter durch das ihm gewährte Kündigungsrecht nicht zu stark an den Seefrachtvertrag gebunden und somit in seiner Spekulation eingeschränkt sein; weiter vermittelt dieses System jedoch Druck auf den Befrachter, an dem von ihm geschlossenen Vertrag festzuhalten und diesen zu erfüllen; drittens vermeide die Fautfracht *„langwierige Prozesse um die Höhe des Schadens des Verfrachters“*. Aus Sicht *Wüstendörfers* überwogen diese Argumente auch der internationalen Vorherrschaft des anglo-amerikanischen Seerechts, wobei diesem in dieser Frage ein *„kontinentaler Block“*, bestehend aus Frankreich, Deutschland und Italien gegenüberstünde. *Lindenmaier* überzeugte insoweit einzig das zweite Argument einer psychologischen Wirkung auf den Befrachter, am Vertrag festzuhalten. Auf dessen Nachfrage erklärte *Offen*[644], dass es in Deutschland keine Erhebung über Rechtsstreitigkeiten über die Fautfracht gebe, da das Recht *„keinen Raum für Prozesse böte“*; in England würde jedoch *„in derartigen Fällen [immer] prozessiert“*. Diese Ausführungen vermochten *Lindenmaier* endgültig vom System der Fautfracht zu überzeugen, für welches sich zudem auch *Krieger*, *Brandt* – mit einer Einschränkung hinsichtlich der Vollcharter – und *Techen* aussprachen.

Einig waren sich die Mitglieder des Seerechtsausschusses uneingeschränkt in der Kritik hinsichtlich der Entscheidung des Hanseatischen Oberlandesgerichts vom 30. März 19938 (HansRGZ B 1938, 131 ff.). In dieser hatte das Gericht abweichend vom gesetzlich vorgesehenen Fautfrachtsystem *„mit Rücksicht auf die besonderen Umstände des Falles“* dem Verfrachter lediglich eine Fautfracht

643 Vgl. *Schubert*, Protokolle des Seerechtsausschuss, S. 601 f.

644 *Schubert*, Protokolle des Seerechtsausschuss, S. 613.

in Höhe von einem Viertel der vereinbarten Fracht zugesprochen[645]. Dieses Urteil wurde im Ergebnis von *Bollmann* als *„rechtspolitisch unerwünscht"* und von *Wüstendörfer* als gegen den Wortlaut und den entstehungsgeschichtlichen Hintergrund der gesetzlichen Regelung verstoßend bezeichnet. Auch *Lindenmaier*[646] erklärte, dass er die Entscheidung für nicht richtig halte, und äußerte die Vermutung, dass *„sein Senat oder der Große Senat des Reichsgerichts sich diesem anschließen werde"*. Allgemein wurde die Hoffnung ausgesprochen, dass das vorbezeichnete Urteil keine Schule bei den Untergerichten machen würde.

Abschließend wurde der sich für die Beibehaltung des Systems der Fautfracht aussprechende *neuformulierte Leitsatz 1*, welcher später als Leitsatz 20 Ziffer 1 bezeichnet wurde, angenommen.

Hinsichtlich der Regelungen der §§ 578 und 579 HGB (1897), welche die Rechtsfolgen für die Situationen regelten, dass der Befrachter während der Wartezeit die zu verladenden *Güter nicht oder nicht vollständig geliefert* hat. Im *neuformulierten Leitsatz 2* schlug *Bollmann* vor, bei nur teilweiser Lieferung der Güter auf die vom Befrachter zu zahlenden Leerfracht jedenfalls die Fracht anzurechnen, welche der Verfrachter durch Beförderung von ersatzweise angenommener Güter erzielt; zur Annahme von Ersatzgütern sollte der Verfrachter hingegen nicht verpflichtet werden (*Leitsatz 2 neu*)[647]. Im Ausschuss berichtete *Bollmann* ergänzend, dass es aus dem Jahr 1900 zwei Entscheidungen des Landgerichts Hamburg und des Hanseatischen Oberlandesgericht gäbe, welche eine Verpflichtung des Verfrachters aussprachen, sich nach Ersatzfracht umzusehen[648]. Eine solche Regelung stände nach seiner Ansicht jedoch im Widerspruch zu der mit Leitsatz 6 vom Seerechtsausschuss beschlossenen Streichung des § 562 HGB, weshalb er den Vorschlag seines Leitsatzes bekräftigte. Mangels gegenteiliger Wortmeldungen wurde der Leitsatz in der neugefassten Form beschlossen.

Das in § 579 HGB (1897) enthaltene Recht des Verfrachters, die Reise auch bei nicht vollständiger Ladung des Schiffes innerhalb der Wartezeit anzutreten und zugleich Leerfracht gemäß § 578 HGB (1897) zu verlangen, sollte nach *Bollmanns* Vorschlag um den Zusatz ergänzt werden[649]:

> „... so ist der Verfrachter befugt und – wenn nicht der Belader und nach Ausstellung eines Konnossements die nach § 654 n. F. Verfügungsberechtigten der Wiederausladung

645 *Schubert,* Protokolle des Seerechtsausschuss, S. 608.
646 *Schubert,* Protokolle des Seerechtsausschuss, S. 610.
647 *Bollmann,* Referat: Frachtgeschäft zur Beförderung von Gütern, S. 98.
648 *Schubert,* Protokolle des Seerechtsausschuss, S. 614.
649 *Schubert,* Protokolle des Seerechtsausschuss, S. 582.

ihrer Güter zustimmen - verpflichtet, die Reise anzutreten. Ihm stehen in diesem Falle die in § 578 bezeichneten Forderungen zu.“ (*Leitsatz 3 neu*)

Das Seehandelsrecht sollte insoweit an die in Folge der Lieferung der Güter und einer Konnossementsausstellung Berechtigten angepasst werden, die durch das Seerecht eigenständige Rechtspositionen erhielten[650]. Die einschränkenden Wörter „sofern der Befrachter nicht vom Vertrag zurücktritt“ sollten im Hinblick auf die im neuformulierten Leitsatz 4 vorgesehene Änderung des Gesetzes gestrichen werden.

Wüstendörfer[651] stellte in diesem Zusammenhang den Gedanken zur Diskussion, Fallgestaltungen, in welchen nur ein geringfügiger Teil der zu verladenden Güter (etwa 10 von 1000 Sack) innerhalb der Wartefrist geliefert würde, einer Nichtlieferung gleichzusetzen, wie es bereits im Jahr 1911 zum Londoner Entwurf eines internationalen Seefrachtrechts abgeregt wurde. In solchen Situationen sollte die geringfügige Lieferung jedoch nicht bereits nach Abladung der Liegezeit als Rücktritt gewertet werden, sondern erst nach Verstreichen der Überliegezeit. *Techen* begrüßte die Einführung einer Mindestmenge. Auch *Offen* bezeichnete *Wüstendörfers* Anregung als *„bestechend“*, äußerte jedoch gleichzeitig Bedenken, da jedenfalls gewisse Verzögerungen bei der Lieferung der Güter häufig vorkämen und durch Überstunden aufgefangen werden könnten; zudem sei die Festlegung einer Mindestgrenze *„schwierig und gefährlich“*. Diese Bedenken teilten auch Kapitän *Klemp* und *Lindenmaier*, der schließlich meinte, *„kleine Fälle dieser Art ließen sich mit Hilfe von § 242 BGB heilen“*. Hiervon zeigte sich auch *Wüstendörfer* schließlich überzeugt, sodass insoweit keine Erweiterung des Leitsatzes vorgenommen wurde. Einzig *Kriegers* Anregung, im Gesetz klarzustellen, dass die Vorschriften hinsichtlich der Unmöglichkeit der Reise unberührt blieben, wurde von *Lindenmaier* übernommen[652].

Leitsatz 4 in der neuformulierten Fassung Bollmanns betraf die bisherigen §§ 580 – 587 HGB (1897), welche das *Rücktrittsrecht des Befrachters vor Antritt der Reise* und die *Fautfracht beim Rücktritt des Befrachters* regelten, wobei jedoch *Bollmann* darauf hingewiesen hatte, dass es sich hierbei tatsächlich um ein Kündigungsrecht handelte, als welches dieses auch bezeichnet werden sollte[653]. An der von *Bollmann* vorgeschlagenen Neugestaltung wurde nur wenig von den

650 *Bollmann,* Referat: Frachtgeschäft zur Beförderung von Gütern, S. 106.

651 Vgl. *Schubert,* Protokolle des Seerechtsausschuss, S. 614 f.

652 *Schubert,* Protokolle des Seerechtsausschuss, S. 615; im Bericht von *Lindenmaier,* JbADR 1939/40, S. 105 (134) findet sich diese Ergänzung hingegen wiederum nicht.

653 *Bollmann,* Referat: Frachtgeschäft zur Beförderung von Gütern, S. 104.

weiteren Mitgliedern des Seerechtsausschusses kritisiert. Einzig der *Leitsatz 4 a neu* wurde in leicht veränderter Fassung wie folgt angenommen:

Leitsatz 4 a: „Solange noch keine Ladung geliefert ist, kann der Befrachter den Vertrag jederzeit kündigen. Liefert er bis zum Ablauf der Wartezeit keine Ladung, so wird dies einer Kündigung gleich geachtet.

Der Verfrachter ist in diesen Fällen berechtigt, die Hälfte der Fracht und bei zusammen gesetzten Reisen zwei Drittel der noch nicht eingefahrenen Gesamtfracht als Fehlfracht zu verlangen.

Auf die Fehlfracht wird die Fracht, welche der Verfrachter für eine Ersatzladung erhält, nicht angerechnet."

Bollmann[654] hatte hinsichtlich der *Höhe der Fautfracht* vorgeschlagen, auch bei zusammengesetzten Reisen lediglich die Hälfte der noch nicht eingefahrenen Gesamtfracht als Fautfracht zu gewähren. *Lindenmaier*[655] befürwortete schließlich jedoch eine *„klare und übersichtliche Regelung"*, wie sie von *Wüstendörfer* unter Befürwortung *Techens* vorgeschlagen wurde, nämlich das insoweit die geltende Regelung einer auf 2/3 erhöhte Fautfracht beibehalten werden sollte. Der weitere von *Lindenmaier* festgehaltene Zusatz „Einschl. Ballast-Reise" findet sich hingegen in seinem später veröffentlichten Bericht über die Arbeitsergebnisse des Ausschusses nicht wieder[656].

Zum Abschluss der Arbeitssitzung wurde mit großer Einigkeit und ohne weitergehende Aussprache die Annahme der Leitsätze 4 b) und c) und 5 beschlossen. Diese sahen folgende Änderungsvorschläge für das neue Recht vor[657]:

Leitsatz 4 b: „Sobald Ladung geliefert worden ist, kann der Befrachter seine Befugnis zur Kündigung nur noch hinsichtlich des nicht belieferten Teils des Frachtvertrages ausüben. In diesem Falle findet § 578 entsprechende Anwendung."

Leitsatz 4 c: „Im Übrigen geht das Recht zur jederzeitigen Kündigung mit der Lieferung der Ladung auf den Ablader, und – nach Ausstellung eines Konnossements – auf die nach § 654 n. F. Verfügungsberechtigten über. Diese können das Recht zur Kündigung (im Hinblick auf § 579) jedoch nur vor Ablauf der Wartezeit und – wenn sie nicht sämtlich von ihm Gebrauch machen – nur unter der weiteren Voraussetzung ausüben, dass durch die Wiederausladung ihrer Ladung keine Überschreitung der Wartezeit eintritt oder eine Umladung erforderlich ist.

Im Falle der Wiederausladung sind dem Verfrachter die Kosten der Einladung und Wiederausladung zu vergüten. Ihm ist für die Zeit der Wiederausladung, soweit sie nicht in die Ladezeit fällt, Liegegeld zu entrichten. Auf wieder ausgeladene Güter ist,

---

654 *Bollmann,* Referat: Frachtgeschäft zur Beförderung von Gütern, S. 106.
655 *Schubert,* Protokolle des Seerechtsausschuss, S. 615
656 Vgl. *Lindenmaier,* JbADR 1939/40, S. 105 (134).
657 *Schubert,* Protokolle des Seerechtsausschuss, S. 582.

wenn die Reise angetreten wird, mit der Massgabe des § 578 Abs. 2 die volle Fracht, sonst, wie zu a), die Hälfte der Fracht als Fautfracht zu zahlen.

Wird die Kündigung von allen Verfügungsberechtigten ausgesprochen und durch die Wiederausladung die Wartezeit überschritten, so kann der Verfrachter – unbeschadet eines weitergehenden Schadensersatzanspruches – auch für diese Zeit Liegegeld beanspruchen."

Leitsatz 5: „Teilcharter

Ist ein verhältnismäßiger Teil oder ein bestimmt bezeichneter Raum eines Schiffes verfrachtet, so finden auf das Kündigungsrecht der einzelnen Teilbefrachter, Teilablader oder Verfügungsberechtigten gemäß § 654 n. F. die zu 4 c) entwickelten Grundsätze entsprechende Anwendung. Für die Teilcharter gelten im Übrigen die Bestimmungen der § 567 ff. in neuer Fassung."

k) Stückgutfrachtvertrag

Die verbliebenen Leitsätze des Referats von *Bollmann* beriet der Seerechtsausschuss in der 43. Arbeitssitzung vom 5. Juni 1939. Diese war maßgeblich dem Recht des Stückgütergroßverkehrs gewidmet.

Bollmann[658] stellte in seinem Gutachten fest, dass das seinerzeit geltende Seehandelsrecht überhaupt nur in wenigen Einzelvorschriften – §§ 588 – 590, 604 HGB (1897) –Bezug auf den Stückgutverkehr nahm, wohingegen dieser eine überragende Rolle in der Seehandelspraxis spiele. Neben dem Liniendienst, welcher sich durch seine von den Verfrachtern aufgestellten Beförderungsbedingungen und feste Tarife auszeichne und bei welchem – anders als bei der Frachtcharter – die Beförderung der Waren mit einem bestimmten Schiff ohne Bedeutung ist, so analysierte *Bollmann*, komme auch ein *„gelegentlicher Stückgutverkehrt"* vor, etwa in Form der Trampfahrt, bei dem die Einzelheiten des Vertrages regelmäßig ausgehandelt zu werden pflegen. Beide Vertragserscheinungen sollten im neuen Recht geregelt werden.

Aufgrund der großen Bedeutung der in der Praxis der *Liniendienste* verwandten Beförderungsbedingungen und Tarife hatte *Bollmann* entsprechend Art. 517 f. des holländischen Seerechts und Art. 285 Abs. 2 des Entwurfs eines italienischen Seerechts vorgeschlagen, dass, soweit *„ein Verfrachter einen regelmäßigen Dienst zwischen zwei oder mehr Orten (feste Linie)"* unterhält, *„die vom Verfrachter veröffentlichten oder den Beteiligten allgemein zugänglichen Beförderungsbedingungen und Tarife als vereinbart"* gelten sollten (*Leitsatz 26*). Nur soweit die Beförderungsbedingungen *„keine Bestimmung enthalten, [seien] die [...] Vorschriften über den Stückgutvertrag anzuwenden"* (*Leitsatz 27*). Bei der

658 Vgl. *Bollmann*, Referat: Frachtgeschäft zur Beförderung von Gütern, S. 115 – 120.

Aussprache des Seerechtsausschuss über diese beiden Leitsätze[659], bei der *Wüstendörfer* nicht anwesend war, standen sich zwei Gruppen gegenüber, wobei sich insbesondere Ministerialrat *Krieger* gegen die vorgeschlagene Regelung aussprach. Er vermochte keinen Vorteil durch eine solche Regelung des Frachtverkehrs auf festen Linien zu erkennen. Zwar war auch *Krieger* der Auffassung, dass das Gesetz nicht jede Einzelheit dieses Vertragstyps regeln könne, er äußerte jedoch Bedenken dagegen, die Beförderungsbedingungen der Verfrachter letztlich in Gesetzesrang zu heben. Diese allgemeinen Geschäftsbedingungen würden durch *„fortwährende Neuredaktion"* und Aufnahme unüberschaubarer Einzelfallregelungen immer länger und widersprüchlich. Demgemäß sprach sich *Krieger* zunächst – unter Zustimmung *Schulze-Smidts* – dafür aus, *„über den Stückgutvertrag bei festen Linien im Gesetz überhaupt nichts [zu] sagen"*, später forderte er jedenfalls eine gewisse Überprüfungskompetenz für das Reichsjustizministerium über die Beförderungsbedingungen. Kapitän *Klemp* befürwortete hingegen die Reichswirtschaftskammer als Kontrollorgan.

Lindenmaier und *Bollmann* verteidigten hingegen die mit Leitsatz 26 vorgesehene Neuregelung, welche auf die in der Praxis der festen Linien gebräuchlichen Beförderungsbedingungen abstellen sollte. Einzelregelungen hinsichtlich dieses Vertragstyps seien *„unzweckmäßig"*; die *„Aufgabe des Gesetzgebers könne nur darin liegen, den Linienreedereien bei der Ausgestaltung der Verträge freie Hand zu lassen"*; auch die Schaffung eines Kontrollorgans bedeute eine *„bedenkliche Fesselung der Wirtschaft"*. Diese Privilegierung der allgemeinen Geschäftsbedingungen der Liniendienste sei gerechtfertigt und wenig bedenklich, da – so fasste *Bollmann*[660] zusammen – eine Reihe von Korrektiven unangemessenen Auswüchsen der Klauselpraxis gegenüberstünden, nämlich: *„insbesondere [...] die Haager Regeln, die straffe organisatorische Zusammenfassung der deutschen Schiffahrt, die in- und ausländische Konkurrenz, die wirtschaftliche Macht mancher Befrachter und die Judikatur"*. In diesem Sinne sprachen sich auch *Sturm*, *Baur*, *Brandt* und *Stödter* für Leitsatz 26 aus.

Ausführlicher diskutierte der Ausschuss die Frage, in welcher Form die Beförderungsbedingungen zu veröffentlichen seien beziehungsweise allgemein zugänglich gemacht werden sollten. *Lindenmaier*[661] schlug vor, die Geltung der Beförderungsbedingungen *„von der Veröffentlichung durch die Industrie- und Handelskammern"* abhängig zu machen. Diesem Vorschlag widersprachen

---

659 Vgl. zur Aussprache *Schubert*, Protokolle des Seerechtsausschuss, S. 617 – 620.
660 *Schubert*, Protokolle des Seerechtsausschuss, S. 619.
661 Vgl. *Schubert*, Protokolle des Seerechtsausschuss, S. 619 f.

jedoch mehrere Ausschussmitglieder, wobei *Sturm* darauf hinwies, dass insbesondere die Tarife *„ungeheuer spezialisiert"* seien und *„oft geändert"* würden; vor allem kleineren Befrachtern sei es daher nicht zumutbar, solche Veröffentlichungen ständig zu überprüfen. *Baur* und *Schütte* bestätigten, dass den Beteiligten die Beförderungsbedingungen und Tarife in der Regel bekannt seien, da diese bei der Reederei oder im Buchhandel beschafft werden könnten. *Stödter* forderte ebenfalls, dass es *„Aufgabe des Gesetzes (lediglich sei) festzulegen, was seit Jahrzehnten gelte"*; eine formelle Veröffentlichung der Beförderungsbedingungen sei *„lästiger Papierkrieg"*. *Stödter* schlug letztlich eine weite Formulierung des Leitsatzes 26 vor, in der Fassung: *„So gelten die allgemeinen Beförderungsbedingungen und Tarife des Verfrachters als vereinbart"*.

Lindenmaier sprach sich für diese Änderung des Leitsatzes aus, eine ausdrückliche Feststellung, in welcher Fassung *Leitsatz 26* vom Ausschuss angenommen sei, erfolgte jedoch nicht. Im Protokoll heißt es insoweit nur, dass *„die für und gegen Leitsatz 26"* sprechenden Gesichtspunkte sämtlich erörtert seien[662]. *Leitsatz 27* wurde hingegen von *Lindenmaier* in der von *Bollmann* vorgeschlagenen Fassung festgestellt.

Im Anschluss wandte sich der Ausschuss noch dem *Stückgutvertrag außerhalb der festen Linien* zu. *Bollmann*[663] hatte in *Leitsatz 28* insgesamt sechs Regelungsansätze vorgesehen, wobei er zur Begründung weitestgehend auf die entsprechenden Ausführungen seines Referats bezüglich der Frachtcharter verwies. *Ziffer 1* sah vor, dass *„der Verfrachter [...] den Lade- und Löschplatz"* bestimmt, er *„jedoch einen ortsüblichen Platz zu wählen und die Ankunft des Schiffes in der üblichen Weise bekannt zumachen"* habe. In der Aussprache des Ausschusses schlug *Lindenmaier* vor, hinter „jedoch" das Wort „tunlichst" einzufügen[664]. In dieser Fassung fand Ziffer 1 die Zustimmung vom gesamten Ausschuss.

Als Ziffer 2 hatte *Bollmann* eine Regelung über die Verpflichtungen der Beteiligten bei der Anlieferung und Löschung der Stückgüter vorgesehen. In der Beratungssitzung stellte er insoweit klar, dass nur zum Ausdruck gebracht wer den sollte, *„dass bei einem Außenseiter der Befrachter sich nicht wundern könne, wenn er die Güter nicht am Kai annehme oder lösche"*[665]. *Krieger* und *Lindenmaier* kritisierten die vorgeschlagene Regelung, da bereits fraglich sei, ob *„Leitsatz 28*

---

662 *Schubert,* Protokolle des Seerechtsausschuss, S. 620; im Arbeitsbericht von *Lindenmaier,* JbADR 1939/40, S. 105 (135), ist letztlich die von *Stödter* vorgeschlagene weite Fassung des Leitsatzes als Beratungsergebnis angeführt.

663 *Bollmann,* Referat: Frachtgeschäft zur Beförderung von Gütern, S. 125 – 129.

664 *Schubert,* Protokolle des Seerechtsausschuss, S. 620 f.

665 *Schubert,* Protokolle des Seerechtsausschuss, S. 621.

Ziffer 2 Abs. 1 überhaupt einen materiellen Inhalt habe" und ob die Interessen des Befrachters nicht bereits hinreichend berücksichtigt seien. Die Kapitäne *Klemp* und *von Staden* vermochten als Vertreter der Praxis die Befürchtungen auszuräumen, Außenseiterverfrachter würden das Schiff an abgelegenen Orten zur Beladung und Löschung anlegen. Nachdem auch *Sturm* sich gegen eine Regelung sämtlicher Einzelheiten dieser Materie aussprach, stellte *Lindenmaier* fest, dass der Leitsatz gestrichen werden könne, da er „*keinen neuen materiellen Inhalt*" habe.

Ohne weitere Erörterung wurden die Ziffern 3 und 4 des Leitsatzes 28 von *Lindenmaier* als angenommen festgestellt[666]:

> Ziffer 3: „Ist der Befrachter oder der von ihm aufgegebene Ablader säumig, so ist der Verfrachter nicht verpflichtet, auf die Ladung der Güter zu warten. Der Befrachter muss, wenn die Reise ohne die Güter angetreten wird, gleichwohl die volle, und, wenn der Antritt der Reise unterbleibt, die halbe Fracht entrichten."
>
> Ziffer 4: „Ist der Empfänger in der Abnahme der Güter säumig, so findet die Vorschrift des § 601 entsprechende Anwendung.
>
> Für die Zeit, um welche sich durch die Säumnis des Empfängers oder durch das Hinterlegungsverfahren die Abfertigung des Schiffes verzögert, hat der Verfrachter Anspruch auf Liegegeld, unbeschadet des Rechts, einen höheren Schaden geltend zu machen."

Ziffer 5 aus *Bollmanns* Referat wurde hingegen vom Seerechtsausschuss zunächst zurückgestellt. Dieser sah für jeden Befrachter und jeden nach § 654 HGB (1937) Verfügungsberechtigten das Recht vor, bei Überschreiten der Abreisezeit oder bei fehlender Angabe einer solchen dem Verfrachter eine „*angemessene Frist*" zur Abreise zu bestimmen; nach fruchtlosem Ablauf der Frist sollte der Verfrachter zur Ausladung der Güter oder zur Leistung von Schadensersatz verpflichtet sein[667]. *Krieger*[668] befürwortete anstelle des Rechts zur Fristsetzung für die Ablader die richterliche Fristbestimmung des § 590 HGB (1897). Dieses wurde jedoch von *Lindenmaier* als unpraktisch zurückgewiesen. Nachdem sich zunächst noch *Schulze-Smidt* für die Annahme der Ziffer 5 aussprach, entschied sich der Ausschuss jedoch dazu, den gesamten Fragenkomplex auf einen späteren Zeitpunkt zu verschieben; es erfolgte demnach kein Beschluss über Ziffer 5. Nachfolgend wurde dieser Gesichtspunkt jedoch in den Beratungen nicht wieder aufgegriffen.

---

666 *Schubert,* Protokolle des Seerechtsausschuss, S. 621.

667 *Bollmann,* Referat: Frachtgeschäft zur Beförderung von Gütern, S. 128.

668 *Schubert,* Protokolle des Seerechtsausschuss, S. 621.

Hinsichtlich der Ziffer 6 schlug *Bollmann* selbst in der Ausschusssitzung eine Neuformulierung vor dem Hintergrund des Beratungsergebnisses der 42. Arbeitssitzung vor. Die Ziffer 6 sollte lauten:

> „Auf die Kündigung des Stückgutvertrages durch den Verfrachter, den Ablader oder einen nach § 654 n. F. Verfügungsberechtigten finden die in den zusammengefassten Leitsätzen 22 – 24 unter Ziffer 4) angeregten Vorschriften entsprechende Anwendung. Es ist jedoch, wenn die Reise angetreten wird, stets die volle, sonst die halbe Fracht als Fehlfracht zu entrichten. Die Fracht, welche der Verfrachter für eine Ersatzladung erhält, wird nicht angerechnet."

In dieser Fassung, welche aufgrund der Änderung des ursprünglich von *Bollmann* vorgeschlagenen Leitsatzes 23, auf welchen die Ziffer 6 verwies, erforderlich wurde, fand der Leitsatz die Annahme des Ausschusses. Zugleich war hiermit die Beratung des Referats von *Bollmann* abgeschlossen. Für die weitgehende Erleichterung der Beratungen durch das *„ausgezeichnete Referat"* dankte *Lindenmaier Bollmann* abschließend noch einmal ausdrücklich.

2. Thema: Der Empfänger im deutschen Seerecht (Referat Segelken) – 44. Sitzung (30.10.1939)

Der Rechtsfigur des Empfängers wurde ein separates Referat gewidmet, welches, ebenso wie die beiden weiteren Referate *Segelkens*, bereits im April/Mai 1939 fertiggestellt war[669]. Das Referat über den Empfänger wurde trotz des zwischenzeitlichen Krieges noch am 30. Oktober 1939 in der 44. Arbeitssitzung des Seerechtsausschusses beraten. *Lindenmaier* hatte mit dem kommissarischen Leiter der Akademie für Deutsches Recht *Emge* vereinbart, dass der Seerechtsausschuss zumindest die Beratung des Frachtrechts in jedem Fall noch abschließen solle.

Segelkens Referat betraf maßgeblich die Vorschriften der §§ 614, 615 HGB (1897), bezüglich derer er insgesamt sechs Leitsätze fasste. Eine ausführlichere Erörterung erfuhr bei der Aussprache im Seerechtsausschuss jedoch einzig der *Leitsatz 1* des Referats. Mit diesem hatte *Segelken* vorgeschlagen, anstelle der in

669 Das von OLG-Rat *Dr. Segelken* angefertigten Gutachten „Der Empfänger im deutschen Seerecht" datiert vom 22.04.1939 und umfasst 32 maschinenschriftliche Seiten. Die beiden weiteren Gutachten *Segelkens* datieren vom 29.04.1939 (Die Zahlung der Fracht – 51 Seiten) sowie vom 12.05.1939 (Die Sicherung des Verfrachters – 45 Seiten). Auch das abschließende Referat „Die Auflösung des Seefrachtvertrages" von *Capelle* (Umfang: 53 Seiten) befand sich im Jahr 1939 offensichtlich bereits in der Vorbereitung, vgl. *Lindenmaier,* JbADR 1939/40, S. 105 (138); das genaue Fertigstellungsdatum ist indes nicht bekannt.

§ 614 HGB (1897) vorgesehenen *Zug-um-Zug-Leistung bei der Ablieferung* der transportierten Güter an den Empfänger, welche mit einem Zurückbehaltungsrecht des Verfrachters kombiniert war, eine *Vorausleistungspflicht des Verfrachters unter Fortfall des Zurückbehaltungsrechts* vorzusehen[670]. Ergänzend zu dem von § 623 HGB (1897) vorgesehenen Pfandrecht an den Gütern sollte dem Verfrachter jedoch *„die Befugnis anerkannt [werden], vor Beginn mit der Ablieferung der Güter Sicherheitsleistung wegen seiner Frachtforderung und wegen der übrigen Verpflichtungen des Empfängers von diesem zu beanspruchen"*. Über die Art und Höhe der Sicherheitsleistung sollte erforderlichenfalls *„das für den Löschhafen zuständige Amtsgericht"* entscheiden.

Zu diesem Ergebnis war *Segelken* gekommen, indem er insbesondere die Handelspraxis näher untersuchte. Diese fasste er dahingehend zusammen, dass in den *„in der Praxis anzutreffenden Fällen [...] über die theoretische Zug-um-Zug-Regelung des § 614 hinweggeschritten und auf dem Wege über das Retentionsrecht des Verfrachters aus § 614 II, über die öffentliche Hinterlegung nach Maßgabe des analog anwendbaren § 624 und schließlich über das als Handelsbrauch eingebürgerte Abstempelungsverfahren faktisch entweder zur Vorauszahlung oder zur vorherigen Sicherheitsleistung des Empfängers als Normalfall übergegangen [worden] sei"*[671]. Eine ganz ähnliche gesetzliche Regelung habe das niederländische Seerecht in Artikeln 491, 493, 494 und 495 gefunden, wohingegen vor allem das norwegische Seerecht in § 113 des Seegesetzes vom 31. Dezember 1938 grundsätzlich eine Vorausleistungspflicht des Empfängers normiert habe; dem Empfänger stehe jedoch durch die Stellung eines Deponats jedenfalls ein Erfüllungssurrogat zur Verfügung[672]. *Segelken* neigte jedoch der moderneren holländischen Regelung zu. Hingegen hatten sich sowohl die Fachgruppe Reeder als auch die Industrie- und Handelskammer Bremen gegen eine solche Anpassung des deutschen Seehandelsrechts und insbesondere gegen die Streichung des Zurückbehaltungsrechts des Verfrachters ausgesprochen[673].

Von *Lindenmaier*[674] wurde in der Plenumsaussprache maßgeblich diese kritische Stellungnahme aufgegriffen, weshalb er praktische Bedenken an dem vorgeschlagenen Leitsatz 1 äußerte. Er präferierte daher eine Regelung weitgehend entsprechend dem norwegischen Seerecht: *„Zug-um-Zug-Leistung, aber Auslieferungspflicht nicht nur bei Frachtzahlung, sondern auch bei Deponierung des*

670 *Segelken*, Referat: Empfänger im dt. Seerecht, S. 1 – 18, 29 f.
671 *Segelken*, Referat: Empfänger im dt. Seerecht, S. 8.
672 *Segelken*, Referat: Empfänger im dt. Seerecht, S. 9 ff. und 15 f.
673 *Segelken*, Referat: Empfänger im dt. Seerecht, S. 14 f.
674 Vgl. zur Aussprache *Schubert*, Protokolle des Seerechtsausschuss, S. 623 – 625.

Frachtbetrages", wobei ergänzend jedoch klarzustellen sei, *„dass das Frachtdepot nicht nur durch Hinterlegung gestellt werden könne, sondern jede ‚verkehrsübliche' Sicherheitsleistung genügen müsse"*. *Schulze-Smidt* unterstrich die in der Praxis vorherrschende Sicherheitsleistung in Form der Bankbürgschaft und wusste zugleich von der Besprechung der Industrie- und Handelskammer Bremen zu berichten, dass sich dort auch die Vertreter der Empfänger für den Erhalt des bisherigen Rechtszustandes ausgesprochen hätten. Wenn jedoch eine Abänderung vorgenommen würde, so müsse in jedem Fall das Zurückbehaltungsrecht des Verfrachters aufrechterhalten bleiben. Dieses wurde auch von *Baur* gefordert.

Reinbeck erläuterte, dass der Unterschied zwischen dem Zurückbehaltungsrecht des Verfrachters und der Möglichkeit für den Empfänger, Sicherheit zu leisten, letztlich darin bestehe, dass *„bei Zurückbehaltung der Empfänger klagen müsse, während bei Sicherheitsleistung der Verfrachter in die Klägerrolle gedrängt werde"*.

Nachdem *Lindenmaier* zunächst als Formulierung des Leitsatzes 1 vorgeschlagen hatte[675]: *„Der Verfrachter hat die Güter nach seiner Wahl gegen Zahlung der Fracht oder gegen Sicherheitsleistung auszuliefern"*, erhob sich Widerspruch im Ausschuss, die Regelung gleiche – soweit das Wahlrecht beim Verfrachter liege – einer Vorauszahlungspflicht des Empfängers. So wies *Schulze-Smidt* darauf hin, dass der Verfrachter *„stets Zahlung und nicht Sicherheitsleistung"* fordern würde. Eine solche Vorleistungspflicht sei, so *Segelken*, den Empfängern jedoch nicht zumutbar, *„das Recht auf Sicherheitsleistung müsse im modernen Verkehr genügen"*. *Lindenmaier* fasste diese Anregung in der von ihm abschließend vorgeschlagenen Formulierung des Leitsatzes wie folgt zusammen:

> „Auslieferung und Zahlung haben in verkehrsüblicher Weise zu erfolgen. Im Streitfalle hat der Empfänger das Recht, Auslieferung gegen verkehrsübliche Sicherheitsleistung zu fordern."

Diese Formulierung, die insbesondere auch die Bankbürgschaft als Sicherheitsleistung mit erfasste und von der *Segelken* behauptete, sie würde sich im Ergebnis nicht wesentlich von seinem Vorschlag unterscheiden, wurde letztlich ohne Widerspruch angenommen.

Leitsatz 2 des Referats wurde einstimmig vom Seerechtsausschuss angenommen[676]. Mit diesem hatte *Segelken* vorgeschlagen, die „Annahme der Güter" durch den Empfänger gemäß § 614 Abs. 1 HGB (1897) auch weiterhin als den maßgeblichen Tatbestand beizubehalten, welcher die *Ansprüche des Verfrachters*

675 *Schubert,* Protokolle des Seerechtsausschuss, S. 624.
676 *Schubert,* Protokolle des Seerechtsausschuss, S. 625.

gegenüber dem Empfänger begründe. *Segelken*[677] hatte in seinem Referat einzig auf Schwierigkeiten hingewiesen, diese Rechtsgestaltung theoretisch und dogmatisch zu konstruieren; solche Fragen bräuchten den *„Gesetzgeber als solchen nicht weiter zu beschäftigen"*. Vielmehr sei festzustellen, *„dass sich die hier fragliche Regelung bewährt hat, dass sie wegen Verwendung des nach außen genügend hervorzutretenden, deshalb allein brauchbaren Moments der ‚Annahme' als entscheidendes Kriterium praktisch auch wohl die einzig mögliche ist und dass sie sich überdies ja längst im Seerecht aller maßgebenden Völker durchgesetzt habe"*.

Auch der weitere *Leitsatz 3* aus *Segelkens* Referat fand Annahme seitens des Seerechtsausschusses, ohne dass es zu einer tiefergehenden Erörterung gekommen wäre. Der Leitsatz sah eine klarstellende Unterscheidung der im Gesetz zuvor uneinheitlich verwendeten *Begrifflichkeit des „Empfängers"* vor. § 592 HGB (1897) definierte, so *Segelken*[678], den Empfänger ausdrücklich als denjenigen, *„an welchen die Ladung auszuliefern ist"*, ohne die tatsächliche Güterannahme zu berücksichtigen; in diesem Sinne sei der Empfänger auch in den §§ 594, 596, 601, 602, 610, 627 und 643 HGB (1897) verwendet. Demgegenüber stelle § 614 HGB (1897) auf den Empfänger *„im technischen Sinne"* ab, nämlich auf denjenigen, *„der die Ladung, sei es selbst oder durch Stellvertretung, im eigenen Namen kraft seiner Legitimation entgegennimmt"*. Letzterer sollte zur Abgrenzung nach dem Vorschlag *Segelkens* als *„legitimierter Empfänger, der die Güter im eigenen Namen entweder selbst oder durch Stellvertreter entgegennimmt"* bezeichnet werden (Leitsatz 2).

Dem Seerechtsausschuss gelang es insbesondere auch nicht, anstelle des Ausdrucks „legitimierter Empfänger" einen *„besseren deutschen Ausdruck"*[679] zu finden, weshalb der Leitsatz unverändert angenommen wurde. Erst im Nachgang mit Schreiben vom 6. Februar 1941 hatte *Wüstendörfer*, der in der 44. Arbeitssitzung nicht anwesend war, nachträglich gegenüber *Lindenmaier* Vorschläge einer deutschen Wortwahl gemacht[680]. *Wüstendörfer* schlug sogar eine Unterteilung in drei Begrifflichkeiten vor, nämlich (1) den *„an sich Empfangsberechtigten"*, (2) den *„Empfangsberechtigten"* oder Sollempfänger, womit nur der materiell-rechtlich Berechtigte gemeint sein sollte, sowie (3) den *„Empfänger"*, welches den Istempfänger erfassen sollte. Einfluss auf das Beratungsergebnis des Seerechtsausschusses hatte diese Anregung *Wüstendörfers* indes nicht mehr.

---

677 Vgl. *Segelken,* Referat: Empfänger im dt. Seerecht, S. 19 f.

678 Vgl. *Segelken,* Referat: Empfänger im dt. Seerecht, S. 20 ff.

679 *Schubert,* Protokolle des Seerechtsausschuss, S. 625.

680 Das Schreiben *Wüstendörfers* vom 13.02.1941 befindet sich im Bundesarchiv Berlin, Bestand R 3001/23115, Bl. 162, 162 R.

Als *Leitsatz 4* war in *Segelkens* Gutachten vorgeschlagen worden, eine klarstellende Bestimmung aufzunehmen, *„dass Fautfracht und bei der Ablieferung erwachsenes Liegegeld nur dann vom Empfänger zu entrichten sind, wenn eine dahingehende ausdrückliche Bestimmung im Konnossement oder im Frachtvertrag enthalten ist und im letzteren Fall das Konnossement hierauf verweist, wobei eine allgemeine Bezugnahme auf die Vorschriften des Frachtvertrages ausreicht (‚All other conditions as per charterparty')"*. *Bramslöw*[681] hatte diesbezüglich bemängelt, dass Fälle, in denen kein Konnossement ausgestellt werde, nicht erfasst würden. *Lindenmaier* stellte hieraufhin klar, dass in solchen Konstellationen der Empfänger die Kosten kraft Gesetzes zu tragen habe. Eine Anpassung des Leitsatzes erfolgte insoweit jedoch nicht. Auf *Capelles* Nachfrage hin konkretisierte *Segelken* in der Plenumsdiskussion seinen Leitsatz jedoch noch dahingehend, dass neben der Fautfracht gemäß § 580 HGB (1897) auch die Leerfracht des § 578 HGB (1897) zu erfassen sei. Mit dieser Ergänzung wurde der Leitsatz vom Seerechtsausschuss angenommen.

Eine umfassende Regelung – maßgeblich angelehnt an die Regelung des niederländischen Seerechts – hatte *Segelken* im Hinblick auf die *Haftung mehrerer Empfänger für einen Liegegeldanspruch* des Verfrachters entworfen. Der *Leitsatz 5* eine Regelung dahingehend vor,

„a) dass mehrere aus demselben Schiff Güter abnehmende Teilempfänger für ein dem Verfrachter zustehendes *Ablade*liegegeld als Gesamtschuldner haften;
b) dass unter ihnen für ein dem Verfrachter zustehendes Lösch-Liegegeld nur diejenigen haften, bei denen tatsächlich eine Löschzeitüberschreitung vorliegt;
c) dass die nach b) Haftenden Gesamtschuldner sind:
  aa) *bei Charterverträgen*: sämtlich und unbeschränkt;
  bb) *bei Stückgutverträgen* dagegen nur insoweit, als die einzelnen Empfänger jeweils Überliegetage über die Löschzeit hinaus für sich in Anspruch nehmen;
d) dass die gesamtschuldnerisch für das Liegegeld haftenden Empfänger im Verhältnis zueinander im Zweifel pro rata ihres Frachtanteils verpflichtet sind;
e) dass diejenigen Empfänger, durch deren Verhalten die rechtzeitige Abnahme der Güter verzögert und die Entstehung eines Liegegeldanspruchs herbeigeführt wird, den übrigen Empfängern den ihnen daraus erwachsenden Schaden zu ersetzen haben."

Dieser Leitsatz wurde als *„besonders erwünscht"* vom Seerechtsausschuss ohne Diskussion angenommen[682].

681 Vgl. zur Aussprache über Leitsatz 4: *Schubert,* Protokolle des Seerechtsausschuss, S. 625 f.

682 *Schubert,* Protokolle des Seerechtsausschuss, S. 626.

Ebenso ohne Diskussion wurde der abschließende *Leitsatz 6* des Referats über den „Empfänger im deutschen Seerecht" vom Seerechtsausschuss angenommen. Dieser sah die Beibehaltung des § 615 HGB (1897), welcher ein *Zurückbehaltungsrecht des Verfrachters* enthielt, vor[683].

Im Anschluss wurde die Sitzung geschlossen, offensichtlich jedoch nicht in dem Wissen, dass die nächste Arbeitssitzung erst rund anderthalb Jahre später stattfinden sollte.

3. Thema: Die Zahlung der Fracht (Referat Segelken) – 45. bis 47. Sitzung (6.2. – 7.5.1941)

Nach einer längeren, maßgeblich durch den Krieg bedingten Pause der Arbeitssitzungen behandelte der Seerechtsausschuss in drei Arbeitssitzungen vom 6. Februar 1941 bis zum 7. Mai 1941 das weitere von *Segelken* angefertigte Gutachten über „die Zahlung der Fracht", §§ 616 – 622 HGB (1897). *Segelken* selbst nahm an keiner dieser Sitzungen teil, weshalb zunächst in der 45. Arbeitssitzung *Capelle* die Aufgabe übernahm, das Referat einleitend der Beratung der einzelnen Leitsätze vorzustellen.

Weiterhin ist vorab festzuhalten, dass die Sitzungen insgesamt – ebenfalls wohl maßgeblich kriegsbedingt – im Verhältnis zu den vorangegangenen Terminen wenig besucht waren. Beispielhaft sei auf die Anwesenheitsliste der 45. Arbeitssitzung verwiesen, welche nur zehn anwesende, hingegegen insgesamt 13 als entschuldigt fehlende Ausschussmitglieder angibt[684]. An der 47. Arbeitssitzung nahmen lediglich sieben Mitglieder teil. Dieser Umstand, welcher sich auch in den beiden noch nachfolgenden Arbeitssitzungen fortsetzte, führte teilweise dazu, dass die Beratungen bezüglich einzelner streitiger Gesichtspunkte zur Erhebung in der jeweiligen Sitzung nicht vertretener Interessenstandpunkte vorläufig vertagt wurden, um eine umfassende Behandlung der zu beratenden Sachmaterie zu gewährleisten.

a) 45. Arbeitssitzung vom 6. Februar 1941

Das Gutachtern *Segelkens* sah sich – anders als die Ausführungen der vorangegangenen Referenten – in der 45. Arbeitssitzung vom 6. Februar 1941 stärkerer Kritik ausgesetzt, was nicht zuletzt auch darauf zurückzuführen sein dürfte, dass

683 *Segelken,* Referat: Empfänger im dt. Seerecht, S. 31 f.

684 *Schubert,* Protokolle des Seerechtsausschuss, S. 627.

Segelken die von ihm aufgestellten Leitsätze nicht persönlich vorstellen und verteidigen konnte.

Jedenfalls bezüglich des *Leitsatzes 1* des Gutachtens über die Zahlung der Fracht, welchen *Capelle* einleitend der Sitzung vorstellte, bestand jedoch noch Einigkeit im Seerechtsausschuss; dieser fand allgemeine Zustimmung. Mit diesem Leitsatz hatte *Segelken* vorgeschlagen, die Regelung des § 616 HGB (1897) ersatzlos zu streichen, da das in dieser vorgesehene Recht des Empfängers, während des Transports erheblich ausgelaufene, flüssige Waren dem Verfrachter an Zahlung statt zu überlassen (*Abandon*), überkommen sei[685]. Die Praxis – so *Segelken* in seinem Gutachten weiter – hätte sich durch entsprechende Klauseln (etwa: Fracht zahlbar auch für nur teilweise voll abgelieferte und für leergeleckte Fässer) von dieser Regelung bereits weitgehend befreit, wobei jedoch aufgrund des zwischenzeitlich in Kraft getretenen Seerechtsänderungsgesetzes 1937 die zwingende Haftung für kommerzielles Verschulden der Besatzung nicht mehr ausgeschlossen werden könnte. Diese Haftung würde den vom Abandonrecht verfolgten Zweck, die *„Wachsamkeit und Kontrolltätigkeit der Kapitäne"*[686] zu erhöhen, weitaus effektiver erreichen.

Im Plenum des Seerechtsausschusses wurde dieser Leitsatz daher einstimmig angenommen, wobei *Wüstendörfer*[687] ergänzend lediglich darauf hinwies, dass während der Kriegszeit vereinzelt aufgetretene Reklamationen des Abandonrechts wegen in Nothäfen liegender Güter kein Abandon im gesetzlich vorgesehenen Sinne darstellten. Hier würde lediglich vom Empfangsrecht kein Gebrauch gemacht; einer Beibehaltung des Abandonrechts bedürfe es nicht.

Im Anschluss wandte sich *Segelkens* Referat mit *Leitsatz 2* den §§ 617, 618 HGB (1897) zu, welche das Entfallen der Frachtzahlungspflicht für *verlorengegangene Güter* und diejenigen *Fälle* regelten, *in denen trotz nicht erfolgter Ablieferung der Güter die Fracht gleichwohl zu zahlen* war[688]. *Segelkens* Vorschlag einer im Wesentlichen aus klarstellenden Ergänzungen bestehenden Überarbeitung dieser Vorschriften wurde jedoch von *Lindenmaier* und *Wüstendörfer* vor allem im Hinblick auf die vorgesehene Systematik kritisiert[689]. Nach *Lindenmaier* gehörte – wie bereits im seinerzeit geltenden Recht – der Grundsatz an den Beginn der Regelung, dass *„für verlorene Güter keine Fracht zu zahlen und die etwa vorausbezahlte zu erstatten sei"*; hieran müssten sich zunächst die allgemeinen und

685 Vgl. *Segelken,* Referat: Die Zahlung der Fracht, S. 1 – 4.

686 *Segelken,* Referat: Die Zahlung der Fracht, S. 2.

687 *Schubert,* Protokolle des Seerechtsausschuss, S. 628.

688 *Segelken,* Referat: Die Zahlung der Fracht, S. 5 – 20.

689 Vgl. zur Aussprache: *Schubert,* Protokolle des Seerechtsausschuss, S. 628 – 630.

sodann die besonderen Ausnahmen anschließen. Abschließend sei anzugeben, dass die Regelung auch für die Frachtcharter und vor allem auch bei einer vereinbarten Pauschalfracht (Lumpsum) gelte.

Wüstendörfer widersprach *Segelkens* Gutachten darüber hinaus hinsichtlich der in diesem vorgenommenen Gleichstellung eines zufälligen und eines vom Verfrachter verschuldeten Güterverlusts. In beiden Fällen sollte nach *Segelkens* Leitsatz der Anspruch auf die Fracht entfallen. Diese Erweiterung der bisherigen Rechtslage stünde, so *Wüstendörfer*[690], im *„Widerspruch zu dem klaren Wortlaut des Gesetzes (§ 611 HGB a. F., § 656 HGB n. F.), das für den Fall des Verfrachterverschuldens den Ersatz des Güterwertes im Bestimmungshafen abzüglich der Fracht anordne"*; andernfalls würde der Ladungsempfänger eine ungerechtfertigte Bereicherung erfahren. Diese Gleichstellung, die *Segelken* in seinen Gutachten einzig mit einem Hinweis auf § 325 BGB a. F. begründet hatte, wurde daher vom Seerechtsausschuss nicht weiterverfolgt.

Umfangreichere Erörterung erfuhr hingegen die Frage, in welcher Form ein *abgeliefertes aliud* zu behandeln sei, da ein solches nach *Lindenmaier*[691], etwa in Form beschädigter Güter, einen erheblichen Wert darstellen könne. Er sprach sich daher dafür aus, eine *„angemessene Minderung der Fracht"* vorzusehen. *„Nur der Fall voller Entwertung"*, so ergänzte *Wüstendörfer*, *„könne dem Fall des Verlustes gleichgestellt werden"*; ein Gedanke der bereits Eingang in Art. 517 p Abs. 2 des holländischen Seerechts gefunden hatte. Die Vertreter der Praxis *Baur* und *Schütte* sprachen sich dafür aus, dass der Ladungsempfänger, der das aliud ausgeliefert erhalten wolle, auch die vereinbarte Fracht zu zahlen habe; *Sturm* forderte für solche Konstellationen vermittelnd jedenfalls eine Verständigung des Empfängers mit dem Verfrachter: *„Ohne irgendetwas zu zahlen, werde er den Rest nicht erhalten"*.

Lindenmaier formulierte daraufhin den *Leitsatz 2* wie folgt neu[692]:

> „Keine Fracht ist zu zahlen und die etwa vorausbezahlte zu erstatten für Güter, die in der Zeit von der Annahme bis zur Ablieferung durch einen von keiner Seite zu vertretenden Umstand verlorengegangen oder eine dem Verlust gleichzuachtende Beschädigung oder Veränderung ihres Wesens erleiden, vorausgesetzt, dass keinerlei Ansprüche erhoben würden.
>
> Der Frachtanspruch bleibt bestehen, wenn der Verfrachter nachweist,
>
> 1) dass Fehler oder Versäumnisse des Befrachters oder Abladers den Verlust oder die Beschädigung verursacht haben, z. B. Mängel der Verpackung, unterbliebener Hinweis

690 *Schubert,* Protokolle des Seerechtsausschuss, S. 628.
691 Vgl. *Schubert,* Protokolle des Seerechtsausschuss, S. 628.
692 *Schubert,* Protokolle des Seerechtsausschuss, S. 629.

gegenüber dem Verfrachter oder Schiffe auf eine ungewöhnliche, für ihn nicht ohne weiteres erkennbare Empfindlichkeit und Gefährdung der Güter,

2) dass Verlust oder Beschädigung infolge der natürlichen Beschaffenheit der Güter eingetreten ist, namentlich durch inneren Verderb, Schwinden, gewöhnliche Leckage oder Selbstentzündung."

Weiterhin seien die weiteren von *Segelken* vorgesehenen Ausnahmen anzuführen. Dieses waren[693]:

„- dass der Verlust von beförderten Tieren auf deren natürliches Ableben unterwegs zurückzuführen ist;
- dass es sich um eine Beschlagnahme von Kriegskonterbande oder anderen Gütern gemäß § 564 Abs. 1, 2 und 4 HGB handelt oder dass der bei der Abladung insoweit gutgläubige Schiffer später nach erlangter Kenntnis die Güter im Hinblick auf § 564 Abs. 5 HGB ans Land gesetzt oder über Bord geworfen har;
- dass der Schiffer entzündliche, explosive oder sonst gefährliche Güter nach Maßgabe des § 564 b Abs. 1 HGB ausgeschifft, vernichtet oder sonst unschädlich gemacht hat."

Ferner sollte ausgesprochen werden, so *Lindenmaier*[694] weiter, dass eine Vereinbarung, nach welcher *„der Verfrachter die Kosten einer grundsätzlich vom Befrachter zu nehmenden Versicherung des Frachtvorschusses trägt"*, einen vertraglichen Ausschluss der Rückzahlungspflicht des Vorschusses darstellt. In dieser Form stellte *Lindenmaier* schließlich die inhaltliche Billigung der Vorschläge *Segelkens* fest, wobei *„die Formulierung im Einzelnen [...] Sache des Reichsjustizministeriums"* sei.

Leitsatz 3 aus *Segelkens* Gutachten wurde vom Seerechtsausschuss wiederum mit Ausnahme des Absatzes 3 ohne Beanstandung angenommen. Dieser betraf die Vorschrift des § 619 HGB (1897) bezüglich der *üblichen Fracht*, welche sich – mangels Vereinbarung – nach dem Abladungshafen zur Abladungszeit richten sollte. Der Seerechtsausschuss sprach sich dafür aus, § 619 Abs. 1 HGB (1897) unverändert zu übernehmen und § 619 Abs. 2 HGB (1897) einzig dahingehend zu konkretisieren, dass dieser nur für *gleichartige Güter* gelten solle[695]. Einzig der von *Segelken* vorgeschlagene ergänzende Absatz 3, welcher entsprechend § 124 Abs. 2 des norwegischen Seegesetzes die Fälle ergreifen sollte, in denen andere als die vereinbarten Güter verschifft würden, wurde auf Hinweis *Capelles*, dass

693 *Segelken*, Referat: Die Zahlung der Fracht, S. 20.
694 *Schubert*, Protokolle des Seerechtsausschuss, S. 630.
695 Vgl. *Segelken*, Referat: Die Zahlung der Fracht, S. 21 – 23; *Schubert*, Protokolle des Seerechtsausschuss, S. 630.

der Seerechtsausschuss bereits die Streichung der Bestimmung des § 562 HGB (1897) empfohlen habe[696], als überflüssig fallengelassen.

Eine abschließende Erörterung des *Leitsatzes 4* konnte der Seerechtsausschuss in der 45. Arbeitssitzung hingegen nicht erreichen. Mit dessen erstem Absatz hatte *Segelken*[697] vorgeschlagen, dass – abweichend vom geltenden Rechtszustand – für die *Berechnung der Frachthöhe* die *„Menge der eingelieferten, nicht der abgelieferten Güter"* entscheidend sein sollte. Die Mitglieder des Seerechtsausschusses neigten bei dieser Frage, welche nach *Lindenmaier „von großer wirtschaftlicher Bedeutung"* sei, in der 45. Arbeitssitzung der Auffassung *Segelkens* mehrheitlich zu[698].

Scharlibbe hatte dargelegt, dass im Stückgutverkehr regelmäßig die *„Gewichtsangaben des Abladers"* der Frachtberechnung zugrunde gelegt würden; im Charterverkehr und im Massengüterverkehr sei hingegen das ausgelieferte Gewicht entscheidend. Die Angaben wurden von *Techen* und *Nolte* bestätigt. *Schütte* hielt eine Entscheidung der Frage für *„gleichgültig"*, da stets im Konnossementen beziehungsweise Charterformular eine diesbezügliche Regelung vorgesehen sei. *Sturm* erklärte zudem, dass es sich bei dieser Frage um *„keine ausgesprochene Rechtsfrage"* handele, sondern vielmehr um *„eine solche der Praxis"*. Gleichwohl sprach er sich mit *Bollmann, Scharlibbe* und *Techen* dafür aus, die Fracht nach eingelieferten Gewischt zu berechnen. Auch *Wüstendörfer* befürwortete eine solche Regelung, da diese insbesondere konsistent mit der Vorschrift des § 618 HGB (1897) sei, nach welcher *„für durch ihre natürliche Beschaffenheit verlorengegangene Güter"* gleichwohl Fracht zu zahlen sei. Sowohl *Sturm* als auch *Scharlibbe* legten jedoch großen Wert darauf, dass die neuzufassende Regelung dispositiver Natur sein müsse.

Lindenmaier neigte zwar ebenfalls der mehrheitlich vertretenen Auffassung zu, sprach sich jedoch zugleich dafür aus, zunächst noch weitergehende Ermittlungen anzustellen, wie die Frage in der Seehandelspraxis bewertet würde. Vor diesem Hintergrund wurde die weitergehende Beratung des Leitsatzes 4 zunächst zurückgestellt.

Zum Abschluss der 45. Arbeitssitzung setzte sich der Seerechtsausschuss mit *Leitsatz 5* des Gutachtens von *Segelken* über die Zahlung der Fracht auseinander, welcher die Vorschrift des § 621 HGB (1897) behandelte. Diese Vorschrift, die *Nebenkosten zur Fracht* mit Ausnahme der Fälle der großen Haverei sowie der

---

696 Vgl. Leitsatz 6 des Gutachten *Bollmanns*, vom Seerechtsausschuss in der 39. Arbeitssitzung gebilligt.

697 *Segelken*, Referat: Die Zahlung der Fracht, S. 33.

698 Vgl. zur Aussprache *Schubert*, Protokolle des Seerechtsausschuss, S. 630 f.

Fälle der Abwendung von Kosten zur Erhaltung, Bergung und Rettung der Ladung (Abs. 3) von einer gesonderten Vereinbarung abhängig machte, enthielt nach *Segelken*[699] im Wesentlichen *„Selbstverständlichkeiten"*. Er sprach sich daher für eine weitgehende Streichung der Vorschrift aus, mit Ausnahme der Regelung, dass grundsätzlich der Verfrachter die gewöhnlichen und außergewöhnlichen Kosten der Schifffahrt zu tragen habe.

Lindenmaier[700] sprach sich zu Beginn der Beratung dieses Leitsatzes dafür aus, *„diese Fragen wohl der Praxis [zu] überlassen"*. Einigkeit bestand daher im Seerechtsausschuss, § 621 Abs. 1 HGB (1897) zu streichen. Hinsichtlich der Absätze 2 und 3 riet jedoch *Wüstendörfer* davon ab, dieses ebenfalls entfallen zu lassen. Wenn diese auch Selbstverständlichkeiten enthielten, so seien sie jedoch *„im Interesse der Klarstellung nicht ohne wert [...], zumal da man auch mit dem juristisch nicht geschulten Praktiker rechnen müsse"*. Nachdem diesem Vorschlag auch *Schütte* und *Baur* zugestimmt hatten, wurde die Beibehaltung von § 621 Abs. 2 und 3 HGB (1897) beschlossen. Sodann wurde die Sitzung geschlossen.

b) 46. Arbeitssitzung vom 3. April 1941

In der Zeit bis zur 46. Arbeitssitzung vom 3. April 1941 hatte *Schütte* die von *Lindenmaier* geforderten Ermittlungen angestellt, wie sich die tatsächliche Übung hinsichtlich der *Ermittlung der Frachthöhe* – auf Grundlage des eingelieferter oder des abgelieferten Maßes oder Gewichts – darstellt. Er fasste die Ergebnisse mit Schreiben vom 7. März 1941 an *Lindenmaier* zusammen, welches als Anlage dem Protokoll der 46. Arbeitssitzung beigefügt wurde[701]. *Schütte* berichtete unter Auslassung der Verhältnisse der Küstenschifffahrt, dass den von ihm befragten Praktikern teilweise die gesetzliche Regelung des § 620 HGB (1897) überhaupt nicht bekannt gewesen sei; vielmehr sei letztlich in jedem Konnossement oder Chartervertrag diese Frage durch eine Klausel geregelt. Die Übung sei jedoch nicht einheitlich. In der Ostseefrachtfahrt werde bei Holz zumeist auf das eingelieferte Maß abgestellt; auch bei der Verfrachtung von Kohle in Überseefahrt würde auf dieses abgestellt werden. Bei der Verfrachtung von Erz erfolge die Ermittlung der Fracht hingegen nach dem abgelieferten Gewicht. *Schütte* wiederholte nach alledem seine bereits in der vorangegangenen Sitzung geäußerte Auffassung, dass es auf eine gesetzliche Regelung dieser Frage letztlich nicht ankomme.

---

699 *Segelken,* Referat: Die Zahlung der Fracht, S. 34 – 39.

700 *Schubert,* Protokolle des Seerechtsausschuss, S. 632.

701 Vgl. *Schubert,* Protokolle des Seerechtsausschuss, S. 641.

Lindenmaier[702] fasste zu Beginn der Sitzung den bisherigen Erörterungsstand hinsichtlich des *Leitsatzes 4* aus dem Gutachten *Segelkens* zusammen und stellte *Schüttes* Vorschlag zur Diskussion, vollständig auf eine gesetzliche Regelung zu verzichten. *Offen* bestätigte zunächst die von *Schütte* ermittelten Verhältnisse der Praxis. Auch *Scharlibbe* und Rechtsanwalt *Kleemann* berichteten von der uneinheitlichen Handhabung in den unterschiedlichen Bereichen der Frachtfahrt; insbesondere gäbe es auch Ausgangshäfen, die über keine eigenen Wiegeeinrichtungen verfügen würden, weshalb in diesen Fällen einzig auf das Auslieferungsmaß abgestellt werden könne. *Offen* ergänzte zudem, dass etwa bei der Erzverladung das für die Frachthöhe maßgebliche Gewicht der Ladung regelmäßig noch auf der Hütte festgestellt werde.

Die Vielfalt der im Seehandel vorkommenden Handhabungen dieser Frage führte letztlich dazu, dass sich der Seerechtsausschuss – entgegen der sich in der 45. Arbeitssitzung abzeichnenden Festlegung – gegen die von *Segelken* vorgeschlagene Maßgeblichkeit des Einlademaß aussprach und mit dem *Leitsatz 4a* die Beibehaltung des § 620 HGB (1897) beschloss.

Im Ergebnis wurde auch die zweite Hälfte des von *Segelken* vorgeschlagenen Leitsatzes 4 vom Seerechtsausschuss abgelehnt. Mit diesem war zur Erörterung gestellt worden, entsprechend den Art. 481, 485 des holländischen Seerechts *„die Möglichkeit einer amtlichen Kontrolle des Messens, Zählens oder Wiegens der Güter“* einzuführen[703]. *Kuhl* führte zwar an, dass eine *„amtliche Zählung sehr viele Vorteile biete“*, im Übrigen überwogen jedoch die kritischen Stimmen im Seerechtsausschuss[704]. *Lindenmaier* erschien die holländische Regelung *„umständlich“*; soweit menschliches Fehlverhalten ausgeschlossen werden solle, müsse wohl immer eine amtliche Zählung erfolgen. Zudem sehe das deutsche Recht mit den §§ 610, 611 HGB (1937) bereits ein vergleichbares Verfahren vor. Nachdem *Krieger* ergänzte, dass das holländische Seerecht in den Art. 481, 485 offensichtlich eben diese Regelung des deutschen Rechts nachbilden sollte, wurde die Einführung einer solchen amtlichen Kontrolle für *„überflüssig“* befunden und der weitergehende *Leitsatz 4* ebenfalls abgelehnt.

Der weitere Verlauf der Arbeitssitzung sowie die nachfolgende Sitzung vom 7. Mai 1941 waren anschließend dem *Leitsatz 6* gewidmet. Dieser befasste sich mit der Vorschrift des § 622 HGB (1897) über die *Vereinbarung der Fracht nach Zeiteinheiten. Lindenmaier*[705] sah bereits zu Beginn dieses Beratungsabschnitts

---

702 Vgl. zur Aussprache *Schubert,* Protokolle des Seerechtsausschuss, S. 635 f.

703 *Segelken,* Referat: Die Zahlung der Fracht, S. 32 ff.

704 *Schubert,* Protokolle des Seerechtsausschuss, S. 636 f.

705 *Schubert,* Protokolle des Seerechtsausschuss, S. 637.

wegen der nur schwachen Besetzung des Ausschusses keine Möglichkeit, die Thematik abschließend zu behandeln, weshalb er verkündete, dass die endgültige Stellungnahme auf die nachfolgende Sitzung verschoben werden sollte; die Beratung sollte gleichwohl bereits in der 46. Arbeitssitzung aufgenommen werden. Da – wie bereits in der 36. und 37 Arbeitssitzung – zunächst wieder die Diskussion aufkam, ob neben dem Vertragstypus der Zeitcharter auch sogenannte Zeitfrachtverträge in der Praxis vorkämen, schlug *Lindenmaier* als vorläufige Umschreibung des zur Diskussion stehenden Vertragstypus die Bezeichnung *„Frachtvertrag mit nach Zeit bedungener Fracht"* vor und stellte klar, dass sich die Diskussion nicht auf die Zeitcharter beziehen sollte[706].

Segelken hatte vorgeschlagen, die Absätze 1 und 2 des § 622 HGB (1897) ihrem Inhalt nach im Wesentlichen beizubehalten, da es sich um eine *„bewährte"* beziehungsweise eine *„angemessene Regelung"* handele[707]. Hinsichtlich § 622 Abs. 3 und 4 HGB (1897) sah *Segelkens* Referat eine Anpassung des bisherigen Rechtszustands an die moderneren Gesetze Hollands und Skandinaviens vor. Der Rechtsgedanke, dass sofern bei Zeitfrachtverträgen die geplante letzte Reise aufgrund der besonderen Verhältnisse der Schifffahrt erst nach Ablauf der vereinbarten Vertragszeit endet, der Charterer eine Verlängerung des Vertrages vom Verfrachter verlangen kann, soweit die Billigkeitsgrenzen beachtet werden, war ebenfalls in der deutschen Rechtsprechung (Seufferts Archiv A 60, 463) bereits entwickelt worden[708]. Vergleichbare Regelungen fanden sich auch in § 518 f. Satz 2 des holländischen Seerechts und in § 143 des norwegischen Seerechts. *Segelken* hielt eine entsprechende Ergänzung des deutschen Rechts für *„begrüßenswert"*, welche Eingang in § 622 Abs. 3 HGB finden sollte.

Ebenso hielt *Segelken*[709] die *„moderneren Seegesetzgebunden"* Hollands und Skandinaviens hinsichtlich der *Risikoverteilung* zwischen Verfrachter und Befrachter *bei Zufallsereignissen* für nachahmenswert. Diese sahen in Art. 462 Abs. 2 holl. HGB und § 144 Abs. 2 norw. HGB Regelungen vor, welche Zufallsrisiken, welche aus dem eigentlichen Schiffsbereich herrührten, dem Verfrachter auflasteten, sodass für solche Verzögerungen keine Zeitfracht zu entrichten war. Das holländische Seerecht ging hierbei im Verhältnis zum skandinavischen Recht weiter und verordnete sämtliche Risiken aus dem Schiffsbereich aufseiten

706 *Segelken,* Referat: Die Zahlung der Fracht, S. 40 ff., hatte sich bei der Besprechung des § 622 HGB (1937) noch sowohl mit der eigentlichen Zeitfrachtcharter (Time-Charter) als auch der uneigentlichen Zeitfrachtcharter auseinandergesetzt.

707 Vgl. *Segelken,* Referat: Die Zahlung der Fracht, S. 41 u. 42.

708 *Segelken,* Referat: Die Zahlung der Fracht, S. 44.

709 *Segelken,* Referat: Die Zahlung der Fracht, S. 47 – 51.

der Verfrachter. *Segelken* hatte eine Neufassung des § 622 Abs. 4 HGB (1897) wie folgt vorgeschlagen:

> „Wird die Reise durch Zufälligkeiten verzögert oder unterbrochen, so ist die Zeitfracht für die Zwischenzeit nur dann fortzuentrichten, wenn weder eine Verfügung von hoher Hand (§ 637 Abs. II) vorliegt noch der Fall einer Ausbesserung des Schiffes (§ 638 Satz 2) noch sonst ein zufälliges Ereignis, von dem lediglich Schiff oder Verfrachter betroffen worden sind, z. B. Dienstunfähigkeit des Schiffes infolge erlittenen Schadens, mangels genügender Besatzung, Ausrüstung, Verproviantierung usw."

Lindenmaier[710] beschränkte die Aussprache im Seerechtsausschuss zunächst auf die ersten drei Absätze des *Leitsatzes 6* (*Bedingung der Fracht nach Zeiteinheiten*), wobei nach seiner Auffassung die entscheidende Frage sei, *„ob der Tag des Reiseantritts oder die Lade- bzw. Reisebereitschaft maßgeblich für den Beginn des Zeitraumes sein solle, für den Fracht bezahlt werde."* Soweit sich der Ausschuss für die zweite Variante ausspreche, müsste weiter entschieden werden, ob die vom deutschen Gesetz vorgesehene *„Respektfrist von einem Tag"* nach der Anzeige der Lade- bzw. Reisebereitschaft beibehalten werden solle. Maßgebend sollte nach *Lindenmaiers* Auffassung die Stellungnahme der Praktiker zu dieser Frage sein, wobei er persönlich zunächst dafür aussprach, den *„Reiseantritt als das für den Frachtzahlungsbeginn maßgebliche Ereignis zu bezeichnen"*, wobei *Lindenmaier* jedoch voraussetzte, dass *„in den überwiegenden Fällen die Liege- und Überliegezeit vertraglich geregelt sei"*.

Einigkeit bestand im Ausschuss, dass es zu keiner Übervorteilung des Verfrachters kommen dürfe, soweit im Frachtvertrag zusätzlich zu der nach Zeit berechneten Fracht ein Überliegegeld vereinbart sei, was letztlich der bereits geltenden Regelung des § 622 Abs. 2 HGB (1897) entsprach[711]. Unterschiedlich wurde lediglich beurteilt, inwieweit es einer gesetzlichen Regelung bedürfte beziehungsweise welche Regelungen der Parteiabrede überlassen werden könnten. *Offen* und *Kleemann* stellten zunächst klar, dass die von Segelken in seinem Gutachten angegebene englische Rechtslage, wonach der Auslauftag entscheidend sei, eine vertragliche Regelung über die Liege- und Überliegezeit voraussetze. *Offen* berichtete zudem, dass in der Praxis *„immer genau vertraglich geregelt"* werde, ab welchem Zeitpunkt die Zeitfracht zu entrichten sei, wobei zumeist eine sechs- bis zwölfstündige Frist vorgesehen werde. Nachdem sich *Krieger* dafür ausgesprochen hatte, als gesetzlichen Grundsatz auf den Beginn der Ladebereitschaft abzustellen und für den Fall einer vertraglich vereinbarten Überliegezeit

710 *Schubert*, Protokolle des Seerechtsausschuss, S. 637 f.
711 Vgl. *Schubert*, Protokolle des Seerechtsausschuss, S. 637 ff.

diese in Abzug zu bringen, fasste *Offen* als Vorschlag zur Erneuerung des § 622 Abs. 1 – 3 HGB (1897) – *„unter Zurückstellung der Frage der Respektfrist und der Ballastreise“* – folgende Formulierung:

> „Ist die Fracht nach Zeit bedungen, so beginnt sie in Ermangelung eines anderen Abrede mit dem Tage zulaufen, an welchem der Schiffer anzeigt, dass er zur Einnahme der Ladung fertig und bereit sei.
>
> Die Zeitfracht endet erst, wenn das Schiff nach der Löschung wieder in ordnungsmäßigen Zustand versetzt ist.“

Zur Ergänzung des zweiten Absatzes schlug *Offen* zudem eine Regelung entsprechend der Baltime-Charter vor, welche noch detailliertere Vorgaben zum Zustand des Schiffes und zu Ort und Zeit der Rückgabe des Schiffes vorsah. *Lindenmaier* befand *Offens* Vorschlag – ohne die Ergänzung im Sinne der Baltime-Charter – für *„beifallswert“*. Die von *Kleemann* angesprochene Notizzeit von regelmäßig zehn Tagen sollte nach *Lindenmaier* auch weiterhin vertraglich geregelt werden können.

Bezüglich der *Respektfrist* verwies *Offen*[712] zunächst wiederum auf die Regelung der Baltime-Charter, wonach die Verfrachtung des Schiffes nach Zeit beginne, sobald eine *„schriftliche Andienung, und zwar an einem Wochentage in den Stunden zwischen 9 Uhr vormittags und 6 Uhr nachmittags bezw. 2 Uhr nachmittags an einem Sonnabend, gegeben ist, dass der Dampfer in ladefertigem Zustand zu seiner Verfügung gestellt ist“*. *Lindenmaiers* hierauf gerichtete Reaktion, dass eine Respektfrist folglich im neuen Seehandelsrecht entfallen könne, widersprach *Krieger* jedoch unter Hinweis auf die für Ereignisfristen einschlägige Regelung des § 187 BGB, *„wenn nämlich eine Frist nach Tagen bemessen sei, so beginne ihr Lauf laut § 187 BGB einen Tag nach Eintritt des Ereignisses […]“*. *Offen* gab hieraufhin zu bedenken, dass in der Praxis jede Stunde von Bedeutung sei, *Lindenmaier* stimmte jedoch *Krieger* jedenfalls für die gesetzlich vorzusehende Regelung zu, Abweichendes könne sodann von den Vertragsparteien vereinbart werden.

Nachdem sich der Ausschuss weiterhin auch darüber einigte, dass eine telefonische Anzeige nicht genügen solle, sondern Schriftlichkeit der Anzeige zu fordern ist, fasste *Lindenmaier* schließlich den ersten Absatz des Leitsatzes 6 wie folgt[713]:

---

712 *Schubert,* Protokolle des Seerechtsausschuss, S. 638 f.

713 *Schubert,* Protokolle des Seerechtsausschuss, S. 639.

> „Ist die Fracht nach Zeit bedungen, so beginnt sie in Ermangelung einer anderen Abrede mit dem Tage zu laufen, der auf denjenigen folgt, an welchem der Schiffer anzeigt, dass er zur Einnahme der Ladung fertig und bereit ist."

Darüber hinaus bestand Einigkeit, dass § 622 Abs. 2 und 3 HGB (1897) nicht in das neue Seehandelsrecht übernommen werden sollten.

Im Anschluss wurde *Segelkens Leitsatz 6* bezüglich § 622 Abs. 4 HGB (1897) erörtert. Diese Vorschrift sah vor, dass die *Zeitfracht bei Unterbrechung der Reise* ohne Verschulden des Verfrachters weiterhin zu entrichten sei, wobei lediglich die §§ 637, 638 HGB (1897) gewisse Ausnahmen bei *Verfügungen von Hoher Hand* sowie bei *Schiffsausbesserungen während der Reise* regelten. Von *Segelken* war diesbezüglich – wie gezeigt – eine stärkere Verlagerung des Zufallsrisikos auf den Verfrachter vorgeschlagen worden, wobei *Lindenmaier*[714] sich mit dem vorgeschlagenen Leitsatz jedoch nicht einverstanden erklärte. Er kritisierte, dass zwei Einzelfälle besonders hervorgehoben seien und vermisste auch im Übrigen eine systematische Regelung der Rechtsfolgen. Es müsse – so *Lindenmaier* – bei der Risikoverteilung darauf abgestellt werden, *„in wessen Sphäre das unterbrechende Ereignis falle"*.

Krieger[715] vertrat den Standpunkt, dass grundsätzlich der Befrachter das Risiko der Frachtzahlung zu tragen habe, da dieser sich darauf einlasse, einen Frachtvertrag auf Zeit abzuschließen. In gewissen Fällen müsse ihm jedoch das Recht zur Kündigung eingeräumt werden, wie es bereits in den §§ 629 und 637 HGB (1897) angelegt sei. *Lindenmaier* pflichtete *Krieger* bei, wobei die Kündigungsmöglichkeiten jedoch auf die beiden explizit genannten Fälle (Verfügungen von hoher Hand und Kriegsausbruch) beschränkt bleiben sollte. *Brandt* wandte sich gegen den Vorschlag *Kriegers*, da der Verfrachter in Deutschland keine Möglichkeit hätte, sich gegen Schäden von hoher Hand zu versichern, *„wenn dem Reeder das Schiff durch Verfügung von hoher Hand entzogen werde, [habe] er in der Regel auch Anspruch auf Ersatz des ihm durch die Entziehung entstandenen Schadens"*[716]. Zugleich wies *Brandt* jedoch darauf hin, dass es die Pflicht des Verfrachters sei, dem Befrachter ein *„fahrmögliches Schiff"* zur

---

714 *Schubert,* Protokolle des Seerechtsausschuss, S. 639 f.

715 Vgl. *Schubert,* Protokolle des Seerechtsausschuss, S. 639 f.

716 Im Protokoll der 46. Arbeitssitzung wird *Brandts* Wortbeitrag dahingehend wiedergegeben, dass der *Befrachter* keine Möglichkeit habe, sich gegen Verfügungen von hoher Hand zu versichern. In der 47. Arbeitssitzung stellte Brandt jedoch klar, dass er insoweit missverstanden worden sein muss. Tatsächlich könne sich der *Reeder* in Deutschland nicht gegen dieses Risiko versichern, *Schubert,* Protokolle des Seerechtsausschuss, S. 642.

Verfügung zu stellen, und dieses gerade nicht der Fall sei, wenn *„[das Schiff] einer Verfügung von hoher Hand unterliege"*. *Krieger* hielt gleichwohl an seinem Standpunkt fest, dass das Risiko von Reiseunterbrechungen bei einer nach Zeit bemessenen Fracht zu Lasten des Befrachters gehen müsse. *Schütte* und *Offen* stimmten *Kriegers* Ausführungen unter Hinweis auf die Regelung der Ziffer 12 der Baltime-Charter zu, welche vorsah, dass *„das Risiko für Ereignisse, die die Integrität des Schiffes berührten, der Verfrachter trage"*, wie *Krieger*[717] nachfolgend bündig zusammenfasste.

Brandt[718] zeigte sich jedoch nicht überzeugt und regte an, insbesondere die Fälle der Wegnahme des Schiffes während des Krieges und der Beschlagnahme im Kreis der Industrie- und Handelskammer zu besprechen. Wenngleich auch einige Mitglieder bezweifelten, dass die Industrie- und Handelskammer hierfür der richtige Ort sei, beschloss der Seerechtsausschuss, die abschließende Diskussion auf die nachfolgende Arbeitssitzung zu vertagen, zu welcher *Lindenmaier* konkrete Regelungsvorschläge von den Ausschussmitgliedern verlangte.

c) 47. Arbeitssitzung vom 7. Mai 1941

In der 47. Arbeitssitzung vom 7. März 1941 wurde ankündigungsgemäß einzig die Diskussion hinsichtlich des letzten Absatzes von Leitsatz 6 fortgesetzt und abgeschlossen. Weitere Themen wurden nicht in die Tagesordnung aufgenommen.

Lindenmaier stellte einleitend zunächst über die in der vorangegangenen Sitzung erzielten Diskussionsergebnisse und nahm insbesondere auch Bezug auf den vom Seerechtsausschuss beziehungsweise vom hierfür eingesetzten Unterausschuss gefassten Gesetzentwurf bezüglich der Schiffsmiete. Eine vollständige Übernahme des § 11 des Gesetzentwurfs käme zwar nicht in Betracht, jedoch könnten die Bemerkungen des Unterausschusses der aktuellen Diskussion durchaus zugrunde gelegt werden. *Lindenmaier* schlug daraufhin folgende weitergehende Formulierung des Leitsatzes 6 vor:

> „Wird die Reise durch Umstände verzögert oder unterbrochen, welche
> 1. vom Verfrachter zu vertreten sind oder die ihm obliegenden Leistungen betreffen und nicht durch die Ladung verursacht oder mitverursacht sind,
>
> oder
> 2. auf einer Verfügung von hoher Hand beruhen, welche weder vom Befrachter zu vertreten ist, noch sich lediglich gegen die Ladung richtet,

---

717 *Schubert,* Protokolle des Seerechtsausschuss, S. 640.

718 *Schubert,* Protokolle des Seerechtsausschuss, S. 640.

so ist für die dadurch bewirkte Verzögerung der Reiseabwicklung keine Fracht zu zahlen."

Nolte, der sich in der vorangegangenen Sitzung noch nicht zum Thema geäußert hatte, gab an, dass nach der Handelsauffassung *„der Befrachter keine Fracht zu zahlen habe im Falle einer Reise-Verzögerung oder Unterbrechung durch eine Verfügung von hoher Hand oder infolge Beschädigung des Schiffes"*, wobei der *„Nothafen-Fall [...] besonders zu berücksichtigen sei"*. Ergänzend hierzu müsse dem Befrachter die Möglichkeit gewährt werden, sich vom Vertrag lösen zu können.

Rechtsanwalt *Baur*[719], der in der 46. Arbeitssitzung nicht anwesend war, nahm insbesondere die vom Seerechtsausschuss bezüglich der Zeitcharter beschlossenen Grundzüge in Bezug und erklärte, dass, soweit der Frachtcharterer im Verhältnis zum Mietcharterer grundsätzlich günstiger gestellt werden solle, dieser auch im Falle von kriegsbedingten Reiseverzögerungen von der Verpflichtung zur Frachtzahlung befreit werden müsse. Bei der Beratung der Zeitcharter habe der Seerechtsausschuss sich dafür ausgesprochen, dem *„Mieter im weitesten Umfange die Risiken der Reise"* aufzuerlegen; bei dem Zeitfrachtvertrag hielt *Baur* eine entgegengesetzte Regelung für richtig. Dieser Fall müsse letztlich mit der Ziffer 2 *Lindenmaiers* Vorschlag gleichgestellt werden. Darüber hinaus sollten jedoch noch weitere Umstände in das Gesetz aufgenommen werden, welche die Frachtzahlungspflicht für den Befrachter entfallen ließen (etwa Quarantäne, Desinfektion, usw.), sodass es sich anbieten würde, eine enumerative Aufzählung dieser Tatbestände in das Gesetz aufzunehmen. Dieser Vorschlag setzte sich im Seerechtsausschuss jedoch nicht durch.

Nachdem *Offen*[720] noch einmal seine Verständnisschwierigkeiten hinsichtlich der dogmatischen Unterscheidung zwischen den Vertragstypen Zeitcharter und Zeitfrachtvertrag zum Ausdruck brachte, da in der Praxis für beide Verträge dasselbe Vertragsformular verwendet werde, und auf die Gefahr von entstehenden Rechtsunsicherheiten hinwies, erklärte *Lindenmaier*, dass nach einer entsprechenden Gesetzesänderung mit unterschiedlichen Vertragsformularen zu rechnen sei, aus denen klar hervorgehe, welche Art von gesetzlich geregeltem Vertragstyp die Parteien schließen wollen. An der Unterscheidung zwischen den beiden Vertragstypen, welche insbesondere durch *Offens* Bestätigung

---

719 Bei *Schubert*, Protokolle des Seerechtsausschuss, S. 642 f., wird dieser Redebeitrag versehentlich *Nolte* zugesprochen. Im Originalprotokoll ist jedoch *Baur* als Redner angegeben.

720 *Schubert*, Protokolle des Seerechtsausschuss, S. 643.

in der 46. Arbeitssitzung, dass *„täglich derartige Frachtverträge [mit nach Zeit bedungener Fracht] abgeschlossen würden“*[721], bestärkt worden war, wurde mithin festgehalten.

Krieger[722] griff im Anschluss *Lindenmaiers* Formulierungsvorschlag vom Beginn der Sitzung wieder auf und kritisierte, dass die beiden vorgesehenen Ziffern *„nicht auf gleicher Ebene lägen“*, was jedoch der Fall sein müsste. Es sei nicht gerechtfertigt, dass bei den Fällen der Ziffer 1 bereits eine geringe Mitursächlichkeit der Ladung an der Reiseverzögerung dazu führe, dass der Frachtzahlungsanspruch fortbestehe. Bei Verfügungen von hoher Hand (Ziffer 2) würde bei bloßer Mitbetroffenheit der Ladung der Frachtanspruch hingegen entfallen. Auch *Brandt* betonte noch einmal, dass die Regelungen tendenziell eher zugunsten des Befrachters, welcher im Verhältnis zum Reeder grundsätzlich *„schwächer“* sei, auszugestalten seien. Da die gesetzlichen Bestimmungen dispositiv ausgestaltet werden sollten, bliebe sodann für den Reeder die Möglichkeit gegeben, abweichende Regelungen im Vertrag vorzusehen, soweit er solche im Verhandlungswege durchsetzen könne. Aus dem geltenden Seehandelsrecht sollten mithin die Regelungen der §§ 637 und 638 HGB (1897) übernommen werden, soweit diese *„Bestimmungen zugunsten des Befrachters enthalten“*, was *Kriegers* Zustimmung erhielt.

Lindenmaier nahm diese Anregungen auf und strich in Ziffer 1 seines Vorschlages die Wörter „oder mitverursacht“ in Ziffer 1. In dieser Form wurde der letzte Absatz des *Leitsatzes 6* schließlich als Beratungsergebnis des Seerechtsausschusses festgestellt und das Thema „die Zahlung der Fracht“ abgeschlossen.

4. Thema: Die Sicherung des Verfrachters (Referat Segelken) – 48. Sitzung

Auch sein weiteres Referat zum Thema „Die Sicherung des Verfrachter“, welches der Seerechtsausschuss in seiner 48. Arbeitssitzung vom 13. November 1941 beriet, konnte Oberlandesgerichtsrat *Segelken* wiederum nicht persönlich vorstellen. *Lindenmaier*[723] berichtete zu Beginn der Sitzung, dass Segelken *„durch Heeresdienst und Verwundung“* nicht in der Lage sei, an der Sitzung teilzunehmen. An dessen Stelle hatte sich *Krieger* bereiterklärt, die Berichterstattung in der Sitzung zu übernehmen; auch *Krieger* war jedoch *„durch seinen*

721 *Schubert,* Protokolle des Seerechtsausschuss, S. 638.

722 Vgl. *Schubert,* Protokolle des Seerechtsausschuss, S. 643 f.

723 *Schubert,* Protokolle des Seerechtsausschuss, S. 646.

Gesundheitszustand" am Erscheinen gehindert, sodass letztlich *Lindenmaier* persönlich das Amt des Bericht- und Gegenberichterstatters übernahm.

Segelken hatte in seinem Referat, welches bereits im Jahr 1939 erstellt worden war, insgesamt sechs gesetzliche Regelungen im geltenden Seehandelsrecht ausgemacht[724], welche der Absicherung des Verfrachters dienten, wobei das in § 624 Abs. 2 HGB (1897) vorgesehene *Zurückbehaltungsrecht* von *Segelken* bereits in seinem Gutachten „Der Empfänger im deutschen Seerecht" behandelt und vom Seerechtsausschuss in seiner 44. Arbeitssitzung vom 30. Oktober 1939 abschließend beraten worden war. Den seinerzeit gefassten Beschluss – „*Auslieferung des Gutes und Zahlung der Fracht habe in verkehrsüblicherweise – z. B. durch Abstempelung des Konnossements oder vorherige Vereinbarung von Vorleistung des Empfängers – zu erfolgen. Der Empfänger könne jedoch gegen verkehrsübliche Sicherheitsleistung Auslieferung des Gutes fordern*" – stellte *Lindenmaier*[725] im Plenum nochmals vor, ohne die Aussprache insoweit erneut zu öffnen. Daneben dienten – nach *Segelken*[726] – der Sicherung des Verfrachters dessen Anspruch auf den *öffentlich hinterlegten Betrag* aus § 624 Abs. 2 HGB (1897), das *gesetzliche Verfrachterpfandrecht* gemäß § 623 HGB (1897), der *Erholungsanspruch des Verfrachters* wegen des Ausfalls beim Pfandverkauf nach § 626 HGB (1897), der *Bereicherungsanspruch* des Verfrachters aus § 625 Satz 2 HGB (1897) sowie das *Rückgriffsrecht* des Verfrachters nach § 627 HGB (1897). Jedem dieser Sicherungsmittel entsprach in *Segelkens* Referat ein separater Leitsatz.

Der *Leitsatz 1* enthielt – da bei dessen Abfassung das Thema „Der Empfänger im deutschen Seerecht" vom Seerechtsausschuss noch nicht bearbeitet worden war – alternative Vorschläge für das neue deutsche Seerecht, abhängig von der Frage, ob das *Zurückbehaltungsrecht* des Verfrachters beibehalten werden sollte. Wie gezeigt, hatte der Seerechtsausschuss sich gegen dessen Beibehaltung ausgesprochen, weshalb *Lindenmaier*[727] die von *Segelken* für diesen Fall vorgeschlagene Streichung des § 624 Abs. 1 HGB (1897) befürwortete. Die von dieser Regelung vorgesehene Möglichkeit, bei Streit durch Hinterlegung der Fracht die Ausladung der Güter zu erwirken, war durch die vorgeschlagene generelle Möglichkeit zur Sicherheitsleistung entbehrlich geworden. *Segelken* hatte zudem für Fallkonstellationen, bei denen nach Auslieferung der Güter ohne Sicherheitsleistung oder nach Sicherheitsleistung jedoch noch vor Auslieferung der Güter Streit zwischen den Parteien entstehe, eine ergänzende Regelung vorgeschlagen.

---

724 *Segelken*, Referat: Sicherung des Verfrachters, S. 1.
725 *Schubert*, Protokolle des Seerechtsausschuss, S. 646.
726 *Segelken*, Referat: Sicherung des Verfrachters, S. 1.
727 *Schubert*, Protokolle des Seerechtsausschuss, S. 646 f.

Entsprechend Art. 494 des holl. Seerechts sollte in das deutsche Seerecht eine Vorschrift übernommen werden, welche *„in solchen Fällen Zahlung des unstreitigen Teils und Sicherheitsleistung (bzw. Stehenlassen einer früher schon geleisteten Sicherheit) wegen des umstrittenen oder noch nicht feststehenden Restes vorsieht“*[728]. Diese Anregung wurde vom Seerechtsausschuss jedoch in der Diskussion an keiner Stelle aufgegriffen.

Stattdessen stellte *Lindenmaier* die von *Segelken* ausdrücklich als Alternative zur Streichung des § 624 Abs. 1 HGB (1897) vorgesehenen Änderungsvorschläge im Ausschuss vor, welche er sämtlich als überflüssig bezeichnete[729]. Diese Bewertung überrascht letztlich nicht, waren die weitergehenden Vorschläge *Segelkens* nur für den Fall vorgeschlagen worden, dass § 624 Abs. 1 HGB (1897) beibehalten werden sollte. *Lindenmaier* sprach sich zudem auch gegen die Beibehaltung des § 624 Abs. 2 HGB (1897) aus, welcher nach *Segelkens* Referat trotz geringer Bedeutung durchaus hätte beibehalten werden können. Nach *Lindenmaier* bestand für die Regelung, *„dass der Verfrachter gegen angemessene Sicherheitsleistung seinerseits zur Erhebung der hinterlegten Summe berechtigt sei“*, jedoch kein Bedürfnis mehr, da die Sicherheitsleistung regelmäßig durch Bankbürgschaft erfolge[730].

Schulze-Smidt gab hinsichtlich der Ausführungen Lindenmaiers einzig zu bedenken, dass *„es für den Empfänger schwierig sei, eine einmal geleistete Sicherheit zurückzuerhalten“*, weshalb eine Fristsetzungsbefugnis für den Empfänger angedacht werden könnte, nach deren Ablauf die Sicherheit frei werde. *Lindenmaier* sprach sich jedoch gegen eine solche Regelung aus. Ein hinreichender Schutz

728 *Segelken,* Referat: Sicherung des Verfrachters, S. 2 f.

729 Lediglich für den Fall der Beibehaltung des § 624 Abs. 1 HGB (1937) – wofür *Segelken* sich jedoch in seinem 1939 erstellten Referat noch aussprach – war von *Segelken* vorgeschlagen worden, folgenden Absatz 2 neu in das Gesetz aufzunehmen: *„Im Falle des Streites über die Forderungen des Verfrachters und über die Art ihrer Befriedigung ist der Verfrachter zur Auslieferung der Güter im Löschungshafen verpflichtet, sobald die streitige Summe an der mit dem Verfrachter vereinbarten Stelle oder bei einer dafür von der Reichsbank zugelassenen Bankanstalt hinterlegt ist. Die Hinterlegungsstelle hat den hinterlegten Betrag an den Hinterleger zurückzuzahlen, falls der Verfrachter es unterlässt, innerhalb der ihm auf Antrag des Hinterlegers vom Amtsgericht des Hinterlegungsortes gesetzten angemessenen Frist Klage auf Erklärung des Einverständnisses mit der Abhebung der Hinterlegungssumme zu erheben. Nach der Ablieferung des Güter ist der Verfrachter zur Erhebung der hinterlegten Summe gegen angemessene Sicherheitsleistung berechtigt.“*, vgl. *Segelken,* Referat: Sicherung des Verfrachters, S. 11.

730 *Schubert,* Protokolle des Seerechtsausschuss, S. 647.

des Empfängers könnte bereits dadurch erreicht werden, dass diesem ein besonderer Gerichtsstand am Ort der Sicherheitsleistung gewährt würde. Unter dieser Maßgabe sprach sich der Seerechtsausschuss schließlich für die vollständige Streichung des § 624 HGB (1897) aus, wobei *Wüstendörfer* insbesondere noch darauf hinwies, dass eine *„kasuistisch-formale Sondernorm, die eine Fristsetzung vorsehe, […] nicht nationalsozialistisch [sei], da sie unvolkstümlich sei“*[731].

Im Anschluss wurde das von *Leitsatz 2* behandelte *Verfrachterpfandrecht* des § 623 HGB (1897) vom Seerechtsausschuss erörtert. Dieses sollte nach *Segelkens*[732] Vorschlag als bewährtes Rechtsinstitut beibehalten werden, wobei lediglich in Absatz 4 der Vorschrift eine geringfügige Änderung vorzunehmen sei, dass dort der „Befrachter“ und nicht der „Absender“ genannt werde, und eine ergänzende Regelung für den Fall der Unterverfrachtung aufgenommen werden solle.

Der Seerechtsausschuss sprach sich mit *Segelken* für die Beibehaltung des geltenden Verfrachterpfandrechts gemäß § 623 Abs. 1 HGB (1897) aus, wobei einzig das *„Verfolgungsrecht“* des Verfrachters nach § 623 Abs. 2 Satz 2 HGB (1897), also die Möglichkeit, das Pfandrecht binnen 30 Tagen nach Ablieferung der Ladung geltend zu machen, soweit sich diese noch im Besitz des Empfängers befinden, von *Wüstendörfer*[733] als *„problematisch“* bezeichnet wurde. Diese Regelung würde jedoch gerade wegen seiner geringen praktischen Bedeutung, welche von *Schütte* bestätigt wurde, im Ergebnis auch nicht schaden (*„non nocet“*). Schütte berichtete zudem, dass das „Verfolgungsrecht“ in gewissen Fällen gar nützlich sei und Lagerspesen vermeiden könne. Daher beschloss der Seerechtsausschuss, auch diese Regelung beizubehalten. Darüber hinaus befürwortete der Seerechtsausschuss eine Ausweitung des Verfrachterpfandrechts auch auf die in § 615 HGB (1897) erwähnten Havereibeiträge, Bergungs- und Hilfekosten sowie Bodmereigelder, wie es bereits in Regel XVI Ziff. 1 Satz 4 des Einheitskonnossements 1940 vorgesehen war. Hierfür hatten sich insbesondere *Brandt* und *Schütte* eingesetzt.

Hinsichtlich der von *Segelken* vorgeschlagenen Änderung, die Androhung des Pfandrechts hilfsweise nicht gegenüber dem Absender sondern gegenüber dem Befrachter zu fordern, § 623 Abs. 4 HGB (1897), fand hingegen keine Zustimmung im Ausschuss[734]. *Schütte* erläuterte, dass in der Praxis dem Verfrachter der Befrachter meist weniger geläufig sei als der unmittelbar die Güter übergebende Ablader. Auch *Wüstendörfer* sprach sich dafür aus, auf den Ablader abzustellen,

731 *Schubert,* Protokolle des Seerechtsausschuss, S. 647.
732 Vgl. *Segelken,* Referat: Sicherung des Verfrachters, S. 12 – 26.
733 Vgl. *Schubert,* Protokolle des Seerechtsausschuss, S. 647.
734 *Schubert,* Protokolle des Seerechtsausschuss, S. 648.

der die Benachrichtigung *„in seiner Eigenschaft als Vertreter des Befrachters entgegennehmen könne"*.

Ebenfalls vermochte *Segelkens* Anregung, welche keinen Eingang in den vorgestellten Leitsatz fand, *„in der Abstempelung der Konnossemente ein[en] Verzicht auf das Pfandrecht zu erblicken"*, den Seerechtsausschuss nicht zu überzeugen[735]. *Segelken* hatte in seinem Referat ausgeführt, dass *„unter besonderen Umständen"* ein solcher Verzicht auf das Pfandrecht vorliegen könne und verwies beispielhaft auf die *„in Hamburg üblichen Konnossementsabstempelung durch den Schiffsmakler"*[736]. Eine solche Abstempelung bedeute dem Handelsbrauch entsprechend eine Anweisung, die Güter bedingungslos auszuliefern, weshalb im Verkehrsinteresse mit *Schaps* (Das Deutsche Seerecht, 2. Aufl., § 614, Anm. 7) – jedoch im Gegensatz zur Rechtsprechung des Hanseatischen Oberlandesgerichts (HGZ A 1914, Sp. 264) – von einem Verzicht des Verfrachters auf das Pfandrecht auszugehen sei. Hiergegen sprach sich der Seerechtsausschuss jedoch einhellig aus, wobei *Wüstendörfer*[737] ergänzend noch auf eine jüngere Entscheidung des Hanseatischen Oberlandesgerichts (HRGZ 1932 B, Sp. 219-224) hinwies, in welcher ausdrücklich darauf hingewiesen wurde, dass *„logisch ein Verzicht in der Abstempelung schon deshlab nicht erblickt werden könne, weil die Abstempelung nach der Verkehrsauffassung die Anweisung an das Schiff zur Auslieferung bedeute und das Pfandrecht auch noch nach der Auslieferung als Verfolgungsrecht fortbestehe."*

Die von *Segelken*[738] aufgeworfene Grundsatzfrage, wem im Fall aufeinander aufbauender Fracht- bzw. Charterverträge das Pfandrecht zustehen solle, gab *Wüstendörfer* erneut die Möglichkeit, einen von ihm einst entwickelten Rechtsstandpunkt vorzustellen. Entsprechend seiner Anregung sprach sich der Seerechtsausschuss für die gesetzliche Fixierung des Verfrachterpfandrechts zur Absicherung der Konnossementsfrachten aus[739]. Ein vergleichbares, durch ein gesetzliches Pfandrecht nachzukommendes Sicherungsbedürfnis des Reeders hinsichtlich seiner Charterfracht konnte der Ausschuss hingegen nicht feststellen, da dieser sich hinreichend durch Vertragsklauseln absichern könne, indem dieser sich die Frachtforderungen des Charterers abtreten oder verpfänden lasse. *Wüstendörfer* führte in diesem Zusammenhang die Klausel *„The Owners to have a lien upon all subfreights for hire ..."* an, während *Schütte* die Klausel der Ziffer

735 *Schubert,* Protokolle des Seerechtsausschuss, S. 648.
736 *Segelken,* Referat: Sicherung des Verfrachters, S. 15.
737 *Schubert,* Protokolle des Seerechtsausschuss, S. 648.
738 *Segelken,* Referat: Sicherung des Verfrachters, S. 17 – 26.
739 *Schubert,* Protokolle des Seerechtsausschuss, S. 648 f.

21 des Deuzeit-Frachtvertrages anführte, welche eine ähnliche Regelung vorsah. *Segelkens* weitergehenden Vorschlag, das Pfandrecht stets dem Verfrachter zuzusprechen, unabhängig von der Frage, ob ein Konnossement ausgestellt werde oder nicht[740], wurde vom Seerechtsausschuss hingegen in der Diskussion nicht aufgenommen. Nach *Segelken* bestand keine Notwendigkeit, diese formelle Unterscheidung aufrecht zu erhalten. Lindenmaier stellte jedoch laut der Sitzungsniederschrift ausdrücklich fest, dass das Pfandrecht des Verfrachters sich auf die Konnossementsfracht beziehen solle, sodass der Seerechtsausschuss an dieser formellen Unterscheidung offensichtlich festhalten wollte.

Nachfolgend wurden die §§ 626 und 627 Abs. 1 HGB (1897) gemeinschaftlich beraten, die in *Segelkens* Referat von den *Leitsätzen 3 und 5* erfasst wurden. Sowohl der *Erholungsanspruch des Verfrachters* gegenüber dem Befrachter im Falle des § 626 HGB (1897) als auch dessen *Rückgriffsrecht* gegenüber dem Befrachter im Falle der Güterannahmeverweigerung des Empfängers stellten nach *Segelken* bewährte Rechtsinstitute dar, die in das neue Recht zu übernehmen seien[741]. *Wüstendörfer*[742] kritisierte jedoch die Wortfassungen der beiden Regelungen, wobei insbesondere § 626 HGB (1897) seinen wahren Rechtscharakter als Pflicht des Verfrachters, sich zunächst im Wege des Pfandverkaufs zu befriedigen zu suchen, nicht deutlich hervortrete. Dieser zutreffende Rechtsgedanke solle zugleich auch auf die Fälle des § 627 Abs. 1 HGB (1897) ausgedehnt werden, sodass *Wüstendörfer* folgenden Alternativvorschlag zur Diskussion stellte:

> „Solange der Verfrachter die Güter nicht ausgeliefert hat, bleibt der Befrachter Schuldner der Fracht und Nebengebühren nach Maßgabe des Frachtvertrages. Er kann jedoch verlangen, dass der Verkäufer versucht, sich zunächst durch den Pfandverkauf zu befriedigen. Im Falle des Pfandverkaufs kann der Verfrachter sich an den Befrachter nur insoweit erholen, als er wegen seiner Forderungen aus dem zwischen ihm und dem Befrachter abgeschlossenen Frachtvertrag nicht durch den Pfandverkauf befriedigt ist."

Dieser Vorschlag wurde jedoch insbesondere von den Vertretern der Praxis als zu weitgehend kritisiert. Der Reedereivertreter *Schütte* wies auf die *„starke Belastung"* der Reeder hin, da ihnen auch im Falle der bloß vorübergehenden Annahmeverweigerung ihr primärer Anspruch gegen den Befrachter verloren ginge. *Wüstendörfer* führte zur Verteidigung seines Leitsatzes zwar den *„wirtschaftlichen Grundgedanken des Seerechts"* an, dass der Verfrachter nach Ankunft der Güter primär an den Empfänger zu verweisen sei und der Befrachter

740 *Segelken,* Referat: Sicherung des Verfrachters, S. 22 f.
741 *Segelken,* Referat: Sicherung des Verfrachters, S. 26 – 34 u. 42 – 45.
742 *Schubert,* Protokolle des Seerechtsausschuss, S. 649 f.

möglichst außen vor bleiben solle[743], nach *Schüttes* und *Baurs* Hinweisen auf die Schwierigkeiten im Zusammenhang mit einem Pfandverkauf und *Sturms* Einwand, durch *Wüstendörfers* Vorschlag würde der Befrachter letztlich aus der Haftung entlassen, ließ dieser seinen Vorschlag jedoch wieder fallen. Einen ausdrücklichen Beschluss hinsichtlich der Leitsätze 3 und 5 fasste der Seerechtsausschuss letztlich nicht.

Abschließend befasste sich der Ausschuss noch mit *Leitsatz 4* aus *Segelkens* Referat hinsichtlich des *Bereicherungsanspruchs* des Verfrachters gemäß § 625 Satz 2 HGB (1897) für den Fall, dass der Verfrachter die Güter ausgeliefert hat. In diesem Fall, so § 625 Satz 1 HGB (1897), sollte der vertragliche Verfrachteranspruch gegen den Befrachter untergehen und ausschließlich eine ungerechtfertigte Bereicherung des Befrachters herauszugeben sein. Diesen Rechtsgedanken befürwortete *Segelken*[744] als erhaltenswert, schlug jedoch zugleich eine Klarstellung vor, dass § 625 eine freiwillige Auslieferung voraussetze. Zudem sollte in einem weitern Absatz eine Regelung vorgesehen werden, nach welcher die ursprüngliche Rechtslage wieder auflebe, falls der Verfrachter nach Auslieferung der Güter, etwa im Falle der Geltendmachung des Pfandrechts, die Güter in seinen Besitz zurückerhalte.

Der Seerechtsausschuss folgte *Segelken* insoweit jedoch nicht[745]. Tatsächlich beraten wurde einzig die Frage, ob es einer Klarstellung hinsichtlich der Freiwilligkeit der Auslieferung bedürfe. *Brandt* und *Wüstendörfer* sprachen sich gegen eine solche Ergänzung der Regelung aus, da *„der Zweckgedanke der Vorschrift auch ohne solche Klarstellung ohne weiteres auf der Hand liege“*; Zusätze könnten nur hinderlich sein. *Schütte* wies zwar auf in Kriegszeiten aufgetretene Streitfälle hin, die Entscheidung *„etwa bei Beschlagnahme von Gütern durch den Feind“* sei jedoch eindeutig, sodass *Lindenmaier*, der sich *Brandts* Ausführungen anschloss, feststellte, dass § 625 HGB (1897) keiner Klarstellung bedürfe.

5. Thema: Die Auflösung des Seefrachtvertrages (Referat Capelle) – 49. Sitzung (7./8.1.1942)

Zum Abschluss seiner Beratungen trat der Seerechtsausschuss zu seiner 49. Arbeitssitzung am 7./8. Januar 1942 zusammen. Das Protokoll dieser Sitzung umfasst 29 maschinenschriftliche Seiten und deutet wegen dieses Umfangs auf

743 Im Protokoll der 48. Arbeitssitzung sind hier offensichtlich versehentlich „Verfrachter“ und „Befrachter“ vertauscht worden.

744 *Segelken,* Referat: Sicherung des Verfrachters, S. 34 – 42.

745 Vgl. *Schubert,* Protokolle des Seerechtsausschuss, S. 650.

eine wahre Mammutsitzung hin, umfassten die vorangegangenen Sitzungsniederschriften doch regelmäßig lediglich etwa 10 – 15 Seiten. Da die erste Seite des Sitzungsprotokolls nicht überliefert ist und mithin genaue Zeitangaben der Sitzung fehlen, kann nur vermutet werden, dass sich die 49. Sitzung letztlich in zwei Abschnitte, welche am 7. und 8. Januar 1942 abgehalten wurden, unterteilt war. Dem Sitzungsprotokoll ist eine solche Aufteilung jedoch weder vom Aufbau noch vom weiteren Äußeren zu entnehmen.

Gegenstand der 49. Arbeitssitzung war das von *Capelle* in einem Referat aufgearbeitete Thema „die *Auflösung des Seefrachtvertrages*". *Capelle*[746] war – anders als in den vorangegangenen Sitzungen *Segelken* – als Berichterstatter persönlich anwesend und konnte sein Referat vorstellen beziehungsweise verteidigen. Hingegen musste *Lindenmaier* zum Beginn der Sitzung zu seinem Bedauern feststellen, dass kein Vertreter der Befrachter anwesend war. Hinsichtlich der anstehenden Beratungen, auf die insbesondere wiederum *Wüstendörfer* maßgeblichen Einfluss nahm, gab *Lindenmaier*[747] vor, dass es die *„Hauptrichtlinien"* für das neu zu schaffende Seehandelsrecht herauszuarbeiten gelte, wobei die Beratungen sich nach einer vor oder nach Vertragsschluss eingetretenen Unmöglichkeit der Vertragsausführung und im zweiten Fall hinsichtlich vor oder nach Reiseantritt eingetretener Unmöglichkeit gliedern solle. Letztlich orientierte sich die Beratung jedoch weitestgehend an der von *Capelle* in seinem Referat vorgesehenen Reihenfolge; zunächst die Auflösungsgründe, im Anschluss die Rechtsfolgen in Auflösungsfällen und abschließend besondere Sachlagen.

Zunächst stellte sich dem Seerechtsausschuss die Frage, ob es vor dem Hintergrund der zwischenzeitlich in Kraft getretenen allgemeinen Regelungen des Bürgerlichen Gesetzbuches überhaupt noch seehandelsrechtlicher Spezialvorschriften für die Beendigung des Seefrachtvertrages bedürfe, wobei *Wüstendörfer*[748] darauf hinwies, dass die herrschende Auffassung sogar dahin gehe, dass es sich bei den Regelungen der §§ 628 – 641 HGB (1897) um die Regelungen des BGB ausschließende Spezialregelungen handeln würde, *„die Aufzählung der Gründe im HGB sei erschöpfend"*. Insbesondere im Hinblick auf die unmittelbar am Seefrachtvertrag beteiligten, zumeist juristisch nicht geschulten Personenkreise beschloss der Seerechtsausschuss die Beibehaltung der konkreten seehandelsrechtlichen Vorschriften, wofür sich insbesondere auch *Lindenmaier*

---

746 Der Berichterstatter hatte sich bereits in seiner1940 veröffentlichten Monographie, *Capelle,* Die Frachtcharter in rechtsvergleichender Darstellung", eingehend mit dem Seefrachtvertrag, maßgeblich mit dem Raumchartervertrag auseinandergesetzt.

747 *Schubert,* Protokolle des Seerechtsausschuss, S. 652.

748 Vgl. *Schubert,* Protokolle des Seerechtsausschuss, S. 652 f.

ausgesprochen hatte. Zugleich hatte *Wüstendörfer* vorgeschlagen, den *Leitsatz 1* durch einen Zusatz zu ergänzen, dass die Vorschriften der §§ 628 ff. HGB (1897) die Anwendung der Regelungen des BGB über die Unmöglichkeit der Leistung nicht ausschließen sollten. Auch diese Anregung fand Anklang, sodass diese ohne Widerspruch anderer Mitglieder von *Lindenmaier* als ergänzendes Beratungsergebnis beschlossen wurde.

Im Anschluss an diese Entscheidung stellte *Lindenmaier*[749] zugleich die von *Capelle* mit *Leitsatz 2 a* vorgeschlagene Einleitung für die Regelung des § 628 Abs. 1 HGB (1897) in Frage, wonach zunächst allgemein festgehalten werden solle, dass im Falle *unverschuldeter Unmöglichkeit* der Vertragserfüllung der Vertrag außer Kraft trete und die weiteren von Abs. 1 genannten Fälle lediglich als Beispiele beibehalten werden sollten; *Lindenmaier* und *Wüstendörfer* befürchteten, diese Umgestaltung würde *„Verwirrung schaffen"*. Leitsatz 2 a wurde letztlich aufgrund der bereits zuvor vorgesehenen Bezugnahme auf das BGB als *„überflüssig"* abgelehnt.

Aufgrund einer Eingabe *Wüstendörfers*[750] zog der Ausschuss im Anschluss den *Leitsatz 5 a* aus *Capelles* Referat vor. *Wüstendörfer* stellte die Frage zur Diskussion, ob neben der *„Ipso-Iure-Auflösung"* nach § 628 HGB (1897) in den Fällen des § 629 HGB (1897) weiterhin lediglich ein *Kündigungsrecht* vorzusehen sei, wobei er sich selbst letztlich mit *Capelles* Leitsatz für die Beibehaltung beider Regelungen aussprach. *Wüstendörfer* erläuterte, dass § 629 HGB (1897) erst durch die Hamburger Kommission seinerzeit in das ADHGB Eingang gefunden hätte, und zeigte eine weitestgehende Parallelität zwischen den von den jeweiligen Regelungen vorgesehenen Fallkonstellationen. Nachdem *Wüstendörfer* ergänzend jedoch darauf hinwies, dass auch das italienische Seehandelsrecht beide Rechtsfolgen kenne und in den Fällen des § 629 HGB (1897) eine ausdrücklich Kündigungserklärung der Rechtssicherheit diene, beschloss der Ausschuss die Beibehaltung *„der Unterscheidung zwischen Ipso-Iure-Auflösung (§ 628) und Auflösung durch Aufhebungserklärung (§ 629)"* als Leitsatz 1 c.

Im Rahmen der Erörterung des § 628 HGB (1897) hinsichtlich der Fälle des *Untergangs von Schiff oder Ladung vor Reiseantritt* befürwortete wiederum *Wüstendörfer*[751] eine von *Capelle* nicht vorgesehene Ergänzung des Abs. 1 Ziffer 1 dahingehend, dass vor dem Hintergrund der insbesondere in der Linienschifffahrt regelmäßig verwendeten Substitutionsklauseln, mit denen sich die

749 *Schubert,* Protokolle des Seerechtsausschuss, S. 653 f.
750 *Schubert,* Protokolle des Seerechtsausschuss, S. 654.
751 *Schubert,* Protokolle des Seerechtsausschuss, S. 654 ff.

Reedereien das Recht vorbehielten, die Güter mit einem vergleichbaren Schiff zu transportieren, Unmöglichkeit nur für den Fall gegeben sein sollte, dass ein speziell im Frachtvertrag genanntes Schiff untergeht. Während Ministerialrat *Krieger* die Regelung aufgrund der allgemeinen Regelungen des BGB insgesamt für überflüssig erachtete, sprach sich *Wüstendörfer* – wiederum zugunsten der nicht immer rechtskundigen Beteiligten am Seefrachtvertrag – für die grundsätzliche Beibehaltung der Regelung aus, wenn diese auch insgesamt überarbeitungsbedürftig sei. *Lindenmaier* befürwortete die von *Wüstendörfer* vorgeschlagene Eingrenzung und eine Bereinigung der von § 628 HGB (1897) explizit genannten Fallbeispiele. Nachdem auf *Bollmanns* Einwand hin bestätigt wurde, dass Substitutionsklauseln nicht nur ausschließlich in der Linienfrachtfahrt verwendet würden, stellte *Lindenmaier* schließlich die Annahme von *Wüstendörfers* Vorschlag fest. Zugleich sollten die überflüssigen Beispiele „Raub", „Anhalten" und „öffentlicher Verkauf" aus § 628 Abs. 1 HGB (1897) gestrichen werden, während die Fälle der „Reparaturunfähigkeit und –unwürdigkeit" ausdrücklich beibehalten werden sollten.

Erst hieran konnte sich der Ausschuss den *Leitsätzen 2 b und c* aus *Capelles* Referat zuwenden, wobei diese zwei Ergänzungen des § 628 Abs. 1 Ziffer 3 HGB (1897) vorsahen[752]. Die Klarstellung, dass auch der Untergang der ganzen Gattung einer lediglich generell bezeichneten Ladung von § 628 zu erfassen sei, wurde vom Ausschuss ohne jede Diskussion gebilligt. Auch die Klarstellung, dass gattungsmäßig vereinbarte Güter bereits durch die Übernahme zur Beförderung durch den Verfrachter konkretisiert würden, ohne dass dieses – wie bisher – an der Ladungsstelle zu erfolgen hätte, wurde letztlich vom Ausschuss gebilligt. Hierdurch – so *Wüstendörfer* – würde insbesondere ein Gleichlauf mit dem Übergang der Leistungsgefahr beim Überseekauf erreicht. Eine zwischenzeitlich angedachte Sonderregelung für sog. FOB-Geschäfte (free on board) wurde letztlich als *„wenig zweckmäßig"* wieder verworfen.

Nachdem der Seerechtsausschuss bereits zuvor die Streichung des § 562 HGB (1897) beschlossen hatte, folgte er auch *Capelles Leitsatz 2 d*, welcher zudem die ersatzlose Streichung des § 628 Abs. 2 HGB (1897), mithin das Recht bei Teilverlust der Güter andere Güter an deren Stelle zu verladen, vorsah. Eine nähere Erörterung erfolgte hierbei nicht.

Mit den weiteren *Leitsätzen 3 und 4* regte *Capelle*[753] die Beibehaltung des §§ 630 Abs. 1 Satz 1 und 633 HGB (1897) an, welche die *Fälle des Schiffs- bezie-*

752 Vgl. zur Aussprache *Schubert*, Protokolle des Seerechtsausschuss, S. 656.
753 *Capelle*, Referat: Auflösung des Seefrachtvertrages, S. 9 f.

hungsweise Güterverlusts nach Antritt der Reise regelten. In beiden Fällen sollte entsprechend der bisherigen Regelung der Seefrachtvertrag enden. *Wüstendörfer* bestand hinsichtlich der Regelung des § 630 Abs. 1 Satz 1 HGB (1897) wiederum auf die Einschränkung, dass der Untergang nur eines speziell vereinbarten Schiffes die Rechtsfolge der Vorschrift auslösen könne, was letztlich vom Seerechtsausschuss beschlossen wurde[754].

Nachfolgend wurde § 629 HGB (1897) erörtert, welcher ein entschädigungsloses *Rücktrittsrecht bei Verfügungen von hoher Hand und Kriegsausbruch vor Reiseantritt* vorsah. Das Referat des Berichterstatters sah hier zunächst vor, dass[755]:

> „Ziff. 1 […] dadurch vereinfacht werden [könne], dass die einzelnen besonderes hervorgehobenen Fälle von Verfügungen von hoher Hand nicht mehr aufgeführt werden und die Vorschrift etwa folgenden Wortlaut erhält:
>
> ‚1. Wenn vor dem Antritt der Reise durch eine Verfügung von hoher Hand die Ausführung des Vertrages verhindert oder doch erheblich gefährdet oder erschwert wird und nicht zu erwarten ist, dass die Störung nur von unerheblicher Dauer sein wird.'"

Diesem Vorschlag stimmte der Seerechtsausschuss ohne nähergehende Erörterung zu, so wie auch der Klarstellung, dass es sich bei dem in § 629 HGB (1897) vorgesehenen Recht um ein *Kündigung*s- und nicht um ein Rücktrittsrecht handele, für dessen Ausübung im Übrigen die Vorschrift des § 355 BGB a. F. entsprechend anwendbar sein sollte. § 629 Abs. 2 HGB (1897), welcher Bezug den die bereits als zu streichen beschlossenen § 562 HGB (1897) nahm, sollte wiederum ersatzlos fortfallen (*Leitsätze 5 b, d – f*).

Einzig *Capelles Leitsatz 5 c* hinsichtlich der *Kriegsfrage* führte zu einer Diskussion im Ausschussplenum. Diese Frage hatte naturgemäß in den vorangegangenen Jahren eine erhöhte Bedeutung erhalten. *Capelle* schlug insofern unter Analyse insbesondere auch der verschiedenen in Charterformularen verwandten *Kriegsklauseln* vor, im Rahmen des § 629 HGB (1897) bereits auf die durch einen Kriegsausbruch eintretende Gefahrerhöhung für Ladung und Schiff abzustellen, was letztlich eine Anlehnung an die Regelung des § 139 des skandinavischen Seerechts darstellte. Weiterhin sollte die Regelung auch gelten, falls der Krieg zwar bereits vor, die maßgebliche Gefahrerhöhung jedoch erst nach Vertragsabschluss eingetreten sei[756]. Insbesondere gegen diese Erweiterung der gesetzlichen

754 *Schubert,* Protokolle des Seerechtsausschuss, S. 656.
755 Vgl. *Schubert,* Protokolle des Seerechtsausschuss, S. 657 f.
756 Vgl. *Capelle,* Referat: Auflösung des Seefrachtvertrages, S. 12 – 19.

Regelung erhob sich jedoch Widerspruch. *Lindenmaier*[757] betonte zunächst, dass das Gesetz aufgrund der Erfahrungen der vergangenen Jahre *„hinsichtlich der Berücksichtigung von Kriegsverhältnissen möglichst allgemein"* sein müsse. Soweit *Capelles* Leitsatz die Fallbeispiele der Gefahr der „Aufbringung", „Beschlagnahme", „Zerstörung" und „Beschädigung" nenne, müssten diese durch einen Zusatz „insbesondere" als lediglich beispielhaft gekennzeichnet werden. Die abschließend vorgeschlagene Erweiterung sei zu weitgehend; *„diese Frage müsse der Rechtsprechung überlassen bleiben"*. *Krieger* sprach sich im gleichen Sinne wie *Lindenmaier* zu Wort und stellte die Frage zur Diskussion, ob auch von den Reichsstellen veranlasste Umdisponierungen von Waren als „Verfügung von Hoher Hand" angesehen werden sollen. *Wüstendörfer* und *Lindenmaier* befanden für diesen Fall jedoch ein beidseitiges Kündigungsrecht als gerechter.

Nachdem noch ein von *Bollmann* vorgetragener Rechtsfall der Vereinigten Stahlwerke erörtert wurde, der Ausschuss die Fallkonstellation jedoch letztlich nicht zur Veranlassung von Änderungen des Gesetzesrechts geeignet erachtete, sondern dieser von *Wüstendörfer*[758] vielmehr als *„Musterfall der richterlichen Vertragshilfe"* bezeichnet wurde, wurde schließlich der erste Satz des Leitsatzes 5 c wie folgt beschlossen:

> „§ 629 Abs. 1 Ziffer 2 wird wie folgt erweitert:
> ‚... wenn vor dem Antritt der Reise ein Krieg ausbricht, der für das Schiff oder die Güter eine erhebliche Gefahr der Aufbringung, Beschlagnahme, Zerstörung oder Beschädigung mit sich bringt.'"

Weiterhin ohne Diskussion wurde der gesamte *Leitsatz 6* aus *Capelles* Referat über die Regelung des § 634 HGB (1897) bezüglich *Verfügungen von Hoher Hand und Kriegsausbruch nach Reiseantritt* vom Seerechtsausschuss beschlossen[759]. Hier sollte ebenfalls klargestellt werden, dass es sich um ein – außerordentliches – Kündigungs- und nicht um ein Rücktrittsrecht der Vertragsparteien handelte. Wegfallen sollten hingegen die Absätze 2 und 3 des § 634, welche eine Wartepflicht von drei oder sogar fünf Monaten bis zur Berechtigung zur Vertragsbeendigung vorsahen. *Capelle*[760] hatte in seinem Gutachten zum Hintergrund der Regelung auf die Verhältnisse der Segelschifffahrtszeit verwiesen; in Zeiten der Kabel- und Funktelegraphie bestünde jedoch kein Bedürfnis mehr für eine kürzere oder längere Wartefrist. Beibehalten sollte jedoch die Regelung

---

757 *Schubert,* Protokolle des Seerechtsausschuss, S. 657.
758 *Schubert,* Protokolle des Seerechtsausschuss, S. 658.
759 *Schubert,* Protokolle des Seerechtsausschuss, S. 658.
760 *Capelle,* Referat: Auflösung des Seefrachtvertrages, S. 21.

bleiben, wonach die Ausladung nach der Kündigung im Aufenthaltshafen erfolgen solle (Abs. 4).

Die von *Capelle* mit *Leitsatz 7* vorgeschlagenen Änderungen des § 636 HGB (1897) für Fallgestaltungen eines *Teilverlusts der Güter vor Reiseantritt* konnten den Seerechtsausschuss und in der Diskussion maßgeblich *Lindenmaier* und *Wüstendörfer* nicht überzeugen. Das deutsche Recht sah in diesen Fällen die Aufrechterhaltung des Frachtvertrages vor, wobei jedoch dem Befrachter die Möglichkeit zustand, bis zum Reiseantritt den Vertrag unter Zahlung einer Fautfracht in Höhe der Hälfte der vereinbarten Fracht zu kündigen oder Ersatzgüter zu liefern. *Capelle* hatte hier eine Anpassung an die Regelung der §§ 132, 135 Abs. 2 des skandinavischen Seegesetzes vorgeschlagen, sodass der Frachtvertrag im Umfang der untergegangenen Güter aufgehoben werden sollte; der Verfrachter könne jedoch die Gesamtauflösung des Vertrages verlangen, soweit der Befrachter ihn nicht hinsichtlich des Frachtausfalls schadlos hielte[761]. *Capelle* erschien dies *„als die gerechte Lösung"*. *Lindenmaier*[762] kritisierte indes, dass *„der Verfrachter dadurch übermäßig begünstigt werde"*, was auch *Wüstendörfer* bestätigte. Praktisch würde die vorgeschlagene Regelung dazu führen, dass der Vertrag vom Verfrachter immer aufrechterhalten würde, wohingegen das deutsche Recht eine angemessenere Ausgleichung der Interessen vorsehe. Auf *Wüstendörfers* Anregung hin wurde vom Seerechtsausschuss letztlich bezüglich der Regelung des § 636 HGB (1897) einzig beschlossen, nach erfolgter Ablieferung anstelle vom Befrachter den Ablader in Bezug zu nehmen, im Übrigen sollte die Regelung unverändert bleiben. Hiergegen regte sich auch kein Widerspruch der Reedereivertreter.

Eine Stärkung der Rechtsposition des Abladers beschloss der Seerechtsausschuss auch hinsichtlich der Regelung des § 637 HGB (1897) über *sonstige vorübergehende Reisezufälle*. Gemäß *Capelles* Vorschlag in *Leitsatz 8* wurde zunächst Satz 1 dieser Regelung aufrechterhalten. Die Regelung wurde als angemessen betrachtet. Die bisherige gesetzliche Regelung enthielt – wie *Capelle*[763] analysierte – jedoch keine Rechtsfolge für den Fall zufälliger Vertragsvereitelung; *Capelles* Referat sah hier ein Kündigungsrecht für *„die beschwerte Partei vor"*. Im Übrigen sollte die Vorschrift fortfallen. Im Plenum[764] kritisierten jedoch mehrere Mitglieder den vorgeschlagenen Leitsatz, wobei *Capelle* jedoch eingestand, dass *„er selbst bei der Behandlung dieser Frage geschwankt habe"*. *Krieger* bemängelte,

761 *Capelle,* Referat: Auflösung des Seefrachtvertrages, S. 22 ff.

762 *Schubert,* Protokolle des Seerechtsausschuss, S. 658 f.

763 *Capelle,* Referat: Auflösung des Seefrachtvertrages, S. 24 – 29.

764 Vgl. zur Aussprache *Schubert,* Protokolle des Seerechtsausschuss, S. 659 f.

dass die Feststellung der „beschwerten Partei“ schwierig sei. Das von ihm angeregte Kriterium der „*Zumutbarkeit der Vertragsfortsetzung*“ wurde jedoch von *Lindenmaier* als Neuerung ohne Vorbild im Seehandelsrecht abgelehnt. *Wüstendörfer* hielt hingegen ein beiden Parteien zustehendes Kündigungsrecht für angemessen, was sich in der Diskussion auch durchzusetzen vermochte. Auch *Wüstendörfers* weitergehender Vorschlag, die Regelungen des § 637 Abs. 1 Satz 2 – 4 HGB (1897) bestehen zu lassen, zugleich jedoch wiederum auf den Ablader anstelle des Befrachters abzustellen, wurde nach kurzer Erörterung insbesondere mit *Krieger* und *Lindenmaier* vom Ausschuss angenommen. *Krieger* hatte zwar die dem Ablader durch die Neuregelungen zukommende Relevanz infrage gestellt, *Wüstendörfer* erläuterte jedoch, dass der Ablader, nachdem er „*zwar zunächst nur Vertreter des Befrachters sei*“, durch die Abladung jedoch letztlich „*in ein selbstständiges unmittelbares Rechtsverhältnis zum Verfrachter*“ trete; ihm stünde etwa der Anspruch auf Aushändigung des Konnossements zu. In der Praxis handele es sich beim Ablader häufig um einen „*Verkäufer über See*“, der aufgrund seiner wirtschaftlichen Stellung großes Interesse an der wirtschaftlichen Absicherung seines Kaufpreiszahlungsanspruches habe. Da – nach *Wüstendörfer* – eine unterschiedliche rechtliche Behandlung des Schicksals von Frachtvertrag uns Gütern „*bedenklich und praktisch schwer durchführbar*“ sei, schloss sich letztlich der Ausschuss *Wüstendörfers* Auffassung an. Die Streichung des § 637 Abs. 2 HGB (1897) war vom Ausschuss zuvor bereits beschlossen worden.

Im Falle von *Schiffsausbesserungen während der Reise* (§ 638 HGB (1897)) sah *Capelles* Referat in Anlehnung an Art. 519 d des niederländischen Seegesetzes eine ipso-iure-Auflösung des Vertrages wie bei einem zufälligen Schiffsverlust vor, *Leitsatz 9*[765]. Sowohl *Lindenmaier* als auch wiederum *Wüstendörfer* konnten *Capelle* in der Sitzung des Seerechtsausschusses jedoch davon überzeugen, dass sich hier vielmehr die Rechtsfolge des § 634 HGB (1897) anbiete, da eine zur Vertragsauflösung erforderliche Entschließung der Ladungsinteressenten „*zweckmäßig[er]*“ sei; diese wurde sodann auch beschlossen[766].

Weiterhin wich der Seerechtsausschuss auch hinsichtlich des *Leitsatzes 10* von dem Vorschlag des Berichterstatters ab. Hier war vorgesehen worden, die in Charterverträgen übliche *cancelling-Klausel*[767] *bei verspäteter Bereitstellung des Schiffes* gesetzlich zu fixieren, wie es bereits in den skandinavischen Ländern und

765 *Capelle,* Referat: Auflösung des Seefrachtvertrages, S. 29 – 31.

766 *Schubert,* Protokolle des Seerechtsausschuss, S. 660.

767 Von *Capelle* wurde die üblicherweise in deutschen Charterformularen verwendete cancelling-Klausel wie folgt wiedergegeben: „*Die Ladezeit beginnt nicht zu zählen vor dem … Sollte der Dampfer nicht spätestens am … ladebereit sein, hat der*

den Niederlanden erfolgt sei, um insbesondere auch einen Schutz vor der abweichenden anglo-amerikanischen Rechtsauffassung in dieser Frage zu gewähren. *Lindenmaier* und *Wüstendörfer* sprachen sich jedoch gegen die Aufnahme einer entsprechenden gesetzlichen Regelung aus, da es *„keine typische Interessenlage“* in diesen Fällen gebe, so *Lindenmaier*[768]. *Wüstendörfer* sprach der Klausel zwar *„große praktische und juristische Bedeutung“* zu, in der Praxis seien jedoch noch keine Schwierigkeiten diesbezüglich aufgetreten, weshalb eine Aufnahme in das Gesetz, welche ohnehin allenfalls als nachgiebiges Recht erfolgen könne, *„nicht notwendig“*. Der Ausschuss beschloss diesen Ausführungen folgend die ersatzlose Streichung des Leitsatzes 10.

Hinsichtlich der *Rechtsfolgen der Auflösungsfälle*, mithin der Vorschrift des §§ 632, 634 Abs. 7 HGB (1897), welche den Schiffer verpflichteten, auch nach Auflösung des Frachtvertrages aufgrund eines nach der Güterübernahme eingetretenen Verlusts des Schiffes oder Kündigung gemäß § 634 HGB (1897), *„auch nach dem Verlust für das Beste der Ladung zu sorgen“*, hatte *Capelle*[769] lediglich eine Anpassung an das Werthaftungssystem des seinerzeit noch maßgeblich englisch-amerikanischen Rechtskreises vorgeschlagen. Die Beschränkung der Haftung auf *„Schiff und Ladung“* sollte entfallen, ebenso der Bezug auf die Bodmerei, *Leitsatz 11*. Obwohl auch *Krieger* im Plenum berichtete, dass das Reichsjustizministerium noch im Jahr 1937 einen Anschluss an das Werthaftungssystem *„ins Auge gefasst“* habe, erklärte *Lindenmaier*, dass zu dieser Frage aktuell keine verbindlichen Beschlüsse gefasst werden könnten[770]. Der Ausschuss stimmte daher vorläufig für die Beibehaltung des § 632 HGB (1897).

Auch die Frage der Streichung der *Bodmerei* wurde im Ergebnis zurückgestellt, wobei sich *Krieger*, *Lindenmaier*, *Wüstendörfer* und *Stödter* ausdrücklich für deren Beibehaltung aussprachen[771]. Sie alle erkannten jedenfalls noch eine gewisse Praxisrelevanz der Bodmerei an. *Lindenmaiers* Vorschlag, für das Recht der Bodmerei als eigenständigen Beratungsgegenstand ein separates Referat erstellen zu lassen, wurde jedoch *„zunächst“* zurückgestellt. *Krieger* berichtete aus dem Reichsjustizministerium, dass eine *„völlige Gesetzessperre“* verhängt worden sei, sodass an eine Verarbeitung der Leitsätze des Seerechtsausschusses vorläufig nicht zu denken sei. Dieses würde sich voraussichtlich auch nach dem Ende des

---

Befrachter das Recht, von diesem Vertrag zurückzutreten.“; *Capelle,* Referat: Auflösung des Seefrachtvertrages, S. 31.

768 *Schubert,* Protokolle des Seerechtsausschuss, S. 661.

769 *Capelle,* Referat: Auflösung des Seefrachtvertrages, S. 34 f.

770 *Schubert,* Protokolle des Seerechtsausschuss, S. 661 f.

771 *Schubert,* Protokolle des Seerechtsausschuss, S. 662.

Krieges aufgrund von Personalmangel nicht ändern. Das Transportrecht werde zudem wohl stärker international geprägt sein. Da es sich bei der 49. Arbeitssitzung um das letzte Zusammentreffen des Seerechtsausschusses handelte, wurden diese Themen nachfolgend nicht noch einmal wieder aufgegriffen.

In eine ausführlichere Diskussion trat der Seerechtsausschuss noch hinsichtlich der Frage, ob das Rechtsinstitut der *Distanzfracht* (§§ 630 Abs. 1 Satz 2, Abs. 2, 631, 634 Abs. 5 u. 6 HGB (1897)) beibehalten werden sollte und wenn ja, in welcher Form. *Capelle*[772] war für die Beibehaltung der Distanzfracht in seinem Referat eingetreten, wobei bei deren Berechnung neben den bisherigen Gesichtspunkten des § 631 HGB (1897) auch der dem Befrachter durch die Teilbefrachtung entstandene Vorteil zu berücksichtigen sei; ohne einen solchen Vorteil entfiele die Pflicht zur Zahlung einer Distanzfracht für den Befrachter (*Leitsatz 12*). Weiter seien *„im Falle der Weiterbeförderung für Rechnung des Befrachters namentlich die Höhe der neiden Fracht [zu beachten], im Falle des Verkaufs im Zwischenhafen der erzielte Erlös und der Gewinn, der etwa im Bestimmungshafen zu erreichen gewesen wäre."* Hierbei hatte *Capelle*[773] – wie er im Plenum des Ausschusses näher erläuterte – Fallkonstellationen im Auge, bei denen beispielsweise im Bestimmungshafen ein Erlös für die Güter in Höhe von 1.000,- RM erzielt werden sollte, im Zwischenhafen jedoch sogar 1.200,- RM erzielt wurde. Hier sei sodann die volle Fracht zu zahlen, da für den Befrachter kein Nachteil entstanden sei.

Wüstendörfer wies darauf hin, dass das Comiteé maritime international eine vollständige Abschaffung der Distanzfracht vorgeschlagen habe, was nach seiner Auffassung jedoch zu weitgehend sei. Unter der Prämisse, dass mit dem Seefrachtvertrag regelmäßig die Verbringung der Güter *„vom Produktionsort zum Konsumort"* verbunden und somit eine Wertsteigerung der Güter bezweckt sei, modifizierte *Wüstendörfer* den beraten Leitsatz unter Beibehaltung des § 630 Abs. 1 Satz und Abs. 2 HGB (1897) zu folgender *„elastischen"* Regelung[774]:

> „Satz 2: Jedoch hat der Befrachter, soweit Güter geborgen oder gerettet werden, eine angemessene Vergütung als Distanzfracht zu zahlen, es sei denn, dass dem Befrachter aus der Teilbeförderung kein Vorteil entstanden ist.
> § 631: Bei der Berechnung der Distanzfracht kommt in Anschlag:
> 1. das Verhältnis der bereits zurückgelegten zu der noch zurückzulegenden Entfernung,

---

772 Vgl. *Capelle,* Referat: Auflösung des Seefrachtvertrages, S. 35 – 42.

773 *Schubert,* Protokolle des Seerechtsausschuss, S. 663.

774 Zur Diskussion über die Distanzfracht: *Schubert,* Protokolle des Seerechtsausschuss, S. 663 ff.

2. das Verhältnis des Aufwandes an Kosten und Zeit, der Gefahren und Mühen, welche durchschnittlich mit dem vollendeten Teil der Reise verbunden sind, zu denen des nicht vollendeten Teiles,
3. die Größe des Vorteils, der dem Befrachter aus der Teilbeförderung erwachsen ist."

Capelle stimmte diesem Vorschlag zwar grundsätzlich zu, im Ergebnis vermochte sich *Wüstendörfer* mit seinem Beitrag zur Diskussion jedoch nicht durchzusetzen. Insbesondere *Krieger* äußerte erhebliche Bedenken, da deren Handhabung und die Ermittlung der einzelnen zu beachtenden Faktoren schwierig seien. Daher sollte die Distanzfracht entweder abgeschafft oder jedenfalls „*schematisch*" berechnet werden „*nach der tatsächlich zurückgelegten Reise ohne Rücksicht auf das, was aus den Gütern*" werde. Auch *Brandt*, als Vertreter der Versicherer, sprach sich für „*klare Verhältnisse*" aus; einer Berücksichtigung sämtlicher Umstände bedürfe es nicht, da die Reeder für nahezu sämtliche Umstände die Möglichkeit hätten, sich gegen eintretende Reiseunterbrechungen zu versichern. Zwar erklärte *Capelle*, dass er „*starre Formeln für die Berechnung der Distanzfracht nicht billigen*" könne, hingegen befürwortete auch der Vorsitzende *Lindenmaier*, dass die neuen Regelungen über die Distanzfracht „*so einfach wie möglich gestalte[t]*" werden sollten und „*nicht auf Begleitumstände*" abzustellen sei, „*wie es beispielsweise beim Hilfslohn der Fall sei*". Eine von *Wüstendörfer* angeführte Parallelität zwischen Hilfslohn und Distanzfracht vermochte er nicht zu erkennen.

Demgemäß hielt *Lindenmaier*[775] schließlich die Ablehnung des Leitsatzes 12 fest. Der Seerechtsausschuss spreche sich jedoch für die Beibehaltung der Distanzfracht aus, wobei diese nach dem Verhältnis „*der zurückgelegten Reise zur gesamten Reise zu berechnen sei*", es sei denn, die Teilbeförderung bringe dem Befrachter keinen Vorteil.

Leitsatz 13 aus *Capelles* Referat wurde hingegen vom Seerechtsausschuss wiederum angenommen. Dieser betraf die Regelung des § 639 HGB (1897) über die *Verteilung von Löschungs- und Hafenkosten bei Auflösung des Frachtvertrages*. Da *Capelle*[776] keinen Anlass zur Veränderung der Vorschrift erkannte, schlug er deren Beibehaltung vor. *Lindenmaier*[777] stimmte diesem grundsätzlich zu; da der Ausschuss jedoch bereits in seinen vorangegangenen Beratungen wiederholt darauf abgestellt habe, in wessen „Sphäre" das vertragsauflösende Ereignis falle, sei dieser Gedanke auch bei § 639 HGB zu berücksichtigen.

775 *Schubert*, Protokolle des Seerechtsausschuss, S. 664.
776 *Capelle*, Referat: Auflösung des Seefrachtvertrages, S. 42 f.
777 *Schubert*, Protokolle des Seerechtsausschuss, S. 664.

Da die von *Capelle* weiter behandelte Regelung des § 635 HGB (1897) nach *Lindenmaier*[778] thematisch nicht in den aktuell beratenen Themenkomplex gehöre, wurde Leitsatz 14 *„vorläufig zurückgestellt"*.

Mit der Vorschrift des § 640 HGB (1897) sah das deutsche Seehandelsrecht auch für eine vor der eigentlichen Frachtfahrt vom Schiff vertraglich vereinbarte zu unternehmende Zureise unter Ballast vor, dass im Falle von *Reiseunterbrechungen* eine *Distanzfracht* nach den §§ 628 – 639 HGB (1897) zu leisten sei. Nach *Capelle*[779] war der tatsächliche Anwendungsbereich dieser Regelung *„nur klein"*, weshalb er die Streichung von § 640 HGB (1897) vorschlug (*Leitsatz 15*). *Lindenmaier*[780] nahm in der Arbeitssitzung zusätzlich Bezug auf die vorangegangenen Beschlüsse des Ausschusses; hiernach bestand ebenfalls keine Veranlassung, *„für die Ballastreise die Distanzfracht bestehen zu lassen"*. Leitsatz 15 wurde somit angenommen.

Mit dem abschließenden *Leitsatz 16* seines Referats behandelte *Capelle*[781] die Frage, ob der *Stückgutfrachtvertrag* einer gesonderten Regelung hinsichtlich dessen *Beendigung* bedürfte. Dieses verneinte der Referent jedoch letztlich unter Hinweis auf die regelmäßig vorgesehenen Konnossementsklauseln. Auch *Lindenmaier*[782] griff die Beförderungsbedingungen der Linienreedereien auf, die *„bekanntlich einen wohl abgewogenen Ausgleich darstellten"*; er sprach sich jedoch im Ergebnis dafür aus, die für die Frachtcharter erarbeiteten Leitsätze auch für den Stückgutfrachtvertrag gelten zu lassen. Der Seerechtsausschuss schloss sich dieser Auffassung an.

Hiernach wurden die Beratungen abgeschlossen.

6. Zwischenergebnis

Ebenso wie die Beratungen der Haager Regeln im Seerechtsausschuss durch den seinerzeitigen Vorsitzenden *Wüstendörfer* maßgeblich beeinflusst waren, nahm auch im Rahmen der Beratungen des von den Haager Regeln nicht betroffenen Seefrachtrechts der Vorsitzende *Lindenmaier* qua seiner Stellung starken Einfluss auf den Beratungsablauf und die festgehaltenen Beratungsergebnisse.

---

778 *Capelle,* Referat: Auflösung des Seefrachtvertrages, S. 43 – 45, hatte sich für die Beibehaltung der Regelung ausgesprochen, da auch das neue skandinavische Gesetz eine vergleichbare Regelung übernommen habe.

779 *Capelle,* Referat: Auflösung des Seefrachtvertrages, S. 46.

780 *Schubert,* Protokolle des Seerechtsausschuss, S. 664.

781 *Capelle,* Referat: Auflösung des Seefrachtvertrages, S. 47 – 49.

782 *Schubert,* Protokolle des Seerechtsausschuss, S. 665.

Nach *Lindenmaier*[783] sollte Ziel der Beratungen sein, *„dass das künftige Gesetz den tatsächlichen Rechtszustand wiedergeben solle"*. Um dieser Maßgabe gerecht zu werden, bediente sich der Seerechtsausschuss wiederholt der Fachkenntnisse von Sachverständigen und insbesondere auch Seerechtspraktikern, die über die tatsächlichen Verhältnisse berichteten.

Zugleich profitierte der Ablauf der Beratungen des Seefrachtvertrages von den im Laufe der Arbeitssitzungen gesammelten Erfahrungen hinsichtlich der Arbeitsweise des Ausschusses; die Ausschussarbeit und die Erörterung der einzelnen Themengebiete hatten sich sichtlich eingespielt. Regelmäßig wurde zunächst dem Berichterstatter des jeweiligen Teilgebietes das Wort zur Darstellung eines oder mehrere zusammengefasster Leitsätze erteilt, hieran schloss sich eine Aussprache der Ausschussmitglieder und der übrigen Sitzungsteilnehmer an, soweit überhaupt Erörterungsbedarf bestand. Abschließend stellte sodann *Lindenmaier* die Annahme oder etwaige Abänderungen der vorgeschlagenen Leitsätze fest. Vereinzelt wurde eine abschließende Beratung der erörterten Gesichtspunkte auch vertagt, wobei letztlich nicht stets nachvollzogen werden konnte, ob die nicht wieder aufgegriffenen Beratungsgegenstände etwa aufgrund der teilweise langen Pausen zwischen den Arbeitssitzungen schlicht vergessen oder aber aus inhaltlichen Gründen nicht erneut aufgegriffen wurden. Jedenfalls stellte *Lindenmaier* zum Ende der 49. Arbeitssitzung fest, *„dass […] die Beratung des Seefrachtrechts abgeschlossen sei"*[784].

Insgesamt lässt sich feststellen, dass neben *Lindenmaier* als Ausschussvorsitzenden und den jeweiligen Berichterstattern insbesondere *Wüstendörfer* – soweit er an den Sitzungen teilnahm – die Beratungen des Seerechtsausschusses prägte. Insbesondere in den letzten beiden Arbeitssitzungen war *Wüstendörfer* wiederum überaus präsent mit seinen Redebeiträgen und eigenen Vorschlägen für die neu zu schaffenden Regelungen des Seehandelsrechts, welchen der Ausschuss nicht selten auch folgte.

Besondere Bedeutung kam bei den Beratungen – wie gezeigt – weiterhin den vorbereitenden Referaten zu, welche jeweils äußerst detailliert den bisherigen Rechtszustand und die erforderlichen Neuerungen anhand des seehandelsrechtlichen Schrifttums, der seehandelsrechtlichen Rechtsprechung und vor allem auch moderner ausländischer Seerechtsordnungen analysierten. Eine Vielzahl der vorgeschlagenen Leitsätze wurde ohne tiefergehende Erörterung vom Seerechtsausschuss übernommen. Im Übrigen vereinfachten die Referate die

783 *Schubert,* Protokolle des Seerechtsausschuss, S. 593.
784 *Schubert,* Protokolle des Seerechtsausschuss, S. 665.

Beratungstätigkeit des Seerechtsausschusses stark und kürzten diese ab. Dieses zeigt bereits ein Vergleich der Anzahl der tatsächlich vom Seerechtsausschuss abgehaltenen Arbeitssitzungen mit den von *Wüstendörfer* eingangs der Beratungen für erforderlich erachteten 200 Sitzungen. Der Ausschuss konnte sich aufgrund der intensiven Vorarbeiten der Referenten bei seinen Beratungen auf diejenigen Einzelgesichtspunkte beschränken, die nach Auffassung einzelner Sitzungsteilnehmer von den Ausführungen des jeweiligen Referenten abweichend im neuen Seehandelsrecht geregelt werden sollten.

Die Beratungen des Seefrachtrechts waren zudem – ebenfalls anders als die Beratungen der Haager Regeln – nahezu nicht durch ein blockartiges Gegenüberstehen der unterschiedlichen am Seefrachtvertrag beteiligten Interessengruppen geprägt. Lediglich vereinzelt versuchten etwa die Reeder für sie günstige Konnossementsregeln aufrechtzuerhalten. So hatte *Schütte*[785] – wie gezeigt – gefordert, dass die Zustimmung zu einer Verladung des Guts auf Deck auch in formularmäßigen Konnossementsbedingungen, jedenfalls jedoch mittels eines Zusatzes auf dem Konnossement zulässig sein müsse. Beide Vorschläge wurden vom Seerechtsausschuss letztlich zurückgewiesen. Eine ähnlich intensive Auseinandersetzung wie in der 3. und 4. Arbeitssitzung erfolgte gleichwohl nicht.

Tatsächlich lässt sich sogar feststellen, dass der Seerechtsausschuss außerhalb der Haftungsfragen des Seefrachtvertrages in einem weitaus größeren Umfang Bereitschaft zeigte, die von der Praxis entwickelten Lösungen der Charter- und Konnossementsklauseln in das neu zu schaffende Gesetzesrecht zu übernehmen. Hinsichtlich diverser Vertragsklauseln bestand unter den Ausschussmitgliedern Einigkeit, dass diese eine für sämtliche Betroffenen angemessene Regelung darstellten. Dieses dürfte zum einen damit zusammenhängen, dass die Reeder hinsichtlich der nicht unmittelbar die Haftung betreffenden Regelungen weniger weiträumig ihre Interessen durchsetzten; zum anderen hatte sich – wie im Rahmen der Behandlung der Haager Regeln gezeigt – das Machtverhältnis zwischen den Vertragsparteien spätestens in den 1930er Jahren weitgehend ausgeglichen, sodass in diesem Zuge auch die Vertragsklauseln ausgewogenere Regelungen vorgesehen haben dürften.

Selbstverständlich mag es hierbei auch eine Rolle gespielt haben, dass die Haager Regeln mit ihren verschärften Haftungsregelungen den Reedern in wirtschaftlicher Hinsicht weitaus gefährlicher erschienen, sodass sie die weiteren Beratungen des Seefrachtvertrages mit weniger Intensität begleiteten. Hierbei darf jedoch nicht übersehen werden, dass die Reeder auch nach dem Abschluss

---

785 *Schubert*, Protokolle des Seerechtsausschuss, S. 590.

der Beratungen der Haager Regeln regelmäßig durch mehrere Vertreter in den Arbeitssitzungen des Seerechtsausschusses vertreten waren und sich zudem regelmäßig an den Beratungen auch inhaltlich beteiligten. Hintergrund für das feststellbare veränderte Beratungsklima im Seerechtsausschuss dürfte demgemäß wohl auch vielmehr der Umstand der im Laufe der Arbeitssitzungen erarbeiteten Beratungsroutine sowie der in den 1930er Jahren zurückgegangene vorherrschenden Stellung der Reeder im Seerechtsverkehr gewesen sein. So erläuterte etwa auch *Wüstendörfer*[786] in der 38. Arbeitssitzung, dass sich die Verhältnisse der Seehandelspraxis seit seiner „Studien zur modernen Entwicklung des Seefrachtvertrages" geändert hätten; zugleich wies er auf Fallkonstellationen hin, in denen *„mächtige Befrachtergruppen den Verfrachtern gegenüberstünden"*. *Stödter* fasste die veränderten Verhältnisse des Seeverkehrs aus Sicht der Reedereien wie folgt[787]:

> „Die Machtverhältnisse seien im Seeschifffahrtsrecht ganz anders. Praktisch lägen die Dinge so, dass die Reeder sich vor den Abladern verbeugen müssten und nicht umgekehrt. Nicht der Befrachter reise umher, um seine Ware zur Verschiffung anzubringen, sondern die Reedereien müssten ihrerseits Ausschau halten."

Die Beratungen der 38. bis 49. Arbeitssitzung waren folglich weniger ideologisch in Bezug auf die einzelnen Singularinteressen als vielmehr sachlich geprägt. Die Erneuerung des insgesamt bereits seinerzeit veralteten Seehandelsrechts des HGB stand letztlich im Interesse aller am Seehandel beteiligter Kreise. Hieraus erklärt sich auch der regelmäßig vorherrschende Konsens der Ausschussmitglieder bei den Beschlüssen zur Erneuerung des Rechts des Seefrachtvertrages.

V. Zusammenfassung

Wenn auch der Seerechtsausschuss davon abgesehen hat, einen konkreten Gesetzentwurf für das Recht des Seefrachtvertrages auszuarbeiten, so geben doch die aufgestellten Leitsätze jeweils eine klare und detaillierte Leitlinie, in welcher Form der Ausschuss sich eine Modernisierung des Seefrachtrechts vorstellte und in welcher Form bereits seinerzeit eine Modernisierung des Rechts des Seefrachtvertrages durchaus möglich gewesen wäre. Dieser Schritt wurde indes erst mit der kürzlich in Kraft getretenen Seerechtnovelle 2013 begangen[788].

786 *Schubert,* Protokolle des Seerechtsausschuss. S. 572.

787 *Schubert,* Protokolle des Seerechtsausschuss, S. 620.

788 Inwiefern die Beratungsergebnisse des Seerechtsausschusses mit der nunmehr vom Gesetzgeber beschlossenen Novelle übereinstimmen, soll abschließend in Abschnitt D. III. untersucht werden.

Wie bereits einleitend erklärt, waren die Beratungen des Seerechtsausschusses hinsichtlich des Rechts des Seefrachtvertrages nicht durch das nationalsozialistische Regime und Gedankengut geprägt. Lediglich vereinzelt wurde die nationalsozialistische Idee als Argument für oder gegen eine im Ausschuss geäußerte Auffassung vorgebracht, vorwiegend jedoch einzig, um den eigenen Standpunkt zu stärken. Hier ist etwa auf die beiden dargestellten Wortmeldungen *Wüstendörfers* aus der 4. und 48 Arbeitssitzung hinzuweisen. Im Übrigen war der Seerechtsausschuss jedoch vielmehr an einer sachlichen Behandlung des ihm übertragenen Aufgabengebiets interessiert, wobei die Ausschussmitglieder nicht nur die tatsächlichen Verhältnisse der Seehandelspraxis, sondern auch jüngere ausländische Rechtsordnungen zur Erarbeitung der Richtlinien für das neue deutsche Seehandelsrecht heranzogen.

Die Behandlung der Haager Regeln im Seerechtsausschuss fasste die bereits Jahrzehnte lang zuvor andauernde Diskussion über die teilweise Beschränkung der Vertragsfreiheit hinsichtlich der Haftungsregelungen und die hierzu vertretenen Standpunkte zusammen und stellte letztlich den Schlusspunkt dieser Entwicklung dar. Wenn in den beiden hier maßgeblichen Arbeitssitzungen auch weit überwiegend schon bekannte Rechtsstandpunkte ausgetauscht wurden, so brachten die Beratungen auch vereinzelt „neue" Argumente hervor. Letztlich war es wohl auch – anders als *Wüstendörfer* es darzustellen pflegte – weniger der Erfolg der Beratungen des Seerechtsausschusses, dass die Haager Regeln schließlich mit dem Seerechtsänderungsgesetz von 1937, in Kraft getreten zum 1. Januar 1940, ins deutsche Recht umgesetzt wurden. Weitaus größeren Einfluss hierauf hatte im Ergebnis die internationale Abstimmung mit den entscheidenden Handelspartnern Deutschlands und insbesondere den Konkurrenznationen der deutschen Reedereien, um wirtschaftliche Nachteile für die deutsche Wirtschaft abzuwenden. Zugleich darf jedoch nicht übersehen werden, dass sich auch durch den Beschluss des Seerechtsausschusses für die Übernahme der Haager Regeln der Wechsel der in Deutschland vorherrschenden Auffassung hin zur Übernahme des Konnossementsübereinkommens nochmals manifestierte.

Die Beschlüsse des Seerechtsausschusses bezüglich der weiteren Themenkreise des Seefrachtvertrages sind vom Gesetzgeber nachfolgend nicht aufgegriffen worden. Wie bereits ausgeführt, hätte eine Novellierung des deutschen Seehandelsrechts anhand der vom Seerechtsausschuss aufgestellten Leitsätze dem fünften Buch des HGB jedoch in weiten Teilen durchaus gut zu Gesicht gestanden. Die Beratungsergebnisse des Seerechtsausschusses stellen eine überaus umfangreiche und zugleich präzise Zusammenfassung der zu den einzelnen Regelungsgegenständen des Seefrachtvertrages seinerzeit vertretenen Rechtsauffassungen *de lege lata* sowie *de lege ferenda* dar, sodass sich insbesondere in Zusammenschau mit den die jeweiligen Teilbereiche vorbereitenden Referaten ein nahezu lehrbuchmäßiger Gesamtüberblick über das Seefrachtrecht ergibt. Die maßgeblichen Charakteristika der vom Seerechtsausschuss beschlossenen Modernisierung des Rechts des Seefrachtvertrages lassen sich etwa wie folgt fassen:

1. Eine Seerechtsreform auf Grundlage der vom Seerechtsausschuss gefassten Leitsätze hätte einen erheblichen Zugewinn an *Systematik und Verständlichkeit* des Seefrachtrechts gebracht. Die Mitglieder des Seerechtsausschuss waren erkennbar darum bemüht, eine klare Gliederung der gesetzlichen Regelungen zu finden, um die bemängelte Unübersichtlichkeit des veralteten Gesetzesrechts zu beseitigen. Insbeonsdere hatte der Seerechtsausschuss beabsichtigt, die beiden im Seehandel vorherrschenden Vertragsformen der „Frachtcharter" und des „Stückgutfrachtvertrages" durch jeweils eigene Abschnitte im Gesetz klar voneinander zu trennen und lediglich die beide Vertragsgestaltungen betreffenden Regelungen in einen vorangestellten allgemeinen Abschnitt zusammenzufassen. Lediglich aufgrund der historischen Entwicklungslinie sollte der Frachtchartervertrag jedoch weiterhin vor dem Recht des Stückgutfrachtvertrages geregelt werden, obwohl dieser bereits in den 1930er Jahren als in der Handelspraxis häufiger vorkommend und bedeutender erkannt wurde. Weiterhin hat der Seerechtsausschuss bei der Abfassung der Leitsätze jeweils großen Wert darauf gelegt, eine möglichst einheitliche Sprache und einheitliche Begrifflichkeiten zu wählen, welche vor allem auch für die am Seehandel beteiligten Kreise verständlich sein sollten. Eine Straffung der gesetzlichen Regelungen sollte zudem durch die gemeinsame Behandlung der Vorschriften über das Ein- und Ausladen erreicht werden, die ohnehin in weiten Teilen wortgleich waren.
2. Die Beratungen des Seerechtsausschusses haben zudem diverse *veraltete Regelungen* des Seefrachtrechts herausgearbeitet, welche im Rahmen einer Gesetzesmodernisierung bereits zur Mitte des 20. Jahrhunderts aus dem HGB entfernt worden wären, wenn es zu einer Umsetzung der Leitsätze gekommen wäre. Dieses betraf veraltete, in Gesetzesrecht geformte Handelsbräuche, wie das in § 616 HGB (1897) geregelte Abandonrecht, oder etwa überlange, dem Seehandelsverkehr nicht mehr entsprechende Wartefristen, wie die gesetzliche Auffangfrist der Überliegezeit von vierzehn Tagen in § 568 Abs. 2 HGB (1897). Ebenso sollten von der Praxis nicht mehr benötigte Regelungen, wie etwa das Verbot des Gütertransports in der Kajüte gemäß § 558 HGB (1897) entfernt werden, wobei es sich zum Teil um seefrachtrechtliche Sonderregelungen handelte, deren Regelungsinhalt auch über allgemeine gesetzliche Regelungen erreicht wurde.

3. Entsprechend des von *Lindenmaier* vorgegebenen Beratungsziels, den im Seehandel tatsächlich geltenden Rechtszustand wiederzugeben, orientierten sich die Änderungsvorschläge des Seehandelsrechts in weitem Umfang an den von der Seehandelspraxis entwickelten Vertragstexten, welche das veraltete Gesetzesrecht verdrängt hatten. Die *Übernahme vertraglicher Regelungen* ging letztlich so weit, dass im Rahmen des Rechts des Stückgutfrachtvertrages der festen Linien die veröffentlichten Beförderungsbedingungen und Tarife der Linienreedereien für maßgeblich erklärt werden sollten. Diese wären mithin einzig durch die mit Seerechtsänderungsgesetz von 1937 eingeführten zwingenden Haftungsregelungen und die allgemeinen Gesetzesregeln beschränkt gewesen. Eben dieser Vorschlag des Seerechtsausschusses offenbart zugleich die weitere maßgebliche Erkenntnisquelle der Beratungen, hatten doch sowohl das holländische als auch das italienische Seehandelsrecht eine vergleichbare Regelung für die Linienfrachtfahrt vorgesehen. Als *jüngere ausländische Seerechtsordnung* erfolgte neben dem holländischen insbesondere auch eine *Rezeption* des skandinavischen Seehandelsrechts. Beide Seerechtsordnungen wurden stets von den Berichterstattern in ihren die Beratungen vorbereitenden Referaten und wiederholt auch nachfolgend in den Beratungen selbst aufgegriffen, wobei jedoch jeweils ausführlich abgewogen wurde, ob eine Übernahme ausländischer Gesetzesregelungen sinnvoll und geboten erschien.

In weiten Teilen der Beratungen wusste darüber hinaus insbesondere *Wüstendörfer* das Forum des Seerechtsausschusses zu nutzen, um seine seit der Abfassung seiner „Studien zur modernen Entwicklung des Seefrachtvertrages" über nahezu 30 Jahre entwickelten Änderungsvorschläge für das Recht des Seefrachtvertrages vorzustellen. Aufgrund seiner späteren Stellung als Ehrenvorsitzendem des Seerechtsausschusses und selbstverständlich auch aufgrund seiner weitestgehend unbestrittenen Expertenstellung gelang es *Wüstendörfer* letztlich, seine Ideen auch in erheblichen Umfang durchzusetzen. Allerdings war zwischenzeitlich jedoch ganz offensichtlich das Verhältnis zwischen *Wüstendörfer* sowie einem Teil der Ausschussmitglieder (vor allem den Reedereivertreten) und dem Reichsjustizministerium erheblich gestört, was Anlass dafür gewesen sein dürfte, dass *Wüstendörfer* bei einer Reihe von Arbeitssitzungen nicht anwesend war. Jedenfalls bei den abschließenden Beratungen des Rechts des Seefrachtvertrages war er jedoch wieder vermehrt bei den Arbeitssitzungen anwesend und unterstützte die Arbeiten des Seerechtsausschusses mit seiner Expertise.

D. Der Weg zur Seerechtsnovelle 2013

I. Entwicklung des Seehandelsrechts nach 1945

Nachdem eingangs bereits die Entwicklung des Seehandelsrechts und insbesondere des Seefrachtvertrages bis zur Zeit der Beratungen des Seerechtsausschusses betrachtet wurde, soll im Folgenden der Blick auf die Zeit nach dem Zweiten Weltkrieg gerichtet werden. Der Seerechtsausschuss hatte seine letzte Arbeitssitzung bereits am 7./8. Januar 1942 abgehalten. Nach dieser war nach dem Verständnis der Ausschussmitglieder das Seefrachtrecht umfassend beraten worden. Die abschließenden Worte des Vorsitzenden *Lindenmaiers* werden im Protokoll der 49. Arbeitssitzung wie folgt wiedergegeben[789]:

> „Zum Abschluss stellte der Vorsitzende fest, dass danach die Beratung des Seefrachtvertrages abgeschlossen sei. Das Seefrachtrecht stehe damit formungsreif da. Er dankte den Mitgliedern des Seerechtsausschusses für ihre aufopfernde und fruchtbare Arbeit, die ja, wie die Vergangenheit gezeigt hatte, bereits mehrfach durch den Gesetzgeber anerkannt worden sei. Er erinnerte an die Haager Regeln, an das Seeunfall-Untersuchungsgesetz und an das Schiffsregister- und Schiffspfandrechtsgesetz. Er gab weiter der Hoffnung Ausdruck, dass trotz des Krieges auch das neue Seefrachtrecht vom Gesetzgeber bald verabschiedet werde."

Wie bereits bekannt, sollte es bis zu der von *Lindenmaier* erhofften umfassenden Novellierung des Seefrachtrechts jedoch noch weitere circa 70 Jahre dauern.

Der deutsche Seehandel war im Zuge der bedingungslosen Kapitulation vollständig zum Erliegen gekommen. Die deutsche Seehandelsflotte war zerschlagen worden, die Hochseeschifffahrt seitens der Besatzungsmächte untersagt[790]. Vielleicht ist es vor diesem Hintergrund verständlich, dass der deutsche Gesetzgeber nach Wiedererlangung der Gesetzgebungsbefugnis im Bereich des Handelsrechts und dem Wiederaufkommen des deutschen Seehandels nicht unmittelbar ein derart umfassendes Projekt wie die Revision des Seehandelsrechts in Angriff

789 *Schubert,* Protokolle des Seerechtsausschuss, S. 665; *Lindenmaier* hatte bereits zu Beginn der 48. Arbeitssitzung betont, dass die Arbeit an den Aufgaben des Seerechtsausschusses auch in den Kriegszeiten von Bedeutung seien. Schließlich *„werde nach glücklicher Beendigung des Krieges die Frage eines einheitlichen europäischen Seerechts in den Vordergrund rücken"*. Um hierfür gerüstet zu sein, müsse Deutschland sich Klarheit über die erforderlichen Änderungen des deutschen Seerechts verschaffen, ebd., S. 646.

790 *Herber,* Seehandelsrecht, S. 14; *Wüstendörfer,* MDR 1948, S. 2 (2).

nahm. Auch wenn *Wüstendörfer* noch 1950 festhielt[791]: „*Endlich aber wurde eine gründliche Neugestaltung des Seerechts in Angriff genommen, […] Die Vorbereitung ward dem Deutschen Seerechtsausschuss übertragen. Seine Vorschläge sind zum Teil bereits in neuen Gesetzen verwirklicht, zum anderen Teil liegen sie dem Gesetzgeber vor.*“, so ist jedoch nicht bekannt, dass dem Gesetzgeber der jungen Bundesrepublik Deutschland die Beratungsergebnisse des Seerechtsausschuss tatsächlich bekannt waren. Auch muss an dieser Stelle infrage gestellt werden, ob im unmittelbar zeitlichen Zusammenhang mit dem Ausgang des Zweiten Weltkrieges überhaupt eine differenzierte Auseinandersetzung mit den Regelungsvorschlägen der Ausschüsse der Akademie für Deutsches Recht und eine hierauf fußende Novellierung des Seehandelsrechts denkbar gewesen wäre[792].

Die Entwicklung des Seehandelsrechts in den vergangenen rund 70 Jahren lässt sich im Wesentlichen durch zwei prägende Wesensmerkmale beschreiben: Zum einen die fortschreitende internationale Vereinheitlichung sowie zum anderen die Containerisierung des Seehandelsrechts.

1. Fortentwicklung des Schifffahrtsbetriebes und Seehandels

Puttfarken[793] bezeichnete nach dem Übergang vom Segelschiff zum Dampfschiff die Einführung des Standardcontainers im Seehandel bzw. im Transportgewerbe generell in den 1960er Jahren als „*zweite kopernikanische Wende der Seeschiffahrt*“. Bereits hieraus wird ersichtlich, welche umgreifenden Veränderungen der Container für den Seehandel mit sich brachte. Wenn auch bereits zuvor der Transport von Gütern in zusammenfassenden Transportbehältnissen durchaus bekannt war, so sollte jedoch erst die Einführung des ISO-Standard-Containers[794] zu einer erheblichen Beschleunigung insbesondere beim Warenumschlag und zu kürzeren Liegezeiten der Seeschiffe führen. Zugleich mussten sich etwa Schiffskörper wie auch Häfen dem Container sowohl in der Konstruk-

791 *Wüstendörfer,* Neuzeitliches Seehandelsrecht, S. 25, so auch bereits wörtlich die 1. Auflage 1947.

792 Zur Frage, inwiefern nationalsozialistisches Gedankengut Eingang in die Beratungen des Seerechtsausschuss gefunden hatte, soll in Teil C. Stellung genommen werden.

793 *Puttfarken,* Seehandelsrecht, S. 161; *Herber,* Seehandelsrecht, S. 17, spricht von einer zweiten, in ihren technischen und wirtschaftlichen Auswirkungen noch tiefgreifenderen „*Revolution des Seeverkehrs*“. Es wäre sicher auch durchaus interessant gewesen, zu lesen, wie *Wüstendörfer* die neuerliche Entwicklung bzw. Revolution des Seehandels beschrieben hätte. Er verstarb indes bereits zuvor.

794 Vgl. Fn. 40; sowie *Puttfarken,* Seehandelsrecht, S. 162.

tion als auch funktional anpassen[795]. Es ist bereits angedeutet worden, dass der Container insbesondere für den sogenannten Haus-Haus-Transport und dem in diesem Zusammenhang verstärkt aufgetretenen Durch- bzw. Multimodalvertrag von großer Bedeutung gewesen ist. Zugleich wuchsen die Schiffsmaße ständig weiter. Die Kommunikations- und Navigationsmöglichkeiten waren zudem Gegenstand einer fortschreitenden Technologisierung.

War bereits die fehlende Überprüfbarkeit des Zustands der zu transportierenden Güter aufgrund der „Betriebshast" im Zuge der aufkommenden Dampfschifffahrt beklagt worden, so befinden sich die Güter heute letztlich in einer „Metallbox", die zumeist unverändert zum Hafen geschafft und dann auf ein Containerschiff verladen werden. Wiederum veränderten sich mithin Kontrollmöglichkeiten, verringerten sich Kollisionsgefahren und erhöhten sich die Ladungswerte, mithin letztlich eine Vielzahl von Faktoren des Haftungsregimes des Seefrachtvertrages. Beispielhaft für die sich ergebenden rechtlichen Probleme sei nur auf die durch den Containerverkehr aufgekommene Frage verwiesen, ob der Container selbst oder aber die in ihm enthaltenen einzelnen Verpackungseinheiten als Maßstab für eine Haftungsbegrenzung herhalten sollten; die Haager Regeln von 1924 kannten eine Höchstbetragshaftungsgrenze lediglich *„per pakkage or unit"*[796].

Zuletzt soll noch auf eine der jüngeren Entwicklungen im Seehandel hingewiesen werden. Die technische Entwicklung hat auch vor dem für den Seehandel so typischen Dokumentenwesen keinen Halt gemacht. Wie in anderen Rechtsbereichen befindet sich auch im Seehandelsrecht die elektronische Datenübermittlung auf dem Vormarsch: War bereits das Konnossement stark durch einfache, geringeren Schutz vermittelnde Seefrachtbriefe zurückgedrängt worden, so sind im internationalen Warenverkehr nunmehr auch sogenannte *„Electronic Bills of Lading"* anerkannt[797]; eine Entwicklung, die letztlich noch nicht abgeschlossen ist.

2. Internationale Vereinheitlichung

Von zumindest ebenso großem Einfluss auf das Seehandelsrecht waren die bereits kurz nach Ende des Zweiten Weltkrieges wieder aufgenommenen internationalen Vereinheitlichungsbestrebungen. Wie gesehen, war das Seefrachtrecht eines der ersten Rechtsgebiete, auf dem die Idee eines international einheitlichen Regelungswerkes verfolgt wurde. Gerne wird in diesem Zusammenhang

795 Vgl. *Voss,* Hansa 1968, S. 1594 – 1596 sowie *Bohle,* Hansa 1968, S. 1596 – 1598.

796 *Kröger,* Hansa 1968, S. 1598 (1598).

797 Vgl. *Herber,* Seehandelsrecht, S. 303 f.; *Ramming,* RdTW 2013, S. 373 (373 u. 380).

die Forderung *„The law of the ocean must be one"* angeführt[798], die der Staatssekretär der Vereinigten Staaten *Blaine* im Jahr 1889 auf der Washingtoner Konferenz zur Festsetzung internationaler Ausweichregeln aufstellte und die im Jahre 1909 der damalige Präsident des Hanseatische Oberlandesgerichts *Ernst Friedrich Sieveking* auf der Bremer Tagung des CMI leicht abwandelte zu: *„The law of the ocean can be one."*[799] In der frühen Phase dieser Entwicklung waren schon internationale Übereinkommen jeweils bezogen auf einzelne Teilaspekte des Seehandels bzw. der Seefahrt allgemein, etwa Schiffszusammenstöße sowie die Hilfeleistung und Bergung in Seenot, zustande gekommen. Zudem sind die drei Brüsseler Übereinkommen aus dem Jahr 1924 oben bereits erwähnt worden.

Nach 1945 verstärkten sich die Arbeiten an einer Internationalisierung des Seehandelsrechts merklich, wobei zunächst wiederum das CMI und die auf deren Arbeiten basierenden Brüsseler Seerechtskonferenzen sowie die ILA die treibenden Kräfte waren[800]. Einzelne Übereinkommen wurden im Zuge der fortschreitenden Entwicklung des Seehandels oder aufgrund von Unzulänglichkeiten in der Folgezeit auch bereits durch Folgeabkommen ersetzt, sodass sich ein nicht immer leicht zu durchschauendes Gesamtbild der Internationalisierung ergeben hat, in dem insbesondere auch Anwendungsfragen eine gewichtige Rolle spielen. *Herber*[801] sprach in diesem Zusammenhang von einem *„bunt gewirkten Flickenteppich mit vielen Unzulänglichkeiten"*.

Als für den Seefrachtvertrag bedeutsamste Übereinkommen sind die im Folgenden dargestellten Visby-, Hamburg sowie Rotterdam-Regeln zu nennen.

a) Protokoll vom 23. Februar 1968 zur Änderung des Übereinkommens vom 25. August 1924 zur Vereinheitlichung von Regeln über Konnossemente (Visby-Regeln)

Die Haager Regeln zählen zu den bedeutendsten Internationalen Übereinkommen des Seerechts[802] und sind für den Seehandel auch heute noch

---

798 Vgl. etwa *Wüstendörfer*, JbADR 1933/34, S. 56 (57); *Kuhl*, Hansa 1937, S. 1860 (1860); *Gütschow*, Reform des Seerechts, S. 1.

799 *Schröder*, Ernst Friedrich Sieveking, S. 61 f.

800 Eine Übersicht über die internationalen Übereinkommen bis 1999 findet sich bei *Herber*, Seehandelsrecht, S. 30 – 43.

801 *Herber*, Gedanken zur internationalen Vereinheitlichung des Seehandelsrechts, S. 56.

802 Nach *Basedow*, ZEuP 1993, S. 100 (103), wurde Mitte der 1970er Jahre geschätzt, dass 80 % der Weltschifffahrt den Haager Regeln unterlag; den gleichen Wert gibt *Eilenberger-Czwalinna*, Haftung des Verfrachters nach dem zweiten

weitgehend prägend. Der Kerngedanke der Haager Regeln lautet – wie gesehen – zusammengefasst[803]:

> „K e i n e Haftung des Verfrachters für n a u t i s c h e s Verschulden seiner Leute und für deren technische Versehen im Schiffsbetrieb, dem sogen. „m a n a g e m e n t o f t h e s h i p", dagegen Z w a n g s h a f t u n g für Sorgfaltsverletzung in Bezug auf anfängliche S e e t ü c h t i g k e i t und in Bezug auf L a d u n g s b e h a n d l u n g."

Bald kam jedoch Kritik an den Haager Regeln auf, die durch die dargestellte Entwicklung des Seehandels letztlich noch verstärkt wurde[804]. Insbesondere zeigte sich die Schwierigkeit, dass die Haager Regeln von den Mitgliedstaaten unterschiedlich in ihr nationales Recht rezipiert, jedenfalls aber divergierend ausgelegt wurden[805]. So war in den Haager Regeln etwa der Haftungshöchstbetrag auf 100 Gold-Pfund je Packung oder Einheit vorgesehen. Die Goldbindung des englischen Pfunds war jedoch bereits im Jahr 1931 aufgehoben worden, sodass durch Währungsschwankungen letztlich unterschiedliche Haftungsbeträge umgesetzt wurden. Der Bezug auf *„package or unit"* brachte zudem – wie bereits erwähnt – mit der Einführung der Container Schwierigkeiten.

Wiederum übernahm das CMI die Vorarbeiten, um die erkannten Probleme der Haager Regeln mittels eines Zusatzprotokolls zu beheben[806]. Anstelle einer vollständigen Neufassung sollte lediglich eine Revision der sich im Grunde bewährten Regelungen erfolgen. Ein erster Entwurf eines solchen Zusatzprotokolls wurde auf der Konferenz des CMI im Jahr 1963 in Stockholm beraten und schließlich in der Stadt Visby auf Gotland unterzeichnet. Der sich hieraus ergebende Name bestand sodann auch fort, als der CMI-Entwurf 1967 und 1968 auf zwei diplomatischen Konferenzen in Brüssel verabschiedet wurde.

Wesentliche Änderungen brachten die Visby-Regeln bezüglich der Haftungshöchstgrenze, die neben Packung oder Einheit auch je Kilogramm der transportierten Güter eingeführt wurde. Anstelle des Goldpfundes wurde die Höchstgrenze auf die seinerzeit noch geltenden Poincaré-Franken bezogen.

Seerechtsänderungsgesetz, S. 17, für die Stückgutbeförderung im Jahr 1985 für die Haag/Visby-Regeln an.

803 So etwa *Wüstendörfer,* MDR 1951, S. 449 (450), von ihm als *„Supernova"* bezeichnet.

804 Vgl. zu den Kritikpunkten *Eilenberger-Czwalinna,* Haftung des Verfrachters nach dem zweiten Seerechtsänderungsgesetz, S. 18 – 24.

805 Vgl. hierzu *Markianos,* Übernahme der Haager Regeln.

806 Vgl. zum Folgenden: *Herber,* Das neue Haftungsrecht der Schiffahrt, S. 187 ff; *Eilenberger-Czwalinna,* Haftung des Verfrachters nach dem zweiten Seerechtsänderungsgesetz, S. 24 ff.; das Protokoll ist in französischer, englischer und deutscher Sprache abgedruckt bei *Rabe,* Seehandelsrecht, Anh I – III § 663b.

Ebenso wurde ein sogenannte Containerklausel vereinbart, wonach für die Anwendung der Haftungsregelung die einzelnen Packungen bzw. Einheiten in einem Container maßgeblich sein sollten, sofern diese im Konnossement angegeben sind, andernfalls der Container selbst. Neben weiteren Anpassungen des Geltungsbereiches der Haager Regeln sahen die Visby-Regeln insbesondere auch die Stärkung der Rechtsstellung des gutgläubigen Konnossementserwerbers vor, da ihm gegenüber der Beweis, dass die Güter nicht in dem im Konnossement beschriebenen Zustand übernommen wurden, für unzulässig erklärt wurde.

Da das Zusatzprotokoll von seiner Form her lediglich die Einzelregelungen der Haager Regeln ergänzte bzw. abänderte, wird in Abgrenzung zu den reinen Haager Regeln auch von den Haag/Visby-Regeln gesprochen. Deutschland hat das Visby-Protokoll nicht ratifiziert, um – wie zu sehen sein wird – keine negative Haltung gegenüber den nur zehn Jahre später vereinbarten Hamburg-Regeln zu vermitteln; die Änderungen der Visby-Regeln wurden jedoch gleichwohl durch das Zweite Seefrachtänderungsgesetz von 1986 in das HGB übernommen (hierzu unten 3. b)).

Die Visby-Regeln traten schließlich 1977 in Kraft. 1979 erfolgte nochmals eine Umstellung der Haftungsbasis nunmehr auf die Sonderziehungsrechte des Internationalen Währungsfonds.

b) UN-Übereinkommen vom 31. März 1978 über die Beförderung von Gütern auf See (Hamburg-Regeln)

Ein anderer Weg als bei den Haag/Visby-Regeln wurde von den Vereinten Nationen verfolgt. Während die Haag/Visby-Regeln lediglich eine Aneinanderreihung von einzelnen Regelungen betreffend das Konnossement darstellen und aus diesem Grund auch regelmäßig als unübersichtlich kritisiert wurden, stellt das 1978 abgeschlossene Übereinkommen, nach dem Tagungsort der diplomatischen Konferenz Hamburg-Regeln genannt, eine Regelung des Seetransportvertragsrechts dar. Das Erfordernis für eine solche vollständige Ablösung der Haager Regeln wurde erkannt, da das CMI bei der Vorbereitung des Visby-Protokolls eine ganze Reihe von weiteren regelungsbedürftigen Problemen der Haager Regeln festgestellt hatte, diese jedoch, um die erreichte Rechtseinheit nicht zu gefährden, letztlich fallen ließ[807].

Ausgearbeitet wurden die Hamburg-Regeln von der hierfür speziell gegründeten UN-Kommission für internationales Handelsrecht (UNCITRAL). Sie umfassen insgesamt 34 Artikel und enthalten eine zwingend ausgestaltete Haftung

807 *Herber*, Die Konferenz der Vereinten Nationen, S. 5 f.

des Beförderers während der gesamten Zeit, in welcher er die Güter in seiner Obhut hat[808]. Die Haftungsfreistellung für das nautische Verschulden der Besatzung wurde beseitigt und die Haftung allgemein auch auf Deckladung erweitert. Weiterhin wurde eine quasi-vertragliche Haftung des sogenannten „ausführenden Verfrachters" neben der des vertraglichen Verfrachters aufgenommen.

Die Hamburg-Regeln enthalten im Ergebnis mithin letztlich schärfere Haftungsregelegungen für die Verfrachter. Unter anderem aus diesem Grund vermochten sich die Hamburg-Regeln trotz ihres Inkrafttretens im Jahr 1992 international bisher nicht durchzusetzen.

c) *The UN Convention on Contracts for the International Carriage of Goods Wholly or Partly by Sea (Rotterdam-Regeln)*

Bereits kurz nach dem Inkrafttreten der Hamburg-Regeln setzte sich die Erkenntnis durch, dass der von den Hamburg-Regeln gefundene Kompromiss zwischen den am Seehandel beteiligten Interessengruppen sich nicht durchsetzen würde. Dieses Mal standen insbesondere die Reeder und Versicherungsvereine zusammen und wehrten sich gegen die aus ihrer Sicht unnötig erweiterte Haftung[809].

Anlass für einen erneuten Versuch, die weiterhin vorherrschenden Haag/Visby-Regeln abzulösen, bot sich den Vereinten Nationen im Zusammenhang mit dem Aufkommen elektronischer Dokumente im Seehandel in den 1990er Jahren[810]. Hieraufhin nahmen die UNCITRAL – dieses Mal gemeinsam mit dem CMI – die Vorbereitungen für ein neuerliches Internationales Übereinkommen auf. Hierbei wurde im Bereich des Seerechts ein neuer Weg eingeschlagen. Die Hamburg-Regeln sollten sich – anders als die Haag/Visby- sowie Hamburg-Regeln – nicht nur mit Haftungsfragen auseinandersetzen. Es war vielmehr eine umfassende Gesetzgebung beabsichtigt, die den gesamten Seefrachtvertrag sowie mit diesem in Zusammenhang stehende Rechtsinstitute regeln sollte.

---

808 Vgl. zu den wesentlichen Änderungen im Vergleich zum alten Haftungsrecht *Herber*, TranspR 1992, S. 381 381 (S. 383 f.) sowie *Basedow*, ZEuP 1993, S. 100 (105 – 116). Die Hamburg-Regeln sind in englischer Sprache abgedruckt in Schriften des Deutschen Vereins für Internationales Seerecht, Reihe B, Heft 12: Das Übereinkommen der Vereinten Nationen über die Beförderung von Gütern auf See von 1978, Hamburg 1978.

809 *Basedow*, ZEuP 1993, S. 100 (117).

810 So *Ziegler*, Rotterdam Regeln – Werdegang und Einführung, S. 4 f.; vgl. dort auch zum Folgenden.

Die von der Generalversammlung der Vereinten Nationen letztlich beschlossenen Rotterdam-Regeln wurden am 23. September 2009 zur Ratifikation in Rotterdam aufgelegt. Sie enthalten insgesamt 96 Artikel[811] und regeln neben dem reinen Seetransport auch Multimodalverträge, soweit von diesen jedenfalls auch eine Seestrecke umfasst ist.

Die Rotterdam-Regeln sind bisher von 25 Staaten gezeichnet, jedoch nur von Spanien, Togo und die Republik Kongo auch ratifiziert worden[812]. Zum Inkrafttreten der Rotterdam-Regeln bedarf es gemäß Art. 94 jedoch insgesamt 20 Ratifikationen. Die Zukunft der Rotterdam-Regeln ist derzeit ungewiss.

3. Anpassungen des deutschen Seehandelsrechts

Das Seehandelsrecht des HGB hatte zwar durch das Seefrachtänderungsgesetz vom 10. August 1937, in Kraft getreten am 1. Januar 1940, eine gewisse Neuregelung im Sinne der Haager Regeln erfahren, in weiten Teilen war es jedoch noch immer stark veraltet. Gleichwohl lässt sich insgesamt eine deutliche Zurückhaltung des deutschen Gesetzgebers insbesondere vor dem Hintergrund der beschriebenen internationalen Vereinheitlichungsbemühungen feststellen; bis zur Seerechtsnovelle ergingen drei ausdrücklich als „Seerechtsänderungsgesetze" bezeichnete Gesetze[813].

a) Seerechtsänderungsgesetz vom 21. Juli 1974[814]

Erstmals bot sich im Rahmen der fünf von Deutschland gezeichneten Brüsseler Seerechtsabkommen von 1952 und 1957 Anlass, eine Novellierung des Seehandelsrechts vorzunehmen. In diesem Zuge wurde 1959 vom Bundesjustizminister ein Sachverständigenausschuss zur Reform des Seehandelsrechts gebildet,

---

811 Die Rotterdam-Regeln sind als Beschluss der UN-Vollversammlung abgedruckt in: UN Doc A/RES/63/122; vgl. zum Wesentlichen Inhalt die Übersicht von *Ziegler*, Rotterdam Regeln – Werdegang und Einführung, S. 12 ff.

812 *UNCITRAL*: Rotterdam Status, abrufbar im Internet: <http://www.uncitral.org/uncitral/en/uncitral_texts/transport_goods/rotterdam_status.html> (Stand: 04.11.2014)

813 Eine Zusammenstellung sämtlicher, die seehandelsrechtlichen Vorschriften ändernder Gesetze bis 1998 findet sich bei *Rabe*, Seehandelsrecht, Einl Rdnr. 40; *Herber*, Probleme der Reform des Seehandelsrechts, S. 16 erkannte bereits 1964: *„Unter diesen Umständen wird die Modernisierung des Seehandelsrechts in Etappen vor sich gehen müssen, die durch die internationale Rechtsvereinheitlichung bestimmt sind."*

814 BGBl. 1974 I S. 966 – 977.

dessen Aufgabenbereich jedoch stark eingegrenzt war. So erklärte *Geßler* in einer Rede vor dem Deutschen Verein für internationales Seerecht[815]:

> „Damit darf ich nochmals die Feststellung verbinden, dass eine weitergehende Reform des Seehandelsrechts nicht beabsichtigt ist. Vorschriften des deutschen Seerechts sollen nur in dem Umfange geändert werden, in dem dies zur Anpassung an internationale Abkommen erforderlich ist."

Vorsitzender des Ausschusses für die Reform des Seehandelsrechts war offensichtlich jedenfalls ab dem Jahr 1962 Hans Gramm, der – wie gezeigt – seinerzeit im Reichsjustizministerium maßgeblich an der Formulierung des Seerechtsänderungsgesetztes von 1937 beteiligt gewesen war[816]. Die Novelle war in ihren wesentlichen Zügen im Jahr 1965 ausgearbeitet, das Bundesjustizministerium sah von einer unmittelbaren Einleitung des Gesetzgebungsverfahrens jedoch ab, da parallel ein neuerliches Übereinkommen über Schiffsgläubigerrechte und Schiffshypotheken entstand, dessen Inhalt zunächst noch abgewartet werden sollte[817]. Das Brüsseler Übereinkommen über Schiffsgläubigerrechte wurde sodann 1967 abgeschlossen, trat jedoch letztlich nie in Kraft[818]. In der Gesetzesbegründung zum sodann am 21. Juli 1974 ergangenen Seerechtsänderungsgesetz bekannte sich die Bundesregierung demgemäß auch zu dem von ihr gewählten Vorgehen[819]:

> „Obwohl das deutsche Seehandelsrecht, wie es im Vierten Buch des Handelsgesetzbuchs kodifiziert ist, in seinen wesentlichen Teilen bereits über hundert Jahre alt ist, hält die Bundesregierung eine über die durch die Ratifizierung der genannten Übereinkommen bedingte Änderung hinausgehende umfassende Reform zur Zeit nicht für angebracht. Die internationale Rechtsvereinheitlichung schreitet gerade auf diesem Gebiet sehr schnell voran. Es erscheint deshalb nicht zweckmäßig, das deutsche Seehandelsrecht im Ganzen auf rein nationaler Basis zu modernisieren. Die in vielen Teilen zweifellos dringend wünschenswerte Anpassung an die modernen Verhältnisse sollte vielmehr in der Weise vorgenommen werden, daß bei Gelegenheit der Ratifizierung internationaler Übereinkommen die entsprechenden Teile des deutschen Seehandelsrechts in

---

815 *Geßler,* Reform des Seehandelsrechts, S. 4; vgl. dort auch näher zur Struktur und Arbeitsweise des Ausschuss.

816 *Heinrichs,* Hans Gramm, in: Juristen im Portrait. Verlag und Autoren in 4 Jahrzehnten, Festschrift zum 225jährigen Jubiläum des Verlags C. H. Beck, S. 377.

817 *Krieger,* Arbeiten zur Modernisierung des Seerechts, S. 6.

818 *Herber,* Seehandelsrecht, S. 34; zur Brüsseler Seerechtskonferenz 1967 und die dort behandelten Übereinkommen vgl. auch: *Herber,* Hansa 1967, S. 1350 – 1352.

819 Gesetzesbegründung zum Seerechtsänderungsgesetz vom 21. Juli 1974, BT-Drs. VI/2225, S. 13.

Übereinstimmung mit den international vereinheitlichten Rechtsgrundsätzen neu gefaßt werden."

Wesentlicher Inhalt dieses Seerechtsänderungsgesetzes war die Umstellung der Reederhaftung vom deutschen System einer beschränkt-dinglichen Haftung (mit Schiff und Fracht) auf das international verbreitete System der Summenhaftung sowie die Anpassung der Schiffsgläubigerrechte an das Brüsseler Übereinkommen von 1967[820]. Jedoch war bereits seinerzeit bekannt, dass es bei dieser Reform nicht verbleiben konnte. Der Leiter der Abteilung für Handels- und Wirtschaftsrecht im Bundesjustizministerium *Krieger* erklärte demgemäß bereits 1971[821]:

> „Es ist deshalb abzusehen, dass die Arbeiten zur Reform des Seehandelsrechts schon bald mit einer zweiten Novelle fortgesetzt werden müssen, die wahrscheinlich zu einer vollständigen Neufassung des Vierten Buchs des Handelsgesetzbuchs führen wird."

b) Zweites Seerechtsänderungsgesetz vom 25. Juli 1986[822]

Zu dieser vollständigen Neufassung sollte es jedoch wiederum nicht kommen. Man ist fast geneigt zu sagen, der deutsche Gesetzgeber kam bei der Schnelligkeit, mit der neue internationale Übereinkommen abgeschlossen wurden, mit deren Umsetzung nicht mehr so recht nach. Jedoch darf hierbei selbstverständlich nicht außer Acht gelassen werden, dass es vor der Anpassung des nationalen Rechts stets zu prüfen galt, ob sich die jeweiligen Übereinkommen auch tatsächlich international durchzusetzen vermochten. Hieraus resultierte mithin regelmäßig ein gewisser zeitlicher Verzug.

Im Jahr 1976 war das Brüsseler Haftungsbeschränkungsübereinkommen durch ein neuerliches in London vereinbartes Übereinkommen ersetzt worden; bereits aus dem Jahr 1968 stammten die erwähnten Visby-Regeln zur Anpassung der Haager Regeln. Ebenso entstanden in dieser Zeit – wie gesehen – die Hamburg-Regeln von 1978. Nach dem diese beschlossen waren, dachte das Bundesjustizministerium nochmals eine weitreichendere Seehandelsrechtsreform an. In diesem Zusammenhang bat das Bundesjustizministerium den Deutschen Verein für Internationales Seerecht um Mithilfe bei den Vorarbeiten zu einer solchen

820 Vgl. *Abraham*, Reform des deutschen Seehandelsrechts, S. 21 – 87.

821 *Krieger*, Arbeiten zur Modernisierung des Seerechts, S. 7; so auch *Herber*, Hansa 1972, S. 508 (508): *„Diese Gesetze stellen nur einen ersten Schritt zur Modernisierung des veralteten deutschen Seehandelsrechts dar. Ihm soll so bald wie möglich eine völlige Neufassung des Vierten Buchs des Handelsgesetzbuchs folgen."*.

822 BGBl. 1986 I S. 1120 – 1129.

Reform durch Beantwortung zweier Fragen, nämlich: „*1. Welche Bereiche des Seehandelsrechts sollten – über die von den Hamburg-Regeln unmittelbar betroffenen Vorschriften hinaus – in gesetzgeberische Überlegungen zur Modernisierung einbezogen werden? Sollten insbesondere das Recht der Charterverträge und die Rechtsverhältnisse beim multimodalen Verkehr geregelt werden? 2. In welchen Punkten haben sich im Gesamtgebiet des Seefrachtrechts praktische Schwierigkeiten ergeben, die der Gesetzgeber bei einer Reform dieses Rechtsgebietes lösen sollte?*“[823]. Der Deutsche Verein für Internationales Seerecht richtete hieraufhin drei Arbeitskreise ein, wobei der Arbeitskreis III mit dem Recht des Seefrachtvertrages betraut war. Jeder Arbeitskreis verfasste einen Bericht an den Bundesjustizminister[824], die jedoch – wie bereits in der Einleitung dargestellt – keine nähere Berücksichtigung bei der Neugestaltung des Seehandelsrechts gefunden haben.

Das Zweite Seerechtsänderungsgesetz blieb letztlich der bisherigen Linie des deutschen Gesetzgebers treu. Es wurden wiederum lediglich einzelne internationale Abkommen in das HGB eingearbeitet, so etwa das Londoner Haftungsbeschränkungsübereinkommen. Ein Sonderweg wurde im Hinblick auf die Visby-Regeln gewählt. Diese waren von Deutschland nicht ratifiziert worden, um den erhofften Erfolg der Hamburg-Regeln nicht zu gefährden; andererseits boten die Visby-Regeln im Vergleich zum geltenden deutschen Recht modernere Haftungsregeln und das Schicksal der Hamburg-Regeln war keineswegs gewiss. Entgegen der Empfehlung des Rechtsausschusses wurde sodann der Weg eingeschlagen, das deutsche Recht weitgehend an die Visby-Regeln anzugleichen, ohne diesen jedoch völkerrechtlich verbindlich beizutreten[825]. Weiterhin verbindlich waren für Deutschland indes die Haager Regeln, jedenfalls gegenüber solchen Vertragsstaaten, die ebenfalls nur die Haager Regeln ratifiziert hatten. Um dieser völkerrechtlichen Verantwortung gegenüber reinen Haager-Regeln-Staaten gerecht zu werden, war die Einführung des Art. 6 EGHGB erforderlich geworden[826], mit welchem der alte Rechtszustand gegenüber diesen Staaten aufrechterhalten wurde.

---

823 *Deutscher Verein für Internationales Seerecht,* Reform des Seehandelsrechts I, S. 3.

824 *Deutscher Verein für Internationales Seerecht,* Reform des Seehandelsrechts I; *Deutscher Verein für Internationales Seerecht,* Reform des Seehandels II; *Deutscher Verein für Internationales Seerecht,* Reform des Seehandelsrechts III; zu diesen *Herber,* Seehandelsrecht, S. 17: „*Die Vorschläge betreffen Einzelfragen, deren Regelung jedoch nicht dringlich ist und nicht ohne gleichzeitige Einführung einer moderneren Haftungsregelung erwogen werden sollte […]*“.

825 Vgl. *Götz,* NJW 1987, S. 1671 (1671 f.) sowie *Nöll,* Hansa 1986, S. 1309 (1310 f.).

826 Hierzu kritisch *Götz,* NJW 1987, S. 1671 (1672 ff.).

c) *Drittes Seerechtsänderungsgesetz vom 16. Mai 2001*[827]

Unter dem 25. Juni 1998 erging das Transportrechtsreformgesetz (BGBl. I S. 1588), welches sämtliche Transportmittel außer das Seeschiff betraf und insbesondere auch den Multimodalvertrag in den §§ 452 – 452 d HGB regelte. Das Seehandelsrecht war von diesem Gesetz explizit ausgenommen, sodass dieses nur mittelbar hiervon betroffen war[828].

Das Gesetz zur Neuregelung des Bergungsrechts in der See- und Binnenschifffahrt (Drittes Seerechtsänderungsgesetz) vom 16. Mai 2001 diente hingegen ausschließlich der Umsetzung des Internationalen Übereinkommens vom 28. April 1989 über Bergung[829].

d) *Seerechtsnovelle 2013*

Mitte 2004 berief die damalige Bundesjustizministerin – vergleichbar der Vorbereitung der Transportrechtsreform – eine Sachverständigengruppe unter dem Vorsitz *Herbers* ein, welche damit beauftragt wurde, eine umfassende Reform des Seehandelsrechts vorzubereiten[830]. Weitere Mitglieder der Sachverständigengruppe waren *Dreesmann, Ehlers, Frantzioch, Holzwarth, Nöll, Peltzer, Rabe* und *Schimmelpfennig*. Den ihr vorgegebenen Aufgabenbereich beschrieb die Sachverständigengruppe wie folgt[831]:

---

827 BGBl. 2001 I S. 898 – 903.

828 Vgl. hierzu *Rabe,* Seehandelsrecht, Anh § 565 Rdnr. 18 ff; *Herber,* Seehandelsrecht, S. 23.

829 Vgl. Gesetzesbegründung zum Dritten Seefrachtänderungsgesetz, BT-Drs. 14/4672, S. 11.

830 Vgl. Begr. RegE, BT-Drs. 17/10309, S. 40; ein etwa zeitgleich ausgearbeiteter Entwurf eines vierten Seerechtsänderungsgesetzes vom 2.2.2005 (Gesetz zur Änderung der Haftung für Bunkerölverschmutzungsschäden und Passagierschäden in der Schifffahrt, BJM III A 4-3503/02 – 35 834/2004) – vgl. den Hinweis bei *Schmidt,* Gesetzliches Seehandelsrecht, S. 9 – wurde nicht mehr ins Gesetzgebungsverfahren überführt. Das Internationalen Übereinkommen von 2001 über die zivilrechtliche Haftung für Bunkerölverschmutzungsschäden wurde vielmehr unmittelbar durch Gesetz vom 8.7.2006 (BGBl. II, S. 875) unmittelbar zur Anwendung gebracht.

831 Abschlussbericht der Sachverständigengruppe zur Reform des Seehandelsrechts, abrufbar im Internet: <http://www.bmj.de/SharedDocs/Downloads/DE/pdfs/Abschlussbericht_der_Sachverstaendigengruppe_zur_Reform_des_Seehandelsrechts.pdf?__blob=publicationFile> (Stand: 04.11.2014), S. 8; nach *Herber,* TranspR 2009, S. 445 (446), hat die Sachverständigengruppe – ganz ähnlich wie der Seerechtsausschuss – insbesondere die neueren Seerechtsgesetze der skandinavischen Länder sowie der Niederlande bei den Beratungen berücksichtigt.

„Die Sachverständigengruppe erhielt den Auftrag, Vorschläge zu erarbeiten, die es dem Gesetzgeber erlauben, das Seehandelsrecht zeitgemäß und den Erfordernissen der heutigen Schifffahrt und des modernen Handels gemäß neu zu regeln. Insbesondere sollte die Sachverständigengruppe untersuchen, welche Regelungen sich als unzureichend, unpraktikabel oder überflüssig erwiesen haben und welche neuen Bestimmungen zur Regelung der modernen Verhältnisse erforderlich sind. Dabei sollten auch der Internationalität des Seehandels Rechnung getragen und die in Verhandlungen zu internationalen Übereinkommen gemachten Erfahrungen sowie die Ergebnisse ähnlicher Modernisierungsbestrebungen in anderen Schifffahrtsländern herangezogen werden. Bedacht genommen werden sollte schließlich darauf, ob ungerechtfertigte Unterschiede zwischen dem Seehandelsrecht und dem für andere Verkehrsträger geltenden Transportrecht sowie Systemwidersprüche zum allgemeinen Zivilrecht bestehen."

Nach insgesamt 19 Sitzungen wurde von der Sachverständigengruppe am 27. August 2009 ein 179 Seiten umfassender Abschlussbericht dem Bundesjustizministerium übergeben[832]. Dieser wurde zur Grundlage eines Referentenentwurfs für ein Gesetz zur Reform des Seehandelsrechts gemacht[833]. Hieraus resultierte nach weitergehender umfangreicher Beratung der Gesetzentwurf vom 12. Juli 2012, welcher letztlich in der Form der Seerechtsnovelle vom 20. April 2013 in Kraft getreten ist.

Das nunmehrige Tätigwerden des deutschen Gesetzgebers muss nicht zwingend als Anhaltspunkt dafür gewertet werden, dass Deutschland seine Beteiligung an den weiterhin bestehenden internationalen Vereinheitlichungsbestrebungen im Bereich des Seehandels aufgegeben hätte. Wie der Gesetzesbegründung zur Seerechtsnovelle zu entnehmen ist, wurden die Rotterdam-Regeln von 2009 zwar nicht vollständig in die Novelle eingearbeitet; sie dienten indes bereits bei einigen Vorschriften als Vorbild, jedenfalls soweit eine Vereinbarkeit

---

832 Abschlussbericht der Sachverständigengruppe zur Reform des Seehandelsrechts, abrufbar im Internet: <http://www.bmj.de/SharedDocs/Downloads/DE/pdfs/Abschlussbericht_der_Sachverstaendigengruppe_zur_Reform_des_Seehandelsrechts.pdf?__blob=publicationFile> (Stand: 04.11.2014) (im Folgenden zitiert als: Abschlussbericht zur Reform des Seehandelsrechts). Einzelne Protokolle über die 19 Arbeitssitzungen der Sachverständigengruppe sind bisher nicht veröffentlicht worden. Über die Arbeitsweise der Sachverständigengruppe ist ebenfalls nichts bekannt.

833 Der Referentenentwurf ist dem Werk von *Czerwenka,* Das Gesetz zur Reform des Seehandelsrechts, Köln, 2014, als Anlage beigefügt (im Folgenden zitiert als Referentenentwurf Seerechtsnovelle); zu den Abweichungen des Referentenentwurfs vom Abschlussbericht der Sachverständigengruppe, vgl. *Czerwenka,* TranspR 2011, S. 249 – 262.

mit den Haag/Visby-Regeln gewährleistet war[834]. Die Novellierung des Seehandelsrechts darf daher wohl vielmehr als Ausfluss der Erkenntnis gewertet werden, dass das Inkrafttreten der Rotterdam-Regeln derzeit keinesfalls sicher ist und ein solcher Erfolg sich unter Umständen erst in fünf bis zehn Jahren einstellen könnte[835]. Zwar würde in dem Fall, dass die Rotterdam-Regeln unter deutscher Beteiligung in Kraft treten, eine erneute Überarbeitung der seehandelsrechtlichen Vorschriften des HGB notwendig; vor dem Hintergrund der beschriebenen Unsicherheiten und der Erfahrungen, die insbesondere im Zusammenhang mit den Hamburg-Regeln gemacht wurden[836], erschien ein weiterer Aufschub der Anpassung der Gesetzeslage an die sich fundamental geänderten wirtschaftlichen Verhältnisse wohl nicht mehr opportun. Darüber hinaus ging die Bunderegierung davon aus, dass bei einer Ratifikation der Rotterdam-Regeln diese vorzugsweise wohl unmittelbar zur Anwendung gebracht werden sollten[837]. Auch aus diesem Grund war ein weiteres Abwarten mithin nicht länger geboten.

Die Systematik der in der Seerechtsnovelle 2013 geregelten Vertragsverhältnisse sowie die maßgeblichen Neuerungen im Recht des Seefrachtvertrages sollen nachfolgend im Abschnitt D. II. dargestellt werden.

e) Exkurs: Seerechtsnovelle der DDR

Der Vollständigkeit halber sei an dieser Stelle noch erwähnt, dass jedenfalls in einem Teil Deutschlands vorübergehend bereits ein umfassend neukonzeptioniertes Seehandelsrecht galt. Im Bereich der ehemaligen Deutschen Demokratische Republik galten zunächst, wenn auch nicht ausdrücklich, in stillschweigender Anerkennung die seehandelsrechtlichen Vorschriften des HGB fort[838]. Dieser Zustand wurde jedoch durch das Seehandelsschiffahrtsgesetz vom 5. Februar

---

834 Begr. RegE, BT-Drs. 17/10309, S. 41 f.

835 So *Herber*, TranspR 2009, S. 445 (448); in der Gesetzesbegründung heißt es hierzu: *„Die Erfolgsaussichten der Rotterdam-Regeln sind jedoch derzeit ungewiss.“*, Begr. RegE, BT-Drs. 17/10309, S. 42; Nach *Hollmann*, Deutsche Verkehrs- Zeitung vom 05.12.2013, erklärte die für die Seerechtsnovelle 2013 verantwortliche Ministerialrätin *Czerwenka* auf der 2. Bremer Konferenz zum maritimen Recht, dass von einer vollständigen Umsetzung der Rotterdam-Regeln abgesehen wurde, da andernfalls die deutsche Wirtschaft benachteiligt gewesen wäre.

836 Vgl. den persönlichen Erfahrungsbericht von *Herber*, TranspR 2009, S. 445 (447 f.).

837 Begr. RegE, BT-Drs. 17/10309, S. 42.

838 *Meub*, Die Haftung des Verfrachters und Reeders, S. 6.

1976 (SHSG: GBl. der DDR I/ S. 109)[839] beendet, welches eine vollständige Neuordnung des Seehandelsrechts bezweckte.

Das SHSG umfasste insgesamt 143 Paragrafen und enthielt eine weitaus ausdifferenziertere Regelung der Schuldverhältnisse des Seehandels[840]. Das Zweite Kapitel (§§ 4 bis 84) regelten die „Verträge über Transportleistungen", während das Dritte Kapitel (§§ 85 – 89) einige Regelungen über Schiffsmiete und Schiffsleasing enthielt. Der Seefrachtvertrag war gemäß § 4 Abs. 1 SHSG definiert als Vertrag, durch den sich der Verfrachter verpflichtet, ihm zum Transport übergebene Güter auf dem Seewege zum Bestimmungshafen zu transportieren und dem Empfänger abzuliefern; den Befrachter traf gemäß Abs. 2 die Pflicht, die Fracht zu zahlen. Als Seefrachtverträge waren nach § 5 SHSG der Güterfrachtvertrag sowie der Raumfrachtvertrag geregelt, wobei gemäß Abs. 3 der Raumfrachtvertrag auf eine oder mehrere Reisen oder für einen bestimmten Zeitraum (Zeitcharter) abgeschlossen werden konnte. Daneben enthielt das SHSG Regelungen des Mengenkontrakts (§ 6), des Durchfrachtvertrags (§ 7) sowie des Vertrags über den kombinierten Transport (§ 8).

Das SHSG fiel jedoch im Zuge der Wiedervereinigung fort, da das Seehandelsrecht des HGB mit dem Einigungsvertrag auch auf die neuen Bundesländer erstreckt wurde[841]

4. Exkurs: Der Fortgang des Streits um die Rechtsnatur der Zeitcharter nach 1945

Es ist aufgezeigt worden, dass zur Zeit der Beratungen des Seerechtsausschusses die Auffassung vorherrschte, es handele sich bei der Zeitcharter um eine Schiffsmiete mit Dienstverschaffungsvertrag, wie es maßgeblich von *Wüstendörfer* entwickelt wurde. Eine gesetzliche Regelung der Zeitcharter erfolgte auf der Grundlage der Beratungsergebnisse des Seerechtsausschusses gleichwohl nicht. Auch aus diesem Grund setzte sich die Diskussion auch nach 1945 fort. Hierbei wandelte sich rasch die als herrschend zu bezeichnende Auffassung.

---

839 Abgedruckt im Anhang zu *Seiffert*, Das Seehandelsschiffahrtsgesetz der DDR.

840 Ein Überblick über die Regelungen findet sich bei *Seiffert*, Das Seehandelsschiffahrtsgesetz der DDR, S. 6 – 14; *Herber*, Seehandelsrecht, S. 18, bezeichnete das SHSG als *„in vieler Hinsicht moderner"*.

841 *Herber*, Seehandelsrecht, S. 19.

a) *Die Abkehr von „Wüstendörfers Auffassung"*

Nach dem zweiten Weltkrieg wandelte sich das Verständnis der Zeitcharter. *Ramming*[842] sieht als Grund hierfür vor allem die durch das Seerechtsänderungsgesetz von 1937 eingetretene Änderung der Rechtslage, da durch dieses das Verfrachterkonnossement anerkannt wurde.

Tatsächlich war es zunächst *Willner*[843], der 1953 eine umfangreiche Darstellung zur Zeitcharter veröffentlichte, in dieser jedoch selbst keine Lösung des Problems darbot. Diese Aufgabe übernahm bemerkenswerterweise *Riensberg*[844], seines Zeichens vormaliges Mitglied des Seerechtsausschusses, der sich in seinem Aufsatz aus dem Jahr 1956 geläutert zeigt und die auch von ihm vormalig vertretene Auffassung der Zeitcharter als Schiffsmiete mit Dienstverschaffung nunmehr vollständig zurückwies. Wörtlich heißt es dort unter Widerlegung der von Wüstendörfer vorgebrachten Argumente: *„Die Konstruktion Wüstendörfers verrät außerordentliche Weltfremdheit"*[845]. Nach *Riensberg* handele es sich bei der Zeitcharter um einen Raumfrachtvertrag, wobei erst *Würdinger*[846] eine eher juristisch-dogmatische Begründung für das ebenfalls von ihm gefundene Ergebnis lieferte. Beide warfen der zuvor herrschenden Auffassung vor, die Wirklichkeit des Seehandelsbetriebes verkannt zu haben.

Unterstützung erhielt diese Auffassung auch durch die Rechtsprechung des BGH, der in seiner Entscheidung vom 26. November 1956 – BGHZ 22, 197 zu dem Schluss gelangte, dass der Zeitcharterer einer Deuzeit-Charter seinen Willen gegenüber dem Kapitän nicht unmittelbar durchsetzen könne. Somit fehle es auf Seiten des Charterers am unmittelbaren Besitz, der daher auch nicht Ausrüster sein könne.

Im Anschluss hieran wurde von nahezu sämtlichen Autoren zu diesem Thema die Meinung vertreten, dass die Zeitcharter direkt, jedenfalls entsprechend der Regelungen über den Seefrachtvertrag zu unterwerfen sei.

---

842 *Ramming,* Die Rechtsnatur der Zeitcharter, S. 70 f., die Diskussion um die Rechtsnatur hätte sich jedoch zu diesem Zeitpunkt bereits verselbstständigt gehabt.

843 *Willner,* Die Zeitcharter, Hamburg 1953. Zu bemerken ist an dieser Stelle, dass Wüstendörfer bereits im Jahr 1951 verstorben war und er seine Auffassung nicht weiter verteidigen konnte.

844 *Riensberg,* Hansa 1956, S. 2294 – 2300.

845 *Riensberg,* Hansa 1956, S. 2294 (2296). Insbesondere kritisierte *Riensberg,* dass der Rechtscharakter nicht, wie von Wüstendörfer angenommen, ambivalent sein könne, einzig abhängig davon, ob der Vercharterer die Transportleistung selbst erbringen oder dem Charterer ermöglichen wolle, ebd. (2297).

846 *Würdinger,* MDR 1957, S. 257 – 260.

b) Gemischter Vertrag

Obwohl *Zschoche*[847] noch im Jahr 1994 die Diskussion zugunsten der auch von ihm vertretenen Auffassung, die Zeitcharter sei unmittelbar, jedenfalls analog den Regeln des Raumfrachtvertrages unterstellt, für beendet erklärte, hatte *Rabe*[848] in dem von *Prüßmann* begründeten Kommentar bereits seit der 2. Auflage 1983 vertreten, dass es sich bei dem Mietcharter mit Employment-Klausel um einen gemischten Vertrag aus Werk- und Mietvertrag handele. *Rabe* sah ebenfalls die werkvertraglichen Elemente als überwiegend an, sodass *„in der Regel auch hier die Regeln des Raumfrachtvertrages anzuwenden"* seien. Im Rahmen der Verjährungsvorschriften trat *Rabe* hingegen teilweise für eine analoge Anwendung der mietvertraglichen Regelung des § 558 BGB a. F. ein, nämlich bei Ersatzansprüchen des Vercharterers nach Rückgabe des Schiffes aus einem Zeitchartervertrag[849].

Diese Auffassung ist sodann insbesondere auch von *Herber*[850] aufgenommen worden. *Herber* erkennt ebenfalls an, dass die frachtrechtlichen Elemente bei der Zeitcharter überwiegen, zugleich kritisiert er jedoch, dass die Diskussion um die Rechtsnatur *„gerade von Praktikern immer wieder aufgegriffen [...] und zumeist – zu weitgehend – zugunsten der frachtrechtlichen Elemente beantwortet"*[851] werde.

c) Zusammenfassung

Zusammenfassend kann insofern festgehalten werden, dass in der jüngsten Vergangenheit sich eine eher differenzierende Betrachtung der Rechtsnatur der Zeitcharter durchzusetzen vermochte. In welcher Form die Zeitcharter in der Seerechtsnovelle 2013 behandelt wurde, soll unten in Abschnitt D. II. 3. dargestellt werden.

---

847 *Zschoche,* VersR 1994, S. 389 (389).

848 So auch noch in der aktuellsten Auflage *Rabe,* Seehandelsrecht, § 556 Rdnr. 10.

849 *Rabe,* Seehandelsrecht, Vor § 901 Rdnr. 4.

850 *Herber,* Seehandelsrecht, S. 349 ff.; vgl. auch *Ramming,* Die Rechtsnatur der Zeitcharter, S. 86 f., nach dem die Zeitcharter mit Employment-Klausel zwar in aller Regel eine Frachtcharter sei, jedenfalls in Bezug auf Zusagen des Vercharteres im Hinblick auf die Beschaffenheit des Schiffes jedoch mietvertragliche Vorschriften analog zur Anwendung kämen; *Breitzke,* Die Rechtsnatur der Zeitcharter, S. 194 f.; *Athanassopoulou,* Schiffsunternehmen und Schiffsüberlassungsverträge, S. 196, die ebenfalls einen gemischten Vertrag annimmt und diesen – soweit ersichtlich – erstmals, wenn auch dogmatisch nicht ganz zutreffend, als Vertrag *sui generis* bezeichnete.

851 *Herber,* Seehandelsrecht, S. 351.

II. Die Seerechtsnovelle 2013

Die Gesetzgebungsmaterialien der Seerechtsnovelle 2013 sind – anders als dies beim Seerechtsänderungsgesetz von 1937 der Fall war – mit Ausnahme einzig der Beratungsprotokolle der Sachverständigengruppe zur Reform des Seehandelsrechts vollständig veröffentlicht und zugleich überaus umfangreich. Sowohl der Entwurf der Sachverständigengruppe als auch der auf diesem aufbauende Referentenentwurf des Bundesjustizministeriums ist den beteiligten Kreisen zur Stellungnahme zugeleitet worden (z. B. dem Deutschen Verein für Internationales Seerecht[852], u. a.). Der schließlich formulierte Regierungsentwurf wurde zudem nochmals vom Rechtsausschuss des Bundestages in einer öffentlichen Anhörung vom 24. Oktober 2012 mit acht Sachverständigen erörtert[853]. Die stoffliche Menge der Materialien des Gesetzgebungsverfahrens[854] – vor allem in Zusammenschau mit den derzeit noch nicht veröffentlichten Beratungsprotokollen der Sachverständigengruppe – böten hinreichende Grundlage für eine eigenständige, analysierende Arbeit; in Einzelgesichtspunkten erfolgt eine Auswertung der Materialien bereits in aktuellen Veröffentlichungen. Im Rahmen dieser Arbeit kann indes nur ein Überblick über die Neuerungen gegeben werden.

1. Die Systematik des Seefrachtvertrages nach der Seerechtsnovelle

Die Seerechtsnovelle hat im Hinblick auf die Systematik der gesetzlichen Regelung des Seefrachtvertrages eine Zeitenwende vollzogen. Grundtypus des Seefrachtvertrages ist nunmehr nicht länger der Raumfrachtvertrag, sondern der in der Praxis weit häufiger vorkommende Stückgutfrachtvertrag. Zugleich wurde

852 Die 70 seitige (!) Stellungnahme des Deutschen Vereins für Internationales Seerecht zum Referentenentwurf des Bundesjustizministeriums vom 30.8.2011 ist veröffentlicht von *Ramming*: Stellungnahme des Deutschen Vereins für Internationales Seerecht zum Referentenentwurf des Bundesministeriums der Justiz eines Gesetzes zur Reform des Seehandelsrechts, abrufbar im Internet: <http://www.transportrecht.org/html/DVIS_Stellungnahme_SHR_RefE_02.pdf> (Stand: 04.11.2014).

853 Die Stellungsnahmen der Sachverständigen sowie das Wortprotokoll der öffentlichen Anhörung v. 24.10.2012 (17. Legislaturperiode, Sitzung Nr. 99 des Rechtsausschusses) sind sämtlich veröffentlicht, abrufbar im Internet über das Webarchiv des Deutschen Bundestages. Die Angabe eines Direktlinks ist nicht möglich.

854 Vgl. hierzu auch die Zusammenstellung von *Czerwenka,* Das Gesetz zur Reform des Seehandelsrechts: Einleitung – Erläuterung – Synopse, Köln 2014.

die gemeinsame Regelung der beiden Vertragsarten aufgegeben. Die Gesetzessystematik[855] lautet nun wie folgt:

a) Allgemeine Einteilung

Im Fünften Buch des HGB, das weiterhin mit „Seehandel“ überschrieben ist, wird erstmals unterschieden zwischen den „Beförderungsverträgen“ im Zweiten Abschnitt und dem neu eingeführten Dritten Abschnitt „Schiffsüberlassungsverträge“, zu denen – wie bereits erläutert – insbesondere auch die Zeitcharter zählt. Als „Beförderungsverträge“ fasst das Gesetz die „Seefrachtverträge“ (Erster Unterabschnitt)[856] sowie die „Personenbeförderungsverträge“ (Zweiter Unterabschnitt). Dieses entspricht der bisherigen Unterscheidung „Frachtgeschäft zur Beförderung von Gütern“ (Vierter Abschnitt a. F.) und „Beförderung von Reisenden und ihrem Gepäck“ (Fünfter Abschnitt a. F.).

Unter der Überschrift „Seefrachtverträge“ finden sich in nun umgekehrter Anordnung im Ersten Titel der Stückgutfrachtvertrag (§§ 481-526) und im Zweiten Titel sodann der umbenannte Reisefrachtvertrag (§§ 527-535). Die zuvor bestehende unübersichtliche gemeinsame Behandlung der beiden Vertragstypen wurde mithin aufgegeben, um durch die räumliche Trennung den Unterschied zwischen den beiden Vertragstypen deutlich zu machen und hierdurch die Lesbarkeit und Handhabbarkeit des Gesetzes zu erleichtern[857].

b) Stückgutfrachtvertrag

Die den Stückgutfrachtvertrag definierenden Hauptpflichten sind in § 481 HGB geregelt. Den Verfrachter trifft hierbei die Pflicht, das Gut mit einem Schiff über See zum Bestimmungsort zu befördern und dort dem Empfänger abzuliefern, Abs. 1; der Befrachter wird verpflichtet, die vereinbarte Fracht zu zahlen, Abs. 2. Die Vorschriften dieses Titels sollen nur insoweit gelten, als dass die Beförderung zum Betrieb eines gewerblichen Betriebes gehört, Abs. 3. Die Formulierung der gesetzlichen Umschreibung des Vertragstypus orientiert sich insoweit am allgemeinen Frachtrecht und dort insbesondere an § 407 HGB[858].

---

855 Vgl. hierzu auch *Paschke/Ramming*, RdTW 2013, S. 1 (2 f.).

856 Im Abschlussbericht zur Reform des Seehandelsrechts, S. 67, war anstelle der Bezeichnung „Seefrachtverträge“ der Begriff „Güterbeförderungsverträge“ vorgeschlagen worden.

857 Begr. RegE, BT-Drs. 17/10309, S. 41.

858 Begr. RegE, BT-Drs. 17/10309, S. 44; zur in die gesetzliche Regelung aufgenommenen Ablieferungspflicht: vgl. oben B. II. 4. a).

Die Regelungen des Stückgutfrachtvertrages wurden durch die Novelle in die Untertitel „Allgemeine Vorschriften“ (§§ 481-497 HGB), „Haftung wegen Verlust oder Beschädigung des Gutes“ (§§ 498-512 HGB) sowie „Beförderungsdokumente“ (§§ 513-526 HGB) unterteilt. Der Abschlussbericht der Sachverständigengruppe hatte insofern noch die umgekehrte Reihenfolge der beiden letzten Untertitel vorgesehen[859]; in den Entwürfen des Justizministeriums war sodann jedoch die nunmehr vorgesehene Abfolge der Vorschriften gewählt worden, jedoch ausschließlich um zu verdeutlichen, *„dass die Ansprüche aus dem Stückgutfrachtvertrag und die Ansprüche aus dem Konnossement nebeneinander bestehen und inhaltlich auseinander fallen können“*[860].

c) *Reisefrachtvertrag*

In Abgrenzung hierzu ist in § 527 HGB die Bezeichnung des Reisefrachtvertrages in das HGB eingeführt worden. Der Verfrachter verpflichtet sich bei diesem Vertrag, das Gut mit einem bestimmten Schiff im Ganzen, mit einem verhältnismäßigen Teil eines bestimmten Schiffes oder in einem bestimmt bezeichneten Raum eines solchen Schiffes auf einer oder mehreren bestimmten Reisen über See zum Bestimmungshafen zu befördern und dort dem Empfänger abzuliefern[861]. Die Sachverständigengruppe zur Reform des Seehandels-

859 Die Reihenfolge der Regelungsgegenstände im Abschlussbericht der Sachverständigenkommission weist eine durchaus erkennbare Nähe zur Abfolge der Themenbereiche im Lehrbuch *Herbers* zum Seehandelsrecht auf. Dieser war Vorsitzender der Sachverständigengruppe. *Herber* stellte dort noch den Raumfrachtvertrag an den Beginn seiner Darstellung des Seefrachtvertrages, begründete dieses jedoch lediglich mit dem Alter des Vertragstypus und der diesem entsprechenden Gesetzeswortlauts, wies jedoch zugleich auf die größere praktische Relevanz des Stückgüterfrachtvertrages hin (S. 250f). Im Übrigen findet sich dort jedoch die Abfolge: § 27 Die am Seefrachtvertrag beteiligten Personen, § 28 Raumfrachtvertrag, § 29 Der Stückgutfrachtvertrag, § 30 Dokumente des Seefrachtvertrages und § 31 Haftung des Verfrachters aus dem Seefrachtvertrag. Bereits äußerlich ist mithin die Handschrift *Herbers* im Abschlussbericht der Sachverständigengruppe zur Reform des Seehandelsrechts deutlich zu erkennen. Diesem folgte die Seehandelsrechtsnovelle jedenfalls hinsichtlich der systematischen Neuordnung der Transportverträge zur See weitestgehend.

860 Begr. RegE, BT-Drs. 17/10309, S. 41.

861 Entspricht § 556 Nr. 1 HGB a. F.; Ausweislich der Gesetzesbegründung handelt es sich um eine Legaldefinition des Begriffs „Reisefrachtvertrag“ (Begr. RegE, BT-Drs. 17/10309, S. 101). Der im Sachverständigenbericht noch vorgesehene Klammereinschub „(Reisefrachtvertrag)“ wurde jedoch nicht übernommen: vgl.

rechts hatte diesbezüglich vorgeschlagen, nur solche Beförderungsverträge als Reisefrachtverträge zu fassen, die sich auf ein bestimmtes Schiff „im Ganzen“ beziehen (§ 524 HGB-E SV), da in der heutigen Praxis nahezu ausschließlich solche Reisefrachtverträge geschlossen würden und mithin für die Teilcharter kein Regelungsbedürfnis mehr bestehe[862]. Weiterhin sei nur durch diese Definition des Reisevertrages eine zuverlässige Abgrenzung zum Stückgutfrachtvertrag möglich, da die Übergänge zwischen Teilcharter und Stückgutfrachtvertrag fließend seien.

Bereits im Referentenentwurf zur Seerechtsnovelle – und sodann im Gesetzgebungsverfahren unverändert geblieben – wurden jedoch auch die Tatbestände der Teilcharter wieder in die Definition des Reisefrachtvertrages aufgenommen. Da die Abgrenzung der Teilcharter vom Stückgutfrachtvertrag wegen der im Konnossementsrecht des Stückgutfrachtvertrages beschränkten Vertragsfreiheit von großer Relevanz ist, soll als Abgrenzungsmerkmal die charakterisierende vertragliche Vereinbarung anzusehen sein, dass beim Reisefrachtvertrag das Gut auf einer oder mehreren Reisen mit einem vertraglich vereinbarten – bestimmten – Schiff oder einem Teil oder Raum eines solchen Schiffes befördert wird, wohingegen beim Stückgutfrachtvertrag lediglich die Güterbeförderung vereinbart ist, ohne dass ein bestimmtes Schiff oder ein Teil oder Raum des Schiffes vom Verfrachter einzusetzen ist[863]. Als ungeeignet zur Abgrenzung der beiden Vertragstypen wurde das Kriterium der vertraglichen Vereinbarung über die Ausführung der Lade- und Löscharbeiten angesehen, da im heutigen Seehandel zwar grundsätzlich beim Stückgutfrachtvertrag die Ladung und Löschung durch den Verfrachter und beim Reisefrachtvertrag umgekehrt durch den Befrachter vereinbart würden, von dieser Regel jedoch erhebliche Abweichungen festzustellen seien[864]. Verbleibende Abgrenzungsschwierigkeiten seien aufgrund der Seltenheit in der Praxis abgeschlossener Teilraumfrachtverträge *„hinnehmbar“*[865].

Abweichend von der bisher im Gesetz vorzufindenden Abgrenzung stellt das HGB zur Unterscheidung nunmehr mithin nicht länger vorrangig auf den

---

Abschlussbericht der Sachverständigengruppe zur Reform des Seehandelsrechts, abrufbar im Internet: <http://www.bmj.de/SharedDocs/Downloads/DE/pdfs/Abschlussbericht_der_Sachverstaendigengruppe_zur_Reform_des_Seehandelsrechts.pdf?__blob=publicationFile> (Stand: 04.11.2014) S. 35 (§ 524 HGB-E SV).

862 Vgl. Abschlussbericht zur Reform des Seehandelsrechts, a.a.O., S. 144.

863 Begr. RegE, BT-Drs. 17/10309, S. 100; *Paschke* in: Oetker (Hrsg.), HGB, 3. Aufl., *Paschke* in: Oetker (Hrsg.), HGB, 3. Aufl., § 527 Rdnr. 2.

864 Vgl. Begr. RegE, BT-Drs. 17/10309, S. 100.

865 Wie vor.

vom Chartervertrag in Bezug genommenen Laderaum sondern vielmehr auf die Dauer der Überlassung ab.

Bezüglich des Reisefrachtvertrages sind im HGB nur einzelne grundsätzliche Regelungen zu den Fragen des Ladens und Löschens des Gutes sowie der Kündigung des Vertrages geregelt, im Übrigen sollen gemäß § 527 Abs. 2 HGB die Vorschriften des Stückgutfrachtvertrages weitestgehend Anwendung finden. Diese zurückhaltende Normierung des Reisefrachtvertrages wird durch die vollständige Dispositivität der Regelungen dieses Titels sowie den *„in der Praxis durchgängig verwendeten [Vertrags-]Formulare[n]“* gerechtfertigt[866].

d) Abgrenzung der „Nicht-Seefrachtverträgen“

aa) Personenbeförderungsverträge

Abgegrenzt werden die Seefrachtverträge – wie bisher auch – vom Personenbeförderungsvertrag (§§ 536 - 552). Anders als die Überschrift es vermuten lässt, findet sich in diesem Unterabschnitt jedoch keine umfassende Regelung der Personenbeförderungsverträge sondern lediglich Regelungen bezüglich gewisser Fragen der Haftung des Beförderers für Tod oder Körperverletzung des Fahrgastes sowie Verlust, Beschädigung oder verspäteter Herausgabe des Gepäcks[867]. Hierdurch wurden das Athener Übereinkommen von 1974 über die Beförderung von Reisenden und ihrem Gepäck auf See in der Fassung des Protokolls von 2002 sowie die Verordnung (EG) Nr. 932/2009 des Europäischen Parlaments und des Rates vom 21. April 2009 über die Unfallhaftung von Beförderern von Reisenden auf See in die Systematik des HGB eingearbeitet, ohne deren Regelungen jedoch unmittelbar oder vollständig zu übernehmen[868]. Im Übrigen sind hinsichtlich des Personenbeförderungsvertrages die Vorschriften der §§ 651a bis 651k BGB zu beachten, soweit etwa bei einer Gesamtheit von Reiseleistungen unter Einschluss einer Personenbeförderung über See ein Reisevertrag vorliegt.

bb) Schiffsüberlassungsverträge (Schiffsmiete und Zeitcharter)

Zugleich stellt das HGB durch seine neue Systematik klar, dass es sich bei den erstmals geregelten „Schiffüberlassungsverträgen“ des Dritten Abschnitts nicht um Seefrachtverträge handelt. Bei diesen Vertragstypen stehe nicht die Beförderung von Gütern im Vordergrund, sondern die Überlassung des Schiffs[869].

---

866 Begr. RegE, BT-Drs. 17/10309, S. 47 f.

867 Vgl. *Paschke* in: Oetker (Hrsg.), HGB, 3. Aufl., Vor § 536 Rdnr. 1.

868 Vgl. hierzu vertiefend: Begr. RegE, BT-Drs. 17/10309, S. 48 u. 105 f.

869 Begr. RegE, BT-Drs. 17/10309, S. 44.

Bezüglich der „Schiffsmiete“ bzw. Bareboat Charter[870] (Erster Unterabschnitt, §§ 553 - 556) war dieses – soweit ersichtlich – zu keinem Zeitpunkt streitig. Anders war dies bei der „Zeitcharter“ (Zweiter Unterabschnitt, §§ 557 - 569). Diese wurde ebenfalls entsprechend dem gesetzgeberischen Willen zur Beendigung der Diskussion über die Rechtsnatur der Zeitcharter von den Seefrachtverträgen geschieden.

Beiden Vertragstypen ist gemein, dass in der Seehandelspraxis regelmäßig Formularverträge verwendet werden, sodass vereinzelt – wie etwa bei der Zeitcharter oben dargestellt – Zweifel an einer Regelungsbedürftigkeit bestanden. Der Gesetzgeber hat es gleichwohl für geboten erachtet, jedenfalls einige Grundsatzregelungen vor allem auch zu Klarstellungszwecken zu treffen, wobei die gesetzlichen Regelungen jedoch vollständig zur Disposition der Vertragsparteien stehen[871]. Ergänzend gelten die Vorschriften des Bürgerlichen Gesetzbuches gemäß Art. 2 Abs. 1 des EGHGB), dort insbesondere auch die Vorschriften des Mietvertrages, soweit im HGB keine abweichende Regelung vorgesehen ist.

Eine weitere Gemeinsamkeit der beiden geregelten Typen des Schiffsüberlassungsvertrags ist, dass es sich jeweils um handelsrechtliche Sonderregelungen handelt, sodass Verträge über die Überlassung von Schiffen zu privaten Zwecken von diesen nicht erfasst werden. Gemäß §§ 553 Abs. 3 Satz 1 und 557 Abs. 3 Satz 1 HGB soll für die Abgrenzung entscheidend sein, ob der Mieter *bei Abschluss des Vertrages* den Zweck verfolgt, das Schiff zum Erwerb durch Seefahrt zu verwenden bzw. zu betreiben; auf die tatsächliche Verwendung sowie eine Kaufmannseigenschaft kommt es hingegen nicht an[872].

(1) Schiffsmietvertrag

Der Schiffsmietvertrag wird in § 553 HGB als Vertrag definiert, mit dem sich der Vermieter verpflichtet, dem Mieter ein bestimmtes Seeschiff ohne Besatzung zu überlassen und ihm den Gebrauch dieses Schiffes während der Mietzeit zu gewähren. Die Formulierung ist an § 535 Abs. 1 Satz 1 BGB angelehnt und verzichtet entgegen dem Vorschlag der Sachverständigengruppe auf die ergänzenden Definitionsmerkmale „und ohne vollständige Ausrüstung“ sowie die Überlassung für eine „bestimmte“ Zeit[873]. Entscheidendes Abgrenzungskriterium ist laut der Gesetzesbegründung vielmehr die Vermietung des Schiffes ohne Besatzung.

870 Beide Begrifflichkeiten sind ausweislich der Gesetzesbegründung synonym zu verwenden, Begr. RegE BT-Drs 17/10309, S. 114 f.

871 Begr. RegE, BT-Drs. 17/10309, S. 48.

872 Begr. RegE, BT-Drs. 17/10309, S. 41, 116 u. 118.

873 Vgl. Begr. RegE, BT-Drs. 17/10309, S. 116.

Zudem seien auch Gestaltungen denkbar, in denen es an einer vertraglichen Vereinbarung einer bestimmten Mietzeit fehle. Die gewählte Formulierung „während der Mietzeit“ entspreche zudem der Regelung des § 535 BGB.

Der Schiffsmieter wird gemäß § 553 Abs. 2 HGB verpflichtet, die Miete zu zahlen und zwar im Falle fehlender anderslautender Vereinbarung jeweils halbmonatlich im Voraus. Im Gegenzug wurde die vorherige Regelung in § 579 BGB bezüglich im Schiffsregister eingetragener Schiffe gemäß Art. 3 Ziffer 1 des Gesetzes zur Reform des Seehandelsrechts aufgehoben. Eine unterschiedliche Behandlung der Mietzahlungspflicht für Schiffsmietverträge über ein im Schiffsregister eingetragenes Schiff und einem nicht eingetragenen Schiff ist dem Gesetz nicht mehr zu entnehmen.

(2) Zeitcharter

§ 557 Abs. 1 HGB umschreibt den Zeitchartervertrag als denjenigen Vertrag, durch den sich der Zeitvercharterer verpflichtet, dem Zeitcharterer zu dessen Verwendung ein bestimmtes Seeschiff mit Besatzung auf Zeit zu überlassen und mit diesem Schiff Güter oder Personen zu befördern oder andere vereinbarte Leistungen zu erbringen. Entscheidendes Wesensmerkmal dieses Vertragstypus ist mithin die Weisungsbefugnis des Zeitcharterers gegenüber der ihm zu seiner Verwendung überlassenen Besatzung des Schiffs, wobei die Besatzung direkt an sie gerichtete Befehle des Zeitcharterers als Erfüllungsgehilfen des Zeitvercharterers ausführt[874]. Korrespondierend zur Schiffsmiete wurde auch bei der Zeitcharter dem Vorschlag der Sachverständigengruppe zur Reform des Seehandelsrechts, die Formulierung „für eine bestimmte Zeit“ zu wählen, nicht gefolgt[875].

Der Gesetzgeber ist mit der gewählten Formulierung deutlich von dem seinerzeitigen Vorschlag des Arbeitskreises III für die Reform des deutschen Seehandelsrechts aus dem Jahr 1980 abgewichen. Dieser hatte noch folgende Definition der Zeitcharter vorgeschlagen[876]:

> „Durch den Zeitfrachtvertrag verpflichtet sich der Verfrachter, gegen Zahlung einer nach Zeiteinheiten berechneten Fracht mit einem bestimmten Schiff oder einem bestimmten Teil eines solchen Schiffes während eines bestimmten Zeitraums für den Befrachter dessen Weisungen gemäß Güter zu befördern. Dieser Zeitraum bestimmt sich nach dem Kalender oder nach der Dauer der durchzuführenden Reise.“

---

874 Begr. RegE, BT-Drs. 17/10309, S. 118.

875 Begr. RegE, BT-Drs. 17/10309, S. 118; begrüßend *Ramming,* RdTW 2013, S. 333 (335).

876 *Deutscher Verein für Internationales Seerecht,* Reform des Seehandelsrechts III, S. 11 f.

Dieser Definition ist die – wie gesehen – zum Zeitpunkt ihrer Ausarbeitung noch vorherrschende Auffassung des werk- bzw. frachtvertraglichen Charakters der Zeitcharter deutlich zu entnehmen. Die Definition war daher für die neugewählte Systematik des HGB ungeeignet.

Die wesentliche Leistungspflicht des Zweitcharterers besteht in der Zahlung der Zeitfracht[877], § 557 Abs. 2 HGB.

(3) Gesetzliche Regelung der Schiffsüberlassungsverträge

Bezüglich beider Vertragstypen wurden lediglich einige Grundsatzregelungen getroffen. Diese betreffen die Fälligkeit der Miete/Zeitfracht, die Pflicht zur Instandhaltung sowie Übergabe bzw. Bereitstellung und Rückgabe des Seeschiffs und das Recht zur Kündigung[878]. Darüber hinaus hat die Zeitcharter eine weitergehende gesetzliche Regelung auch im Hinblick auf die Befugnis des Zeitcharterers zur Bestimmung über das Schiff, die Pflicht zum Laden und Löschen sowie zur Ausstellen von Konnossementen und Seefrachtbriefen, die Verteilung der Kosten des Schiffsbetriebes und auf ein gesetzliches Pfandrecht des Zeitvercharterers für seine Forderungen aus der Zeitcharter erfahren[879]. Zudem verweist § 567 HGB hinsichtlich der Rechtsfolgen einer Pflichtverletzung aus der Zeitcharter auf die allgemeinen für Schuldverhältnisse geltenden Vorschriften des BGB, soweit nicht im Unterabschnitt Zeitcharter eine abweichende Bestimmung vorgesehen ist.

e) Vertragsgestaltungen ohne gesetzliche Regelung

Ausdrücklich keine Regelung im Rahmen der Seehandelsrechtsnovelle haben die vertraglichen Erscheinungsformen „Slot-Charter“ und „Mengenkontrakt“ gefunden.

---

877 Der Begriff „Zeitfracht“ ist neu in das HGB eingeführt worden und entspricht dem Vorschlag der Sachverständigengruppe. Alternative Bezeichnungen wie „Chartermiete“, „Fracht“ oder „Entgelt“ konnten in den Beratungen keine Mehrheit finden. „Chartermiete“ und „Fracht“ entsprächen nicht der Rechtsnatur der Zeitcharter. „Entgelt“ sei nicht aussagekräftig: Abschlussbericht der Sachverständigengruppe zur Reform des Seehandelsrechts, a.a.O. S. 153 f.

878 Begr. RegE, BT-Drs. 17/10309, S. 48, vgl. vertiefend: *Paschke/Ramming,* RdTW 2013, S. 1 (8 f.) zur Zeitcharter; *Rabe,* TranspR 2010, S. 1 – 8 sowie 62 – 68 jeweils zu dem Abschlussbericht zur Reform des Seehandelsrechts; *Ramming,* RdTW 2013, S. 333 333 - 346 zur Zeitcharter.

879 Begr. RegE, BT-Drs. 17/10309, S. 48 und 117 - 121.

Von einer *Slot-Charter*[880] wird gesprochen, wenn sich der Reise- oder Zeitcharter nicht auf das ganze Schiff, sondern nur auf einen oder mehrere Containerstellplatz/-plätze bezieht, wobei jedoch regelmäßig kein bestimmter Stellplatz, sondern vielmehr eine Containerstellgelegenheit, diese jedoch verbindlich, versprochen wird.

Charakteristikum eines *Mengenkontrakts*[881] ist, dass sich der Verfrachter hierbei verpflichtet, eine bestimmte, über eine Schiffsladung hinausgehende Menge von Gütern zu befördern, wobei dieser je nach Ausgestaltung stärkere Ähnlichkeiten zum Stückgutfrachtvertrag oder dem Reisefrachtvertrag aufweisen kann.

Bezüglich dieser Vertragstypen hatte bereits die Sachverständigengruppe zur Reform des Seehandelsrechts „mehrheitlich" kein Bedürfnis einer zusätzlichen gesetzlichen Regelung gesehen, da diese regelmäßig lediglich Elemente verschiedener Vertragsformen miteinander kombinierten[882]. In der Gesetzesbegründung wurde sodann nicht einmal mehr dieser Hinweis übernommen[883].

2. Maßgebliche Neuerungen des Rechts des Seefrachtvertrages

a) Die „Abkehr von der Abkehr von den Haager Regeln"

Das Inkrafttreten der Seerechtsnovelle 2013 bedeutete für das deutsche Seehandelsrecht eine *„grundlegende Modernisierung"*[884]. Einen wahren Sprung des veralteten HGBs hin zu einem gar in die Zukunft weisenden Seehandelsrecht hätte man hingegen noch im Vorlauf des Gesetzgebungsverfahrens der Seerechtsnovelle 2013 erwarten können. Zu einem solchen kam es letztlich jedoch nicht.

Im Abschlussbericht der Sachverständigengruppe zur Reform des Seehandelsrechts sowie sodann auch im vom Bundesjustizministerium ausgearbeiteten

---

880 *Herber,* Seehandelsrecht S. 240; *Rabe,* Seehandelsrecht, § 556 Rdnr. 2.

881 *Herber,* Seehandelsrecht, S. 240; *Rabe,* Seehandelsrecht, S. 315 f.; ausführlich *Laudien,* Der Mengenvertrag (1992)*Laudien,* Der Mengenvertrag, nach dem es sich beim Mengenvertrag um einen selbstständigen Vertragstypus des Seetransportrechts handele, der neben den traditionellen Seefrachtverträgen stehe. Ein Erfordernis zur Kodifizierung vermochte *Laudien* indes nicht zu erkennen. Anders noch der Arbeitskreis III des Deutschen Vereins für Internationales Seerecht im Jahr 1980: Dieser sprach sich für eine Kodifizierung des Mengenkontraktes aus: Bericht über die Arbeitsergebnisse des Arbeitskreises III, a.a.O., S. 8f.

882 Abschlussbericht zur Reform des Seehandelsrechts, S. 143.

883 Begr. RegE, BT-Drs. 17/10309: Erwähnung findet der Mengenvertrag ausschließlich auf S. 89 (zu § 512) in Bezug auf die Rotterdam-Regeln. Die Slotcharter wird auf S. 73 (zu § 491) erwähnt.

884 So etwa *Paschke* in: Oetker (Hrsg.), HGB, 3. Aufl., Vor §§ 476 ff., Rdnr. 1.

Referentenentwurf zur Reform des Seehandelsrechts war als grundlegender Schritt zur Erneuerung der seehandelsrechtlichen Vorschriften die Kündigung der Haager Regeln durch Deutschland vorgesehen[885]. Im Abschlussbericht der Sachverständigengruppe war dieser Vorschlag damit begründet worden, dass nur durch Beseitigung der völkerrechtlichen Bindung der *„nur noch für sehr wenige Staaten verbindlichen"* Haager Regeln die *„unverzichtbaren Anpassungen des Haftungsregimes an die modernen Verhältnisse möglich"* seien; wobei das Haftungsregime jedoch weiterhin *„grundsätzlich auf den Prinzipien [...] der Haager Regeln in der Fassung der Änderungsprotokolle vom 23. Februar 1968 und vom 21. Dezember 1979 [...] beruhen"* sollte[886]. Zwar schlug auch die Sachverständigengruppe im Ergebnis nicht die Übernahme der Hamburg- oder Rotterdam-Regeln vor, insbesondere den Haftungsausschluss für das nautische Verschulden der Besatzung sowie für Feuer und den Haftungshöchstbetrag der Haag/Visby-Regeln bewerteten die Sachverständigen jedoch als mit *„den modernen technischen Verhältnissen rechtspolitisch nicht mehr"* vertretbar[887]. In der Folge dieser Grundsatzentscheidung und der damit verbundenen größeren Gestaltungsfreiheit sahen sowohl der Abschlussbericht der Sachverständigengruppe, als auch der Referentenentwurf des Bundesjustizministeriums weitreichende Änderungen des Haftungssystems des Seefrachtrechts vor, die auch moderne Regelungen etwa der Rotterdam-Regeln berücksichtigten[888]. Aufgrund der in Art. 15 Abs. 2 der Haager Regeln vorgesehenen Kündigungsfrist von einem Jahr war im Referentenentwurf weiterhin – wie bereits infolge der Änderungen des zweiten Seerechtsänderungsgesetzes von 1986 – in Art. 6 EGHGB eine Übergangsvorschrift vorgesehen, um bis zum Zeitpunkt des Wirksamwerdens der Kündigung der Haager Regeln der völkerrechtlichen Verbindlichkeit dieses Übereinkommens für Deutschland gerecht zu werden. Art. 6 Abs. 4 EGHGB hatte bereits in der Fassung des zweiten Seerechtsänderungsgesetzes vorgesehen, dass die Anpassung der durch die Gesetzesänderung mit den Haager Regeln nicht mehr zu vereinbarenden Regelungen an die vorherige Rechtslage an dem Tag außer Kraft treten sollten, an dem auch die Haager Regeln für Deutschland unwirksam werden. Dieser Mechanismus sollte beibehalten werden[889]. Zugleich war in Art.

885 Abschlussbericht zur Reform des Seehandelsrechts, S. 75; Referentenentwurf Seerechtsnovelle, S. 84.
886 Abschlussbericht zur Reform des Seehandelsrechts, S. 75.
887 Abschlussbericht zur Reform des Seehandelsrechts, S. 76.
888 Vgl. hierzu auch *Frantzioch,* TranspR 2010, S. 8 – 15.
889 Vgl. zur vorgesehenen Änderung des Art. 6 EGHGB a. F.: Referentenentwurf Seerechtsnovelle, S. 66 f.

12 Abs. 2 der Seerechtsnovelle mit gleicher Zielrichtung vorgesehen, dass die vorgeschlagene Änderung des § 450 HGB, der in Folge der Transportrechtsreform 1998 eingeführt wurde, um die völkerrechtliche Verbindlichkeit der Haager Regeln auch bei kombinierten Transporten durchzusetzen, erst an dem Tag in Kraft treten sollte, an dem die Haager Regeln im Zuge deren Kündigung für Deutschland außer Kraft treten; zum gleichen Zeitpunkt sollte der vorbeschriebene Art. 6 EGHGB außer Kraft treten. Beider Regelungen, der des § 450 HGB in seiner aktuellen Fassung sowie der des Art. 6 EGHGB in seiner vorgesehenen geänderten Fassung, bedürfe es nicht mehr, so die Erläuterung zum Referentenentwurf[890], *„sobald die Haager Regeln für Deutschland außer Kraft treten"*.

Diesen weitreichenden Schritt, der formell und zugleich weitgehend materiell eine Abkehr von der Haager Regeln und deren – wie gesehen – hart erkämpften Kompromissgedanken bedeutet hätte, war der Gesetzgeber indes offensichtlich aufgrund der zum Referentenentwurf eingeholten Stellungnahmen letztlich nicht mehr zu gehen bereit. So sprach sich beispielsweise der Deutsche Verein für Internationales Seerecht entschieden gegen eine Abkehr von den Haag/Visby-Regeln aus, da diese *„unverändert die weltweit anerkannte rechtliche Basis für den internationalen Linienverkehr"* bildeten und bei einer abweichenden Regelung eine Verstärkung der bereits verbreiteten Praxis einer vertraglichen Rechtswahl ausländischen Rechts zu befürchten stünde[891]. Im Gesetzentwurf der Bundesregierung zur Reform des Seehandelsrechts war von einer Kündigung der Haager Regeln sodann keine Rede mehr. Vielmehr erläutert die Gesetzesbegründung[892]:

> „Soweit das Seefrachtrecht betroffen ist, hält der Entwurf an der bereits mit dem Gesetz vom 10. August 1937 (RGBl. I S. 891) gewählten Systematik fest, das Internationale Abkommen von 1924 zur Vereinheitlichung von Regeln über Konnossemente (RGBl. 1939 II S. 1052; im Folgenden: Haager Regeln) nicht unmittelbar zur Anwendung gelangen zu lassen, sondern seine Bestimmungen in das Handelsgesetzbuch einzuarbeiten."

Demgemäß sollen die Rotterdam-Regeln auch *„nur dort als Vorbild herangezogen werden, wo eine Vereinbarkeit mit den Haager Regeln und den Visby-Regeln gewährleistet ist"*[893]. Trotz dieser „Abkehr von der Abkehr von den Haager

890 Referentenentwurf Seerechtsnovelle, S. 250.

891 *Ramming*: Stellungnahme des Deutschen Vereins für Internationales Seerecht zum Referentenentwurf des Bundesministeriums der Justiz eines Gesetzes zur Reform des Seehandelsrechts, abrufbar im Internet: <http://www.transportrecht.org/html/DVIS_Stellungnahme_SHR_RefE_02.pdf> (Stand: 04.11.2014), S. 2 f.

892 Begr. RegE, BT-Drs. 17/10309, S. 41.

893 Begr. RegE, BT-Drs. 17/10309, S. 41.

Regeln" – letztlich noch vor dem eigentlichen Gesetzgebungsverfahren[894] – wurde die Übergangsvorschrift des Art. 6 EGHGB sowie das in nicht absehbare Zukunft hinausgeschobene Inkrafttreten der Änderung des § 450 HGB (nunmehr als Art. 15 Abs. 2 der Seerechtsnovelle 2013[895]) beibehalten, was letztlich zumindest eine gewisse Widersprüchlichkeit der Haltung bezüglich der Haager Regeln vermittelt. Jedoch war bereits oben gezeigt worden, dass sich der Gesetzgeber mit der Seerechtsnovelle 2013 nicht ausdrücklich gegen die Rotterdam-Regeln stellen wollte. Es wurden jedoch große Unsicherheiten hinsichtlich eines Erfolges der Rotterdam-Regeln erkannt und letztlich wohl auch vor dem Hintergrund der mit anderen seerechtlichen Übereinkommen gemachten Erfahrungen, welche (zu früh) durch Deutschland umgesetzt wurden, ohne dass diese sich international durchsetzten[896], einen Mittelweg gewählt. Dieser berücksichtigt sowohl den Umstand, dass derzeit in der Seehandelspraxis noch die Haag/Visby-Regeln weitverbreitet sind, als auch gleichzeitig modernere Haftungsregime, die die durchaus bestehenden Unzulänglichkeiten der Haag/Visby-Regeln zu beseitigen versuchen, sich jedenfalls aktuell noch nicht hinreichend durchzusetzen vermochten. Es darf jedoch davon ausgegangen werden, dass Deutschland – vergleichbar dem Verhalten des Reichsjustizministeriums und des Auswärtigen Amtes in der Zeit von 1925 bis 1939 in Bezug auf die Haager Regeln – weiterhin im Austausch mit den weiteren maßgeblichen Schifffahrtsnationen steht, um das weitere Schicksal wohl vor allem der Rotterdam-Regeln zu beobachten und etwaig auch beeinflussen zu können; jedenfalls wäre dies zu hoffen. Vielleicht mag und soll auch gerade der Verbleib der Regelung des Art. 15 Abs. 2 der Seerechtsnovelle 2013 – soweit sich deren Existenz denn hinreichend verbreitet – auch anderen „abwartenden" Nationen als Indiz dienen, dass Deutschland bereits erste Vorbereitungen für eine Abkehr von den Haager Regeln getroffen hat.

894 *Herber*, TranspR 2013, S. 368 (368 f.), weist darauf hin, dass Ausgangspunkt der Bewertung des Art. 6 EGHGB nur der Gesetzesentwurf der Bundesregierung sein könne, der mit dieser Sondervorschrift einzig den Zweck verfolgte, in einem auf ein Minimum beschränkten Anwendungsbereich der Haager Regeln die völkerrechtliche Bindung Deutschlands umzusetzen.

895 Auch die Gesetzesbegründung zu Art. 15 Abs. 2 wurde aus dem Referentenentwurf übernommen, vgl. Begr. RegE, BT-Drs. 17/10309, S. 145.

896 So *Herber*, TranspR 2009, S. 445 (447), bezüglich des Schiffsgläubigerübereinkommen von 1976: *„Wir haben unser altes Recht vorzeitig aufgegeben, weil wir auf sich scheinbar klar abzeichnende Zukunftschancen eines Übereinkommens vertrauten."*

Überaus kritisch bewertet hingegen *Ramming*[897] den nunmehr eingeschlagenen Weg und insbesondere die Neufassung des Art. 6 EGHGB. Durch die Einführung des Art. 6 Abs. 1 Satz 2 EGHGB, der ohne nähere Erläuterung in den Regierungsentwurf aufgenommen worden sei und Rechtswahlklauseln der Parteien – welche sich regelmäßig in Konnossementen wiederfänden – Vorrang vor der Rückanpassung an die Haager Regeln gewähre, führe im Ergebnis dazu, dass der Anwendungsbereich des Art. 6 Abs. 1 EGHGB sehr stark eingeschränkt werde. *Paschke*[898] fordert gar unter Feststellung der fehlenden Völkerrechtskonformität der Regelung des Art. 6 EBHGB eine erneute Reform des Gesetzes, jedenfalls zu diesem Punkt. Unter anderem bemängelt *Paschke*[899], die Anpassungsregel des Art. 6 Abs. 1 Satz 1 Ziffer 1 EGBHG berücksichtige nicht den die Container-Klausel betreffenden § 504 Abs. 1 Satz 2 HGB, welcher jedoch mit den Haager Regeln nicht vereinbar sei; auch diese Vorschrift müsse abbedungen werden. Der bereits von *Ramming* kritisierte Art. 6 Abs. 1 Satz 2 EGHGB sei zudem nicht vereinbar mit Art. 10 der Haager Regeln, nach dem keine Regelungen geschaffen werden dürfen, die eine Umgehung der Haager Regeln ermöglichen. Zudem differenziere Art. 6 Abs. 3 EGHGB nicht hinreichend zwischen solchen Staaten, die die Haag-Visby Regeln übernommen hätten, ohne die Haager Regeln zu kündigen, und reinen Haag-Visby Staaten. Eine vergleichbare Kritik hinsichtlich der völkerrechtlichen Unvereinbarkeit des Art. 6 EGHGB hatte *Paschke* bereits im Rahmen der Sachverständigenanhörung des Rechtsausschusses vom 24. Oktober 2012 geäußert[900].

Herber[901] erklärt zwar ausdrücklich, Art. 6 EGHGB nicht verteidigen zu wollen, zeigt sich mit der von der Seerechtsnovelle 2013 gefundenen Regelung jedoch durchaus einverstanden. Soweit der Gesetzgeber *„offenbar aus bloßer Nostalgie“*[902] an den Haager Regeln festhalte, sei eine entsprechende Ausnahme-

897 Vgl. *Ramming,* RdTW 2013, S. 173 (183).

898 *Paschke,* RdTW 2013, S. 457 (464).

899 Vgl. *Paschke,* RdTW 2013, S. 457 (460 ff.).

900 Protokoll BT RA 17/99 (abrufbar über das Web-Archiv des Bundestages), S. 2 f., wo *Paschke* insbesondere auch kritisch hinterfragte, ob es nicht besser gewesen wäre, *„noch ein paar Jahre länger mit dem alten Seehandelsrecht zu leben und mal abzuwarten, wie es mit Rotterdam ausschaut.“*; die Diskussion über die Völkerrechtskonformität durchzog letztlich die gesamte Sitzung des Rechtsausschusses, vgl. ebd., S. 2 – 34.

901 *Herber,* TranspR 2013, S. 368 (371).

902 Wie vor; zugleich erläutert *Herber* jedoch, dass maßgeblich der Deutsche Verein für Internationales Seerecht sich *„mit Nachdruck und politischer Unterstützung“* gegen

regelung zur Wahrung der völkerrechtlichen Verbindlichkeit des Übereinkommens *„unvermeidlich“*; *„das Gesetz wird dem gerecht“*[903]. Zugleich ist jedoch auch er der Auffassung, dass *„die allein sachgerechte Regelung darin bestehen würde, die Haager Regeln alsbald zu kündigen und Art. 6 EGHGB aufzuheben“*. Insoweit ist *Herbers* Auffassung mithin mit dem Abschlussbericht der von ihm geleiteten Sachverständigengruppe konsistent.

b) Die Regelung des Stückgutfrachtvertrages

Der Stückgutfrachtvertrag ist in den §§ 481 – 526 HGB geregelt. Ausweislich der Gesetzesbegründung zur Seerechtsnovelle 2013 haben als Vorbilder für diese Regelungen das allgemein Transportrecht, das zuvor geltende Seefrachtrecht des HGB, das Seehandelsschifffahrtsgesetz der DDR, die ausländischen Rechtsordnungen Norwegens und Frankreichs sowie die Rotterdam-Regeln gedient[904].

aa) Allgemeine Vorschriften (erster Untertitel)

Die den Stückgutfrachtvertrag charakterisierenden Primärpflichten der Vertragsparteien sind bereits dargestellt worden. Weiterhin enthält der Untertitel „Allgemeine Vorschriften“ in den §§ 482 – 484 HGB Vorgaben für den Befrachter beziehungsweise einen von ihm „benannten Dritten“[905] hinsichtlich der von ihnen auch über gefährliches Gut zu machenden Angaben sowie die Verpflichtung des Befrachters, das Gut beförderungssicher zu verpacken und, soweit eine Übergabe im Container oder einem vergleichbaren Lademittel vorgesehen ist, in diesem beförderungssicher zu stauen und zu sichern. § 486 HGB beinhaltet die Verpflichtung grundsätzlich des Verfrachters zum Verladen und Löschen des Guts; § 487 Abs. 1 verpflichtet den Befrachter dem Verfrachter die erforderlichen Begleitpapiere zur Verfügung zu stellen, wobei § 488 HGB korrespondierende Haftungstatbestände für den Befrachter sowie den von ihm benannten Dritten im Sinne des § 482 Abs. 2 HGB vorsieht. Diese Haftung ist abweichend vom bisherigen Seefrachtrecht sowie vom allgemeinen Frachtrecht in der Regel

---

eine Kündigung der Haager Regeln ausgesprochen hatte und Regierung und Parlament diesem Wunsch gefolgt seien, ebd., (368).

903 *Herber*, TranspR 2013, S. 368 (371).

904 Begr. RegE, BT-Drs. 17/10309, S. 44.

905 Die Seerechtsnovelle hat neben dem bereits aus dem alten Recht bekannten „Ablader“ (jetzt § 513 Abs. 2 HGB) als weitere Rechtsfiguren den „benannten Dritten“ (§ 482 Abs. 2 HGB) sowie den „abladenden Dritten“ (§ 486 Abs. 1 Satz 2 HGB) eingeführt. Vgl. zu der Unterscheidung dieser Rechtsfiguren: *Paschke/Ramming*, RdTW 2013, S. 1 (6 f.).

verschuldensabhängig ausgestaltet; anders ist dies hinsichtlich der Haftung für durch unrichtige oder unvollständige Angaben über Maß, Zahl oder Gewicht und über Merkzeichen des Guts oder durch unterlassene Mitteilung der Gefährlichkeit des Guts entstandene Schäden nur, soweit ein Konnossement ausgestellt wird, § 488 Abs. 3 HGB[906].

§ 487 Abs. 2 HGB bestimmt die Haftung des Verfrachters bei Verlust oder Beschädigung der Begleitpapiere. Der Haftungstatbestand zu der in § 485 HGB enthaltenen Verpflichtung des Verfrachters hinsichtlich der See- und Ladetüchtigkeit des Schiffes (§ 559 Abs. 2 HGB a. F.) wurde hingegen in den die weiteren Haftungstatbestände des Verfrachters betreffenden zweiten Untertitel verschoben, § 498 Abs. 2 Satz 2 HGB.

In § 489 HGB ist ein allgemeines Kündigungsrecht des Befrachters – ausweislich der Gesetzesbegründung dem allgemeinen Frachtrecht entnommen[907] – vorgesehen, wobei dem Verfrachter jedenfalls ein Entschädigungsanspruch in Höhe von einem Drittel der vereinbarten Fracht (Legaldefinition der Fautfracht) zusteht, soweit der Anlass der Kündigung nicht der Risikosphäre des Verfrachters zuzurechnen ist.

Ebenfalls weitgehend dem allgemeine Frachtrecht angelehnt wurden die Regelungen der § 490 HGB über die Rechte des Verfrachters bei säumiger Abladung, § 491 HGB über das nachträgliche Weisungsrecht des Befrachters beziehungsweise nach Ankunft des Schiffs am Löschplatz des Empfängers, § 492 HGB über die Rechtsfolgen von Beförderungs- und Ablieferungshindernissen sowie § 493 HGB über die Regelung der Frachtzahlung und Frachtberechnung[908]. Die Rechte des Empfängers sowie dessen Zahlungspflicht der bei Löschung des Transportguts noch ausstehenden Fracht finden sich in § 494 HGB.

Den ersten Untertitel schließen die §§ 495 – 497 HGB ab, die zugunsten des Verfrachters – auch bei einer Staffelung mehrerer Verfrachter hintereinander – ein Pfandrecht für alle Forderungen aus dem Stückgutfrachtvertrag an dem ihm zum Transport übergebenen Gut sowie an den Begleitpapieren.

bb) Haftung wegen Verlust oder Beschädigung des Gutes (zweiter Untertitel)

Der zweite Untertitel betreffend den Stückgutfrachtvertrag regelt in den §§ 498 – 512 HGB die Haftung des Verfrachters wegen Verlust oder Beschädigung

906 Begr. RegE, BT-Drs. 17/10309, S. 44 u. 71.

907 Begr. RegE, BT-Drs. 17/10309, S. 44.

908 Vgl. Begr. RegE, BT-Drs. 17/10309, S. 44, 72 – 76.

des Gutes. Die Gesetzesbegründung zur Seerechtsnovelle 2013 erläutert, dass das Haftungsregime weiterhin maßgeblich auf den Prinzipien der Haag/Visby-Regeln basiert[909]; zugleich sind jedoch zum Teil erhebliche Abweichungen festzustellen. An dieser Stelle sollen drei Gesichtspunkte besonders hervorgehoben werden:

- In § 499 HGB sind – wie bisher in § 608 HGB a. F. – Schadensursachen aufgelistet, bei den der Verfrachter in der Regeln nicht zu haften hat (sog. exemptions). Der Katalog wurde geringfügig überarbeitet. In § 499 Abs. 2 Satz 1 HGB wurde die seinerzeit vom Seerechtsausschuss vorgeschlagene Beweislasterleichterung für den Reeder grundsätzlich übernommen – die Gesetzesbegründung zur Seerechtsnovelle 2013 bezeichnet diese als eine *„über den internationalen Standard hinausgehende Begünstigung des Verfrachters"*[910] –, es wurde jedoch eine abweichende Formulierung gewählt. Dort heißt es nunmehr, dass zur Exkulpation des Verfrachters der Nachweis genügen soll, dass *„nach den Umständen des Falles wahrscheinlich"* ist, dass der Schaden auf einem der in Abs. 1 genannten Ursachen beruht. Durch diese Formulierung sollte der zu erbringende Beweismaßstab deutlicher bestimmt werden: weder genügt der Nachweis einer bloß abstrakten Möglichkeit noch ist der Nachweis einer überwiegenden Wahrscheinlichkeit erforderlich[911].

  Von dieser, dem Grunde nach auch bisher geltenden, Rechtslage sieht nunmehr jedoch § 499 Abs. 2 Satz 2 HGB eine Ausnahme für den Fall vor, dass das Gut mit einem seeuntüchtigen oder ladungsuntüchtigen Schiff befördert wurde. In diesem Fall soll die Beweislasterleichterung für den Verfrachter nicht gelten; dieser hat mithin den vollen Beweis zu erbringen, dass der Schaden auf einer der in Abs. 1 genannten Ausnahmetatbestände beruht. Diese weder im Abschlussbericht der Sachverständigengruppe noch im Referentenentwurf enthaltene Verschärfung der dem Verfrachter auferlegten Beweislast wird in der Gesetzesbegründung mit der entsprechenden Regelung der Haager Regeln selbst sowie der hierauf aufbauenden Rechtsprechung im angloamerikanischen Rechtsraum gerechtfertigt[912]. Diesbezüglich kann mithin sogar gesagt werden, dass die Seerechtsnovelle 2013 die Haager Regeln etwas effektiver umsetzt, als es bisher in Deutschland der Fall gewesen ist[913].

909 Begr. RegE, BT-Drs. 17/10309, S. 45.

910 Begr. RegE, BT-Drs. 17/10309, S. 81.

911 *Czerwenka*, TranspR 2011, S. 249 (253).

912 Begr. RegE, BT-Drs. 17/10309, S. 81.

913 Bisher hatte die Rechtsprechung diesbezüglich jedenfalls in Fällen anfänglicher Seeuntüchtigkeit über § 559 Abs. 2 HGB a. F. einen teilweisen Ausgleich entwickelt.

- Eine weitere Abweichung von der vom Seerechtsausschuss entwickelten Auslegung der Haager Regeln hat die Seerechtsnovelle 2013 hinsichtlich der Rechtsfolgen einer unterlassenen beziehungsweise nicht rechtzeitig oder formgerecht erfolgten Schadensanzeige gebracht. In § 510 Abs. 1 und 2 HGB ist – insoweit mit der bisherigen Rechtslage übereinstimmend – für den Fall einer versäumten oder nicht ordnungsgemäßen Schadensanzeige die Vermutung vorgesehen, dass *„das Gut vollständig und unbeschädigt abgeliefert worden ist"*. Die maßgeblich auf *Wüstendörfer* zurückgehende zusätzliche Rechtsfolge, dass ergänzend ebenfalls vermutet wurde, der Schaden beruhe nicht auf einem Verschulden des Verfrachters, wurde indes von der Seerechtsnovelle 2013 ausdrücklich nicht mehr übernommen. Hierzu heißt es erläuternd in der Gesetzesbegründung[914]: *„Denn für diese Regelung findet sich weder in den Haager Regeln noch in dem entsprechenden allgemeinen Frachtrecht (§ 438 HGB) ein Vorbild."* Diese Feststellung verwundert nicht, handelte es sich bei der weiteren Beweislastumkehr doch um ein vom Seerechtsausschuss vorgeschlagenes Entgegenkommen, um auch die Reeder bezüglich der Einführung der Haager Regeln in Deutschland zu überzeugen, wobei diese Auslegung im Seerechtsausschuss – wie gezeigt – keinesfalls unumstritten war.
- Eine von den Haager Regeln abweichende Regelung sieht die Seerechtsnovelle 2013 hingegen bezüglich des zentralen Kompromissgedankens der Haager Regeln vor. Ein ausdrücklicher Haftungsausschluss zugunsten des Verfrachters für das nautische Verschulden seiner Leute und der Schiffsmannschaft entsprechend § 607 Abs. 2 HGB a. F. wurde in das neue Seehandelsrecht nicht übernommen. Nach § 501 HGB haftet der Verfrachter für Verschulden seiner Leute und der Schiffsbesatzung wie für sein eigenes. Eine Regelung bezüglich des nautischen Verschuldens der Schiffsbesatzung findet sich nunmehr in der Bestimmung des § 512 HGB, welcher die Vertragsfreiheit beim Abschluss eines Stückgutfrachtvertrages regelt. Dieser sieht in Abs. 1 vor, dass von den Vorschriften des zweiten Untertitels grundsätzlich nur durch im Einzelnen ausgehandelte Vereinbarung abgewichen werden darf, eine solche Vereinbarung jedoch auch für eine Mehrzahl gleichartiger Verträge zwischen denselben Vertragsparteien getroffen werden könne. Durch diese Regelung ist – abweichend vom zuvor geltenden Recht – insbesondere auch die Haftung des Verfrachters für sog. Landschäden, mithin solche Schäden, die vor

In diesem Fall sollte der Verfrachter zusätzlich den Beweis erbringen, dass die Seeuntüchtigkeit nicht kausal für den Schaden war, BGH VersR 69, 536; vgl. auch *Rabe*, Seehandelsrecht, § 608 Rdnr. 22.

914 Begr. RegE, BT-Drs. 17/10309, S. 46.

Einladung oder nach Löschung des Frachtguts entstanden sind, AGB-fest ausgestaltet worden[915].

Als Ausnahme dieser Grundregel erlaubt jedoch § 512 Abs. 2 Ziffer 1 HGB dem Verfrachter ausdrücklich die Freizeichnung für ein nautisches Verschulden seiner Leute und der Schiffsbesatzung sowie für Feuer auch in Form einer vorformulierten Vertragsbedingung. Die Gesetzesbegründung erläutert insoweit, dass die bisherige Rechtslage nicht mehr zeitgemäß gewesen sei[916]. Letztlich handelt es sich bei der Erlaubnis dieser eng umgrenzten Freizeichnungsklausel um einen Kompromiss des Gesetzgebers zwischen der aufrechterhaltenen Verbundenheit zu den Haager Regeln sowie den gewandelten Verhältnissen des modernen Seehandels[917]. Sowohl der Abschlussbericht der Sachverständigengruppe als auch der Referentenentwurf zur Seerechtsnovelle 2013 hatten – nach dem Vorbild etwa der Hamburg- und Rotterdam-Regeln – noch eine vollkommene Beseitigung dieses Haftungsprivilegs vorgesehen[918]. Der Verfrachter ist mithin von nun an selbst für die Aufnahme eines entsprechenden Haftungsausschlusses in das Vertragswerk verantwortlich, wie er von den Haager Regeln noch verbindlich vorgesehen war. Art. 6 Abs. 1 Satz 1 Ziffer 1 EGHGB hält die bisherige Rechtslage nur für den Bereich der völkerrechtlichen Bindung der Haager Regeln aufrecht.

Darüber hinaus ist im Zuge der Seerechtsnovelle 2013 mit § 509 HGB erstmals eine Regelung des sog. „ausführenden Verfrachters" in das Seehandelsrecht aufgenommen worden. Die Einführung dieser Rechtsfigur wird in der Gesetzesbegründung als *„eine der zentralen Neuerungen im Rahmen der Reform des Seehandelsrechts"* bezeichnet, die insbesondere auch den Zeitcharterer erfassen soll[919].

Hingegen hat die Seerechtsnovelle keine ausdrückliche Regelung zur Haftung des Verfrachters für die Überschreitung der Lieferfrist übernommen[920]. Eine solche war in §§ 494, 499 ff. des Referentenentwurfs des Bundesjustizministeriums entsprechend dem Vorschlag der Sachverständigengruppe noch vorgesehen gewesen, wurde jedoch im Regierungsentwurf nicht mehr berücksichtigt; es sollte

915 *Paschke/Ramming*, RdTW 2013, S. 1 (7 f.).

916 Begr. RegE, BT-Drs. 17/10309, S. 89.

917 So auch *Herber*, TranspR 2012, S. 269 (273 f.).

918 Vgl. Abschlussbericht zur Reform des Seehandelsrechts, S. 76; dort noch als *„wichtigste Änderung der seefrachtrechtlichen Haftungsvorschriften"* bezeichnet.

919 Begr. RegE, BT-Drs. 17/10309, S. 85 ff.

920 Vgl. hierzu die kritische Betrachtung von *Paschke/Ramming*, RdTW 2013, S. 1 (5).

vielmehr bei der bisher geltenden Rechtslage verbleiben, *„wonach der Verfrachter für Schäden wegen verspäteter Ablieferung nach den allgemeinen Vorschriften über Verzug in Anspruch genommen werden kann"*[921].

cc) Beförderungsdokumente (dritter Untertitel)

Die §§ 513 – 526 HGB des dritten Untertitels regeln das Dokumentenwesen des Seehandels. Ziel der Seerechtsnovelle 2013 war es, die Regelungen zu vereinfachen, neu zu ordnen sowie diese in Systematik und Terminologie stärker dem allgemeinen Wertpapierrecht anzugleichen und zudem die moderne Schifffahrtspraxis, in welcher *„Seebeförderungen auch ohne Ausstellung eines Konnossements"* erfolgen, zu berücksichtigen[922].

§ 513 Abs. 1 HGB sieht als Eingangsvorschrift zunächst einen Anspruch für den Ablader auf Ausstellung eines Orderkonnossements vor; Abs. 2 enthält eine Definition der Rechtsfigur des Abladers. Einen vergleichbaren Anspruch auch für den durch die Seerechtsnovelle 2013 neu gesetzlich geregelten Seefrachtbrief[923] (§ 526 HGB) sieht das Gesetz jedoch nicht vor. Zugleich hat die Seerechtsnovelle 2013 Vorsorge für die Anerkennung vergleichbarer elektronischer Aufzeichnungen in den §§ 516 Abs. 2 sowie 526 Abs. 4 HGB getroffen, soweit sichergestellt ist, dass die Authentizität und die Integrität der Aufzeichnungen gewahrt bleibt; sowohl bezüglich des elektronischen Konnossements als auch des elektronischen Seefrachtbriefes sollen die Einzelheiten erforderlichenfalls durch eine Rechtsverordnung geklärt werden[924].

Zudem hat die Seerechtsnovelle 2013 im Rahmen der Regelungen der Beförderungsdokumente weitestgehend durchgängig eine neue Terminologie eingeführt. Das Gesetz unterscheidet zwischen „dem aus dem Konnossement Berechtigten" und „dem legitimierte Inhaber des Konnossements", wobei letzterer derjenige ist, der ein Inhaberkonnossement, als benannter Empfänger oder Indossatar ein Orderkonnossement oder ein auf sich als Empfänger lautendes Rektakonnossement besitzt, § 519 Satz 3 HGB[925]. An diesen Rechtsfiguren sowie dem Verfrachter sind die maßgeblichen Rechte und Pflichten in Bezug auf das Konnossement ausgerichtet.

§ 523 HGB enthält zudem eine im Vergleich zur bisherigen Rechtslage erweiterte Haftungsvorschrift für den Verfrachter bei fehlerhafter oder unrichtiger

921 Begr. RegE, BT-Drs. 17/10309, S. 78.
922 Begr. RegE, BT-Drs. 17/10309, S. 46 f.
923 Vgl. zum Seefrachtbrief auch *Ramming*, RdTW 2013, S. 373 – 387.
924 Vgl. Begr. RegE, BT-Drs. 17/10309, S. 92 f. u. 99 f.
925 Vgl. auch Begr. RegE, BT-Drs. 17/10309, S. 94 f.

Angaben im Konnossement. Diese bezieht sich nicht mehr nur auf den Namen des Verfrachters sondern auf sämtliche in das Konnossement aufgenommenen Angaben[926].

Ein weiterer *„deutscher Sonderweg“*[927] hat die Seerechtsnovelle 2013 zudem mit § 522 Abs. 1 Satz 2 HGB eingeschlagen. Nach diesem ist die in der Seehandelspraxis durchaus übliche Form des Charter-Konnossements, welches im Wesentlichen auf die Vereinbarungen des Chartervertrages verweist, nicht mehr praktikabel, da die in solchen Charter-Konnossementen vorgesehenen Inkorporationsklauseln nicht mehr wirksam sind. *„Im Ergebnis“*, so *Paschke/Ramming*,[928] *„wird die Rechtsstellung des Konnossementsinhabers und damit der Wert und die Umlauffähigkeit des Konnossements [hierdurch jedoch] verbessert.“*

c) Die Regelung des Reisefrachtvertrages

Der Reisefrachtvertrag ist in den §§ 527 – 535 HGB in lediglich neun Paragraphen geregelt. Es ist bereits darauf hingewiesen worden, dass auf den Reisefrachtvertrag gemäß § 527 Abs. 2 HGB im Wesentlichen die Regelungen des als Grundtypus des Seefrachtvertrages ausgestalteten Stückgutfrachtvertrages anwendbar sind und nur einzelne abweichende Vorschriften für diesen Vertragstyp getroffen wurden. Keine Anwendung soll jedoch § 512 HGB auf den Reisevertrag finden, da bezüglich dieses Vertragstyps volle Vertragsfreiheit gelten soll[929].

Gesonderte Regelungen für den Reisefrachtvertrag finden sich in den §§ 528 – 531 sowie 535 HGB hinsichtlich des Ladens und Löschens des Frachtguts, wobei berücksichtigt wird, dass bei diesem Vertragstyp grundsätzlich den Befrachter die Pflicht zum Laden und Löschen trifft[930]. Die Vorschriften §§ 532 – 534 HGB regeln zudem Kündigungsrechte für den Be- und Verfrachter sowie die Voraussetzungen, unter denen der Verfrachter auch eine Teilbeförderung durchzuführen hat.

3. Gruppierung der übrigen Vorschriften

Abschließend soll der Vollständigkeit halber ein Überblick über die Neugruppierung auch der übrigen seehandelsrechtlichen Vorschriften der Seerechtsnovelle 2013 gegeben werden.

---

926 Begr. RegE, BT-Drs. 17/10309, S. 47.
927 So *Paschke/Ramming*, RdTW 2013, S. 1 (5 f.).
928 *Paschke/Ramming*, RdTW 2013, S. 1 (6).
929 Begr. RegE, BT-Drs. 17/10309, S. 100 f.
930 *Czerwenka*, TranspR 2011, S. 249 (254 f.).

Der *erste Abschnitt* des fünften Buches regelt in nur noch fünf Vorschriften die Personen der Schifffahrt (§§ 476 – 480 HGB). Der *zweite* und der *dritte Abschnitt* des Seehandelsrechts betreffen – wie gezeigt – das Recht der Beförderungs- und Schiffüberlassungsverträge. Der *vierte Abschnitt* „Schiffsnotlagen" beinhaltet Regelungen bezüglich Schiffszusammenstöße (§§ 570 – 573 HGB), der Bergung von Seeschiffen (§§ 574 – 587 HGB) sowie der Großen Haverei (§§ 588 – 595 HGB). Im *fünften Abschnitt* (§§ 596 – 604 HGB) finden sich nunmehr die Regelungen über Schiffsgläubigerrechte. Der *sechste Abschnitt* fasst die Verjährungsregelungen zusammen (§§ 605 – 610 HGB). Die weitgehend von internationalen Übereinkommen vorgegebenen „allgemeinen Haftungsbeschränkungen" sind von der Seerechtsnovelle 2013 im *siebten Abschnitt* geregelt worden (§§ 611 – 617 HGB), während der *achte Abschnitt* lediglich zwei Verfahrensvorschriften vorsieht (§§ 618 – 619 HGB).

4. Ausblick

Einen Ausblick über die Zukunft des Seefrachtvertrages nach der erst kürzlich erfolgten Neugestaltung des trotz der zwischenzeitlichen Ergänzungen rund 150 Jahre alten Seehandelsrechts in Deutschland zu wagen, fällt selbstverständlich keineswegs leicht. *Schmidt*[931] hatte im Rahmen eines 2006 beim Deutschen Verein für Internationales Seerecht gehaltenen Vortrages vor dem Hintergrund des mangelhaften Zustandes des gesetzlichen Seehandelsrechts noch die – leicht provokante – Frage *„Gesetzliches Seehandelsrecht: Hat das HGB noch eine Zukunft?"* aufgeworfen und für eine *„Rettung des HGB"* plädiert; eine solche sollte jedoch nicht in Form eines nationalen Sonderwegs erfolgen.

Eine umfassende Reform des Seehandelsrechts ist zwischenzeitlich umgesetzt worden. Der Gesetzgeber hat hierbei – wie gesehen – einen Spagat zwischen der Modernisierung des Seehandelsrechts und der Tradition der Transportschifffahrt unternommen[932]. Die hinsichtlich der Haager Regeln gewählte Konstruktion, die als nationaler Sonderweg bezeichnet werden kann, hat sogleich die Forderung nach einer erneuten Gesetzesänderung hervorgerufen. Eine solche hatte offensichtlich auch der Gesetzgeber dem Grunde nach bereits in Betracht gezogen. Andernfalls wäre der oben dargestellte Art. 15 Abs. 2 der Seerechtsno-

---

931 *Schmidt*, Gesetzliches Seehandelsrecht: Hat das HGB noch eine Zukunft?, Schriften des Deutschen Vereins für Internationales Seerecht, Reihe A, Heft 102, Hamburg 2006.

932 *Herber*, TranspR 2012, S. 269 – 276 spricht von einer *„Balance zwischen Rechtsfortbildung und Schifffahrtstradition"*.

velle 2013 – ein „Überbleibsel" der zunächst angedachten Kündigung der Haager Regeln durch Deutschland – wohl ebenfalls aus dem Gesetz gestrichen worden; der Gesetzgeber hat sich jedoch dafür entschieden, für den Fortfall der völkerrechtlichen Verbindlichkeit der Haager Regeln für Deutschland bereits mit der Seerechtsnovelle 2013 Vorsorge zu treffen.

Inwieweit sich die Seerechtsnovelle 2013 in der Seehandelspraxis tatsächlich durchsetzen wird, lässt sich zum aktuellen Zeitpunkt noch nicht zuverlässig bewerten[933]. Es kann jedoch nicht ausgeschlossen werden, dass sich *Freises* Bewertung der Transportrechtsreform 1998 auch auf die Seerechtsnovelle 2013 übertragen lassen wird. *Freise*[934] konstatierte, dass das Transportrecht, welches sich ebenfalls durch eine Vielzahl von internationalen Bezügen auszeichnet, aufgrund seiner Komplexität und Kompliziertheit sowie des verhältnismäßig geringen Anteils an der Wertschöpfung des Gütertransports auch 15 Jahre nach der Reform von 1998 noch immer ein Nischendasein fristet. Ob der traditionell stark von Vertragsabsprachen sowie Konnossementsbedingungen geprägte Seehandel das neue deutsche Seehandelsrecht annehmen wird, muss gleichfalls zunächst abgewartet werden. *Hollmann*[935] berichtete kürzlich, dass auf der 2. Bremer Konferenz zum maritimen Recht diesbezüglich eine große Skepsis bestanden habe: *„Größere Geltung hätte das deutsche Recht erlangen können, wenn die Bundesregierung das 2008 verabschiedete Rotterdamer Übereinkommen ratifiziert und in nationales Recht umgesetzt hätte."*

---

933 Anlass der Seerechtsnovelle war unter anderem ausdrücklich auch der Umstand, *„dass das deutsche Recht zum Nachteil der deutschen Wirtschaft durch die Wahl einer ausländischen Rechtsordnung, durch Gerichtsstandsvereinbarungen oder durch materiell-rechtliche Detailvereinbarungen abbedungen"* wurde, vgl. Begr. RegE, BT-Drs. 17/10309, S. 40; *Paschke/Ramming*, RdTW 2013, S. 1 (10), machen eine Bewertung der Seerechtsnovelle 2013 als *„Jahrhundertreform"* entscheidend von der zukünftigen Entwicklung des internationalen Seerechts sowie dem Schicksal der Rotterdam-Regeln abhängig.

934 *Freise*, RdTW 2013, S. 41 (49); *Maurer*, Lex Maritima, S. 2, gibt an, dass die Kosten des Seetransports 2005 etwa 5 % des umgesetzten Warenwertes ausmachten; vgl. auch *Basedow*, JZ 1999, S. 9 (12 f.), der eine *„Verflüchtigung des Seerechts"* feststellt sowie *Herber*, Gedanken zur Einheit des deutschen Seerechts, S. 43, der in einer lakonischen Randbemerkung erklärte: *„Denn sie (gemeint: am Seerecht interessierte Studenten, Anm. d. Verf.) studieren ja nicht Seerecht an sich – was zur sicheren Arbeitslosigkeit führen würde – […]"*.

935 *Hollmann*, Deutsche Verkehrs- Zeitung vom 05.12.2013.

Maurer[936] untersuchte jüngst die vertragsrechtlichen Erscheinungen des Seehandels auf die Entstehung eines sog. *Lex Maritima*, eine in Anlehnung an das sich in der Diskussion befindliche Lex Mercatoria autonome, transnationale Rechtsordnung. Das Phänomen, dass das gelebte Seehandelsrecht stärker von den beteiligten Wirtschaftskreisen als vom Gesetzgeber geprägt wurde und wird, ist – wie gesehen – jedoch keineswegs eine neuzeitliche Feststellung, war und ist die nur in Einzelheiten eingeschränkte Vertragsfreiheit doch Garant dafür, dass der Seehandel sich den fortschreitenden Veränderungen der Seeschifffahrt stets anpassen konnte. Zumindest der deutsche Gesetzgeber hat sich vor diesem Hintergrund regelmäßig dafür entschieden, das Seehandelsrecht des HGB erst nach Abschluss gewisser Entwicklungsstufen an die neuen Verhältnisse anzupassen. Ganz deutlich war dies beim Seerechtsänderungsgesetz von 1937 zu erkennen. *Ahrens* Kritik[937] an diesem Gesetz – *„Eine in die Zukunft weisende Gestaltung des Seehandelsrechts hat sie nicht mit sich gebracht"* – lässt sich weitgehend auch auf die nachfolgenden Seerechtsänderungsgesetze übertragen.

Die Seerechtsnovelle 2013 hat davon Abstand genommen, eines der modernen den Seefrachtvertrag betreffenden Seerechtsübereinkommen ausdrücklich zu befürworten oder dieses zu übernehmen. Vielmehr heißt es in der Gesetzesbegründung bezüglich der Rotterdam-Regeln[938]:

> „Von einer vollständigen Einarbeitung der Rotterdam-Regeln in das Handelsgesetzbuch soll dagegen abgesehen werden. Diese sollte erst dann überhaupt in Erwägung gezogen werden, wenn die Rotterdam-Regeln von Deutschland auch ratifiziert werden. Eine Entscheidung über eine Ratifikation macht aber erst dann Sinn, wenn absehbar ist, dass sie völkerrechtlich in Kraft treten und zu den Vertragsparteien wichtige Seehandelsnationen der Welt zählen werden."

Diese Argumentation erscheint zirkulär, ist Deutschland doch selbst eine bedeutende Schifffahrtsnation[939]. Zugleich erinnert diese Einstellung des Gesetzgebers jedoch an die aufgezeigte Haltung des Reichsjustizministeriums in den

---

936 *Maurer*, Lex Maritima: Grundzüge eines transnationalen Seehandelsrechts, Tübingen 2012.

937 *Ahrens*, Beiträge zum Seefrachtrecht, S. 122.

938 Begr. RegE, BT-Drs. 17/10309, S. 42.

939 So wird Deutschland bei der Flaggenführung der Containerschiffsflotte im Bericht des Verbands Deutscher Reeder von 2013 auf Platz fünf geführt, nach der Nationalität des Eigners gar auf Platz drei, vgl. *Verband deutscher Reeder*: Daten der deutschen Seeschifffahrt, Ausgabe 2013, abrufbar im Internet: <http://www.reederverband.de/fileadmin/vdr/pdf/daten/VDR-Daten_Fakten_2013.pdf> (Stand: 04.11.2014)

1920er und 30er Jahren bezüglich der Einführung der Haager Regeln. Ähnlich wie seinerzeit das Reichsjustizministerium lange Zeit darum bemüht war, anderen Schifffahrtsnationen, insbesondere den skandinavischen Ländern, nur eine abwartende, keinesfalls eine ablehne Haltung hinsichtlich der Haager Regeln zu vermitteln, heißt es auch in der Gesetzesbegründung zur Seerechtsnovelle 2013[940]:

> „Die Entscheidung gegen eine Einarbeitung der von Deutschland nicht ratifizierten Übereinkommen in deutsches Recht bedeutet nicht, dass sie nicht auch bei der Ausgestaltung des Fünften Buches des Handelsgesetzbuchs berücksichtigt werden sollen. Im Gegenteil dienen sie, wie in der Begründung zu den einzelnen Vorschriften ausgeführt, für viele vorgeschlagene Regelungen als Vorbild."

Der Entscheidung des Gesetzgebers ist zuzugestehen, dass das Schicksal der Rotterdam-Regeln derzeit nicht absehbar ist; die Erfahrungen mit den Hamburg-Regeln haben nicht nur den deutschen Gesetzgeber gelehrt, dass nicht jede international vereinbarte Neuerung sich im Ergebnis auch in der Seehandelspraxis durchsetzen muss. *Herber*[941] ging 2009 von einem Erfolg der Rotterdam-Regeln allenfalls erst in fünf oder zehn Jahren aus; zumindest die auch von *Herber* als unwahrscheinlicher bewertete Untergrenze hat sich zwischenzeitlich überholt. *Ziegler*[942] geht gleichwohl davon aus, dass es *„eine utopische Vorstellung [sei], dass in den nächsten hundert Jahren eine bessere Lösung als die Rotterdam Regeln gefunden wird. Kein nationaler und kein regionaler Gesetzgeber [sei] fähig, diese Thematiken auf einer internationalen Ebene zu lösen."* Die kürzlich erfolgte dritte Ratifikation dieses Übereinkommens darf insoweit zumindest als ein Lebenszeichen der Rotterdam-Regeln angesehen werden.

Zuverlässige Aussagen über die zukünftige Fortentwicklung des Seeschifffahrtsbetriebes und deren Auswirkung auf das Seehandelsrecht lassen sich ebenfalls nur sehr schwer treffen. So sah sich etwa *Basedow*[943] im Jahr 1999 im Rahmen seines Vortrages *„Perspektiven des Seerechts"* vorab zu der einschränkenden Feststellung veranlasst, er werde *„davon ausgehen, dass auch auf ab-*

---

940 Begr. RegE, BT-Drs. 17/10309, S. 42.

941 *Herber*, TranspR 2009, S. 445 (448).

942 *Ziegler*, Rotterdam Regeln – Werdegang und Einführung, S. 45; *Herber*, TranspR 2012, S. 269 (270), bezeichnet die Rotterdam-Regeln *„bei genauerem Hinsehen ziemlich missglückt[...]"* und regt an: *„Wir sollten vielleicht auch im Auge behalten, dass sich die Hamburg-Regeln für eine Vereinheitlichung nach wie vor besser eignen würden, ohne die Reeder wesentlich stärker zu belasten als die Rotterdam-Regeln"*, ebd. (273).

943 *Basedow*, JZ 1999, S. 9 (10).

sehbare Zukunft die Seeschifffahrt der zentrale Verkehrsträger für die physische Bewältigung des weltweiten Güteraustausches sein [werde], dass also andere wirtschaftlich konkurrenzfähige Technologien zur Übermittlung von Materie nicht geschaffen" würden. Tatsächlich sind insbesondere die technischen Entwicklungen des Schifffahrtsbetriebes nur schwer zu prognostizieren; beispielsweise wurde kürzlich über Vorhaben berichtet, Handelsschiffe ohne Kapitän an Bord fernsteuern zu lassen[944]. Sollte es zu diesem Schritt kommen, wäre der bis Mitte des 19. Jahrhunderts noch mit zentraler Bedeutung und weitgehenden Handlungsvollmachten ausgestattete Kapitän (seinerzeit noch als „Schiffer" bezeichnet) endgültig vom Schiff entkoppelt.

Die fortschreitende Technologisierung und Digitalisierung wird – so viel lässt sich bereits jetzt sagen – weiterhin starken Einfluss auf die Kommunikationswege, die Schiffssicherheit durch verbesserte Navigationsmöglichkeiten und das Dokumentenwesen des Seehandels nehmen. Die Seerechtsnovelle 2013 hat hier bezüglich des elektronischen Konnossements und des elektronischen Seefrachtbriefs gewisse Vorkehrungen getroffen. Auf kurze bis mittelfristige Sicht zeichnet sich zudem ab, dass auch die stetig weiterwachsenden Schiffsmaße und damit zugleich anwachsenden Wirtschaftswerte den Seehandel vor neue Herausforderungen stellen werden. Derzeit wird von einem Kapazitätszuwachs von ca. 30 % alle vier bis fünf Jahre ausgegangen[945]; inwiefern dieser Anstieg neben versicherungs- und kollisionsrechtlichen Fragen auch das Recht des Seefrachtvertrages beeinflussen wird, vermag aktuell indes noch nicht gesagt zu werden.

Wilms[946] (MdB) erklärte in ihrer Rede im Rahmen der zweiten Lesung der Seerechtsnovelle 2013 vom 13. Dezember 2012:

> „Auch mit dem Gesetzentwurf ist die dringend notwendige gesamte Neufassung des Bereichs Seehandel im Handelsgesetzbuch noch nicht abgeschlossen. In einigen Jahren, wenn die sogenannten Rotterdam Rules ratifiziert sind, wird alles nochmals von vorne angegangen werden müssen. Daher ist das *Seehandelsrecht in seiner heute beschlossenen Fassung nur eine Übergangslösung*. Gerade die Rotterdam Rules stellen die logische Konsequenz für die Seeschifffahrt dar; sie sind in vielen Fällen konkreter und detaillierter." (Hervorhebung durch den Verfasser)

944 Vgl. *Trentmann*: Die Schiffe der Zukunft fahren ohne Kapitän, abrufbar im Internet: <http://www.welt.de/print/die_welt/wirtschaft/article124727454/Die-Schiffe-der-Zukunft-fahren-ohne-Kapitaen.html> (Stand: 04.11.2014).

945 Vgl. *Nicolai*: Allianz warnt vor gefährlichem Gigantismus, abrufbar im Internet: <http://www.welt.de/wirtschaft/article125825094/Allianz-warnt-vor-gefaehrlichem-Gigantismus.html> (Stand: 04.11.2014).

946 BT-PlPr 17/214, S. 26379 B.

Wenn – wie gezeigt – die Gesetzesbegründung auch die These der bloßen Übergangslösung des reformierten Seehandelsrechts durchaus stützt, darf vor dem Hintergrund der dargestellten historischen Entwicklung des Seefrachtrechts in Deutschland vorsichtig bezweifelt werden, dass es zumindest in absehbarer Zukunft zu einer erneuten umfassenden Überarbeitung des nationalen Seehandelsrechts kommen wird. Ein Anlass hierfür wäre wohl tatsächlich einzig dann gegeben, wenn die Rotterdam-Regeln – entgegen der derzeitigen Aussichten – sich international durchsetzen sollten. Insofern wird die Zukunft zeigen, ob und gegebenenfalls wie sich die Seerechtsnovelle 2013 und die in ihr getroffenen Entscheidungen des deutschen Gesetzgebers sich auch auf die weitere Entwicklung der Rotterdam-Regeln auswirken werden.

III. Vergleich der Beratungsergebnisse des Seerechtsausschusses mit der Seerechtsnovelle 2013

Nachdem die Beratungsergebnisse des Seerechtsausschusses bekanntermaßen vom Gesetzgeber – zunächst aus Gründen des Krieges, später wohl auch aufgrund ihres zeitlichen Zusammentreffens mit dem nationalsozialistischen Regime – nicht zur Novellierung des deutschen Seehandelsrechts herangezogen wurden, stellt sich die Frage, inwiefern die vom Ausschuss aufgestellten Leitsätze sich mit der kürzlich in Kraft getretenen Seerechtsnovelle 2013 decken. Hierbei kann es keineswegs verwundern, dass sich teilweise die Änderungsvorschläge des Seerechtsausschusses mit den nunmehr veranlassten Neuerungen überschneiden, jedenfalls soweit es sich um die Beseitigung sogenannten „toten" Gesetzesrechts handelt, welches maßgeblich noch aus der Zeit der Einführung des ADHGB und der seinerzeit vorherrschenden Segelschifffahrtszeit stammt und bis zur Seerechtsnovelle 2013 im HGB „überlebt" hatte. Dieses betrifft etwa vom alten Recht vorgesehene, jedoch bereits seit der Verbreitung der Dampfschifffahrt im Hinblick auf die sich veränderten wirtschaftlichen Verhältnisse unbotmäßigen Wartefristen. Deren Beseitigung hatte – wie gesehen – bereits der Seerechtsausschuss in weiten Teilen vorgeschlagen; so etwa auch die von der Gesetzesbegründung der Seerechtsnovelle 2013 ausdrücklich genannte Regelung des § 590 HGB (1897), wonach bei einem auf Stückgut angelegten Schiff ohne festgesetzten Abreisetermin dem Befrachter das Recht zustand, einen Abreisetermin richterlich bestimmen zu lassen[947]. Da solche Regelungen jedoch bereits zur Zeit der Beratungen des Seerechtsausschusses durch vertraglichen Abreden

947 Begr. RegE, BT-Drs. 17/10309, S. 44.

regelmäßig abbedungen wurden, konnten diese bis ins Jahr 2013 hinein im HGB fortbestehen; Anwendung fanden sie hingegen nicht. Vor diesem Hintergrund hätte eine Novellierung des Seehandelsrechts auf Grundlage der Vorschläge des Seerechtsausschusses in jedem Fall bereits eine erhebliche Bereinigung überkommener Vorschriften mit sich gebracht, die ihre Daseinsberechtigung maßgeblich aus der Segelschifffahrtszeit schöpften.

Andererseits darf nicht übersehen werden, dass die Entwicklung des Seehandelsbetriebs auch nach dem Abschluss der Beratungen des Seerechtsausschusses keinesfalls stehen geblieben ist. Manche Entwicklungen waren zur Zeit des Seerechtsausschusses zwar bereits angelegt, jedoch noch nicht derart weit vorangeschritten, dass diese als maßgebend angesehen werden konnten. So ist augenfällig, dass der Seerechtsausschuss bei seinen Beratungen vor allem aus traditioneller Verbundenheit wie das seinerzeit geltende Gesetzesrecht vom Reisechartervertrag (vom Ausschuss Frachtcharter genannt) als Grundtypus des Seefrachtvertrages ausging und hiervon abweichend für den Stückgutfrachtvertrag nur einzelne Regelungen vorsah. Die Seerechtsnovelle 2013 hat dieses Verhältnis nunmehr umgekehrt, da der Stückgutfrachtvertrag in den vergangenen gut 70 Jahren seit dem Abschluss der Beratungen des Seerechtsausschusses noch weitergehend an Bedeutung zugenommen hat. Durch diese umgekehrte Gewichtung der gesetzlichen Regelungen der beiden Seefrachtvertragstypen sind die Überschneidungen der vom Seerechtsausschuss beschlossenen Leitsätze und der Seerechtsnovelle 2013 bereits durchaus eingegrenzt. Der Seerechtsausschuss hatte maßgeblich noch den Frachtchartervertrag bzw. Reisefrachtvertrag bei seinen Beratungen im Blick; der Stückgutfrachtvertrag sollte hingegen – wie gesehen – weitestgehend der Vertragsfreiheit überlassen werden.

Gleichwohl lassen sich auch im weiteren Sachrecht des Seefrachtvertrages gewisse Parallelitäten der Beratungen des Seerechtsausschusses und der Seerechtsnovelle 2013 finden. Wie bereits seinerzeit der Seerechtsausschuss vorgeschlagen hatte, hat der Gesetzgeber auch mit der Seerechtsnovelle 2013 die Beibehaltung des Systems der Fautfracht vorgesehen, wenn die Fautfracht der Höhe nach auch beschränkt wurde, §§ 415, 417 Abs. 2 HGB. Die Neugestaltung des Haftungsrechts für Fälle des Verlusts und der Beschädigung der Güter durch die Seerechtsnovelle 2013 ist bereits oben dargestellt worden (D. II. 2. b) bb)). Die Regelungen des Seerechtsänderungsgesetzes von 1937 waren bereits zuvor insbesondere im Zusammenhang mit den Visby-Regeln angepasst worden. Die Seerechtsnovelle 2013 hat insofern eine noch weitergehende Entfernung von den Beratungsergebnissen des Seerechtsausschusses mit sich gebracht; insbesondere ist nunmehr die von *Wüstendörfer* eingebrachte und in § 611 Abs. 3 HGB (1937) übernommene zusätzliche Vermutungsregelung bei nicht rechtzeitiger

Schadensanzeige, dass der Schaden nicht auf einem vom Verfrachter zu vertretenden Umstand beruht, aus dem Gesetz genommen worden.

Die modernen Entwicklungen des Seefrachtverkehrs haben naturgemäß ebenfalls Einfluss auf die Seerechtsnovelle 2013 genommen und insoweit zu gewissen Abweichungen von den Beratungsergebnissen des Seerechtsausschusses geführt. Hier sei exemplarisch auf die Regelung der Lade- und Löschzeit verwiesen:

Zwar finden sich insoweit gewisse Überschneidungen; der Seerechtsausschuss hatte in seiner 40. Arbeitssitzung beschlossen, die Regelung des § 567 HGB (1897) dahingehend zu ergänzen, dass die Anzeige der Ladebereitschaft *„an einem Werktag zu den üblichen Geschäftsstunden"* zu erfolgen habe. Nunmehr ist durch die Seerechtsnovelle 2013 in § 529 Abs. 2 Satz 1 HGB die Regelung aufgenommen worden, dass die Anzeige der Ladebereitschaft *„während der am Ladeplatz üblichen Geschäftsstunden"* erfolgen muss[948]. Jedoch hatte sich der Seerechtsausschuss im gleichen Zuge noch mehrheitlich kritisch gegenüber der Zulässigkeit einer Vorausanzeige des Verfrachters geäußert; eine solche ist nunmehr jedoch in §§ 529 Abs. 1 Satz 2, 535 Abs. 1 Satz 1 HGB durch die Seerechtsnovelle 2013 eingeführt worden, jedenfalls soweit der Befrachter dem Verfrachter noch keinen Ladeplatz benannt hat und das Schiff den Ladehafen bereits erreicht hat. Die Seerechtsnovelle dürfte insoweit der weiteren Beschleunigung des Seehandelverkehrs Rechnung getragen haben.

Weiterhin hatte der Seerechtsausschuss in seiner 41. Arbeitssitzung noch befürwortet, dass aufgrund der eingeführten Sonntagsruhe bei der Berechnung der Liegezeit – anders als bei der Überliegezeit – Sonn- und Feiertage unberücksichtigt bleiben sollten. Die Seerechtsnovelle ist in § 530 Abs. 4 Satz 2 HGB hingegen bei der bisherigen Regelung des § 573 Abs. 1 HGB (1897) verblieben: *„Bei der Berechnung der Lade- und Überliegezeit werden die Tage in ununterbrochener fortlaufender Reihenfolge unter Einschluss der Sonntage und Feiertage gezählt."* In der Gesetzesbegründung heißt es diesbezüglich schlicht, dass keine Veranlassung bestünde, diese Tage von der Berechnung der Liege- und Überliegezeit auszunehmen[949]. Hingegen ist festzustellen, dass der auch vom Seerechtsausschuss befürwortete *„Sphärengedanke"*[950] hinsichtlich der Risikoverteilung bei Verzögerungen während der Lade- und Löschzeit nunmehr ausdrücklich Eingang in § 530 Abs. 4 Satz 2 HGB gefunden hat.

---

948 Diese Regelung war zuvor zum Teil aus § 358 HGB abgeleitet worden, vgl. Begr. RegE, BT-Drs. 17/10309, S. 102.

949 Begr. RegE, BT-Drs. 17/10309, S. 103.

950 Begr. RegE, BT-Drs. 17/10309, S. 103.

Moderne Entwicklungen, insbesondere technischer Art, konnten die Mitglieder des Seerechtsausschusses selbstverständlich nicht voraussehen und entsprechend berücksichtigen. Dieser Umstand ist jedoch auch bei der Seerechtsnovelle 2013 festzustellen, welche zwar erste Schritte zur Öffnung des Gesetzesrechts hinsichtlich moderner Kommunikationsmedien geschaffen hat, hier indes – dem „Traditionsbewusstsein" des Seehandels und der Zurückhaltung des nationalen Gesetzgebers entsprechend – keine zukunftsweisenden Regelungen aufgestellt hat. Auch weiterhin soll mithin eine weitgehende Liberalität des Seehandelsrechts den beteiligten Wirtschaftskreisen genügend Raum lassen, durch eigene vertragliche Abreden auf die sich stets verändernden Umstände und Verhältnisse des Seehandelsrechts reagieren zu können. Das im HGB fixierte Seehandelsrecht soll hierbei (lediglich) als gesetzliches Leitbild dienen. Eben diesen Ansatz verfolgte auch der Seerechtsausschuss bei der Beratung des Rechts des Seefrachtvertrages.

Ein noch größerer Unterschied zu den Beratungen des Seerechtsausschuss hätte sich ergeben, wenn mit der Seerechtsnovelle 2013 die von der Sachverständigengruppe vorgeschlagene Kündigung der Haager Regeln in die Tat umgesetzt und das HGB losgelöst von den verbindlichen Vorgaben dieses Übereinkommens überarbeitet worden wäre. Hierzu konnte der deutsche Gesetzgeber sich jedoch aus den dargestellten Gründen nicht entscheiden. Daher wirkt jedenfalls die Beteiligung des Seerechtsausschusses an der Einführung der Haager Regeln in das deutsche Recht auch im heutigen HGB noch fort.

Aus den vorstehenden Ausführungen ist ersichtlich, dass die Beratungsergebnisse des Seerechtsausschuss im Vergleich zu den Regelungen des Handelsgesetzbuches in seiner ursprünglichen Fassung einen erheblichen Fortschritt bedeutet hätten, auch wenn die weitere Entwicklung des Seetransportrechts seit der Mitte des vergangenen Jahrhunderts hier jedoch weitere bzw. abweichende Modifizierungen der gesetzlichen Regelungen erforderlich gemacht hat. Aus rechtshistorischer Sicht sind die Beratungen des Seerechtsausschusses der Akademie für Deutsches Recht für die Entwicklung des Seehandelsrechts bis in die 1940er Jahre des 20. Jahrhunderts eine bedeutende und überaus aufschlussreiche Erkenntnisquelle, auf die auch *Wüstendörfer* in seinem „Grundriss" des Seehandelsrechts von 1947/1950 wiederholt hingewiesen hat.

Anhang A: HGB (5. Buch, 4. Abschnitt) in der Fassung vom 10. Mai 1897

Bestimmungen des Handelsgesetzbuches in der Fassung vom 10. Mai 1897
Viertes Buch.
Seehandel
Vierter Abschnitt. Frachtgeschäft zur Beförderung von Gütern.

§. 556.

Der Frachtvertrag zur Beförderung von Gütern bezieht sich entweder
1. auf das Schiff im Ganzen oder einen verhältnißmäßigen Theil oder einen bestimmt bezeichneten Raum des Schiffes oder
2. auf einzelne Güter (Stückgüter).

§. 557.

Wird das Schiff im Ganzen oder zu einem verhältnißmäßigen Theile oder wird ein bestimmt bezeichneter Raum des Schiffes verfrachtet, so kann jede Partei verlangen, daß über den Vertrag eine schriftliche Urkunde (Chartepartie) errichtet wird.

§. 558.

In der Verfrachtung eines ganzen Schiffes ist die Kajüte nicht einbegriffen; es dürfen jedoch ohne Einwilligung des Befrachters in die Kajüte keine Güter verladen werden.

§. 559.

Bei jeder Art von Frachtvertrag (§. 556) hat der Verfrachter das Schiff in seetüchtigem Stande zu liefern.

Er haftet dem Befrachter für jeden Schaden, der aus dem mangelhaften Zustande des Schiffes entsteht, es sei denn, daß der Mangel bei Anwendung der Sorgfalt eines ordentlichen Verfrachters nicht zu entdecken war.

§. 560.

Der Schiffer hat zur Einnahme der Ladung das Schiff an den vom Befrachter oder, wenn das Schiff an Mehrere verfrachtet ist, von sämmtlichen Befrachtern ihm angewiesenen Platz hinzulegen.

Erfolgt die Anweisung nicht rechtzeitig oder wird nicht von sämmtlichen Befrachtern derselbe Platz angewiesen oder gestatten die Wassertiefe, die Sicherheit des Schiffes oder die örtlichen Verordnungen oder Einrichtungen die Befolgung der Anweisung nicht, so hat der Schiffer an dem ortsüblichen Ladungsplatz anzulegen.

§. 561.

Sofern nicht durch Vertrag oder durch die örtlichen Verordnungen des Abladungshafens und in deren Ermangelung durch einen daselbst bestehenden Ortsgebrauch ein Anderes bestimmt ist, sind die Güter von dem Befrachter kostenfrei bis an das Schiff zu liefern, dagegen die Kosten der Einladung in das Schiff von dem Verfrachter zu tragen.

§. 562.

Der Verfrachter ist verpflichtet, statt der vertragsmäßigen Güter andere, von dem Befrachter zur Verschiffung nach demselben Bestimmungshafen ihm angebotene Güter anzunehmen, wenn dadurch seine Lage nicht erschwert wird.

Diese Vorschrift findet keine Anwendung, wenn die Güter im Vertrage nicht blos nach Art oder Gattung, sondern speziell bezeichnet sind.

§. 563.

Der Befrachter oder Ablader, welcher die verladenen Güter unrichtig bezeichnet oder Kriegskontrebande oder Güter verladet, deren Ausfuhr oder deren Einfuhr in den Bestimmungshafen verboten ist, oder welcher bei der Abladung die gesetzlichen Vorschriften, insbesondere die Polizei-, Steuer- und Zollgesetze, übertritt, wird, sofern ihm dabei ein Verschulden zur Last fällt, nicht blos dem Verfrachter, sondern auch allen übrigen im §. 512 Abs. 1 bezeichneten Personen für den durch sein Verfahren veranlaßten Aufenthalt und jeden anderen Schaden verantwortlich.

Dadurch, daß er mit Zustimmung des Schiffers gehandelt hat, wird seine Verantwortlichkeit den übrigen Personen gegenüber nicht ausgeschlossen.

Er kann aus der Konfiskation der Güter keinen Grund herleiten, die Zahlung der Fracht zu verweigern.

Gefährden die Güter das Schiff oder die übrige Ladung, so ist der Schiffer befugt, die Güter ans Land zu setzen oder in dringenden Fällen über Bord zu werfen.

§. 564.

Auch derjenige, welcher ohne Wissen des Schiffers Güter an Bord bringt, ist nach Maßgabe des §. 563 zum Ersatze des daraus entstehenden Schadens verpflichtet. Der Schiffer ist befugt, solche Güter wieder ans Land zu setzen oder, wenn sie das Schiff oder die übrige Ladung gefährden, nöthigenfalls über Bord zu werfen. Hat der Schiffer die Güter an Bord behalten, so ist dafür die höchste am Abladungsorte zur Abladungszeit für solche Reisen und Güter bedungene Fracht zu bezahlen.

§. 565.

Der Verfrachter ist nicht befugt, ohne Erlaubniß des Befrachters die Güter in ein anderes Schiff zu verladen. Handelt er dieser Vorschrift zuwider, so ist er für jeden daraus entstehenden Schaden verantwortlich, es sei denn, daß der Schaden auch dann entstanden und dem Befrachter zur Last gefallen sein würde, wenn die Güter nicht in ein anderes Schiff verladen worden wären.

Auf Umladungen in ein anderes Schiff, die in Fällen der Noth nach dem Antritte der Reise erfolgen, finden die Vorschriften des Abs. 1 keine Anwendung.

§. 566.

Ohne Zustimmung des Abladers dürfen dessen Güter weder auf das Verdeck verladen noch an die Seiten des Schiffes gehängt werden.

Die Landesgesetze können bestimmen, daß diese Vorschrift, soweit sie die Beladung des Verdecks betrifft, auf die Küstenschiffahrt keine Anwendung findet.

§. 567.

Bei der Verfrachtung eines Schiffes im Ganzen hat der Schiffer, sobald er zur Einnahme der Ladung fertig und bereit ist, dies dem Befrachter anzuzeigen.

Mit dem auf die Anzeige folgenden Tage beginnt die Ladezeit.

Ueber die Ladezeit hinaus hat der Verfrachter auf die Abladung noch länger zu warten, wenn es vereinbart ist (Ueberliegezeit).

Für die Ladezeit kann, sofern nicht das Gegentheil bedungen ist, keine besondere Vergütung verlangt werden. Dagegen hat der Befrachter dem Verfrachter für die Ueberliegezeit eine Vergütung (Liegegeld) zu gewähren.

§. 568.

Ist die Dauer der Ladezeit durch Vertrag nicht festgesetzt, so wird sie durch die örtlichen Verordnungen des Abladungshafens und in deren Ermangelung durch den daselbst bestehenden Ortsgebrauch bestimmt. Besteht auch ein solcher Ortsgebrauch nicht, so gilt als Ladezeit eine den Umständen des Falles angemessene Frist.

Ist eine Ueberliegezeit, nicht aber deren Dauer, durch Vertrag bestimmt, so beträgt die Ueberliegezeit vierzehn Tage.

Enthält der Vertrag nur die Festsetzung eines Liegegeldes, so ist anzunehmen, daß eine Ueberliegezeit ohne Bestimmung der Dauer vereinbart sei.

§. 569.

Ist die Dauer der Ladezeit oder der Tag, mit welchem die Ladezeit enden soll, durch Vertrag bestimmt, so beginnt die Ueberliegezeit ohne weiteres mit dem Ablaufe der Ladezeit.

In Ermangelung einer solchen vertragsmäßigen Bestimmung beginnt die Ueberliegezeit erst, nachdem der Verfrachter dem Befrachter erklärt hat, daß die Ladezeit abgelaufen sei. Der Verfrachter kann schon innerhalb der Ladezeit dem Befrachter erklären, an welchem Tage er die Ladezeit für abgelaufen halte. In diesem Falle ist zum Ablaufe der Ladezeit und zum Beginne der Ueberliegezeit eine neue Erklärung des Verfrachters nicht erforderlich.

§. 570.

Nach dem Ablaufe der Ladezeit oder, wenn eine Ueberliegezeit vereinbart ist, nach dem Ablaufe der Ueberliegezeit ist der Verfrachter nicht verpflichtet, auf die Abladung noch länger zu warten. Er muß jedoch seinen Willen, nicht länger zu warten, spätestens drei Tage vor dem Ablaufe der Ladezeit oder der Ueberliegezeit dem Befrachter erklären.

Ist dies nicht geschehen, so läuft die Ladezeit oder Ueberliegezeit nicht eher ab, als bis die Erklärung nachgeholt ist und seit dem Tage der Abgabe der Erklärung drei Tage verstrichen sind.

Die in den Abs. 1, 2 erwähnten drei Tage werden in allen Fällen als ununterbrochen fortlaufende Tage nach dem Kalender gezählt.

§. 571.

Die in den §§. 569, 570 bezeichneten Erklärungen des Verfrachters sind an keine besondere Form gebunden. Weigert sich der Befrachter, den Empfang einer solchen Erklärung in genügender Weise zu bescheinigen, so ist der Verfrachter befugt, eine öffentliche Urkunde darüber auf Kosten des Befrachters errichten zu lassen.

§. 572.

Das Liegegeld ist, wenn es nicht durch Vertrag bestimmt ist, nach billigem Ermessen zu bestimmen.

Hierbei ist auf die näheren Umstände des Falles, insbesondere auf die Heuerbeträge und die Unterhaltskosten der Schiffsbesatzung sowie auf den dem Verfrachter entgehenden Frachtverdienst, Rücksicht zu nehmen.

§. 573.

Bei der Berechnung der Lade- und Ueberliegezeit werden die Tage in ununterbrochen fortlaufender Reihenfolge gezählt; insbesondere kommen in Ansatz die

Sonntage und die Feiertage sowie diejenigen Tage, an welchen der Befrachter durch Zufall die Ladung zu liefern verhindert ist.

Nicht in Ansatz kommen jedoch die Tage, an denen durch Wind und Wetter oder durch irgend einen anderen Zufall entweder

1. die Lieferung nicht nur der bedungenen, sondern jeder Art von Ladung an das Schiff oder
2. die Uebernahme der Ladung

verhindert ist.

§. 574.

Für die Tage, die der Verfrachter wegen Verhinderung der Lieferung jeder Art von Ladung länger warten muß, gebührt ihm Liegegeld, selbst wenn die Verhinderung während der Ladezeit eintritt. Dagegen ist für die Tage, die er wegen Verhinderung der Uebernahme der Ladung länger warten muß, Liegegeld nicht zu entrichten, selbst wenn die Verhinderung während der Ueberliegezeit eintritt.

§. 575.

Sind für die Dauer der Ladezeit nach §. 568 die örtlichen Verordnungen oder der Ortsgebrauch maßgebend, so kommen bei der Berechnung der Ladezeit die Vorschriften der §§. 573, 574 nur insoweit zur Anwendung, als die örtlichen Verordnungen oder der Ortsgebrauch nichts Abweichendes bestimmen.

§. 576.

Hat sich der Verfrachter ausbedungen, daß die Abladung bis zu einem bestimmten Tage beendigt sein muß, so wird er durch die Verhinderung der Lieferung jeder Art von Ladung (§. 573 Abs. 2 Nr. 1) zum längeren Warten nicht verpflichtet.

§. 577.

Soll der Verfrachter die Ladung von einem Dritten erhalten und ist dieser Dritte ungeachtet der von dem Verfrachter in ortsüblicher Weise kundgemachten Bereitschaft zum Laden nicht zu ermitteln oder verweigert er die Lieferung der Ladung, so hat der Verfrachter den Befrachter schleunigst hiervon zu benachrichtigen und nur bis zum Ablaufe der Ladezeit, nicht auch während der etwa vereinbarten Ueberliegezeit auf die Abladung zu warten, es sei denn, daß er von dem Befrachter oder einem Bevollmächtigten des Befrachters noch innerhalb der Ladezeit eine entgegengesetzte Anweisung erhält.

Ist für die Ladezeit und die Löschzeit zusammen eine ungetheilte Frist bestimmt, so wird für den im Abs. 1 erwähnten Fall die Hälfte dieser Frist als Ladezeit angesehen.

§. 578.

Der Verfrachter hat auf Verlangen des Befrachters die Reise auch ohne die volle bedungene Ladung anzutreten. Es gebührt ihm aber alsdann nicht nur die volle Fracht und das etwaige Liegegeld, sondern er ist auch berechtigt, soweit ihm durch die Unvollständigkeit der Ladung die Sicherheit für die volle Fracht entgeht, die Bestellung einer anderweitigen Sicherheit zu fordern. Außerdem sind ihm die Mehrkosten, die ihm in Folge der Unvollständigkeit der Ladung etwa erwachsen, durch den Befrachter zu erstatten.

§. 579.

Hat der Befrachter bis zum Ablaufe der Zeit, während welcher der Verfrachter auf die Abladung zu warten verpflichtet ist (Wartezeit), die Abladung nicht vollständig bewirkt, so ist der Verfrachter befugt, sofern der Befrachter nicht von dem Vertrage zurücktritt, die Reise anzutreten und die im §. 578 bezeichneten Forderungen geltend zu machen.

§. 580.

Der Befrachter kann vor dem Antritte der Reise, sei diese eine einfache oder eine zusammengesetzte, von dem Vertrag unter der Verpflichtung zurücktreten, die Hälfte der bedungenen Fracht als Fautfracht zu zahlen.

Im Sinne dieser Vorschrift wird die Reise schon dann als angetreten erachtet:

1. wenn der Befrachter den Schiffer bereits abgefertigt hat;
2. wenn er die Ladung bereits ganz oder zu einem Theile geliefert hat und die Wartezeit verstrichen ist.

§. 581.

Macht der Befrachter von dem im §. 580 bezeichneten Rechte Gebrauch, nachdem Ladung geliefert ist, so hat er auch die Kosten der Einladung und Wiederausladung zu tragen und für die Zeit der Wiederausladung, soweit sie nicht in die Ladezeit fällt, Liegegeld (§. 572) zu zahlen. Die Wiederausladung ist mit möglichster Beschleunigung zu bewirken.

Der Verfrachter ist verpflichtet, den Aufenthalt, den die Wiederausladung verursacht, selbst dann sich gefallen zu lassen, wenn dadurch die Wartezeit überschritten wird. Für die Zeit nach dem Ablaufe der Wartezeit hat er Anspruch auf Liegegeld und auf Ersatz des durch die Ueberschreitung der Wartezeit entstandenen Schadens, soweit der letztere den Betrag dieses Liegegeldes übersteigt.

§. 582.

Nachdem die Reise im Sinne des §. 580 angetreten ist, kann der Befrachter nur gegen Berichtigung der vollen Fracht sowie aller sonstigen Forderungen des

Verfrachters (§. 614) und gegen Berichtigung oder Sicherstellung der im §. 615 bezeichneten Forderungen von dem Vertrage zurücktreten und die Wiederausladung der Güter fordern

Im Falle der Wiederausladung hat der Befrachter nicht nur die hierdurch entstehenden Mehrkosten, sondern auch den Schaden zu ersetzen, welcher aus dem durch die Wiederausladung verursachten Aufenthalte dem Verfrachter entsteht.

Zum Zwecke der Wiederausladung der Güter die Reise zu ändern oder einen Hafen anzulaufen, ist der Verfrachter nicht verpflichtet.

§. 583.

Der Befrachter ist statt der vollen Fracht nur zwei Drittheile als Fautfracht zu zahlen verpflichtet, wenn das Schiff zugleich auf Rückladung verfrachtet ist oder in Ausführung des Vertrags zur Einnahme der Ladung eine Fahrt aus einem anderen Hafen zu machen hat und in diesen beiden Fällen der Rücktritt früher erklärt wird, als die Rückreise oder die Reise aus dem Abladungshafen im Sinne des §. 580 angetreten ist.

§. 584.

Bei anderen zusammengesetzten Reisen erhält der Verfrachter, wenn der Befrachter den Rücktritt erklärt, bevor in Bezug auf den letzten Reiseabschnitt die Reise im Sinne des §. 580 angetreten ist, als Fautfracht zwar die volle Fracht, es kommt von dieser jedoch ein angemessener Bruchtheil in Abzug, sofern die Umstände die Annahme begründen, daß der Verfrachter in Folge der Aufhebung des Vertrags Kosten erspart und Gelegenheit zu anderweitigem Frachtverdienste gehabt habe.

Der Abzug darf in keinem Falle die Hälfte der Fracht übersteigen.

§. 585.

Liefert der Befrachter bis zum Ablaufe der Wartezeit keine Ladung, so ist der Verfrachter an seine Verpflichtungen aus dem Vertrage nicht länger gebunden und befugt, gegen den Befrachter dieselben Ansprüche geltend zu machen, welche ihm zugestanden haben würden, wenn der Befrachter von dem Vertrage zurückgetreten wäre (§§. 580, 583, 584).

§. 586.

Auf die Fautfracht wird die Fracht, welche der Verfrachter für andere Ladungsgüter erhält, nicht angerechnet. Die Vorschrift des §. 584 Abs. 1 bleibt unberührt.

Der Anspruch des Verfrachters auf Fautfracht ist nicht davon abhängig, daß er die im Vertrage bezeichnete Reise ausführt.

Durch die Fautfracht werden die Ansprüche des Verfrachters auf Liegegeld und die übrigen ihm etwa zustehenden Forderungen (§. 614) nicht ausgeschlossen.

§. 587.

Ist ein verhältnißmäßiger Theil oder ein bestimmt bezeichneter Raum des Schiffes verfrachtet, so gelten die Vorschriften der §§. 567 bis 586 mit folgenden Abweichungen:

1. Der Verfrachter erhält in den Fällen, in denen er sich nach diesen Vorschriften mit einem Theile der Fracht begnügen müßte, als Fautfracht die volle Fracht, es sei denn, daß sämmtliche Befrachter zurücktreten oder keine Ladung liefern.
   Von der vollen Fracht kommt jedoch die Fracht für diejenigen Güter in Abzug, welche der Verfrachter an Stelle der nicht gelieferten annimmt.
2. In den Fällen der §§. 581, 582 kann der Befrachter die Wiederausladung nicht verlangen, wenn sie eine Verzögerung der Reise zur Folge haben oder eine Umladung nöthig machen würde, es sei denn, daß alle übrigen Befrachter zustimmen. Außerdem ist der Befrachter verpflichtet, sowohl die Kosten als auch den Schaden zu ersetzen, welche durch die Wiederausladung entstehen.
   Machen sämmtliche Befrachter von dem Rechte des Rücktritts Gebrauch, so hat es bei den Vorschriften der §§. 581, 582 sein Bewenden.

§. 588.

Hat der Frachtvertrag Stückgüter zum Gegenstande, so muß der Befrachter auf die Aufforderung des Schiffers ohne Verzug die Abladung bewirken.

Ist der Befrachter säumig, so ist der Verfrachter nicht verpflichtet, auf die Lieferung der Güter zu warten; der Befrachter muß, wenn die Reise ohne die Güter angetreten wird, gleichwohl die volle Fracht entrichten. Es kommt von der letzteren jedoch die Fracht für diejenigen Güter in Abzug, welche der Verfrachter an Stelle der nicht gelieferten annimmt.

Der Verfrachter, der den Anspruch auf die Fracht gegen den säumigen Befrachter geltend machen will, ist bei Verlust des Anspruchs verpflichtet, dies dem Befrachter vor der Abreise kund zu geben. Auf diese Erklärung finden die Vorschriften des §. 571 Anwendung.

§. 589.

Nach der Abladung kann der Befrachter auch gegen Berichtigung der vollen Fracht sowie aller sonstigen Forderungen des Verfrachters (§. 614) und gegen Berichtigung oder Sicherstellung der im §. 615 bezeichneten Forderungen nur nach Maßgabe des §. 587 Nr. 2 Abs. 1 von dem Vertrage zurücktreten und die Wiederausladung der Güter fordern.

Die Vorschrift des §. 582 Abs. 3 findet Anwendung.

§. 590.

Ist ein Schiff auf Stückgüter angelegt und die Zeit der Abreise nicht festgesetzt, so hat auf Antrag des Befrachters der Richter nach den Umständen des Falles den Zeitpunkt zu bestimmen, über welchen hinaus der Antritt der Reise nicht verschoben werden darf.

§. 591.

Bei jeder Art von Frachtvertrag hat der Befrachter innerhalb der Zeit, binnen welcher die Güter zu liefern sind, dem Schiffer zugleich alle zur Verschiffung der Güter erforderlichen Papiere zuzustellen.

§. 592.

Der Schiffer hat zur Löschung der Ladung das Schiff an den Platz hinzulegen, der ihm von demjenigen, an welchen die Ladung abzuliefern ist (Empfänger), oder, wenn die Ladung an mehrere Empfänger abzuliefern ist, von sämmtlichen Empfängern angewiesen wird.

Erfolgt die Anweisung nicht rechtzeitig oder wird nicht von sämmtlichen Empfängern derselbe Platz angewiesen oder gestatten die Wassertiefe, die Sicherheit des Schiffes oder die örtlichen Verordnungen oder Einrichtungen die Befolgung der Anweisung nicht, so hat der Schiffer an dem ortsüblichen Löschungsplatz anzulegen.

§. 593.

Sofern nicht durch Vertrag oder durch die örtlichen Verordnungen des Löschungshafens und in deren Ermangelung durch einen daselbst bestehenden Ortsgebrauch ein Anderes bestimmt ist, werden die Kosten der Ausladung aus dem Schiffe von dem Verfrachter, alle übrigen Kosten der Löschung von dem Ladungsempfänger getragen.

§. 594.

Bei der Verfrachtung eines Schiffes im Ganzen hat der Schiffer, sobald er zum Löschen fertig und bereit ist, dies dem Empfänger anzuzeigen.

Ist der Empfänger dem Schiffer unbekannt, so ist die Anzeige durch öffentliche Bekanntmachung in ortsüblicher Weise zu bewirken.

Mit dem auf die Anzeige folgenden Tage beginnt die Löschzeit.

Ueber die Löschzeit hinaus hat der Verfrachter nur dann auf die Abnahme der Ladung noch länger zu warten, wenn es vereinbart ist (Ueberliegezeit).

Für die Löschzeit kann, sofern nicht das Gegentheil bedungen ist, keine besondere Vergütung verlangt werden. Dagegen ist dem Verfrachter für die Ueberliegezeit eine Vergütung (Liegegeld) zu gewähren.

In Ansehung der Höhe des Liegegeldes finden die Vorschriften des §. 572 Anwendung.

§. 595.

Ist die Dauer der Löschzeit durch Vertrag nicht festgesetzt, so wird sie durch die örtlichen Verordnungen des Löschungshafens und in deren Ermangelung durch den daselbst bestehenden Ortsgebrauch bestimmt. Besteht auch ein solcher Ortsgebrauch nicht, so gilt als Löschzeit eine den Umständen des Falles angemessene Frist.

Ist eine Ueberliegezeit, nicht aber deren Dauer, durch Vertrag bestimmt, so beträgt die Ueberliegezeit vierzehn Tage.

Enthält der Vertrag nur die Festsetzung eines Liegegeldes, so ist anzunehmen, daß eine Ueberliegezeit ohne Bestimmung der Dauer vereinbart sei.

§. 596.

Ist die Dauer der Löschzeit oder der Tag, mit welchem die Löschzeit enden soll, durch Vertrag bestimmt, so beginnt die Ueberliegezeit ohne Weiteres mit dem Ablaufe der Löschzeit.

In Ermangelung einer solchen vertragsmäßigen Bestimmung beginnt die Ueberliegezeit erst, nachdem der Verfrachter dem Empfänger erklärt hat, daß die Löschzeit abgelaufen sei. Der Verfrachter kann schon innerhalb der Löschzeit dem Empfänger erklären, an welchem Tage er die Löschzeit für abgelaufen halte. In diesem Falle ist zum Ablaufe der Löschzeit und zum Beginne der Ueberliegezeit eine neue Erklärung des Verfrachters nicht erforderlich.

Auf die im Abs. 2 erwähnten Erklärungen des Verfrachters finden die Vorschriften des §. 571 Anwendung.

§. 597.

Bei der Berechnung der Lösch- und Ueberliegezeit werden die Tage in ununterbrochen fortlaufender Reihenfolge gezählt; insbesondere kommen in Ansatz die Sonntage und die Feiertage sowie diejenigen Tage, an welchen der Empfänger durch Zufall die Ladung abzunehmen verhindert ist.

Nicht in Ansatz kommen jedoch die Tage, an denen durch Wind und Wetter oder durch irgend einen anderen Zufall entweder

1. die Beförderung nicht nur der im Schiffe befindlichen, sondern jeder Art von Ladung von dem Schiffe an das Land oder
2. die Ausladung aus dem Schiffe verhindert ist.

§. 598.

Für die Tage, die der Verfrachter wegen der Verhinderung der Beförderung jeder Art von Ladung von dem Schiffe an das Land länger warten muß, gebührt ihm Liegegeld, selbst wenn die Verhinderung während der Löschzeit eintritt. Dagegen ist für die Tage, die er wegen Verhinderung der Ausladung aus dem Schiffe länger warten muß, Liegegeld nicht zu entrichten, selbst wenn die Verhinderung während der Ueberliegezeit eintritt.

§. 599.

Sind für die Dauer der Löschzeit nach §. 595 die örtlichen Verordnungen oder der Ortsgebrauch maßgebend, so kommen bei der Berechnung der Löschzeit die Vorschriften der §§. 597, 598 nur insoweit zur Anwendung, als die örtlichen Verordnungen oder der Ortsgebrauch nichts Abweichendes bestimmen.

§. 600.

Hat sich der Verfrachter ausbedungen, daß die Löschung bis zu einem bestimmten Tage beendigt sein muß, so wird er durch die Verhinderung der Beförderung jeder Art von Ladung von dem Schiffe an das Land (§. 597 Abs. 2 Nr. 1) zum längeren Warten nicht verpflichtet.

§. 601.

Wenn sich der Empfänger zur Abnahme der Güter bereit erklärt, die Abnahme aber über die von ihm einzuhaltenden Fristen verzögert, so ist der Schiffer befugt, die Güter unter Benachrichtigung des Empfängers in einem öffentlichen Lagerhaus oder sonst in sicherer Weise zu hinterlegen.

Der Schiffer ist verpflichtet, in dieser Weise zu verfahren und zugleich den Befrachter davon in Kenntniß zu setzen, wenn der Empfänger die Annahme der Güter verweigert oder sich über die Annahme auf die im §. 594 vorgeschriebene Anzeige nicht erklärt oder wenn der Empfänger nicht zu ermitteln ist.

§. 602.

Soweit durch die Säumniß des Empfängers oder durch das Hinterlegungsverfahren die Löschzeit ohne Verschulden des Schiffers überschritten wird, hat der Verfrachter Anspruch auf Liegegeld (§. 594), unbeschadet des Rechtes, für diese

Zeit, soweit sie keine vertragsmäßige Ueberliegezeit ist, einen höheren Schaden geltend zu machen.

§. 603.

Die Vorschriften der §§. 594 bis 602 kommen auch zur Anwendung, wenn ein verhältnißmäßiger Theil oder ein bestimmt bezeichneter Raum des Schiffes verfrachtet ist.

§. 604.

Stückgüter hat der Empfänger auf die Aufforderung des Schiffers ohne Verzug abzunehmen. Ist der Empfänger dem Schiffer unbekannt, so ist die Aufforderung durch öffentliche Bekanntmachung in ortsüblicher Weise zu bewirken.

In Ansehung des Rechtes und der Verpflichtung des Schiffers, die Güter zu hinterlegen, gelten die Vorschriften des §. 601. Die im §. 601 vorgeschriebene Benachrichtigung des Befrachters kann durch öffentliche, in ortsüblicher Weise zu bewirkende Bekanntmachung erfolgen

Für die Tage, um welche durch die Säumniß des Empfängers oder durch das Hinterlegungsverfahren die Frist, binnen welcher das Schiff würde entlöscht worden sein, überschritten ist, hat der Verfrachter Anspruch auf Liegegeld (§. 594), unbeschadet des Rechtes, einen höheren Schaden geltend zu machen.

§. 605.

Hat bei der Verfrachtung des Schiffes im Ganzen oder eines verhältnißmäßigen Theiles oder eines bestimmt bezeichneten Raumes des Schiffes der Befrachter Unterfrachtverträge über Stückgüter geschlossen, so bleiben für die Rechte und Pflichten des ursprünglichen Verfrachters die Vorschriften der §§. 594 bis 602 maßgebend.

§. 606.

Der Verfrachter haftet für den Schaden, der durch Verlust oder Beschädigung der Güter in der Zeit von der Annahme bis zur Ablieferung entsteht, es sei denn, daß der Verlust oder die Beschädigung auf Umständen beruht, die durch die Sorgfalt eines ordentlichen Verfrachters nicht abgewendet werden konnten.

§. 607.

Für Kostbarkeiten, Kunstgegenstände, Geld und Werthpapiere haftet der Verfrachter nur, wenn diese Beschaffenheit oder der Werth der Güter bei der Abladung dem Schiffer angegeben worden ist.

§. 608.

Bevor der Empfänger die Güter übernimmt, kann sowohl der Empfänger als der Schiffer, um den Zustand oder die Menge der Güter festzustellen, ihre Besichtigung durch die zuständige Behörde oder durch die zu dem Zwecke amtlich bestellten Sachverständigen bewirken lassen.

Bei diesem Verfahren ist die am Orte anwesende Gegenpartei zuzuziehen, sofern die Umstände es gestatten.

§. 609.

Ist die Besichtigung vor der Uebernahme nicht geschehen, so muß der Empfänger spätestens am zweiten Werktage nach dem Tage der Uebernahme die nachträgliche Besichtigung der Güter nach Maßgabe des §. 608 erwirken, widrigenfalls alle Ansprüche wegen Beschädigung oder theilweisen Verlustes erlöschen. Es macht keinen Unterschied, ob der Verlust oder die Beschädigung äußerlich erkennbar war oder nicht.

Diese Vorschrift findet keine Anwendung auf solche Verluste und Beschädigungen, die durch Vorsatz oder grobe Fahrlässigkeit einer Person der Schiffsbesatzung entstanden sind.

§. 610.

Die Kosten der Besichtigung hat derjenige zu tragen, welcher sie beantragt hat.

Ist jedoch die Besichtigung von dem Empfänger beantragt und wird ein Verlust oder eine Beschädigung ermittelt, wofür der Verfrachter Ersatz zu leisten hat, so fallen diesem die Kosten zur Last.

§. 611.

Muß auf Grund des Frachtvertrags für gänzlichen oder theilweisen Verlust von Gütern Ersatz geleistet werden, so ist der gemeine Handelswerth und in dessen Ermangelung der gemeine Werth zu ersetzen, welchen Güter derselben Art und Beschaffenheit am Bestimmungsorte der Güter bei Beginn der Löschung des Schiffes oder, wenn eine Entlöschung des Schiffes an diesem Orte nicht erfolgt, bei seiner Ankunft daselbst haben; hiervon kommt in Abzug, was in Folge des Verlustes an Zöllen und sonstigen Kosten sowie an Fracht erspart ist.

Wird der Bestimmungsort der Güter nicht erreicht, so tritt an dessen Stelle der Ort, wo die Reise endet, oder, wenn die Reise durch Verlust des Schiffes endet, der Ort, wohin die Ladung in Sicherheit gebracht ist.

§. 612.

Die Vorschriften des §. 611 finden auch auf diejenigen Güter Anwendung, für welche der Rheder nach §. 541 Ersatz leisten muß.

Uebersteigt im Falle der Verfügung über die Güter durch Verkauf der Reinerlös den im §. 611 bezeichneten Preis, so tritt an die Stelle des letzteren der Reinerlös.

§. 613.

Muß auf Grund des Frachtvertrags für Beschädigung von Gütern Ersatz geleistet werden, so ist der Unterschied zwischen dem Verkaufswerthe der Güter im beschädigten Zustande und dem gemeinen Handelswerth oder dem gemeinen Werthe zu ersetzen, welchen die Güter ohne die Beschädigung am Bestimmungsorte zur Zeit der Löschung des Schiffes gehabt haben würden; hiervon kommt in Abzug, was in Folge der Beschädigung an Zöllen und sonstigen Kosten erspart ist.

§. 614.

Durch die Annahme der Güter wird der Empfänger verpflichtet, nach Maßgabe des Frachtvertrags oder des Konnossements, auf deren Grund die Empfangnahme geschieht, die Fracht nebst allen Nebengebühren sowie das etwaige Liegegeld zu bezahlen, die ausgelegten Zölle und übrigen Auslagen zu erstatten und die ihm sonst obliegenden Verpflichtungen zu erfüllen.

Der Verfrachter hat die Güter gegen Zahlung der Fracht und gegen Erfüllung der übrigen Verpflichtungen des Empfängers auszuliefern.

§. 615.

Der Verfrachter ist nicht verpflichtet, die Güter früher auszuliefern, als bis die darauf haftenden Beiträge zur großen Haverei, Bergungs- und Hülfskosten und Bodmereigelder bezahlt oder sichergestellt sind.

Ist die Verbodmung für Rechnung des Rheders geschehen, so gilt diese Vorschrift unbeschadet der Verpflichtung des Verfrachters, für die Befreiung der Güter von der Bodmereischuld noch vor der Auslieferung zu sorgen.

§. 616.

Der Verfrachter ist nicht verpflichtet, die Güter, mögen sie verdorben oder beschädigt sein oder nicht, für die Fracht an Zahlungsstatt anzunehmen.

Sind jedoch Behältnisse, die mit flüssigen Waaren angefüllt waren, während der Reise ganz oder zum größeren Theile ausgelaufen, so können sie dem Verfrachter für die Fracht und seine übrigen Forderungen (§. 614) an Zahlungsstatt überlassen werden.

Durch die Vereinbarung, daß der Verfrachter nicht für Leckage haftet, oder durch die Klausel: „frei von Leckage“ wird dieses Recht nicht ausgeschlossen. Das Recht erlischt, sobald die Behältnisse in den Gewahrsam des Abnehmers gelangt sind.

Ist die Fracht in Bausch und Bogen bedungen und sind nur einige Behältnisse ganz oder zum größeren Theile ausgelaufen, so können diese für einen verhältnißmäßigen Theil der Fracht und der übrigen Forderungen des Verfrachters an Zahlungsstatt überlassen werden.

§. 617.

Für Güter, die durch irgend einen Unfall verloren gegangen sind, ist keine Fracht zu bezahlen und die etwa vorausbezahlte zu erstatten, sofern nicht das Gegentheil bedungen ist.

Diese Vorschrift kommt auch zur Anwendung, wenn das Schiff im Ganzen oder ein verhältnißmäßiger oder ein bestimmt bezeichneter Raum des Schiffes verfrachtet ist. Sofern in einem solchen Falle das Frachtgeld in Bausch und Bogen bedungen ist, berechtigt der Verlust eines Theiles der Güter zu einem verhältnißmäßigen Abzuge von der Fracht.

§. 618.

Ungeachtet der nicht erfolgten Ablieferung ist die Fracht zu zahlen für Güter, deren Verlust in Folge ihrer natürlichen Beschaffenheit, namentlich durch inneren Verderb, Schwinden, gewöhnliche Leckage, eingetreten ist, sowie für Thiere, die unterwegs gestorben sind.

Inwiefern die Fracht für Güter zu ersetzen ist, die in Fällen der großen Haverei aufgeopfert worden sind, wird durch die Vorschriften über die große Haverei bestimmt.

§. 619.

Für Güter, die ohne Abrede über die Höhe der Fracht zur Beförderung übernommen sind, ist die am Abladungsorte zur Abladungszeit übliche Fracht zu zahlen.

Für Güter, die über das mit dem Befrachter vereinbarte Maß hinaus zur Beförderung übernommen sind, ist die Fracht nach dem Verhältnisse der bedungenen Fracht zu zahlen.

§. 620.

Ist die Fracht nach Maß, Gewicht oder Menge der Güter bedungen, so ist im Zweifel anzunehmen, daß Maß, Gewicht oder Menge der abgelieferten und nicht der eingelieferten Güter für die Höhe der Fracht entscheiden soll.

§. 621.

Außer der Fracht können Kaplaken, Prämien und dergleichen nicht gefordert werden, sofern sie nicht ausbedungen sind.

Die gewöhnlichen und ungewöhnlichen Kosten der Schiffahrt, wie Lootsengeld, Hafengeld, Leuchtfeuergeld, Schlepplohn, Quarantänegelder, Auseisungskosten und dergleichen, fallen in Ermangelung einer entgegenstehenden Abrede dem Verfrachter allein zur Last, selbst wenn er zu den Maßregeln, welche die Auslagen verursacht haben, auf Grund des Frachtvertrags nicht verpflichtet war.

Die Fälle der großen Haverei sowie die Fälle der Aufwendung von Kosten zur Erhaltung, Bergung und Rettung der Ladung werden durch die Vorschriften des Abs. 2 nicht berührt.

§. 622.

Ist die Fracht nach Zeit bedungen, so beginnt sie in Ermangelung einer anderen Abrede mit dem Tage zu laufen, der auf denjenigen folgt, an welchem der Schiffer anzeigt, daß er zur Einnahme der Ladung, oder bei einer Reise in Ballast, daß er zum Antritte der Reise fertig und bereit sei, sofern aber bei einer Reise in Ballast diese Anzeige am Tage vor dem Antritte der Reise noch nicht erfolgt ist, mit dem Tage, an welchem die Reise angetreten wird.

Ist Liegegeld oder Ueberliegezeit bedungen, so beginnt in allen Fällen die Zeitfracht erst mit dem Tage zu laufen, an welchem der Antritt der Reise erfolgt.

Die Zeitfracht endet mit dem Tage, an welchem die Löschung vollendet ist.

Wird die Reise ohne Verschulden des Verfrachters verzögert oder unterbrochen, so muß für die Zwischenzeit die Zeitfracht fortentrichtet werden, jedoch unbeschadet der Vorschriften der §§. 637, 638.

§. 623.

Der Verfrachter hat wegen der im §. 614 erwähnten Forderungen ein Pfandrecht an den Gütern.

Das Pfandrecht besteht, solange die Güter zurückbehalten oder hinterlegt sind, es dauert auch nach der Ablieferung fort, sofern es binnen dreißig Tagen nach der Beendigung der Ablieferung gerichtlich geltend gemacht wird und das Gut noch im Besitze des Empfängers ist.

Die nach §. 366 Abs. 3, §. 368 für das Pfandrecht des Frachtführers geltenden Vorschriften finden auch auf das Pfandrecht des Verfrachters Anwendung.

Die im §. 1234 Abs. 1 des Bürgerlichen Gesetzbuchs bezeichnete Androhung des Pfandverkaufs sowie die in den §§. 1237, 1241 des Bürgerlichen Gesetzbuchs vorgesehenen Benachrichtigungen sind an den Empfänger zu richten. Ist dieser nicht zu ermitteln oder verweigert er die Annahme des Gutes, so hat die Androhung und Benachrichtigung gegenüber dem Absender zu erfolgen.

§. 624.

Im Falle des Streites über die Forderungen des Verfrachters ist dieser zur Auslieferung der Güter verpflichtet, sobald die streitige Summe öffentlich hinterlegt ist.

Nach der Ablieferung der Güter ist der Verfrachter zur Erhebung der hinterlegten Summe gegen angemessene Sicherheitsleistung berechtigt.

§. 625.

Hat der Verfrachter die Güter ausgeliefert, so kann er sich wegen der gegen den Empfänger ihm zustehenden Forderungen (§. 614) nicht an dem Befrachter erholen. Nur soweit sich der Befrachter mit dem Schaden des Verfrachters bereichern würde, findet ein Rückgriff statt.

§. 626.

Hat der Verfrachter die Güter nicht ausgeliefert und von dem Rechte des Pfandverkaufs Gebrauch gemacht, jedoch durch den Verkauf seine vollständige Befriedigung nicht erhalten, so kann er sich an dem Befrachter erholen, soweit er wegen seiner Forderungen aus dem zwischen ihm und dem Befrachter abgeschlossenen Frachtvertrage nicht befriedigt ist.

§. 627.

Werden die Güter vom Empfänger nicht abgenommen, so ist der Befrachter verpflichtet, den Verfrachter wegen der Fracht und der übrigen Forderungen dem Frachtverträge gemäß zu befriedigen.

Bei der Abnahme der Güter durch den Befrachter kommen die Vorschriften der §§. 592 bis 624 mit der Maßgabe zur Anwendung, daß an die Stelle des Empfängers der Befrachter tritt. Insbesondere steht in einem solchen Falle dem Verfrachter wegen seiner Forderungen das Zurückbehaltungs- und Pfandrecht an den Gütern nach den Vorschriften der §§. 623, 624 sowie das im §. 615 bezeichnete Recht zu,

§. 628.

Der Frachtvertrag tritt außer Kraft, ohne daß ein Theil zur Entschädigung des anderen verpflichtet ist, wenn vor dem Antritte der Reise durch einen Zufall:

1. das Schiff verloren geht, insbesondere
   wenn es verunglückt,

wenn es als reparaturunfähig oder reparaturunwürdig kondemnirt (§. 479) und in dem letzteren Falle unverzüglich öffentlich verkauft wird,
wenn es geraubt wird,
wenn es aufgebracht oder angehalten und für gute Prise erklärt wird,
oder

2. die im Frachtvertrage nicht blos nach Art oder Gattung, sondern speziell bezeichneten Güter verloren gehen
oder
3. die nicht im Frachtvertrage speziell bezeichneten Güter verloren gehen, nachdem sie bereits an Bord gebracht oder behufs der Einladung in das Schiff an der Ladungsstelle vom Schiffer übernommen worden sind.

Gehen im Falle des Abs. 1 Nr. 3 die Güter noch innerhalb der Wartezeit (§. 579) verloren, so tritt der Vertrag nicht außer Kraft, sofern der Befrachter sich unverzüglich bereit erklärt, statt der verloren gegangenen andere Güter (§. 562) zu liefern, und mit der Lieferung noch innerhalb der Wartezeit beginnt. Er hat die Abladung der anderen Güter binnen kürzester Frist zu vollenden, die Mehrkosten dieser Abladung zu tragen und, soweit durch sie die Wartezeit überschritten wird, den dem Verfrachter daraus entstehenden Schaden zu ersetzen.

§. 629.

Jeder Theil ist befugt, von dem Vertrage zurückzutreten, ohne zur Entschädigung verpflichtet zu sein:

1. wenn vor dem Antritte der Reise
das Schiff mit Embargo belegt oder für den Dienst des Reichs oder einer fremden Macht in Beschlag genommen,
der Handel mit dem Bestimmungsort untersagt,
der Abladungs- oder Bestimmungshafen blokirt,
die Ausfuhr der nach dem Frachtvertrage zu verschiffenden Güter aus dem Abladungshafen oder ihre Einfuhr in den Bestimmungshafen verboten,
durch eine andere Verfügung von hoher Hand das Schiff am Auslaufen oder die Reise oder die Versendung der nach dem Frachtvertrage zu liefernden Güter verhindert wird.
In allen diesen Fällen berechtigt jedoch die Verfügung von hoher Hand nur dann zum Rücktritte, wenn das eingetretene Hinderniß nicht voraussichtlich von nur unerheblicher Dauer ist;
2. wenn vor dem Antritte der Reise ein Krieg ausbricht, in Folge dessen das Schiff oder die nach dem Frachtvertrage zu verschiffenden Güter oder

beide nicht mehr als frei betrachtet werden können und der Gefahr der Aufbringung ausgesetzt würden.

Die Ausübung der im §. 562 dem Befrachter ertheilten Befugniß wird durch diese Vorschriften nicht ausgeschlossen.

§. 630.

Geht das Schiff nach dem Antritte der Reise durch einen Zufall verloren (§. 628 Abs. 1 Nr. 1), so endet der Frachtvertrag. Jedoch hat der Befrachter, soweit Güter geborgen oder gerettet werden, die Fracht im Verhältnisse der zurückgelegten zur ganzen Reise zu zahlen (Distanzfracht).

Die Distanzfracht ist nur soweit zu zahlen, als der gerettete Werth der Güter reicht.

§. 631.

Bei der Berechnung der Distanzfracht kommt in Anschlag nicht allein das Verhältniß der bereits zurückgelegten zu der noch zurückzulegenden Entfernung, sondern auch das Verhältniß des Aufwandes an Kosten und Zeit, der Gefahren und Mühen, welche durchschnittlich mit dem vollendeten Theile der Reise verbunden sind, zu denen des nicht vollendeten Theiles.

§. 632.

Die Auflösung des Frachtvertrags ändert nichts in den Verpflichtungen des Schiffers, bei Abwesenheit der Betheiligten auch nach dem Verluste des Schiffes für das Beste der Ladung zu sorgen (§§. 535 bis 537). Der Schiffer ist demzufolge berechtigt und verpflichtet, und zwar im Falle der Dringlichkeit auch ohne vorherige Anfrage, je nachdem es den Umständen entspricht, entweder die Ladung für Rechnung der Betheiligten mittelst eines anderen Schiffes nach dem Bestimmungshafen befördern zu lassen oder die Auflagerung oder den Verkauf der Ladung zu bewirken und im Falle der Weiterbeförderung oder Auflagerung, behufs der Beschaffung der hierzu sowie zur Erhaltung der Ladung nöthigen Mittel, einen Theil davon zu verkaufen oder im Falle der Weiterbeförderung die Ladung ganz oder zu einem Theile zu verbodmen.

Der Schiffer ist jedoch nicht verpflichtet, die Ladung auszuantworten oder zur Weiterbeförderung einem anderen Schiffer zu übergeben, bevor die Distanzfracht nebst den sonstigen Forderungen des Verfrachters (§. 614) und die auf der Ladung haftenden Beiträge zur großen Haverei, Bergungs- und Hülfskosten und Bodmereigelder bezahlt oder sichergestellt sind.

Auch für die Erfüllung der nach Abs. 1 dem Schiffer obliegenden Pflichten haftet der Rheder mit dem Schiffe, soweit etwas davon gerettet ist, und mit der Fracht.

§. 633.

Gehen nach dem Antritte der Reise die Güter durch einen Zufall verloren, so endet der Frachtvertrag, ohne daß ein Theil zur Entschädigung des anderen verpflichtet ist; insbesondere ist die Fracht weder ganz noch theilweise zu zahlen, sofern nicht im §. 618 das Gegentheil bestimmt ist.

§. 634.

Ereignet sich nach dem Antritte der Reise einer der im §. 629 erwähnten Zufälle, so ist jeder Theil befugt, von dem Vertrage zurückzutreten, ohne zur Entschädigung verpflichtet zu sein.

Tritt jedoch einer der im §. 629 Abs. 1 Nr. 1 bezeichneten Zufälle ein, so muß, bevor der Rücktritt stattfindet, auf die Beseitigung des Hindernisses drei oder fünf Monate gewartet werden, je nachdem sich das Schiff in einem europäischen oder in einem außereuropäischen Hafen befindet.

Die Frist wird, wenn der Schiffer das Hinderniß während des Aufenthalts in einem Hafen erfährt, von dem Tage der erhaltenen Kunde, anderenfalls von dem Tage an berechnet, an welchem der Schiffer, nachdem er davon in Kenntniß gesetzt worden ist, mit dem Schiffe zuerst einen Hafen erreicht.

Die Ausladung des Schiffes erfolgt mangels einer anderweitigen Vereinbarung in dem Hafen, in welchem es sich zur Zeit der Erklärung des Rücktritts befindet.

Für den zurückgelegten Theil der Reise ist der Befrachter Distanzfracht (§§. 630, 631) zu zahlen verpflichtet.

Ist das Schiff in Folge des Hindernisses in den Abgangshafen oder in einen anderen Hafen zurückgekehrt, so wird bei der Berechnung der Distanzfracht der dem Bestimmungshafen nächste Punkt, welchen das Schiff erreicht hat, behufs der Feststellung der zurückgelegten Entfernung zum Anhalte genommen.

Der Schiffer ist auch in den vorstehenden Fällen verpflichtet, vor und nach der Auflösung des Frachtvertrags für das Beste der Ladung nach Maßgabe der §§. 535 bis 537, 632 zu sorgen.

§. 635.

Muß das Schiff, nachdem es die Ladung eingenommen hat, vor dem Antritte der Reise im Abladungshafen oder nach dem Antritte der Reise in einem Zwischen- oder Nothhafen in Folge eines der im §. 629 erwähnten Ereignisse liegen bleiben, so werden die Kosten des Aufenthalts, auch wenn die Erfordernisse der großen Haverei nicht vorliegen, über Schiff, Fracht und Ladung nach den Grundsätzen der großen Haverei vertheilt, gleichviel ob demnächst der Vertrag aufgehoben oder vollständig erfüllt wird. Zu den Kosten des Aufenthalts werden alle im

§. 706 Nr. 4 Abs. 2 aufgeführten Kosten gezählt, diejenigen des Ein- und Auslaufens jedoch nur, wenn wegen des Hindernisses ein Nothhafen angelaufen ist.

§. 636.

Wird nur ein Theil der Ladung vor dem Antritte der Reise durch einen Zufall betroffen, der, wenn er die ganze Ladung betroffen hätte, nach den §§. 628, 629 den Vertrag aufgelöst oder die Parteien zum Rücktritte berechtigt haben würde, so ist der Befrachter nur befugt, entweder statt der vertragsmäßigen andere Güter abzuladen, sofern durch deren Beförderung die Lage des Verfrachters nicht erschwert wird (§. 562), oder von dem Vertrag unter der Verpflichtung zurückzutreten, die Hälfte der bedungenen Fracht und die sonstigen Forderungen des Verfrachters zu berichtigen (§§. 580, 581). Bei der Ausübung dieser Rechte ist der Befrachter nicht an die sonst einzuhaltende Zeit gebunden; er hat sich aber ohne Verzug zu erklären, von welchem der beiden Rechte er Gebrauch machen wolle, und, wenn er die Abladung anderer Güter wählt, die Abladung binnen kürzester Frist zu bewirken, auch die Mehrkosten dieser Abladung zu tragen und, soweit durch sie die Wartezeit überschritten wird, den dem Verfrachter daraus entstehenden Schaden zu ersetzen.

Macht er von keinem der beiden Rechte Gebrauch, so hat er auch für den durch den Zufall betroffenen Theil der Ladung die volle Fracht zu entrichten. Den durch Krieg, durch ein Einfuhr- oder Ausfuhrverbot oder durch eine andere Verfügung von hoher Hand unfrei gewordenen Theil der Ladung ist er jedenfalls aus dem Schiffe herauszunehmen verbunden.

Tritt der Zufall nach dem Antritte der Reise ein, so hat der Befrachter für den dadurch betroffenen Theil der Ladung die volle Fracht auch dann zu entrichten, wenn der Schiffer diesen Theil in einem anderen als dem Bestimmungshafen zu löschen sich genöthigt gefunden und hierauf mit oder ohne Aufenthalt die Reise fortgesetzt hat.

Die Vorschriften der §§. 617, 618 bleiben unberührt.

§. 637.

Abgesehen von den Fällen der §§. 629 bis 636 hat ein Aufenthalt, den die Reise vor oder nach ihrem Antritte durch Naturereignisse oder andere Zufälle erleidet, auf die Rechte und Pflichten der Parteien keinen Einfluß, es sei denn, daß der erkennbare Zweck des Vertrags durch einen solchen Aufenthalt vereitelt wird. Der Befrachter ist jedoch befugt, während jedes durch einen Zufall entstandenen, voraussichtlich längeren Aufenthalts die bereits in das Schiff geladenen Güter auf seine Gefahr und Kosten gegen Sicherheitsleistung für die rechtzeitige Wiedereinladung auszuladen. Unterläßt er die Wiedereinladung, so hat er die volle

Fracht zu zahlen. In jedem Falle hat er den Schaden zu ersetzen, der aus der von ihm veranlaßten Wiederausladung entsteht.

Ist der Aufenthalt durch eine Verfügung von hoher Hand herbeigeführt, so ist für die Dauer der Verfügung keine Fracht zu bezahlen, wenn diese nach Zeit bedungen war (§. 622).

§. 638.

Muß das Schiff während der Reise ausgebessert werden, so hat der Befrachter die Wahl, ob er die ganze Ladung an dem Orte, wo sich das Schiff befindet, gegen Berichtigung der vollen Fracht und der übrigen Forderungen des Verfrachters (§. 614) und gegen Berichtigung oder Sicherstellung der im §. 615 bezeichneten Forderungen zurücknehmen oder die Wiederherstellung abwarten will. Im letzteren Falle ist für die Dauer der Ausbesserung keine Fracht zu bezahlen, wenn diese nach Zeit bedungen war.

§. 639.

Wird der Frachtvertrag nach den §§. 628 bis 634 aufgelöst, so werden die Kosten der Ausladung aus dem Schiffe von dem Verfrachter, die übrigen Löschungskosten von dem Befrachter getragen. Hat der Zufall jedoch nur die Ladung betroffen, so fallen die sämmtlichen Kosten der Löschung dem Befrachter zur Last. Dasselbe gilt, wenn im Falle des §. 636 ein Theil der Ladung gelöscht wird. Muß in einem solchen Falle behufs der Löschung ein Hafen angelaufen werden, so hat der Befrachter auch die Hafenkosten zu tragen.

§. 640.

Die §§. 628 bis 639 kommen auch zur Anwendung, wenn das Schiff zur Einnahme der Ladung eine Zureise in Ballast nach dem Abladungshafen zu machen hat. Die Reise gilt aber in einem solchen Falle erst dann als angetreten, wenn sie aus dem Abladungshafen angetreten ist. Wird der Vertrag, nachdem das Schiff den Abladungshafen erreicht hat, wenn auch vor dem Antritte der Reise aus dem letzteren, aufgelöst, so erhält der Verfrachter für die Zureise eine nach den Grundsätzen der Distanzfracht (§. 631) zu bemessende Entschädigung.

In anderen Fällen einer zusammengesetzten Reise kommen die §§. 628 bis 639 insoweit zur Anwendung, als die Natur und der Inhalt des Vertrags nicht entgegenstehen.

§. 641.

Bezieht sich der Vertrag nicht auf das Schiff im Ganzen, sondern nur auf einen verhältnißmäßigen Theil oder einen bestimmt bezeichneten Raum des Schiffes oder auf Stückgüter, so gelten die Vorschriften der §§. 628 bis 640 mit folgenden Abweichungen:

1. in den Fällen der §§. 629, 634 ist jeder Theil sogleich nach dem Eintritte des Hindernisses und ohne Rücksicht auf dessen Dauer befugt, von dem Vertrage zurückzutreten;
2. im Falle des §. 636 kann von dem Befrachter das Recht, von dem Vertrage zurückzutreten, nicht ausgeübt werden;
3. im Falle des §. 637 steht dem Befrachter das Recht der einstweiligen Löschung nur zu, wenn die übrigen Befrachter ihre Genehmigung ertheilen;
4. im Falle des §. 638 kann der Befrachter die Güter gegen Entrichtung der vollen Fracht und der übrigen Forderungen nur zurücknehmen, wenn während der Ausbesserung die Löschung dieser Güter ohnehin erfolgt ist.

Die Vorschriften der §§. 587, 589 bleiben unberührt.

§. 642.

Nach der Beendigung jeder einzelnen Abladung hat der Schiffer dem Ablader unverzüglich gegen Rückgabe des etwa bei der Annahme der Güter ertheilten vorläufigen Empfangsscheins ein Konnossement in so vielen Exemplaren auszustellen, als der Ablader verlangt.

Alle Exemplare des Konnossements müssen von gleichem Inhalte sein, dasselbe Datum haben und ausdrücken, wie viele Exemplare ausgestellt sind.

Der Ablader hat dem Schiffer auf Verlangen eine von ihm unterschriebene Abschrift des Konnossements zu ertheilen.

Die Ausstellung des Konnossements kann an Stelle des Schiffers durch einen anderen dazu ermächtigten Vertreter des Rheders erfolgen.

Das Konnossement kann mit Zustimmung des Abladers auch über Güter ausgestellt werden, die zur Beförderung übernommen, aber noch nicht abgeladen sind.

§. 643.

Das Konnossement enthält:

1. den Namen des Schiffers;
2. den Namen und die Nationalität des Schiffes;
3. den Namen des Abladers;
4. den Namen des Empfängers;
5. den Abladungshafen;
6. den Löschungshafen oder den Ort, an welchem Order über ihn einzuholen ist;
7. die Bezeichnung der abgeladenen oder zur Beförderung übernommenen Güter, deren Menge und Merkzeichen;

8. die Bestimmung in Ansehung der Fracht;
9. den Ort und den Tag der Ausstellung;
10. die Zahl der ausgestellten Exemplare.

§. 644.

Auf Verlangen des Abladers ist das Konnossement, sofern nicht das Gegentheil vereinbart ist, an die Order des Empfängers oder lediglich an Order zu stellen. Im letzteren Falle ist unter der Order die Order des Abladers zu verstehen.

Das Konnossement kann auch aus den Namen des Schiffers als Empfängers lauten.

§. 645.

Der Schiffer ist verpflichtet, im Löschungshafen dem legitimirten Inhaber auch nur eines Exemplars des Konnossements die Güter auszuliefern.

Zur Empfangnahme der Güter legitimirt ist derjenige, an welchen die Güter nach dem Konnossement abgeliefert werden sollen, oder auf welchen das Konnossement, wenn es an Order lautet, durch Indossament übertragen ist.

§. 646.

Melden sich mehrere legitimirte Konnossementsinhaber, so ist der Schiffer verpflichtet, sie sämmtlich zurückzuweisen, die Güter in einem öffentlichen Lagerhaus oder sonst in sicherer Weise zu hinterlegen und die Konnossementsinhaber, die sich gemeldet haben, unter Angabe der Gründe seines Verfahrens hiervon zu benachrichtigen.

Er ist befugt, über sein Verfahren und dessen Gründe eine öffentliche Urkunde errichten zu lassen und wegen der daraus entstehenden Kosten in gleicher Art wie wegen der Fracht sich an die Güter zu halten.

§. 647.

Die Uebergabe des Konnossements an denjenigen, welcher durch das Konnossement zur Empfangnahme legitimirt wird, hat, sobald die Güter von dem Schiffer oder einem anderen Vertreter des Rheders zur Beförderung übernommen sind, für den Erwerb von Rechten an den Gütern dieselben Wirkungen wie die Uebergabe der Güter.

§. 648.

Sind mehrere Exemplare eines an Order lautenden Konnossements ausgestellt, so können von dem Inhaber des einen Exemplars die im §. 647 bezeichneten Wirkungen der Uebergabe des Konnossements zum Nachtheile desjenigen nicht geltend gemacht werden, welcher auf Grund eines anderen Exemplars gemäß §. 645 die Auslieferung der Güter von dem Schiffer erlangt hat, bevor der Anspruch auf Auslieferung von dem Inhaber des ersteren Exemplars erhoben worden ist.

§. 649.

Hat der Schiffer die Güter noch nicht ausgeliefert, so geht unter mehreren sich meldenden Konnossementsinhabern, soweit die von ihnen auf Grund der Konnossementsübergabe an den Gütern geltend gemachten Rechte einander entgegenstehen, derjenige vor, dessen Exemplar von dem gemeinschaftlichen Vormanne, welcher mehrere Konnossementsexemplare an verschiedene Personen übertragen hat, zuerst der einen dieser Personen dergestalt übergeben worden ist, daß sie zur Empfangnahme der Güter legitimirt wurde.

Bei dem nach einem anderen Orte übersendeten Exemplare wird die Zeit der Uebergabe durch den Zeitpunkt der Absendung bestimmt.

§. 650.

Der Schiffer ist zur Ablieferung der Güter nur gegen Rückgabe eines Exemplars des Konnossements, auf welchem die Ablieferung der Güter bescheinigt ist, verpflichtet.

§. 651.

Das Konnossement ist für das Rechtsverhältniß zwischen dem Verfrachter und dem Empfänger der Güter maßgebend; insbesondere hat die Ablieferung der Güter an den Empfänger nach dem Inhalte des Konnossements zu erfolgen.

Die nicht in das Konnossement aufgenommenen Bestimmungen des Frachtvertrags sind dem Empfänger gegenüber unwirksam, sofern nicht das Konnossement ausdrücklich auf sie Bezug nimmt. Wird in Ansehung der Fracht auf den Frachtvertrag verwiesen (zum Beispiel durch die Worte: „Fracht laut Chartepartie“), so sind hierin die Bestimmungen über Löschzeit, Ueberliegezeit und Liegegeld nicht als einbegriffen anzusehen.

Für das Rechtsverhältniß zwischen dem Verfrachter und dem Befrachter bleiben die Bestimmungen des Frachtvertrags maßgebend.

§. 652.

Der Verfrachter ist für die Richtigkeit der im Konnossement enthaltenen Bezeichnung der übernommenen Güter dem Empfänger verantwortlich. Seine Haftung beschränkt sich jedoch auf den Ersatz des Minderwerths, der sich aus der Nichtübereinstimmung der Güter mit der im Konnossement enthaltenen Bezeichnung ergiebt.

§. 653.

Die im §. 652 erwähnte Haftung des Verfrachters tritt auch dann ein, wenn die Güter dem Schiffer in Verpackung oder in geschlossenen Gefäßen übergeben worden sind.

Ist dies aus dem Konnossement ersichtlich, so ist der Verfrachter für die Richtigkeit der Bezeichnung der Güter dem Empfänger nicht verantwortlich, wenn ungeachtet der Sorgfalt eines ordentlichen Schiffers die Unrichtigkeit der in dem Konnossement enthaltenen Bezeichnung nicht wahrgenommen werden konnte.

Die Haftung des Verfrachters wird dadurch nicht ausgeschlossen, daß die Uebereinstimmung der abgelieferten und der übernommenen Güter nicht bestritten oder daß sie vom Verfrachter nachgewiesen wird.

§. 654.

Werden dem Schiffer Güter in Verpackung oder in geschlossenen Gefäßen übergeben, so kann er das Konnossement mit dem Zusatze: „Inhalt unbekannt" versehen. Enthält das Konnossement diesen oder einen gleichbedeutenden Zusatz, so ist der Verfrachter, falls der abgelieferte Inhalt mit dem im Konnossement angegebenen nicht übereinstimmt, nur insoweit verantwortlich, als festgestellt wird, daß er einen anderen als den abgelieferten Inhalt empfangen hat.

§. 655.

Sind die im Konnossemente nach Zahl, Maß oder Gewicht bezeichneten Güter dem Schiffer nicht zugezählt, zugemessen ober zugewogen, so kann er das Konnossement mit dem Zusatze: „Zahl, Maß, Gewicht unbekannt" versehen. Enthält das Konnossement diesen oder einen gleichbedeutenden Zusatz, so hat der Verfrachter die Richtigkeit der Angaben des Konnossements über Zahl, Maß oder Gewicht der übernommenen Güter nicht zu vertreten.

§. 656.

Ist die Fracht nach Zahl, Maß oder Gewicht der Güter bedungen und im Konnossemente Zahl, Maß ober Gewicht angegeben, so ist diese Angabe für die Berechnung der Fracht entscheidend, wenn nicht das Konnossement eine abweichende Bestimmung enthält. Als eine solche ist der Zusatz: „Zahl, Maß, Gewicht unbekannt" oder ein gleichbedeutender Zusatz nicht anzusehen.

§. 657.

Ist das Konnossement mit dem Zusatze: „frei von Bruch" oder: „frei von Lekkage" oder: „frei von Beschädigung" oder mit einem gleichbedeutenden Zusatze versehen, so haftet der Verfrachter nicht für Bruch, Leckage ober Beschädigung, es sei denn, daß den Schiffer oder eine Person, für die der Verfrachter verantwortlich ist, ein Verschulden trifft.

§. 658.

Werden dem Schiffer Güter übergeben, deren Beschädigung, schlechte Beschaffenheit oder schlechte Verpackung sichtbar ist, so hat er diese Mängel im Konnossemente zu bemerken, widrigenfalls er dem Empfänger dafür verantwortlich ist, auch wenn das Konnossement mit einem der im §. 657 erwähnten Zusätze versehen ist.

§. 659.

Hat der Schiffer ein an Order lautendes Konnossement ausgestellt, so darf er den Anweisungen des Abladers wegen Rückgabe oder Auslieferung der Güter nur dann Folge leisten, wenn ihm die sämmtlichen Exemplare des Konnossements zurückgegeben werden.

Dasselbe gilt in Ansehung der Anforderungen eines Konnossementsinhabers auf Auslieferung der Güter, solange der Schiffer den Bestimmungshafen nicht erreicht hat.

Handelt er diesen Vorschriften entgegen, so bleibt er dem rechtmäßigen Inhaber des Konnossements verpflichtet.

Lautet das Konnossement nicht an Order, so ist der Schiffer zur Rückgabe oder Auslieferung der Güter auch ohne Beibringung eines Exemplars des Konnossements verpflichtet, sofern der Ablader und der im Konnossemente bezeichnete Empfänger in die Rückgabe oder Auslieferung der Güter willigen. Werden jedoch nicht sämmtliche Exemplare des Konnossements zurückgestellt, so kann der Schiffer wegen der deshalb zu besorgenden Nachtheile zuvor Sicherheitsleistung fordern.

§. 660.

Die Vorschriften des §. 659 kommen auch zur Anwendung, wenn der Frachtvertrag vor der Erreichung des Bestimmungshafens in Folge eines Zufalls nach den §§. 628 bis 641 aufgelöst wird.

§. 661.

In Ansehung der Verpflichtungen des Schiffers aus den von ihm geschlossenen Frachtverträgen und ausgestellten Konnossementen hat es bei den Vorschriften der §§. 511, 512, 533 sein Bewenden.

§. 662.

Im Falle der Unterverfrachtung haftet für die Erfüllung des Unterfrachtvertrags, soweit dessen Ausführung zu den Dienstobliegenheiten des Schiffers gehört und von diesem übernommen ist, insbesondere durch Annahme der Güter und Ausstellung des Konnossements, nicht der Unterverfrachter, sondern der Rheder mit Schiff und Fracht (§. 486).

Ob und inwieweit im Uebrigen der Rheder oder der Unterverfrachter von dem Unterbefrachter in Anspruch genommen werden kann und ob im letzteren Falle der Unterverfrachter für die Erfüllung unbeschränkt zu haften oder nur die auf Schiff und Fracht beschränkte Haftung des Rheders zu vertreten hat, wird durch diese Vorschrift nicht berührt.

§. 663.

Auf die Beförderung von Gütern zur See durch die Postverwaltungen des Reichs und der Bundesstaaten finden die Vorschriften dieses Abschnitts keine Anwendung.

(Quelle: http://de.wikisource.org/wiki/Handelsgesetzbuch._Viertes_Buch._Seehandel)

Anhang B: Kurzbiographien des Mitglieder des Seerechtsausschusses

Kurzbiographien sämtlicher Teilnehmer der 3., 4. sowie 37. – 49. Arbeitssitzung des Seerechtsausschusses (ermittelt anhand der den Sitzungsprotokollen vorangestellten Anwesenheitslisten[951])

Amsick,? (Lebensdaten nicht bekannt). Hamburg-Südamerika Dampfschifffahrtgesellschaft (vgl. Protokoll der 39. Arbeitssitzung).

Baur, Georg Friedrich (geb. 22.7.1884; gest. 9.6.1949). Promotion mit der Diss. iur. Leipzig 1907: Zahlungen an die Schiffsmannschaft nach § 48 der Seemannsordnung vom 2.6.1902. Rechtsanwalt in der Sozietät Baur, Predöhl, Behn und Sieveking (Hamburg). Das Schwergewicht seiner Vertretungen lag auf dem Gebiet des Seeversicherungs- und Seerechts. Teilnahme auch an den Sitzungen des Seeversicherungsausschusses.

Behm,?. Dr. (Lebensdaten nicht bekannt). Stettin.

Bollmann, Hans (geb. 12.8.1888; gest. 14.3.1976). Promotion mit der Diss. iur. Halle 1921: Rechtliche Natur der Verwertung und Pfändung des „Rechtes der Nacherben".

Bramslöw, Otto Sophus Heinrich (geb. 15.9.1895 in Hamburg als Sohn eines Reedereidirektors; gest. 2.2.1974 ebd.). 1913 Abitur am Heinrich-Herz-Realgymnasium in Hamburg. Studium der Rechtswissenschaften in Göttingen und Kiel. 1914-1918 Frontkämpfer. 1920 erste, 1923 zweite jur. Staatsprüfung. 1922 Diss. Iur. Hamburg 1923/24 Tätigkeit im Reichsausgleichsamt (Zweigstelle Hamburg), anschließend im Hamburger Justizdienst (1926 Richter am Amtsgericht,

951 Die Kurzbiographien sind sämtlich, soweit nicht anders gekennzeichnet, aus dem Werk von *Schubert*, Akademie für Deutsches Recht 1933 - 1945 / Protokolle der Ausschüsse - Ausschuss für Seerecht (1933-1942), Berlin [u.a.] 2012, S. XXII – XXXI, Biographien der Redner und Referenten des Seerechtsausschusses, mit weiteren Quellennachweisen, übernommen worden. Dem aufgefundenen Exemplar des Protokolls der 49. Arbeitssitzung fehlte eine vorangestellte Anwesenheitsliste. Zu dieser Sitzung sind lediglich die durch protokollierte Redebeiträge erwähnten Mitglieder erfasst worden.

1930 am Landgericht, 1931 Amtsgerichtsrat). Stellvertretender Vorsitzender des Seeamts Hamburg. 1939-1944 Kriegsdienst. Eintritt in den Ruhestand zum 1.10.1945. Von Ende 1949 bis 1967 Rechtsanwalt in Hamburg. – Werk: Die Rechtsstellung des Stauers, Diss. iur. Hamburg 1922 (teilweise in der Zeitschrift für Verkehrswissenschaft 1922, Heft 6, S. 3 ff.; 1923, Heft 2, S. 15 ff.); HansGZ 1924, Sp. 561 ff.; Referate auf den Seeschifffahrtstagen 1926 und 1927 über die Schifffahrtsbestimmungen in den StGB-Entwürfen von 1925/27; Jb. ADR 1936, 192 ff. (Seeunfalluntersuchungsgesetz).

Brandt, Ascan Hugo (geb. 7.11.1877 als Sohn eines Hamburger Kaufmanns und späteren Senators; gest. 1960). Studium der Rechtswissenschaft in Heidelberg, Berlin. Zunächst als Rechtsanwalt tätig, wurde er 1920 in den Vorstand der Norddeutschen Versicherungs-Gesellschaft berufen, hier u.a. zuständig für Fragen des Transportversicherungsrechts. Mitglied auch des Seeversicherungsausschusses der ADR. 1950 Vorsitzender der See-Kasko-Kommission des Deutschen Transport-Versicherungs-Verbandes und des Vereins Hamburger Assecuradeure. Eintritt in den Ruhestand zum 1.1.1954.

Brodmeier,?. Dr. (Lebensdaten nicht bekannt) Senatsdirektor, Hamburg (vgl. Protokoll der 48. Arbeitssitzung).

Capelle, Karl-Hermann (geb. 28.9.1901 in Hamburg als Sohn eines Prof. a. d. Gelehrtenschule des Johanneums; gest. 4.7.1982 in Großhansdorf bei Hamburg). Studium in Göttingen und Hamburg. 1927-1930 Gerichtsassessor in Hamburg. 1937 Universitätsdozent in Hamburg, 1941 ord. Prof. in Königsberg, 1943 Prof. a.d. Akademie für Wirtschaft und Politik, Hochschule; seit 1.4.2005 Teil der Univ. Hamburg. – Werk: Das Akkreditivgeschäft, 1924; Das Recht des Reisechartervertrages, 1937; Die Frachtcharter in rechtsvergleichender Darstellung; Handelsrecht, München 1951 (19. Aufl. 1980).

Dettmers, Otto (geb. 26.12.1892 in Bremen; gest. 11.10.1986 ebd.). Studium der Rechtswissenschaften in Göttingen und Bonn. 1914 erste Staatsprüfung. 1914-1918 Militärdienst. 1920 Promotion; 1924 zweite Staatsprüfung. 1921 Zulassung zur Bremer Rechtsanwaltschaft (später auch Notar). 1938-1942 im Vorstand der Norddeutschen Lloyd; zuletzt auch Präsident der Hanseatischen Rechtsanwaltskammer Bremer.

Droege, Heinrich. Dr. iur. (Lebensdaten nicht bekannt), Die Steuerpflicht der Ausländer in den Reichspersonalsteuergesetzen (Diss. iur. Hamburg 1922).

Rechtsanwalt. 1921 bis 1928 Geschäftsführer des Vereins Hamburger Reeder (vgl. Protokoll der vierten Arbeitssitzung).

Dücker, Friedrich (Lebensdaten nicht bekannt). 1934-1935 Geschäftsführer des Verbandes Deutscher Reeder. Um 1939 Vertreter der „Schifffahrtskontor für Iran GmbH", Generalvertretung der „Hansa"-Linie, Bremen. Vor 1933 wohl Syndikus bzw. Verkehrsdezernent bei der Handelskammer Hamburg.

Edye, John Alfred (geb. 27.12.1883; Todesdatum nicht bekannt). 1908 Teilhaber der Reederei Rob M. Sloman jr. Schiffahrts-KG.

Engel, Arnold Julius Eduard (geb. 10.7.1870 als Sohn eines Ingenieurs in Nübel/Schleswig-Holstein; gest.16.12.1951 in Hamburg). Nach dem Abitur in Hamburg Studium der Rechtswissenschaften in Tübingen, Leipzig und Berlin. 1892 erste Staatsprüfung; 1892 Promotion in Jena. 1896 zweite Staatsexamen in Hamburg; anschließend Rechtsanwalt am Hans. OLG. 1899 Landrichter am LG Hamburg (1904 am Amtsgericht). 1906 Hilfsrichter am OLG Hamburg (hier 1909 OLG-Rat). 1926 Senatspräsident am Oberverwaltungsgericht. 1919-1933 Mitglied der DVP. Eintritt in die NSDAP zum 1.5.1933. 16.9.1033 – 31.3.1935 Präsident des OLG Hamburg.

Eßberger, John Theodor (geb. 19.2.1886 in München; gest. 1959 in Hamburg). Abitur am Ascanischen Gymnasium (Berlin). 1906-1922 bei der deutschen Marine. 1924 Begründung der Atlantik-Tank-Reederei GmbH (seit 1936 John T Eßberger als Einzelfirma). 1933 Vorsitzender des Präsidiums des Verbandes Deutscher Reeder; 1935 Leiter der Reichsverkehrsgruppe Seeschifffahrt. Nach 1945 Wiederaufbau seiner Reederei.[952]

Fessler, Othmar (geb. 1888 oder 1884; Todesdatum nicht bekannt). Promotion 1910 in Leipzig mit dem Thema „Die Entwicklung des sächsischen Staatsdienerrechts im 19. Jahrhundert" (Berlin, Leipzig 1910). Zunächst Oberregierungsrat im sächsischen Staatsdienst, anschließend in der Reichskanzlei und 1933 Ministerialrat (später Ministerialdirektor) im Reichsverkehrsministerium. Gründungsmitglied der Berlin-Brandenburger CDU.

---

952 Vgl. ergänzend auch *Stödter,* Drei Flaggen Post: Hauszeitung der Rantzau-Gruppe Hamburg 1986, S. 4-7: *„John T. Essberger: 19.2.1889 - 19.2.1986"*.

Gramm, Hans (geb. 3.5.1906 in Hamburg als Sohn eines Zollbeamten; gest. 10.9.1967). Abitur am Gymnasium in Hamburg-St. Georg 1924. 1927 erste, 1931 zweite jur. Staatsprüfung. Diss. iur. Unter Leo Raape mit dem Thema „Das Wesen des Testamentsvollstreckers, erläutert an der Rechtsprechung". 1935 Abordnung aus dem Hamburger Justizdienst in das Reichsjustizministerium als persönlicher Referent von F. Schlegelberger (1937 Amtsgerichtsrat). Nach kurzer Zeit als Justitiar der Dresdner Bank 1946 Wiedereintritt in den Hamburger Justizdienst (OLG-Rat; 1953 Senatspräsident am OLG Hamburg). 1949 Vorsitzender des Vereins für internationales Seerecht, 1952 Vorsitzender des Ausschusses für die Reform des Seehandelsrechts. 1964 Honorarprof. a. d. Univ. Hamburg. Umfangreiche schiedsrichterliche Tätigkeit. Ab 1949 Mitkommentator im Palandt-BGB-Kommentar (große Teile des Besonderen Schuldrechts). – Werk: Das neue Deutsche Seefrachtrecht nach den Haager Regeln (Gesetz vom 10.8.1937), Berlin 1938.

Heynen, Alfred (geb. 24.2.1875; gest. 26.9.1950). Promotion in Hamburg 1922 mit dem Thema „Die Schadensbegründung aus fremden Interesse". 1929 Eintritt in die von Haas und Gobert begründeten Anwaltssozietät. Schwerpunkt der Tätigkeit von Heynen war das Gesellschafts- und Wirtschaftsrecht sowie das Speditionsrecht und das Recht der Binnenschifffahrt.

Hommberg,?. (Lebensdaten nicht bekannt). Kapitän (Hamburg).

Justus, Heinz H.E. (Lebensdaten nicht bekannt). Hamburg.

Klausener, Erich. Dr. (geb. 25.1.1885 in Düsseldorf; gest. 30.6.1934 in Berlin). 1903 – 1906 Studium der Rechtswissenschaften in Bonn, Berlin und Kiel; 1910 Zweite Staatsprüfung; 1911 Promotion zum Doktor der Rechts- und Staatswissenschaften zum Thema „Das Koalitionsrecht der Arbeiter nach Reichsrecht und preußischem Landesrecht systematisch und kritisch dargestellt" in Würzburg. 1924 Ministerialdirektor im preußischen Wohlfahrtsministerium, 1926 im preußischen Innenministerium (Leiter der Polizeiabteilung). Ab 1928 Leiter der Berliner Katholischen Aktion. 1933 Versetzung ins Reichsverkehrsministerium. Nach öffentlicher Kritik an der antikirchlichen Politik Hitlers wurde Klausener im Zuge des „Röhm-Putsches" ermordet.
(Quelle: http://de.wikipedia.org/wiki/Erich_Klausener)

Kleemann, Reinhold (geb. 27.2.1895; gest. 6.9.1949). Rechtsanwalt in Hamburg. Diss. iur. 1934 in Hamburg „Der Schiffsmakler im Seeverkehr". Wohl auch als Schiffsmakler tätig gewesen (vgl. Protokoll der 38. Arbeitssitzung).

Klemp,? (Lebensdaten nicht bekannt). Kapitän (Hamburg).

Koffka, Johannes (geb. 8.8.1882 in Berlin als Sohn eines Justizrats; Todesdatum nicht bekannt). 1908 Gerichtsassessor; 1911 Staatsanwalt am LG Berlin II; 1920 erster Staatsanwalt am LG; Nov. 1922 KG-Rat. 1.4.1927 Ministerialrat im Reichsjustizministerium (zunächst für Strafrecht, ab 1936 für Handelsrecht zuständig).

Kirchhauff, Otto Friedrich (geb. 25.6.1882 in Altona; Todesdatum nicht bekannt). Öffentlich bestellter Wirtschaftsprüfer in Hamburg.

Krieger, Karl Siegfried (geb. 30.8.1888 in Wilhelmshaven als Sohn eines Geh. Marinebaurats; gest. Sommer 1945 in Sachsenhausen). 1914 Assessorexamen; ab 1915 bei den Amtsgerichten Kiel und Bramstedt tätig; 1920 Landrichter beim LG Altona, 1921 beim OLG Kiel, 1922 wieder beim LG Altona; 1925 AG-Rat. 1926 Einberufung in das preuß. Justizministerium, 1927 Justizrat, anschließend OLG-Rat; 1.1.1932 Ministerialrat (bis Kriegsende).

Krogmann, Carl Vincent (geb. 3.3.1889 in Hamburg; gest. 14.3.1978 ebd.). Bürgermeister (Hamburg, vgl. Protokoll der 48. Arbeitssitzung). Quelle der Lebensdaten: www.de.wikipedia.org/wiki/Carl_Vincent_Krogmann.

Kuhl, Walter (geb. 29.8.1889 in Oliva [Danzig] als Sohn eines Kaufmanns; gest. 11.3.1961 in Hamburg). Besuch des Gymnasiums in Neustadt (Westpr.) bis zur Obersekunda-Reife (1906). Studium an der Schiffsingenieursschule Stettin (1919 Hauptprüfung). 1909-1914 Schiffsingenieur beim Norddeutschen Lloyd, anschließend bei der Hapag Lloyd. Im 1. Weltkrieg U-Boot-Maschinistmaat. Ab Sept. 1919 Konstrukteur bei Schiffswerften in Tönning und Kiel. 1925 Vertragslehrer an der Hamburger Berufsschule (Schiffsingenieursschule); ab Ende 1936 beamteter Lehrer als Seefahrtsoberlehrer. Eintritt in die NSDAP 1937. 1945 Entlassung. Im Juli 1947 Einstufung in die Gruppe IV durch den Berufungsausschuss für die Ausschaltung der Nationalsozialisten. Ende Juli 1947 Wiedereinstellung als Angestellter (als 1949 als Beamter). 1954 Eintritt in den Ruhestand.

Leonhardt,? (Lebensdaten nicht bekannt).Hamburg. „Vertreter der Küstenschifffahrt" (vgl. Protokoll der 41. Arbeitssitzung).

Lindenmaier, Fritz Heinrich Karl Paul (geb. 2.10.1891 in Hamburg; gest. 7.10.1960). 1900 Abitur an der Hamburger Gelehrtenschule des Johanneums; Studium der Rechtswissenschaften in Tübingen, Berlin und Kiel. Promotion in Rostock 1903. 1908 Assessorexamen. 1924 LG-Direktor in Hamburg; 1926-1936 RG-Rat, ab 1937 Präsident des I. Zivilsenats. 1938 Eintritt in die NSDAP (mit Rückdatierung auf 1937); 1944 Honorar-Prof. in Leipzig. Nach Kriegsende Rückkehr nach Hamburg, hier OLG-Rat und als Honorar-Prof. tätig. 1951 Richter und weitgehend auch Vorsitzender des I. Zivilsenats am BGH (Honorar-Prof. a. d. Univ. Heidelberg, Lehrbeauftragter a. d. TH Karlsruhe). Sein Spezialgebiet war das Patent- und Urheberrecht sowie das See- und Versicherungsrecht.

Michelau, Hermann (geb. 30.11.1878 in Königsberg; Todesdatum nicht bekannt). Studium der Rechtswissenschaften in Königsberg, Berlin und Freiburg/Br. 1907 Eintritt in den Norddeutschen Lloyd in Bremen (hier Syndikus); 1937 in der Bremer und Mindener Schleppschiffgesellschaft.

Möller, Hans (geb. 3.3.1907 in Hamburg; gest. 9.2.1979 ebd.). Möller entstammt einer Kaufmannsfamilie. Nach seiner Habilitation 1936 Universitätsdozent (wiss. Hilfskraft), 1939 beamteter ao. Prof., 1941-1973 o. Prof. in Hamburg. Direktor des Seminars für Versicherungswissenschaft. – Werke: Festschrift von 1972 „Grundprobleme des Versicherungsrechts", hrsg. Von R. Schmidt und K. Sieg, S. 561 ff. Literaturverzeichnis (ausgewählte Veröffentlichungen). Dissertationen: „Cifgeschäft und Versicherung" 1932; Summen- und Einzelschaden, Beiträge zur Erneuerung des Schadenslehre vom Wirtschaftsrecht aus, Hamburg 1937 (Habilitationsschrift). Fortführung des von Ernst Bruck begründeten Kommentars zum Versicherungsvertragsgesetz und zu den allgemeinen Versicherungsbedingungen, 8. Aufl. 1961-1970.

Nehring,? (Lebensdaten nicht bekannt). Geh. Regierungsrat (Berlin).

Nolte, Ado (geb. 9.8.1878 in Lüneburg; Todesdatum nicht bekannt). Studium der Rechtswissenschaften in Berlin; Promotion a. d. Univ. Halle-Wittenberg 1925 mit dem Thema „Überseeische Cif-Abladegeschäfte"; 1898-1900 in Florida (USA) tätig; seit 1901 in China und Japan (Leiter der chinesischen Niederlassung) der Firma Carlowitz und Co. Export, Import und technische Geräte (zugleich Inhaber).

Offen, Emil Claus (geb. 16.6.1887 in Hoisdorf bei Hamburg; gest. 4.4.1966). 1926 Gründung der Hanseatischen Reederei AG (1937 Hanseatische Reederei Emil Offen u. Co.). 1946 Mitglied der ernannten Hamburgischen Bürgerschaft. Ab 1946 von den britischen Besatzungsbehörden mit der Einrichtung und Leitung der Seehäfen-Generaldirektion betraut. Ab 1950 Wiederaufbau der Reederei.

Quellen: www.abendblatt.de/wirtschaft/article653369/Historie-Reederei-mit-Tradition.html; www.de.wikipedia.org/wiki/Mitglieder_der_ernannten_Hamburgischen_(1946).

Reinbeck, Ernst (geb. 2.2.1878 in Braunschweig als Sohn eines Oberamtsrichters; gest. 30.12.1972 in Hamburg). Nach dem Studium der Rechtswissenschaften in Göttingen, München und Berlin 1905 Promotion in Rostock mit dem Thema „Die Haftung der Versicherungsforderung für Hypotheken und Grundschulden" (München 1905). 1903 Assessor in Braunschweig. Nach kurzer Tätigkeit beim Landesversicherungsamt Lübeck 1904 Regierungsassessor in Bremerhaven. 1922 OLG-Rat in Hamburg. Eintritt in den Ruhestand zum 1.4.1946 (Dienstleistungsauftrag, Beamter auf Widerruf bis August 1947). – Werke: Außer der Dissertation Veröffentlichungen in der „Hansa", der LZ, in der ZZP.

Riensberg, Heinrich (geb. 1890; gest. 1957). Promotion a. d. Univ. Greifswald 1921 mit dem Thema „Die rechtliche Natur der Gläubigeranfechtung innerhalb und außerhalb des Konkurses". Beschäftigt bei der Fa. Ernst Russ.

Riese, Otto (geb. 1894; gest. 1977). Ab 1929 Oberregierungsrat im Reichsjustizministerium (1934/45 Ministerialrat).

Roselius, Ludwig (geb. 1874; gest. 1943). Generaldirektor Fa. Kaffee HAG-AG.

Scharlibbe, Ulrich (Lebensdaten nicht bekannt). Promotion zum Dr. rer. pol. An der Univ. Frankfurt 1925/26 mit dem Thema „Das Speditionsgeschäft in den Seehäfen unter besonderer Berücksichtigung Hamburgs". Verbandssyndikus (Reichsverkehrsgruppe Spedition und Lagerei, vgl. Protokoll der 45. Arbeitssitzung).

Schmierer,?. Dr. (Lebensdaten nicht bekannt). Regierungsrat im Reichsverkehrsministerium (in Vertretung für Oberregierungsrat Dr. Hassmann; vgl. Protokoll der 41. und 42. Arbeitssitzung).

Schrader,?. Dr. (Lebensdaten nicht bekannt). Oberregierungsrat (Hamburg).

Schüler, Alfred (geb. 22.5.1875; gest. 26.9.1950). Dr. iur. Rechtsanwalt in Hamburg.

Schultze,?. Dr. (Lebensdaten nicht bekannt). (für Eßberger).

Schulze-Smidt, Arthur (geb. 1870; gest. 1945). Urenkel des Bürgermeisters Johann Smidt. Promotion zum Dr. iur. In Göttingen 1893 mit dem Thema „Ist Stiftung Schenkung?“. 1899 Assessor, 1902 im Vorstand der Hanseatischen Rechtsanwaltskammer. 1939 Justizrat. Geschäftsführer der Smidt-Stiftung- Mitglied des Beirats der Wittheit, der Bremer Wissenschaftlichen Gesellschaft.

Schütte, Hans Wilhelm (Lebensdaten nicht bekannt). Promotion 1913 in Heidelberg mit dem Thema „Weitgehende vertragliche Schadensersatzansprüche bei gegenseitigen Verträgen“. Chefsyndikus der Hapag (ab 1923 Prokurist. 1941-1947 Vorsitzender des Aufsichtsrats der „AG für Seeschiffahrt“. 1956 Eintritt in den Ruhestand.

Segelken, Hans (geb. 1897; gest. 1982 [Hamburg]). Dez. 1936-1940 OLG-Rat in Hamburg.

v. Staden,?. (Lebensdaten nicht bekannt). Kapitän (Hamburg).

Stödter, Rolf (geb. 22.4.1909 in Hamburg; gest. 24.4.1993 in Wentorf [bei Hamburg]). Studium der Rechtswissenschaften in Freiburg, Genf, München und Hamburg. Promotion 1933. Zweites Staatsexamen und Habilitation 1935. 1937/38 Geschäftsführer beim Verband Deutscher Reeder. 1943 ao. Prof. an der Univ. Hamburg. 1956 Mitinhaber der Reederei John T. Eßberger. Mehrmals Vorsitzender des Verbandes Deutscher Reeder; Präses der Handelskammer Hamburg. – Werk: Schriftenverzeichnis in der Festschrift „Recht über See“, 1979, S. 392 ff.; u. a. Öffentlich-rechtliche Entschädigung, 1933; Flottengeleit im Seekrieg, 1936; Deutschlands Rechtslage, 1948.

Sturm, Karl W. E. (Lebensdaten nicht bekannt). Reeder/Schiffsmakler. Direktor (Verwaltungsdirektor) der Seeberufsgenossenschaft Hamburg.

Techen, Franz T. (Lebensdaten nicht bekannt). Schiffsausrüster (Hamburg).

Werner,? (Lebensdaten nicht bekannt). Geheimrat, Reichsarbeitsministerium.

Wiedenfeld, Kurt (geb. 30.9.1871 in Berlin; gest. 26.12.1955 in Friedrichsbrunn/Harz). Sohn eines Regierungs-Baurats der preuß. Eisenbahnverwaltung. Studium der Rechtswissenschaften und der Volkwirtschaft in Lausanne, München, Leipzig und Berlin. 1892 Promotion zum Dr. iur., 1900 zum Dr. phil.; 1896 preuß. Gerichtsassessor. 1902 Habilitation für Staatswissenschaften; 1903 Eintritt in das

Statistische Reichsamt; 1903 Prof. a. d. Akademie Posen, 1904 an der Handelshochschule Köln. 1914 ord. Prof. in Halle. 1918-1922 im Dienst des Auswärtigen Amtes (1920 Ministerialdirektor). 1923-1936 Prof. a. d. Univ. Leipzig. – Werk: Nachweis in der Festschrift: „Öffentliche Hand und Wirtschaftsgestaltung“ von 1931 und im Verbundkatalog GBV.

Wüstendörfer, Hans (geb. 27.11.1975 in Wandsbek als Sohn eines Tabakkaufmanns; gest. 11.6.1951). Studium der Rechtswissenschaften in Berlin, Genf und München. Promotion 1897 in Straßburg, 1902 preuß. Zweite Staatsprüfung. 1905/06 Habilitation a. d. Handelshochschule Küln (hier 1906 – 31.3.1910 Privatdozent, danach hauptamtl. Dozent). 1911 Umhabilitation a. d. Univ. Würzburg, zugleich Berufung als ord. Prof. a. d. Univ. Rostock. 1919 ord. Prof. in Hamburg (Lehrstuhl für Handels- und Schifffahrtsrecht). 1920-1927 Mitglied der DVP. 1933-1936 Vorsitzender des Seerechtsausschusses der ADR. 1941 Emeritierung. – Werk: Studien zur modernen Entwicklung des Seefrachtvertrages, 1905-1910; The Hague Rules 1922, 1923; Das Seeschiffahrtsrecht, in: Ehrenberg, Handbuch des gesamten Handelsrechts, Bd. 7, Abt. 2, Buch 2, 1923; Die kommende Reform desdeutschen Seerechts, 1928; Wege und Ziele des kommenden Weltwirtschaftsrechts, 1930; Neuzeitliches Seerecht 1947 (2. Aufl. 1950).

Darüber hinaus war die Referendarin, später Assessorin *H. Krüger*, zuständig ausschließlich für die Sitzungsniederschrift bzw. das Stenogramm nahezu stets anwesend.

Tabellarische Übersicht der Teilnehmer an den jeweiligen Arbeitssitzungen:

	3.	4.	38.	39.	40.	41.	42.	43.	44.	45.	46.	47.	48.	49.	Insg.
Amsick					x										1
Baur			x			x	x	x	x	x		x	x		8
Behm	x	x													2
Bollmann			x	x	x	x	x	x		x	x			x	8
Bramslöw	x	x	x	x		x			x						6
Brandt	x	x	x	x	x	x	x	x	x	x	x	x	x	x	14
Brodmeier													x		1
Capelle									x	x				x	3
Dettmers	x	x	x		x										4
Droege	x	x													2
Dücker			x												1

	3.	4.	38.	39.	40.	41.	42.	43.	44.	45.	46.	47.	48.	49.	Insg.
Edye						x									1
Engel	x	x													2
Eßberger	x														1
Fessler				x											1
Gramm			x	x											2
Heynen					x				x						2
Homberg						x									1
Justus		x													1
Keith					x	x	x	x							4
Klausener	x														1
Kleemann			x	x	x	x	x				x		x		7
Klemp			x	x		x	x	x							5
Koffka	x	x		x											3
Krichhauff	x	x													2
Krieger			x	x	x	x	x	x			x	x		x	9
Krogmann													x		1
Kuhl				x	x				x		x		x		5
Leonhardt						x									1
Lindenmaier	x	x	x	x	x	x	x	x	x	x	x	x	x	x	14
Michelau	x	x													2
Möller			x	x				x	x				x		5
Nehring								x					x		2
Nolte									x		x	x			3
Offen				x		x	x				x	x		x	6
Reinbeck	x	x		x	x	x		x	x	x			x		9
Riensberg	x	x													2
Riese	x	x													2
Roselius	x														1
Scharlibbe										x	x				2
Schmierer						x	x								2
Schrader			x	x		x		x							4
Schüler	x	x													2
Schultze		x													1

	3.	4.	38.	39.	40.	41.	42.	43.	44.	45.	46.	47.	48.	49.	Insg.
Schulze-Smidt sen.	x	x	x	x		x	x	x	x	x		x	x	x	12
Schütte	x	x		x	x		x	x	x		x		x		9
Segelken				x	x	x			x						4
Stödter							x	x						x	3
Sturm	x	x			x			x		x			x		6
Techen						x	x	x	x	x			x		6
v. Staden						x	x	x							3
Werner	x														1
Wiedenfeld	x	x													2
Wüstendörfer	x	x	x		x	x	x			x			x	x	9
Teilnehmer insg.:	23	21	15	18	15	21	16	17	14	11	10	7	15	9	

Anhang C: Gesetzentwurf des Reichsjustizministeriums vom 4. April 1925

zur Vereinheitlichung des Seerechts aufgrund des internationalen Übereinkommens zur Vereinheitlichung gewisser Regeln über Konnossemente vom 25. August 1924, Aktenzeichen Nr. III b 525 R (Bundesarchiv Berlin, Bestand R3001/3205, Bl. 133 c; Mikrofilm Nr. 20854 zum Bestand R3001):

Entwurf eines Gesetzes zur Vereinheitlichung des Seerechts
[Die eckig eingeklammerten Worte gelten und die unterstrichenen Worte fallen fort, wenn es beim Reederkonnossement verbleibt. Die eckig eingeklammerten Worte sind zu streichen und die unterstrichenen einzuschalten, wenn das Verfrachterkonnossement eingeführt werden soll.]

Artikel 1

(1) Den am … in Brüssel gezeichneten Übereinkommen zur einheitlichen Feststellung von Regeln über die beschränkte Haftung des Schiffseigentümers, über Schiffspfandrechte und Schiffsgläubigerrechte sowie über Konnossemente wird zugestimmt. Die Übereinkommen werden nachstehend veröffentlicht.

(2) Das Übereinkommen zur einheitlichen Feststellung von Regeln über Konnossemente erlangt nach Maßgabe des Art. II Gesetzeskraft.

Artikel 2

„Das Handelsgesetzbuch wird wie folgt geändert:

1. Dem **§ 485** wird folgender Satz angefügt:
   „Dem Befrachter, Ablader und Ladungsempfänger gegenüber besteht diese Verantwortlichkeit nur insoweit, als der Verfrachter ein Verschulden seiner Leute *und der Schiffsbesatzung* zu vertreten hat."
2. **§ 559** erhält folgende Fassung:
   1. Bei jeder Art von Frachtvertrag (§ 556) hat der Verfrachter das Schiff in seetüchtigem Stande, gehörig eingerichtet und ausgerüstet, gehörig bemannt und verproviantiert zu liefern.
   2. Er haftet dem Befrachter für den Schaden, der aus einem mangelhaften Zustande oder aus mangelhafter Einrichtung, Ausrüstung, Bemannung oder Verproviantierung des Schiffes entsteht, es sie denn, dass der Mangel bei Anwendung der Sorgfalt eines ordentlichen Verfrachters bis

zum Antritt der Reise des Schiffes nicht zu entdecken oder zu erkennen war. Ist der Schaden nach dem Beginn des Einladens entstanden, so haftet der Verfrachter nach Maßgabe des § 613 a.

3. Hinter § 559 wird folgende Vorschrift eingeschaltet:

§ 559 a

Der Verfrachter ist verpflichtet, bei der Handlung, Obhut und Pflege sowie beim Einladen, Stauen, Befördern und Ausladen der Güter sachgemäß und sorgfältig zu verfahren.

4. Hinter § 564 wird folgende Vorschrift eingeschaltet:

§ 564 a

(1) Sind Güter von entzündlicher, explosiver oder sonst gefährlicher Beschaffenheit heimlich oder ohne, dass der Schiffer ihre gefährliche Beschaffenheit kannte an Bord gebracht, so haftet der Befrachter oder Ablader nach Maßgabe des § 563, auch wenn ihn kein Verschulden trifft.

(2) Gefährden solche Güter das Schiff oder die übrige Ladung, so ist der Schiffer befugt, sie jederzeit und an jedem Ort auszuschiffen, zu vernichten oder unschädlich zu machen, auch wenn er der Abladung in Kenntnis der Gefahr zugestimmt hat. Der Verfrachter hat für den dadurch entstandenen Schaden in keinem Falle Ersatz zu leisten. Die Vorschriften über die Verteilung des Schadens im Falle der großen Haverei bleiben unberührt.

5. **§ 607** fällt fort.

6. **§ 608 Abs. 2** erhält folgende Fassung:

Bei diesem Verfahren ist die Gegenpartei zuzuziehen. Ist der Empfänger unbekannt oder nicht am Orte anwesend, so ist der Zeitpunkt der Besichtigung in ortsüblicher Weise öffentlich bekannt zu machen.

7. **§ 609** erhält folgende Fassung:

Ist die Besichtigung bei der Übernahme nicht geschehen und sind etwaige Verluste oder Schäden unter allgemeiner Bezeichnung ihrer Art dem Verfrachter oder seinem Agenten im Löschungshafen nicht rechtzeitig angezeigt, so wird vermutet, dass die zur Beförderung übernommenen Güter in vertragsmäßiger Menge und Beschaffenheit abgeliefert sind. Die Anzeige ist rechtzeitig, wenn sie spätestens bei, im Fall äußerlich nicht erkennbarer Mängel binnen drei Tagen nach der Übergabe erfolgt.

8. Hinter § 613 werden folgende Vorschriften eingeschaltet:

§ 613 a

(1) In den Fällen der §§ 611, 613 haftet der Verfrachter in Ansehung jeder Packung oder Einheit nur bis zum Wert von 2000 Goldmark, sofern

nicht die Beschaffenheit und der Wert des Gutes dem Schiffer vor der Abladung von dem Ablader angegeben und die Angabe, falls ein Konnossement ausgefertigt ist, in dieses aufgenommen ist.

(2) Der Verfrachter ist von jeder Haftung frei, wenn der Ablader die Beschaffenheit oder den Wert des Gutes wissentlich falsch angegeben hat.

(3) Für die Berechnung des Höchstbetrages (Abs. 1) gelten die am Tage der Ankunft des Schiffes im Löschungshafen maßgebenden Umrechnungssätze. Im Übrigen bestimmt die Reichsregierung, wie die Umrechnung zu erfolgen hat.

§ 613 b

Der Verfrachter haftet für den Schaden, der aus späterer Ablieferung des Gutes entsteht, nach Maßgabe der §§ 606, 613 a.

§ 613 c

(1) Der Verfrachter hat ein Verschulden seiner Leute *und der Schiffsbesatzung* in gleichem Umfange zu vertreten wie eigenes Verschulden.

(2) In Ansehung des Schadens, der aus fehlerhafter Führung oder Handhabung des Schiffes oder durch Feuer an Bord entsteht, hat er nur sein eigenes Verschulden zu vertreten.

§ 613 d

(1) Die nach den Vorschriften der §§ 559, 559 a, 606, 613, 613 b, 613 c begründeten Verpflichtungen des Verfrachters *und das nach den Vorschriften des § 754 Ziffer 7, 9 begründete Pfandrecht des Befrachters und Empfängers* können im Voraus nicht beschränkt werden.

(2) [Das gleiche gilt für die dem Schiffer in Ansehung der zu befördernden Güter obliegenden Dienstverpflichtungen, hinsichtlich der Verantwortlichkeit des Reeders, für das Verschulden der Schiffsbesatzung und hinsichtlich des nach den Vorschriften des § 754 Ziffer 7, 9 begründete Pfandrechts.

(3) Dem Ausschluss der Haftung steht die Vereinbarung, dass der Verfrachter aus der Versicherung der Güter eintreten soll, die Vereinbarung, dass er einen ihm auf Grund des § 643 b zustehenden Ersatzanspruch dem Empfänger gegenüber geltend machen kann, sowie jede ähnliche Vereinbarung gleich.

(4) Vereinbarungen, welche dieser Vorschrift zuwiderlaufen, sind nichtig. Die Vorschrift des § 139 des Bürgerlichen Gesetzbuches findet keine Anwendung.

§ 613 e

(1) Die Vorschrift des § 613 d steht einer für den Fall der großen Haverei getroffenen Vereinbarung nicht entgegen.

(2) Sie finden keine Anwendung:

1. wenn sich der Vertrag auf lebende Tiere oder auf solche Güter bezieht, die auf Grund des Frachtvertrages auf Deck befördert werden;
2. hinsichtlich der Verantwortlichkeit des Verfrachters [und des Reeders] für den Schaden, der in der Zeit vor dem Beginn des Einladens und nach der Beendigung des Ausladens verursacht oder eingetreten ist, und hinsichtlich des Pfandrechts für die Forderung auf den Ersatz eines solchen Schadens.
3. sofern das Konnossement auf den Namen des Empfängers lautet, mit dem Vermerk, „nicht an Order" versehen ist und den Inhalt der Vereinbarung widergibt, auf besondere Vereinbarungen über eine nicht handelsübliche, im regelmäßigen Handelsbetriebe zu bewirkende Verschiffung, bei der die Art oder Beschaffenheit der Güter oder die Umstände oder Bedingungen, unter denen sie zu befördern sind, eine besondere Vereinbarung rechtfertigen;
4. wenn die Reise zur See nur durch deutsche Küstengewässer führt;
5. wenn ein Konnossement nicht erteilt ist,
6. bei einer Raumverfrachtung (§ 556 Ziffer 1), wenn das Konnossement nicht an einen Dritten begeben oder im Verhältnis zwischen dem Verfrachter und dem Befrachter an die Stelle des Chartervertrages getreten ist.

§ 613 f

Vereinbarungen über die Erweiterung der im § 613 d bezeichneten Verpflichtungen des [Schiffers, Reeders und] Verfrachters bedürfen, wenn eine Charterpartie erreichtet oder ein Konnossement ausgestellt ist, der Aufnahme in diese Urkunde.

9. Hinter § 636 wird folgende Vorschrift eingeschaltet:

§ 636 a

Dadurch, dass der Schiffer zum Zwecke der Rettung von Leben oder Eigentum zur See oder sonst gerechtfertigter Weise vom Reiseweg abweicht, wird der Frachtvertrag nicht aufgelöst und für den Befrachter weder ein Rücktrittsrecht, noch der Anspruch auf Ersatz des Schadens begründet, der infolge oder nach der Reiseänderung durch Verlust, Beschädigung oder verspätete Ablieferung des Gutes entsteht.

9a. Im **§ 637** wird die Zahl „636“ durch „636 a“ ersetzt.

10. **§ 642** *wird wie folgt geändert:*

   a) *in den Absätzen 1 und 3 wird das Wort „Schiffer“ durch das Wort „Verfrachter“ ersetzt.*

   b) *Abs. 4 erhält folgende Fassung:*
   Der Schiffer und jeder andere dazu ermächtigte Vertreter des Reeders ist zur Ausstellung des Konnossements auch ohne besondere Ermächtigung des Verfrachters befugt.

   c) Dem Abs. 5 werden folgende Sätze angefügt:
   Ist ein Konnossement über nicht abgeladene Güter abgeladene Güter ausgestellt, so kann der Ablader im Abladehafen nach bewirkter Abladung verlangen, dass ihm gegen Rückgabe dieser Urkunde ein neues Konnossement über abgeladene Güter erteilt oder auf der ersterteilten Urkunde vermerkt wird, wenn und in welches Schiff die Güter abgeladen sind.

11. **§ 643** wird wie folgt geändert:

   a) *Als Ziffer 1 wird eingefügt*
   1. den Namen des Verfrachters;
   Ziffer 1 wird Ziffer 1 a.

   b) Ziffer 7 wird wie folgt geändert:
   7. die Beschreibung der abgeladenen oder zur Beförderung übernommenen Güter, insbesondere ihre Bezeichnung, Menge und Merkzeichen sowie ihre äußerlich erkennbare Verfassung und Beschaffenheit.

   c) Folgende Vorschrift wird als zweiter Absatz angefügt:
   Wird das Konnossement im Inland ausgestellt, so soll darin vermerkt werden, dass Bestimmungen des Frachtvertrages über den Ausschluss oder die Beschränkung der Haftung des Verfrachters, [des Reeders] oder des Schiffes für Verlust, Beschädigung oder verspätete Ablieferung der Güter insoweit nichtig sein sollen, als sie den Vorschriften der §§ 613 d, 613 e zuwiderlaufen.

12. Hinter § 643 werden folgende Vorschriften eingeschaltet:

§ 643 a

Menge und Merkzeichen der Güter müssen im Konnossement so angegeben werden, wie sie der Ablader vor dem Beginn des Einladens schriftlich angegeben hat.

Dies gilt nicht:

1. wenn Grund zu der Annahme besteht, dass die Angaben des Abladers unrichtig ist oder wenn keine ausreichende Gelegenheit gegeben war, diese Angaben nachzuprüfen;

2. in Ansehung solcher Merkzeichen, die nicht auf den Gütern selbst oder im Falle der Verpackung auf deren Behältnissen oder Umhüllungen aufgedruckt oder in anderer Weise derart angebracht sind, dass sie im gewöhnlichen Lauf der Dinge bis zur Beendigung der Reise leserlich bleiben;
3. in Ansehung der Menge, wenn handelsüblicherweise im Konnossement als Gewicht einer Bulkladung ein Gewicht angegeben wird, das von einem anderen als dem Verfrachter oder dem Ablader festgestellt ist.

§ 643 b

Der Ablader ist dem Verfrachter [und dem Reeder] für die Richtigkeit seiner Angaben über Merkzeichen und Menge der Güter verantwortlich. Er haftet (diesen) *ihm* für den Schaden, der aus den unrichtigen Angaben entsteht.

§ 643 c

(1) Auf die Ausstellung des Konnossements (§ 642 Abs. 1) kann nur in den Fällen des § 556 Ziffer 1 und des § 613 e Abs. 2 Ziffer 3, 4, auf die Erteilung eines Konnossements über abgeladene Güter an Stelle des Übernahmekonnossements (§ 642 Abs. 5) kann in keinem Fall im Voraus verzichtet werden.

(2) Vereinbarungen, welche dieser Vorschrift zuwiderlaufen, sind nichtig.

12 a. *Im* **§ 647** *wird das Wort „Reeder" durch das Wort „Verfrachter" ersetzt.*

12 b. *Hinter § 650 wird folgende Vorschrift eingeschaltet:*

§ 650 a

Wird das Konnossement vom Schiffer oder einem anderen Vertreter des Reeders ausgestellt, so ist der Reeder dem Empfänger dafür verantwortlich, dass der Name des Verfrachters in dem Konnossement angegeben wird. Er haftet dem Empfänger für den Schaden, der aus dem Fehlen dieser Angabe entsteht.

13. **§ 655** erhält folgende Fassung:

Sind in den Fällen des § 643 a Abs. 2 Ziffer 1, 3 die Angaben des Abladers oder eines Dritten in das Konnossement aufgenommen und ist dies aus dem Konnossement ersichtlich, so kann das Konnossement mit dem Zusatze: „Menge (Merkzeichen) unbekannt" versehen werden. Enthält das Konnossement diesen oder einen gleichbedeutenden Zusatz, so hat der Verfrachter die Richtigkeit der Angaben des Konnossements über Menge oder Merkzeichen der übernommenen Güter nicht zu vertreten.

14. **§ 657** erhält folgende Fassung:

Ist in den Fällen des § 613 a Abs. 2, Ziffer 1, 3, 4 das Konnossement mit dem Zusatz „frei von Bruch“ oder „frei von Leckage“ oder „frei von Beschädigung“ oder mit einem gleichbedeutenden Zusatze versehen, so haftet der Verfrachter nicht für Bruch, Leckage oder Beschädigung, es sei denn, dass den Schiffer oder einer anderen Person, für die der Verfrachter verantwortlich ist, ein Verschulden trifft.

15. **§ 658** erhält folgende Fassung:

Werden dem Schiffer Güter übergeben, deren Beschädigung, schlechte Beschaffenheit oder schlechte Verpackung sichtbar ist, so ist der Verfrachter dem Empfänger für diese Mängel verantwortlich, wenn sie nicht im Konnossement vermerkt sind.

16. Hinter § 658 werden folgende Vorschriften eingeschaltet:

§ 658 a

(1) Das Konnossement genügt zum Beweise dafür, dass der Verfrachter die Güter so, wie sie gemäß § 643 Ziffer 7, § 613 a Abs. 1 beschrieben sind, übernommen hat.

(2) Der Beweis der Unrichtigkeit des Empfangsbekenntnisses ist unbeschadet der Vorschriften der §§ 651 bis 655 zulässig.

(3) Die Vorschrift des Abs. 1 findet keine Anwendung, insoweit das Konnossement gemäß § 655 mit dem Zusatze „Menge (Merkzeichen) unbekannt“ oder mit einem gleichbedeutenden Zusatze versehen ist.

§ 658 b

(1) Die nach den Vorschriften der §§ 651 - 655, 658, 658 a begründeten Verpflichtungen des [Reeders] *Verfrachters* können im Konnossement nicht ausgeschlossen oder beschränkt werden.

(2) Entgegenstehende Vereinbarungen sind nichtig.

§ 658 c

Vereinbarungen, durch welche die dem [Reeder] *Verfrachter* auf Grund des § 658 a Abs. 2 zustehende Befugnis ausgeschlossen oder beschränkt wird, bedürfen der Aufnahme in das Konnossement.

16 a. **§ 662** *fällt fort.*

17. Hinter § 663 wird folgende Vorschrift eingeschaltet:

§ 663 a

Im sachlichen Geltungsbereich des Internationalen Übereinkommens zur Einheitlichen Feststellung von Regeln über die Konnossemente finden die deutschen Gesetze Anwendung, wenn das Konnossement im Inland oder im Gebiet eines anderen Vertragsstaats ausgestellt ist. Den Vertragsstaaten stehen die Staaten gleich, die laut Bekanntmachung der Reichsregierung im Reichsgesetzblatt ihre Gesetze den einheitlichen Regeln angepasst haben. Ein an Bord ausgestelltes Konnossement ist im Gebiet des Staates ausgestellt, in dem das Schiff sich aufhält.

18. Dem zweiten Absatz des § 673 wird folgender Satz angefügt:
    Für Kostbarkeiten, Kunstgegenstände, Geld und Wertpapiere haftet der Verfrachter nur, wenn diese Beschaffenheit oder der Wert des Guts bei der Übernahme dem Schiffer oder dem Dritten angegeben worden ist.
19. Im § 903 Ziffer 2 werden die Worte: mit dem Ablaufe des Jahres, in welchem" jeweils durch die Worte „mit dem Tage, an welchem" und die Worte „in welchem der Beteiligte sowohl hiervor als auch von dem Schaden zuerst Kenntnis erlangt" durch die Worte: „an welchem die Ablieferung erfolgt ist oder hätte erfolgen sollen" ersetzt.

Artikel 3

Das Reichsgesetz über die Angelegenheiten der freiwilligen Gerichtsbarkeit wird wie folgt geändert: …

Artikel 4

Die Zivilprozessordnung wird wie folgt geändert: ….

Artikel 5

Das Reichsgesetz über die Zwangsversteigerung und Zwangsverwaltung wird wie folgt geändert: ….

Artikel 6

Das Binnenschifffahrtsgesetz wird wie folgt geändert: ….

Artikel 7

Soweit in Reichsgesetzen oder Landesgesetzen auf Vorschriften verwiesen wird, die durch dieses Gesetzt geändert werden, treten die neuen Vorschriften an deren Stelle.

Artikel 8

Die Reichsregierung bestimmt den Zeitpunkt, an dem dieses Gesetzt in Kraft tritt.

Quellennachweis

1. Die Protokolle der 1. – 4. und 6. Arbeitssitzung des Seerechtsausschuss (Haager Regeln) befinden sich im Bundesarchiv Berlin, Bestand R 61/497. Die Protokolle der 36. und 37. Arbeitssitzung (Zeitcharter) befinden sich im Bundesarchiv Berlin, Bestand R 61/501. Die Sitzungsprotokolle der 38. – 42 Arbeitssitzung sind erhalten im Bundesarchiv Berlin, Bestand R 61/502, die der 43. – 47. sowie 49. Arbeitssitzung und das Referat der 48. Arbeitssitzung im Bestand R 61/503 (sämtlich zum Seefrachtvertrag).

Das Protokoll der 48. Arbeitssitzung befindet sich im Staatsarchiv Hamburg, Bestand (Hapag-Lloyd) 621-1/2375.

2. Die Aktenvorgänge des Reichsjustizministeriums betreffend der Haager Regeln beziehungsweise des internationalen Seerechts befinden sich im Bundesarchiv Berlin, Bestand R 3001 zu folgenden Beständen:

- 3205: Int. Seerecht Bd. 15: Jan. 1923 – Juli 1925	Mikrofilm Nr. 20854 zu R3001
- 3206: Int. Seerecht Bd. 16: August 1925 – Mai 1926	Mikrofilm Nr. 20855 zu R3001
- 3207: Int. Seerecht Bd. 17: Mai 1926 – September 1927	Mikrofilm Nr. 20855 zu R3001
- 3208: Int. Seerecht Bd. 18: September 1927 – Juni 1931	Mikrofilm Nr. 20856 zu R3001
- 3209: Int. Seerecht Bd. 19: Juni 1931 – Januar 1934	Mikrofilm Nr. 20856 zu R3001
- 3210: Int. Seerecht Bd. 20: März 1934 – Oktober 1934	Mikrofilm Nr. 20857 zu R3001

sowie aus den Jahren 1934 bis 1939 in den Beständen 23259 und 23260 (jeweils zitiert als BArch *Bestandssignatur/Archivnummer*).

3. Die Aufzeichnungen *Schüttes* befinden sich im Archiv der Firma Hapag-Lloyd AG, gelagert im Staatsarchiv Hamburg, Bestand (Hapag-Lloyd) 621-1/2371.

Literaturverzeichnis

Abraham, Hans Jürgen: Die Reform des deutschen Seehandelsrechts durch das Seerechtsänderungsgesetz vom 21. Juni 1972, Hamburg 1973 (zitiert als: Abraham, Reform des deutschen Seehandelsrechts)

Abschlussbericht der Sachverständigengruppe zur Reform des Seehandelsrechts, abrufbar im Internet: <http://www.bmj.de/SharedDocs/Downloads/DE/pdfs/Abschlussbericht_der_Sachverstaendigengruppe_zur_Reform_des_Seehandelsrechts.pdf?__blob=publicationFile> (Stand: 04.11.2014)

Ahrens, Herbert: Beiträge zum Seefrachtrecht unter Berücksichtigung der Konnossementspraxis und der Novelle vom 10. August 1937 (RGBL. I S. 891), Kiel 1939 (zitiert als: Ahrens, Beiträge zum Seefrachtrecht)

Amtliche Begründung des Gesetzes zur Änderung von Vorschriften des Handelsgesetzbuches über das Seefrachtrecht vom 10. August 1937, Deutscher Reichsanzeiger und Preußischer Staatsanzeiger 1937

Argyriadis, Alkis Apostolos: Das Problem der Zeitcharter, Monatsschrift für Deutsches Recht 1958, S. 728–731

Athanassopoulou, Victoria: Schiffsunternehmen und Schiffsüberlassungsverträge, Tübingen 2005 (zitiert als: Athanassopoulou, Schiffsunternehmen und Schiffsüberlassungsverträge)

Bacmeister, Diedrich: Probleme der Zeitcharter, Ein Beitrag zu den §§ 510, 662 und 774 HGB, Hann.-Münden 1935 (zitiert als: Bacmeister, Probleme der Zeitcharter)

Basedow, Jürgen: Der Transportvertrag, Studien zur Privatrechtsangleichung auf regulierten Märkten, Tübingen 1987 (zitiert als: Basedow, Der Transportvertrag)

–: Seefrachtrecht. Die Hamburger Regeln sind in Kraft, Zeitschrift für Europäisches Privatrecht 1993, S. 100–119

–: Perspektiven des Seerechts, Juristenzeitung 1999, S. 9–15

Baur, Georg Friedrich: Referat: Zeitfrachtvertrag und Schiffsmiete (Zeitcharter) 20.04.1937. Bundesarchiv Berlin. R61/500, S. 1 (zitiert als: Referat: Zeitfrachtvertrag und Schiffsmiete (Zeitcharter))

–: Skizze eines Gesetzentwurfs betr. Schiffsmiete, Anlage A zu Referat: Zeitfrachtvertrag und Schiffsmiete 20.04.1937. Bundesarchiv Berlin. R61/500, S. 1 (zitiert als: Gesetzesskizze Zeitcharter)

Bericht 1. Vollsitzung der Akademie für Deutsches Recht, am 5. November 1933 im Rathaus zu Berlin, Jahrbuch der Akademie für Deutsches Recht 1933/34, S. 33–64

Bericht 3. Vollsitzung, Sonnabend, den 17. März 1934 im Rathaus der Stadt Berlin, Jahrbuch der Akademie für Deutsches Recht 1933/34, S. 136–172

Bericht Die Gründung am 26. Juni 1933, Jahrbuch der Akademie für Deutsches Recht 1933/34, S. 7–9

Bericht Sitzung der Ausschußvorsitzenden vom 6. Dezember 1933, im Hotel Fürstenhof zu Berlin, Jahrbuch der Akademie für Deutsches Recht 1933/34, S. 65–73

Berlingieri, Francesco: The Role of the CMI for the International Unification of Maritime Law, in: Ziegler, Alexander von/Burckhardt, Thomas (Hrsg.), Internationales Recht auf See und Binnengewässern. Festschrift für Walter Müller. Zürich 1993 (zitiert als: Berlingieri, The Role of the CMI for the International Unification of Maritime Law)

Bohle, Wolfgang: Die Schiffahrt und der Containerverkehr, Hansa 1968, S. 1596–1598

Bollmann, Hans, Referat über die §§ 556 - 605 HGB: Das Frachtgeschäft zur Beförderung von Gütern. Bundesarchiv Berlin. R 61/502 (zitiert als: Referat: Frachtgeschäft zur Beförderung von Gütern)

Boyens, Emil: Das deutsche Seerecht, auf Grund des Kommentars von William Lewis unter Berücksichtigung ausländischer Seerechte, Leipzig 1901 (zitiert als: Boyens, Das deutsche Seerecht)

–: Wüstendörfer, Studien zur modernen Entwicklung des Seefrachtvertrages. Bd. 1 Teil II: Die Rechtsentwicklung in ihren Grundsätzen. (Abschnitt III und IV), Zeitschrift für das Gesamte Handelsrecht und Konkursrecht 1913, S. 517–532

Brandis, Otto: Das deutsche Seerecht (mit Ausschluss des Seeversicherungsrechts) Band II, Die einzelnen seerechtlichen Schuldverhältnisse: Verträge des Seerechts und außervertragliche Haftung, 2. Auflage, Leipzig 1908 (zitiert als: Brandis, Seerecht Bd. 2)

Breitzke, Constantin: Die Rechtsnatur der Zeitcharter, dargestellt am Standardformular der Boxtime-Charter, Münster 2005 (zitiert als: Breitzke, Die Rechtsnatur der Zeitcharter)

Brodmann, Erich: Wüstendörfer, Dr. jur. Hans, Gerichtsassessor. Studien zur modernen Entwicklung des Seerechtvertrags (Buchbesprechung), Kritische Vierteljahresschrift für Gesetzgebung und Rechtswissenschaft 1909, S. 76–95

Capelle, Karl-Hermann, Referat über §§ 628 bis 641 HGB: Die Auflösung des Seefrachtvertrages. Bundesarchiv Berlin. R 61/503 (zitiert als: Referat: Auflösung des Seefrachtvertrages)

–: Die Frachtcharter, in rechtsvergleichender Darstellung, Rostock 1940 (zitiert als: Capelle, Die Frachtcharter)

–: Zur Verfrachterhaftung nach dem Deutschen Einheitskonnossement 1940, Hanseatische Rechts- und Gerichtszeitschrift 1943, Sp. 25–40

Cosack, Konrad: Lehrbuch des Handelsrechts, 12. Auflage, Stuttgart 1930 (zitiert als: Cosack, Handelsrecht, 12. Aufl.)

Cropp, Friedrich: Ueber die unterlassene oder verzögerte Erfüllung eines Frachtcontractes, in: Heise, Gerhard Arnold/Cropp, Friedrich (Hrsg.), Juristische Abhandlungen. mit Entscheidungen des Oberappelationsgerichts der vier freien Städte Deutschlands. Hamburg 1830 (zitiert als: Cropp, Ueber die unterlassene oder verzögerte Erfüllung eines Frachtcontractes)

Czerwenka, Beate: Der Referentenentwurf zur Reform des Seehandelsrechts, Abweichungen vom Sachverständigenbericht, Transportrecht 2011, S. 249–262

–: Das Gesetz zur Reform des Seehandelsrechts, Einführung, Erläuterung, Synopsen, Köln 2014 (zitiert als: Czerwenka, Das Gesetz zur Reform des Seehandelsrechts)

Danckelmann: Der Deutsche Juristentag in Leipzig, Deutsche Juristen-Zeitung 1933, Sp. 1313–1324

Degener, Herrmann (Hrsg.): Wer ist's?, Zeitgenossenlexikon, enthaltend Biographien und Bibliographien, 10. Auflage 1935 (zitiert als: *Degener*, Wer ist's?)

Deutscher Verein für Internationales Seerecht: Reform des Seehandels, Berichte der drei Arbeitskreise an den Bundesminister der Justiz - Arbeitskreis III, Hamburg 1985 (zitiert als: *Deutscher Verein für Internationales Seerecht*, Reform des Seehandelsrechts III)

–: Reform des Seehandelsrechts, Berichte der drei Arbeitskreise an den Bundesminister der Justiz - Arbeitskreis I, Hamburg 1985 (zitiert als: *Deutscher Verein für Internationales Seerecht*, Reform des Seehandelsrechts I)

–: Reform des Seehandelsrechts, Berichte der drei Arbeitskreise an den Bundesminister der Justiz - Arbeitskreis II, Hamburg 1985 (zitiert als: *Deutscher Verein für Internationales Seerecht*, Reform des Seehandels II)

Die Proklamation der „Akademie für Deutsches Recht", Jahrbuch der Akademie für Deutsches Recht 1933/34, S. 12–32

Die Ziele der deutschen Seerechtsreform, Bericht über die erste Vollversammlung des Seerechtsausschusses, Hansa 1934, S. 111–112

Döhren, Walter von: Der Seefrachtvertrag, unter der Herrschaft des neuen Handelsgesetzbuches nach der Rechtsprechung des Hanseatischen Oberlandesgerichts, Erlangen 1917 (zitiert als: Döhren, Der Seefrachtvertrag)

Domine, Ewald: Grenzen der Freizeichnung im Seerecht, Eine systematisch-kritische Betrachtung der Rechtsprechung zum Monopolmißbrauch und ihrer Auswirkung auf die Gültigkeit der Freizeichnung im Seefrachtvertrag, Quakenbrück 1934 (zitiert als: Domine, Grenzen der Freizeichnung im Seerecht)

Drews, Kai Holger: Seehandelsrecht, Berlin 2008 (zitiert als: Drews, Seehandelsrecht)

Ehlers, Hans: Die Übernahme der Haager Regeln in das deutsche Seefrachtrecht, Hansa 1937, S. 1588–1589

Eilenberger-Czwalinna, Maren: Haftung des Verfrachters nach dem zweiten Seerechtsänderungsgesetz, Rechtshistorische und entstehungsgeschichtliche Hintergründe der Neuregelung, Hamburg 1998 (zitiert als: Eilenberger-Czwalinna, Haftung des Verfrachters nach dem zweiten Seerechtsänderungsgesetz)

Frankfurter Allgemeine Zeitung: „Maersk Mc-Kinney Møller“: Größtes Containerschiff der Welt hat in Bremerhaven festgemacht, abrufbar im Internet: <http://www.faz.net/aktuell/wirtschaft/unternehmen/maersk-mc-kinney-m-ller-groesstes-containerschiff-der-welt-hat-in-bremerhaven-festgemacht-12536931.html> (Stand: 04.11.2014)

Frantzioch, Fritz: Vorschläge der Sachverständigengruppe zur Reform des Seehandelsrechts zur Haftung für Güterschäden, Transportrecht 2010, S. 8–15

Freise, Rainer: Das Transportrecht - Stand und Entwicklungslinien, Recht der Transportwirtschaft 2013, S. 41–49

Frommelt, Jürgen: Die Rechtsnatur der Zeitcharter, Frankfurt a.M 1979 (zitiert als: Frommelt, Die Rechtsnatur der Zeitcharter)

Geßler: Die Reform des Seehandelsrechts im Zusammenhang mit der Ratifikation der Brüsseler Seerechtsabkommen von 1952 und 1957, Hamburg 1959 (zitiert als: *Geßler,* Reform des Seehandelsrechts)

Gierke, Julius von (Hrsg.): Handelsrecht und Schiffahrtsrecht, 8. Auflage, Berlin 1958

Gliederung der Akademie für Deutsches Recht, Deutsches Recht 1933, S. 205–206

Götz, Hans Norbert: Zum neuen deutschen Seefrachtrecht, NJW 1987, S. 1671–1675

Gramm, Hans: Das neue Deutsche Seefrachtrecht nach den Haager Regeln (Gesetz vom 10. August 1937 - RGBl. I Seite 891), Berlin 1938 (zitiert als: Gramm, Das neue Deutsche Seefrachtrecht)

Gummert, Hans/Weipert, Lutz (Hrsg.): Münchener Handbuch des Gesellschaftsrechts Band 1, BGB-Gesellschaft, Offene Handelsgesellschaft, Partnerschaftsgesellschaft, Partenreederei, EWIV, 3. Auflage, München 2009

Gütschow, Carl: Die Reform und Vereinheitlichung des Seerechts durch Rückkehr zum allgemeinen Frachtrecht, Hamburg 1911 (zitiert als: Gütschow, Reform des Seerechts)

–: Die Haager Regeln 1922, Hanseatische Rechtszeitschrift 1924, Sp. 887–898, fortgesetzt in: HRZ 1924, S. 929-940

–: Internationales Seefrachtrecht, Hanseatische Rechtszeitschrift 1925, Sp. 547–556

Hartenstein, Olaf/Reuschle, Fabian: Handbuch des Fachanwalts Transport- und Speditionsrecht, 2. Auflage, Köln 2011 (zitiert als: Hartenstein/Reuschle, Transport- und Speditionsrecht)

Hattenhauer, Hans: Die Akademie für Deutsches Rechts (1933-1944), Juristische Schulung 1986, S. 680–684

Heinrichs, Helmut: Hans Gramm, in: Verlag C.H.Beck (Hrsg.), Juristen im Portrait. Verlag und Autoren in 4 Jahrzehnten, Festschrift zum 225jährigen Jubiläum des Verlags C.H.Beck. München 1988 (zitiert als: Heinrichs, Hans Gramm)

Herber, Rolf: Gedanken zur internationalen Vereinheitlichung des Seehandelsrechts, in: Ipsen, Hans Peter/Necker, Karl-Hartmann (Hrsg.), Recht über See. Festschrift Rolf Stödter zum 70. Geburtstag. Hamburg 1979 (zitiert als: Herber, Gedanken zur internationalen Vereinheitlichung des Seehandelsrechts)

–: Gedanken zur Einheit des deutschen Seerechts, in: Ehlers, Peter/Paschke, Marian (Hrsg.), Meeresfreiheit und ocean governance. Festgabe zum 65. Geburtstag von Rainer Lagoni. Hamburg [u.a.] 2008 (zitiert als: Herber, Gedanken zur Einheit des deutschen Seerechts)

–: Probleme der Reform des Seehandelsrechts, Hamburg 1964 (zitiert als: Herber, Probleme der Reform des Seehandelsrechts)

–: Die Brüsseler Seerechtskonferenz 1967, Hansa 1967, S. 1350–1352

–: Zur Modernisierung des deutschen Seehandelsrechts, Bemerkungen zu drei Gesetzen, Hansa 1972, S. 508–512, fortgesetzt in: Hansa 1972, S. 795 - 798, 1065 - 1068

–: Die Konferenz der Vereinten Nationen über die Beförderung von Gütern auf See in Hamburg und ihr Ergebnis, Vortrag gehalten vor dem Deutschen Verein für Internationales Seerecht am 18. Mai 1978, Hamburg 1978 (zitiert als: Herber, Die Konferenz der Vereinten Nationen)

–: Das neue Haftungsrecht der Schiffahrt, Das deutsche See- und Binnenschifffahrtsrecht nach dem Zweiten Seerechtsänderungsgesetz - Systematische Einführung und Erläuterung der neuen Vorschriften, Kehl am Rhein/Straßburg/Arlington 1989 (zitiert als: Herber, Das neue Haftungsrecht der Schiffahrt)

–: Gedanken zum Inkrafttreten der Hamburg-Reglen, Transportrecht 1992, S. 381–390

–: Seehandelsrecht, Systematische Darstellung, Berlin [etc.] 1999 (zitiert als: Herber, Seehandelsrecht)

–: Seefrachtvertrag und Multimodalvertrag: aktuelle Entwicklungen, 2. Auflage, Köln 2000 (zitiert als: Herber, Seefrachtvertrag und Multimodalvertrag)

–: Vorschläge der Sachverständigengruppe zur Reform des Seehandelsrechts, Einführung, Vorgeschichte und Grundsätze, Transportrecht 2009, S. 445–450

–: Die Reform des deutschen Seehandelsrechts, Balance zwischen Rechtsfortbildung und Schifffahrtstradition, Transportrecht 2012, S. 269–276

–: Art. 6 EGHGB - Eine Erwiderung, Transportrecht 2013, S. 368–371

Hollmann, Michael: Geklagt wird in England, Reformiertes deutsches Seehandelsrecht lässt sich in vielen Fällen nicht durchsetzen, Deutsche Verkehrs-Zeitung vom 05.12.2013

Imperial Shipping Committee: Report of the Imperial Shipping Committee on the Limitation of Shipowners' Liability by clauses in Bills of Lading and on certain other Matters Relating to Bills of Lading, Cmd. 1205, London 1921 (zitiert als: *Imperial Shipping Committee,* Report of the Imperial Shipping Committee Cmd. 1205)

Isernhagen, Karl: Der Ausrüster im deutschen und ausländischen Rechte,: ein Beitrag zur Seerechtsreform, Göttingen 1931 (zitiert als: Isernhagen, Der Ausrüster im deutschen und ausländischen Rechte)

Janssen, Hermann: Die Zeitcharter, Der normale Zeitchartervertrag und die Rechtsstellung des Zeitcharterers gegenüber Dritten nach Deutschem Recht, Leipzig 1923 (zitiert als: Janssen, Die Zeitcharter)

Kaltenborn, Carl von: Grundsätze des praktischen Europäischen Seerechts, besonders im Privatverkehre mit Rücksicht auf alle wichtigen Partikularrechte, namentlich der Norddeutschen Seestaaten, besonders Preussens und der Hansestädte, sowie Hollands, Frankreichs, Spaniens, Englands, Nordamerikas, Dänemarks, Schwedens, Russlands etc., Berlin 1851 (zitiert als: Kaltenborn, Grundsätze des praktischen Europäischen Seerechts)

Krieger, Karl Siegfried: Gesetz zur Änderung von Vorschriften des Handelsgesetzbuches über das Seefrachtrecht, in: Pfundtner, Hans/Neubert, Reinhard (Hrsg.), Das neue deutsche Reichsrecht. Berlin 1933-42 (zitiert als: Krieger, Gesetz zur Änderung von Vorschriften des Handelsgesetzbuches über das Seefrachtrecht)

Krieger, Albrecht: Der gegenwärtige Stand der Arbeiten zur Modernisierung des Seerechts, Hamburg 1971 (zitiert als: Krieger, Arbeiten zur Modernisierung des Seerechts)

Kröger, Bernd: Rechtsentwicklung im Bereich der Verfrachterhaftung beim Übersee-Container-Verkehr, Hansa 1968, S. 1598–1601

Kuhl, Heinrich: Das kommerzielle und das nautisch-technische Verschulden in den Haager Regeln, Hansa 1926, S. 631–635, fortgesetzt in Hansa 1926, S. 668-674

–: Zur Auslegung der Haager Regeln, Hanseatische Rechtszeitschrift 1926, Sp. 571–580

–: Die Abänderung des deutschen Seefrachtrechts durch Einführung der Haager Regeln, Hansa 1937, S. 1860–1863

Landwehr, Götz: Seerecht (Seehandelsrecht), in: Erler, Adalbert/Kaufmann, Ekkehard (Hrsg.), Handwörterbuch zur Deutschen Rechtsgeschichte. Berlin 1990 (zitiert als: Landwehr, Seerecht (Seehandelsrecht))

–: Das Preußische Seerecht vom Jahr 1727 im Rahmen der europäischen Rechtsentwicklung, Zeitschrift für neuere Rechtsgeschichte 1986, S. 113–142

–: Hans Wüstendörfer (1875-1951) - Ein Hamburger Rechtsgelehrter, Juristische Schulung 1987, S. 344–350

–: Das Seerecht der Hanse (1365-1614), Vom Schiffordnungsrecht zum Seehandelsrecht, 1. Auflage, Göttingen 2003 (zitiert als: Landwehr, Seerecht der Hanse)

Laudien, Bernd: Der Mengenvertrag im deutschen Seefrachtrecht, empfiehlt sich seine Kodifizierung im Handelsgesetzbuch?, Neuwied [u.a.] 1992 (zitiert als: Laudien, Der Mengenvertrag)

Lebuhn, Jürgen: Neuzeitliche Konnossementsfragen, Erörtert an Hand einer Überprüfung des Deutschen Einheitskonnossements 1940 auf dessen Übereinstimmung mit dem Gesetz, Hamburg 1949 (zitiert als: Lebuhn, Neuzeitliche Konnossementsfragen)

Leurs, Rainer: Segelschiff als Frachter: Zurück in die Zukunft, 2014, abrufbar im Internet: <http://www.spiegel.de/panorama/gesellschaft/tres-hombres-einziger-frachtsegler-auf-dem-atlantik-a-942679.html> (Stand: 04.11.2014)

Lewis, William: Das Transportgeschäft, in: Endemann, Wilhelm (Hrsg.), Handbuch des Deutschen Handels-, See- und Wechselrechts: Vierter Band. Erste Abtheilung. Das Seerecht. Leipzig 1884 (zitiert als: Lewis, Das Transportgeschäft)

–: Das Deutsche Seerecht: ein Kommentar zum fünften Buch des allgemeinen Deutschen Handelsgesetzbuches Band 1, 2. Auflage, Leipzig 1883 (zitiert als: Lewis, Das Deutsche Seerecht Bd. 1)

Lindenmaier, Fritz: Bisherige Arbeitsergebnisse des Seerechtsausschusses der Akademie für Deutsches Recht, Deutsche Richterzeitung 1934, S. 229–231

–: Möglichkeiten und Grenzen einer zwischenstaatlichen Angleichung des Seerechts, Erörtert an Hand der bisherigen Beratungsergebnisse des Seerechtsausschusses, Jahrbuch der Akademie für Deutsches Recht 1935, S. 159–166

–: Das Gesetz zur Änderung von Vorschriften des Handelsgesetzbuches über Seefrachtrecht, Zeitschrift der Akademie für Deutsches Recht 1937, S. 530–532

–: Das neue Patentrecht und die Rechtsprechung, Gewerblicher Rechtsschutz und Urheberrecht 1938, S. 213–221

–: Die bisherige Arbeit des Seerechtsausschusses der Akademie für Deutsches Recht, Jahrbuch der Akademie für Deutsches Recht 1939/40, S. 105–138

Lorenz-Meyer, Georg-Christian: Reeder und Charterer, Rechtsnatur der Zeitcharter und Haftung des Zeitcharterers gegenüber Dritten, Hamburg 1961 (zitiert als: Lorenz-Meyer, Reeder und Charterer)

Losch, Kurt: Die Erneuerung des skandinavischen Seehandelsrechts, (Dargestellt an der Seerechtsgesetzgebung Norwegens), Hamburg 1954 (zitiert als: Losch, Die Erneuerung des skandinavischen Seehandelsrechts)

Markianos, Demetrios J.: Die Übernahme der Haager Regeln in die nationalen Gesetze über die Verfrachterhaftung, Hamburg 1960 (zitiert als: Markianos, Übernahme der Haager Regeln)

Maurer, Andreas: Lex Maritima, Grundzüge eines transnationalen Seehandelsrechts, Tübingen 2012 (zitiert als: Maurer, Lex Maritima)

Meub, Michael H.: Die Haftung des Verfrachters und Reeders im Seehandelsrecht der Deutschen Demokratischen Republik und der Bundesrepublik Deutschland: eine rechtsvergleichende Studie, Frankfurt a.M. [u.a.] 1982 (zitiert als: Meub, Die Haftung des Verfrachters und Reeders)

Meyer, K.: Die Akademie für Deutsches Recht, Deutsche Juristen-Zeitung 1933, Sp. 1528–1534

Mittelstein, Max: Hague Rules 1922, zugleich eine Besprechung des Vortrages von Wüstendörfer, Hanseatische Rechtszeitschrift 1923, Sp. 757–766

Möbusz, Burkhart: Die Charterpartie des deutschen Seerechts, Radebeul 1935 (zitiert als: Möbusz, Charterpartie des deutschen Seerechts)

Möhring, Philipp: Nachruf Fritz Lindenmaier, Neue Juristische Wochenschrift 1960, S. 1991

Möller, Hans: Umbruch des Seefrachtrechtes, Hanseatische Rechts- und Gerichtszeitschrift 1937, Sp. 405–414

Müller-Erzbach, Rudolf: Deutsches Handelsrecht, 2. Auflage, Tübingen 1928 (zitiert als: Müller-Erzbach, Handelsrecht)

Nicolai, Birger: Allianz warnt vor gefährlichem Gigantismus, 2014, abrufbar im Internet: <http://www.welt.de/wirtschaft/article125825094/Allianz-warnt-vor-gefaehrlichem-Gigantismus.html> (Stand: 04.11.2014)

Nissen, Joern Christian: Die Beratungen des Seeversicherungsausschusses der Akademie für Deutsches Recht zu einem neuen Seeversicherungsgesetz (1934-1939), Frankfurt am Main 1991 (zitiert als: Nissen, Die Beratungen des Seeversicherungsausschusses)

Nöll, Hans-Heinrich: Zur Modernisierung des deutschen Seefrachtrechts, Hansa 1986, S. 1309–1312, fortgesetzt in Hansa 1986, S. 1717-1719

Oetker, Hartmut (Hrsg.): Kommentar zum Handelsgesetzbuch, 3. Auflage, München 2013

Pappenheim, Max: Die geschichtliche Entwicklung des Seehandels und seines Rechts, mit besonderer Berücksichtigung des Arbeitsvertrages, in: Schriften des Vereins für Socialpolitik. Die Lage der in der Seeschiffahrt beschäftigten Arbeiter 1902 (zitiert als: Pappenheim, Die geschichtliche Entwicklung des Seehandels und seines Rechts)

–: Das Seerecht in den Entwürfen eines Handelsgesetzbuches und eines Einführungsgesetzes zum Handelsgesetzbuche, Zeitschrift für das Gesamte Handelsrecht und Konkursrecht 1897, S. 255–288

–: Die Revisionsbedürftigkeit des deutschen Seehandelsrechts, Rede beim Antritt des Rektorats der Königlichen Christian-Albrechts-Universität zu Kiel am 5. März 1901 1901 (zitiert als: Pappenheim, Revisionsbedürftigkeit des deutschen Seehandelsrechts)

–: Das geltende deutsche Privatseerecht und seine Weiterentwicklung, Weltwirtschaftliches Archiv 1913 Bd. 2, S. 69–87

–: Handbuch des Seerechts Band III - Schuldverhältnisse des Seerechts II, Leipzig 1918 (zitiert als: Pappenheim, Seerecht Band III)

–: Zur Frage der internationalen Vereinheitlichung des Konnossementsrechts 1924 (zitiert als: Pappenheim, Konnossementsrecht)

–: Zur Entwicklungsgeschichte des Seefrachtvertrages, Zeitschrift der Savigny-Stiftung für Rechtsgeschichte / Germanistische Abteilung 1931, S. 175–203

–: Die Gesetzgebung Schwedens in den Jahren 1930 - 1936, d) Seerecht, Zeitschrift für Ausländisches und Internationales Privatrecht 1936, S. 931–938

Paschke, Marian/Ramming, Klaus: Reform des deutschen Seehandelsrechts, Recht der Transportwirtschaft 2013, S. 1–10

Paschke, Marian: Wie hälst Du‘s mit dem internationalen Seehandelsrecht?, Zur fehlenden Völkerrechtskonformität von Art. 6 EGHGB, Recht der Transportwirtschaft 2013, S. 457–464

Pichinot, Hans-Rainer: Die Akademie für Deutsches Recht, - Aufbau und Entwicklung einer öffentlich-rechtlichen Körperschaft des Dritten Reichs -, Kiel 1981 (zitiert als: Pichinot, Akademie für Deutsches Recht)

Pöhls, Meno: Darstellung des gemeinen deutschen und des Hamburgischen Handelsrechts für Juristen und Kaufleute Dritter Band Seerecht. Zweiter Theil, Hamburg 1831 (zitiert als: Pöhls, Seerecht, 2. Teil)

Puttfarken, Hans-Jürgen: Seehandelsrecht, Heidelberg 1997 (zitiert als: Puttfarken, Seehandelsrecht)

Rabe, Dieter: Das Seefrachtgesetz vom 10. August 1937 - ein radikaler Vorläufer von § 11 Nr. 7 AGB-Gesetz, in: Heldrich, Andreas/Schlechtriem, Peter/Schmidt, Eike (Hrsg.), Festschrift für Helmut Heinrichs zum 70. Geburtstag. München 1998 (zitiert als: Rabe, Das Seefrachtgesetz vom 10. August 1937 - ein radikaler Vorläufer von § 11 Nr. 7 AGB-Gesetz)

–: Seehandelsrecht, Fünftes Buch des Handelsgesetzbuches mit Nebenvorschriften und internationalen Übereinkommen, 4. Auflage, München 2000 (zitiert als: Rabe, Seehandelsrecht)

–: Der Zeitchartervertrag nach dem Entwurf der Sachverständigengruppe zur Reform des Seehandelsrechts, Transportrecht 2010, S. 1–8

Ramming, Klaus: Die Rechtsnatur der Zeitcharter, in: Lagoni, Rainer/Paschke, Marian (Hrsg.), 20 Jahre Seerechtswissenschaft an der Universität Hamburg. Beiträge aus Anlass des 20jährigen Bestehens des Instituts für Seerecht und Seehandelsrecht der Universität Hamburg. Münster 2005 (zitiert als: Ramming, Die Rechtsnatur der Zeitcharter)

–: Stellungnahme des Deutschen Vereins für Internationales Seerecht zum Referentenentwurf des Bundesministeriums der Justiz eines Gesetzes zur Reform des Seehandelsrechts, 2011, abrufbar im Internet: <http://www.transportrecht.org/html/DVIS_Stellungnahme_SHR_RefE_02.pdf> (Stand: 04.11.2014)

–: Ausgewählte Fragen zum neuen Recht der Zeitcharter, Recht der Transportwirtschaft 2013, S. 333–346

–: Der neue Art. 6 EGHGB, Recht der Transportwirtschaft 2013, S. 173–184

–: Der Seefrachtbrief, Recht der Transportwirtschaft 2013, S. 373–387

Reichsjustizministerium, Aktenzeichen: Nr. III b 525 R: Entwurf eines Gesetzes zur Vereinheitlichung des Seerechts, Berlin 4. April 1925. Bundesarchiv Berlin. R3001/29854 (Mikrofilm) (zitiert als: Entwurf Seerechtsänderungsgesetz 1925)

–: Aktenvermerk zur Frage der Ratifikation der Haager Regeln Ende 1934/Anfang 1935. Bundesarchiv Berlin. R3001/23259, Blatt 22–29 (zitiert als: Aktenvermerk RJM 1934/35 Haager Regeln)

–: Vermerk über Besprechung im Reichsjustizministerium vom 6. November 1934: Abstimmung zwischen Reichsverkehrsministerium, Reichswirtschaftsministerium, Reichsjustizministerium sowie Auswärtigem Amt hinsichtlich der Haager Regeln 6.11.1934. Bundesarchiv Berlin. R3001/23259, S. 3 (zitiert als: Gesprächsvermerk Abstimmung der Ministerien zu HR)

–, Besprechung zwischen Vertretern des Reichsjustiz-, des Reichswirtschafts- und des Reichsverkehrsministeriums sowie des Auswärtigen Amtes über den Gesetzesentwurf 1937 zur Einführung der Haager Regeln: Niederschrift über die Sitzung vom 11. Juni 1937 11.06.1937. Bundesarchiv Berlin. R3001/23260, S. 341 (zitiert als: Niederschrift Sitzung vom 11.06.1937)

Riensberg, Heinrich: Die rechtliche Natur der Zeitcharter, Hansa 1956, S. 2294–2300

Schadee, A.: Niederländisches Seerecht: Textausgabe, Haag 1929 (zitiert als: Schadee, Niederländisches Seerecht)

Schaps, Georg: Comité Maritime Internationale, Deutsche Juristen-Zeitung 1909, Sp. 1253

Schaps, Georg/Abraham, Hans Jürgen (Hrsg.): Das Seerecht, in der Bundesrepublik Deutschland, 4. Auflage, Berlin, New York 1978

Schlegelberger, Franz/Liesecke, Rudolf: Seehandelsrecht, Zugleich Ergänzungsband zu Schlegelberger, Kommentar zum Handelsgesetzbuch, 2. Auflage, Berlin [u.a.] 1964 (zitiert als: Schlegelberger/Liesecke, Seehandelsrecht)

Schmidt, Karsten: Seerechtswissenschaft - Seerechtspraxis - Seerechtspolitik, Hamburg 1985 (zitiert als: Schmidt, Seerechtswissenschaft - Seerechtspraxis - Seerechtspolitik)

–: Gesetzliches Seehandelsrecht: Hat das HGB noch eine Zukunft?, Hamburg 2006 (zitiert als: Schmidt, Gesetzliches Seehandelsrecht)

Schriftführer-Amt der ständigen Deputation: Verhandlungen des Achtundzwanzigsten Deutschen Juristentages Kiel 1906, (stenographische Berichte), Berlin (3) 1907 (zitiert als: *Schriftführer-Amt der ständigen Deputation,* Verhandlungen des Achtundzwanzigsten Deutschen Juristentages Kiel 1906)

Schröder, Hans Joachim: Ernst Friedrich Sieveking, Erster Präsident des Hanseatischen Oberlandesgerichts, Hamburg 2009 (zitiert als: Schröder, Ernst Friedrich Sieveking)

Schubert, Werner: Akademie für Deutsches Recht 1933 - 1945 / Protokolle der Ausschüsse - Ausschuß für Aktienrecht, Berlin [u.a.] 1986 (zitiert als: Schubert, Protokolle des Ausschuss für Aktienrecht)

–: Denkschriften, Beratungen, Berichte, Frankfurt am Main 1987-1988 (zitiert als: Schubert, Quellen zum HGB von 1897, Bd. 2)

–: Das Schiffssachenrecht der Kaiserzeit und dessen Reform von 1940: unter besonderer Berücksichtigung der Verhandlungen des Seerechtsausschusses der Akademie für Deutsches Recht, Zeitschrift der Savigny-Stiftung für Rechtsgeschichte / Germanistische Abteilung 1992, S. 209–245

–: Akademie für Deutsches Recht 1933 - 1945 / Protokolle der Ausschüsse - Ausschuss für das Recht des Handelsstandes und der Handelsgeschäfte (1937 - 1942); Ausschuß für Bank- und Börsenrecht; Unterausschuß für Depotrecht (1934/1935), Berlin [u.a.] 1997 (zitiert als: Schubert, Protokolle des Ausschuss für das Recht des Handelsstandes u.a.)

–: Akademie für Deutsches Recht 1933 - 1945 / Protokolle der Ausschüsse - Ausschuss für Seerecht (1933-1942), Berlin [u.a.] 2012 (zitiert als: Schubert, Protokolle des Seerechtsausschuss)

Schulz, Rüdiger: Die Entstehung des Seerechts des Allgemeinen Deutschen Handelsgesetzbuches unter besonderer Berücksichtigung der Bestimmungen über die Reederei, den Schiffer und die Schiffsmannschaft, Frankfurt am Main/, New York 1987 (zitiert als: Schulz, Entstehung des Seerechts des ADHGB)

Schütte, Hans Wilhelm: Schreiben an Michelau vom 09.01.1934. Staatsarchiv Hamburg. Bestand (Hapag-Lloyd) 621-1/2371 (zitiert als: Schreiben an Michelau v. 9.1.1934)

–: Bericht nach der 4. Arbeitssitzung, Informationsschreiben an Reedererein 17.2.1934. Staatsarchiv Hamburg. Bestand (Hapag-Lloyd) 621-1/2371 (zitiert als: Bericht nach der 4. Arbeitssitzung)

Schwärzler, Friitjoff: Die Fortbildung des Rechts der Seeschiffahrt unter dem Einfluß technischer, wirtschaftlicher und sozialer Neuerungen, Coburg 1938 (zitiert als: Schwärzler, Die Fortbildung des Rechts der Seeschiffahrt)

Segelken, Johannes [Hans], Referat vom 22.4.1939: Der Empfänger im deutschen Seerecht. Bundesarchiv Berlin. R 61/503 (zitiert als: Referat: Empfänger im dt. Seerecht)

–, Referat vom 12.5.1939: Die Sicherung des Verfrachters. Bundesarchiv Berlin. R 61/503 (zitiert als: Referat: Sicherung des Verfrachters)

–, Referat vom 29.4.1939: Die Zahlung der Fracht. Bundesarchiv Berlin. R 61/503 (zitiert als: Referat: Die Zahlung der Fracht)

Seiffert, Wolfgang: Das Seehandelsschiffahrtsgesetz der DDR, Hamburg 1978 (zitiert als: Seiffert, Das Seehandelsschiffahrtsgesetz der DDR)

Sieveking, Alfred: Internationale Bestrebungen zur Vereinheitlichung des Seefrachtrechtes, Hanseatische Rechtszeitschrift 1921, Sp. 946–952

–: Die Haager Regeln in englischer Beleuchtung, Hanseatische Rechtszeitschrift 1923, Sp. 315–318

Spiliopoulos, Kyriakos: Rechtsfragen des Chartervertrages, rechtsvergleichend dargestellt, Zeitschrift für das Gesamte Handelsrecht und Konkursrecht 1933, S. 98–184

Stock, Ulrich: Segelfrachtschiff „Undine“: Kaminholz auf hoher See, 2013, abrufbar im Internet: <http://www.zeit.de/2013/21/segelfrachtschiff-undine-sylt-hamburg> (Stand: 04.11.2014)

Stödter, Rolf: Das deutsche Einheitskonnossement (1940), Hansa 1940, S. 1020–1025

–: Zur Einführung der Haager Regeln, Hansa 1940, S. 164–168

–: Über die Reklamationsfrist im Seefrachtrecht, Hansa 1943, S. 447–453, fortgesetzt in: Hansa 1943, S. 479-483

–: Über die Reklamationsfrist im Seefrachtrecht, 2. Teil, Hansa 1943, S. 479–483

–: Geschichte der Konnossementsklauseln, Hamburg 1954 (zitiert als: Stödter, Geschichte der Konnossementsklauseln)

–: John T. Essberger: 19.2.1889 - 19.2.1986, Drei Flaggen Post: Hauszeitung der Rantzau-Gruppe Hamburg 1986, S. 4–7

Trentmann, Nina: Die Schiffe der Zukunft fahren ohne Kapitän, abrufbar im Internet: <http://www.welt.de/print/die_welt/wirtschaft/article124727454/Die-Schiffe-der-Zukunft-fahren-ohne-Kapitaen.html> (Stand: 04.11.2014)

Ullrich, W.: Ueber die Frage: Ob wegen durch casuelle Hindernisse herbeigeführte Verzögerung der Beladung oder Löschung eines Schiffs Entschädigung gegeben werden müsse?, in: Voigt, Johann Friedrich/Heinichen, Eduard (Hrsg.), Neues Archiv für Handelsrecht. Hamburg 1860 (zitiert als: Ullrich, Ueber die Frage: Ob wegen durch casuelle Hindernisse herbeigeführte Verzögerung der Beladung oder Löschung eines Schiffs Entschädigung gegeben werden müsse?)

UNCITRAL: Rotterdam Status, abrufbar im Internet: <http://www.uncitral.org/uncitral/en/uncitral_texts/transport_goods/rotterdam_status.html> (Stand: 04.11.2014)

Verband deutscher Reeder: Daten der deutschen Seeschifffahrt, Ausgabe 2013, abrufbar im Internet: <http://www.reederverband.de/fileadmin/vdr/pdf/daten/VDR-Daten_Fakten_2013.pdf> (Stand: 04.11.2014)

Vierrhaus, Rudolf (Hrsg.): Deutsche Biographische Enzyklopädie, 2. Auflage, München 2008 (zitiert als: *Vierrhaus,* DBE Bd. 10 Thies - Zymalkowski)

Voigt, Johann Friedrich: Zur Lehre von den Ueberliegegeldern, in: Voigt, Johann Friedrich/Heinichen, Eduard (Hrsg.), Neues Archiv für Handelsrecht. Hamburg 1860 (zitiert als: Voigt, Zur Lehre von den Ueberliegegeldern)

Voss, Wilhelm: Funktionswandel der Seehäfen im Containerverkehr, Hansa 1968, S. 1594–1596

Wagner, Rudolf: Handbuch des Seerechts, Leipzig 1884 (zitiert als: Wagner, Seerecht)

Webersberger, Marcus: Freizeichnungsklauseln in allgemeinen Konnossementsbedingungen im 19. und 20. Jahrhundert, Vom ADHGB zum Seerechtsänderungsgesetz, Hamburg 2014 (zitiert als: Webersberger, Freizeichnungsklauseln im 19. und 20. Jh.)

Weibgen, Hans Joachim: Das Durchkonnossement und seine besonderen Klauseln, Leipzig 1930 (zitiert als: Weibgen, Das Durchkonnossement und seine besonderen Klauseln)

Wikipedia: Fritz Lindenmaier, abrufbar im Internet: <http://de.wikipedia.org/wiki/Fritz_Lindenmaier> (Stand: 04.11.2014)

Willner, Horst: Die Zeitcharter, Vertrag und Rechtsstellung der Vertragsparteien, dargestellt auf der Grundlage der Baltime-Charte, Hamburg 1953 (zitiert als: Willner, Die Zeitcharter)

Würdinger, Hans: Zur Rechtsnatur der Zeitcharter, Monatsschrift für Deutsches Recht 1957, S. 257–260

Wüstendörfer, Hans: Das Schiffahrtsrecht, in: Ehrenberg, Viktor (Hrsg.), Handbuch des gesamten Handelsrechts. mit Einschluß des Wechsel-, Scheck-, See- und Binnenschiffahrtsrechts, des Versicherungsrechts sowie des Post- und Telegraphenrechts. Leipzig 1923 (zitiert als: Wüstendörfer, Das Schiffahrtsrecht)

–: Studien zur modernen Entwicklung des Seefrachtvertrags, Dresden 1905-1909 (zitiert als: Wüstendörfer, Studien)

–: Neue Ziele der Seerechtsentwicklung im Hinblick auf Wirtschaft und Technik des modernen Seeverkehrs, Vortrag, gehalten in der Juristischen Gesellschaft zu Hamburg, Hanseatische Gerichtszeitung, Beilage 1908, S. 1–12

–: The Hague Rules 1922, Kritische Betrachtung zum Brüsseler Gesetzentwurf über Vereinheitlichung gewisser Regeln in Bezug auf Konnossemente, Mannheim/Berlin/Leipzig 1923 (zitiert als: Wüstendörfer, The Hague Rules)

–: Dr. Hermann Jannssen: Die Zeitcharter, Der normale Zeitchartervertrag und die Rechtsstellung des Zeitcharterers gegenüber Dritten nach deutschem Recht. Leipziger rechtswissenschaftliche Studien, Heft 6. 1923. VIII u. 152 S, Juristische Wochenschrift 1925, S. 1250–1251

–: Die kommende Reform des deutschen Seerechts, Veröffentlichungen der Vereinigung der Handelsrechtslehrer Deutscher Hochschulen 1928, S. 18–40

–: Gutachten über die Verschlechterung der Rechtslage der Reeder durch die Haager Regeln, Hansa 1928, S. 893–896, fortgesetzt in: Hanse 1928 S. 929-931 und 1046

–: Gutachten über die Verschlechterung der Rechtslage der Reeder durch die Haager Regeln 2. Teil, Hansa 1928, S. 929–931

–: Leitgedanken für die Erneuerung des deutschen Seerechts, Jahrbuch der Akademie für Deutsches Recht 1933/34, S. 56–63

–: Rechtsvergleichende Betrachtungen zum Entwurf eines italienischen Codice Marittimo, Zeitschrift für Ausländisches und Internationales Privatrecht 1933, S. 1–35

–: Auf dem Wege zur Erneuerung des deutschen Seerechts, Arbeitsergebnisse des Seerechtsausschusses der Akademie für Deutsches Recht, Zeitschrift der Akademie für Deutsches Recht 1934, S. 220–225

–: Tatsachen und Gedanken zum künftigen deutschen Seerecht, Annuario di diritto comparato e di studi legislativi, 2. Ser. 1938, S. 107–123

–: Der Schutzzweck der Haager Regeln und das Einheitskonnossement 1940, Hanseatische Rechts- und Gerichtszeitschrift 1943, Sp. 49–64

–: Zur Gegenwartsbedeutung des deutschen Seehandelsrechts, Monatsschrift für Deutsches Recht 1948, S. 2–3

–: Zur Haftung für Feuerschaden an Bord von Seehandelsschiffen nach den Haager Regeln, Monatsschrift für Deutsches Recht 1949, S. 450–454, fortgesetzt in: MDR 1949, S. 515-516

–: Neuzeitliches Seehandelsrecht, mit besonderer Berücksichtigung des angloamerikanischen und des internationalen Rechts; ein Grundriß für Studierende und Praktiker, 2. Auflage, Tübingen 1950 (zitiert als: Wüstendörfer, Neuzeitliches Seehandelsrecht)

–: Leistungen und Grenzen der internationalen Vereinheitlichung des Seehandelsrechts, Monatsschrift für Deutsches Recht 1951, S. 449–454

Ziegler, Alexander von: Rotterdam Regeln – Werdegang und Einführung, in: Ramming, Klaus (Hrsg.), Die Rotterdam Regeln (zitiert als: Ziegler, Rotterdam Regeln – Werdegang und Einführung)

Zschoche, Detlef: Die Rechtsnatur der Zeitcharter, - Eine Diskussion ohne Ende? -, Versicherungsrecht 1994, S. 389–394

RECHTSHISTORISCHE REIHE

Die nachfolgende Liste führt die Titel der "Rechtshistorischen Reihe" ab Band 300 auf.
Eine vollständige Übersicht aller bisher in der Reihe erschienenen Bücher
finden Sie auf www.peterlang.com

Band 300 Jan Kohlmann: Der Marsch zu den Gräbern von Karl und Rosa. Geschichte eines Gedenktages. 2004.

Band 301 Christian Rainer Schlicht: Die kumulative Schuldübernahme in der Rechtsprechung des Reichsgerichts und in der zeitgenössischen Literatur. 2004.

Band 302 Hans Peter Glöckner: Positive Vertragsverletzung. Die Geburt eines Rechtsinstituts. 2006.

Band 303 João Manuel Azevedo Alexandrino Fernandes: Die Theorie der Interpretation des Gesetzes bei Francisco Suárez. 2005.

Band 304 René Funk: Die Wahlprüfung der volksgewählten Abgeordneten der Volksvertretungen im Frühkonstitutionalismus. Eine Untersuchung der Wahlprüfung in den Kammern der Abgeordneten des Großherzogtums Baden, des Königreichs Württemberg und des Großherzogtums Hessen. 2005.

Band 305 Carolin O'Sullivan. Die Ahndung von Rechtsbrüchen der Seeleute im mittelalterlichen hamburgischen und hansischen Seerecht (1301-1482). 2005.

Band 306 Martin Jürgens: Staat und Reich bei Ernst Rudolf Huber. Sein Leben und Werk bis 1945 aus rechtsgeschichtlicher Sicht. 2005.

Band 307 Florian G. Dürselen: Franz Beyerle (1885-1977). Leben, Ära und Werk eines Rechtshistorikers. 2005.

Band 308 Kai Bandilla: Urheberrecht im Kaiserreich. Der Weg zum Gesetz betreffend das Urheberrecht an Werken der Literatur und Tonkunst vom 19. Juni 1901. 2005.

Band 309 Stefan Mieth: Die Entwicklung des Denkmalrechts in Preußen 1701-1947. 2005.

Band 310 Catharina Lodemann: Die Geschichte des französischen *acte de gouvernement*. 2005.

Band 311 Christina Wicke: Kodifikationsbestrebungen und Wissenschaft in Hessen-Darmstadt im vorkonstitutionellen Zeitalter. Zu der Beteiligung der Gießener Rechtsprofessoren an den Gesetzgebungsarbeiten in Hessen-Darmstadt in der Zeit zwischen 1769 und 1820. 2005.

Band 312 Christiane Chlosta: Nur dem Gesetz unterworfen? Eine rechtsgeschichtliche Untersuchung zu Idee und Wirklichkeit richterlicher Gesetzestreue unter besonderer Berücksichtigung der Aufwertungsrechtsprechung und des richterlichen Prüfungsrechts. 2005.

Band 313 Kathrin Dirr: Hoheitsrechtliche Streitigkeiten zwischen den Kölner Erzbischöfen und der Stadt Köln auf Grundlage reichskammergerichtlicher Verfahren des 16. und 17. Jahrhunderts. 2005.

Band 314 Michael Racky: Die Diskussion über Gewaltenteilung und Gewaltentrennung im Vormärz. 2005.

Band 315 Petra Thiemrodt: Die Entstehung des Staatshaftungsgesetzes der DDR. Eine Untersuchung auf der Grundlage von Materialien der DDR-Gesetzgebungsorgane mit zeitgeschichtlichen Bezügen. 2005.

Band 316 Julius F. Reiter: Entstehung und staatsrechtliche Theorie der italienischen *Carta del Lavoro*. 2005.

Band 317 André Book: Die Justizreform in der Frühzeit der Bundesrepublik. Die Beratungen der Kommission zur Vorbereitung einer Reform der Zivilgerichtsbarkeit in den Jahren 1955 bis 1961. 2005.

Band 318 Frank Zentz: Das amerikanische Strafverfahren als Element der Besatzungspolitik in Deutschland. Erziehung zur Demokratie durch den *Court of Appeals* 1948-1955. 2005.

Band 319 Friederike Quaisser: Mietrecht im 19. Jahrhundert. Ein Vergleich der mietrechtlichen Konzeptionen im Allgemeinen Landrecht für die Preußischen Staaten von 1794 und dem gemeinen Recht. 2005.

Band 320 Stefan Burghard: Professor Dr. Wilhelm Kahl – Leben zwischen Wissenschaft und Politik. 2005.

Band 321 Günter Baranowski: Die *Russkaja Pravda* – ein mittelalterliches Rechtsdenkmal. 2005.

Band 322 Christina Schneider: Die SS und das „Recht". Eine Untersuchung anhand ausgewählter Beispiele. 2005.

Band 323 Werner Schubert (Hrsg.): Zivilprozessreform in der Weimarer Zeit. Quellen zur Emminger-Zivilprozessverordnung vom 13.2.1924 und zu den Arbeiten der Zivilprozesskommission des Reichsjustizministeriums (1922-1930). Eingeleitet und herausgegeben von Werner Schubert. 2005.

Band 324 Felix Gaul: Der Jurist Rudolf Isay (1886-1956). Ein verantwortungsbewusster Vermittler im Spannungsfeld zwischen dynamischer Rechtsschöpfung, ökonomischem Wandel und technischem Fortschritt. 2005.

Band 325 Konstanze Braun: Dr. Otto Georg Thierack (1889-1946). 2005.

Band 326 Eckart Klein / Stefan Chr. Saar / Carola Schulze (Hrsg.): Zwischen Rechtsstaat und Diktatur. Deutsche Juristen im 20. Jahrhundert. 2006.

Band 327 Stefan Botor: Das *Berliner Sühneverfahren* – Die letzte Phase der Entnazifizierung. 2006.

Band 328 Andreas Köhler: Die Sorgerechtsregelungen bei Ehescheidung seit 1945. Scheidungsstrafe und verordnete Gemeinsamkeit. 2006

Band 329 Lars Düwel: Die Nichtigkeit und Anfechtbarkeit der Ehe in der Rechtsprechung des Reichsgerichts zwischen 1900 und 1945. 2006.

Band 330 Katalin Polgar: Das Oberappellationsgericht der vier freien Städte Deutschlands (1820-1879) und seine Richterpersönlichkeiten. 2007.

Band 331 Julia Schweitzer: Schiffer und Schiffsmann in den Rôles d'Oléron und im Llibre del Consolat de Mar. Ein Vergleich zweier mittelalterlicher Seerechtsquellen. 2007.

Band 332 Diana-Catharina Kurtz: Das Institut der Adoption im preußischen Allgemeinen Landrecht und im französischen Code civil zwischen Rezeption römisch-rechtlicher Prinzipien und verändertem Familienverständnis. 2006.

Band 333 Dino Joakim Duderstadt: Spiel, Wette und Differenzgeschäft (§§ 762-764 BGB) in der Rechtsprechung des Reichsgerichts und in der zeitgenössischen Literatur. 2007.

Band 334 Ronald Hoffmann: Die Domänenfrage in Thüringen. Über die vermögensrechtlichen Auseinandersetzungen mit den ehemaligen Landesherren in Thüringen nach dem Ersten Weltkrieg. 2006.

Band 335 Joachim Windmüller: *Ohne Zwang kann der Humanismus nicht existieren...* – „Asoziale" in der DDR. 2006.

Band 336 Sven Christian Gläser: Die Mediatisierung der Grafschaft Wertheim. Der juristische Kampf eines kleinen Reichsstandes gegen den Verlust der Landesherrschaft und seine Folgen. 2006.

Band 337 Benjamin Schleyer: Friedrich Wilhelm Bornemann (1798-1864). Eine Juristenkarriere im Preußen des 19. Jahrhunderts. 2006.

Band 338 Die Reform des Ehescheidungsrechts von 1976. Quellen zum Ersten Gesetz vom 14.6.1976 zur Reform des Ehe- und Familienrechts (Parlamentarische Ausschussprotokolle – Anglikanische Denkschrift von 1966 zur Scheidungsrechtsreform – Schlussabstimmung 1969 in der Eherechtskommission des Bundesministeriums der Justiz). Eingeleitet und herausgegeben von Werner Schubert. 2006.

Band 339 Andreas Feld: Das Bayerische Gesetz zum Schutz des Eigentums an Erzeugnissen der Literatur und Kunst gegen Nachdruck vom 15.04.1840. Vorgeschichte und Zustandekommen. 2007.

Band 340 Bernd Wörner: Adelbert Düringers Einfluß als Richter am Reichsgericht in Leipzig auf dem Gebiet des Personengesellschaftsrechts. 2007.

Band 341 Jan Jelle Kähler: Französisches Zivilrecht und französische Justizverfassung in den Hansestädten Hamburg, Lübeck und Bremen (1806-1815). 2007.

Band 342 Jörn Eckert / Pia Letto-Vanamo / Kjell Modéer (Hrsg.): Juristen im Ostseeraum. Dritter Rechtshistorikertag im Ostseeraum 20.-22. Mai 2004. 2007.

Band 343 Ferdinand von Weyhe: A.E. Wassermann. Eine rechtshistorische Fallstudie zur „Arisierung" zweier Privatbanken. 2007.

Band 344 Martin Klaus Römermann: Kündigungen und Kündigungsschutz im Franquismus. 2007.

Band 345 Thomas Hoffmann: Der Landrechtsentwurf David Hilchens von 1599. Ein livländisches Rechtszeugnis polnischer Herrschaft. 2007.

Band 346 Ingo Ullmann: Die rechtliche Behandlung holsteinischer Leibeigener um die Mitte des 18. Jahrhunderts. Dargestellt unter besonderer Berücksichtigung der Schmoeler Leibeigenschaftsprozesse von 1738 bis 1743 sowie von 1767 bis 1777. 2007.

Band 347 Petra Fischer-Langosch: Die Entstehungsgeschichte des Familiengesetzbuches der DDR von 1965. 2007.

Band 348 Lasse O. Johannsen: Die rechtliche Behandlung ausreisewilliger Staatsbürger in der DDR. 2007.

Band 349 Ralf Schlottau: Deutsche Kolonialrechtspflege. Strafrecht und Strafmacht in den deutschen Schutzgebieten 1884 bis 1914. 2007.

Band 350 Hartwig Brandt / Ewald Grothe (Hrsg.): Rheinbündischer Konstitutionalismus. 2007.

Band 351 Nora Lutze: Der Verwandtenunterhalt nach den §§ 1601 bis 1603 und §§ 1610 bis 1612 BGB in der Rechtsprechung des Reichsgerichts. Unter Berücksichtigung der Entstehung des BGB. 2007.

Band 352 Frank Thiäner: Das Verhältnis von Aufsichtsrat und Abschlussprüfern in der rechtshistorischen Entwicklung bis 1937. 2007.

Band 353 Britta Heymann: Ernst Melsheimer (1897-1960). Eine juristische Karriere in verschiedenen staatlichen Systemen. Mitarbeiter im Preußischen Justizministerium in der Weimarer Republik, im Justizministerium Preußens und des Reiches sowie Richter am Kammergericht in der NS-Zeit und Erster Generalstaatsanwalt der Deutschen Demokratischen Republik. 2007.

Band 354 Susanne Adlberger: Wilhelm Kisch – Leben und Wirken (1874-1952). Von der Kaiser-Wilhelms-Universität Straßburg bis zur nationalsozialistischen Akademie für Deutsches Recht. 2007.

Band 355 Moritz Waibel: Josef Berchtold (1833-1894). Ein Leben gegen den Ultramontanismus. 2007.

Band 356 Aline Levin: Erinnerung? Verantwortung? Zukunft? Die Beweggründe für die gemeinsame Entschädigung durch den deutschen Staat und die deutsche Industrie für historisches Unrecht. 2007.

Band 357 Ferdinand Krause: Die hergebrachten Grundsätze des Berufsbeamtentums. Eine rechtshistorische Analyse. 2008.

Band 358 André Tiebel: Die Entstehung der Schutztruppengesetze für die deutschen Schutzgebiete Deutsch-Ostafrika, Deutsch-Südwestafrika und Kamerun (1884-1898). 2008.

Band 359 Holger Ruff: Sittenwidrige Rechtsgeschäfte in der späten Kaiserzeit. Die Entwicklung der reichsgerichtlichen Rechtsprechung zu § 138 BGB von 1900 bis 1914. 2007.

Band 360 Frank Rohrer: Strafjustiz im Dritten Reich und in der SBZ/DDR. Die personelle und organisatorische Neuordnung des Justizapparates in den totalitären Diktaturen (1933-1955) mit ihren Auswirkungen auf die Rechtsprechung zum politischen Strafrecht. 2007.

Band 361 Hans-Georg Knothe / Marc Liebmann (Hrsg.): Gerichtskultur im Ostseeraum. Vierter Rechtshistorikertag im Ostseeraum. 18.-20. Mai 2006 in Greifswald. 2007.

Band 362 Christina Meß: Das Vertragsrecht bei Adam Smith. 2008.

Band 363 Quellen zur dänischen Rechts- und Verfassungsgeschichte (12.-20. Jahrhundert). Herausgegeben von Ditlev Tamm, Werner Schubert und Jens Ulf Jørgensen. 2008.

Band 364 Günter Baranowski: Die Gerichtsurkunde von Pskov. 2008.

Band 365 Mark Spengler: Die Entstehung des Scheckgesetzes vom 11. März 1908. 2008.

Band 366 Ivan Biliarsky / Radu G. Păun (eds./éds.): The Biblical Models of Power and Law. Les modèles bibliques du pouvoir et du droit. Papers of the International Conference, Bucharest, New Europe College 2005. Actes du colloque international, Bucarest, New Europe College 2005. 2008.

Band 367 Thomas A. Roth: Ausgestaltungen der Rechtsfähigkeit im 19. und 20. Jahrhundert. Zur Rechtspersönlichkeit natürlicher Personen in den bedeutenden deutschen Zivilrechtsordnungen. 2008.

Band 368 Björn Alexander Rautenberg: Der Fiskal am Reichskammergericht. Überblick und exemplarische Untersuchungen vorwiegend zum 16. Jahrhundert. 2008.

Band 369 Thorsten Miederhoff: *Man erspare es mir, mein Juristenherz auszuschütten*. Dr. iur. Kurt Tucholsky (1890-1935). Sein juristischer Werdegang und seine Auseinandersetzung mit der Weimarer Strafrechtsreformdebatte am Beispiel der Rechtsprechung durch Laienrichter. 2008.

Band 370 Philipp Nordloh: Kölner Zunftprozesse vor dem Reichskammergericht. 2008.

Band 371 Judith Freund: Die Wechselverpflichtung im 19. Jahrhundert. 2008.

Band 372 Hans-Michael Empell: Gutenberg vor Gericht. Der Mainzer Prozess um die erste gedruckte Bibel. 2008.

Band 373 Rainer Schröder: Die DDR-Ziviljustiz im Gespräch – 26 Zeitzeugeninterviews. 2008.

Band 374 Christian Neschwara: Ein österreichischer Jurist im Vormärz. „Selbstbiographische Skizzen" des Freiherrn Karl Josef Pratobevera (1769-1853). 2009.

Band 375 Stefan Ullrich: Untersuchungen zum Einfluss des lübischen Rechts auf die Rechte von Bergen, Stockholm und Visby. 2008.

Band 376 Johanna Gertrude Schmitzberger: Das nationalsozialistische Nebenstrafrecht 1933 bis 1945. 2008.

Band 377 Christian Brom: Urteilsbegründungen im „Hoge Raad van Holland, Zeeland en West-Friesland" am Beispiel des Kaufrechts im Zeitraum 1704-1787. 2008.

Band 378 Christian Böse: Die Entstehung und Fortbildung des Reichserbhofgesetzes. 2008.

Band 379 Tobias Röhnelt: Timm Kröger. Leben und Werk. 2009.

Band 380 Andrea Elisabeth Sebald: Der Kriminalbiologe Franz Exner (1881-1947). Gratwanderung eines Wissenschaftlers durch die Zeit des Nationalsozialismus. 2008.

Band 381 Angela Kriebisch: Die Spruchkörper Juristenfakultät und Schöppenstuhl zu Jena. Strukturen, Tätigkeit, Bedeutung und eine Analyse ausgewählter Spruchakten. 2008.

Band 382 Nana Ozawa: Louis Adolphe Bridel – Ein Schweizer Professor an der juristischen Fakultät der Tokyo Imperial University. Die geschichtliche Bedeutung der Yatoi zur späten Meijizeit. 2010.

Band 383 Christian Weißhuhn: Alfred Hueck 1889-1975. Sein Leben, sein Wirken, seine Zeit. 2009.

Band 384 Andreas Hunkel: Eduard Dietz (1866-1940) – Richter, Rechtsanwalt und Verfassungsschöpfer. 2009.

Band 385 Meike Guskow: Entstehung und Geschichte der Europäischen Charta der Regional- oder Minderheitensprachen. 2009.

Band 386 Markus J. Jahnel: Das Bodenrecht in „Neudeutschland über See". Erwerb, Vergabe und Nutzung von Land in der Kolonie Deutsch-Südwestafrika 1884-1915. 2009.

Band 387 Matthias Günter Steiner: Die Klöster und ihr Wirken – eine der Wurzeln des Stiftungswesens? 2009.

Band 388 Cornelia Staats: Die Entstehung des Bundes-Immissionsschutzgesetzes vom 15. März 1974. 2009.

Band 389 Cai Niklaas E. Harders: Das Bundesjagdgesetz von 1952 sowie die Novellen von 1961 und 1976. Vorgeschichte, Entstehung des Gesetzes sowie Problemfelder. 2009.

Band 390 Matthias Pohlkamp: Die Entstehung des modernen Wucherrechts und die Wucherrechtsprechung des Reichsgerichts zwischen 1880 und 1933. 2009.

Band 391 Sebastian Baur: *Vor vier Höllenrichtern...* Die Lizentiats- und Doktorpromotionen an der Juristischen Fakultät der Universität Heidelberg. 2009.

Band 392 Christoph Salmen-Everinghoff: Zur *cautio damni infecti*: Die Rückkehr eines römischrechtlichen Rechtsinstituts in das moderne Zivilrecht. 2009.

Band 393 Till Meno Sellschopp: Der Weg zum Revokationsrecht der Ehegatten nach § 1368 BGB. Zugleich ein Beitrag zur Geschichte des ehelichen Güterrechts. 2009.

Band 394 Marc Biermann: Das Staatseigentum an öffentlichen Sachen im Gemeingebrauch in der ersten Hälfte des 19. Jahrhunderts. Die Theorie des reinen Hoheitsrechts an den öffentlichen Sachen von Rudolph von Jhering und Friedrich Ludwig Keller im Zusammenhang mit dem Baseler Schanzenstreit von 1859/62. 2009.

Band 395 Markus Tüxen: Kollegialprinzip oder Einzelrichter. Die Entwicklung des zivilrechtlichen Spruchkörpers bei den Landgerichten sowie den Oberlandesgerichten seit 1879 unter besonderer Berücksichtigung der Reformen von 1974 und 1976. 2009.

Band 396 Adam Polkowski: Die polnische Zivilprozessordnung von 1930/33. Unter Berücksichtigung des deutschen, österreichischen, russischen und französischen Rechts. 2009.

Band 397 Barbara Riedi: Die Porten der Unteren Strasse, ihr Ladungsrecht und der Strassenunterhalt. Rechtshistorische Betrachtungen zur Verkehrs- und Wirtschaftsgeschichte Graubündens. 2009.

Band 398 Stefanie Jessica Loroch: Zeitungsrubrik: Gerichtssaal. Strafprozessberichterstattung in Münster im 19. Jahrhundert (1848-1890). 2009.

Band 399 Dirk Henning Hofer: Karl Konrad Werner Wedemeyer (1870-1934). Ein Juristen- und Gelehrtenleben in drei Reichen. Eine Biographie. 2010.

Band 400 Thomas Simon (Hrsg.): Hundert Jahre allgemeines und gleiches Wahlrecht in Österreich. Modernes Wahlrecht unter den Bedingungen eines Vielvölkerstaates. 2010.

Band 401 Dörte Mentz: Die Beweislastumkehr in der Rechtsprechung des Reichsgerichts. 2010.

Band 402 Werner Schubert (Hrsg.): Oberster Gerichtshof für die Britische Zone (1948-1950). Nachschlagewerk Strafsachen – Nachschlagewerk Zivilsachen. Präjudizienbuch der Zivilsenate. Eingeleitet und herausgegeben von Werner Schubert. 2010.

Band 403 Yong Lei: Auf der Suche nach dem modernen Staat. Die Einflüsse der allgemeinen Staatslehre Johann Caspar Bluntschlis auf das Staatsdenken Liang Qichaos. 2010.

Band 404 Andreas Schwenk: Die Formbestimmung des § 313 BGB a. F. (§ 311 b Abs. 1 BGB n. F.) bei Verträgen über Grundstücke in der Rechtsprechung des Reichsgerichts. 2010

Band 405 René Schorsch: Eberhard Georg Otto Freiherr von Künßberg (1881-1941). Vom Wirken eines Rechtshistorikers. 2010.

Band 406 Ulrike Köbler: Werden, Wandel und Wesen des deutschen Privatrechtswortschatzes. 2010.

Band 407 Björn Florian Faulenbach: Rolle und Bedeutung der Lehre in der Rechtsprechung der Internationalen Gerichtshöfe im zwanzigsten Jahrhundert. 2010.

Band 408 Guangyu Fu: Das Causaproblem im deutschen Bereicherungsrecht. Eine rechtshistorische Untersuchung. 2010.

Band 409 Andreas Kimmelmann: Die Folter im Beweisverfahren der Leges Visigothorum. Chindasvinths Gesetzgebung im Spiegel der westgotischen Rechtsentwicklung. 2010.

Band 410 Jacqueline Schmaltz: Die Entwicklung der Industrie- und Handelskammern. Zwischen Pflicht und Kür. 2010.

Band 411 Hermann Nehlsen: Bayerische Rechtsgeschichte vom frühen Mittelalter bis zum 20. Jahrhundert. 2011.

Band 412 Kathrin Spoerr: Recht und Revolution. Deutsche Ökonomen und ihr Einfluss auf das Recht der Weimarer Republik – eine Zeitschriftenschau 1917-1920. 2011.

Band 413 Moritz von Köckritz: Die deutschen Oberlandesgerichtspräsidenten im Nationalsozialismus (1933-1945). 2011.

Band 414 Annika Lillemor Lara Rabaa: Die Ehe als Rechtsinstitut im Badischen Landrecht von 1810. Unter besonderer Berücksichtigung der gesellschaftlichen Entwicklungen im 19. Jahrhundert. 2011.

Band 415 Christian Hattenhauer / Klaus-Peter Schroeder (Hrsg.): 200 Jahre Badisches Landrecht von 1809/1810. Jubiläumssymposium des Instituts für geschichtliche Rechtswissenschaft der Ruprechts-Karls-Universität Heidelberg und der Heidelberger Rechtshistorischen Gesellschaft vom 23. bis 26. September 2009. 2011.

Band 416 Tobias Alexander Krammerbauer: Die Ministerverantwortlichkeit und die Vorformen sonstiger Verfassungsgerichtsbarkeit in Württemberg zwischen 1815 und 1918. 2011.

Band 417 Werner Schubert (Hrsg.): Quellen zur GmbH-Reform von 1958 bis zum GmbH-Änderungsgesetz von 1980. Eingeleitet und herausgegeben von Werner Schubert. 2011.

Band 418 Gisela Emling: Johannes Heckel. Leben und Wirken (1889-1963). 2011.

Band 419 Jochen Kirschbaum: Die Etablierung der Historischen Rechtsschule an der Ludoviciana (1814-1824). 2011.

Band 420 Sören Koch: Unaufgeforderte Hilfeleistung in Notsituationen. Eine rechtshistorische und rechtsvergleichende Studie zu den zivilrechtlichen Aspekten der Nothilfe mit besonderer Berücksichtigung des Rechts der Geschäftsführung ohne Auftrag. 2011.

Band 421 Friedrich Carl von Savigny: Die Prinzipienfragen in Beziehung auf eine neue Strafprozeß-Ordnung. Ausgearbeitet im Justizministerium für die Gesetzrevision. Eingeleitet und herausgeben von Werner Schubert. 2011.

Band 422 Stephan Faulwetter: Von der Zunft zur Handelskammer. Zur Entwicklung des Gewerberechts in thüringischen Staaten. 2011.

Band 423 Moritz Eisenhardt: Sanierung statt Liquidation. Die Geschichte des Vergleichs zur Abwendung des Konkurses unter besonderer Berücksichtigung der Vergleichsordnung von 1927 und 1935. 2011.

Band 424 Gerd Kleinheyer: Beiträge zur Strafrechtsgeschichte. Herausgeben von Franz Dorn, Mathias Schmoeckel und Jan Schröder. 2011.

Band 425 Ralf Maertens: Das Landgericht Altona (1879-1937) und die Anfänge des Landgerichts Itzehoe (1937-1945). Unter besonderer Berücksichtigung ihrer Tätigkeitsberichte und rechtspolitischen Stellungnahmen. 2011.

Band 426 Mark Friedrich: Ferdinand von Martitz (1839-1921). Rechtshistoriker, Staatsrechtler und Völkerrechtler zwischen dem Ende des Deutschen Bundes und dem Beginn der Weimarer Republik. 2012.

Band 427 Sebastian Krusche: Die Bundesrechtsanwaltsordnung vom 1. August 1959. Vorgeschichte und Entstehung. 2012.

Band 428 Marju Luts-Sootak / Sanita Osipova / Frank L. Schäfer (Hrsg./eds.): Einheit und Vielfalt in der Rechtsgeschichte im Ostseeraum. Unity and Plurality in the Legal History of the Baltic Sea Area. Sechster Rechtshistorikertag im Ostseeraum, 3.-5. Juni 2010 in Tartu (Estland) / Riga (Lettland). 6th Conference in Legal History in the Baltic Sea Area, 3rd-5rd June 2010 Tartu (Estonia) / Riga (Latvia). 2012.

Band 429 Margret R. I. Bootz: Die Hamburger Rechtsprechung zum Arbeitsrecht im Nationalsozialismus bis zum Beginn des 2. Weltkriegs. 2012.

Band 430 Heiko Zech: Die soziale Frage im Konkursrecht 1879-1900. 2012.

Band 431 Jan C. Lorenzen: Das Bundesnaturschutzgesetz vom 20. Dezember 1976. Die Entwicklung des Naturschutzrechtes in Deutschland von den Anfängen bis zur Neukodifikation des Bundesnaturschutzgesetzes von 1976. 2012.

Band 432 Ulrike Ingrid Bernhardt: Geschichte des Weinrechts im Deutschen Kaiserreich (1871-1918). Mit einem Überblick zur Vorgeschichte und Weiterentwicklung bis zur Gegenwart. 2012.

Band 433 Elisabeth Otto: Das Verwaltungsrecht in der SBZ / DDR bis zur Verwaltungsneugliederung im Jahr 1952. 2012.

Band 434 Werner Schubert: Zur Geschichte der Justizverfassung in Schleswig-Holstein im 19. und 20. Jahrhundert. Quellen und Studien. 2012.

Band 435 Stefan Ellenberg: Herrschaft und Reform. Zur Diskussion um die Aktienrechtsreform und den Konzern in der Weimarer Zeit. 2012.

Band 436 Jasmin Sonntag: Gesetzgebung und Verwaltung im Dalbergstaat 1802-1810. 2012.

Band 437 Martin Komusiewicz: Die Diskussion um das Verhältnis von Rechtsanwaltschaft und Notariat seit dem Ende des 18. Jahrhunderts bis zum Erlass der Bundesnotarordnung. 2012.

Band 438 Henriette von Breitenbuch: Karl Neumeyer – Leben und Werk (1869-1941). 2013.

Band 439 Günter Baranowski: Russische Rechtsgeschichte: Texte und Erläuterungen. Teil 1: Von den Anfängen bis 1612/13. 2013.

Band 440 Werner Schubert (Hrsg.): Staatsanwaltschaftsrecht (1934-1982). Quellen zu den Reformprojekten (Organisation – Innerer Dienstbetrieb – Ermittlungsverfahren – Verhältnis der Staatsanwaltschaft zur Polizei) und zur Anordnung über Organisation und Dienstbetrieb der Staatsanwaltschaft (OrgStA). Eingeleitet und herausgegeben von Werner Schubert. 2013.

Band 441 York Zieren: Das Schiedsverfahrensrecht der ZPO (1877-1933) unter Berücksichtigung der Genfer Übereinkommen von 1923 und 1927 sowie der Rechtsprechung des Reichsgerichts. 2013.

Band 442 Stefan Wolf: Das Jenaer Studium der Rechte im Dritten Reich. Zwischen Tradition und nationalsozialistischer Ideologie. 2013.

Band 443 Bernhard Klose: Das Verblassen eines Makels. Das Nichtehelichenrecht der DDR als Teil der gesamtdeutschen Entwicklung. 2013.

Band 444 Peter Opitz-von Bardeleben: Das Generalgouvernement Niederrhein. 2013.

Band 445 Nadine Göppner: Vorgeschichte und Entstehung des Atomgesetzes vom 23.12.1959. 2013.

Band 446 Frank L. Schäfer / Werner Schubert (Hrsg./eds.): Justiz und Justizverfassung / Judiciary and Judical System. Siebter Rechtshistorikertag im Ostseeraum, 3.-5. Mai 2012 Schleswig-Holstein / 7th Conference in Legal History in the Baltic Sea Area, 3rd-5th May 2012 Schleswig-Holstein. 2013.

Band 447 Sandy Schenker: Gegen Täuschungen und Gesundheitsgefährdungen durch schlechte Nahrung. Zur Entwicklung des Nahrungsmittelrechts durch Rechtsprechung und Gesetzgebung zwischen 1871 und 1927. 2013.

Band 448 Youn Seok Choi: Der Besitzerwerb des Erben. Historische Entwicklungen, die Lösung des § 857 BGB und ihre Anwendungsprobleme. 2013.

Band 449 Johannes Kalb: Die innerstädtische Auseinandersetzung in Regensburg am Ende der Reichsunmittelbarkeit. Eine historische und rechtliche Untersuchung. 2014.

Band 450 Thomas Habbe: Lastenausgleich. Die rechtliche Behandlung von Kriegsschäden in Deutschland seit dem 30jährigen Krieg. 2014.

Band 451 Günter Baranowski: Russische Rechtsgeschichte: Texte und Erläuterungen. Teil 2: Von 1613 bis 1682. 2015.

Band 452 Wilhelm Brauneder (Hrsg): Landrechtsentwurf für Österreich unter der Enns 1526. 2015.

Band 453 Maximilian Elsner von der Malsburg: „Arisierung" von Privatbanken am Beispiel des Bankhauses E. J. Meyer in Berlin. 2015.

Band 454 Tanja Claussen: Johann Julius Wilhelm Planck (1817-1900). Leben und Werk. 2015.

Band 455 Werner Schubert (Hrsg.): Das Reichsjustizministerium und die höheren Justizbehörden in der NS-Zeit (1935-1944). Protokolle und Mitschriften der Arbeitstagungen der Reichsjustizminister mit den Präsidenten der Oberlandesgerichte, des Volksgerichtshofs, des Reichsgerichts sowie mit den Generalstaatsanwälten. Eingeleitet und herausgeben von Werner Schubert. 2015.

Band 456 Christian Vahl: Die gesetzliche Regelung des Seefrachtvertrags im deutschen Recht. Eine rechtshistorische Betrachtung unter besonderer Berücksichtigung der Beratungen des Seerechtsausschusses der Akademie für Deutsches Recht (1934-1942). 2015.

www.peterlang.com

www.ingramcontent.com/pod-product-compliance
Ingram Content Group UK Ltd.
Pitfield, Milton Keynes, MK11 3LW, UK
UKHW021124041026
8980IPUK00026B/383

9 783631 663295